LES AGENCES DE CONSEIL EN VOTE

Axel-Philippe TROUCHE

Préface de Charley HANNOUN

ISBN 978-2-8224-0572-0

MA Editions - ESKA, 12, rue du Quatre-Septembre – 75002 Paris
Tél . : 01 42 86 55 75 – Fax : 01 42 60 45 35

Sommaire

Note de l'auteur

Une thèse est à un livre ce qu'une pierre brute est à une pierre polie. Chers lecteurs, vous l'aurez compris, cet ouvrage achève quatre années de travail doctoral en droit. C'est donc avec la nostalgie d'un ancien étudiant et la fierté d'un jeune chercheur que je vous adresse ces quelques lignes.

Inconnues du grand public, les agences de conseil en vote ont une réputation relativement ombrageuse auprès de nombreux professionnels des marchés financiers. Pour quelles raisons me demanderez-vous ? Principalement car le cœur d'activité de ces agences soulève la question des vicissitudes du sacro-saint vote des actionnaires aux assemblées générales des sociétés cotées. En somme, ni les investisseurs qui font appel au service des agences, ni les émetteurs, n'ont intérêt à ce que ces organismes sortent de l'ombre. Les agences de conseil en vote font donc partie des derniers acteurs du marché où de véritables avancées scientifiques demeurent réalisables. Cette réalité séduit tout autant qu'elle intimide.

Démêler le vrai du faux et mettre en lumière de nouvelles caractéristiques des agences de conseil en vote s'est révélé être une quête passionnante. Quête que je n'aurais pu mener à bien sans les conseils diligents et bienveillants de mon directeur de thèse, le Professeur Charley HANNOUN, ainsi que le soutien de mon mentor Monsieur Jean-Aymon MASSIE (*Président de l'Association Française de Gouvernement d'Entreprise*). Je remercie également Madame Catherine SALMON (*Directrice gouvernement d'entreprise France, Royaume-Uni, MENA - Institutional Shareholder Services*), Monsieur Pierre-Henri LEROY (*Président de Proxinvest*) et Monsieur Loïc DESSAINT (*Directeur Général de Proxinvest*) de m'avoir éclairé quant aux méthodes de fonctionnement des agences de conseil en vote. Je renouvelle mes remerciements à l'agence Proxinvest qui a accepté que figure en annexe de mon livre une illustration d'une de leurs études. Une image vaut mille mots.

Outre-Atlantique, je n'oublie pas de remercier le Professeur Yvan ALLAIRE (*Président de l'Institut sur la Gouvernance d'Organisations Privées et Publiques - Cofondateur du Groupe Sécor*). Votre expertise m'a sensibilisé quant à la portée internationale de mon travail.

Préface

M. Trouche s'est attaqué, avec sa thèse de doctorat, à défricher un sujet neuf portant sur une création du monde de la finance. L'origine de l'importance prise par les *proxy advisors* s'inscrit directement dans le processus de globalisation financière et l'apparition d'une nouvelle catégorie d'actionnaires, les investisseurs institutionnels, qualifiés aussi avec humour de « zinzins », dans le jargon de la finance. Or, ces derniers souffrent d'une faiblesse structurelle rendant difficile pour eux de voter de manière éclairée dans les assemblées. C'est à ce besoin que répondent les Agences de conseil en vote, en qualité de professionnels spécialisés dans le gouvernement d'entreprise et le traitement du vote des actionnaires. Les Agences de conseil en vote restent encore largement méconnues, notamment en France, et nourrissent un ensemble de mythes et de représentations. M. Trouche en a fait l'étude, fort heureusement de manière non exclusivement académique, mais grâce à des recherches menées sur le terrain afin d'étudier la réalité concrète de ces nouveaux acteurs économiques. L'intérêt de l'ouvrage va toutefois au-delà d'une simple description de la réalité de ces agences. Il contribue à une réflexion plus générale sur le gouvernement d'entreprise, signe, désormais incontestable, d'une transformation profonde des pouvoirs économiques sous l'influence de la finance de marché. L'ambition de voir traiter ce sujet était ainsi de tester, dans cette perspective, certaines hypothèses quant au rôle des agences de conseil en vote, aux risques de conflits d'intérêts, aux excès de standardisation des recommandations, à la nécessité ou non de les réglementer, mais aussi quant à l'évolution des formes de contrôle externe qu'elles traduisent ou annoncent en marge des organes sociaux. La thèse développe en outre certains éléments de caractère prospectif, tel l'essor de la technologie Blockchain dans le fonctionnement des plateformes de vote, ou encore le principe du développement d'un « *compliance officer* ». M. Trouche montre, au final, que l'étude des agences de conseil en vote se révèle propice au développement de sentiments ambivalents. Ces organismes se révèlent nécessaires et précieux, tout autant qu'ils interpellent et inquiètent. L'immixtion des conseillers *proxy* dans la gestion des émetteurs en est une belle illustration. Alors que la légitimité d'une telle immixtion est incertaine, force est de constater qu'elle favorise la promotion des bonnes pratiques du gouvernement d'entreprise, et contribue à ce que les émetteurs développent davantage de mécanismes de transparence et de contrôle. En ce sens, les conseillers proxy contribuent nécessairement à accroître l'efficience du Marché. La thèse de M. Trouche est ainsi le premier ouvrage approfondi sur ce sujet et il lui revient le mérite de l'avoir accompli en un temps record et avec beaucoup d'énergie. Nul doute que ses lecteurs sauront tirer profit de ses analyses et des informations de terrain qu'il contient. Nul doute aussi qu'il s'agit pour M. Trouche du premier acte fondateur d'une carrière professionnelle qui s'annonce très prometteuse.

Charley Hannoun
Professeur à l'Université Cergy-Pontoise
Directeur du Master II Droit des sociétés
Avocat au barreau de Paris

Table des abréviations

AF2I	Association Française des Investisseurs Institutionnels
AFEP	Association Française des Entreprises Privées
AFGE	Association Française de Gouvernement d'Entreprise
AMF	Autorité Française des Marchés Financier
BALO	Bulletin des Annonces Légales Obligatoires
BJB	Bulletin Joly Bourse
BJS	Bulletin Joly Sociétés
BPPSVR	Best Practice Principles for Shareholder Voting Research
BRDA	Bulletin rapide droit des affaires
Bull. civ.	Bulletin des arrêts de la Cour de cassation (chambres civiles)
C.	Code
CA	Cour d'appel
CAC	Cotation Assistée en Continu
Cf.	Confer
Civ.	Cour de cassation, chambre civile
Com.	Cour de cassation, chambre commerciale
Crim.	Cour de cassation, chambre criminelle
CE	Conseil d'Etat
Coll.	Collection
Concl.	Conclusions
D.	Recueil Dalloz
D. aff.	Dalloz droit des affaires
DG	Directeur général
dir.	Sous la direction scientifique (*ouvrage collectif*)
DS	Droit des sociétés
éd.	Editions
ESMA	European Securities and Markets Authority
FCP	Fonds Communs de Placement
FIA	Fonds d'Investissement Alternatifs
Gaz. Pal.	Gazette du palais
Ibid.	Ibidem
In	Dans

Infra.	Voir ci-après
ISO	Organisation internationale de normalisation
ISR	Investissement Socialement Responsable
JCP E	Semaine juridique édition entreprise
JCP G	Semaine juridique édition générale
JS	Journal des sociétés
LGDJ	Librairie de droit et de jurisprudence
MEDEF	Mouvement des entreprises de France
n°	Numéro
NRE	Nouvelles Régulations Économiques (loi)
Obs.	Observations
OCDE	Organisation de Coopération et de Développement Économiques
OPA	Offre Publique d'Achat
Op. cit.	Opus citatum
OPCVM	Organismes de Placement Collectif en Valeurs Mobilières
PDG	Président-Directeur Général
PIB	Produit Intérieur Brut
Préc.	Précédent
Puf	Presses universitaires de France
RSE	Responsabilité Sociétale de l'Entreprise
RDBF	Revue droit bancaire et financier
RDC	Revue droit des contrats
Rev. AMF	Revue de l'autorité des marchés financiers
Rev. Économique	Revue économique
RFG	Revue française de gestion
RJcom.	Revue de jurisprudence commerciale
RJDA	Revue de jurisprudence de droit des affaires
RLDA	Revue Lamy de droit des affaires
RLDC	Revue Lamy de droit civil
RS	Revue des sociétés
RTDciv.	Revue trimestrielle de droit civil
RTDcom.	Revue trimestrielle de droit commercial
RTDF	Revue trimestrielle de droit financier
s.	Suivant
SA	Société Anonyme
SBF	Société des Bourses Françaises
SEC	Securities and Exchange Commission
SICAV	Sociétés d'Investissement à Capital Variable
Spéc.	Spécialement
Supra.	Voir ci-dessus
vol.	Volume

Introduction

1. Les agences de conseil en vote sont progressivement devenues des acteurs notables des marchés financiers. Objets communs d'études outre-Atlantique, ces organismes demeurent largement méconnus en France et plus généralement en Europe. Pourtant, leur fort développement témoigne de la réalité et de l'importance des besoins auxquels ils répondent.
Ce n'est pas chose aisée de proposer une étude liminaire française. Cette quête se révèle toutefois passionnante, car elle appelle le juriste à affronter ces océans incertains que sont la finance ou encore l'économie, mais aussi à trouver abri en ces mers plus familières, *quoiqu'aventureuses encore*, que sont le droit des sociétés, le droit boursier et financier, ou encore la gouvernance d'entreprise.

2. Engager cette étude exige de dissocier les droits « pécuniaires » des actionnaires, c'est-à-dire leurs droits patrimoniaux et financiers, de leurs droits « extra-pécuniaires », lesquels englobent le droit d'information, le droit de participation aux assemblées générales, ainsi que le droit de vote. Le fonctionnement des sociétés cotées est fondé sur l'équilibre des intérêts qui les composent. Ce principe suppose donc un exercice efficient de l'ensemble des droits actionnariaux. Or, la globalisation financière a favorisé le développement d'une nouvelle catégorie actionnariale – les investisseurs institutionnels[1] – exprimant un net désintérêt pour l'exercice de ces droits extra-patrimoniaux. La passivité de ces professionnels de l'intermédiation financière, dépourvus d'*affectio societatis* au sens classique du terme[2], s'est révélée vectrice de profonds déséquilibres lors des assemblées générales d'actionnaires. Un courant législatif d'une portée internationale a donc rapidement « imposé » aux sociétés de gestion un usage efficient de leurs droits de vote[3]. Mais une importante fraction de cette famille d'actionnaires souffre d'une faiblesse structurelle récurrente qui rend l'exercice du vote particulièrement délicat[4]. En conséquence de quoi, de nombreux professionnels de l'intermédiation financière font appel au service de professionnels spécialisés dans le traitement du vote des actionnaires : les « agences de conseil en vote ».

3. Il n'existe pas à ce jour de définition pleinement satisfaisante des agences de conseil en vote. D'abord parce que l'essence d'une activité de « conseil » peut revêtir de multiples formes. Mais aussi en raison du fait que le terme « agence » souffre d'une relative imprécision juridique. Nous exclurons toute possibilité de caractérisation de ce terme via le prisme du droit administratif et nous nous en tiendrons à sa signification la plus communément admise. Le terme agence désigne ainsi « une entreprise indépendante agissant le plus souvent en qualité de prestataire de service pour autrui »[5].
Nous définirons donc les agences de conseil en vote de la manière suivante : ce sont des personnes morales en charge d'analyser sur une base professionnelle et commerciale les projets de résolution des assemblées générales de sociétés cotées, dans le but de fournir à leurs clients, le plus souvent des investisseurs institutionnels, des recommandations de vote. L'étude des projets de résolution s'effectue à partir des informations financières et extra-financières communiquées par les émetteurs, le tout au regard des grands principes de la gouvernance d'entreprise. Ces organismes peuvent également fournir aux investisseurs des services de type logistique[6] et informationnel[7]. Par ailleurs, au sein de cette industrie, un acteur est dit « dualiste »[8]. Cela signifie qu'il propose en parallèle à son activité de conseil aux investisseurs (*Buy Side*) une activité de conseil en gouvernance directement auprès des émetteurs (*Sell Side*), par le biais d'une filiale[9].
La dénomination d'agence de conseil en vote ne faisant pas à ce jour l'objet d'un consensus terminologique ou sémantique, nous qualifierons indifféremment ces organismes comme « agence de conseil de vote », « conseiller de vote », « proxy advisor » ou encore « conseiller proxy ».

4. L'avènement des *proxy advisors* est symptomatique de déséquilibres structurels au sein des marchés financiers. En fervent défenseurs du gouvernement d'entreprise, ces organismes contribuent à la réduction du phénomène d'asymétrie d'information pouvant apparaître entre l'actionnariat et le conseil d'administration. Force sera cependant de constater que l'exercice des agences de conseil en vote soulève de nombreux questionnements.
Ces quelques lignes présentent brièvement les prodromes de notre étude. Il sera donc nécessaire d'introduire ce sujet d'une manière plus complète. Pour ce faire, nous nous intéresserons à la genèse des *proxy advisors* (I.). La métamorphose du monde financier est à la racine de la naissance et du développement de ces organismes. L'influence acquise par ces derniers soulève des interrogations (II.).

I. Prolégomènes à l'étude des agences de conseil en vote

5. Proxy advisors : une industrie oligopolistique. Historiquement, le premier *proxy advisor* est d'origine états-unienne. Actuel *leader* mondial de cette industrie, le groupe ISS (*Institutional Shareholder Services, Inc.*)[10] a été cofondé en 1985 par Robert A. G. MONKS et Nell MINOW. Le succès de cette agence ne fut cependant pas immédiat. Elle dut en effet attendre le milieu des années 1990, et le développement de la *corporate governance,* pour que son influence s'étende et que des concurrents fassent leur apparition. Le marché global du conseil en vote est aujourd'hui composé d'une quinzaine d'acteurs. Il s'agit de ISS (*États-Unis*) ; de GLASS LEWIS & Co[11] (*États-Unis*) ; de GMI (*États-Unis*) ; de EGAN-JONES PROXY SERVICES (*États-Unis*) ; de MARCO CONSULTING (*États-Unis*), de PROXYVOTE PLUS (*États-Unis*), de SIRIS (*Australie*) ; de PIRC (*Grande-Bretagne*) ; de MANIFEST (*Grande-Bretagne*) ; de IVIS (*Grande-Bretagne*) ; de DSW (*Allemagne*) ; de IVOX (*Allemagne*) ; de FRONTIS GOVERNANCE (*Italie*) ; de ETHOS (*Suisse*) ; de SHAREHOLDER SUPPORT (*Pays-Bas*) ; de VIRV SOLUTIONS (Pays-Bas) ; de CORPORANCE (*Espagne*) et de PROXINVEST[12] (*France*)[13].
Mais, parmi ces organismes, seuls ISS et GLASS LEWIS & Co sont dotés d'une envergure internationale. Les autres agences jouissent d'une influence nationale, voir plus rarement « continentale ». Un très faible nombre d'acteurs impacte donc substantiellement le marché global du conseil en vote, ce qui en fait un marché à caractère oligopolistique, doté d'importantes barrières à l'entrée[14]. Ces dernières années, plusieurs structures majeures ont fait l'acquisition d'agences de moindre stature, ce qui contribue à concentrer encore davantage l'activité de conseil en vote entre les mains d'une poignée d'agences.

6. La domination internationale de deux *proxy advisors* d'origine états-unienne s'explique aisément. C'est actuellement outre-Atlantique que ce marché est le plus mature et les organismes spécialisés dans le conseil en vote ont donc bénéficié de davantage de temps pour s'y développer. On constate également que les apporteurs de capitaux américains représentent une part considérable de l'investissement global. Illustrons ce propos en prenant pour exemple le marché français. Les capitaux des sociétés du CAC 40 sont détenus à 46,7% par des investisseurs non-résidents, lesquels se révèlent dans une large mesure originaires du nouveau monde[15]. Il n'est dès lors pas surprenant que ces investisseurs fassent en priorité appel aux services d'un conseiller *proxy* de même nationalité, d'autant que les principes généraux de la *corporate governance* sont aujourd'hui applicables à l'ensemble des grands émetteurs de la planète. Il est également clair que lors des assemblées générales d'actionnaires, ISS ou GLASS LEWIS & Co disposent d'une influence supérieure à celle d'un conseiller *proxy* de moindre envergure. GLASS LEWIS & Co, mais plus encore ISS, dominent les marchés européen et français du conseil de vote, au point d'impacter objectivement certaines spécificités du modèle de gouvernance des émetteurs du vieux continent[16]. Il convient toutefois de préciser qu'il n'est pas rare qu'un investisseur institutionnel fasse simultanément appel à plusieurs agences de conseil en vote. Il est en effet stratégiquement pertinent pour un investisseur institutionnel de s'allouer conjointement les services d'un *proxy advisor* international (*afin de bénéficier de son approche généraliste, de son influence et des nombreux services qu'il peut proposer*), et ceux d'une agence nationale, davantage introduite dans les arcanes du marché où évolue l'émetteur objet des analyses.

7. Proxy advisors : un encadrement incertain. Certains éléments laissent à penser que l'industrie du conseil en vote pourrait bientôt faire l'objet d'un encadrement contraignant, comme ce devrait être prochainement le cas outre-Atlantique[17]... Toutefois, en France comme en Europe, et à ce jour, l'activité des agences de conseil en vote n'est soumise à aucune réglementation spécifique et contraignante[18]. Force est cependant de constater que l'influence grandissante de ces organismes pousse de nombreuses institutions et régulateurs à s'intéresser à eux. Dans l'hexagone, la recommandation[19] AMF n° 2011-06 du 18 mars 2011 dessine les premières orientations de fonctionnement des agences de conseil en vote. Elle s'articule autour de trois piliers : l'établissement des politiques de vote des agences, le dialogue de ces organismes avec les émetteurs et enfin, la gestion des conflits d'intérêts[20]. C'est également en 2011 que la Commission Européenne a interrogé de nombreuses parties prenantes (*investisseurs institutionnels, émetteurs...*) afin de connaître leurs sentiments sur les évolutions souhaitables des *proxy advisors*. Il en est ressorti la nécessité d'accroître la transparence de leurs méthodes de travail et de leur mode de gestion des conflits d'intérêts[21]. De son côté, l'ESMA (*autorité européenne des marchés financiers*) a publié en mars 2012 ses premières conclusions sur le rôle des conseillers *proxy*. L'autorité européenne envisage plusieurs options d'encadrement, allant de la simple autorégulation à des mesures quasi-contraignantes, voire contraignantes[22]. Mais, soulignant l'inexistence de preuves de défaillance du marché quant aux agissements des *proxy advisors*[23], l'ESMA, dans son rapport final de février 2013, arrête sa position en faveur d'un mode d'encadrement « *soft law* » de ces organismes. L'Autorité Européenne laisse ainsi aux principaux intéressés le soin de développer un Code de déontologie pour leur profession, lequel doit cependant être articulé autour d'une série de principes de « haut niveau »[24]. Ce Code voit le jour en mars 2014, sous le nom du « Best Practice Principles for Providers of Shareholder Voting Research »[25].

8. Dans le cadre de la politique de relance économique, la Commission européenne a affirmé (*le 12 décembre 2012 au sein du plan d'action « Droit européen des sociétés et gouvernance d'entreprise - un cadre juridique moderne pour une plus grande implication des actionnaires et une meilleure viabilité des entreprises »*) son intention de renforcer l'actionnariat en favorisant la création de capital à long terme.

Dans cette optique, a été publiée la proposition du 9 avril 2014 de directive du Parlement européen et du Conseil modifiant la directive 2007/36/CE en vue de promouvoir l'engagement à long terme des actionnaires, et la directive 2013/34/UE en ce qui concerne certains éléments de la déclaration sur la gouvernance d'entreprise. La proposition évoque la possibilité d'encadrer l'activité des *proxy advisors* au moyen d'une série d'obligations visant à accroître la transparence, l'indépendance et l'efficience des méthodes d'exercice de ces organismes[26]. Le 8 juillet 2015, le Parlement européen adopte cette proposition de directive. Au terme de près de deux années de négociation en trilogue, le Conseil adopte le 3 avril 2017 la directive (UE) 2017/828 modifiant la directive 2007/36/CE, laquelle souligne que les *proxy advisors* doivent se référer, dans la limite du « *comply or explain* », à un Code de bonne conduite[27]. Schématiquement, la directive (UE) 2017/828 s'approprie les rouages des pratiques d'exercice du code BPPSVR, ainsi que son langage « *comply or explain* ». Elle ne saurait donc, à ce jour, représenter un profond bouleversement dans les pratiques d'exercice de l'industrie. Dans un futur relativement proche, elle pourrait toutefois être à l'origine d'un changement de paradigme. En effet, la directive (UE) 2017/828 nous informe que la Commission européenne, en étroite coopération avec l'ESMA, présentera au Parlement européen et au Conseil, au plus tard le 10 juin 2023, un rapport évaluant la possible nécessité d'établir des dispositions contraignantes pour les agences de conseil en vote, en fonction de l'évolution des marchés[28].

9. La globalisation financière : aux origines du développement de l'industrie des proxy advisors. Les agences de conseil en vote sont le fruit de la dominance du modèle économique et financier libéral. Ces quatre-vingt dernières années ont été le théâtre de mutations économiques et financières considérables. A l'issue la Seconde Guerre Mondiale, le modèle capitaliste dit « classique » a laissé place à un système capitalistique mondialisé, d'inspiration états-unienne. Tout en gardant certaines spécificités, les Etats européens ont été influencés par la prééminence économico-financière américaine.

10. Les années 1990 sont à l'origine d'un bouleversement des pratiques financières. En témoigne l'ouverture des marchés, l'intensification des flux, l'accroissement de la mobilité des capitaux, ou encore la création de nouveaux instruments financiers. En parallèle, la dématérialisation des entreprises[29] a catalysé la croissance de ces pratiques. Le développement de l'informatique connectée a permis de s'« affranchir » de certaines contraintes matérielles et juridiques[30]. Les grandes firmes sont ainsi passées d'une structure dite « pyramidale »[31], à une organisation dite « horizontale »[32], reflet de l'émergence des réseaux d'entreprises et des groupes de sociétés. Les agences de conseil en vote sont une conséquence naturelle du développement de ces grands groupes : il faut un « contrepoids » indépendant pour aider l'actionnariat à mieux comprendre la complexité du mode de gouvernance de ces grands émetteurs.

11. L'avènement du marché financier globalisé n'est autre que le fruit de l'interaction de l'ensemble des facteurs susmentionnés. Le phénomène de globalisation financière repose donc principalement sur 4 processus : la déréglementation, le décloisonnement, la désintermédiation[33], ainsi que sur le caractère hégémonique de la valeur actionnariale[34]. L'investissement constitue la clef de voûte du marché globalisé. Or, l'actionnariat va connaître dans les années 1990 de profondes transformations, lesquelles seront à l'origine de l'importance croissante des agences de conseil en vote.

12. Proxy advisors : une industrie qui vise à restaurer la fiabilité des informations transmises par les émetteurs. Ces vingt dernières années ont été ponctuées de crises et de scandales financiers[35]. Force est alors de constater que ces sombres évènements ont favorisé le développement des agences de conseil en vote.

Les années 1990 correspondent à une période faste du modèle actionnarial. Se dotant de nouveaux instruments informatiques, comptables et financiers extrêmement performants, l'ensemble des acteurs du marché globalisé connaissent des évolutions substantielles. Mais ces nouveaux instruments ne sont que partiellement maitrisés, et ils vont devenir des vecteurs d'opacité juridique et de déréglementation financière, ce qui provoquera, tout au long des années 2000, une succession des scandales financiers. Les illustrations les plus emblématiques demeurent les affaires Enron (*et ses fameuses 3 000 filiales offshores*), Worldcom, Xérox, et Ahold, aux États-Unis, Parmalat en Italie, et Vivendi en France. Le laxisme de certains conseils d'administration et les raisonnements souvent court-termistes des dirigeants exécutifs sont alors montrés du doigt. Cela explique la remise en cause par de nombreux investisseurs de la fiabilité des informations financières transmises par les émetteurs, ainsi que l'intérêt de ces mêmes investisseurs pour le développement des *proxy advisors*.

13. La structure même du marché globalisé se révèle par ailleurs être vecteur d'instabilité. Elle nourrit certains mimétismes comportementaux[36] entre les investisseurs, ce qui provoque d'importantes et imprévisibles fluctuations de marché. Elle favorise également le développement de crises boursières, avec la formation de bulles spéculatives. La dernière grande crise financière à ce jour remonte à l'été 2007. Initialement circonscrite au « nouveau continent », la crise des « subprimes » a connu d'importantes retombées internationales, en raison principalement des fortes interconnexions qui existent entre les différents acteurs du marché globalisé. Par un « effet de domino »[37], la crise s'est étendue à l'ensemble du marché globalisé, jusqu'à toucher l'économie réelle à l'automne 2008, et cela malgré la mise en place de vastes plans de relance et de refinancement des banques par les gouvernements nationaux[38].

14. Cette succession de crises et de scandales financiers témoigne des dysfonctionnements du marché globalisé, mais également de défaillances en matière de gouvernance[39]. Ni les organes de gestion des émetteurs, ni même les arcanes du marché, ne se sont montrés réellement en mesure d'assurer une juste promotion de la « *shareholder value* » (*laquelle est synonyme d'efficience du modèle de la globalisation financière*). La reconquête de l'investissement n'a pu se faire alors que par le développement d'exigeants principes de gouvernance d'entreprise, avec, en parallèle, l'essor d'organismes spécialisés dans la défense des intérêts actionnariaux, les *proxy advisors*.

15. Sans une information financière fiable, il ne peut y avoir d'investissement. Sans investissement, sans financement[40], le marché globalisé est en péril. C'est pour cette raison que, dès le début des années 2000, la *corporate governance* a développé des principes visant à traquer les irrégularités comptables et financières, ainsi qu'à rationaliser les prises de risques financiers par les émetteurs[41]. Aux États-Unis, l'entrée en vigueur de la loi Sarbanes-Oxley[42] du 30 juillet 2002 a marqué un profond tournant dans la restauration de l'information financière transmise par les émetteurs[43]. Elle marque en effet un premier ancrage législatif des principes de *corporate governance*. Cette loi a par ailleurs directement influencé la loi de sécurité financière du 2 août 2003, au sein de laquelle le législateur national définit à son tour un encadrement strict de principes centraux de la gouvernance d'entreprise, qui sont en rapport direct avec le processus d'élaboration de l'information financière.

Aujourd'hui en France, les émetteurs doivent communiquer de nombreuses informations sur leurs mécanismes de gouvernance. Il faut également noter que les sociétés cotées doivent fournir de nombreuses informations sur les comptes et leur méthode de préparation. Cela favorise grandement la transparence de leurs méthodes de fonctionnement, et *in fine* accroit la fiabilité de l'information financière qu'ils diffusent au marché, aux actionnaires en place et aux potentiels investisseurs. Lorsqu'elles se réfèrent à un Code de gouvernance, les sociétés doivent par exemple préciser les dispositions qu'elles ont écartées et en expliciter les motifs (*en application du principe comply or explain*)[44]. Il est dès lors aisé pour un investisseur de juger du niveau de fiabilité d'une société. Le développement de mécanismes de contrôle interne marque un second tournant dans l'accroissement de la fiabilité des informations financières transmises par les émetteurs. De nouvelles procédures de contrôle des décisions des dirigeants sont établies[45], et certains acteurs de la société voient leurs missions et responsabilités fortement croître, comme par exemple les commissaires aux comptes[46]. Plus encore, la pratique des tests préventifs de « résistance bancaire » se généralise. Dans l'unique mais vital objectif d'accroître la confiance des investisseurs.

16. Proxy advisors : une industrie qui vise à soutenir l'exercice du droit de vote. De considérables efforts ont été consentis par les émetteurs afin de restaurer la fiabilité de l'information financière. Mais une profonde mutation de l'actionnariat des sociétés cotées entérine un nouveau déséquilibre systémique au sein du marché globalisé. Il s'agit de la montée en puissance des investisseurs institutionnels. En raison de son mode de fonctionnement atypique[47], cette catégorie actionnariale reste largement passive lors des assemblées générales d'actionnaires. Le vote aux assemblées constitue pourtant un droit fondamental de l'actionnaire. Certains vont même jusqu'à le qualifier de « vache sacrée du droit des sociétés »[48], car il matérialise la contrepartie du risque financier auquel s'expose l'actionnaire du fait même de son investissement. Il est donc éminemment problématique qu'une catégorie d'actionnaires aussi influente que celle des investisseurs institutionnels n'exerce pas d'une manière efficiente son droit de vote. Le risque étant que l'organe de l'assemblée générale ne soit plus perçu comme un espace d'échanges et de prises de décision, mais comme une simple chambre d'enregistrement au service des dirigeants. Ce danger est d'autant plus perceptible que les récents scandales financiers trouvent pour une part non négligeable leurs origines dans l'exercice souverain de dirigeants à l'abri de tout contre-pouvoir actionnarial effectif.

Partant de ce constat, un courant législatif international s'est attaché à promouvoir le vote des gérants de fonds aux assemblées. Dès 1988, les fonds de pensions états-uniens se sont trouvés dans l'obligation de voter aux assemblées générales des émetteurs américains. En 1995, ces mêmes fonds ont vu cette obligation s'étendre aux assemblées des émetteurs étrangers. Dans une démarche toujours plus large d'imposition de l'exercice du droit de vote, la SEC a étendu en 2003 ce principe à l'ensemble des *mutuals funds*. Cette même année marque l'établissement, dans l'hexagone, des premières mesures législatives visant à « imposer »[49] aux sociétés de gestion de portefeuilles (*de type OPCVM*[50]) l'exercice de leurs droits de vote[51]. Il faudra cependant attendre la directive 2010/43/UE de la Commission du 1er juillet 2010 pour qu'émerge à l'échelle européenne, une règle similaire.

L'exercice du droit de vote est fondamental, puisqu'il concourt à l'équilibre des pouvoirs au sein des émetteurs et favorise le développement d'un socle actionnarial stable[52]. C'est en application de ce principe que les professionnels de l'intermédiation financière se sont trouvés dans l' « obligation » d'exercer leurs droits de vote. Mais, en raison de la faiblesse structurelle d'une multitude de ces acteurs et du coût exorbitant qu'une refonte de leurs méthodes d'exercice imposerait, nombre d'entre eux ont opté pour une forme d'externalisation de leur politique de vote, via les agences de conseil en vote. Les *proxy advisors* ont ainsi permis à cette catégorie d'actionnaires de se conformer, pour un coût raisonnable, aux normes en vigueur. L'influence de ces organismes a également joué un rôle notable dans la croissance de la gouvernance d'entreprise.

17. L'ère des zinzins. Introduire à une étude des agences de conseil en vote réclame l'examen attentif de leurs principaux clients : les investisseurs institutionnels. En l'espace de trente ans, ces professionnels de l'intermédiation financière sont devenus des acteurs incontournables des marchés financiers[53]. Leur essor a été favorisé par la financiarisation de l'économie, laquelle a conduit à une libéralisation des mouvements de capitaux, à une décroissance du coût des transactions financières, ainsi qu'à une fluidification de la circulation de l'information financière[54]. La globalisation financière est donc à l'origine d'une profonde transformation du panorama actionnarial des sociétés cotées. L'actionnariat classique, dit « familial », a ainsi progressivement laissé place à une catégorie d'investisseurs professionnels, les investisseurs institutionnels.
La classification usuellement admise des investisseurs institutionnels est tripartite[55]. Elle comprend : les fonds de pension[56], les organismes de placement collectif et les compagnies d'assurances. À l'échelle nationale, ces investisseurs regroupent donc schématiquement : les banques, les compagnies d'assurance, les caisses de retraite et les OPCVM[57]. Force est cependant de constater que toute tentative de classification de cette catégorie actionnariale demeure, en raison de sa constante évolution[58], sujette à des incertitudes[59]. Les investisseurs institutionnels ne détiennent que des participations minoritaires au capital des sociétés[60]. Ils n'exercent donc que peu de fonctions de contrôle. Cela ne les empêche toutefois pas d'impacter d'une manière notable la gestion des émetteurs. En effet, les décisions d'investissement de cette catégorie d'actionnaires déterminent substantiellement l'évolution de la valeur boursière des sociétés cotées.

18. En France, le phénomène de globalisation financière est à l'origine de l'éclatement de nombreux blocs d'actionnaires majoritaires, vestiges du modèle du « cœur financier ». Cette fragmentation a favorisé l'introduction des investisseurs institutionnels (étrangers[61] *et plus particulièrement américains*[62]) au capital de grands émetteurs nationaux. Hostile à la vision capitalistique française[63], cette nouvelle catégorie actionnariale a enjoint à ces sociétés de développer d'inédites stratégies de gouvernance et de gestion[64]. Comme par exemple l'établissement de politiques de recentrage des activités de ces sociétés.
Afin de limiter les risques de pertes, les portefeuilles d'actifs financiers des investisseurs institutionnels sont construits sur un principe de diversification, ce qui commande à cette catégorie d'actionnaires d'entrer au capital de sociétés évoluant au sein de nombreux secteurs d'activités, mais aussi d'écarter toute notion de barrière géographique à l'investissement. « Derrière [une] apparente unicité de comportement se profilent des techniques de gestion passives ou plus actives »[65], ce qui confère aux investisseurs institutionnels un caractère objectivement hétérogène[66]. Trois facteurs déterminent le mode de gestion « actif » ou « passif » de cette catégorie actionnariale[67]. Il s'agit de la temporalité de

l'investissement[68], du niveau de participation au capital[69] et de la nature de l'ensemble des relations entretenues avec les émetteurs[70]. Une partie conséquente de la littérature scientifique spécialisée s'accorde à affirmer que l'activisme des investisseurs institutionnels peut être en mesure d'améliorer la performance des émetteurs, notamment parce que ce phénomène contribue à réduire la problématique des conflits d'intérêts au sein des sociétés cotées[71]. Mais la structure organisationnelle de nombreux investisseurs institutionnels se révèle inadaptée au développement d'une forme « classique » d'activisme. Au regard des participations qu'ils détiennent au sein de centaines, voire de milliers d'émetteurs, il leur est matériellement extrêmement difficile de produire un vote efficient pour chaque société. Longtemps critiqués pour leur passivité, les investisseurs institutionnels ont par la suite été vigoureusement encouragés à se montrer davantage responsables en ce qui regarde leurs votes aux assemblées générales d'actionnaires. Peu disposés cependant à assumer une refonte globale de leurs modes de fonctionnement, les professionnels de l'intermédiation financière ont alors fait appel aux *proxy advisors* : des spécialistes dans l'analyse du vote, ainsi que dans les questions de *corporate governance*.

19. Proxy advisors : une industrie spécialisée dans les questions de corporate governance. Ces trois dernières décennies, la gouvernance d'entreprise s'est imposée en tant que mode d'organisation exclusif des grands émetteurs de la planète. La *corporate governance* se définit comme un système qui tend à régir « le fonctionnement et la répartition des pouvoirs entre les organes de direction, le conseil d'administration et les actionnaires d'une société cotée, ainsi que les questions relatives aux devoirs de diligence et aux conflits d'intérêts »[72]. Cette matière trouve l'essence de son influence dans la perte de légitimité de certains dirigeants des sociétés cotées. L'efficience du marché globalisé étant conditionnée par les investissements, l'entrée au capital d'un émetteur nécessite que l'investisseur ait confiance dans le modèle de gouvernance de ladite société[73]. Faute de quoi il hésitera, voire renoncera à investir. La gouvernance d'entreprise se donne donc pour objectif d'accroître cette confiance. En cela, elle participe à renforcer l'efficacité du marché. Historiquement, les questions de gouvernance se sont toujours nourries de l'émergence de nouveaux clivages[74]. Au moment de la révolution industrielle, les intérêts salariaux se sont opposés à ceux des détenteurs de capitaux. L'essor du modèle de la « grande entreprise » a par la suite vu naitre la séparation du capital et du pouvoir de direction. Enfin, le développement du marché globalisé a révélé une problématique riche de conflits potentiels, à savoir que les émetteurs pouvaient davantage être gérés dans l'intérêt de leurs dirigeants que dans celui des actionnaires. La gouvernance d'entreprise est alors apparue comme un système à même de rééquilibrer la balance de ces intérêts[75]. Ce qui a largement contribué au succès de cette matière.

20. La théorisation originelle de l'approche moderne de la gouvernance remonte au premier tiers du XXe siècle. Il s'agit de la théorie de la « firme managériale », développée et rendue célèbre par Adolf BERNE et Gardiner MEANS dans l'ouvrage « The Modern Corporation and Private Property », paru en 1932. Les années 1970 ont marqué l'affirmation de la prééminence du pouvoir actionnarial. Cette évolution a bénéficié d'un large soutien du prix Nobel américain d'économie Eugène FAMA, pour lequel les décisions d'investissement des actionnaires font du cours boursier le principal indicateur de la performance des émetteurs[76]. L'actionnariat s'est alors trouvé au centre de toutes les attentions, non pas en raison de sa capacité à voter aux assemblées générales, mais en vertu de l'influence qu'il détient sur le cours de la bourse. Cette optique a également favorisé l'octroi aux membres non-exécutifs du conseil d'administration, de la qualité symbolique de « gardien »[77] de la société. Ces derniers sont alors théoriquement en charge de concilier les intérêts potentiellement divergents des actionnaires et des dirigeants. Dès lors, l'organe de gestion ne cessera d'occuper une place prépondérante au sein des sociétés, au point de créer de substantiels déséquilibres. Lesquels se traduiront, dès la fin des années 1990, par une succession de crises et de scandales, qui viendront ternir la légitimité du pouvoir de cet organe, ainsi que celle de certains dirigeants. La conscientisation du fait que ces protagonistes puissent connaître des intérêts distincts de ceux des actionnaires traduit un tournant essentiel de la gouvernance. La matière passe alors de sa conception moderne à son approche réellement contemporaine, c'est-à-dire axée sur le développement de deux grandes problématiques, le rééquilibrage et de la croissance de la valeur actionnariale, notamment par le biais d'une redynamisation du vote aux assemblées générales, et le renforcement de la transparence de l'action des dirigeants exécutifs (*say on pay*), du conseil d'administration et de ses membres.

21. Les principes et les évolutions de la gouvernance d'entreprise font l'objet de nombreuses publications, tant sous la forme de rapports, de codes, que de recommandations. Le « Code of Best Practice » issu du rapport « Cadbury » (*Royaume-Uni, 1992*), ainsi que les recommandations « Principles of Corporate Governance » (*1993*) de l'American Law Institute sont à la genèse de l'organisation et de la classification contemporaine des principes de *corporate governance*. Bien que ces documents demeurent marqués par un mode de fonctionnement anglo-saxon, ils ont influencé le modèle de gouvernance des grands émetteurs de nombreux pays, dont celui de la France, qui a vu publiés, en l'espace de seulement sept ans, quatre rapports en la matière. Il s'agit bien évidement des célèbres rapports Vienot I[78] de 1995, Marini[79] de 1996, Vienot II[80] de 1999 et Bouton[81] de 2002. Plus encore, la loi n° 2001-420 du 15 mai 2001 relative aux nouvelles régulations économiques (*NRE*) viendra poser un socle législatif en appui à certains principes de *corporate governance*. Gardons toutefois à l'esprit que les organisations patronales jouent en France un rôle moteur dans le développement de la gouvernance d'entreprise. Depuis 2008, le Code AFEP-MEDEF fait ainsi office de référence[82] incontestée en la matière : « À l'origine, les recommandations essentiellement tournées vers des questions de rémunérations et de conflits d'intérêts, ont considérablement évolué sous l'influence des pratiques économiques et de marché, mais également par anticipation des évolutions législatives et réglementaires. L'ensemble de ces règles, qui s'appuient pour certaines sur des règles de droit issues du droit des sociétés, du droit financier et des normes comptables, constitue un corpus que l'on dénomme soft law »[83].

22. Les agences de conseil en vote entretiennent une relation toute particulière avec la *corporate governance,* car ces organismes ont établi les contours de leur influence par le biais de la promotion des principes que soutient cette matière[84]. Les *proxy advisors* sont progressivement devenus des spécialistes reconnus des questions de bonne gouvernance et jouent désormais un rôle déterminant dans cette matière. En raison d'une influence grandissante, ces organismes participent à la diffusion des grands principes de la gouvernance d'entreprise. D'autant plus qu'ils façonnent certains rouages de la matière[85].

23. Proxy advisors : une affirmation de la théorie de l'agence. Dès les années 1930, Adolf BERLE et Gardiner MEANS sont parvenus à la conclusion que le capitalisme était arrivé à « un nouveau stade de développement où, du fait de la diffusion de la propriété permise par la négociabilité des titres, les actionnaires [avaient] de facto perdu leur pouvoir de contrôle au profit des managers »[86]. Développée à titre liminaire par ce duo d'auteurs, puis enrichie par les économistes Michael JENSEN et William MECKLING, la théorie de l'agence s'intéresse aux modes d'organisation économico-structurelle des émetteurs. Une relation d'agence se définit donc par une forme de « contrat au sein duquel une *ou plusieurs personnes* (*le principal*) en engage une autre (*l'agent*) dans le but d'exécuter en son nom une tâche qui implique une délégation de pouvoir de décision à l'agent »[87]. Deux principes s'établissent en conséquence de cette doctrine. Premièrement, celui qui veut que la valeur d'un émetteur soit substantiellement conditionnée par la structure de son capital. Secondement, celui qui veut que les intérêts des dirigeants puissent diverger de ceux de l'actionnariat[88]. Les actionnaires cherchent par nature à maximiser la valeur de leurs titres, tandis que, sous le couvert du caractère impérieux de la « *shareholder value* », certains dirigeants peuvent insidieusement aspirer surtout à accroître davantage leurs propres niveaux de rémunération.

24. La théorie de l'agence est donc une tentative pour amoindrir les effets de ces potentielles dissonances, dont l'expression la plus commune n'est autre que le phénomène connu comme l'asymétrie d'information. L'actionnariat n'ayant pas l'assurance que les dirigeants orientent la gestion de l'émetteur au mieux de ses intérêts, des mécanismes visant à réduire cet aléa vont voir le jour. Aussi appelées « coûts d'agences », ces méthodes d'évaluation inédites de l'action des dirigeants vont conduire à des modifications institutionnelles et organisationnelles fondamentales chez les émetteurs. Mentionnons par exemple l'intensification de mesures internes de surveillance, de contrôle et d'audit, mais également la mise en place de nouvelles formes de « contrôle externe »[89], avec le développement des *proxy advisors*. Ces derniers sont en effet chargés de garantir la prééminence des intérêts actionnariaux, en « totale » indépendance et hors du champ d'influence des dirigeants. Cette doctrine a inspiré de nombreux principes aux origines de la gouvernance d'entreprise, tout particulièrement ceux relatifs aux questions de la rémunération des dirigeants. C'est le cas, par exemple, de la définition d'une part de leur rémunération sous la forme de stock-options, avec l'objectif (*théorique*) d'aligner leurs intérêts propres sur ceux de l'actionnariat…

La théorie de l'agence établit un lien subtil entre la structure du marché, la stratégie organisationnelle de l'entreprise, et les intérêts potentiellement divergents de ceux qui en sont partie prenante. Il est dès lors parfaitement clair que les agences de conseil en vote trouvent en partie leur origine dans les mécanismes que cette doctrine promeut.

25. Proxy advisors : des « stakeholders » au service des « shareholders ». Il est des débats que les avancées scientifiques et doctrinales apaisent, mais ne règlent pas. La question de la propriété de l'entreprise est de ceux-là. Les actionnaires sont-ils les uniques propriétaires de l'entreprise ? Si tel est le cas, l'influence parfois déterminante des agences de conseil en vote sur leurs clients pourrait être génératrice d'une forme d'externalisation des prérogatives afférentes aux propriétaires. Lorsqu'il s'agit de déterminer à qui appartient l'entreprise, la doctrine de Milton FRIEDMAN s'« oppose » classiquement à celle de R. Edward FREEMAN.

Pour Milton FRIEDMAN, les actionnaires sont les uniques propriétaires de l'entreprise. Selon une vision contractuelle de l'entreprise, le chef de file de l'Ecole de Chicago soutient que les dirigeants sont exclusivement responsables devant les actionnaires. Partant de ce principe, l'unique devoir des dirigeants serait de satisfaire la « *shareholder value* ». Mais, avec la globalisation financière qui a vu croitre le pouvoir des dirigeants, d'aucuns ont considéré que l'approche de Milton FRIEDMAN était partiellement dépassée. Cela explique la naissance d'une doctrine en relative opposition de cette dernière. Il s'agit de celle de R. Edward FREEMAN qui vise à accroître la responsabilité des dirigeants, par le biais du développement de la notion des « parties prenantes » ou « *stakeholders* ».

R. Edward FREEMAN *in* « A stakeholder theory of the firm » de 1984 définit une partie prenante comme un « individu ou groupe d'individus qui peut affecter ou être affecté par la réalisation des objets organisationnels » de l'entreprise. Les parties prenantes englobent donc les actionnaires, les salariés, les fournisseurs, les clients, les concurrents de l'entreprise, l'Etat, les groupes de pression, etc. C'est-à-dire toutes les entités qui interagissent d'une manière positive, négative, directe ou indirecte, avec l'entreprise. Contrairement à la « *shareholder value* », cette doctrine ne fait pas de l'actionnaire le possesseur exclusif de l'entreprise, pour la simple raison que les dirigeants se trouvent « responsables » devant l'ensemble des parties prenantes[90]. Pour R. Edward FREEMAN, si l'entreprise veut réaliser des profits durables, elle doit ainsi répondre aux attentes de l'ensemble des parties prenantes. L'efficience de la théorie « *stakeholder* » repose sur une double nécessité[91], le développement d'une théorie managériale, combinée à une théorie d'éthique organisationnelle[92].

26. Bien plus complexe à mettre en place que le modèle « *shareholder value* », l'approche *stakeholder value* est cependant devenue une référence théorique en matière de responsabilité sociétale de l'entreprise (RSE)[93], car son approche de l'éthique organisationnelle dépasse la simple relation entre actionnaires et dirigeants. Certains auteurs justifient la domination du modèle *shareholder,* car il engendre, selon eux, un *optimum* social[94]. Pour d'autres, cette hégémonie découle directement du droit de propriété… Il n'est présentement pas question pour nous d'entrer dans ce difficile débat. Nous nous en tiendrons à une évidence : le caractère quasi-hégémonique du modèle « *shareholder* » désamorce un nombre considérable de problématiques, problématiques qu'active *a contrario* la théorie des parties prenantes[95].

27. Nul ne saurait pourtant affirmer que le modèle de la « *shareholder value* » soit pleinement efficient. La succession de crises et de scandales financiers qui a touché le marché globalisé ont en facteur commun une même racine systémique, soit l'essor considérable d'un actionnariat professionnel et géographiquement éloigné de l'entreprise qui, en raison de faiblesses structurelles, a « délégué » aux dirigeants un pouvoir considérable, dont certains ont abusé. Avec l'objectif de réduire le phénomène d'asymétrie d'information et d'assurer un meilleur contrôle de l'action des dirigeants, les principes novateurs de la *corporate governance* vont dès lors trouver à s'appliquer, malgré l'influence que les équipes dirigeantes feront encore peser sur ces mesures. Les professionnels de l'intermédiation financière, confrontés à de nouvelles problématiques en matière de vote, vont alors militer vigoureusement pour le développement des *proxy advisors*. Ces agences vont leur permettre de voter d'une manière cohérente aux assemblées générales, tout en jouant un rôle de contrôleur externe des intérêts actionnariaux.

La préservation et le développement de la « *shareholder value* » par les *proxy advisors* parait donc accréditer la vision de la propriété de l'entreprise défendue par Milton FRIEDMAN. Cependant, de nombreux investisseurs institutionnels ont de fait transféré un pouvoir substantiel aux conseillers *proxy*. Compte tenu de l'influence des agences de conseil en vote, il n'est pas rare que les conseils d'administration visent prioritairement à s'aligner sur les politiques de vote de ces organismes, dans le seul but de s'assurer un vote favorable aux assemblées générales d'actionnaires. Les *proxy advisors* forment ainsi une partie prenante que les équipes dirigeantes doivent également satisfaire, en conformité avec l'approche de R. Edward FREEMAN. Les agences de conseil en vote illustrent donc un paradoxe qui touche à la question difficile de la propriété de l'entreprise. Alors qu'elles plaident pour l'accroissement de la « *shareholder value* », leur action et leur influence font écho à un modèle d'orientation « *stakeholder* ».

28. Approche philosophico-historique de la notion de conseil. Les agences de conseil en vote ont vocation à conseiller leurs clients… La Palice en eût dit autant… Mais derrière le caractère *a priori* simpliste que revêt la notion de conseil, se cache en réalité un processus millénaire. De tout temps, l'Homme, et en particulier le « dirigeant », a su faire appel à de multiples conseilleurs, que ce soit en raison de leur position sociale, de leur degré d'expertise, de leur qualité de désintéressement etc. Les conseilleurs ont par nature vocation à mettre en avant un avenir potentiellement réalisable. Ils s'expriment sur ce qu'ils jugent possible ou impossible, présentent ce qu'ils considèrent comme le meilleur et rejettent ce qu'ils estiment inapproprié.

Le développement des premières théories du « conseil » remonte à l'antiquité. Ces théories s'attachent principalement à définir les qualités que doivent illustrer les conseillers du « Prince », pour aider efficacement ce dernier dans sa gestion du politique. Pour Homère, un conseilleur doit être riche d'une longue expérience et avoir les yeux résolument tournés vers l'avenir[96]. Socrate perçoit également la fourniture de conseils comme étant une affaire de « spécialistes »[97], dont l'efficience dépend dans une large mesure du développement d'une relation personnelle et vivante avec l'interlocuteur[98]. Platon conditionne quant à lui la fourniture d'un juste conseil au fait que son auteur jouisse de trois vertus : le savoir, la bienveillance et le franc-parler[99]. Pour ce dernier, la bienveillance[100] du conseilleur constitue en effet une vertu déterminante[101]. Laquelle ne saurait toutefois pallier l'absence de savoir. Le conseilleur doit donc être en mesure « de délibérer dans l'intérêt de l'autre, à la parole duquel il sera attentif, afin de lui conseiller les meilleurs moyens à mettre en œuvre »[102]. Selon Aristote, la fourniture d'un conseil nécessite un sens aigu de la *Phronesis*[103] : « le conseil et l'attention vous garderont, la prudence vous sauvera des mauvaises voies… »[104]. Dans une vision relativement dogmatique, Isocrate et Xénophon défendent le caractère par nature supérieur du

conseilleur sur le conseiller[105]. Dans une approche davantage factuelle, Hérodote soutient que le juste conseil n'est pas celui qui a été suivi, mais celui qui, *in fine*, a trouvé à se vérifier[106].
Force est de constater que les principes développés par les philosophes antiques sont l'écho des questionnements qui entourent l'activité de conseil des *proxy advisors*[107]. Légitimer pleinement l'influence d'un conseilleur sur son conseillé demeure un exercice éminemment complexe : « L'acte de conseil ne se réduit pas à un simple rapport informatif d'échanges. Il induit toujours des théories politiques qui fondent et légitiment un droit de conseil et partant, autorisent des instances de conseil qui en revendiquent l'exclusif exercice »[108].
Aujourd'hui, la notion de conseil se définit comme « une délibération, un avis sur ce qu'il convient de faire. [...] », ou comme « une personne qui donne à une autre des avis, des renseignements, des consultations, ou qui l'assiste, soit dans la défense en justice de ses intérêts, soit dans la gestion de ses affaires »[109]. Par ailleurs, l'activité de conseil s'est largement développée et diversifiée. Dans un monde toujours plus soucieux de consensus et d'objectivité, le conseilleur agit désormais comme clef de légitimation d'une décision. Le conseil n'est plus le privilège du « Prince ». L'intégralité des acteurs économiques et sociaux peut faire appel à des conseillers. Dans une démarche comparable à celle qui amènera un particulier à recourir aux services d'un *coach*[110] de vie, un investisseur peut sans mal solliciter les recommandations de vote d'un professionnel reconnu de cette industrie.

29. Celui qui fait appel à un conseiller désire par définition en tirer un avantage. Les clients des agences de conseil en vote font ainsi appel aux services de ces organismes dans le but d'en retirer un gain de valeur. La notion de « valeur » au sens capitalistique du terme trouve racine dans l'économie « classique »[111], mais en raison de son caractère polymorphique, elle demeure un élément central de la finance moderne. La financiarisation des marchés a ainsi donné naissance à une forme inédite de valeur : la « valeur financière ». Elle se définit comme le moyen par lequel les émetteurs tendent à maximiser les intérêts de leur actionnariat[112]. Assujettie à la prééminence des marchés financiers, cette valeur se caractérise par une déconnection de la valeur « réelle ». La valeur financière reflète souvent une forte anticipation de l'avenir des émetteurs. Elle peut donc ne pas revêtir de réalité économique, ce qui la rend particulièrement sujette au développement de bulles spéculatives. « Pour mal définie et polysémique qu'elle soit, la création de valeur ne s'en impose pas moins comme l'impératif catégorique de toute gestion d'entreprise »[113]. Ce principe n'est pas pour déplaire aux agences de conseil en vote qui soutiennent toute création de valeur « responsable »[114] tendant à placer les actionnaires au centre du processus décisionnel et de contrôle des sociétés.

II. Finalités de l'étude

30. Précisions sur le champ de l'étude. Les agences de conseil en vote connaissent une réalité « physique », le plus souvent sous la forme la forme de sociétés commerciales, ce qui confère à l'étude de ces organismes un ancrage réel et actuel. La richesse de ce sujet s'ouvre naturellement à de nombreux angles d'analyse. Nous nous concentrerons principalement sur les arcanes du fonctionnement et de l'influence des agences de conseil en vote, en France. Mais, compte tenu du caractère transversal et transnational des activités de ces organismes, nos développements seront enrichis de considérations plus larges, touchant aux réalités européennes et nord-américaines. Il convient également d'avoir à l'esprit que la majorité de la production scientifique relative aux *proxy advisors* est issue du Nouveau Monde. Cette spécificité s'explique par le fait que le marché nord-américain du conseil en vote se trouve de loin être le plus mature. Mais il est permis d'espérer : les plus récents travaux nationaux et européens ouvrent de prometteuses pistes de réflexion.

31. Problématique générale et interrogations subsidiaires. Les *proxy advisors* jouent un rôle notable dans l'exercice du droit de vote de nombreux investisseurs institutionnels. Cette caractéristique confère aux conseillers *proxy* un pouvoir substantiel lors des assemblées générales d'actionnaires, mais plus encore elle tend à ce que ces agences influencent le fonctionnement des sociétés cotées. Les *proxys advisors* se métamorphosent-ils en agences de gestion des sociétés cotées ?
Nous pourrions aisément répondre par l'affirmative, si l'ensemble des conseillers *proxy* se révélait de type « dualiste ». Or, à l'exception du groupe ISS, l'ensemble des acteurs de cette industrie est de type « moniste » (*buy side*). Ils se refusent ainsi à fournir en parallèle de leur activité de conseil aux investisseurs, une activité de conseil en gouvernance auprès des émetteurs. L'immixtion des conseillers *proxy* dans la gestion des émetteurs repose donc sur un mécanisme plus subtil, qui se traduit principalement par la promotion des principes de la *corporate governance* à un degré paroxysmique. Par ce biais, les politiques de gouvernance développées par les *proxy advisors* acquièrent valeur de référentiels pour de nombreux émetteurs, ce qui contribue à nourrir et accroître l'influence des conseillers *proxy* dans la gestion des sociétés cotées. Nous verrons que ces agences participent ainsi très directement au développement de certains principes de bonne gouvernance.

32. Bien que participant objectivement au processus de création et de partage de la valeur, les *proxy advisors* gardent des positions externes aux émetteurs. Ce phénomène d'externalisation du vote est naturellement générateur de nombreuses interrogations. L'influence de non-actionnaires sur le vote de résolutions aux assemblées générales d'actionnaires est-elle légitime ? Si les conseillers *proxy* ne poursuivent d'autres buts que le développement exclusif et raisonnable des intérêts actionnariaux, alors nous n'hésiterons pas à répondre par l'affirmative. Il demeure toutefois aisé de concevoir les dangers liés à une activité qui placerait tendanciellement une catégorie d'actionnaire dans une situation de dépendance, même partielle.

Compte tenu du rôle des agences de conseil en vote, nous soulèverons également la question de la pertinence d'un encadrement législatif spécifique à leurs activités. Sans y être par principe opposés, nous attirerons l'attention du lecteur sur la possibilité qu'un tel encadrement soit générateur de dangereuses perturbations, d'un point de vue accessoire au regard du caractère spécifique et transversal des activités des *proxy advisors*, à titre principal au regard du fragile équilibre qui entoure le vote des investisseurs institutionnels. En effet, un encadrement contraignant de l'activité des *proxy advisors* viendra nécessairement redéfinir les relations développées avec les investisseurs institutionnels, ce qui serait générateur de nouveaux aléas concernant le vote de cette catégorie actionnariale. La stabilité des investisseurs institutionnels étant fondamentale pour l'efficience du marché globalisé, intervenir au cœur du fonctionnement de ses plus proches alliés pourrait *in fine* se révéler contre-productif. C'est la raison pour laquelle nous soutiendrons en priorité le développement et le perfectionnement d'une règlementation souple des agences de conseil en vote.

33. Les *proxy advisors* manifestent une influence substantielle sur le vote des investisseurs institutionnels, et plus généralement sur les émetteurs. Certains acteurs du marché pointent donc du doigt le caractère ambivalent de l'activité des conseillers *proxy* qui, selon eux, jouissent d'un pouvoir considérable tout en demeurant dans l'ombre. La présente étude se propose donc de lever le voile, s'il existe, sur ces organismes.

Les *proxy advisors* possèdent une influence substantielle sur le vote (partie I) des investisseurs institutionnels aux assemblées générales. Cette réalité concourt à ce que ces agences influent également sur la gouvernance d'entreprise (partie II).

Partie I

L'influence des proxy advisors sur le vote

34. En France, les professionnels de l'intermédiation financière font l'objet d'une attention particulière. Par tradition, les autorités nationales militent pour un fort taux d'expression de vote aux assemblées générales d'actionnaires, car une faible participation risque d'entrainer « une surreprésentation d'actionnaires activistes ou contestataires »[115]. L'ordonnance n° 2007-544 du 22 avril 2007 relative aux marchés d'instruments financiers s'inscrit dans cette dynamique, car elle encourage activement cette catégorie d'actionnaire à exercer son droit de vote[116].

Certains fonds sont profondément impliqués dans l'étude des projets de résolution et participent activement au progrès de la gouvernance d'entreprise[117]. Mais de nombreux autres font appel aux services des agences de conseil en vote, pour des raisons tant économiques que stratégiques. En effet, l'étude de projets de résolutions est une activité très technique et chronophage, ce qui explique que de nombreux investisseurs institutionnels suivent ou s'inspirent directement des recommandations des *proxy advisors*. Cette forme d'externalisation du principal moyen d'expression des actionnaires conduit également à une transformation comportementale des émetteurs. Ces derniers adaptent les projets de résolution, non plus aux attentes des actionnaires, mais à celles de leurs conseillers. Ce qui contribue à standardiser la *corporate governance*.

Percevoir l'étendue de l'influence des agences de conseil en vote suppose de déterminer comment ces organismes génèrent de la valeur pour leurs clients. Pour ce faire, nous nous intéresserons au rôle puis à l'organisation des *proxy advisors*.

I. Le rôle des agences de conseil en vote

35. Outre-Atlantique, les acteurs des marchés financiers ont très tôt été sensibilisés au pouvoir des agences de conseil en vote. Ce qui ne fut que tardivement le cas pour de nombreux acteurs du vieux continent. Soulignons cependant qu'en Amérique du nord, l'influence des *proxy advisors* n'en fut pas pour autant diminuée, bien au contraire. En conséquence, nous pourrons avancer l'idée que ces organismes répondent à des besoins bien réels et spécifiques aux investisseurs institutionnels, besoins qui s'expriment principalement au moment des assemblées générales d'actionnaires. Ce constat génère des interrogations, car l'assemblée générale représente le principal vecteur d'expression et de décision de l'actionnariat. Le vote à l'assemblée constitue un droit « quasi » immuable des actionnaires. Il matérialise la contrepartie des investissements financiers réalisés par les actionnaires au sein de la société. En cela, le droit de vote se veut le garant de la démocratie actionnariale. Dès lors, comment accepter la possibilité que des prestataires de service puissent superviser les tenants et aboutissants du vote d'un pan complet d'actionnaires, autrement qu'en partant du postulat que les *proxy advisors* répondent à des besoins réels et spécifiques à leurs clients ? Afin de confirmer (*ou le cas échéant infirmer*) cette hypothèse, nous nous intéresserons au caractère stratégique (Chapitre 1.) et politique (Chapitre 2.) que revêt la fonction des agences de conseil en vote.

Chapitre 1. Proxy advisors : une fonction stratégique

36. Les investisseurs institutionnels ont en portefeuille une variété considérable de titres au sein d'une multitude de sociétés cotées, souvent éparpillées de par le monde. Définir une orientation de vote propre à chaque émetteur est donc pour eux particulièrement complexe, d'autant que les assemblées générales d'actionnaires répondent à de nombreuses règles législatives particulières. Ainsi, en France, les assemblées générales ordinaires doivent être tenues dans les 6 mois de la clôture d'exercice[118], notamment pour confirmer la régularité des comptes annuels. La majorité des assemblées générales est donc réunie entre mi-février et juin, ce qui ne laisse que quelques mois aux investisseurs institutionnels pour « rebondir » d'assemblée en assemblée. Et nous ne faisons ici mention que des assemblées générales des sociétés cotées françaises. Si nous resituons cette réalité dans un contexte d'investissement internationalisé, il n'est pas douteux que les investisseurs institutionnels auront de la peine à produire un vote efficient à chaque assemblée. En réponse, les agences de conseil en vote proposent des services spécifiques (Section 2.) visant à faciliter la participation aux assemblées générales pour leurs clients (Section 1.).

Section 1. Une fonction support des investisseurs institutionnels

37. Compte tenu du poids financier des investisseurs institutionnels, ces derniers ne peuvent se permettre de jouer un rôle de pure figuration lors des assemblées. « Organe souverain »[119] des sociétés cotées, l'assemblée générale représente l'instrument décisionnel du pouvoir actionnarial. Que les actionnaires soient réunis en assemblée ordinaire, extraordinaire, ou mixte, chaque formation est largement réglementée et répond à des objectifs spécifiques. Les principales prérogatives de l'assemblée générale ordinaire sont la nomination et la révocation des administrateurs[120], l'établissement de stratégies d'affectation des dividendes[121], l'approbation des comptes sociaux, des comptes annuels et, le cas échéant, les comptes consolidés[122], le paiement du dividende ou des acomptes sur dividende en actions[123], l'autorisation de l'émission d'un emprunt obligataire[124], la rémunération des dirigeants mandataires sociaux exécutifs. Contrairement à l'assemblée ordinaire, celle dite « extraordinaire » ne connait aucune périodisation. Elle est réunie en fonction de circonstances particulières, c'est-à-dire en dehors de la gestion courante de la société. L'assemblée générale extraordinaire dispose du pouvoir exclusif de modification des statuts[125]. Cela peut comprendre l'augmentation ou la réduction du capital social de la société, la modification de son objet social, le changement de localisation de son siège social, sa liquidation, etc.

38. L'assemblée générale dispose donc, quelle que soit sa formation, de considérables prérogatives théoriques. Or, dans les faits, cet organe est en perte d'influence et certains analystes s'interrogent même quant à son efficience[126], notamment en raison de la recomposition de l'actionnariat des sociétés cotées. C'est dans l'objectif de réaffirmer la pleine effectivité de cet organe que la directive 2007/36/CE du 11 juillet 2007, transposée par le décret n° 2010-684 du 23 juin 2010 relatif aux « *droits des actionnaires de sociétés cotées* », s'est attachée à améliorer l'information des actionnaires[127] lors des assemblées.
De nombreuses résolutions sont soumises aux votes des actionnaires. Alors qu'un examen précis des projets de résolution d'une assemblée parait réalisable par un actionnaire disposant d'un portefeuille peu diversifié, ce même exercice, par un investisseur institutionnel, suppose une organisation considérable, d'autant que la technicité des projets de résolution croît continument. Les investisseurs institutionnels disposent rarement des moyens nécessaires à la réalisation de cet exercice saisonnier, et faire appel aux services d'un *proxy advisor* constitue alors pour eux une alternative satisfaisante. Nous ne saurions raisonnablement entreprendre une étude sur les agences de conseil en vote sans clairement apprécier la manière dont ces organismes se sont organisés pour pallier les faiblesses des investisseurs institutionnels. Puisque l'analyse des projets de résolution représente un exercice d'une extrême complexité pour les investisseurs institutionnels (§2.), les agences de conseil en vote ont adapté leurs méthodes de travail aux spécificités de fonctionnement des assemblées générales (§1.), avec l'objectif de répondre d'une manière satisfaisante aux exigences de leurs clients.

§1. Des services adaptés aux spécificités des assemblées

39. Il ne serait que peu pertinent de proposer dans le cadre de cette étude un examen général et détaillé des assemblées générales d'actionnaires[128]. Cependant, nous ne pourrions sérieusement entreprendre l'étude des *proxy advisors* sans souligner le fait que les clients-type pour ces organismes sont mal adaptés au fonctionnement de ces assemblées. Cette remarque revêt une importance fondamentale car, selon nous, l'influence des agences de conseil en vote se fonde sur cette réalité. Pour que le lecteur en soit à son tour pleinement convaincu, nous décrirons donc au moins certains des mécanismes spécifiques aux assemblées générales.

40. Le Code AFEP-MEDEF dans son article 5.2 décrit l'assemblée générale comme un lieu de décision qui doit « être le moment où les organes de direction

rendent compte de l'activité de l'entreprise, ainsi que du fonctionnement du conseil d'administration et des comités spécialisés [...] mais aussi l'occasion d'un dialogue vrai et ouvert avec les actionnaires ». Cette approche ne saurait refléter une réalité pour l'actionnariat institutionnel qui ne se trouve que sporadiquement en mesure d'exercer un quelconque pouvoir de contrôle, ou tout simplement de développer une politique de vote efficiente. Les *proxy advisors* ont donc pour objectif de pallier les lacunes de leurs clients, en leur proposant un ensemble de services, dont le principal demeure la fourniture de recommandations de vote. Ces recommandations peuvent être avancées sur la base de la politique de vote du client du *proxy advisor*, ou bien traduire directement la politique de vote générale du conseiller *proxy* lui-même. Ces politiques « maison » sont propres à chaque agence, mais elles demeurent toutefois proches les unes des autres, car elles promeuvent toujours les grands principes de la gouvernance d'entreprise. Réactualisée annuellement, la politique de vote d'une agence de conseil en vote se veut le reflet des « évolutions réglementaires, mais aussi des nouveaux critères de gouvernance que l'agence [...] souhaite promouvoir »[129].
Les *proxy advisors* sont des acteurs d'une forte singularité, car leur existence repose sur l'incapacité de leurs principaux clients à exercer le rôle qui leur revient aux assemblées générales d'actionnaires. Cela n'est que peu étonnant, en France tout au moins, car le fonctionnement de cet organe (A.) y est soumis à de nombreuses contraintes qui, *malgré de récents efforts du législateur*, restent encore mal adaptées aux actionnaires internationaux gérant des portefeuilles diversifiés. Les agences de conseil en vote ont donc développé des méthodes de travail en adéquation avec les spécificités des assemblées, et qui répondent précisément au niveau élevé de technicité que réclame l'étude des projets de résolutions (B.).

A. Le fonctionnement des assemblées générales d'actionnaires

41. Dans une très large mesure, les assemblées générales d'actionnaires sont régies par la loi, cependant « les réformes récentes donnent une importance essentielle aux stipulations statutaires [...] : si les statuts le prévoient, les actionnaires peuvent participer aux assemblées générales par des moyens de télécommunication ou de visioconférence »[130]. La tenue régulière d'une assemblée générale est ainsi assujettie au respect de nombreuses formalités. Depuis les années 2000, les évolutions de cet organe se sont concentrées autour de deux axes : l'amélioration de l'information des actionnaires en amont de la tenue de l'assemblée et la facilitation de l'exercice du vote. Ces deux éléments sont aujourd'hui les conditions *sine-quanone* à l'efficacité des assemblées générales d'actionnaires. Or, les mécanismes de pré-tenu (1.), tout comme ceux mis en place lors du déroulement des assemblées (2.), ne parviennent pas à asseoir durablement l'implication des investisseurs institutionnels, au motif qu'une part substantielle des acteurs de cette catégorie actionnariale souffre encore de lacunes structurelles. C'est pour cette raison qu'elle fait appel aux services des conseillers *proxy*. Ces « non actionnaires » trouvent dans cet appel une forme de légitimation de leur influence. Pour mener à bien leurs missions, les agences de conseil en vote plaident pour que les émetteurs fassent preuve d'un haut degré de transparence informationnelle. En cela, ces organismes participent à développer toujours davantage le niveau d'information dont jouissent l'ensemble des actionnaires au moment des assemblées générales (3.).

1. Des mécanismes de pré-tenu favorisant la transparence

42. Le vote en assemblée générale est un droit premier des actionnaires. À de rares exceptions près[131], tout porteur d'actions est admissible en assemblée générale du fait de son droit de participer aux décisions collectives de la société[132]. Mais pour que sa participation soit efficiente, il doit être informé d'une manière transparente de la situation de l'émetteur[133]. Bien évidemment, et par nature, l'actionnariat dispose du droit d'information, mais plus important encore aujourd'hui, l'ensemble des mécanismes développés en prévision de la tenue de l'assemblée générale favorise désormais un haut niveau de transparence des informations transmises aux actionnaires. Les différents types d'assemblées auxquelles sont invités à participer les actionnaires répondent à des règles complétives spécifiques[134], lesquelles demeurent cependant régies par un corpus commun. Pour accroître le niveau de transparence et assurer une juste démocratie actionnariale au sein des sociétés cotées[135], des formalités liminaires à l'établissement de l'assemblée générale ordinaire sont nécessaires. Un avis de réunion doit être publié au *BALO* au moins 35 jours avant la tenue de l'assemblée[136]. Une recommandation AMF en date du 16 avril 2007[137] est venue compléter cette règle en invitant chaque société cotée à publier simultanément l'avis de réunion sur son site internet et par voie de presse.

43. Un avis de convocation[138] doit également être publié au *BALO*. La convocation prend la forme d'une lettre individuelle, pour les actionnaires titulaires de titres nominatifs[139]. Elle est adressée à la société de gestion dans le cadre de titres détenus par différentes personnes rassemblées dans un fonds commun de placement[140]. Dans le but de faciliter la circulation des informations au sein des sociétés cotées, la convocation des non-résidents est également adressée à l'intermédiaire de gestion[141], si les souscripteurs sont inscrits en compte collectif[142]. L'auteur de la convocation n'est autre que l'organe social de gestion de la société, régulièrement constitué[143]. Il s'agit donc du conseil d'administration[144]. Afin de pallier de possibles insuffisances de cet organe, le pouvoir de convocation peut être confié, à titre exceptionnel, à d'autres acteurs de la société[145]. Le délai de convocation est d'au moins 15 jours en première convocation, et de 10 en deuxième convocation[146]. L'avis de convocation vise à permettre à l'actionnariat, quel que soit sa nature, de disposer du temps nécessaire pour jouir de son droit d'information.

44. Différents acteurs de la société peuvent déposer des projets de résolution, des points, ou des questions écrites. C'est bien évidemment le cas du conseil d'administration et de tout actionnaire ou regroupement d'actionnaires réunissant 5 % du capital social de la société[147]. C'est également le cas des associations d'actionnaires au sein des sociétés cotées[148], et du comité d'entreprise[149] depuis la loi NRE de mai 2001. Le délai d'acceptation des demandes d'inscription est porté à 25 jours avant la première convocation. Au sein des sociétés cotées les demandes ne sont plus retenues passé 20 jours après la date de publication de la convocation au BALO. L'organe de gestion est tenu d'accuser réception des projets dans les 5 jours. Bien qu'ils ne possèdent pas en théorie le droit d'apprécier la pertinence des projets reçus, la pratique tolère que le conseil d'administration procède à un « recentrage », afin d'éviter de perdre du temps avec certaines résolutions fantaisistes. Une fois cette action réalisée, l'organe de gestion doit porter l'ensemble des projets de résolution à la connaissance de l'actionnariat[150]. Les projets de résolution sont dès lors inscrits à l'ordre du jour de l'assemblée, afin d'y être soumis au vote[151].

45. L'ordre du jour doit obligatoirement être connu des actionnaires, c'est pourquoi il figure avec l'avis de convocation. Il a pour rôle de limiter le champ de l'assemblée générale[152], sanctionnant de nullité toute question non inscrite[153]. Cependant l'ordre du jour peut-être à titre extraordinaire complété : « l'assemblée peut en toutes circonstances révoquer un ou plusieurs membres du conseil d'administration ou de surveillance et procéder à leur remplacement »[154]. Enfin, l'ordre du jour demeure imperméable à tout apport, fruit d'une décision de justice, du fait des risques d'immixtion du juge dans la vie de la société.
Les différents mécanismes développés en prévision de la tenue de l'assemblée générale tendent à favoriser la transparence des informations qui parviennent aux actionnaires. En retour, il est attendu que l'ensemble de l'actionnariat s'implique réellement à l'assemblée générale. Force est de constater qu'en dépit des nombreux efforts consentis par les organes de gestion des sociétés cotées, une partie des investisseurs institutionnels demeure dans l'incapacité structurelle de faire preuve d'une implication acceptable, raison pour laquelle ils font appel aux *proxy advisors*.

2. La marche des assemblées générale d'actionnaires

46. L'assemblée générale d'actionnaire possède un pouvoir de contrôle de la « gestion sociale »[155] de la société. L'exercice de cet empire est aujourd'hui largement codifié. Par principe, l'assemblée générale se déroule au siège social de l'émetteur. Mais, depuis la loi NRE du 15 mai 2001, les actionnaires peuvent participer à distance grâce à des moyens modernes de télécommunication. Ce processus de « dématérialisation » de l'assemblée constitue un nouvel élément favorable pour l'actionnariat internationalisé. Mais, pour que ce mécanisme soit réellement satisfaisant, encore faut-il que l'actionnaire ait réellement pu étudier les différents projets de résolution, en somme qu'il ne se contente pas de faire « acte de présence immatériel ».

47. D'un point de vue technique, toute tenue d'assemblée générale suppose la réalisation de démarches pré et post séance. L'établissement d'un bureau[156] efficace n'est donc pas à négliger, notamment en raison de son pouvoir de « police »[157]. Il se compose d'un président, de deux scrutateurs[158] et d'un secrétaire[159]. Le bureau est le garant du bon déroulement de l'assemblée générale, et jouit à cette fin de diverses prérogatives. Il procède à la certification de la feuille de présence[160], que chaque actionnaire et mandataire doit émarger à son arrivée. Cette feuille permet de vérifier la présence légitime de tous les votants, sur place comme par vidéoconférence. A l'issue de l'assemblée générale, c'est-à-dire lorsque l'ordre du jour est épuisé, le bureau procède à la certification du procès-verbal[161]. L'objectif de ce document est de retracer le plus fidèlement possible les conditions dans lesquelles s'est déroulée l'assemblée, afin d'en garder des traces dans l'hypothèse où certains actionnaires souhaiteraient le consulter. Le procès-verbal reprend le résultat du vote de chaque résolution. « Si le procès-verbal constate que des actionnaires ont quitté l'assemblée avant la clôture de la délibération, il faut retrancher les actions appartenant à ces actionnaires pour le calcul du quorum et de la majorité »[162]. Le *quorum*[163] se définit comme une garantie minimale de représentativité d'une assemblée. S'il n'est pas atteint, cela implique la levée de la séance. Il doit être vérifié pour chaque résolution, dans l'hypothèse où certains actionnaires ne seraient pas en droit de voter, ou se seraient absentés.
Préalablement à l'ouverture des débats, l'ensemble des documents est rassemblé par le bureau (*avis de convocation, feuille de présence, rapports, etc.*), ce qui offre la possibilité (*théorique, car chronophage*), d'en faire la lecture aux actionnaires présents. Ce n'est qu'une fois ces démarches accomplies que l'assemblée générale se transforme réellement en lieu d'échange entre l'actionnariat et l'équipe dirigeante. Classiquement, l'équipe dirigeante répond aux questions écrites[164] avant d'entamer les débats[165], puis de procéder au vote des projets de résolution.

48. L'assemblée générale des actionnaires peut être compétente, eu égard à sa forme, pour prendre des décisions fondamentales, engageant la vie de la société, ce qui confère à cet organe de grands pouvoirs. Cependant, dans le fonctionnement réel des assemblées, les équipes dirigeantes conservent de larges prérogatives. Prenons par exemple le moment potentiellement stratégique des questions écrites par les actionnaires. Il convient de garder à l'esprit que ce principe demeure encadré, orienté et contraint par l'ordre du jour, et que cet ordre du jour est arrêté par le conseil d'administration.

49. Alors que les mécanismes développés en prévision de la tenue de l'assemblée générale tendent à favoriser la transparence des informations transmises auprès de l'ensemble de l'actionnariat, le déroulement même de l'assemblée générale demeure marqué par des *process* donnant aux équipes dirigeantes un relatif, mais réel « contrôle » sur l'actionnariat. En plus de leurs faiblesses structurelles propres, les investisseurs institutionnels doivent donc pallier encore ce déséquilibre chronique en faveur des équipes dirigeantes. Cela suppose un double effort, que de très rares investisseurs institutionnels sont en mesure ou désireux de produire eux-mêmes, d'autant que les *proxy advisors* proposent, à un coût raisonnable, de pallier cette double difficulté.

3. L'information des actionnaires

50. Le droit à l'information constitue un pouvoir de contrôle[166]. L'actionnariat bénéficie d'un droit d'information occasionnel[167](*ou préalable à la tenue de l'assemblée générale*) et permanent[168]. Une liste de documents[169] relatifs aux trois derniers exercices peut être communiquée aux actionnaires à tout moment. Ils disposent ainsi d'une vision générale et technique de l'émetteur, notamment grâce à la lecture des comptes annuels et aux procès-verbaux des assemblées antérieures. Mis en place par la loi n°66-537 du 24 juillet 1966, le droit de communication permanent constitue une nette avancée dans l'information des actionnaires.
Il convient cependant de spécifier que la majorité des mécanismes de communication s'active dans la période préalable à la tenue de l'assemblée. Comme précédemment évoqué, les actionnaires disposent de la possibilité de formuler des questions écrites aux équipes dirigeantes, lesquelles sont tenues d'y répondre dans le cadre de l'assemblée. Mais, le droit d'information préalable ne se cantonne pas à cela : il implique que le conseil d'administration ou le directoire, selon le cas, doive adresser ou mettre à la disposition des actionnaires les documents nécessaires pour permettre à ceux-ci de se prononcer en connaissance de cause et de porter un jugement informé sur la gestion et la marche des affaires de la société[170]. La nature des documents devant être laissés à disposition de l'actionnariat varie en fonction du type d'assemblée. D'une manière non exhaustive, il s'agit, pour une assemblée générale ordinaire annuelle, des comptes annuels de l'exercice, des rapports de l'organe de gestion, des rapports des commissaires aux comptes, de la liste des projets de résolution[171]... Ces documents doivent être laissés en libre consultation au siège social et à la direction administrative de la société[172],

à compter du jour de convocation en assemblée générale. Le droit d'information préalable impose également à l'organe de gestion de joindre certains documents aux formulaires de procuration[173], tout comme il se trouve dans l'obligation d'en faire parvenir à chaque actionnaire qui en ferait la demande préalablement à la tenue d'une assemblée[174]. La liste de ces documents demeure cependant relativement restrictive[175].

51. Bien que les émetteurs soient soumis à de multiples obligations d'information à destination de leur actionnariat, les agences de conseil en vote contribuent encore davantage à accentuer ce phénomène. Ces organismes militent pour que les sociétés cotées atteignent un optimal en matière de *corporate governance*[176]. Ce qui signifie que les informations transmises par les organes de gestion doivent être parfaitement fluides et transparentes. Sans quoi les conseillers *proxy* n'hésiteront habituellement pas à recommander à leurs clients de voter, par exemple, contre l'approbation des comptes sociaux et des comptes consolidés. Cette forme de désaveu est d'un grand effet au sein du marché, raison pour laquelle de nombreux émetteurs suivent de près les politiques de vote développées par les *proxy advisors*. En effet, ces politiques mettent en avant certaines spécificités, certaines finesses, qui, si elles ne sont pas prises en compte, peuvent provoquer le refus du vote d'un projet de résolution. Pour illustration, PROXINVEST s'opposera au remplacement d'un commissaire aux comptes qui aurait émis des réserves ou des observations sur les comptes, sauf justification pertinente de la société[177].

En France, l'organe de gestion des émetteurs consent à de nombreux efforts en vue d'accroître l'efficience des assemblées générales d'actionnaires. L'AMF rappelle d'une manière récurrente cet objectif dans de nombreux rapports, notamment concernant les actionnaires non-résidents[178]. Mais, en dépit de cette dynamique, de nombreux investisseurs institutionnels ne peuvent exercer le rôle qui devrait être le leur au moment des assemblées. Cette catégorie actionnariale fait donc appel aux agences de conseil en vote pour les épauler. Tout le paradoxe de cette situation tient au fait qu'en s'allouant les services de ces organismes, les insuffisances des investisseurs institutionnels contribuent à accroître le niveau général de transparence des assemblées générales d'actionnaires, et cela en raison des méthodes que les *proxy advisors* développent pour mener à bien leurs missions.

B. Proxy advisors : des activités au rythme des assemblées

52. Compte tenu du caractère hautement spécifique du fonctionnement des assemblées générales d'actionnaires, affirmer que des organismes spécialisés dans l'analyse d'une multitude de projets de résolution fonctionnent également selon certaines spécificités, n'a en soi rien d'incongru. L'activité principale des agences de conseil en vote est soumise à des variations d'une grande intensité. L'effervescence des périodes préalables à la tenue des assemblées n'a d'égal que le calme qui lui succède. Le modèle économique des *proxy advisors* ne peut donc reposer exclusivement sur la fourniture d'un service périodique d'analyse des projets de résolution (1.). En dépit du développement d'activités annexes gravitant autour du vote des actionnaires, le calendrier des activités (2.) de ces organismes reste fortement « en dents de scie ». Pour répondre à une forte demande dans un court laps de temps, l'ensemble des agences de conseil en vote ont ainsi développé des méthodes d'exercice standardisées (3.).

1. Des activités centrées autour du vote des actionnaires

53. L'analyse des projets de résolution se trouve bien évidemment au cœur de l'activité des agences de conseil en vote. Il convient cependant de ne pas cantonner ces organismes à la fourniture de cet unique service, car bien que prégnant, il demeure par nature périodique. Les *proxy advisors* ont donc développé d'autres activités, lesquelles gravitent toujours autour du vote des actionnaires. La première de ces activités annexes ne connait aucune fin commerciale directe, mais elle conditionne dans une large mesure la pertinence de l'analyse future des projets de résolutions. Il s'agit du travail de mise à jour annuel de la politique de vote de l'agence, eu égard à de nouvelles dispositions réglementaires ou au développement de nouveaux principes de *corporate governance*. Depuis la publication de la recommandation AMF n°2011-06 du 18 mars 2011, les conseillers *proxy* sont en France « tenus » de diffuser annuellement la mise à jour de leurs politiques de vote, principalement via leur site internet. Cette mesure vise à accroître la qualité et la transparence de leurs analyses. Ce qui suppose pour ces organismes le traitement d'un grand nombre de données, en raison du caractère transversal des projets de résolution. Les *proxy advisors* procèdent donc à un travail permanent de recherche et de mise à jour, tant en matière de gouvernance d'entreprise, de gestion, de droit des sociétés, de droit financier, de droit social, etc.

54. Les agences de conseil en vote ont également développé un panel plus ou moins large de services commerciaux annexes. Certains conseillers *proxy* proposent à leurs clients investisseurs des services de type logistique. Il peut s'agir de plateformes de vote[179], conçues pour permettre à leurs clients de voter à distance, ou de plateformes informatives[180], utiles aux clients des agences pour recevoir des alertes, des newsletters, des notifications, etc. Ces services logistiques soulèvent la question de l'établissement de procédures automatisées de gestion des assemblées générales. Les *proxy advisors* peuvent dans certaines conditions[181] exercer directement le rôle de mandataire[182] de leurs clients. « Cette [...] possibilité a été récemment ouverte en droit français à la suite de la directive sur les droits des actionnaires, qui permet de donner mandat à un mandataire quelconque »[183]. Enfin, les *proxy advisors* peuvent fournir des conseils et des évaluations en matière de gouvernance d'entreprise[184] à leurs clients investisseurs. Enfin, n'oublions pas que le groupe ISS fournit également ce type de conseil directement auprès des émetteurs. Ce qui soulève des interrogations au regard de la problématique des conflits d'intérêts[185].

2. Calendrier d'activité des agences de conseil en vote en France

55. Les *proxy advisors* proposent tout au long de l'année à leurs clients investisseurs un panel de différents services. Mais l'activité première des agences de conseil en vote demeure bien évidemment la fourniture de recommandations de vote. Le principal pic d'activité de ces organismes se situe donc dans les périodes préalables à la tenue des assemblées générales. Le calendrier d'activité de l'ensemble des agences est donc relativement similaire pour ce qui relève du marché français. L'assemblée générale annuelle doit être réunie dans les 6 mois[186] suivant la clôture d'un exercice social, notamment pour que les comptes soient approuvés par les actionnaires. Les clôtures ayant communément lieu au 31 décembre, les assemblées générales d'actionnaires se déroulent toutes à des dates relativement similaires, le plus souvent entre mars et juin. Dans un laps de temps relativement court, les *proxy advisors* doivent donc réaliser un grand nombre d'analyse. Pour ce faire, ils ont développé certaines méthodes d'exercice spécifiques basées sur une analyse partiellement automatisée, ainsi que multifactorielle des projets de résolution.

56. Au regard de l'analyse des projets de résolution, le détail du calendrier de travail des agences de conseil en vote peut se décliner selon la chronologie suivante. Entre octobre et novembre, les principaux *proxy advisors* évoluant au sein du marché français proposent la tenue de réunions publique d'information. Ils y exposent leurs évolutions méthodologiques, leur vision réactualisée de la *corporate governance*, ainsi que les nouveaux principes de leurs politiques de vote. Cette opération de communication revêt une importance non négligeable, car elle est relayée par la presse spécialisée et permet d'attirer de nouveaux clients. Durant cette période, les agences transmettent divers rapports à leurs clients. Certains conseillers *proxy* leur adressent aussi un questionnaire de satisfaction afin d'affiner les politiques de vote à venir, tout en réalisant des études statistiques. Les nouvelles orientations des politiques de vote sont arrêtées et publiées entre décembre et janvier, ce qui autorise leur mise en application effective lors des assemblées générales les plus précoces.

57. S'agissant précisément de l'analyse des projets de résolutions, les agences s'y consacrent dès la publication au BALO de l'avis de réunion, soit au moins 35 jours avant la tenue de l'assemblée générale. Certaines agences demandent de nombreuses précisions ou clarifications directement auprès des émetteurs. *A contrario*, d'autres conseillers *proxy* limitent le dialogue au strict nécessaire, dans le but d'éviter tout effet d'influence. Cette approche permet à ces agences de jouir d'un haut niveau d'indépendance, mais les recommandations qu'elles formulent peuvent quelques fois se révéler imprécises ou généralistes. L'existence de possibles imprécisions parait largement préférable au risque de conflits d'intérêts dont sont menacés les *proxy advisors* ayant développé un dialogue « non borné » avec les émetteurs[187], ou étant entrés en relation commerciale avec ces derniers. Enfin, les agences remettent à leurs clients l'ensemble des recommandations qu'elles proposent, sous la forme d'un rapport final personnalisé. Ce rapport est en général transmis postérieurement à l'avis de convocation, dans le but de tenir compte des éventuelles modifications des projets de résolution pouvant intervenir durant la phase de circulation de l'avis de réunion. Parallèlement à la fourniture d'un rapport dans lequel chaque recommandation est motivée, certaines agences (*dont PROXINVEST*[188]) publient en accès gratuit sur leur site internet, la teneur générale de leurs recommandations de vote, cela en amont de la tenue de l'assemblée générale. Il reste à noter que dans un souci d'exactitude et de transparence, il n'est pas rare que les *proxy advisors* transmettent aux émetteurs, sinon la totalité du rapport final, au moins ses principales lignes directrices, ce qui permet à l'agence de se prémunir de l'éventualité d'une erreur flagrante.

3. Proxy advisor : une industrie aux méthodes d'exercices rationnalisées

58. Pour produire de nombreuses analyses de vote dans un laps de temps restreint, les *proxy advisors* ont développé des méthodes d'exercice relativement standardisées. Jugées par certains comme lacunaires, car trop mécaniques et réductrices, ces méthodes ont contribué à ce que les conseillers *proxy* soient perçus comme des acteurs « obscurs » du marché. Ce sentiment nous parait excessif, voire non fondé, car les agences de conseil en vote demeurent, dans une majorité d'hypothèses, des prestataires de service. Les clients mécontents n'auraient aucune peine à traduire leur insatisfaction[189] en faisant jouer « la loi du marché », -qui dans le contexte du marché globalisé se révèle d'une implacable efficacité-, pour qu'un *proxy advisor* défaillant soit rapidement identifié et écarté. Or, l'exercice des agences de conseil en vote n'a à ce jour généré aucune « réelle défaillance manifeste de marché »[190]. Les inquiétudes qu'inspirent ces organismes semblent davantage venir en conséquence d'une profonde méconnaissance de ces acteurs, que d'une quelconque réalité factuelle. Certes, les *proxy advisors* ont développé des méthodes d'exercice standardisées, mais existe-t-il aujourd'hui un acteur du monde financier n'ayant pas agi de même ? Le marché globalisé n'est-il pas l'illustration même d'un phénomène de normalisation poussé à son paroxysme ?

59. La standardisation des méthodes d'exercice des *proxy advisors* repose toutefois sur une spécificité. Ses contours ont été façonnés non par l'action de législateurs, mais directement par le marché. Il est ainsi remarquable d'observer que ces organismes ont adopté des méthodes d'exercice et un référentiel d'analyse commun (*la corporate governance*), sans qu'aucune autre contrainte étrangère au marché ait « forcé » leur application. On nourrit donc bien inutilement une forme de « mystère » autour des agissements des agences de conseil en vote. C'est pourquoi sur proposition d'un comité de travail de l'ESMA (*le Corporate Finance Standing Committee*), les principaux *proxy advisors* évoluant au sein du marché européen se sont penchés à partir de 2011 sur la rédaction d'un Code destiné à encadrer leurs pratiques. Le Code de déontologie « *Best Practice Principles for Providers of Shareholder Voting Research* » de mars 2014 met ainsi en lumière certaines pratiques d'exercice que la majorité des *proxy advisors* appliquaient déjà préalablement à sa rédaction. Le principal apport de ce Code réside non pas dans l'originalité des éléments qu'il développe, mais dans le fait de rendre certaines pratiques d'exercice de ces organismes davantage explicites, comme par exemple la publication de la politique de vote des agences, la publication de leurs méthodologies d'analyse des projets de résolution, ou encore la prise en compte des spécificités de marché des émetteurs[191].
Ces similitudes d'exercice passent par l'emploi d'une méthodologie sinon commune, au moins très proche. Les *proxy advisors* ont tous développé des logiciels informatiques dont le but est de proposer une évaluation automatisée des différents projets de résolution. L'objectif de ce traitement informatique est de « dégrossir » le processus d'analyse. Cela est rendu possible grâce à l'intégration préalable de divers critères définis par les agences, sur la base de leur politique de vote et/ou de celle de leur client. La juste programmation de ces logiciels nécessite également de prendre en compte certaines spécificités de marché des émetteurs évalués[192]. Il convient d'ajouter que les résultats de ces recommandations automatisées font systématiquement l'objet de vérifications par les analystes des agences. Bien naturellement, les *proxy advisors* fondent leurs analyses sur les mêmes sources[193] documentaires. Il s'agit principalement du site internet de la société émettrice, des informations réglementées, de la presse spécialisée, ainsi que des différentes plateformes d'analyse économique et financière[194]. Ces éléments cumulés font des *proxy advisors* des organismes aux méthodes de travail objectivement standardisées et aux comportements relativement prévisibles.

§2. Des services adaptés aux lacunes des investisseurs institutionnels

60. La diversité des titres détenus par les investisseurs institutionnels soulève la question de leur capacité à analyser, dans un laps de temps restreint[195], chacune des résolutions qui leur sont soumises. Le trouble s'accentue encore davantage quand on prend conscience du caractère classiquement international de leur portefeuille. Jusque dans les années 1990, la problématique du vote des investisseurs institutionnels était restreinte à des questions touchant à la performance des émetteurs. Mais un courant législatif visant à revivifier l'organe de l'assemblée générale des actionnaires et à développer l'investissement à long terme des investisseurs institutionnels s'est amorcé aux États-Unis à partir de 1998. Il se propage alors rapidement jusqu'en Europe et a bientôt en France pour effet de « contraindre »[196] les sociétés de gestion de portefeuille à établir une politique de vote publique et ainsi voter aux assemblées[197]. Dès lors, la principale épreuve des investisseurs institutionnels n'a plus été le calcul de l'impact de leur vote sur les émetteurs, mais bien la production d'un vote systématique et efficient, et cela sans avoir à réviser en profondeur tous leurs modes de fonctionnement. L'analyse des projets de résolution se révèle être un exercice difficilement conciliable avec le type de portefeuille propre aux investisseurs institutionnels (A.). C'est la raison pour laquelle ces acteurs font appel à l'expertise des *proxy advisors*, expertise dans l'analyse des projets de résolution qui contribue directement à revivifier l'organe de l'assemblée générale (B.).

A. Les particularités du portefeuille des investisseurs institutionnels

61. Le développement des investisseurs institutionnels a été générateur de profonds bouleversements. Cette catégorie d'actionnaire s'est substituée en termes d'influence à celle des investisseurs « traditionnels », c'est-à-dire les épargnants individuels[198]. Les investisseurs institutionnels sont des « fonds gérés par des managers professionnels à l'intérieur d'une organisation et qui investit au profit d'un groupe d'individus, d'une autre organisation ou d'un groupe d'organisations »[199]. Leurs portefeuilles sont fortement diversifiés et internationalisés. Il parait donc irréaliste d'attendre de la part de ces acteurs un comportement comparable à celui des actionnaires « traditionnels ». La passivité ainsi que le court-termisme des investisseurs institutionnels est fréquemment montré du doigt. Ces organismes sont en effet bien souvent décrits comme exclusivement attachés à des objectifs de rentabilité. Ce qui corrobore l'idée d'une implication minime, voire même inexistante, de cette catégorie actionnariale dans la vie des firmes où elle détient des participations, certes minoritaires, mais déterminantes stratégiquement.
Nous ne céderons pas toutefois ici à une vision trop manichéenne : la complexité du fonctionnement des investisseurs institutionnels ne saurait le permettre. En effet, de nombreuses études montrent que les investisseurs institutionnels, français comme étrangers, font preuve de comportements hétérogènes[200]. Tandis que certains investisseurs institutionnels évoluent selon une stratégie exclusivement financière, d'autres témoignent un réel intérêt pour les émetteurs au sein desquels

ils prennent position[201]. En ce sens, cette seconde « catégorie » d'investisseurs institutionnels fait preuve d'une forme d'activisme[202]. Force est cependant de constater que les investisseurs institutionnels ne sont pas par essence une catégorie actionnariale active. Comme le souligne la publication en 2013 du Livre vert de la Commission européenne ayant pour objectif d'accroître l'engagement des investisseurs institutionnels, l'un des objectifs premier en vue d'une relance globale de l'économie se trouve être la mise en place de moyens destinés à favoriser l'investissement sur le long terme des institutionnels. Cela passe par l'élaboration d'une stratégie d'investissement claire et d'une politique d'engagement davantage transparente[203] des investisseurs institutionnels. L'effectivité d'un engagement systématique de la part de cette catégorie actionnariale relève encore à ce jour de l'utopie. Il convient toutefois de souligner que la composition des portefeuilles des investisseurs institutionnels sur le marché français évolue progressivement en faveur de placements à long terme. En 2008, 36,7% des actifs financiers des investisseurs institutionnels étaient orientés à court terme, contre 17,8% à long terme. Tandis qu'en 2013, 16,7% à court terme, contre 29,4% à long terme[204].

62. L'hypothèse d'une subite prise de conscience de la part des investisseurs institutionnels de l'importance de l'investissement à long terme nous semble peu concluante, d'autant que la majorité de ces organismes n'ont pas procédé aux profondes refontes internes qui les auraient dôté de moyens efficaces d'analyse des projets de résolution. Nous soutiendrons donc que cette sensibilité nouvelle pour l'investissement à long terme relève en partie de l'influence des *proxy advisors*. En militant pour le développement des principes de la gouvernance d'entreprise dans leurs recommandations de vote, les conseillers *proxy* ont, selon nous, contribué à construire de nouvelles orientations d'investissement chez leurs clients.

Les agences de conseil en vote engendrent des transformations dans la relation jusqu'alors bipartite entre émetteur et actionnaires[205]. Ces agences contribuent également à rendre à l'organe de l'assemblée générale son caractère souverain. Mais l'influence des *proxy advisors* reflète somme toute les lacunes des investisseurs institutionnels, manifestées lors des assemblées générales. Pour quelles raisons cette catégorie actionnariale se trouve-t-elle, dans une large mesure, dans l'incapacité d'analyser par elle-même les projets de résolution émanant de ses diverses prises de participations ? Un premier élément de réponse s'impose : les investisseurs institutionnels gèrent des portefeuilles largement diversifiés, et cela dans le but de pondérer les risques inhérents à toute activité d'investissement. Le développement de la gestion indicielle[206] représente une probante illustration de cette réalité. Cependant, deux autres facteurs sont également à l'origine de cette « incompétence » chronique de nombreux investisseurs institutionnels. Ces actionnaires souffrent premièrement d'une inaptitude technique (1.) dans le traitement des tenants et aboutissants des projets de résolution. Secondement, ils ne disposent (*en interne*) que rarement des ressources matérielles nécessaires à la bonne réalisation de cette activité (2.).

1. Inaptitude technique dans l'analyse des projets de résolution

63. Les investisseurs institutionnels se meuvent en toute aisance au sein du marché globalisé. En effet, cette catégorie actionnariale adopte classiquement une stratégie d'investissement peu « invasive », avec une recherche de prises de position qui n'impactent que modérément le cours des titres. En professionnels de l'intermédiation financière, les institutionnels s'intéressent donc en priorité à des firmes profondément implantées et à forte capitalisation boursière, ce qui a pour effet mécanique une importante diversification de leurs portefeuilles. Cette diversification constitue cependant un frein à leur capacité d'implication dans la majorité des firmes où ils détiennent des participations. Plusieurs éléments issus de la combinaison des spécificités de fonctionnement des investisseurs institutionnels, ainsi que de celles des assemblées générales d'actionnaires, nourrissent par ailleurs ce phénomène. Il s'agit premièrement de l'inaptitude juridico-stratégique de cette catégorie actionnariale à traiter les projets de résolution qui leurs sont proposés. Les investisseurs institutionnels détiennent en effet des participations au sein de multiple sociétés géographiquement éparses. Compte tenu des nombreuses spécificités législatives qui entourent le vote des actionnaires au sein de chaque pays, proposer une analyse poussée de chacun des milliers de projets de résolutions qui émanent des firmes où cette catégorie actionnariale détient des participations relève de l'impossible, et ceci d'autant que les assemblées se tiennent dans des délais très rapprochés[207], voir même simultanément. Secondement, le caractère extrêmement pointu et technique des projets de résolution affecte également la capacité d'analyse des investisseurs institutionnels. La majorité des projets de résolution est constituée d'une masse sophistiquée d'éléments où se mêlent données économiques, données financières, articles de lois, *soft law*… ce qui a pour effet de considérablement obscurcir l'essence même de la proposition, qui n'est alors lisible que pour de rares experts. Sauf à ce que les émetteurs consentent, préalablement aux assemblées, à clarifier les tenants et aboutissants de leurs projets de résolution, nombre d'investisseurs institutionnels se trouvent dans la nécessité de faire appel aux agences de conseil en vote pour disposer de recommandations et de synthèses. « En fournissant nos recommandations, nous cherchons à promouvoir une divulgation claire et concise des informations importantes qui, selon nous, permettront aux investisseurs de prendre des décisions éclairées en matière de pratiques de gouvernance d'entreprise. […] Enfin, comme principe directeur, nous estimons que les informations à fournir doivent être facilement compréhensibles pour les investisseurs, indépendamment de leur niveau de sophistication, en mettant l'accent sur les explications simples, les représentations visuelles des données et un minimum de langage plus large »[208].

2. Impossibilité matérielle d'analyser les projets de résolution

64. Pour analyser par eux-mêmes l'ensemble des projets de résolution qui leurs sont présentés, les investisseurs institutionnels doivent disposer d'une solide structure matérielle, atout dont disposent seulement les grands investisseurs institutionnels. Chaque projet de résolution étant le reflet de nombreux particularismes, le caractère fortement diversifié du portefeuille des investisseurs institutionnels rend l'exercice de leurs droits de vote particulièrement délicat. L'exercice éclairé du droit de vote suppose une étude préalable des arcanes de l'émetteur, c'est-à-dire de ses spécificités économico-financières, géographiques, politiques et bien évidemment juridiques. Parvenir à ce niveau d'expertise suppose, pour de nombreux institutionnels, une refonte substantielle de leur fonctionnement, ce à quoi s'ajoute le nécessaire déploiement d'importants moyens matériels, avec le recrutement d'équipes entières d'experts (*analystes financiers, juristes…*) spécialisés dans l'analyse de marchés particuliers. En raison du caractère diversifié et international du portefeuille des investisseurs institutionnels, la juste analyse de l'ensemble des projets de résolution exigerait en théorie que ces actionnaires disposent de ramifications structurelles au niveau mondial, ce qui est à proprement parler inimaginable pour la très grande majorité de ces acteurs. L'analyse des projets de résolution suppose pour les institutionnels d'y consacrer d'importantes ressources, alors même qu'il s'agit d'une industrie saisonnière. Cette activité se révèle donc profondément contraignante pour les investisseurs institutionnels, alors même qu'elle ne laisse pas augurer de clairs avantages financiers (*en raison du mode de participation diversifié et minoritaire de ces actionnaires au capital des sociétés*). Partant, faire appel aux services des agences de conseil en vote relève du bon sens et de la gestion avisée.

B. Revivifier les assemblées par le recours aux proxy advisors

65. Le conseil d'administration occupe aujourd'hui une place prépondérante dans la vie des émetteurs, à tel point que certains actionnaires ont intégré la dangereuse idée que l'assemblée générale puisse faire simplement office de chambre d'enregistrement des résolutions proposées par l'organe de gestion. Eu égard au fonctionnement des investisseurs institutionnels, il est somme toute relativement évident qu'en l'absence d' « obligation », une majorité des acteurs de cette catégorie actionnariale se contenterait aisément d'un rôle fantôme aux assemblées. Pour répondre à leurs « obligations », les institutionnels s'allouent les services de *proxy advisors*, ce qui leur offre un compromis acceptable entre les économies résultant de l'absence (*totale ou partielle)* d'analyse interne, le coût du

service d'un conseiller *proxy* et les conséquences de cette forme d'externalisation du vote sur le développement des intérêts des actionnaires.
Sans entrer dans certains aspects possiblement problématiques de l'influence des agences de conseil en vote[209], nous devons dès à présent mettre en lumière le fait qu'externaliser le travail d'analyse des projets de résolutions n'est pas un acte dénué de conséquences. En soumettant ces projets aux principes de la *corporate governance*, les agences de conseil en vote impactent objectivement le fonctionnement des assemblées générales. A tel point que, d'une manière paradoxale, l'influence de ces « non actionnaires » contribue à revivifier l'organe de l'assemblée générale des actionnaires. Les agences œuvrent pour faciliter le vote de leurs clients institutionnels, et, en ce sens, elles concourent à rendre cette catégorie d'actionnaires davantage « active » au moment des assemblées (1.). De surcroit, le travail des agences de conseil en vote a pour conséquence une progression de la compétence (3.) des assemblées générales, ainsi qu'une amélioration de la transparence de leur fonctionnement (2.).

1. Proxy advisors et activisme des investisseurs institutionnels

66. L'activité des *proxy advisors* génère du paradoxe dans l'interprétation du comportement des investisseurs institutionnels. En proposant un service d'analyse et de recommandation de vote, les conseillers *proxy* rendent « artificiellement » cette catégorie actionnariale davantage active au moment des assemblées générales. De nombreux auteurs s'accordent sur le principe qui voudrait que l'activisme des institutionnels soit associé à des gains de performance pour les émetteurs[210], une stratégie de passivité de la part de ces acteurs traduisant en revanche une influence négligeable[211], voire un infléchissement[212] de la performance des émetteurs. Deux auteurs[213] ont brillamment illustré ce phénomène. Suivant la théorie des « alignements stratégiques », il serait financièrement plus rentable pour les investisseurs institutionnels d'adopter un comportement passif, en totale coopération avec les équipes dirigeantes, dans le but de générer des gains financiers à court terme. Mais cette stratégie d'investissement se révèle à long terme préjudiciable, car elle induit un clair manque de contrôle actionnarial. Compte tenu du poids des institutionnels sur le marché globalisé, il n'est aucun législateur, aucune institution, qui ne désire accroître l'investissement à long terme des professionnels de l'intermédiation financière, dans une optique de stabilisation[214] du marché. Force est alors de constater qu'en militant pour le développement des principes de la *corporate governance*, l'influence des *proxy advisors* sur le vote des institutionnels oriente l'ensemble des investisseurs dans cette direction.

67. Peut-on dès lors considérer que les investisseurs institutionnels sont davantage actifs que de par le passé ? En dépit de l'établissement d'« obligations » légales, l'absence d'une refonte systémique du fonctionnement des investisseurs institutionnels nous inviterait à penser le contraire. Mais, à y regarder de plus près, l'apport des *proxy advisors* permet, objectivement quoiqu'artificiellement, d'accroître l'activisme des investisseurs institutionnels.

2. Une transparence accrue des assemblées générales

68. L'activité des agences de conseil en vote induit de nombreuses répercussions sur le fonctionnement des assemblées générales d'actionnaires. L'une des plus singulières réside dans le fait que l'influence des conseillers *proxy* participe à accroître le niveau de transparence de cet organe social. Les *proxy advisors* sont particulièrement attachés à la qualité rédactionnelle des projets de résolution. Ces organismes font habituellement la critique des résolutions dites « fleuves », qui ne poursuivent souvent pas d'autres objectifs que de noyer l'actionnariat sous le poids de la technique. Mais les agences ne jouent pas seulement un rôle de vulgarisation, elles s'emploient également à traduire les projets de résolution pour le compte de leurs clients étrangers. Toujours dans une logique d'approfondissement de la transparence des assemblées, les *proxy advisors* s'opposent fermement aux projets de résolution soumis selon la procédure du vote bloqué[215]. De l'avis général, les projets de résolution des assemblées générales d'actionnaires ont, ces dernières années, significativement gagné en lisibilité. En l'absence de données chiffrées, avancer l'hypothèse selon laquelle l'action des *proxy advisors* a pu jouer un rôle significatif dans ce gain de transparence n'apparaît nullement fantaisiste : les agences de conseil en vote sont en effet à l'origine d'un fort accroissement du volume des informations que transmettent les émetteurs à l'actionnariat. En militant fermement pour le développement de la gouvernance d'entreprise, les *proxy advisors* ont été les principaux vecteurs d'une culture de la transparence informationnelle poussée à son paroxysme. Plus encore, certains auteurs soutiennent que ces organismes sont à l'origine d'avancées législatives en la matière[216]. Ce qui confère aux *proxy advisors* une influence majeure. Il est donc peu étonnant que certains émetteurs se soient dressés contre le pouvoir de ces organismes, arguant du fait que des « non actionnaires » s'immiscent substantiellement et illégitimement dans la gestion des sociétés. *A contrario*, il n'est pas étonnant que des organismes en charge de préserver et de développer les intérêts actionnariaux fassent la promotion d'un haut degré de transparence des émetteurs, que ce soit au moment des assemblées générales d'actionnaires, ou en dehors de celles-ci.

3. Une réaffirmation de la compétence des assemblées

69. Restreindre l'impact des agences de conseil en vote à une amélioration de la transparence des assemblées générales d'actionnaires reviendrait à éluder un pan complet de l'influence de ces organismes. Particulièrement attachées à la prééminence décisionnelle des assemblées, les conseillers *proxy* jouent également un rôle notable dans la réaffirmation de la compétence de cet organe. En tant que prestataires de service des investisseurs institutionnels, les *proxy advisors* ont en effet tout intérêt à œuvrer au développement des assemblées générales. N'oublions pas que ces organismes sont pour leur grande majorité des sociétés commerciales dont le *business model* repose sur l'élévation des intérêts actionnariaux. C'est donc par le biais de prises de position fortes, toujours en adéquation avec les principes de la *corporate governance*, que les *proxy advisors* militent en faveur du développement et de la pérennisation d'une démocratie actionnariale efficiente. Cette « doctrine » se traduit par exemple dans le fait que les conseillers *proxy* s'opposent traditionnellement aux mesures visant à transformer drastiquement le capital de la société émettrice. Toute rupture conséquente du panorama actionnarial, toute dilution de l'actionnariat en place étant potentiellement périlleuse pour les intérêts actionnariaux. Fidèles à cette règle, les agences sont réticentes à la plupart des hypothèses de délégation financière. Leurs recommandations s'orientent, sauf exception, vers la négative, lorsqu'un conseil d'administration soumet au vote de l'assemblée la mise en place d'une augmentation de capital avec suppression du droit préférentiel de souscription[217]. L'hypothèse d'une augmentation de capital avec droit préférentiel de souscription est accueillie avec plus de faveur.

Les agences de conseil en vote aspirent à ce que les assemblées exercent un contrôle effectif sur l'organe de direction des émetteurs. Cela passe notamment par le principe selon lequel l'acceptation ou le rejet d'une OPA doit appartenir exclusivement aux actionnaires. Les *proxy advisors* désapprouvent donc les projets de résolution visant à établir des défenses anti-OPA[218], ainsi que l'utilisation de « Bons Breton »[219]. En somme, les conseillers *proxy* travaillent au rétablissement de la juste répartition des pouvoirs au sein des émetteurs. Rééquilibrer cette balance n'est cependant pas une mince affaire au regard des particularités de fonctionnement des investisseurs institutionnels et de la récurrente problématique de l'asymétrie d'information, laquelle confère une position hégémonique à l'organe de gestion des émetteurs.

Section 2. La fourniture de services spécifiques

70. L'assemblée générale des actionnaires étant en France dôtée d'importantes prérogatives, les investisseurs institutionnels (*dans une plus forte propension, ceux qui sont non-résidents*) se trouvent dans une situation équivoque. Alors que l'expression de leur vote (*quand bien même serait-il toujours minoritaire*) est en mesure d'impacter réellement la gestion des émetteurs, le caractère hautement diversifié de leur portefeuille ne leur permet que très difficilement, en mobilisant seulement des moyens internes, de faire preuve d'activisme au sens classique du terme. Pour pallier cette difficulté, ces professionnels de l'intermédiation financière n'hésitent pas à faire appel à des sociétés spécialisées dans le traitement et l'analyse des données issues des assemblées générales d'actionnaires. Le travail des agences de conseil en vote permet ainsi à de nombreux investisseurs institutionnels d'accéder à une forme « intermédiée » d'activisme. Pour parvenir à ce résultat, les conseillers *proxy* ont développé tout un panel de services gravitant autour de la problématique du vote de leurs clients. L'essence de l'activité des agences de conseil en vote est caractérisée par l'offre d'un service d'analyse et de recommandation (§1.). Mais ces organismes proposent, dans une proportion de plus en plus importante, une somme de services annexes à leurs clients (§2.).

71. Par ailleurs, les agences évoluant sur le territoire national sont en mesure de devenir les mandataires de leurs clients. Cette possibilité a été « récemment ouverte en droit français à la suite de la directive sur les droits des actionnaires [*laquelle permet*] de donner mandat à un mandataire quelconque »[220]. L'ordonnance du 9 décembre 2010 transposant la directive 2007/36/CE instaure en effet un nouveau régime de vote par procuration : « Dans le cadre des nouvelles dispositions du I de l'article L. 225-106 du Code de commerce, l'actionnaire d'une société cotée sur un marché réglementé peut donner mandat de représentation à toute personne physique ou morale de son choix. Cette possibilité est également ouverte à l'actionnaire d'une société cotée sur un système multilatéral de négociation organisé, dès lors que les statuts auront prévu cette possibilité. Le régime des pouvoirs en blanc, relatif à la procuration établie par un actionnaire sans indication du mandataire, demeure inchangé par l'ordonnance »[221]. Nous ferons le choix (*au demeurant discutable*) de ne pas intégrer directement aux services des *proxy advisors* le fait que ces derniers puissent jouer le rôle de mandataire de leurs clients. Premièrement dans un souci dialectique : l'assouplissement du régime des mandats au sein des sociétés cotées, ainsi que son incidence sur les *proxy advisors* suppose des développements spécifiques, auxquels nous nous consacrerons largement[222]. Secondement, du fait que cette section se donne pour objectif de présenter le « fond » et non la « forme » que ces services peuvent épouser.

§1. Un service principal d'analyse et de recommandation de vote

72. Les investisseurs institutionnels sont depuis toujours écartelés entre le développement d'une stratégie d'investissement de type « financière » et l'adoption de comportements actionnariaux davantage responsables (*c'est-à-dire* *attachés aux conséquences de leurs votes*). En raison de l'influence croissante de cette catégorie actionnariale, un courant législatif transnational a largement encouragé cette seconde voie. Nous savons cependant que les arcanes du fonctionnement des investisseurs institutionnels ne sont que peu adaptés à l'analyse efficiente de milliers de projets de résolution. Cette réalité entretient la tradition de non-implication de ces actionnaires au sein des assemblées générales[223], alors qu'il s'agit davantage d'une incapacité matérielle. Pour répondre à leurs obligations, les investisseurs institutionnels s'allouent les services des conseillers *proxy*, lesquels réalisent en amont des assemblées générales un travail d'analyse et de recommandation sur les projets de résolution. Cette activité suppose un haut niveau d'exigence tant technique qu'éthique, en raison des lourdes conséquences que pourraient éventuellement entraîner l'orientation donnée par certaines recommandations. Les agences de conseil en vote exercent donc un rôle sensible au sein des marchés financiers. Au fil de leur expérience, les *proxy advisors* ont mis au point, puis perfectionné, un service de conseil particulièrement « pointu » (A.) en vue de générer de la valeur pour leurs clients (B.).

A. Un service de conseil

73. « On ne doit avoir en vue, en conseillant, que d'opérer l'avantage des autres, et ne mêler à cet objet aucun motif personnel »[224]. Cette citation de Jean-Jacques ROUSSEAU résume à elle seule la rigueur déontologique exigée des *proxy advisors* pour la fourniture de conseils. Malgré une diversification de leurs services, le travail de « conseil en vote » demeure le socle de l'activité des *proxy advisors*. La réputation des agences est en effet largement fondée sur la pertinence des conseils qu'elles émettent, conseils qui se trouvent conditionnés à l'établissement et au respect d'un ensemble de *process* méthodologiques et déontologiques. Il n'est cependant pas à exclure que dans un futur proche, les investisseurs institutionnels fassent davantage appel aux services d'un conseiller *proxy* en raison de son influence sur les émetteurs, qu'en vertu de l'efficience de son analyse des projets de résolution[225]…

Sous l'angle légal, un conseil est un « avis […] donné par un professionnel du droit habilité par la loi […] sur une situation qui soulève des questions juridiques, ainsi que sur la ou les voies possibles pour les résoudre »[226]. Des professionnels du droit, notamment des avocats, peuvent travailler pour des *proxy advisors*. Mais cette approche ne correspond pas à la perception « ordinaire » de l'activité de conseil des agences. Tournons-nous donc vers l'entendement commun de la notion de conseil. Il s'agit d'une « personne, souvent spécialisée, à qui on s'adresse pour avoir un avis sur une question, dans un domaine[227]. » Aussi simple soit-elle, cette définition englobe de manière satisfaisante l'exercice de conseil des *proxy advisors*.

Bien que d'une portée variable (3.), l'activité principale de *proxy advisors* ne saurait être autre que la fourniture de conseils en politique de vote (1.), basée sur un référentiel de *corporate governance*. Mais compte tenu de l'influence substantielle de cette activité, certaines recommandations peuvent prendre la forme d'un allusif conseil financier (2.).

1. Un conseil politique de vote

74. Le conseil en politique de vote se trouve au cœur de l'activité des *proxy advisors*. Il convient de caractériser les contours de cet exercice (a.), ainsi que d'en étudier la principale spécificité, à savoir le processus de standardisation qui en émane (b.). Pour légitimer la fourniture d'un conseil susceptible d'influencer substantiellement leurs clients, les *proxy advisors* se fondent sur un référentiel commun, celui de la *corporate governance*. Ces organismes peuvent fonder leurs conseils, soit exclusivement sur la politique de vote qu'ils développent (*c'est-à-dire les grands principes de la gouvernance d'entreprise, auxquels ils adjoignent des éléments spécifiques, des considérations particulières...*), soit sur celle de leurs clients (*dans le respect de la gouvernance d'entreprise*), ou enfin proposer (*dans la majorité des cas*) une système hybride mettant en avant la politique de vote de l'agence, tout en tenant compte des exigences spécifiques de leur client et du marché au sein duquel l'émetteur évolue[228]. Il faut garder à l'esprit que, certes, les conseillers *proxy* poursuivent un objectif de développement général des intérêts actionnariaux, mais qu'ils restent dans leur majorité des sociétés commerciales, dont le développement dépend de la satisfaction des clients. Il appartient donc à ces derniers de définir le cadre de la fourniture de ce service de conseil politique. La caractérisation théorique de cette activité est donc relativement imprécise, puisque chaque relation de type « conseiller *proxy*/actionnaire client » est par nature unique.

a) Caractérisation

75. La fourniture d'un conseil en vote est une activité éminemment complexe qui suppose de jongler entre les principes immuables de bonne gouvernance, le caractère versatile des marchés financiers et l'objectif de satisfaire le demandeur dudit conseil. De la résolution de cet écheveau de difficultés, voire de contradictions, nait la valeur ajoutée des *proxy advisors*. Trois variables conditionnent l'activité de conseil en vote de ces organismes. Premièrement, cette activité doit être le reflet d'un besoin impérieux de la part des clients des agences. Deuxièmement, les *proxy advisors* doivent poursuivre un objectif réel de préservation et de développement de la valeur actionnariale. Troisièmement, les agences doivent jouir d'un haut degré de respectabilité dans la réalisation de cet exercice. Cela suppose pour ces organismes de disposer d'une expérience significative en la matière et que leur probité ne puisse aisément être mise en cause. En somme, les conseilleurs doivent être dignes de confiance. Quatrièmement, l'activité de conseil en vote étant soumise à un certains « aléa »[229], les *proxy advisors* doivent rationnaliser la teneur de leurs recommandations en s'appuyant sur les grands principes de la *corporate governance*, principes qu'ils doivent adapter aux spécificités de marché des émetteurs objets de leurs analyses.

76. Le caractère unique qui définit la relation de conseil établie entre une agence et son client, rend la théorisation de cette activité difficile. Dans l'hypothèse d'un monde financier dépourvu de toute perspective stratégique, c'est-à-dire où chaque acteur serait animé par la simple volonté de réalisation de ses desseins, la caractérisation de l'activité de conseil en vote des agences se révèlerait aisée. En effet, le teneur des recommandations des agences coïnciderait systématiquement avec les intérêts de leurs clients et ceux des équipes dirigeantes. De « bonnes » recommandations seraient dès lors quasi-mécaniquement synonyme de gains pour les actionnaires, et conjointement d'un accroissement de la valeur de la société émettrice, le tout dans une optique de pérennisation d'un actionnariat stable, orienté sur le long terme[230]. Mais la réalité du monde de la finance montre un tout autre visage. Il n'est pas rare que les équipes dirigeantes traduisent des appétences distinctes de celles de leur actionnariat. En raison du phénomène grandissant d'asymétrie d'information, les dirigeants occupent une position de force face à un actionnariat dispersé et peu actif dans la vie de la société. Les recommandations des *proxy advisors* ont donc pour objectif de participer au rééquilibrage des forces existantes au sein des émetteurs. L'activité de conseil des agences peut s'entendre ainsi, ce qui ne signifie pas pour autant que la réalisation de cette activité par les *proxy advisors* soit *in fine* exempte de lacunes.

b) Standardisation

77. En dépit de spécificités ciblées propres à chaque *proxy advisor*, ces organismes émettent des recommandations de vote relativement standardisées. Plusieurs éléments expliquent ce phénomène. Premièrement, la réalisation de cette activité de conseil suppose le développement de méthodes spécifiques, lesquelles ont été unanimement adoptées par l'ensemble des agences de conseil en vote. Deuxièmement, l'ensemble des conseillers *proxy* fondent leurs conseils et recommandations sur un même référentiel. Comme le souligne l'ESMA, les politiques de vote des agences sont basées sur les grands standards de la gouvernance d'entreprise[231], standards auxquels doivent être théoriquement adjoints une prise en compte des circonstances locales du marché de l'émetteur, ainsi que la législation en vigueur. Troisièmement, les *proxy advisors* cherchent bien naturellement à satisfaire leurs clients. La clientèle de ces organismes étant majoritairement constituée d'une unique catégorie actionnariale, la teneur des conseils qu'ils proposent ne saurait donc substantiellement varier. La pratique des *proxy advisors* a développé l'envoi de questionnaires de satisfaction à leurs clients[232]. En raison de l'unicité catégorielle de ces derniers, ces questionnaires nourrissent également une standardisation des recommandations futures. Quatrièmement, les conseillers *proxy* poursuivent un objectif général de préservation et d'accroissement de la valeur actionnariale. Cette quête conduit naturellement ces organismes à adopter certains comportements rationnels, lesquels sont le reflet d'une forme de standardisation. Une agence qui n'orienterait pas ses recommandations en ce sens ne pourrait subsister au sein de l'industrie des *proxy advisors*. En tant que prestataire de services, ces organismes se doivent de satisfaire les attentes de leurs clients, faute de quoi ces derniers se tourneront vers une agence concurrente. Les agences possèdent donc une appétence naturelle à fournir des recommandations de vote en accord avec la poursuite de la valeur actionnariale, mais cela nourrit un processus de standardisation.

2. Un allusif conseil financier

78. Les *proxy advisors* ne proposent nullement un service de gestion de portefeuille pour le compte de tiers, un service d'analyse financière[233], où même un service de conseil en investissement[234]. Pourtant, restreindre l'influence des conseils prodigués par les agences à de simples recommandations de vote se révèlerait lacunaire et réducteur. En effet, la délivrance de recommandations éclairées suppose une analyse multifactorielle des émetteurs, laquelle se trouve principalement fondée sur un référentiel de gouvernance, mais également teintée de considérations économiques et financières. Il est alors aisé de concevoir comment les *proxy advisors* peuvent devenir des vecteurs d'influence en matière financière, au regard des orientations qu'ils proposent dans leurs recommandations de vote. Les agences de conseil en vote bénéficient d'un haut niveau de connaissance de la situation financière des émetteurs objets de leurs analyses. Certaines informations peuvent avoir été rendues publiques par les émetteurs, avoir été communiquées par leurs clients[235], où avoir été développées par la presse spécialisée. D'autres encore peuvent avoir fait l'objet de demandes spécifiques des conseillers *proxy* aux sociétés, dans le cadre de l'ouverture de dialogues. Ces informations retraçant l'ensemble des caractéristiques politiques et financières des émetteurs sont nécessaires à la bonne exécution de l'activité de recommandations de vote des *proxy advisors*, mais elles « colorent » nécessairement de considérations financières les conseils de ces organismes. L'activité de conseil en vote n'étant à ce jour légalement incompatible avec aucune activité (*qu'elle soit ou non réglementée*) non exclusive du monde financier, certains conseillers *proxy* bénéficient de positions « privilégiées » qui leur permettent d'enrichir leurs recommandations d'appréciations financières. Bien qu'internationalement connue en tant qu'agence de notation financière, EGAN-JONES propose par exemple un service de conseil en vote[236]. Le groupe ISS propose en parallèle de son service de conseil en vote auprès des investisseurs, un service de conseil en gouvernance pour le compte des émetteurs. Certains analystes[237] cantonnent l'influence des recommandations de vote des agences à de simples clefs de vulgarisation des projets de résolution. Elle représente selon nous bien davantage.

3. Un conseil à portée variable

79. L'activité principale des *proxy advisors* repose sur la fourniture de conseils en vote. Mais la portée de ces conseils connaît d'importantes disparités. Alors que certaines agences proposent la réalisation de ce service sans délimitation spatiale de compétence (*ces agences sont dites généralistes*), d'autres ajustent leurs domaines de compétences à un espace géographique, à un marché particulier. Cette spécialisation est principalement le reflet de la puissance financière de l'agence, les *leaders* de l'industrie des *proxy advisors* ayant bien sûr la plus grande envergure. De la même manière, l'objet du conseil des agences peut être spécialisé ou général. Alors que certaines agences développent principalement leurs compétences sur l'étude de questions spécifiques (*comme par exemple la rémunération des dirigeants ou la problématique des fusions-acquisitions…*), d'autres proposent une approche plus généraliste de l'étude des projets de résolution. Elles s'attachent donc à émettre des recommandations de vote en toute circonstance.

80. L'industrie du conseil en vote est construite par strates. Elles sont schématiquement au nombre de trois et se révèlent potentiellement interconnectables[238]. Chacune d'elle renvoie à un marché cible, géographiquement défini, ce qui permet d'identifier des conseillers à compétence internationale (*ISS et GLASS LEWIS & Co*), continentale (*PROXINVEST, MANIFEST, IVOX…*) et nationale (*en France l'AFG*). Les principaux *proxy advisors* américains sont de compétence internationale. Cela est dû à la maturité de cette industrie outre-Atlantique et au fait que la gouvernance d'entreprise américaine ait « irradié » l'ensemble des grands émetteurs de la planète. *A contrario*, l'influence des conseillers *proxy* européens ne dépasse que rarement les frontières de cet espace[239]. Plusieurs éléments expliquent ce phénomène. L'absence d'unicité dans les modèles de *corporate governance* européens[240], ainsi que l'existence de nombreuses spécificités législatives propres aux Etats, semble avoir eu pour effet d'inhiber l'émergence d'une agence *leader* au niveau continental. Le marché européen du conseil en vote est donc partagé entre des acteurs d'origine états-unienne, et une dizaine d'agences européennes. Il peut *a priori* sembler regrettable que des acteurs extracontinentaux « dominent » le marché des *proxy advisors* européens. Mais à y regarder de plus près, ce peut être bénéfique du point de vue de la valeur actionnariale. Les investisseurs institutionnels ne font que rarement appel aux services d'une seule agence de conseil en vote. Ils engagent bien souvent plusieurs prestataires, certains d'envergure globale, d'autres plus géographiquement spécialisés. Cela a donc pour effet de produire un double niveau de « garantie » de l'efficience des recommandations émises. Ce qui *in fine* peut concourir à accroître la « *shareholder value* ».

B. Un service générateur de valeur

81. L'exercice du droit de vote des actionnaires a fait l'objet, ces dernières années, d'importantes évolutions, passant progressivement d'une problématique marginale à centrale. Cela est dû à une prise de conscience de l'ensemble des acteurs du marché : revitaliser les assemblées générales et faire la promotion d'un actionnarial stable pourrait efficacement prévenir certaines crises et scandales financiers. Cette prise de conscience a permis d'accroître le niveau d'information des actionnaires, mais a également facilité l'exercice de leur vote (*généralisation du vote par voie électronique*), notamment en ce qui concerne la représentation des non-résidents aux assemblées. Force est toutefois de reconnaitre que ces efforts n'ont que peu contribué à accroître significativement le vote « direct » de la catégorie actionnariale des investisseurs institutionnels. Cela s'explique aisément : il s'agit en effet davantage de techniques de simplification de l'action de vote, que de *process* visant à faciliter les méthodes d'analyse nécessaires à l'élaboration d'une politique de vote cohérente. Or, c'est bien sur ce second volet que de nombreux investisseurs institutionnels montrent des faiblesses. Pour pallier cette lacune structurelle et répondre à leurs « obligations », ces investisseurs ont logiquement fait appel à des sociétés spécialisées dans le conseil en politique de vote. L'externalisation du travail d'analyse des projets de résolution par les *proxy advisors*, pour le compte des institutionnels, soulève des inquiétudes. Toutefois, cette activité est également génératrice de valeur. Abstraction faite du caractère pratique (2.) que revêt pour un investisseur institutionnel l'emploi d'un service de conseil en politique de vote, cette démarche se révèle créatrice de valeur (1.) et tend en outre à préserver la démocratie actionnariale (3.).

1. Une activité créatrice de valeur

82. L'actionnariat institutionnel ne déroge pas à la maxime selon laquelle tout *homo oeconomicus* adopte un comportement rationnel en vue de maximiser sa satisfaction. Les conseils que prodiguent les *proxy advisors* à leurs clients génèrent donc de la valeur, faute de quoi les investisseurs institutionnels ne feraient pas appel à ces prestataires de service. L'existence d'un conseiller *proxy* est subordonnée à trois hypothèses. Celle de l'appartenance d'un *proxy advisor* à un grand groupe[241]. Celle du souhait de différentes institutions ou d'un regroupement d'investisseurs de voir émerger un tel acteur[242]. Et enfin, celle de l'initiative pure d'entrepreneurs[243] ayant constaté une demande en matière de conseil en vote.

83. Partant, quel type de valeur l'activité de conseil des agences peut-elle générer ? Il s'agit premièrement d'un gain de valeur de nature informationnel. La réalisation d'un service de conseil en politique de vote par un *proxy advisor* est matérialisée par la fourniture de documents de synthèses dont l'objectif est d'informer les clients sur les origines et les conséquences de chaque projet de résolution. L'exercice des agences de conseil en vote contribue ainsi à une meilleure transparence des informations que transmettent les émetteurs[244]. Deuxièmement, l'activité de conseil des agences représente un gain de valeur structurel pour les investisseurs institutionnels. Ces derniers n'ont pas, ou peu, à immobiliser de personnels spécialisés dans l'analyse des projets de résolution. Troisièmement, puisque les règles de *corporate governance* orientent les recommandations de vote des *proxy advisors*, ces organismes promeuvent le développement de la valeur actionnariale. Cela a notamment pour effet de réaffirmer le caractère décisionnel des assemblées générales, et ceci d'autant que les règles dérogatoires qui découlent du droit des sociétés cotées s'articulent aujourd'hui autour d'une obligation renforcée d'information des actionnaires, ainsi que du respect des règles de bonne gouvernance. Ce sont là deux vecteurs que promeuvent ardemment les *proxy advisors* et pour lesquels ils sont considérés par le marché comme des experts. Quatrièmement, la fourniture d'un conseil en politique de vote permet aux investisseurs institutionnels de bénéficier de gains de valeur en terme de flexibilité d'investissement. Entre les *proxy advisors* de portée internationale et ceux davantage spécialisés sur certains marchés, l'industrie du conseil en vote est à même d'analyser n'importe quel émetteur sur la planète. Cette réalité s'exprime notamment par le fait que de nombreux conseillers *proxy* développent un service de *governance rating* des émetteurs[245]. Les possibilités d'investissement des institutionnels ne connaissent ainsi plus aucune barrière géographique, politique ou informationnelle. Procéder à un démembrement des gains de valeur que peut apporter le service d'un *proxy advisor* à son client constitue un exercice des plus artificiels. Bien que ces gains paraissent constitutifs d'apports stratégiques ciblés, il convient de prendre un peu de recul afin de voir qu'ils œuvrent d'un point de vue général à accroître la « valeur financière »[246] des investisseurs institutionnels.

2. Un service à visée pratique

84. En 1990, Bernard S. BLACK *in* « Shareholder passivity re-examined » concluait que la passivité de l'actionnariat institutionnel était due à une somme d'obstacles tant juridiques que matériels. Obstacles qui avaient pour effet de considérablement limiter le vote direct de cette catégorie actionnariale, au profit d'une forme de vote externalisé[247]. L'exercice du vote des investisseurs institutionnels est aujourd'hui simplifié. Bien que des barrières matérielles subsistent, les barrières juridiques semblent avoir largement été abaissées, tant au niveau national qu'européen. Et, pourtant, l'activité des agences de conseil en vote n'a jamais été aussi importante. Pour illustration, en 2012 les *proxy advisors* ISS et GLASS LEWIS & Co ont exercé leur activité de conseil auprès d'un ensemble de clients représentant 50 000 milliards[248] de dollars d'actifs[249], cela uniquement sur le marché américain. Ce montant, en constante augmentation, exprime l'influence potentielle des orientations de vote émis par les agences.

85. Il est intéressant d'observer que le fléchissement de barrières juridiques au vote des institutionnels, couplé à un courant législatif[250] visant à les « contraindre »[251] à exercer leurs droits de vote, n'a eu qu'un effet très relatif sur l'appétence de cette catégorie d'actionnaires à produire un vote direct, et cela principalement en raison de la visée pratique que se donne le service de conseil en politique de vote des *proxy advisors*. La structure organisationnelle de nombreux investisseurs institutionnels, jointe à la diversité de leurs portefeuilles, ne leur permet que difficilement de proposer des politiques de vote personnalisées pour chaque émetteur dont ils détiennent des participations. En cela, l'abaissement des barrières juridiques au vote des institutionnels ne constitue pas un axe de « réforme » des plus satisfaisants, puisque l'« incapacité » de ces actionnaires semble davantage le reflet de difficultés structurelles inhérentes à leur mode de fonctionnement. Et quand bien même la problématique de la difficulté structurelle des investisseurs institutionnels trouverait une réponse satisfaisante (*ce qui est difficilement imaginable dans un avenir proche*), il est plus que probable que, compte-tenu des gains de valeur que les *proxy advisors* génèrent à leurs clients, ces derniers feront encore appel à leurs services. En adaptant leurs méthodes d'exercices aux lacunes du fonctionnement des investisseurs institutionnels, les *proxy advisors* offrent pour un coût raisonnable, une prestation qui serait particulièrement onéreuse à développer en interne pour ses clients. La praticité des conseils en politique de vote qu'émettent les agences rendrait en effet difficilement positive la balance « investissement/retour sur investissement » du développement d'une structure organisationnelle, interne aux investisseurs institutionnels et adaptée au traitement d'une multitude de projets de résolution.

3. Un service visant à préserver la démocratie actionnariale

86. En conformité avec le principe d'égalité et de proportionnalité des actionnaires, le vote en assemblée générale se veut l'expression d'une « démocratie parfaite »[252], puisqu'à une action correspond en théorie une voix. Mais la pratique diffère souvent de la théorie. Il existe en effet certains procédés qui rompent la démocratie actionnariale, comme par exemple l'absence de droit de vote, ou encore la récente généralisation du droit de vote double[253]. Plus encore, le comportement de certains actionnaires participe directement à l'affaiblissement de cette démocratie. L'exercice de conseil en politique de vote contribue à prévenir et limiter ce phénomène. Le droit des sociétés est un droit relativement « formaliste [...], construit sur le principe d'égalité des actionnaires. Faute d'obligations spécifiquement définies pour les fonds d'investissement, on est conduit alors à les traiter comme des actionnaires minoritaires ordinaires, sans plus »[254]. L'exercice de leurs droits de vote répond donc à deux principes que sont : l'égalité[255] entre les actionnaires, et l'expression d'un vote libre préservé des abus de droit.

L' « abus » appartient aux notions juridiques dites « subversives »[256], puisque largement issu de la pratique jurisprudentielle[257]. Celle-ci trouve sa justification en ce qu'elle entrave toutes les formes d'excès que pourrait produire une application mécanique de la règle de droit, mais elle doit demeurer un « mécanisme [...] exceptionnel »[258]. Concernant la notion d'abus du droit de vote au sein des sociétés cotées, les règlementations boursières et financières ont permis l'instauration de mécanismes améliorant le principe d'égalité entre les actionnaires. L'abus du droit de vote peut classiquement prendre deux formes[259], celui d'un abus de majorité ou celui d'un abus de minorité. Ces deux formes partagent une finalité commune, qui est la favorisation d'une partie de l'actionnariat, au détriment de l'intérêt social de la société émettrice[260] et de la « *shareholder value* » dans son entendement général. Les *proxy advisors* contribuent directement à révéler et prévenir ce genre de pratique.

D'origine prétorienne[261], l'abus de majorité est classiquement[262] identifié par la Haute juridiction en raison de l'existence cumulée du préjudice que la décision inflige à l'intérêt social de l'émetteur, et de la faveur accordée aux actionnaires majoritaires au détriment des minoritaires[263]. Subordonné à la bonne application du droit d'information des minoritaires[264], l'abus de minorité[265] se définit quant à lui comme le blocage d'une opération essentielle et conforme à l'intérêt social de la société, ce dans l'unique dessein de favoriser les intérêts de minoritaires[266].

L'exercice du droit de vote des actionnaires répond à une exigence de liberté conditionnée par un objectif de préservation des abus de droit. Les recommandations émises par les agences de conseil en vote reposent sur la promotion des grands principes de la *corporate governance*. Elles tiennent donc compte de l'intérêt social de l'émetteur, lequel vise notamment au développement de la valeur actionnariale. Faire appel au service des conseillers *proxy* permet donc aux investisseurs institutionnels de se prémunir de toute éventualité d'abus de minorité[267]. Un abus de majorité par un institutionnel est très improbable en raison de prises de participations classiquement minoritaires, sauf hypothèse d'une condamnation *in solidum* pour complicité de vote abusif avec un majoritaire. De surcroît, le travail d'analyse des projets de résolution menant à la production des recommandations de vote ne saurait être exclusivement basé sur l'étude des émetteurs. Les agences de conseil en vote analysent également le panorama actionnarial de la société[268]. En ce sens, le travail des *proxy advisors* est à même de prévenir d'éventuelles velléités d'abus de majorité. Cette idée corrobore le principe selon lequel les agences de conseil en vote peuvent jouer un rôle de « lanceur d'alerte » en matière de *corporate governance*[269], lequel viserait ici à préserver la démocratie actionnariale.

§2. Des services annexes

87. Bien que l'exercice d'analyse et de recommandation des projets de résolution soit au cœur de l'activité des agences de conseil en vote, ces organismes proposent dans une proportion de plus en plus importante un ensemble de services annexes. Le caractère oligopolistique de l'industrie des *proxy advisors* ne dispense pas en effet ces acteurs d'élargir la gamme de leurs services, en vue de conquérir de nouvelles parts de marché. Ces services annexes poursuivent un commun objectif, accroître la valeur actionnariale. Une majorité de *proxy advisors* ont donc développé des services d'évaluation (B.) pour le compte des investisseurs institutionnels, ainsi que des services logistiques (A.) ayant trait à l'organisation du vote de ces derniers[270]. Les services logistiques occupent une part importante des activités annexes des agences de conseil en vote. Mais en raison de l'influence grandissante de ces organismes, il est probable que leurs services d'évaluation seront amenés à grandir substantiellement. Les développements à suivre feront apparaître l'existence de barrières clairement définies entre les activités « logistiques de type informatives » et celles des services d'évaluation. Or, il s'agit principalement d'une mesure d'ordre didactique, puisque les activités « logistiques de type informatives » comprennent nécessairement une fraction d'« évaluation », ne serait-ce que dans la sélection des informations transmises par les *proxy advisors* à leurs clients.

A. Des services logistiques

88. La majorité des conseillers *proxy* proposent à leurs clients des services logistiques visant à faciliter l'organisation matérielle de leurs votes. Ce phénomène traduit une double affirmation. Les investisseurs institutionnels expriment des besoins matériels, bien au-delà de la fourniture de conseils en politique de vote. Les *proxy advisors* sont enclins à répondre à ces besoins matériels, par la mise en place de services logistiques. Les services annexes logistiques les plus communément proposés par les agences de conseil en vote aux investisseurs institutionnels sont de trois types. Premièrement, il s'agit de la fourniture d'outils informatiques d'information, aussi appelés plateformes d'information (1.). Secondement, les *proxy advisors* peuvent mettre à disposition de leurs clients des plateformes électroniques de vote (2.). Ces dernières ont pour finalité de centraliser le vote des investisseurs institutionnels, afin d'en simplifier l'exercice. Troisièmement, certaines agences proposent un service de pré-remplissage de formulaire de vote de leurs clients (3.).

1. Une plateforme d'information

89. Le service « annexe » le plus communément développé par les agences de conseil en vote est la collecte d'informations pour le compte de leurs clients. Ce service a pour but de centraliser l'ensemble des informations jugées pertinentes par les *proxy advisors,* en vue de simplifier l'exercice du droit de vote des investisseurs institutionnels. L'ESMA souligne que ce service a pour mission de faciliter l'expression d'un vote éclairé[271] et stratégique des clients des *proxy advisors*. Les plateformes d'information offrent divers services. Elles préviennent leurs bénéficiaires de l'approche des assemblées générales d'actionnaires. Elles permettent aux investisseurs de disposer d'informations centralisées et vulgarisées, lesquelles comprennent les recommandations de vote du conseiller *proxy*, mais également bien souvent un panorama général des activités des marchés. Ce processus de centralisation des informations a par ailleurs pour effet de restreindre le nombre d'intermédiaires entre les institutionnels et la société émettrice. Les investisseurs qui souscrivent à un service de plateforme informative bénéficient également du travail de vulgarisation (*et si besoin est de traduction*[272]) effectuée par le *proxy advisor*.

90. Les investisseurs ont classiquement accès à cette plateforme au sein de l'espace client du site internet de l'agence de conseil en vote. La plateforme clients[273] de PROXINVEST offre à ses bénéficiaires la possibilité d'accéder à l'ensemble des rapports de chaque assemblée générale. Cette plateforme « informationnelle » se différencie de la plateforme « vote » puisque, comme le souligne PROXINVEST, les informations qui y figurent n'empêchent nullement l'utilisation d'une plateforme de vote tierce[274]. Certains *proxy advisors* proposent à leurs clients l'accès à différents « bouquets » de services informatifs. Les clients sont ainsi libres de souscrire aux services qui les intéressent en priorité. Pour illustration, le groupe ISS propose aux investisseurs un panel d'outils allant du traitement de l'information financière aux problématiques d'éthique, en passant par les questions de gouvernance d'entreprise. Contrairement aux agences de conseil en vote les plus influentes, certains *proxy advisors* de moindre envergure préfèrent regrouper leurs outils informatifs au sein même de leur plateforme de vote, avec l'objectif de la rendre davantage compétitive, du fait d'un nombre élevé de fonctionnalités.

2. Une plateforme de vote

91. Adaptant leurs services aux défaillances de certains investisseurs institutionnels, les *proxy advisors* ont très tôt développé une logistique visant à centraliser l'exercice du vote de leurs clients. Aujourd'hui, le vote des institutionnels est largement conditionné à l'efficience de cette logistique. Les plateformes de vote élaborées par les conseillers *proxy* revêtent donc une importance capitale pour le marché. De nombreux *proxy advisors* ont ainsi développé ce type de plateforme. Mais seules deux ou trois plateformes de vote *leader* sont majoritairement utilisées par les investisseurs institutionnels, ce qui confère à ce marché une dimension oligopolistique. Cependant, le fonctionnement de ces plateformes (a.) laisse apparaître quelques possibilités de perfectionnements (b.). Si ces améliorations étaient en priorité développées par les agences proposant les plateformes de vote les « moins attractives », cela pourrait favoriser l'ouverture de ce marché.

a) Principes

92. Le Marché globalisé a pour corollaire la fluidité des capitaux et la libre circulation des informations. Les évolutions qui découlent de ce phénomène ont un dénominateur commun, la prégnance de l'informatique. Le mode de fonctionnement des assemblées générales d'actionnaires de sociétés cotées a donc lui aussi été influencé par ce mouvement. En vue de faciliter l'activisme des professionnels de l'intermédiation financière, les mécanismes du vote des actionnaires ont été largement dématérialisés. Mais ces efforts ne pallient que partiellement les nombreuses barrières matérielles qui font encore obstacle à l'exercice du droit de vote des investisseurs institutionnels. Pour cette raison, ces acteurs ont souhaité bénéficier de modalités simplifiées d'expression de leurs votes. Cette demande se trouve à l'origine du marché relatif à l'organisation du vote des investisseurs institutionnels, marché que se disputent aujourd'hui les *proxy advisors*. En France, le rapport MANSION de 2005 soutient que les *proxy advisors* peuvent participer à accroître le vote des investisseurs institutionnels, notamment parce que ces agences disposent d'outils logistiques susceptibles de faciliter l'expression de ce vote. La recommandation AMF du 18 mars 2011 est plus prudente quant au poids des services annexes que peuvent proposer les conseillers *proxy* : les agences « proposent également parfois des services complémentaires destinés à faciliter la mise en œuvre effective du vote de leurs clients comme, par exemple, la mise à disposition d'une plateforme de vote électronique »[275]. A *contrario,* le rapport AMF du 7 février 2012 souligne la nécessité de mettre en place des procédés efficaces de centralisation du vote des investisseurs institutionnels. Dès lors, l'AMF conscientise parfaitement l'importance du rôle des agences de conseil en vote dans l'établissement des plateformes de vote[276].

93. Les plateformes de vote offrent de nombreuses fonctionnalités. La plateforme « Europroxy » de l'ECGS[277] permet par exemple de bénéficier de l'ensemble de recherches réalisées par les membres de ce groupement de *proxy advisors* européens. Cette plateforme permet également une vérification en ligne du processus de vote. Elle donne accès à un historique de vote, à divers rapports statistiques, ainsi qu'à des formulaires de justification de dérogation de politique de vote[278]. Le tout dans l'assurance du respect des obligations légales spécifiques auxquelles peut être soumis chaque client de la plateforme. L'emploi d'une plateforme de vote constitue un important gain de temps pour les investisseurs institutionnels. Cet outil leur permet en effet de centraliser l'ensemble de leur portefeuille. Il leur suffit alors de naviguer sur l'interface de la plateforme et d'y enregistrer leurs votes. Les investisseurs institutionnels peuvent également accéder à des ressources documentaires en sélectionnant les liens correspondant aux décisions qui les intéressent. La flexibilité qu'offre l'utilisation d'une telle plateforme n'est pas négligeable, puisque cet outil est en permanence disponible. De plus, l'ergonomie de cet outil est étudiée de manière à rendre son utilisation simple et claire. Enfin, ces plateformes revêtent un caractère transparent et sécuritaire. En développant des plateformes de vote, les *proxy advisors* participent à centraliser l'exercice du vote des investisseurs institutionnels. La pertinence de cette mesure peut paraitre discutable puisque les institutionnels ont également la possibilité de remplir des formulaires de vote à distance, ou d'utiliser d'autres systèmes d'information permettant la collecte automatisée des instructions de vote par correspondance[279]. Mais cela est sans compter sur le fait que les agences de conseil en vote offrent davantage qu'un service de plateforme de vote. Elles proposent en amont leur expertise en matière de politique de vote. D'un côté les agences dispensent leurs clients de mettre en place un lourd système de gestion des assemblées générales[280]. De l'autre, elles les soustraient à la problématique de l'analyse des projets de résolution.

94. Les plateformes de vote *leader* du marché portent mal leur nom, puisqu'elles sont dans une notable mesure dédiées à la gestion des procurations de vote des investisseurs institutionnels. Sans grande surprise, il s'agit de plateformes d'origines états-uniennes, propriétés des principales agences de conseil en vote. Les plateformes « ProxyExchange » (*ISS*), « ViewPoint » (*GLASS LEWIS & Co*) et « ProxyEdge » (*Broadridge*) sont décrites comme des outils d'une impressionnante richesse, munies de nombreuses fonctionnalités. Elles sont de surcroît d'une grande polyvalence. Elles peuvent naturellement être utilisées comme des plateformes de vote au sens « classique » du terme. Mais elles ont en outre une vocation directe à permettre la gestion massive de procurations de vote, issues des *proxy fights*[281]. Les plateformes de vote des *proxy advisors* américains sont davantage construites autour de la problématique des procurations de vote, que ne peuvent l'être celles de leurs homologues européens. Cela s'explique par une culture actionnariale distincte. Outre-Atlantique, le vote par procuration est une pratique profondément implantée, sur laquelle reposent des intérêts financiers colossaux. En Europe et plus particulièrement en France[282] cette pratique n'a pas à ce jour exprimée son plein potentiel.

b) Evolutions

95. Face à la dominance d'une poignée de plateformes de vote, l'ouverture de ce marché suppose un positionnement stratégique innovant pour les agences dont les plateformes sont aujourd'hui peu attractives. L'ensemble de ces plateformes proposent d'ores et déjà de nombreuses fonctionnalités. Innover dans cette sphère parait donc difficile. Il demeure toutefois possible d'améliorer le niveau de transparence et de sécurité de ces outils. En effet, ces plateformes sont développées selon un fonctionnement classique (*c'est-à-dire à partir de serveurs informatiques centralisés au sein desquels la sécurité des informations - les votes échangées - n'est assurée que par une entité unique*). C'est pourquoi nous soutenons que la technologie *Blockchain* pourrait représenter ici une innovation substantielle. Le système *Blockchain*, mis au point en 2009 par Satoshi NAKAMOTO, repose sur un ensemble de programmes permettant d'enregistrer avec un degré de sécurité extrême n'importe quelle opération informatique. Elle est alors cryptée à l'aide de deux clefs, l'une privée et la seconde publique. L'opération réalisée prend alors la forme d'un « certificat » électronique (*en ce qui concerne les plateformes de vote, il s'agirait d'une version cryptée de la transmission d'un vote*) authentifiable et infalsifiable. L'ultra sécurisation du système *Blockchain* repose non pas sur une mécanique d'enregistrement centralisé, mais sur un principe d'enregistrement partagé entre tous les utilisateurs de *Blockchain* de par le monde, à l'image d'un système de partage *pee-to-peer*. Lorsqu'un nouveau « certificat » est émis, ce dernier est automatiquement copié sur l'ensemble des ordinateurs du réseau, à la condition préalable que chaque ordinateur relié à *Blockchain* ait vérifié que l'ensemble des certificats préexistant soient exempts de la moindre modification. Si un certificat est modifié, l'ensemble du réseau en est immédiatement averti, créant ainsi une chaine d'inviolabilité de niveau planétaire. Contrairement à un procédé d'enregistrement classique, c'est-à-dire centralisé, l'unique hypothèse de défaillance du réseau *Blockchain* serait la mise hors d'usage simultanée de l'ensemble des ordinateurs qui composent ce réseau planétaire. Ce qui est simplement impossible.

96. La majorité des investisseurs institutionnels se concentrent sur les plateformes de vote *leaders*, lesquelles demeurent soumises à un relatif aléa. L'établissement d'une plateforme de vote employant la technologie *Blockchain* représenterait une innovation notable en la matière et constituerait un avantage concurrentiel évident pour l'agence ayant développé ce système[283]. De plus, cette innovation est ouverte à l'ensemble des *proxy advisors,* puisque l'installation de la technologie *Blockchain* ne suppose aucune capacité infrastructurelle particulière. Le développement de cette technologie au sein d'une plateforme de vote serait le vecteur d'un double gain de valeur. Premièrement, elle assurerait l'invulnérabilité de la transmission des votes. Secondement, elle réduirait drastiquement l'infrastructure nécessaire au fonctionnement de la plateforme. Le système *Blockchain* est autonome et autocontrôlé, il ne nécessite donc l'intervention d'aucun intermédiaire.

3. Le pré-remplissage des formulaires de vote

97. Dans l'optique de soustraire l'exercice du droit de vote de leurs clients à toute contrainte, certaines agences procèdent au pré-remplissage des formulaires de vote[284]. Cela permet aux investisseurs institutionnels de valider leurs votes grâce à un simple « clic ». Ce système n'exempte naturellement pas les *proxy advisors* de fournir à leurs clients les analyses et les études qui ont été nécessaires à la réalisation de ce service. La transmission de ces analyses se révèle d'autant plus importante que c'est précisément dans cette situation que les investisseurs institutionnels se révèlent le plus fortement dépendants des services de recommandation de vote des *proxy advisors*. Force est toutefois de souligner que les clients des agences demeurent *in fine* libres de modifier la teneur des formulaires. Les technologies développées par certains *proxy advisors* permettent mêmes de générer pour leurs clients différentes stratégies de vote en prévision d'hypothétiques fluctuations économico-financières. Ce qui permet aux investisseurs d'ajuster l'orientation de leurs votes jusqu'au dernier moment.

98. La fourniture d'un service de pré-remplissage des formulaires de vote soulève la question du référentiel politique utilisé par le *proxy advisor*. S'agit-il de la politique de vote du client, d'une politique hybride, ou exclusivement de celle de l'agence ? Dans la première comme dans la seconde hypothèse, le remplissage préalable d'un formulaire de vote par un prestataire de service spécialisé ne pose pas de problème éthique particulier. Dans la troisième hypothèse le pré-remplissage se révèle plus problématique, puisqu'il efface toute singularité du client. Le risque de voir émerger l'expression d'un vote mécanique dicté par le *proxy advisor* est alors particulièrement important. C'est pour cette raison qu'il est indispensable de transmettre au client une analyse détaillée des motivations qui ont guidé l'orientation des recommandations de vote du *proxy advisor* (*emploie d'un référentiel précis de corporate governance, prise en compte des spécificités de marché de l'émetteur objet de l'étude etc.*).

B. Des services d'évaluation

99. Le second volet de services annexes que proposent les agences de conseil en vote intéresse la production d'évaluations. Ce type de prestation est depuis longtemps reconnu outre-Atlantique, mais n'est en Europe l'objet que d'une récente conscientisation. L'AMF dans sa recommandation du 18 mars 2011 sur les conseillers *proxy* ne mentionne par exemple pas l'existence de ce type de service. Seule la Commission Européenne dans de son Livre vert sur le cadre de la gouvernance d'entreprise de l'Union Européenne[285], puis par la suite le Code BPPSVR[286], évoquent la possibilité pour les *proxy advisors* de fournir ce type de service. L'établissement de services d'évaluation suggère un accroissement de l'influence des agences de conseil en vote. En effet, l'on ne saurait faire appel à ce type de service si l'organisme « évaluateur » ne jouit pas d'un haut niveau de respectabilité et d'expertise dans la matière objet du diagnostic. C'est pour cette raison que la grande majorité des services d'évaluation que proposent les agences de conseil en vote touchent à la *corporate governance* (1.). Il convient cependant de souligner que des *proxy advisors* développent certaines accointances en matière de *consulting* extra-financier (2.).

1. Un service d'évaluation en corporate governance

100. Les *proxy advisors* sont des experts reconnus des questions de gouvernance d'entreprise. Il n'y a donc en théorie aucun obstacle à ce que ces organismes monnayent cette compétence. En théorie seulement, puisque dans certaines conditions, ce service peut se révéler pernicieux. La fourniture par un *proxy advisor* d'un service d'évaluation de la gouvernance d'un émetteur, pour le compte d'un client investisseur ne soulève aucune interrogation. Cette situation découle de l'exercice « normal » des agences de conseil en vote. De la même manière, la fourniture par un *proxy advisor* moniste d'un service d'évaluation de la gouvernance de larges panels d'émetteurs n'est pas problématique. Un *proxy advisor* moniste n'entretient aucune relation commerciale avec les émetteurs, de ce fait, ses évaluations seront exsangues de nombreux risques de conflits d'intérêts. A *contrario*, il est théoriquement plus discutable qu'un *proxy advisor* dualiste puisse proposer un service d'évaluation de la gouvernance d'un émetteur, pour le compte et aux frais de ce dit émetteur, en parallèle de la fourniture d'un service de recommandations de vote aux investisseurs. Il n'est pas non plus à exclure qu'un *proxy advisor* de type dualiste puisse être tenté de favoriser, la notation du niveau de bonne gouvernance d'un émetteur avec lequel il entretient des relations commerciales. Ces situations peuvent en effet favoriser l'émergence de conflits d'intérêts[287]. Mais tel n'est pas ici la question, et nous nous concentrerons présentement sur les méthodes et outils qu'utilisent les *proxy advisors* pour proposer à leurs clients investisseurs un service annexe d'évaluation en *corporate governance*. La problématique de la fourniture d'un service de type « sell side » par un *proxy advisor* fera l'objet de développements ultérieurs[288].

101. Certains *proxy advisors* ont institutionnalisé la fourniture d'un service d'évaluation de la gouvernance des émetteurs. L'outil *QualityScore* développé par ISS, permet par exemple aux investisseurs institutionnels de bénéficier d'un service d'évaluation mondial de la gouvernance des grands émetteurs, sur la base d'une notation graduée de 1 à 10, le chiffre 1 représentant un optimum. Ce logiciel permet donc aux investisseurs de connaître immédiatement le niveau de gouvernance de chaque émetteur. Le fonctionnement de *QualityScore* repose sur la combinaison d'un double référentiel, celui des principes directeurs du gouvernement d'entreprise et celui des spécificités de la politique de vote d'ISS. Le processus d'évaluation des émetteurs est fondé sur une étude multifactorielle de plus de 200 éléments, lesquels sont regroupés sous 4 piliers : la structuration du conseil d'administration, le respect des intérêts actionnariaux, le contrôle de la rémunération des dirigeants et les questions d'audit et de risques. Pour illustration, les éléments qui intéressent le pilier « composition du conseil d'administration » sont notamment le taux de féminisation du conseil, le pourcentage d'administrateurs indépendants, la présence d'un administrateur référent, l'existence d'une évaluation annuelle de la performance du conseil, etc. L'exhaustivité de *QualityScore* en fait un outil de référence en termes d'évaluation de la bonne gouvernance des émetteurs. ISS propose en outre à ses clients une suite de logiciels encore davantage spécialisés dans certaines problématiques de *corporate governance*. *ISS Incentive Lab* et *ExecComp Ananlytics* sont par exemple des outils spécialisés dans l'analyse de la rémunération des dirigeants, eu égard à la performance des émetteurs. La prédominance des outils d'évaluation du groupe ISS se justifie par leur haut niveau de performance, ainsi que dans le fait que cette suite de logiciels interagit et se complète elle-même. Cette stratégie marketing entretient donc, au sein de l'industrie des *proxy advisors*, la dominance d'ISS en matière d'évaluation de la gouvernance des émetteurs. Mais cette hégémonie autorise aussi un certain « laxisme » de la part de l'agence. Une filiale du groupe ISS propose des conseils en gouvernance directement aux émetteurs, ce qui paraît éthiquement discutable.

102. Les outils d'évaluation de la gouvernance des émetteurs développés par les agences d'origine européenne, pour le compte des investisseurs, sont moins sophistiqués que ceux déployés par le *leader* ISS. Cela s'explique par la moindre dimension économique de ces agences, conséquence de la moindre maturité du marché des *proxy advisors* en Europe. Force est cependant de constater que ces instruments d'évaluation existent. L'agence PROXINVEST, avec ses partenaires de l'ECGS, propose à ses clients la fourniture de données brutes en matière de gouvernance d'entreprise[289]. Plus encore, le *leader* français a développé un service

d'évaluation[290] des risques en matière de gouvernance d'entreprise dénommé « Proxinvest Corporate Governance Rating » (PCGR). Le panel des émetteurs évalué par ce service est celui du STOXX Europe 600. Son fonctionnement repose sur l'évaluation d'environ 70 critères et sa notation se divise en quatre catégories (*droit des actionnaires, indépendance du conseil d'administration, audit et critères de rémunération des dirigeants*). Le processus d'évaluation est automatisé, toutefois, des experts locaux spécialisés dans chaque pays ont la liberté d'impacter positivement ou négativement les notes émises, dans la limite de 10%.
En tant que spécialistes des questions de *corporate governance*, les agences de conseil en vote disposent d'une évidente légitimité dans la production de ce type d'évaluation. L'importance croissante de ce service annexe participe à une profonde mutation des *proxy advisors*. Ces organismes tendent ainsi à devenir progressivement des régulateurs de la bonne gouvernance des émetteurs, des *soft law makers*[291] de la gouvernance d'entreprise.

2. Des accointances en matière sociétale

103. Par nature, la fourniture de recommandations et de conseils en matière sociétale ne relève pas de la « compétence » des *proxy advisors*. Force est cependant de constater qu'en raison de l'importance grandissante des problématiques environnementales et sociales dans les relations entre les émetteurs et les investisseurs, certains conseillers *proxy* font preuve d'un intérêt grandissant pour ces questions. Ce marché est logiquement dominé par les agences de notation extra-financière. Mais contrairement au marché de la notation-financière (*avec le fameux Big Three*), il est actuellement bien moins concentré et principalement régi par *la soft law*[292]. Il existe près d'une quarantaine d'organismes spécialisés dans l'évaluation extra-financière. Les plus influent sont EIRIS (*Royaume-Uni*), MAPLECROFT (*Royaume-Uni*), GMI Ratings (*États-Unis*), MSCI ESG RESEARCH (*États-Unis*), SOLARON (*Inde*), INRATE (*Suisse*), SUSTAINALYTICS (*Pays-Bas*), OEKOM (*Allemagne*) ou encore VIGEO (*France*). Mais le caractère relativement perméable de ce marché permet à certaines agences de conseil en vote de jouer un rôle notable en matière d'analyse sociétale. GLASS LEWIS & Co tout comme ISS proposent à leurs clients des recommandations de vote prenant en considération les données extra-financière des émetteurs. Ce qui suppose pour ces organismes le développement de sérieuses compétences en la matière.

104. Les recommandations sociétales émises par ISS reposent sur un modèle différent de ses recommandations « classiques », l'agence adoptant en la matière une politique de vote au cas par cas[293]. ISS n'a donc pas établi de référentiel général en matière sociétale. Mais le *leader* mondial du service *proxy* aspire toutefois à jouer ici un rôle de premier plan. En 2015, ISS a fait l'acquisition de l'agence de notation extra-financière ETHIX SRI ADVISORS, devenue ISS-ETHIX. En janvier 2017, ISS a également acquis l'agence IW Financial, l'un des principaux fournisseurs de solutions de recherche et de gestion de portefeuilles socialement responsables. Parallèlement à cela, le *leader* de l'industrie des *proxy advisors* a mis en place un partenariat avec le fournisseur de données extra-financières RepRisk. Il s'agit d'un organisme spécialisé dans l'évaluation de la réputation extra-financière d'entreprises cotées ou non. Les clients d'ISS qui ont souscrit à l'« option » RepRisk, se voient ainsi proposer un ensemble de données extra-financières sur plus de 58 000 entreprises. Ce qui permet aux clients d'ISS de prendre davantage en compte les facteurs sociétaux dans leurs décisions de vote ou d'investissement. ISS offre à ses clients la possibilité d'une forte concentration de services, tant financiers qu'extra-financiers. Ce qui limite considérablement le nombre d'interlocuteurs auxquels leurs clients doivent faire appel. Ce phénomène est générateur de valeur, car il permet d'optimiser le suivi du portefeuille de chaque client. Mais cette concentration demeure critiquable, car elle place les clients d'ISS dans une position de dépendance informationnelle globale.

105. Certaines agences de conseil en vote européennes s'intéressent également aux problématiques sociétales. Tel est le cas d'Ethos, de Manifest ou encore de PROXINVEST. L'approche du *leader* indépendant français concernant les questions d'ISR et de RSE est d'ailleurs particulièrement intéressante. Il est de fait que les *proxy advisors* jouissent d'un haut niveau d'expertise dans l'analyse du pilier « gouvernance » des critères ESG. Plutôt que de s'appuyer sur ce pilier pour développer un service d'analyse extra-financière, PROXINVEST a fait le choix particulièrement éthique de la spécialisation. Cette agence fournit « aux acteurs de l'ISR des données et ratings leur permettant d'intégrer dans leur organisation un haut niveau de compétence sur cette problématique [*la corporate governance*] »[294]. PROXINVEST se positionne donc dans le marché de l'ISR, non pas comme un nouvel analyste de données extra-financières, mais en tant qu'organisme fournissant aux acteurs de l'ISR un service d'expertise en gouvernance d'entreprise. Cette stratégie singulière participe à faire de PROXINVEST un maillon substantiel des questions d'ISR et de RSE au niveau national, ainsi qu'à accroître le spectre de sa clientèle.
Les problématiques extra-financières représente un marché considérable et en perpétuel extension. Les émetteurs du CAC 40 ont récemment souligné leur prise en considération croissante de la RSE comme levier de performance sur le long terme[295]. Consciente de cette réalité, les agences de conseil en vote adoptent deux positions. Une première de conseil en RSE et ISR directement pour le compte de leurs clients investisseurs institutionnels « classique » (*ce qui suppose pour ces agences de développer de nombreuses compétences, raison pour laquelle seuls les leaders mondiaux de cette industrie peuvent envisager une telle diversification*). Une seconde en tant qu'experts des questions de *corporate governance*, directement pour le compte des acteurs spécialisés dans l'ISR.

Conclusion du chapitre 1

106. Les *proxy advisors* répondent à des besoins réels et spécifiques des investisseurs institutionnels. En œuvrant pour limiter le phénomène d'asymétrie d'information au sein des assemblées générales des sociétés cotées, les agences de conseil en vote militent pour la préservation et le développement de la valeur actionnariale. Les investisseurs institutionnels ne disposent que rarement des moyens nécessaires à la réalisation de l'exercice saisonnier d'analyse des projets de résolution, ils font donc appel à des prestataires de service spécialisés dans cette activité. Les assemblées générales d'actionnaires étant soumises à de nombreuses exigences légales, les *proxy advisors* ont développé des méthodes d'exercice en adéquation avec ces contraintes, ainsi qu'avec la forte technicité que nécessite l'étude efficiente des projets de résolution.

L'activité principale des conseillers *proxy* est caractérisée par l'offre d'un service d'analyse et de recommandation des projets de résolution. Mais ces organismes proposent en parallèle un ensemble de prestations annexes, lesquelles peuvent comprendre un service de plateforme d'information, un service de plateforme de vote, un service d'évaluation en *corporate governance,* voire même un service d'analyse en matière extra-financière. À en juger par le caractère sensible des services que proposent à leurs clients les agences de conseil en vote, il est aisé de soutenir que ces organismes exercent une fonction hautement stratégique.

Chapitre 2. Proxy advisors : une fonction politique

107. La fonction politique des agences de conseil en vote est caractérisée par le concours que ces organismes apportent au développement d'une certaine philosophie actionnariale. Le principal (*mais non exclusif*) mode d'expression politique des *proxy advisors* repose sur l'influence dont bénéficient leurs recommandations de vote. Aux États-Unis, l'impact de ces recommandations à fait l'objet de nombreuses études. D'aucuns souligneront, et à raison, que les données à venir illustrent uniquement les comportements actionnariaux de l'Amérique du nord, ce à quoi nous ne pourrons qu'acquiescer. Mais la globalisation financière et la professionnalisation de l'actionnariat ont eu pour effet de normaliser les comportements actionnariaux mondiaux. Abstraction faite de fluctuations dues à certains particularismes[296], les chiffres à venir permettent d'estimer d'une manière relativement satisfaisante l'influence des recommandations d'ISS sur l'actionnariat. La première étude concernant cette firme date de 2002. Elle avance que sur la base d'un panel de 1.500 sociétés nord-américaine, la publication d'une recommandation négative d'ISS infléchit de l'ordre de 13,6% à 20,6% le résultat du vote d'une résolution[297]. Une deuxième étude réalisée entre 2003 et 2008 avance que l'infléchissement moyen serait plus proche de 29%[298]. En 2009, une troisième étude conclut à un décroissement moyen de 20,7% du taux d'acceptation des projets de résolution en relation avec des problématiques de *corporate governance*, ayant fait l'objet de recommandations négatives de la part d'ISS[299]. Dans cette mouvance, des chercheurs de la « New York University School of Law » et de l' « University of Pennsylvania Law School » ont conclu que la forte influence (*de l'ordre de 20% à 30%*) des recommandations négatives d'ISS pouvait avoir des causes exogènes (*c'est-à-dire que même sans une recommandation négative, la teneur même du projet de résolution aurait fait l'objet d'un vote de défiance en assemblée générale d'actionnaires*). Ce qui aurait pour effet d'augmenter artificiellement l'impact des recommandations du conseiller *proxy*, dont l'influence réelle oscille, toujours selon ces chercheurs, entre de 6% et 10%[300].

108. Précurseur, le cabinet d'audit DELOITTE a publié fin 2015 une analyse de l'influence des recommandations des agences de conseil en vote au sein des sociétés cotées françaises[301]. Les résultats de ce rapport sont en corrélation avec les chiffres de la dernière étude états-unienne. Selon DELOITTE, une recommandation négative d'un conseiller *proxy* abaisse de l'ordre de 4% à 10% le taux moyen d'acceptation d'un projet de résolution. Concernant une recommandation négative en lien avec un projet de résolution touchant à la *corporate governance,* un infléchissement moyen de 6% à 10% est observé.
L'influence des recommandations de vote émises par les *proxy advisors* est conditionnée au type de résolution présentée aux assemblées. Il existe une importante

corrélation entre le vote des actionnaires et l'orientation des recommandations des agences, lorsqu'il s'agit de résolutions « ordinaires », c'est-à-dire ne présentant pas de difficulté particulière. A *contrario*, cette concordance s'affaiblit dans l'hypothèse de projets de résolution dits « sensibles ». Cette factualité s'explique aisément, dans l'hypothèse de projets de résolution « sensibles » l'actionnariat raisonne selon des intérêts particuliers, tandis que les *proxy advisors* continuent alors d'appuyer leurs analyses sur un référentiel de *corporate governance* destiné à garantir le développement général de la « *shareholder value* ». Cette méthodologie peut donc (*dans l'hypothèse de projets de résolutions sensibles ou particuliers*) avoir pour effet d'amoindrir le niveau de concordance des recommandations des *proxy advisors* par rapport au vote final des actionnaires. Cependant, l'application de cette méthodologie légitime la fonction politique des agences de conseil en vote. Cela permet à ces organismes d'apporter leur concours à des principes actionnariaux devenus fondamentaux avec la globalisation du marché. Les *proxy advisors* défendent donc le principe selon lequel l'actionnariat internationalisé (Section 1.) peut faire preuve d'activisme (Section 2.).

Section 1. Soutenir l'internationalisation de l'actionnariat

109. Le sondage Natixis GAM[302] réalisé en 2016 sur quelque 660 investisseurs institutionnels révèle sans surprise que le contexte macroéconomique favorise plus que jamais les investissements au sein du marché européen, et ce au détriment du marché américain. Le fait que des institutionnels non-résidents projettent d'investir en Europe et en France est un phénomène qui est en lui-même courant[303]. Mais la balance de ces investissements est bien plus digne d'intérêt. En effet, les investisseurs institutionnels investissent aujourd'hui davantage sur le marché européen que sur le marché américain. Ce qui fait apparaître toute l'attractivité du marché financier du vieux continent. Ce phénomène connait d'évidentes répercussions sur l'industrie des agences de conseil en vote. Comme le souligne la Commission Européenne dans son Livre vert sur le cadre de la gouvernance d'entreprise dans l'Union Européenne, en date du 5 avril 2011, les investisseurs institutionnels font appel dans une proportion plus importante à des conseillers en vote dans l'hypothèse d'investissements réalisés auprès d'émetteurs étrangers[304]. La fonction des *proxy advisors* est de pallier les difficultés qui résultent de cette internationalisation de l'actionnariat. Nous ne sommes pas sans savoir que ces organismes proposent un ensemble de services, principalement en vue de faciliter le vote d'actionnaires non implantés matériellement sur un marché. En conséquence de quoi, nous présupposerons que les *proxy advisors* connaissent une influence différente lorsque le panorama actionnarial d'un émetteur se compose d'un large spectre d'investisseurs institutionnels (§1.), ou à *contrario* qu'il s'organise autour d'un actionnariat de référence (§2.).

§1. Les présupposés de l'actionnariat institutionnel

110. En 2010 une étude néerlandaise[305] a rapporté qu'au sein de son panel d'enquête, 56% des actionnaires institutionnels ayant fait appel à un prestataire *proxy* se sont par la suite conformés aux orientations qui leur avaient été prescrites. L'influence des agences de conseil en vote s'observe donc outre-Atlantique, mais également en Europe. Cet impact croissant est le résultat d'un courant législatif international qui a visé à accroître l'activisme des investisseurs institutionnels. Lequel a *in fine* eu pour effet d'accroître le recours à des prestataires spécialisés dans le vote, en raison de l'inadaptabilité de la structure organisationnelle de certains institutionnels. Partant, les *proxy advisors* sont devenus des organismes nécessaires au fonctionnement d'une majorité d'investisseurs institutionnels. Il serait toutefois erroné de donner à cette affirmation une valeur générale. Le caractère hétérogène de cette catégorie d'actionnaires l'empêche. Certains institutionnels n'éprouvent pas le besoin de faire appel à des *proxy advisors*, parvenant à assumer directement le niveau d'activisme qui leur est demandé. Quels facteurs participent-ils à accroître le besoin pour un investisseur institutionnel de s'allouer les services d'un ou plusieurs conseillers *proxy* ?

L'horizon d'investissement d'un actionnaire institutionnel constitue un premier facteur pouvant influer sur l'emploi d'un *proxy advisor*. Une optique d'investissement à court terme suggère davantage le besoin de faire appel à un conseiller *proxy*, que le développement d'une stratégie à long terme. Un professionnel de l'intermédiation financière qui maintient plusieurs années ses participations, accroît sa connaissance de l'émetteur, ce qui peut avoir pour effet de rendre moins nécessaire le recours à une agence de conseil en vote.

Le deuxième facteur pouvant favoriser l'emploi d'une agence de conseil en vote se trouve être la composition actionnariale de l'émetteur. Une forte concentration d'actionnaires institutionnels au sein d'une même firme est associée, selon les chercheurs, à un comportement actif[306]. *A contrario* une faible concentration d'investisseurs institutionnels, renvoie à une stratégie davantage passive[307]. Dans cette dernière hypothèse, faire appel aux services des *proxy advisors* permet aux investisseurs de répondre à leurs « obligations » pour un coût raisonnable. Tout en disposant d'un travail d'analyse des projets de résolution qualitativement satisfaisant, au regard des principes de la *corporate governance*.

Le troisième facteur pouvant induire l'emploi d'un *proxy advisor* est celui de la nature des relations existantes entre l'investisseur et l'émetteur. Le développement de relations d'affaires en parallèle d'une position d'actionnaire (*comme c'est souvent le cas pour les banques ou des compagnies d'assurances…*), peut amener un fléchissement de l'activisme de l'institutionnel vis-à-vis l'émetteur[308]. Le professionnel de l'intermédiation financière sera dès lors moins enclin à remettre en cause les décisions de l'équipe dirigeante. Il sera donc davantage passif, et votera dans une large mesure conformément aux propositions du conseil d'administration. Il ne fera alors que plus rarement appel à un *proxy advisor*, ou se détournera aisément de la recommandation proposée par l'agence. L'absence d'intérêts autres qu'actionnariaux (*comme c'est généralement le cas au sein des fonds de pensions ou des fonds mutuels*) paraît donc en mesure de favoriser l'emploi de *proxy advisors* par les investisseurs institutionnels. L'étude de Michael C. SCHOUTEN conforte la pertinence de cette hypothèse. L'objet de son analyse porte sur le comportement de vote de plusieurs investisseurs institutionnels européens ayant fait appel à ISS ou à GLASS LEWIS & Co en 2010. Il en ressort globalement que le poids des recommandations des *proxy advisors* décroît lorsqu'un investisseur institutionnel détient d'importantes participations auprès d'un émetteur, alors qu'à l'inverse, lorsque la participation de l'institutionnel est limitée, voire même faible, le respect des recommandations de vote croit notablement[309]. Les particularismes qui conditionnent le fonctionnement des investisseurs institutionnels en font un type d'actionnariat singulier (A.). Ces particularismes sont d'autant plus surprenants qu'il s'agit d'une catégorie actionnariale coutumière des problématiques de *corporate governance* (B.). Ce qui laisse penser que les investisseurs institutionnels s'accommodent particulièrement bien du fait que l'analyse de leurs votes soit, dans une large mesure, externalisée.

A. Un actionnariat singulier

111. En France l'actionnariat institutionnel fait principalement l'objet d'études économiques et financières visant à appréhender l'influence d'investisseurs professionnels non-résidents au sein du marché national et européen[310]. Contrairement aux recherches états-uniennes[311] qui se sont très tôt penchées sur l'influence des *proxy advisors* dans le fonctionnement des investisseurs institutionnels, les chercheurs nationaux n'ont que très récemment pris conscience de l'influence de ces prestataires de service. Cette caractéristique est une composante évidente de la singularité des professionnels de l'intermédiation financière, mais comme nous allons le montrer, il en existe bien d'autres…
Une seconde caractéristique qui a conduit à un traitement longtemps lacunaire de cette catégorie actionnariale, est le fait que la doctrine française définit classiquement les investisseurs institutionnels comme « n'ayant pas vocation à assumer des fonctions de contrôle »[312]. La réalité juridico-financière internationale ne saurait confirmer ce principe. Compte tenu de l' « activisme » grandissant des investisseurs institutionnels, on ne saurait dire que, au prétexte qu'elle ne répond

pas aux mêmes « intérêts que d'éventuels actionnaires de référence détenteur de blocs de contrôle »[313], cette catégorie actionnariale ne se soucie par principe guère du contrôle des émetteurs, d'autant que l'épargne cumulée par l'intégralité des actionnaires institutionnels fait d'eux les principaux détenteurs de l'ensemble des sociétés côtés de la planète. Pour illustration, en 2007, 68.9% de l'actionnariat du CAC 40 était constitué d'institutionnels, et près de 63,7% des acteurs de cette catégorie actionnariale étaient des non-résidents[314]. Ces données permettent de se représenter l'impact potentiel des *proxy advisors* sur le marché et conforte pour nous le caractère singulier de leurs clients. Le caractère atypique (1.) de l'actionnariat institutionnel est à l'origine du développement de dispositifs nationaux spécifiques (2.), lesquels se trouvent dans une large mesure inspirés par les institutions de l'Union Européenne (3.).

1. Un actionnariat atypique

112. La montée en puissance de l'actionnariat institutionnel est la conséquence de la disparition progressive des petits porteurs, qui, devant la complexification des mécanismes des marchés, ont fait appel à des gestionnaires d'épargne collective. L'essor de cette catégorie actionnariale résulte également de la globalisation du marché. La circulation des capitaux étant facilitée, les investisseurs ont considérablement vu s'élargir leur champ d'investissement. La première « vague d'entrée massive »[315] d'investisseurs institutionnels au capital des grands émetteurs français remonte au milieu des années 1990. Le « débouclage à partir du milieu de la décennie 1990 des participations croisées issues des noyaux durs constitués lors des deux premières vagues de privatisations a remis sur le marché des paquets d'actions [...] saisis en masse par les investisseurs étrangers »[316]. À la fin des années 1990, plusieurs entreprises du CAC40 avaient déjà un actionnariat composé à plus de 40% par des institutionnels non-résidents (*principalement anglo-saxons*), et à près de 60% dans les années 2000[317]. Ce phénomène ne se limite cependant pas aux firmes du CAC40. La présence d'investisseurs institutionnels étrangers au sein des sociétés du SBF120 est également notable. En 2001, les investisseurs institutionnels, toutes origines confondues, représentaient déjà 24,78% de l'actionnariat du SBF120, et en 2008, 38,61%. Cette même année, les investisseurs institutionnels étrangers représentaient 63% du total des participations de cette catégorie actionnariale au sein des émetteurs du SBF120[318].

113. Cette catégorie actionnariale est riche de paradoxes. Les investisseurs institutionnels possèdent des portefeuilles fortement diversifiés, ils sont amenés à détenir des participations au sein d'une multitude de sociétés géographiquement éloignées, dont ils ne connaissent bien souvent que les données de performance comptable et financière[319]. Dans cette perspective, ils suivent tendanciellement

une stratégie actionnariale passive. Mais ces investisseurs sont encouragés à exercer leurs votes aux assemblées, ce qui a conduit à la création des agences de conseil en vote, ainsi qu'à l'établissement d'une forme inédite d'activisme[320]. Le développement de ces dispositifs a par ailleurs contribué à la croissance de l'idéologie de la « *shareholder value* », ou encore à l'élaboration de Codes de gouvernance...
L'atypisme des investisseurs institutionnels traduit donc le fait qu'en déployant des mesures visant à se « soustraire » à ses obligations, cette catégorie actionnariale a concouru au développement de la valeur actionnariale. La centralisation de l'actionnariat au sein des grands fonds d'investissement n'a pas fait disparaître toute philosophie actionnariale, elle l'a simplement fait évoluer. Funambules du marché globalisé, les investisseurs institutionnels doivent maintenir une certaine rentabilité pour leurs épargnants, bien qu'ils souffrent de lacunes informationnelles. Pour remplir leurs objectifs de rentabilité, ils affichent donc des perspectives d'investissement toujours plus diversifié et externalisent dans une large mesure la problématique du vote aux assemblées générales d'actionnaires. Dans ce contexte, l'AMF rappelle pour sa part l'importance des objectifs de transparence[321], de dialogue et d'intégrité, que suppose l'exercice du droit de vote des institutionnels, ainsi que l'activité des *proxy advisors*.

2. Des dispositifs nationaux spécifiques

114. Les particularités des investisseurs institutionnels sont à l'origine du développement de règles spécifiques relatives au fonctionnement de cette catégorie actionnariale au sein des sociétés cotées françaises. La forte présence d'actionnaires non-résidents détenant des participations auprès d'émetteurs français suppose par exemple l'établissement d'un système d'identification efficace. Le principe des « intermédiaires inscrits »[322] permet la détention d'actions nationales pour le compte de leurs possesseurs réels. Ce dispositif offre en théorie la possibilité à tout émetteur de remonter jusqu'aux actionnaires originels. L'idée générale sur laquelle repose ce principe est que dans l'hypothèse de la défaillance d'un intermédiaire, la société émettrice puisse suspendre le droit de vote, ainsi que le versement de dividendes. Bien qu'efficace, cette sanction n'est qu'extrêmement rarement utilisée[323] du fait de sa violence symbolique et pratique.

115. La crise financière de 2008 a eu pour conséquence de considérablement renforcer la protection des épargnants qui investissent par le biais de professionnels de l'intermédiation financière. Force est cependant de constater que, un temps, cette catégorie actionnariale n'a que peu soulevé d'interrogations juridiques relatives à ses spécificités. Le caractère hétérogène ainsi que la diversité des perspectives d'investissement des professionnels de l'intermédiation financière ont joué ici pour beaucoup. Mais cette catégorie actionnariale est aujourd'hui régie par un imposant *corpus* législatif et réglementaire, qui tend à orienter les perspectives d'investissement de ces acteurs vers le long terme. En parallèle, la doctrine étudie plusieurs pistes de réflexion[324] dans le but d'accroître l'efficience du fonctionnement des investisseurs institutionnels. La première hypothèse serait de permettre à l'AMF de priver exceptionnellement de droit de vote les investisseurs objectivement nuisibles à la société. La deuxième serait la mise en place d'une obligation pour les OPCVM et les FIA de voter non plus selon le principe de « primauté des intérêts des adhérents »[325], mais en conformité avec l'intérêt social de la société. La troisième serait de limiter la capacité de cession des actions détenues par les institutionnels, si cela est en mesure de compromettre objectivement l'émetteur. La quatrième hypothèse consisterait tout simplement à interdire l'*empty-voting*. Enfin, la dernière serait de faire siéger au sein des conseils d'administration les investisseurs institutionnels les plus influents. En raison du poids des institutions européennes dans le fonctionnement des investisseurs institutionnels, et plus généralement dans le développement d'une nouvelle vision de l'actionnariat, il est aujourd'hui peu probable que de profondes évolutions en la matière émergent d'un élan législatif national. Nous ne sommes en effet pas sans savoir que la modification de la directive 2007/36/CE sur les droits des actionnaires, ouvre à de notables innovations concernant l'engagement des investisseurs institutionnels, mais aussi la transparence des *proxy advisors*.

3. L'Union européenne à la poursuite de nouvelles dispositions : la directive (UE) n° 2017/828 du 17 mai 2017

116. Le 3 avril 2017 le Conseil a adopté la directive (UE) 2017/828 modifiant celle 2007/36/CE. La directive (UE) 2017/828 porte en son sein les racines d'un nouvel objectif d'engagement à long terme des professionnels de l'intermédiation financière[326]. Les investisseurs institutionnels et les gestionnaires d'actifs seront tenus de publier une politique personnalisée d'engagement[327]. Cette mesure est directement inspirée du Code de gouvernance britannique (*Stewardship Code*), et a pour objectif de favoriser des prises de position sur le long terme, du fait de l'établissement de stratégies d'investissement transparentes. La possibilité du non-respect de cette publication d'engagement serait alors conditionnée à l'application de la règle « comply or explain ». Dans cette perspective, les investisseurs institutionnels seront contraints de publier la manière dont s'articulent leurs stratégies d'investissement eu égard à leurs engagements actonnariaux. Plus encore, les gestionnaires d'actifs devront communiquer annuellement aux investisseurs institutionnels avec lesquels ils ont passé des accords « la manière dont leur stratégie d'investissement et sa mise en oeuvre respectent [ces] accord [s] et contribuent aux performances à moyen et long terme des actifs gérés »[328].
Contrairement au modèle français[329], ceux de certains Etats-membres[330] n'offrent

pas la possibilité d'identifier les actionnaires originaux dans l'hypothèse de détentions « intermédiées » (*titres au porteur*). La directive prévoit donc l'établissement d'un cadre général d'identification[331]. Les émetteurs pourront ainsi se faire communiquer, auprès des intermédiaires, l'identité réelle de chaque actionnaire. « Une telle information permet ainsi des stratégies de fidélisation de l'actionnariat et d'anticiper la manière dont les votes seront exprimés en assemblée générale. Elle favorise surtout l'organisation pratique des assemblées générales en permettant d'atteindre le quorum requis et l'exercice effectif du droit de vote des actionnaires »[332]. En parallèle, les intermédiaires auront l'obligation de transmettre les informations que doit délivrer la société à l'ensemble de son actionnariat[333].
Les transactions avec des parties liées[334] sont de nature à porter préjudice aux sociétés et à leurs actionnaires, puisqu'elles « peuvent donner à la partie liée la possibilité de capter une partie de la valeur des sociétés »[335]. C'est pour cette raison que la nouvelle directive prévoit que les transactions qui revêtent une importance significative devront être soumises à l'approbation des actionnaires ou du conseil d'administration, cela dans le but de garantir la protection des intérêts des sociétés. Plus encore, les émetteurs seront tenus de faire publiquement connaître la teneur des transactions « importantes »[336].

117. La directive (UE) 2017/828 façonne également un « say on pay » qui implique que la rémunération des dirigeants soit davantage en rapport avec la performance des sociétés. Alors que la proposition du 9 avril 2014 prévoyait initialement un « say on pay » à caractère contraignant, les eurodéputés ont amendé ce dispositif, afin qu'il soit laissé à la responsabilité de chaque Etat-membre de décider de sa nature[337]. Le vote des actionnaires sur la politique de rémunération des dirigeants devient par principe contraignant. Par exception, les États membres peuvent toutefois prévoir qu'il demeurera consultatif. La directive met également l'accent sur le développement de la pratique des « rapports de rémunérations », lesquels sont soumis à un vote consultatif annuel en assemblée générale. La directive (UE) 2017/828 prévoit que la politique de rémunération des dirigeants soit rendue publique (*sur le site internet de l'émetteur*) et qu'elle définisse clairement les caractéristiques des régimes de retraite anticipée et/ou complémentaire des dirigeants. Concernant la question des rémunérations variables, la directive soutient que les critères de performance auxquels sont soumis les dirigeants doivent prendre davantage en compte les objectifs de RSE[338], que la proportion de la rémunération en actions des dirigeants doit être sensiblement réduite, et que la valeur des actions de la société ne constitue plus un critère « unique » d'évaluation de la performance de l'organe de gestion des émetteurs[339]. Cette mesure milite *in fine* contre l'adoption de politiques exclusivement mercantiles, c'est-à-dire fondées sur la recherche d'une croissance à court terme de la valeur boursière de la société. Ces politiques se révèlent en effet néfastes à moyen et long terme pour l'émetteur. De surcroît, elles attirent une forte proportion d'investisseurs purement financiers.

Il est à noter que la directive ne faisant pas mention d'un possible octroi de votes doubles, les tenants et aboutissants de la loi Florange du 29 mars 2014 demeurent donc une spécificité nationale.
Enfin, comme précédemment développé, la directive (UE) 2017/828 renforce l'encadrement de l'activité des agences de conseil en vote, avec pour objectif d'améliorer la transparence de ces organismes (*par le biais de la promotion d'un Code de conduite*), mais aussi de prévenir leur particulière appétence pour le conflit d'intérêts[340].
« La directive Droit des actionnaires révisée tend à créer des devoirs pour les actionnaires et des droits d'information nouveaux pour les sociétés quant à l'identification de leurs actionnaires »[341]. Cette démarche européenne s'inscrit dans une tendance globale, puisque l'OCDE a révisé en septembre 2015 ses principes de gouvernance d'entreprise. Elle y intègre désormais la nécessité de renforcer l'engagement à long terme de l'actionnariat institutionnel.

B. Un actionnariat coutumier de la corporate governance

118. Les investisseurs institutionnels gèrent aujourd'hui la majorité des actifs financiers du marché. Le comportement de cette catégorie actionnariale à l'égard des émetteurs dont elle détient des participations, découle cependant d'un fonctionnement spécifique. Il s'agit en effet pour les institutionnels de défendre les intérêts financiers de leurs épargnants. Pour ce faire, cette catégorie actionnariale milite pour le développement de la « *shareholder value* »[342], dans le but d'assurer un bon rendement à leurs portefeuilles. Les investisseurs institutionnels participent donc à imposer aux émetteurs le respect d'un haut degré d'application des principes de *corporate governance*, et ceci avec le concours des *proxy advisors*, du fait des lacunes structurelles inhérentes à cet actionnariat. Les investisseurs institutionnels sont donc largement au fait de la gouvernance d'entreprise, puisqu'ils s'appuient sur ses principes pour nourrir leur influence auprès des émetteurs. Plus encore, cet actionnariat a directement contribué à façonner les prémices de la *corporate governance*[343] « moderne » à la fin des années 1980. « La généralisation des principes de gouvernance dans les entreprises ouvertes au capital étranger serait ainsi une conséquence directe de la pression exercée par les investisseurs américains »[344]. Les premiers investisseurs institutionnels, tout comme la gouvernance d'entreprise elle-même, partagent une essence américaine (1.). Cela met en lumière de communes difficultés d'adaptation au fonctionnement des modèles des marchés français et européen (2.), ce qui fournit un terrain propice au développement des *proxy advisors* (3).

1. Une essence américaine partagée

119. L'actionnariat institutionnel trouve ses origines aux États-Unis, sous la forme de fonds de pension. Le développement de ces fonds est le fruit de la remise en cause, au début des années 1970, de la fonction sociale de l'« entreprise-providence »[345], remise en cause qui donnera naissance à un système de retraite par capitalisation, soutenu par une notable évolution législative[346]. La décroissance de la couverture sociale obligera ainsi les salariés américains à se constituer individuellement une épargne de retraite[347], ce qui mènera à la « fermeture de nombreux plans collectifs à prestations définies, auxquels se substituent les plans individuels [,lesquels] canalisent l'épargne des ménages vers les investisseurs institutionnels »[348]. Pour assurer un rendement satisfaisant à leurs très nombreux épargnants, les fonds de pension américains ont très tôt élargi leur panorama d'investissement à l'ensemble des grands émetteurs de la planète. Ces fonds ont alors investi dans des firmes dont ils ne connaissaient que les données financières. Afin de rationaliser les risques liés à ce type d'investissement, ces fonds ont fait une âpre promotion de la *corporate governance* auprès de ces émetteurs géographiquement éloignés. Mais il s'agit alors d'un modèle de gouvernance marqué par les spécificités du marché américain.

120. La gouvernance d'entreprise est également née aux États-Unis. Comme nous savons, elle œuvre à promouvoir la « *shareholder value* » et contribue à pallier les carences de l'actionnariat internationalisé des sociétés cotées. Cette transformation de l'actionnariat est à l'origine de la prééminence des équipes dirigeantes, réalité que cette doctrine s'attache à savamment rééquilibrer. La *corporate governance* apparait au final comme le résultat d'une longue évolution du capitalisme américain, marqué par une succession de crises et de scandales financiers. La publication en 1993 des « Principles of Corporate Governance - Analysis and recommandations » par l'American Law Institute a marqué de son empreinte cette matière. Ce document se trouve à la genèse de l'approche contemporaine de la *corporate governance*. Ses promoteurs soutiennent alors l'idée que le caractère supérieur des principes de la *corporate governance* devait, de par sa « seule force d'attraction, conduire les sociétés à les pratiquer ». Et il est vrai que ces principes ont été bien accueillis. Mais ils n'ont pas suffi à éviter une succession de scandales financiers (*dont les emblématiques affaires Enron et Andersen*), alors même que les principaux protagonistes respectaient les règles alors établies de la bonne gouvernance. Afin d'assurer une meilleure qualité des informations financières, les États-Unis ont alors adopté une vision davantage « contraignante » de la gouvernance d'entreprise, notamment avec la loi Sarbanes-Oxley du 30 juillet 2002. Mais il est rapidement apparu que le modèle de marché américain n'était pas, *ou plus,* adapté à une approche de type législative de la gouvernance d'entreprise. C'est donc dans un retour à une vision *soft law* que l'emploi de Codes de bonne gouvernance s'est généralisé. Cette optique est d'ailleurs renforcée par le fait qu'aux États-Unis, il appartient aux Etats fédérés de légiférer en matière de droit des sociétés[349]. Outre-Atlantique, il n'existe pas un Code de gouvernance fédéral de référence[350].

Plusieurs Codes œuvrent au développement des principes de la *corporate governance*. Il s'agit pour illustration des Codes : « Principles of Corporate Governance - Analysis and recommandations », « Principles of Corporate Governance – The Business Round Table », « CALPERS Global Principles of Accountable Corporate Governance » ...
Les États-Unis font figure de pionniers en matière de gouvernance d'entreprise. La France, et plus généralement l'Europe s'en sont fortement inspirées. Mais l'adaptation de ce modèle au vieux continent est imparfait, voir même générateur de disfonctionnements. En effet, outre-Atlantique, la *corporate governance* fait écho à la diversité des modes d'organisation et de fonctionnement des sociétés cotées[351]. Alors que le modèle d'organisation européen des grands émetteurs (*Exception faite de celui du Royaume-Uni*) se veut quant à lui davantage structuré. Cela explique la difficile adaptation de certains standards de la gouvernance d'entreprise au fonctionnement des sociétés cotés françaises et européennes.

2. Des difficultés communes d'adaptation…

121. Suivant l'hypothèse avancée par les auteurs Dominique PLIHON et Esther JEFFERS, « il existe un lien étroit entre les règles juridiques qui encadrent ces acteurs [*les investisseurs institutionnels*] aux États-Unis, d'une part, et les principes de gouvernance imposés par ces mêmes acteurs aux entreprises dont ils sont actionnaires à l'échelle internationale, d'autre part »[352]. Il est donc parfaitement normal que les investisseurs institutionnels américains, tout comme les principes de *corporate governance* qu'ils soutiennent, souffrent conjointement de difficultés d'adaptation dans le modèle français et européen. Et pourtant, le modèle de gouvernance d'entreprise nationale et européen est largement influencé par le modèle américain, même si les arcanes de leurs systèmes diffèrent[353]. Il nous faudra illustrer le poids de cette influence.
Il est un fait que les principes de bonne gouvernance se trouvent classiquement regroupés au sein de Codes de bonne gouvernance. Cette politique de type *soft law* est des plus adéquate au sein d'un système où la législation sur les sociétés relève de chaque Etat fédéré (*comme c'est le cas aux États-Unis*). Mais l'application de cette politique parait beaucoup moins judicieuse concernant les Etats centralisés, c'est-à-dire « dotés de règles de droit uniformes conçues à l'échelon national »[354] (*comme c'est le cas de la France, ainsi que de la majorité des Etats européens*). Pourtant, la gouvernance d'entreprise française se trouve aujourd'hui principalement régie par un Code de type *soft law*, le Code AFEP-MEDEF. Cette observation confirme l'influence du modèle américain de *corporate governance* sur le modèle français, d'un point de vue formel. Mais cette influence n'est pas uniquement formelle, elle est également fortement marquée sur le fond, c'est-à-dire dans l'esprit même des principes que la *corporate governance* développe.

122. La grande majorité des Codes de gouvernance soutiennent *in fine* une conception américaine de la « *shareholder value* », qui veut que « la valeur pour l'entreprise se confond avec la valeur pour les actionnaires [...] et sa création va se faire par des voies d'incitation et de surveillance des dirigeants »[355]. Comme le souligne les auteurs Michel GERMAIN, Véronique MAGNIER et Marie-Aude NOURY *in* « *La gouvernance des sociétés cotées* », cette vision n'est autre que l'« expression d'une situation de fait originale, qui se caractérise par un actionnariat très dispersé, qui éloigne considérablement les dirigeants des actionnaires et qui rend l'autonomie des dirigeants particulièrement dangereuse pour les actionnaires. [...] La structure des sociétés françaises et européennes n'est pas forcément semblable à celle des sociétés américaines et comporte souvent la présence d'un actionnaire majoritaire ou très dominant, qui interdit aux dirigeants d'abuser de leur situation fiduciaire à leur propre profit »[356]. Il est toutefois à noter que le développement du marché globalisé a fortement standardisé la structure des émetteurs, ainsi que les comportements actionnariaux. Pour autant, certaines difficultés d'adaptation demeurent. Il s'agit là d'un terrain particulièrement propice pour les *proxy advisors*. D'abord, parce que la fonction politique de ces organismes les conduit à épauler l'internationalisation de l'actionnariat, ensuite parce que les agences de conseil en vote jouent un rôle aujourd'hui déterminant en matière de *corporate governance*.

3. ...Propices au développement des proxy advisors

123. Nous savons que la structure organisationnelle d'une fraction notable des investisseurs institutionnels est à l'origine de leurs difficultés d'adaptation. Nous savons également que pour pallier cette carence structurelle, les investisseurs institutionnels font, dans une proportion toujours plus importante, appel aux services des *proxy advisors*. Il existe cependant un facteur souvent négligé qui a conduit au développement des conseillers *proxy* en France, et plus généralement en Europe.

Il s'agit de l'origine états-unienne de la *corporate governance*. En entrant au capital de nombreux grands émetteurs européens, les investisseurs institutionnels américains ont fait la promotion d'une gouvernance d'entreprise de type états-unienne. Mais ce modèle n'étant qu'imparfaitement adapté au vieux continent, un type de gouvernance d'essence nationale[357] et européenne (*quoiqu'objectivement d'inspiration américaine*) s'est progressivement développé. Les investisseurs institutionnels américains ont dès lors souffert d'une décroissance symbolique[358] de « contrôle » politique auprès des émetteurs européens. Cette transformation a vu l'influence des *proxy advisors* croître. Ces organismes ont d'un côté joué le rôle de conseiller politique de vote auprès des institutionnels américains, et de l'autre celui d'évaluateur de l'efficience de la gouvernance des émetteurs européens. Par ce biais, les agences de conseil en vote sont devenues des experts reconnus en matière de bonne gouvernance, au point même d'influencer directement cette matière. Les investisseurs institutionnels sont donc familiers de la *corporate governance*. Dans un premier temps cette catégorie actionnariale a su se jouer de cette matière pour s'assurer un certain « contrôle » sur les émetteurs. Depuis, les *proxy advisors* jouent un rôle substantiel dans la gouvernance d'entreprise et ses évolutions. En faisant appel aux services de ces agences, les investisseurs institutionnels s'assurent donc un contrôle étroit, quoique externalisé, de la « *shareholder value* ».

§2. Les présupposés de l'actionnariat de référence

124. Les agences de conseil en vote soutiennent un actionnariat de type internationalisé, c'est-à-dire potentiellement à même de faire appel aux différents services qu'elles proposent. En conséquence, lorsque le panorama actionnarial d'un émetteur s'organise autour d'un actionnaire de référence, l'influence politique des *proxy advisors* semble décroître. Un actionnaire de référence possède pour caractéristique de détenir une fraction importante du capital d'une société (*de l'ordre de 20 à 40% du capital*), sans nécessairement en avoir le contrôle. Cependant la fraction de capital qu'il possède empêche la prise de toute décision substantielle sans son accord. Il s'agit donc d'une approche actionnariale de type traditionnel, laquelle se trouve bien évidemment orientée vers le long terme. Les actionnaires de référence sont historiquement très présents sur le vieux continent. Comme nous l'avons précédemment développé, l'import en Europe d'une gouvernance d'entreprise d'influence américaine s'est trouvé en partielle inadéquation avec les rouages d'un système alors largement soutenu par l'actionnariat de référence. La culture actionnariale française, et plus généralement européenne, est en effet marquée par une forte concentration[359]. En 2001, 86% des émetteurs hexagonaux et 63% des émetteurs européens consultés étaient dotés d'un actionnaire de référence[360]. En Europe, seules les firmes du Royaume-Uni connaissent historiquement une moindre présence d'actionnaires de référence. Ce qui accrédite le caractère fortement dispersé de l'actionnariat outre-Manche, en conformité avec le principe selon lequel ce modèle actionnarial serait particulièrement proche de celui des États-Unis. Ces données ne reflètent aujourd'hui plus la parfaite réalité, la globalisation financière ayant contribué à disperser l'actionnariat de l'ensemble des sociétés cotées de la planète. Elles traduisent cependant l'existence d'une culture spécifiquement européenne de la composition actionnariale des grands émetteurs. De surcroît, la composition actionnariale des firmes européennes et nationales reste dans une certaine mesure marquée par la présence d'actionnaires de référence.

125. DELOITTE *in* « Structures de gouvernance des sociétés cotées »[361] d'octobre 2015 nous indique qu'au sein des sociétés cotées françaises, les recommandations négatives des *proxy advisors* réduisent de l'ordre de 4% à 10% le taux moyen d'acceptation des projets de résolution. Cependant l'étude souligne que cette influence croît lorsque le capital de l'émetteur est fortement dispersé. Un panorama actionnarial davantage concentré, c'est-à-dire avec la présence d'au moins un actionnaire de référence, semblerait donc vecteur d'une influence politique décroissante des *proxy advisors* (A).

A. Une influence possiblement décroissante des proxy advisors

126. « L'actionnariat de la plupart des grandes entreprises cotées en bourse est concentré »[362]. En France, la catégorie des actionnaires de référence côtoie donc usuellement celle des investisseurs institutionnels. Comme le souligne Michel ALBOUNY et Alain SCHATT, sur un échantillon de 607 sociétés cotées française, 64,82% d'entre elles sont dotées en 2010 d'un actionnaire de référence[363], c'est-à-dire représentant au moins 20% du capital desdits émetteurs. À l'exception du Royaume-Uni (23,68%) et de l'Irlande (24,63%), la composition actionnariale des sociétés cotées des principaux Etats européens est fortement marquée par la présence d'actionnaires de référence. Cela est vrai tant pour le panorama actionnarial des grands émetteurs allemands (64,62%) ; autrichiens (52,86%) ; espagnols (55,79%) ; italiens (59,61%) que portugais (60,34%). Ces données renforcent l'empreinte de la culture de l'actionnariat concentré au sein des grands émetteurs français et européens. Cet horizon est-il pour autant en mesure de redéfinir en profondeur le rôle et le poids des actionnaires minoritaires qu'incarnent les investisseurs institutionnels ? Rien n'est moins sûr. Bien qu'une structuration actionnariale « classique » avec présence d'actionnaires de référence semble atténuer l'influence de l'actionnariat minoritaire, et donc celui des agences de conseil en vote (1.), nous verrons bientôt que ce principe parait connaître au moins une exception (2.).

1. Principe

127. La présence d'un actionnaire de référence au sein du capital d'une société cotée modifie certains de ses mécanismes de fonctionnement. Bien souvent, cette catégorie actionnariale assoit son contrôle grâce à l'établissement de mécanismes[364] conçus pour renforcer son pouvoir[365], ce qui peut avoir pour effet de remettre en cause le principe d'égalité entre les actionnaires. Alors qu'une structure actionnariale fortement dispersée semble davantage en butte aux questionnements de type conflits d'agence[366], un paysage plus concentré soulève quant à lui la problématique du développement de potentielles inégalités entre les différentes catégories d'actionnaires. Il en va de l'intérêt supérieur d'un actionnaire de référence de disposer d'un contrôle effectif sur l'équipe dirigeante. Cette catégorie d'actionnaires peut donc concourir à améliorer la transparence des informations qui émanent de la société[367]. En poursuivant une stratégie d'investissement à long terme, les actionnaires de référence sont attachés à la santé intrinsèque de l'émetteur, contrairement aux investisseurs financiers que seuls les profits à court terme intéressent.

128. La concentration de l'actionnariat peut avoir pour effet de limiter le rôle des minoritaires présents au capital, et *in fine* celui des *proxy advisors* en charge de leurs intérêts. Cela explique en partie qu'en France et plus généralement en Europe, les actionnaires minoritaires n'aient longtemps joué qu'un rôle secondaire lors des assemblées générales d'actionnaires. En effet, de nombreux minoritaires ont culturellement intégré l'idée (*erronée*) que l'organe de l'assemblée représente une simple « chambre d'enregistrement, [et que] la politique réelle de la société [est] adoptée en dehors de l'assemblée au cours des échanges entre les dirigeants et les principaux actionnaires »[368]. Comme nous le savons, ce sentiment qui tend à encourager les stratégies d'investissement de type financier, a été combattu par un courant législatif visant à accroître l'activisme des minoritaires[369]. Alors que de nombreuses institutions militent pour le renforcement de l'implication des minoritaires au sein du paysage actionnarial des sociétés cotées, certaines autres soutiennent la survivance d'un modèle actionnarial basé sur une forte concentration. L'ESMA est par exemple favorable à la présence d'un actionnariat de référence. L'autorité européenne souligne les dangers que représente l'absence d'un tel actionnaire au capital d'un émetteur, notamment en ce qui regarde le phénomène de dépendance des investisseurs institutionnels envers les recommandations des agences de conseil en vote : « L'on perçoit cependant les risques que recèle une activité qui tend, peu ou prou, à placer les investisseurs qui y ont recours dans une forme de dépendance à l'égard des informations et des recommandations qui leur sont fournies. Et ceci, le cas échéant, au préjudice des émetteurs ne disposant pas d'actionnaires de référence, et pour lesquels le poids relatif des investisseurs institutionnels est significatif, mais aussi au préjudice du marché dans son ensemble, si le fonctionnement régulier des assemblées d'actionnaires en ressortissait faussé »[370]. La présence d'un actionnaire de référence parait donc peser négativement sur l'influence politique des agences de conseil en vote. Il existe cependant une exception qui tend à remettre en cause ce principe.

2. Exception

129. La présence d'un actionnaire de référence au sein du capital d'une société cotée est classiquement perçue comme un facteur minorant le poids des minoritaires. Mais la pratique n'accrédite pas unanimement ce principe, qui est bien souvent observé dans une approche purement théorique et décontextualisée. Le marché globalisé est en effet la scène d'un théâtre où interagissent une somme considérable de facteurs. Les investisseurs institutionnels (*et in fine les proxy advisors*), sous couvert de positions actionnariales traditionnellement minoritaires, exercent en fait une influence considérable sur les émetteurs. La présence d'un actionnariat de référence semble ainsi ne constituer qu'un « obstacle » tout relatif à l'exercice du pouvoir des professionnels de l'intermédiation financière. L'emprise d'actionnaires minoritaires tels que les investisseurs institutionnels sur un actionnaire de référence est en pratique un phénomène relativement « commun ». On en trouve l'explication dans le fait que les actionnaires de référence soutiennent l'ensemble des prérogatives de gouvernance pour lesquelles militent également les professionnels de l'intermédiation financière, alors même qu'un actionnaire de référence dispose, de par son statut, d'une bonne lisibilité de la gestion politique de l'émetteur. Il est également parfaitement banal de constater qu'en assemblée générale, un actionnaire de référence vote les résolutions qui émanent de minoritaires, alors même qu'elles pourraient paraitre contraires à ses intérêts directs.

130. Les minoritaires disposent en effet d'un puissant arsenal à même d'influer sur une équipe dirigeante, ainsi que sur l'actionnariat de référence. Cette influence peut schématiquement revêtir trois formes. Celle d'une communication médiatique désapprobatrice. Celle de l'instauration d'un « proxy fight »[371]. Ou encore celle d'une menace de revente immédiate de l'ensemble des participations détenues par les minoritaires, avec cet effet de faire chuter la valeur boursière dudit émetteur. Conscients de l'influence stratégico-financière de certains actionnaires minoritaires (*principalement les investisseurs institutionnels et, dans une moindre mesure, les fonds activistes*[372]), l'actionnariat de référence et les dirigeants se révèlent particulièrement sensibles à leurs attentes. La sortie d'investisseurs institutionnels du capital d'un émetteur provoque classiquement une chute notable de sa valeur boursière. Cela est principalement dû à la forte imbrication des intérêts des institutionnels avec le secteur bancaire et celui des assurances.

131. Les investisseurs institutionnels, ainsi que les *proxy advisors* en charge des intérêts de cette catégorie actionnariale, exercent donc une forme de contrôle « indirect », quoique bien réel, sur les actionnaires de référence. Une frange minoritaire de la doctrine[373] voit dans ce phénomène la matérialisation d'un danger de faillite à moyen terme pour les émetteurs, en conséquence directe de l'adoption d'une politique de développement exclusivement basée sur la croissance de la valeur financière, au préjudice de toute forme de développement économique. Sans partager pour autant une vision aussi « conflictualiste » de l'influence des minoritaires sur l'actionnariat de référence, il semble opportun de constater qu'aujourd'hui, la présence d'un actionnaire de référence au sein du capital d'une société cotée ne parait *pas, ou plus,* être un facteur réellement déterminant d'une influence décroissante des investisseurs institutionnels. Ainsi, une structuration actionnariale « classique » avec présence d'un actionnaire de référence ne semble au final que peu atténuer l'influence intrinsèque que possède un professionnel de l'intermédiation financière. L'impact des prérogatives déléguées par les investisseurs institutionnels aux agences de conseil en vote ne doit donc pas, en définitive, connaître de fluctuation substantielle en présence d'un actionnariat de référence.

Section 2. Soutenir l'activisme actionnarial

132. Compte tenu du fait que l'activité principale des *proxy advisors* s'apparente à une forme d'« externalisation » du vote de leurs clients investisseurs institutionnels, il est à première vue paradoxal d'affirmer que ces organismes puissent objectivement soutenir l'activisme actionnarial. Pourtant, en défendant âprement les principes de la gouvernance d'entreprise dans leurs recommandations de vote, les agences de conseil en vote participent à accroître le niveau d'activisme des professionnels de l'intermédiation financière. En dépit d'un caractère hétérogène, les institutionnels forment historiquement une catégorie actionnariale relativement passive, dont les investissements ont longtemps été davantage motivés par le rendement financier que par la poursuite d'un *affectio societatis* au sens classique du terme. Ce phénomène a été à l'origine de profonds disfonctionnements au sein des grands émetteurs. Mais ces troubles d'une portée internationale ont donné naissance à une approche actionnariale plus contemporaine, guidée par les préceptes de la gouvernance d'entreprise[374]. Dans un contexte global de baisse des performances des sociétés cotées, la *corporate gouvernance* représente une nouvelle source de création de valeur. Cette matière, qui fut développée afin de rétablir l'équilibre de la balance entre un actionnariat dispersé par nature et le caractère concentré des équipes dirigeantes, représente aujourd'hui un élément substantiel de toute décision d'investissement. Cela est d'autant plus vrai lorsqu'il est question de l'investissement des professionnels de l'intermédiation financière. En effet, la *corporate governance* revêt une importance fondamentale pour les agences de conseil en vote. Et ces dernières influencent substantiellement les investisseurs institutionnels.

133. L'activisme des institutionnels n'est plus feint. Il s'inscrit dans un mouvement de prise de conscience de l'importance de la gouvernance d'entreprise en tant que créatrice de valeur. Le rapport du CREDIT SUISSE « How Corporate Governance Matters »[375] de janvier 2016, souligne l'importance croissante que donne l'actionnariat institutionnel à l'instauration et au respect des règles de bonne gouvernance. Ce rapport révèle par ailleurs qu'au sein du secteur des services financiers et de la télécommunication, l'application optimale des règles de bonne gouvernance a permis

aux professionnels de l'intermédiation financière de surperformer ces marchés. Ces éléments viennent en confirmation d'une étude de 2012 qui soutient que l'adoption d'une mesure visant à améliorer la gouvernance interne d'une société cotée, participe également à statistiquement accroître sa valeur actionnariale[376]. La représentation de l'activisme des investisseurs institutionnels demeure toutefois singulière, puisque la capacité de participation directe de cette catégorie actionnariale est assujettie à sa solidité structurelle, laquelle connait de récurrentes faiblesses, à l'origine de l'existence et du développement des *proxy advisors*.
Les principes de la gouvernance d'entreprise militent pour accroître l'activisme des actionnaires minoritaires, dont celui des investisseurs institutionnels (§2.), activisme des institutionnels que nous qualifierons d'« atypique » (§1.) puisque substantiellement influencé par l'exercice des agences de conseil en vote.

§1. L'activisme atypique des investisseurs institutionnels

134. La gouvernance d'entreprise milite pour la préservation et la croissance de la « *shareholder value* ». Le poids des principes que développe cette matière s'exprime principalement au moment des assemblées générales d'actionnaires. En s'attachant à améliorer la qualité des informations transmises, ainsi qu'en favorisant l'exercice du droit de vote des minoritaires, la *corporate governance* a directement contribué à restaurer l'autorité de l'organe de l'assemblée, alors considéré comme directement soumis aux équipes dirigeantes et aux actionnaires majoritaires ou de référence. Le processus de revitalisation des assemblées générales n'a pas évidemment été immédiat. Il a fallu attendre une prise de conscience progressive de la part des investisseurs institutionnels, laquelle aura été, *soyons en conscients*, grandement facilitée par l'établissement des législations visant à favoriser les stratégies d'investissement à long terme, ainsi que l'activisme des professionnels de l'intermédiation financière.
Malgré l'absence de toute refonte structurelle de leurs modes de fonctionnement, il est un fait que les investisseurs institutionnels sont parvenus à faire preuve d'un activisme grandissant. Ce qui soulève donc la question des moyens déployés pour parvenir à cet activisme. Une minorité de professionnels de l'intermédiation financière a effectivement développé des services internes spécialisés dans le traitement de la gouvernance des émetteurs, ainsi que dans l'étude des projets de résolution. Mais il s'agit d'une activité complexe, coûteuse et chronophage. En effet, une juste analyse suppose une parfaite connaissance du marché de l'émetteur. Or, rares sont les investisseurs institutionnels qui disposent de bureaux répartis dans le monde entier et se trouvent donc capable de réaliser ces nombreuses études. C'est pour cette raison que la majorité des institutionnels fait appel aux services des agences de conseil en vote. Partant, l'activisme grandissant des investisseurs institutionnels est nécessairement influencé par l'activité des *proxy advisors*. L'« activisme »

se définit comme un système de conduite qui privilégie l'action directe. Or l'activisme des nombreux institutionnels est placé sous l'influence de l'action des *proxy advisors*. Ainsi le caractériserons-nous comme « atypique ».

135. Près de 60% des investisseurs institutionnels font appel aux services d'au moins un conseiller *proxy*. Et la moitié d'entre eux consultent simultanément plusieurs *proxy advisors*[377]. Le fait qu'une importante proportion des professionnels de l'intermédiation financière s'informe auprès de plusieurs agences est un argument qui plaide en faveur de la réalité de l'activisme de cette catégorie actionnariale. Cela signifie que cet activisme est certes atypique, mais qu'il n'est pas feint. Faire simultanément appel aux services de plusieurs *proxy advisors* laisse davantage prévoir une utilisation de type consultative des recommandations de vote, qu'une application mécanique de ces recommandations lors du vote aux assemblées[378]. Une certitude s'impose : les agences de conseil en vote viennent épauler une part substantielle des velléités activistes des investisseurs institutionnels. Bien que cette catégorie actionnariale soit aujourd'hui consciente des intérêts que représente une utilisation stratégique de leurs droits de votes, cette prérogative demeure indissociablement liée à l'exercice des agences de conseil en vote (A.). Cette réalité nourrit à la fois le caractère atypique de l'activisme des institutionnels, ainsi que l'influence des *proxy advisors*. D'autant qu'avec l'assouplissement du mandat de vote pour les actionnaires de sociétés cotées françaises, les agences de conseil en vote peuvent désormais obtenir la qualité de mandataire du vote des investisseurs institutionnels (B.).

A. Les arcanes d'un vote intermédié

136. Le marché globalisé porte en son sein de puissants paradoxes. Il a longtemps été reproché aux investisseurs institutionnels de favoriser une stratégie actionnariale purement financière, alors même que la structuration du marché les y encourageait objectivement. Les phénomènes de décloisonnement, de déréglementation, de désintermédiation et de numérisation de la finance ont en effet joué un rôle fondamental dans le comportement des investisseurs institutionnels, qui se sont appuyés sur ces vecteurs afin d'établir des stratégies d'optimisation de leurs rendements. Et quoi de plus naturel de la part d'actionnaires défendant *in fine* les intérêts financiers de leurs épargnants ? Il est aisé de condamner le comportement historique des investisseurs institutionnels, mais c'est la structuration même du marché qui est à l'origine du développement de stratégies actionnariales court-termistes, étroitement centrées sur la rentabilité financière. En somme, le marché façonne ses acteurs.
Cette problématique est à ce jour partiellement évacuée, encore qu'il ne faille pas risquer de reproduire les erreurs du passé. L'actionnariat de masse, de philosophie

court-termiste, a en effet été le responsable d'importants dysfonctionnements boursiers et financiers, lesquels se sont trouvés à leur tour la cause d'une profonde refonte des arcanes du marché, refonte qui a notamment permis d'accroître le niveau de participation des minoritaires, tels que les investisseurs institutionnels, dans la vie des émetteurs. Cet activisme trouve sa principale expression au moment du vote des assemblées générales d'actionnaires, quoique cette participation demeure « contre nature » pour une majorité de professionnels de l'intermédiation financière, raison pour laquelle l'efficience de leur vote est conditionnée par l'exercice d'un acteur intermédiaire, les agences de conseil en vote. Il existe plusieurs facteurs explicatifs de ce vote intermédié des investisseurs institutionnels. Les avatars du vote de cette catégorie actionnariale en France constituent un premier élément de réponse (1.). Ces transformations ont conduit cette catégorie actionnariale à adopter une stratégie d'investissement davantage orienté sur long terme (2.), stratégie à laquelle elle n'est structurellement que peu adaptée, ce qui rend nécessaire l'appel à l'expertise des *proxy advisors* (3.).

1. Vicissitudes et avatars du vote des investisseurs institutionnels

137. L'exercice effectif du droit de vote des minoritaires aux assemblées générales d'actionnaires constitue une problématique récurrente. L'organe social des émetteurs disposant en France de pouvoirs étendus, il n'est que tardivement apparu nécessaire d'octroyer aux actionnaires de nouveaux droits. L'incitation à l'exercice du droit de vote a été ainsi longtemps préférée à l'établissement de prérogatives innovantes[379]. Les années 1990 ont vu une forte dispersion de l'actionnariat des sociétés cotées. L'essor des investisseurs institutionnels a été marqué alors par un net désintérêt de cette catégorie actionnariale pour les tenants et aboutissants de leurs votes. L'un des symptômes les plus marquants de la transformation du panorama actionnarial des grands émetteurs tient au constat que les *quorums* conditionnant la validité des assemblées ont été toujours plus difficiles à réunir[380]. C'est donc dans ce contexte passablement délicat que la loi NRE du 15 mai 2001 aura développé des procédés innovants pour faciliter la participation des actionnaires aux assemblées générales. Il s'agit de l'exercice du vote par correspondance, par un moyen de télécommunication, ou par visioconférence[381]. Mais contre toute attente, ces techniques n'ont que peu fait croître le vote des investisseurs institutionnels. Conscient des dangers liés à une faible participation aux assemblées, le rapport MANSION de septembre 2005 a quant à lui proposé une refonte substantielle des rouages de cet organe. Suggérant l'établissement de nouveaux dispositifs à même d'accroître la fluidité informationnelle au profit des actionnaires, ainsi que plus globalement l'efficacité des assemblées[382], il se concentre tout particulièrement sur la simplification des procédés d'exercice du vote électronique par les actionnaires. L'influence du rapport MANSION sur le fonctionnement des assemblées générales d'actionnaires a été notable, comme en témoigne le décret n° 2006-1566 du 22 décembre 2006 qui est pour l'essentiel la traduction réglementaire de ce rapport. Mais en dépit de ces efforts de simplification, le vote des investisseurs institutionnels et plus particulièrement celui des institutionnels non-résidents, n'a pas connu une hausse très significative.

138. L'élément générateur d'une croissance significative du vote des actionnaires minoritaires demeure à ce jour la directive 2007/36/CE du 11 juillet 2007, transposée par le décret n°2010-684 du 23 juin 2010[383], ainsi que par l'ordonnance du 9 décembre 2010[384]. Cette directive « renforce le droit des actionnaires à l'information, facilite leur accès aux assemblées et l'exercice du droit de vote par correspondance »[385]. Mais ce texte qui vise à promouvoir l'investissement à long terme des minoritaires, ne tient *in fine* que partiellement compte des profondes spécificités que revêt le vote intermédié des investisseurs institutionnels. Seul le principe de la libéralisation du mandat de vote se révèle objectivement en mesure d'impacter le fonctionnement de cette catégorie actionnariale. Le législateur national, tout comme les autorités de l'Union européenne, ont consenti de nombreux efforts pour d'accroître le niveau de participation des minoritaires. Force est pourtant de constater que l'activisme des professionnels de l'intermédiation financière vient en conséquence de l'activité des agences de conseil en vote, bien davantage que des mesures législatives qui ont été imposées. Ces mesures ont joué un rôle d'élément déclencheur dans la prise de conscience de la nécessité pour les investisseurs institutionnels d'exercer leurs droits de vote[386], mais elles n'ont pas apporté de solution à l'incapacité structurelle de nombreux acteurs de cette catégorie actionnariale à produire un vote efficient. La solution est venue avec les *proxy advisors* et le principe du vote intermédié.

2. La poursuite d'un investissement à long terme

139. Le développement par les investisseurs institutionnels de politiques de vote intermédiées relève d'une responsabilisation de cette catégorie actionnariale, responsabilisation en relation avec le poids de leurs votes dans un fonctionnement efficient des assemblées générales d'actionnaires, et plus généralement dans la bonne marche des émetteurs. La marque de cette prise de conscience est à trouver dans le passage d'une politique d'investissement à court terme, à une entrée au capital des émetteurs sur le long terme. Cette mutation s'est opérée avec le concours des agences de conseil en vote, puisque ces organismes ont permis aux investisseurs institutionnels de mettre en place sans trop d'efforts des politiques d'investissement « responsables », c'est-à-dire fondées sur les principes de la *corporate governance*. L'activisme atypique des institutionnels traduit donc le basculement d'une politique d'investissement de court terme vers le long terme. Affirmer que cette inversion a été encouragée par l'ensemble des

acteurs du marché globalisé, ainsi que par la majorité des institutions nationales, européennes et internationales, est redire une évidence. En effet, l'hypothèse de l'adoption par l'ensemble des professionnels de l'intermédiation financière d'une stratégie d'investissement à long terme représente un puissant garde-fou (*capital patient*) qui limite le phénomène de volatilité des marchés financiers, ainsi que celui de l'alternance des cycles de croissance et de crise. Un activisme orienté sur le long terme de cette catégorie actionnariale est donc théoriquement synonyme de pérennisation du marché.
Mais cet activisme se trouve subordonné, intermédié, à l'exercice des agences de conseil en vote. L'activité de simples prestataires de service revêt donc une importance capitale pour une catégorie actionnariale à même de puissamment peser sur les marchés financiers.

140. Dans cette perspective, les recommandations des agences de conseil en vote doivent tenir compte d'une multitude de facteurs, certains étant potentiellement antagonistes. Les conseils que prodiguent les *proxy advisors* à leurs clients s'apparentent donc à un exercice d'équilibrisme. Les recommandations émises par les conseillers *proxy* s'inscrivent le plus souvent dans la continuité de la stratégie actionnariale de leurs clients, et, pour ce qui concerne les investisseurs institutionnels, dans le cadre désormais d'une stratégie actionnariale sur le long terme. Cependant la fourniture de recommandations qui poursuivent exclusivement une politique d'investissement à long terme, ne permet à court terme, sauf exception, que de relatifs gains de valeur. Il s'agit de politiques davantage conjoncturelles, fondées principalement sur le développement d'éléments non financiers (*transparence de l'organe de gestion de l'émetteur, fluidité des informations, développement d'une relation de confiance entre l'investisseur et l'émetteur etc.*) qui ne permettront de générer de la valeur qu'à moyen et long terme. La difficulté que soulève pour un *proxy advisor* l'établissement de recommandations uniquement basées sur le long terme, tient dans le fait que ses conseils peuvent n'inscrire aucune plus-value objective pour son client, et cela plusieurs années durant. Bien que devant satisfaire des appétences d'investissement à long terme, les professionnels de l'intermédiation financière demeurent soumis à des objectifs de rentabilité. Après avoir suivi les recommandations d'un *proxy advisor* sur plusieurs exercices, et en l'absence de gain financier notable, l'institutionnel peut rationnellement souhaiter se tourner vers une agence concurrente. Il est dès lors irréaliste d'envisager que les recommandations des conseillers *proxy* ne puissent être, au moins partiellement, la traduction aussi d'une vision à court terme de l'investissement. Il s'agit là d'un paradoxe du vote intermédié des investisseurs institutionnels. Il promeut à un niveau supérieur des agences qui n'ont *in fine* qu'un intérêt partiel à poursuivre « exclusivement » la stratégie d'investissement à long terme de leurs clients. Un puissant garde-fou doit être ici pris en compte : le fait que les agences de conseil en vote appuient l'ensemble de leurs recommandations de vote sur le référentiel de la *corporate governance*, référentiel qui soutient lui-même une philosophie actionnariale orientée sur le long terme.

3. Le poids de l'expertise des proxy advisors

141. En Europe (*contrairement aux États-Unis*), l'activité des agences de conseil en vote a longtemps été perçue comme un phénomène d'importance secondaire. L'impact de ces organismes est aujourd'hui bien davantage pris au sérieux par les autorités de l'Union européenne[387], du fait que les marchés financiers européens sont littéralement envahis de professionnels de l'intermédiation financière non-résidents, dont l'activisme repose pour tout ou partie sur les recommandations émises par les *proxy advisors*. Le vote intermédié des investisseurs institutionnels se matérialise donc au travers du poids des recommandations qu'émettent les conseillers *proxy*. Ce poids est conséquent, mais il demeure variable. Les études tant américaines qu'européennes s'accordent sur cette idée que le niveau d'influence des recommandations de vote des conseillers *proxy* est schématiquement conditionné par deux facteurs.
Premièrement, la nature de l'agence. L'impact d'une recommandation générale d'ISS est potentiellement supérieur à la recommandation générale d'une agence de moindre envergure. La Commission européenne a d'ailleurs reconnu l'influence particulièrement substantielle des recommandations du *leader* mondial sur le vote des actionnaires étrangers[388]. De la même manière, un *proxy advisor* « spécialisé » connaitra en théorie une influence supérieure à celle d'une agence « généraliste », lorsqu'un projet de résolution entre dans son champ précis de compétence.
Secondement, l'impact des recommandations émises par les *proxy advisors* varie en fonction du type de résolution présentée aux assemblées générales d'actionnaires. Il existe une corrélation quasi parfaite entre les recommandations des agences et le vote de leurs clients aux assemblées générales, lorsqu'il s'agit de résolutions dites « banales », c'est-à-dire ne posant pas de vrais problèmes de fond. Le poids des recommandations des conseillers *proxy* est également très conséquent lorsqu'il est question du vote de résolutions touchant directement à des problématiques de *corporate governance*. Cela n'est en rien étonnant, puisque les *proxy advisors* sont des experts reconnus en la matière. Cependant, lorsqu'il s'agit de projets de résolution traduisant d'importants particularismes, la concordance entre les recommandations des conseillers *proxy* et le vote final de leurs clients peut être amenée à fortement décroitre. Ce phénomène n'a une nouvelle fois rien d'étonnant, puisque dans cette hypothèse, les clients sont davantage amenés à prendre en compte leurs intérêts particuliers et de court terme, tandis que les *proxy advisors* construisent immuablement leurs recommandations sur la base d'un référentiel général de *corporate governance*. Il est clair que le vote

intermédié des investisseurs institutionnels trouve son expression majeure sous l'influence (*variable*) des recommandations qu'émettent les agences de conseil en vote. Cependant, il serait possible d'imaginer le développement d'une expression davantage « institutionnalisée » de ce vote intermédié.

B. Les agences mandataires du vote des investisseurs institutionnels ?

142. L'activisme des investisseurs institutionnels est dans une notable mesure subordonné à l'exercice des *proxy advisors*. Ces agences exercent en effet une variété d'activités autour de la question du vote de cette catégorie actionnariale. En raison de la récente libéralisation du mandat de vote pour les actionnaires de sociétés cotées françaises, ces organismes ont à présent la possibilité théorique d' « institutionnaliser » leur rôle en devenant mandataires du vote de leurs clients. Le mandat en droit des sociétés français est une notion complexe et protéiforme[389]. Présentement, nous considérerons la question du mandat sous l'angle de la représentation aux assemblées générales d'actionnaires. Jusqu'il y a peu, le droit national des sociétés limitait fortement le choix du mandataire, prenant le mandat en compte dans une optique traditionnaliste, c'est-à-dire comme un service gracieux rendu à un proche[390]. Le mandat en assemblée était alors fortement encadré, l'actionnaire ne pouvant se faire représenter que par un autre actionnaire, ou son conjoint[391]. Il s'agissait d'une politique parfaitement assumée par la loi n°66-537 du 24 juillet 1966 sur les sociétés commerciales, qui visait à restreindre l'immixtion de non-actionnaires dans la vie des émetteurs. Mais, dans le contexte du marché globalisé, cette vision ne correspond plus à la réalité du fonctionnement des assemblées générales d'actionnaires de sociétés cotées. Il faudra cependant attendre l'ordonnance du 9 décembre 2010, portant transposition de la directive 2007/36/CE du 11 juillet 2007, pour entériner le principe de la libéralisation du mandat de vote des actionnaires de sociétés cotées françaises (1.). Cet assouplissement permet en théorie aux *proxy advisors* de devenir les mandataires du vote de leurs clients. Pour autant, cette ouverture demeure encadrée (2.) et génératrice d'incertitudes (3.). S'agit-il donc d'une évolution vraiment pertinente de l'activité des agences de conseil en vote ? Est-elle stratégiquement opportune pour ces organismes ?

1. Libéralisation du mandat de vote pour les actionnaires de sociétés cotées

143. Il existe un lien étroit entre la libéralisation du mandat de vote pour les actionnaires de sociétés cotées et la montée de l'activisme des investisseurs institutionnels. Alors qu'en France, cet assouplissement ne suscite pas un franc enthousiasme chez les représentants de la doctrine[392], il répond a *contrario* à une aspiration profondément ancrée dans la politique actionnariale que développent les autorités de l'Union européenne. L'activisme de l'actionnariat des sociétés cotées se traduit communément par le fait de produire un vote efficient en assemblée générale. Et nous savons toutes les difficultés qu'éprouvent certaines catégories d'actionnaires dans la réalisation de cet exercice. Malgré cela, le législateur national s'est toujours opposé au principe de l'immixtion de mandataires extérieurs aux assemblées générales d'actionnaires. En cela, l'ordonnance du 9 décembre 2010, qui porte transposition de la directive 2007/36/CE du 11 juillet 2007, représente une petite révolution. Elle redéfinit en profondeur la notion de mandat de représentation en droit des sociétés, passant d'une approche traditionnaliste à une vision libérale. L'actionnaire peut désormais « se faire représenter par toute personne physique ou morale de son choix, lorsque les actions sont admises aux négociations sur un marché réglementé (*en pratique Euronext*), ou sur un système multilatéral de négociation organisé (*en pratique Alternext*) »[393]. La nouvelle rédaction de l'article L. 225-106 I du Code de commerce rappelle également le principe – classique - de la représentation de l'actionnaire par un autre actionnaire, ainsi que par son conjoint[394]. L'établissement du principe de libre représentativité « implique [donc] de profondes modifications de notre droit »[395].

144. Cette libéralisation du mandat de vote représente le point d'orgue d'un mouvement de fond ayant, en France, trouvé son expression liminaire avec la loi NRE du 15 mai 2001. Le législateur national s'était alors attaché à assouplir le vote des actionnaires non-résidents entrés au capital de sociétés cotées françaises, grâce à l'institution du principe de l'« intermédiaire inscrit ». L'article L. 228-3-2 du Code de commerce modifié par l'ordonnance n°2014-863 du 31 juillet 2014 - art. 20, énonce que « le propriétaire d'actions cotées sur un marché réglementé français, qui n'a pas son domicile en France - c'est-à-dire qui n'y a pas son principal établissement (C. civ., art. 102) - peut faire inscrire ses titres en compte au nom d'un intermédiaire »[396]. Le mandataire se trouve alors dans la capacité d'émettre ou de transmettre le vote de son mandant. Malgré le maintien d'un encadrement, il convient ici de mettre l'accent sur le caractère libéral de la notion d'intermédiaire inscrit. « Tout intermédiaire, personne morale ou personne physique, prestataire de services d'investissement ou banquier, résident français ou non-résident, peut, pour le compte de tiers - à condition que ces tiers soient non-résidents -, s'inscrire dans les comptes d'actionnaires d'une société émettrice cotée française. Le texte n'impose aucune condition de qualité. [...] La seule condition impérative pour être admis comme intermédiaire inscrit est de déclarer spontanément sa qualité d'intermédiaire détenant des titres pour le compte d'autrui (C. com., art. L. 228-1, al. 8.) et ce, sans intervention de la société émettrice »[397].

145. L'assouplissement du mandat de vote des actionnaires de sociétés cotées offre donc la possibilité aux agences de conseil en vote de jouer le rôle de mandataires pour l'ensemble de leurs clients, que ces derniers soient résidents ou non-résidents. Cette libéralisation institutionnalise en droit national le recours à des mandataires non actionnaires. Elle permet également de mettre un terme à la pratique jusqu'alors largement répandue, qui consistait pour certains organismes (*dont des associations de minoritaires*), à acquérir une action symbolique auprès du même émetteur, afin de pouvoir devenir mandataire dans une approche « classique ». La croissance du vote électronique des actionnaires ayant été anticipée par les agences de conseil en vote, ces organismes ont très tôt su développer des plateformes de vote hautement sophistiquées. Les *proxy advisors* ne souffrent donc d'aucun obstacle de type matériel quant au possible exercice du rôle de mandataire du vote de leurs clients. Les obstacles tant matériels que légaux relatifs à l'établissement d'une activité de mandataire par les *proxy advisors* sont inexistants aujourd'hui en France. Seule subsiste la possibilité pour une agence de refuser de voir se télescoper chez elle une activité de mandataire et une activité de conseiller.

2. Une libéralisation encadrée

146. L'article L. 225-106-1 du Code de commerce pose le principe de la « libre » représentation en assemblée générale d'actionnaires de sociétés cotés. Ce principe demeure cependant encadré, afin d'éviter d'éventuelles dérives. Il doit s'agir d'un mandat écrit, dont l'émetteur à connaissance. Le mandataire, autre que « traditionnel », doit déclarer au mandant toute potentialité de conflits d'intérêts, notamment dans l'hypothèse de l'existence de liens entre le mandataire et l'émetteur. Cette déclaration est soumise à actualisation, puisque toute modification de situation prévue par l'article L. 225-106-1 du Code de commerce, rend caduc le mandat, sauf autorisation expresse de mandant[398]. *In fine*, cet article encadre la « sollicitation active de mandats »[399], ou « proxy fight ». Il s'agit d'une pratique consistant à récolter un grand nombre de mandats afin de peser significativement aux assemblées générales d'actionnaires. « Avant [l'ordonnance du 9 décembre 2010], rien n'interdisait la sollicitation active de mandats de vote. Il suffisait d'être actionnaire pour recevoir des mandats de vote »[400]. La réforme institutionnalise donc cette pratique, toute en la libéralisant. Désormais, toute personne qui se livre à une activité de sollicitation active de mandats est tenue de publier sa politique de vote. Elle peut également, dans un souci de transparence, publier ses intentions de vote quant aux projets de résolution soumis aux assemblées. Il s'agit là d'une très probable référence à l'activité des agences de conseil en vote. Le non-respect des articles L225-106-1 et L225-106-2 du Code de commerce expose le mandataire à une interdiction d'exercice pour une durée de trois ans, mais uniquement pour les assemblées générales de la société concernée[401]. Il n'est donc pas destitué de sa capacité générale à exercer l'activité de mandataire.

147. En ce qui relève de l'article L. 228-3-2 du Code de commerce, pour que le propriétaire étranger d'actions cotées sur un marché réglementé français puisse faire inscrire ses titres en compte au nom d'un « intermédiaire inscrit », l'intermédiaire doit, conformément à l'article R228-1 du Code de commerce, déclarer « sa qualité [...] pour le compte de tiers, dès l'ouverture du compte, auprès de la société émettrice, auprès d'un intermédiaire mentionné à l'article L. 211-3 du code monétaire et financier ou auprès d'un dépositaire central lorsque [il] a ouvert un compte de titres dans les livres de ce dépositaire central ». L'article R. 228-6 du Code de commerce, dans sa version modifiée par le décret n°2015-545 du 18 mai 2015 - art. 17, précise que les « mandats ou procurations [sont] donnés pour chaque assemblée générale et [sont] conservés pendant trois ans à compter de l'assemblée générale au cours de laquelle ont été exercés les droits de vote »[402]. Le régime de l'intermédiaire inscrit suppose enfin que ce dernier soit dans la capacité de fournir, à la demande de l'émetteur, l'identité des actionnaires authentiques[403]. Cette obligation soulève d'épineuses questions relatives à la responsabilité de l'intermédiaire inscrit lorsque son client exerce lui-même un rôle d'intermédiaire et qu'il se refuse à révéler l'identité des détenteurs des titres[404] « en dernier ressort ».

148. La libéralisation généralisée, quoiqu'encadrée, du mandat de vote est un moyen légitime d'accroître le vote des minoritaires aux assemblées générales. En cela, une approche restrictive du mandat de représentation en droit des sociétés peut être constitutive d'un frein à la vitalité des assemblées, ainsi que dans une optique plus générale, à la bonne gouvernance des émetteurs. Il est à *priori* paradoxal de constater que la *corporate governance* puisse « encourager » l'introduction de mandataires « extérieurs » au sein des assemblées générales. Il est vrai que cela peut théoriquement avoir pour effet d'éloigner davantage encore l'actionnaire authentique de l'émetteur. Cependant, l'encadrement qui accompagne cette libéralisation du mandat de vote aux assemblées parait à même de garantir l'efficience du travail de ces mandataires. La spécialisation des agences de conseil en vote en matière de gouvernance d'entreprise prédispose donc largement ces organismes à l'exercice de cette activité. Toutefois, l'opportunité stratégique du développement d'une telle activité semble discutable pour les *proxy advisors,* car elle redessine l'ensemble du *business* modèle de ces organismes et tend à accroître leur niveau de responsabilité.

3. Une libéralisation génératrice d'incertitudes

149. En France, l'influence du marché globalisé a redéfini de nombreux principes. La libéralisation du mandat de représentation des actionnaires de sociétés cotées en est une probante illustration. Historiquement soutenu par le législateur, l'approche restreinte de cette notion s'est rapidement révélée obsolète, puisqu'elle elle ne permettait pas de pallier une difficulté immanente à la globalisation du marché, la passivité de l'actionnariat minoritaire. La directive 2007/36/CE du 11 juillet 2007 s'est inscrite en réponse à cette problématique. C'est dans cette perspective que l'ordonnance de transposition de décembre 2010 a posé le principe de la libéralisation encadrée du mandat de représentation pour les sociétés cotées. Cette refonte demeure cependant génératrice de nombreuses interrogations, puisqu'elle permet à un mandataire non actionnaire de rassembler un nombre illimité de mandats de vote. En France, cette libéralisation parait propice au développement de nouvelles pratiques (a.), lesquelles pourraient éventuellement amener à un modèle de sollicitation de mandats par les *proxy advisors* (b.).

a) Le développement des batailles de mandats en France

150. Les sociétés cotées françaises et plus généralement européennes, exception faite de celles du Royaume-Uni, sont historiquement bien moins sujettes au phénomène de batailles de mandats, que ne peuvent l'être les émetteurs américains. Outre-Atlantique, l'importance grandissante de l'expression de la « *shareholder value* » par le biais du vote aux assemblées a vivement accru les tensions entre les actionnaires et les dirigeants[405]. Ces tensions trouvent une traduction substantielle dans l'essor des batailles de mandats. Plusieurs facteurs[406] favorisent un « proxy fight ». Premièrement, il peut s'agir de la composition actionnariale de la société. Comme nous l'avons précédemment illustré, l'actionnariat français est classiquement davantage concentré que l'actionnariat nord-américain, et donc théoriquement moins sensible au déclenchement d'une bataille de mandats. « Le fait qu'un grand nombre de sociétés françaises cotées disposent d'un détenteur de bloc de contrôle rend naturellement plus difficile le déclenchement d'une bataille de procurations, puisque la probabilité d'obtenir une majorité des voix lors de l'assemblée générale est faible »[407]. Le deuxième facteur en faveur du déclenchement d'un « proxy fight » est à trouver dans la légitimité et l'assise financière de l'instigateur de la bataille, ce dernier devant être à même de supporter des coûts importants, notamment en frais de communication. Il s'agit là d'un facteur fondamental, puisqu'il conditionne le niveau de ralliement des actionnaires. La légitimité de la démarche de l'instigateur semble aujourd'hui plus déterminante que son assise financière, en raison du développement de nombreux moyens de communication peu onéreux (*de type informatique : site internet du mandataire, réseaux sociaux, etc.*). Enfin, le troisième et dernier élément favorisant l'émergence d'une bataille de mandats est lié à un faible taux de création de valeur actionnariale[408], souvent traduit comme un signe de gestion financière défaillante[409]. L'instigateur d'une bataille de procurations aura donc pour objectif d'obtenir un maximum de mandats, dans le but de parvenir par exemple à une minorité de blocage. Il s'agit en somme d'accroître le pouvoir de contestation des minoritaires.

151. La prégnance du phénomène de concentration de l'actionnariat français des sociétés cotées tend à s'amoindrir, du fait de la globalisation financière. L'émergence de batailles de mandats est donc vraisemblable. Mais à l'exception de l'affaire Eurotunnel[410], la France n'a à ce jour pas connu de retentissantes batailles de mandats. La libéralisation du mandat de vote des actionnaires de sociétés cotées françaises constitue toutefois un catalyseur du développement des batailles de mandats. L'assouplissement de cette notion permet aujourd'hui aux agences de conseil en vote de devenir mandataires de leurs clients, mais pas uniquement de ces derniers. Il convient de différencier deux cas de figure. Si une agence reçoit mandat de représentation de son client, conformément aux articles L. 225-106 et L. 225-106-1 du Code de commerce, alors l'article L. 225-106-2 du Code de commerce ne trouve pas lieu à s'appliquer, puisqu'il s'agit d'une procuration « passive ». En revanche dans l'hypothèse où une agence mettrait en place une sollicitation active de mandats, l'article L. 225-106-2 du Code de commerce trouverait à s'appliquer, car il s'agirait objectivement d'une bataille de mandats. Puisque contrairement aux recommandations du rapport Mansion de 2005, l'AMF n'a à ce jour pris « *aucune mesure* [...] *concernant un enregistrement* [...] *des sociétés spécialisées dans la récolte de mandats* »[411], les agences de conseil en vote sont théoriquement parfaitement à même à exercer cette activité. Plus encore, le haut degré d'expertise dont ces organismes font preuve en matière de gouvernance d'entreprise, légitime ce rôle. Ajouter cette activité à celles que ces agences exercent déjà n'a donc rien d'incongru. Comme le souligne Michel STORCK : « il est probable que les agences en conseil de vote vont étendre leur domaine d'activité à la collecte des mandats »[412]. Cette vision est confirmée par le fait que, pour la Commission européenne, les agences fournissent « par nature » un service de vote par procuration[413].

152. La déconcentration de la structure actionnariale des sociétés cotées française, cumulée à la libéralisation du mandat de représentation, sont deux arguments en faveur de l'émergence de « proxy fight ». Force est toutefois de constater que deux barrières limitent considérablement le développement de cette pratique. La première barrière est d'ordre temporel. Comme le relève l'article R. 225-90 du Code de commerce, l'émetteur n'est tenu de transmettre la liste de ses actionnaires au nominatif que quinze jours avant la réunion de l'assemblée générale. Aucune obligation n'est prévue concernant les titres au porteur[414]. L'instigateur d'un « proxy fight » ne dispose donc que d'une très courte fenêtre temporelle pour informer et convaincre les différents actionnaires de la pertinence de sa manœuvre. La seconde barrière est relative aux obscurs aboutissants d'une bataille de mandats constitutive d'une action de concert, au sens de l'article L. 233-10 du Code de commerce. Si la bataille de mandats a pour objet la prise de contrôle de l'émetteur, elle se caractérise alors par une action de concert entre le mandataire actif et les mandants actionnaires. Si la bataille de mandats poursuit un objectif autre, l'action de concert ne sera donc pas caractérisée[415]. Soulignons enfin qu'alors que la « proxy sollicitation »[416] est culturellement très développée aux États-Unis, le pourcentage de réussite d'une telle manœuvre ne dépasse jamais 20%[417]. Cette donnée laisse augurer de la faible probabilité de succès d'un « proxy fight » dans l'Hexagone… Dans la perspective de la survenance d'une bataille de mandats qui trouverait pour origine l'action d'un conseiller *proxy*, il reste intéressant de soulever les interrogations que suscite l'influence d'un tel organisme mandataire du vote de ses clients.

b) Agences de conseil en vote et sollicitation de mandats

153. La bataille de mandats constitue un moyen pour les minoritaires de faire pression sur les équipes dirigeantes, ainsi que sur les actionnaires de référence. Le principe de libéralisation du mandat de vote rend possible pour un non actionnaire (*une agence de conseil en vote en l'espèce*) de faire un appel public à mandat. Cela peut avoir pour effet de conférer à un organisme tiers des prérogatives fondamentales. Cet assouplissement implique donc des transformations et génère des risques potentiels. Il semble pertinent de s'interroger sur l'opportunité stratégique pour une agence de conseil en vote de se « métamorphoser » en mandataire. Comme précédemment développé, l'établissement d'un mandat « passif » n'est pas constitutif de profonds bouleversements, puisqu'une partie des agences pré-remplissent les formulaires de vote de leurs clients. La constitution d'un tel mandat ne représente en somme que l' « officialisation » d'une situation d'application automatique des recommandations. A *contrario*, la sollicitation active de mandat par un *proxy advisor* demeure problématique. Cela pour plusieurs raisons. Premièrement, du fait de l'activité principale de conseil en vote des *proxy advisors*. Une sollicitation active de mandats suppose la mise en place d'une importante campagne de communication et de séduction auprès de l'ensemble des actionnaires minoritaires de l'émetteur. Il est difficilement imaginable qu'une agence puisse, dans le respect de l'éthique, conjuguer à la fois une activité de conseil se voulant par essence technique et « neutre », avec l'établissement d'une politique de « conquête » nécessairement orientée.

Deuxièmement, la sollicitation active de mandats par une agence de conseil en vote constitue un facteur de conflits d'intérêt. Il pourrait par exemple s'agir d'un conflit d'intérêt entre l'agence et certains de ses clients (*selon toute vraisemblance, il serait question pour l'agence de parvenir à convaincre ses clients les plus indépendants*

du bienfondé de cette sollicitation de mandat). Dans cette hypothèse, le *proxy advisor* pourrait aisément être amené à « orienter » la teneur de ses recommandations, afin d'obtenir plus aisément un complet soutien.
Troisièmement, nous devons nous interroger sur l'efficience pratique du développement d'une activité de mandataire par un *proxy advisor*. Il parait en effet stratégiquement et financièrement risqué pour une agence de mettre en place une sollicitation active de mandat, puisque cela s'apparenterait au final à une simple forme de « lobbying de la corporate governance », activité qu'exercent déjà ces organismes sous une forme moins « agressive », c'est-à-dire la fourniture de recommandations de vote.

154. L'existence des agences de conseil en vote repose sur un fragile équilibre, celui du développement de la « *shareholder value* » au travers d'une forme d'activisme atypique des investisseurs institutionnels. Les *proxy advisors* ont donc pour fonction d'épauler leurs clients en leur fournissant des conseils et recommandations de vote, ceci avec l'objectif de faciliter leur activisme. En France comme en Europe, l'hypothèse avancée d'une généralisation de l'activité de mandataire par les *proxy advisors* signifierait passer d'un activisme « atypique » des investisseurs institutionnels, à un activisme « illusoire », car cette catégorie actionnariale serait dès lors totalement déchargée des tenants et aboutissants de leurs votes, ce qui n'est sans doute pas souhaitable, principalement en raison du fait que cette décharge serait propice à un retour de politiques d'investissement purement financier, politiques d'investissement qui ne correspondraient plus alors à l'expression du vote de leurs mandataires, les agences de conseil en vote. On serait donc devant un fonctionnement arythmique, contradictoire entre les perspectives d'investissement du mandant et la politique de vote établie par le mandataire, pour le compte de son mandant.

§2. L'activisme des investisseurs institutionnels : un objectif que la gouvernance d'entreprise et les proxy advisors soutiennent de concert

155. Ces vingt dernières années, l'influence de la *corporate governance* s'est considérablement développée. Les principes généraux que soutient cette matière ont impacté l'ensemble des grands émetteurs de la planète. Les *proxy advisors* ont par ailleurs été de substantiels vecteurs de cette diffusion. À tel point que ces organismes influencent à leur tour certains éléments de la *corporate governance*, notamment par le biais de l'élaboration de leurs politiques de vote et/ou de gouvernance. Le succès de la *corporate governance* repose sur le fait que les concepts qu'elle développe tendent à rééquilibrer les prérogatives de l'actionnariat face aux fortes prérogatives des dirigeants. Classiquement cantonnée à des règles de *soft law*, cette matière a également inspiré des réformes, au niveau tant européen que national. L'évolution du droit des actionnaires au sein des sociétés cotées en est une illustration probante. Le décret n° 2010-684 du 23 juin 2010 et l'ordonnance n° 2010-1511 du 9 décembre 2010 portant transposition de la directive 2007/36/CE du 11 juillet 2007, sont en effet inspirés d'un principe de base de la gouvernance d'entreprise, à savoir la promotion de l'activisme des actionnaires minoritaires. Ce principe vise à assurer une juste démocratie actionnariale, ainsi qu'un développement non vicié de la « *shareholder value* ». La réforme du droit des actionnaires de sociétés cotées poursuit cet objectif, tant par le biais de la libéralisation du mandat de représentation, que par la libéralisation des inscriptions de points à l'ordre du jour[418], que par la modification de l'article L. 225-108 du Code de commerce, qui vise à fluidifier le mécanisme des réponses aux questions écrites posées par les actionnaires, avec notamment le développement de *Frequently Asked Questions* (FAQ) sur le site internet de l'émetteur.

156. La technologie informatique tient également une place importante dans le développement des principes de gouvernance d'entreprise. Malgré les évolutions apportées par la loi NRE en matière de dématérialisation du vote des actionnaires de sociétés cotées, l'organisation de ce vote est demeurée largement physique, ce qui n'a favorisé finalement que bien peu l'activisme des minoritaires, notamment étrangers. Il est devenu certes possible de mettre en place un vote électronique des actionnaires[419], mais le système repose *in fine* sur un ensemble de procédures d'identification matérielles dans un format papier. Il faudra attendre le décret n° 2011-1473 du 9 novembre 2011, relatif aux formalités de communication en matière de droit des sociétés, pour que la dématérialisation de l'ensemble des procédures relatives au vote des actionnaires soit réellement effective. Cela a eu pour effet de faciliter l'activisme des actionnaires minoritaires et étrangers. La technologie informatique brisant tout obstacle géographique, une simple connexion internet suffit désormais à exprimer l'ensemble de ses droits politiques. Les actionnaires peuvent à présent participer aux assemblées générales par des moyens de télécommunication ou de visioconférence, faire inscrire des points à l'ordre du jour ou des projets de résolution par voie informatique, consulter la feuille de présence via internet, mais également, dans le cadre de vote par correspondance, apposer leur signature de manière électronique[420].

157. En suggérant d'accroître l'activisme des actionnaires minoritaires au moyen de l'établissement de procédés modernes de simplification des droits politiques, la *corporate governance* a contribué à moderniser le droit des sociétés. Une difficulté demeure : la gouvernance d'entreprise milite pour le développement de divers *process* destinés à traiter les symptômes du non-activisme de certaines catégories de minoritaires. Ces mécanismes n'ont toutefois qu'un impact relatif lorsque la structure organisationnelle des actionnaires n'est pas adaptée à produire de l'activisme. Ce mal dont souffre la majorité des investisseurs institutionnels est à l'origine de l'influence grandissante des *proxy advisors*.

La gouvernance d'entreprise demeure bien évidemment le pilier théorique d'une plus grande implication des investisseurs institutionnels en (A.) et hors (B.) assemblées générales d'actionnaires. Mais l'application de cette politique demeure, dans une importante mesure, conditionnée à l'activité des agences de conseil en vote.

A. Développer l'implication des investisseurs institutionnels aux assemblées générales

158. Les stratégies d'investissement à court terme des investisseurs institutionnels, ainsi que leur passivité objective, ont été des facteurs déterminants dans la succession des crises financières de ces trente dernières années. L'implication de cette catégorie actionnariale au sein des assemblées générales constitue donc une problématique de premier ordre : « l'importance prise par les investisseurs institutionnels dans la gouvernance des entreprises est un des éléments fondamentaux d'un processus plus large qui touche toute l'économie »[421]. Les principes directeurs de la *corporate governance* ont sans cesse rappelé l'importance d'une implication responsable des prérogatives des investisseurs institutionnels lors des assemblées générales. Suivant l'idée qu'une « action n'est pas seulement un titre financier, elle est un droit de décider la politique d'une entreprise »[422]. Mais comme le souligne Xavier FONTANET (*ancien PDG du groupe ESSILOR*) *in* « *Le dirigeant et l'administrateur-salarié face à la finance - Michel Albouy s'entretient avec Pierre Alanche et Xavier Fontanet* » : « La loi donne aux actionnaires une place considérable dans la gouvernance. [...] Le vrai sujet est que ces actionnaires exercent leur pouvoir effectivement en AG. [...] Certains pensent que l'actionnaire doit plus s'impliquer et plus directement dans le management, c'est à mon avis illusoire quand on connaît la complexité et le nombre des sociétés qui font le tissu de l'économie moderne »[423].

159. Pour notre part, nous soutenons l'idée qu'avec l'appui des agences de conseil en vote, l'ensemble des actionnaires est en mesure de donner vie à cette « illusion », tout particulièrement grâce à l'activité d'analyse et de recommandation des projets de résolution des conseillers *proxy*. En effet, si cet exercice est réalisé d'une manière transparente, technique et morale, il permet à n'importe quelle catégorie actionnariale de produire un vote efficient au moment des assemblées générales d'actionnaires, c'est-à-dire un vote conforme aux grands principes de la *corporate governance*. Les préceptes de la gouvernance d'entreprise et les *proxy advisors* jouent donc un rôle symbiotique dans l'implication des investisseurs institutionnels lors des assemblées générales. Cette affirmation trouve écho dans le fait que ces deux vecteurs soutiennent des finalités communes, à savoir le rejet des actionnaires simples bailleurs de fond (1.) et la poursuite d'un développement rationnel de la valeur actionnariale (2.).

1. Une croisade contre les actionnaires bailleurs de fond

160. La gouvernance d'entreprise et les agences de conseil en vote militent contre le caractère passif des actionnaires aux assemblées générales, et plus particulièrement à l'encontre de celui des investisseurs institutionnels, en raison du volume d'actifs financiers colossal qu'ils gèrent. Un faible taux de participation de ces minoritaires entraine classiquement une baisse de la démocratie actionnariale, ce qui se traduit par la surreprésentation d'actionnaires particulièrement actifs, voire de contestataires. Pour ces raisons, la gouvernance d'entreprise et les *proxy advisors* soutiennent de concert l'activisme des investisseurs institutionnels. L'établissement de stratégies exclusivement passives de la part de cette catégorie actionnariale tend aujourd'hui à disparaître, au bénéfice de modes de gestion, si non totalement actifs, tout du moins « mixtes »[424], ceci tout d'abord en raison de réformes législatives, ensuite du fait d'un progressif changement de la mentalité des institutionnels, qui perçoivent désormais les bénéfices potentiels d'une utilisation stratégique de leurs droits politiques. Le caractère hétérogène des investisseurs institutionnels ne contrarie au final que peu le développement d'un objectif propre à la majorité de cette catégorie d'actionnaires : peser aux assemblées générales en faveur d'un accroissement de la valeur actionnariale, sans pour autant être contraints à une profonde refonte de leurs structures de fonctionnement. C'est la raison pour laquelle les investisseurs institutionnels font usuellement appel aux services de recommandations de vote des *proxy advisors*.

161. Les agences de conseil en vote soutiennent donc une forme atypique d'activisme de leurs clients. Les conseillers *proxy* n'ont pas par essence vocation à vampiriser les prérogatives du vote des institutionnels, bien au contraire. Le fait pour un investisseur institutionnel de faire appel aux services d'un conseiller *proxy* constitue en soi l'expression d'un choix politique de vote[425], un choix visant à renforcer sa capacité de contrôle et de décision en assemblée générale. En effet, l'analyse préalable des projets de résolution par un ou plusieurs *proxy advisors* permet d'éclairer les tenants et aboutissants relatifs aux projets de résolution soumis au vote de l'assemblée, ce qui facilite grandement l'expression du vote des clients des agences. À l'état brut, les projets de résolution se révèlent bien souvent obscurs et techniques, ce qui a pour effet de décourager nombre d'investisseurs étrangers ne disposant pas d'infrastructures spécialement dédiés à cette activité. La *corporate governance* soutient un activisme actionnarial non-feint. Pour ce qui relève de la problématique spécifique des investisseurs institutionnels, la poursuite de cet activisme trouve une matérialité inusuelle, puisqu'elle est conditionnée par l'exercice des agences de conseil en vote.

2. Une croisade pour un développement rationnel de la valeur actionnariale

162. Les *corporate governance makers* « traditionnels »[426] et les *proxy advisors* soutiennent de concert le développement de la valeur actionnariale. Nous ne saurions cependant employer le terme de « maximisation » de cette valeur... Les préceptes de la gouvernance d'entreprise n'ont en effet pas pour finalités exclusives la maximisation aveugle de la « *shareholder value* ». La bonne gouvernance s'attache certes à développer cette valeur par le biais d'une amélioration de la gestion des sociétés cotées, mais cet objectif reste cependant conditionné par le respect de l'intérêt social des émetteurs[427]. De la même manière, les agences de conseil en vote s'appuient sur les principes de la gouvernance d'entreprise, mais veillent également à la préservation d'autres types de valeurs, comme les valeurs extra-financières. La gouvernance d'entreprise, tout comme les *proxy advisors*, soutient donc une croissance responsable de la valeur actionnariale, c'est-à-dire en pleine conscience que la maximisation aveugle de la « *shareholder value* » puisse être génératrice d'effets négatifs, comme par exemple la poursuite d'une politique d'investissement orientée sur le court terme.

163. La financiarisation du marché a nourri une profonde confusion, qui voudrait que le développement économique des émetteurs soit le reflet de l'évolution de leur cours de bourse. Et cela a eu pour effet de considérablement renforcer l'objectif de création de valeur actionnariale[428]. De nombreux et « obscurs » indicateurs ont ainsi permis le calcul de cette valeur, tel que le Market Value Added, le Total Shareholder Return, et l'Economic Value Added. Cette transformation du marché a par ailleurs concentré le capital entre les mains d'investisseurs spécialisés dans la gestion collective de l'épargne. Les investisseurs institutionnels ont longtemps poursuivi des objectifs de pure rentabilité financière, lesquels ont trouvé une justification dans les indicateurs de calcul de cette valeur. Ces méthodes de gestion passive ont conféré de fortes prérogatives aux dirigeants, ce qui a déséquilibré la balance des pouvoirs au sein des sociétés cotées. Ce déséquilibre a un temps trouvé une justification dans la poursuite d'une valeur actionnariale optimisée, c'est-à-dire orienté sur le court terme. Mais cette stratégie s'est rapidement révélée néfaste pour la croissance des émetteurs (*et donc pour la valeur actionnariale*). Une fois les dangers de cette stratégie révélés, le marché s'est trouvé face au besoin d'instituer de nouveaux principes, avec comme objectif de rendre davantage éthique la poursuite de la « *shareholder value* », sans pour autant bouleverser en profondeur les mécanismes de son fonctionnement. Nous soutiendrons ici que les principes de la gouvernance d'entreprise ont joué ce rôle. Nous soutiendrons également que les agences de conseil en vote ont participé à la diffusion et à popularisation de cette matière. La création de valeur actionnariale constitue aujourd'hui sans nul doute un système de pilotage des sociétés cotées.

B. Développer l'implication des investisseurs institutionnels hors assemblées générales

164. Par le biais de la promotion de la gouvernance d'entreprise, les agences de conseil en vote permettent une implication croissante des investisseurs institutionnels au sein des assemblées générale d'actionnaires. Il apparait cependant que l'activisme des professionnels de l'intermédiation financière peut également être amené à s'exprimer hors assemblée générale des actionnaires.
Cet activisme trouve une expression toute particulière au regard de l'importance croissante des problématiques relatives à la responsabilité sociétale et environnementale des sociétés cotées. Il s'agit de facteurs à même de responsabiliser certains comportements actionnariaux jugés potentiellement dangereux. La RSE et l'ISR sont par nature loin de s'opposer aux principes de *corporate governance*. D'aucuns soutiennent même que ces matières se complètent judicieusement[429]. Le Livre vert « Promouvoir un cadre européen pour la responsabilité sociale des entreprises »[430] de la Commission Européenne du 18 juillet 2001 a introduit la RSE dans le cadre « communautaire ». En droit interne, cette matière a trouvé un premier écho au sein de loi NRE du 15 mai 2001. Elle promulgue une obligation d'information sociétale dans le rapport de gestion du conseil d'administration des sociétés cotées[431]. Il faudra cependant attendre la loi Grenelle I du 3 août 2009, puis la loi Grenelle II du 12 juillet 2010 pour que de nouvelles obligations en matière de responsabilité sociétale voient le jour[432]. À ses origines, la RSE se voulait peu contraignante, puisque constitutive d'une prise de conscience, par les émetteurs et les investisseurs, de son caractère supérieur. C'est ce qui explique que cette matière se soit largement développée au travers de Codes de type « comply or explain », tout comme la gouvernance d'entreprise elle-même.

165. Ces quinze dernières années, les investisseurs institutionnels n'ont pas été uniquement sensibilisés à un activisme porté par le respect des principes de *corporate governance*. Cette catégorie actionnariale a également été sensibilisée aux problématiques extra-financières. Pour les institutionnels, l'expression de cette sensibilisation se manifeste principalement au travers de ses choix d'investissement (1.). Dans une optique plus générale, il apparait que depuis quelques années, les investisseurs institutionnels exercent également une forme d'activisme que nous caractériserons comme « informelle » (2.). Il s'agit du fait que cette catégorie actionnariale n'hésite désormais plus à engager des négociations privées directement avec les équipes dirigeantes.

1. La promotion de l'investissement responsable

166. Le développement des problématiques sociétales génère de profonds bouleversements[433], tant dans le mode de fonctionnement des émetteurs que dans celui des investisseurs. La RSE et l'ISR s'inscrivent dans un cadre étendu, lequel dépasse les problématiques purement financières. Il apparait toutefois que les approches sociétales jouent un rôle croissant dans de nombreuses stratégies financières. En ce sens, les problématiques financières et extra-financières ne sont pas déconnectées[434]. La gouvernance d'entreprise est un moteur du développement des questions sociétales. Dépassant sa vision traditionnellement « centrée » sur la création de valeur actionnariale, la *corporate governance* prend désormais en compte de nouveaux intérêts, tels que ceux de certains *stackeholders*. Il ne s'agit toutefois pas d'une prise de conscience désintéressée. Les théoriciens de la gouvernance d'entreprise sont pleinement conscients du fait que la création de valeur est conditionnée à une somme d'interactions complexes. Entre l'émetteur et son actionnariat, entre l'émetteur et les parties prenantes, entre l'actionnariat et les parties prenantes, entre les parties prenantes elles-mêmes… La gouvernance d'entreprise soutient donc la RSE et l'ISR en ce qu'elles peuvent provoquer un nouvel élan de création de valeur. Les agences de conseil en vote soutiennent ces matières dans une démarche similaire.

167. La prise en compte de critères sociétaux parait donc en mesure de générer de la valeur, ainsi que de mener à un progressif assainissement du marché[435]. Sensible à ces questions, les politiques d'investissement de nombreux investisseurs institutionnels sont aujourd'hui directement imprégnées par cette approche sociétale[436]. Plus encore, certains institutionnels publient les critères RSE et ISR susceptibles d'orienter leurs décisions d'investissement. L'activisme de cette catégorie actionnariale trouve donc une expression inattendue dans la poursuite de la responsabilité sociétale de leurs investissements. Cette approche sociétale constitue un facteur d'implication des investisseurs institutionnels hors assemblées générales, et cette approche se trouve encouragée et défendue par les *proxy advisors* ainsi que, dans un cadre davantage théorique, par la gouvernance d'entreprise[437]. Cette implication grandissante correspond à trois évolutions aisément observables au sein du marché. Il s'agit de « l'apparition, puis de la généralisation des rapports environnementaux volontaires, [de] l'émergence d'indices éthiques […] et enfin [du] développement de critères d'évaluation et de notation des performances environnementales des entreprises »[438]. Parallèlement à cette évolution du comportement des investisseurs institutionnels, le marché a vu naître et se développer un actionnariat spécialisé dans l'investissement éthique. Les fonds environnementaux[439] en sont une probante illustration.

2. Le développement d'un activisme informel

168. De nombreux moyens ont été mis en place afin de favoriser l'activisme des investisseurs institutionnels. Les préceptes de la gouvernance d'entreprise ainsi que l'exercice des agences de conseil en vote y ont joué un rôle de première importance. Ces efforts semblent aujourd'hui payants, puisque cette catégorie actionnariale fait preuve d'un activisme croissant. À l'issue d'une promotion multifactorielle de l'implication des investisseurs institutionnels au moment des assemblées générales (*notamment par le vecteur d'un activisme atypique*), cette catégorie actionnariale a progressivement pris conscience des bénéfices qu'elle pouvait tirer de son activisme. Cela s'est traduit par la revitalisation des assemblées générales d'actionnaires, mais également par le développement des méthodes d'expression hors assemblées.

169. Il existe schématiquement trois principaux modes d'expression hors assemblées. Premièrement, certains grands investisseurs institutionnels ont développé une activité de lobbying indépendante. Mais une majorité de ces acteurs préfèrent se réunir au sein d'associations, dans le but d'accroître leur influence. En France, l'Af2i regroupe ainsi l'ensemble des principaux investisseurs institutionnels nationaux. Cette association a pour vocation directe la réalisation d'une activité de lobbyiste.

Deuxièmement, les investisseurs institutionnels étant bien davantage concernés par les questions de communication financière qu'auparavant, ils n'hésitent plus à aller directement à la rencontre des émetteurs. Ces dernières années, la pratique du « road shows » s'est largement développée. Il s'agit de séries de réunions pendant lesquelles les équipes dirigeantes interagissent avec leurs investisseurs. Ces réunions permettent classiquement de soulever des questions telles que l'opportunité de nouvelles opérations financières, ou encore celle de l'établissement de nouvelles stratégies. Les investisseurs institutionnels profitent désormais de ce dialogue pour exposer certaines de leurs conditions aux équipes dirigeantes, mais également aux autres actionnaires. Ces réunions permettent aux investisseurs institutionnels de faire valoir leurs intérêts d'une manière informelle, quoiqu'efficace, en amont du vote aux assemblées générales d'actionnaires. Dans une démarche similaire, de nombreuses agences de conseil en vote mettent également en place des réunions et des conférences d'information, principalement autour des thèmes de la gouvernance d'entreprise. Ces réunions, aussi appelées « proxy talk », permettent aux *proxy advisors*, aux émetteurs et aux actionnaires de dialoguer directement.

Troisièmement, certains investisseurs institutionnels ont développé la pratique du dialogue dit « one to one » avec les équipes dirigeantes. Il s'agit de rencontres privées où les intéressés débattent de leurs intérêts respectifs. Ces rencontres ont en général un objet clairement défini (*Contrairement aux* « road shows », *le dialogue « one to one » n'a pas vocation à traiter de sujets* généraux). Elles s'articulent autour de l'opportunité d'une décision stratégique.

Conclusion du chapitre 2

170. Faire appel aux services des *proxy advisors* revêt un caractère politique pour les investisseurs institutionnels. En apportant leur concours à cette catégorie actionnariale, ces agences défendent un principe moteur du marché globalisé : l'internationalisation de l'actionnariat ne doit pas faire obstacle à quelque forme d'activisme que ce soit. L'influence croissante des conseillers *proxy* contribue ainsi à revivifier l'exercice du droit de vote des professionnels de l'intermédiation financière, principalement par le biais d'un activisme que nous qualifions d'« atypique ». En effet, les principes de *corporate governance* visent à renforcer l'implication des investisseurs institutionnels dans la vie des émetteurs, que ce soit au moment des assemblées générales d'actionnaires, mais également en dehors. Bien qu'ayant conscientisé les vertus de l'activisme actionnarial, de nombreux institutionnels se heurtent à l'impossibilité structurelle de la pratiquer directement. C'est pourquoi ils font appel aux services des agences de conseil en vote. L'activisme des investisseurs institutionnels s'inspire aussi de l'évolution du droit de l'Union européenne. La directive 2007/36/CE du 11 juillet 2007, transposée en droit national par les décrets n° 2010-684 du 23 juin 2010, n° 2010-1619 du 23 décembre 2010 et par l'ordonnance n° 2010-1511 du 9 décembre 2010, ont permis de consolider l'information des actionnaires[440] et plus spécifiquement de faciliter l'exercice du vote des minoritaires, tout spécialement en introduisant en droit interne le principe de la libéralisation du mandat de vote pour les actionnaires de sociétés cotées. Les agences de conseil en vote se trouvent dès lors en mesure d'obtenir la qualité de mandataire de leurs clients.

Conclusion du I de la Partie 1

171. La fonction des agences de conseil en vote au sein du marché est subtile, complexe et protéiforme. Ces organismes exercent des activités stratégiquement nécessaires pour leurs clients. Faire appel aux services d'un ou plusieurs *proxy advisors* revêt donc un caractère politique pour les investisseurs institutionnels, qui se traduit par un activisme de forme « atypique », c'est-à-dire substantiellement inspiré par l'activité des conseillers *proxy*. L'activité principale des agences de conseil en vote est caractérisée par un service d'analyse et de recommandation touchant aux projets de résolution. La majorité de ces organismes proposent également la fourniture de services annexes, telle la mise à disposition de plateformes informatives ou de vote… Plus rarement, certaines de ces structures peuvent proposer à leurs clients un service de *governance rating*, voir même un service d'analyse de type sociétal. Les *proxy advisors* poursuivent un objectif de réduction du phénomène d'asymétrie d'information dont pâtissent leurs clients, principalement en raison de l'internationalisation de l'actionnariat des sociétés cotées. Pour assurer une juste promotion de la « *shareholder value* », ces agences ont développé des méthodes spécifiques de travail, ainsi qu'un haut niveau d'expertise en *corporate governance*. L'influence grandissante des agences de conseil en vote nous invite donc à nous questionner quant aux modalités de leurs exercices, ainsi qu'aux obligations qui leur incombent.

II. L'organisation des agences de conseil en vote

172. En raison d'un panorama actionnarial historiquement concentré, l'influence des agences de conseil en vote a longtemps été sous-estimée en France. Cela n'a cependant pas empêché l'AMF de jouer un rôle de pionnier dans la caractérisation des modalités d'exercice de ces organismes. En effet, la recommandation n° 2011-06 en date du 18 mars 2011 développe certains principes de fonctionnement des conseillers *proxy,* qui ont eu une influence tant au niveau européen qu'international. Bien que de nature non contraignante, cette recommandation marque une prise de conscience au niveau national de l'influence des *proxy advisors*. Ce texte promeut le développement d'une politique de vote transparente des conseillers *proxy*. Il souligne également la nécessité pour ces organismes de développer des méthodes d'exercice intègres, méthodes d'exercice devant avoir pour objectif la limitation des éventuels conflits d'intérêts. Enfin, la recommandation AMF du 18 mars 2011 soutient qu'en raison du caractère transnational de l'activité des *proxy advisors,* une approche globale, ou tout du moins européenne se révèlerait particulièrement efficiente. Cet appel a été relayé par la Commission Européenne au sein de son Livre vert de 2011 sur « Le cadre de la gouvernance d'entreprise dans l'UE ». L'institution de l'Union européenne s'est en effet attachée à interroger un grand nombre de parties prenantes, eu égard à la nécessité de réguler l'activité des agences de conseil en vote. Fin 2012, le plan d'action de la Commission Européenne sur « le droit européen des sociétés et la gouvernance des entreprises » n'exclut pas de clarifier l'exercice des *proxy advisors* en intégrant cette problématique à la révision de la directive sur les droits des actionnaires du 11 juillet 2007, ce qui aurait pour possible conséquence le développement d'une réglementation spécifique, et cette fois contraignante, des agences de conseil en vote.

173. Parallèlement à cela, l'ESMA engage à son tour une consultation destinée à tracer les futures orientations d'une réglementation des *proxy advisors*. En mars 2012, *in* « Discussion Paper - An overview of the proxy advisory industry. Considerations on possible policy options », l›autorité européenne des marchés financiers arrive à la conclusion que les agences de conseil en vote ont besoin de faire preuve d'un meilleur niveau de transparence. Cependant, l'ESMA souligne également que l'exercice des *proxy advisors* n'a jusqu'à présent jamais donné lieu à de significatives défaillances[441]. Dans son rapport final de février 2013, l'autorité se prononce donc en faveur d'une réglementation souple des conseillers *proxy* et soutient la création d'un Code de bonne conduite de ces organismes. Ce dernier a vu le jour en mars 2014, sous le nom du « *Best Practice Principles for Providers of Shareholder Voting Research* ». Il est le fruit du travail d'un comité *ad hoc* composé de représentants des principales agences européennes, ainsi que d'experts universitaires[442]. Sur une base d'application « comply or explain », ce Code s'attache à développer et à préciser l'activité des *proxy advisors* qui exercent sur le territoire européen. Ce texte s'articule autour de trois piliers qui sont : la qualité des services[443], la gestion des conflits d'intérêts[444], la politique de communication[445], chacun de ces piliers renvoyant au respect de grands principes. Loin de se trouver en rupture avec la recommandation AMF de mars 2011, le Code BPPSVR s'inscrit dans son prolongement rationnel. L'exercice des agences de conseil en vote est aujourd'hui conditionné au respect de certaines pratiques (Chapitre 1.). Mais compte tenu de l'influence grandissante de ces organismes, nous nous interrogerons sur l'efficience de leur présent encadrement, ainsi que sur la prise en compte de leur niveau de responsabilité (Chapitre 2.).

Chapitre 1. Une standardisation des pratiques d'exercice des proxy advisors

174. Les *proxy advisors* ont longtemps véhiculé une image peu transparente. L'établissement du Code BPPSVR s'inscrit toutefois dans une démarche d'ouverture, puisque ces organismes ont directement participé à sa rédaction, et cela dans le respect d'une série de grands objectifs préalablement définis par l'ESMA dans son rapport final du 19 février 2013. Comme le souligne pertinemment Michael LOY, il s'agit donc d'une « autorégulation contrôlée »[446]. Le BPPSVR s'attache à préciser les pratiques d'exercice des agences de conseil en vote, non seulement à l'égard de leurs clients, mais également à l'égard des émetteurs et des tiers. Ce Code définit donc un ensemble de principes à même de régir le fonctionnement des principaux acteurs de cette industrie, notamment en ce qui concerne les aspects les plus sensibles de leur exercice, à savoir les questions de transparence, d'indépendance et de conflit d'intérêts.

175. Les conseillers *proxy* ayant jusqu'alors simplement fait l'objet d'approches nationales, l'établissement d'un Code de portée européenne représente une avancée inédite. D'application non contraignante (*en conformité avec le principe « comply or explain »*[447]), le BPPSVR est néanmoins investi d'une probante autorité, puisqu'il a été co-rédigé par les *proxy advisors* qui en sont signataires[448]. La règle « appliquer ou expliquer » permet en l'espèce une adaptation souple des principes que le BPPSVR développe, mais elle interdit à tout signataire de s'éloigner substantiellement des lignes directrices dudit Code, sous peine d'exposition négative, tant médiatique que potentiellement financière. Par ailleurs, le Code Européen de bonne conduite des *proxy advisors* s'inscrit dans la continuité des Codes de gouvernance préexistants, auquel il fait par ailleurs directement référence[449]. Le BPPSVR s'inspire également de recommandations spécifiques, produites par certaines institutions financières[450]. Il convient cependant de toujours garder à l'esprit que les pratiques d'exercice mises en avant par ce Code n'ont aucunement vocation à suppléer une éventuelle législation applicable[451]. Le Code « *Best Practice Principles for Providers of Shareholder Voting Research* » tend à standardiser la qualité des pratiques d'exercice des *proxy advisors* (Section1.), ainsi qu'à en accroître le niveau de transparence et d'indépendance (Section2.).

Section 1. Les rouages de la standardisation des pratiques d'exercice des proxy advisors

176. Le caractère oligopolistique du marché des agences de conseil en vote est générateur de spécificités de fonctionnement. Premièrement, il est tentant, quoiqu'erroné, de penser que ces organismes ont attendu la rédaction du

BPPSVR pour voir leurs pratiques d'exercice se rapprocher. Les *proxy advisors* partagent une commune croyance dans le caractère supérieur de la « *shareholder value* », au travers de la promotion de la *corporate governance*. En ce sens, ces organismes partagent naturellement de nombreux points communs, tant d'un point de vue fonctionnel que déontologique. La majorité des agences de conseil en vote publiaient leurs méthodologies d'exercice bien avant la parution du Code de 2014. Secondement, la réputation des conseillers *proxy* tient une place prépondérante, en relation directe avec leur existence même et leur développement. Bien que concentrée, l'industrie du conseil en vote n'en demeure pas moins concurrentielle. Cette réalité pousse donc les différentes agences de conseil en vote à s'améliorer et à innover. En ce sens, l'adoption d'un Code de bonne conduite par l'ensemble des acteurs de ce marché peut priver les *proxy advisors* d'envergure modeste de l'avantage compétitif dont ils bénéficient face aux agences de portée internationale. Les agences d'influence géographiquement limitée parviennent habituellement à pallier les effets d'un moindre impact grâce à une éthique de travail maximisée (*par exemple la parfaite connaissance du marché de l'émetteur objet de recommandations de vote...*). Or, l'adoption d'un Code par l'ensemble des *proxy advisors* conduit à une normalisation du niveau d'éthique de ces organismes. Les agences de portée internationale peuvent dès lors prétendre satisfaire aux mêmes exigences éthiques que les agences spécialisées, puisqu'elles s'appuient sur le même Code. Les principes qu'expose le BPPSVR arrêtent et homogénéisent un ensemble de pratiques préalablement existantes (*mais à des niveaux de développement largement fluctuants*) chez de nombreux *proxy advisors*. Puisque ce Code est d'essence « comply or explain », il peut s'articuler avec des spécificités d'exercice propres à certaines agences. Il est donc difficile de déterminer la portée réelle et l'influence de ce Code. Les principaux acteurs de l'industrie du conseil en vote étant cependant signataires du BPPSVR, son autorité ne fait pas question.

177. A des fins didactiques, nous étudierons dans cette section la portée du premier principe du BPPSVR, à savoir : « Qualité de Service ». Les organismes signataires de ce Code doivent fournir des services conformes aux spécificités de leurs clients. Les signataires doivent également publier leurs méthodologies de recherche, ainsi que de vote, dans le cadre de l'établissement d'une politique dite « maison »[452]. Par ailleurs, la politique de vote des *proxy advisors* signataires doit nécessairement faire l'objet d'une publication. Les pratiques d'exercice des agences de conseil en vote doivent refléter la pertinence des recherches et analyses préalablement effectuées (§1.), ce qui ne saurait être réalisé en l'absence d'un personnel compétent (§2.).

§1. Pertinence des recherches et des analyses

178. Le « one size fits all » où l'application à l'ensemble des émetteurs des standards de bonne gouvernance, fait l'objet de nombreuses critiques. Comment pourrait-il en être autrement ? L'on ne saurait imaginer que le fonctionnement de l'industrie du conseil *proxy* repose sur un cadre autre que celui d'une application relativement standardisée. Qui plus est, cette critique serait *in fine* applicable à l'ensemble des industries ayant développé des méthodes d'exercice collectif. En somme, elle est applicable à toutes les industries. Le « one size fits all » s'inscrit donc dans une mouvance relativement classique. Soulignons cependant qu'il est également reproché à certains conseillers *proxy* de faire preuve d'un manque de transparence dans l'établissement de leurs politiques de vote, ainsi que dans l'élaboration de leurs recommandations. Dans le but d'améliorer l'activité des agences de conseil en vote, l'ESMA s'est donc fixé comme objectif d'accroître la transparence des méthodes de recherche et d'analyse des *proxy advisors*. Afin de garantir une meilleure fiabilité des recommandations de vote, l'autorité européenne soutient que les agences doivent être en mesure de fournir à leurs clients l'ensemble des informations utilisées durant le processus d'analyse. Il est également demandé aux agences de détailler la portée, ainsi que les limites des conseils qu'elles prodiguent. Enfin, dans le but de rationnaliser la question du « one size fits all », l'ESMA pose le principe d'une prise en compte des particularismes locaux[453].

179. Il s'agit pour l'autorité européenne de poser les fondements d'une systématisation des méthodes de recherche et d'analyse des agences, fondements que le BPPSVR est en charge de développer. Les *proxy advisors* signataires de ce Code doivent expliquer comment ils organisent leurs activités, dans le respect de leur méthodologie de recherche et de leur politique de vote. Ces organismes doivent également être en mesure de décrire les moyens grâce auxquels ils assurent des recherches et des analyses libres et indépendantes[454]. Le Code de 2014 établit donc des méthodologies de recherche et d'analyse davantage transparentes (A.). Il fait également la promotion de systèmes et de procédures de contrôle, afin de garantir l'efficience de l'exercice des agences (B.).

A. L'établissement de méthodes transparentes

180. Sans provoquer de réel bouleversement dans les méthodes de recherche et d'analyse que pratiquent les principales agences de conseil en vote sur le territoire européen, le Code de 2014 insuffle néanmoins un esprit général de transparence. Il ne remet pas en cause le fond des méthodes d'évaluation des *proxy advisors* signataires, ces dernières reposant toujours, bien évidemment, sur l'application des grands standards de la gouvernance d'entreprise. Toutefois, le Code y adjoint certaines recommandations visant à accroître leur niveau d'intelligibilité. Il peut par exemple s'agir de la fourniture d'informations claires et précises aux clients des agences, notamment au regard de la procédure d'élaboration des recommandations de vote. Mais il s'agit présentement d'un point que la majorité des agences respectent déjà informellement. Le Code tend donc à fixer durablement certaines méthodes d'exercice susceptibles d'accroître la transparence de l'ensemble de ses signataires.

181. Le BPPSVR énonce que la principale responsabilité des agences envers leurs clients se situe dans la fourniture de services en accord avec les spécifications qui ont été préalablement établies entre les parties. Dans le respect de cet accord, les clients demeurent donc les uniques décideurs de la qualité et de l'applicabilité des recommandations émises par les *proxy advisors*. Le Code de 2014 opte pour une approche à minima de l'impact des agences de conseil en vote sur leurs clients. Ce qui corrobore parfaitement le principe selon lequel ce texte ne saurait bouleverser en profondeur le fonctionnement de ses signataires. Mais peut-être n'y a-t-il tout simplement pas vocation. Pour autant, nous nous devons de souligner que le BPPSVR fait effectivement la promotion de méthodes plus transparentes, qui s'articulent autour de trois axes : l'approfondissement de la transparence des politiques de vote des *proxy advisors* (1.), le développement de la qualité des analyses (2.), et enfin la prise en compte des spécificités des émetteurs dans l'analyse des agences (3.).

1. Vers des politiques de vote plus transparentes

182. La constitution d'une politique de vote par un *proxy advisor* a pour objectif de présenter fidèlement les lignes directrices destinées à orienter leurs futures recommandations. Ce document a donc pour objet d'accroître le niveau de transparence et de prévisibilité de l'exercice des *proxy advisors* auprès de l'ensemble des parties prenantes (*clients, émetteurs, autres actionnaires…*). Dès 2011, l'AMF a recommandé la publication, ainsi que la mise à jour annuelle, de la politique de vote des conseillers *proxy*. L'autorité invite également ces organismes à faire preuve de clarté et de précision en ce qui concerne la définition des termes techniques qu'ils utilisent. En effet, les méthodes d'exercice des agences de conseil en vote font recours à de nombreux anglicismes, ce qui peut porter à confusion. En matière de transparence des politiques de vote des *proxy advisors*, le Code BPPSVR s'inscrit objectivement dans la continuité de la recommandation AMF de 2011. Il énonce que les agences signataires doivent être en mesure de fournir des analyses et des résultats de recherche fondés sur leurs propres politiques de vote[455]. Il s'attache également à souligner que les clients des *proxy advisors* doivent être en mesure de demander l'établissement de recommandations de vote sur les fondements de leur propre politique de vote, mais aussi directement sur la politique du *proxy advisor*. Le Code demeure cependant parfaitement clair quant au fait que, dans chacune de ces hypothèses, le client demeure *in fine* responsable de son vote[456]. Le BPPSVR met en avant également un ensemble de *process* relatifs à l'amélioration des politiques de vote des agences signataires[457]. En conformité avec la recommandation AMF de 2011, le BPPSVR insiste bien évidement sur la nécessité de mettre à jour la politique de vote des *proxy advisors*. Mais le Code souligne également l'importance de la prise en compte des principes de retour d'expérience et de dialogue avec les parties prenantes, dans l'optique d'une amélioration constante de la politique de vote de ses signataires. Pour ce faire, le BPPSVR suggère plusieurs approches. Il peut par exemple s'agir d'analyses-clients, de consultations publiques, de conférences, ou encore de la prise en considération des avancées d'origine universitaire etc. Enfin, le Code met les agences en garde contre une divulgation qui ne serait pas préalablement consentie, des politiques de vote de leurs clients. Cette grave indélicatesse semble, pour d'évidentes raisons, en mesure d'engager la responsabilité contractuelle des *proxy advisors*.

183. Le 18 décembre 2015 l'ESMA a publié un rapport de suivi du BPPSVR intitulé : « *Follow-up on the development of the Best Practice Principles for Providers of Shareholder Voting Research and Analysis* ». Ce rapport pointe du doigt la persistance d'imprécisions concernant les politiques de vote de certaines agences signataires[458], ce qui a pour effet de rendre les futures recommandations de vote de ces agences trop incertaines. Le rapport souligne une forte disparité dans le niveau de précision des politiques de vote des signataires. Tandis que certains *proxy advisors* communiquent des politiques de vote largement détaillées, d'autres signataires se contentent d'une publication laconique, en simple conformité avec les grands préceptes de la gouvernance d'entreprise.

184. Bien que le Code BPPSVR défende le principe de l'établissement d'une politique de vote transparente de l'ensemble de ses signataires, force est de constater que le caractère *soft law* de ce texte nourrit la possibilité, pour les *proxy advisors*, d'exprimer cet objectif avec un degré d'exigence relativement fluctuant. La transparence de la politique de vote de certaines agences de conseil en vote est donc à ce jour encore perfectible. Cela est particulièrement vrai pour les conseillers *proxy* de portée internationale. Ces derniers proposent dans une proportion croissante des politiques de vote personnalisées (*pays par pays*). Mais ces politiques demeurent bien souvent trop imprécises en comparaison des politiques de vote que développent les *proxy advisors* spécialisés sur un unique marché.

2. Asseoir la qualité des analyses

185. Pour les agences de conseil en vote, le développement d'une méthodologie de recherche efficiente revêt une importance de premier ordre. De la qualité de cette analyse dépendra la pertinence des recommandations de vote transmises à leurs clients. Les *proxy advisors* sont donc invités à exposer les principes directeurs qui régissent cette analyse. Cette démarche s'inscrit dans un cadre similaire à celui de la publication de la politique générale de vote des agences, c'est-à-dire dans l'objectif d'accroître la transparence de leurs méthodes d'exercice. La publication des méthodes d'analyse et de recherche améliore la prévisibilité du contenu des recommandations des *proxy advisors*. Elle représente également un référentiel méthodologique qui tiendra le rôle de garde-fou (*en concert avec la publication de la politique générale de vote*), tant aux yeux des clients des *proxy advisors*, qu'à ceux des émetteurs et de l'ensemble des parties prenantes. En somme, la publication des méthodes d'analyse permet d'accroître la transparence et la réputation des agences. Cette action concourt à rationaliser l'exercice des conseillers *proxy*, à nourrir leurs actes de certitudes. Notons qu'il ne s'agit cependant pas d'un principe novateur, puisque dès 2011, la recommandation AMF encourageait la publication des méthodes de recherche des agences[459], démarche que la majorité des acteurs de cette industrie avaient naturellement entreprise en amont de la recommandation.

186. « Les agences de conseil en vote doivent divulguer, à leurs clients mais aussi publiquement, la méthodologie ainsi que la nature des sources d'information spécifique qu'elles utilisent afin d'émettre leurs recommandations de vote et préciser comment leur politique de vote ainsi que les orientations générales sont impliquées dans le processus de préparation de ces recommandations »[460]. Le Code BPPSVR entérine cette position. Il soutient que cette méthodologie doit être écrite et publiée. Il subordonne également son efficacité à la satisfaction de certaines exigences, telles que le développement d'une approche générale de la recherche, la publication des sources d'informations utilisées, l'applicabilité de la politique de vote de l'agence ou de celle de son client, la prise en considération de spécificités locales, ou encore la mise à disposition de moyens de contrôle afin de garantir la fiabilité de l'analyse. La majorité des agences signataires fournissent à leurs clients, ainsi qu'au public, des informations sur leur méthodologie de recherche. Ces données se trouvent notamment enregistrées dans leurs déclarations de conformité au Code BPPSVR[461]. Cependant, l'ESMA souligne que trois agences font preuve d'un degré de transparence supérieur, puisqu'elles détaillent au sein de chacune de leurs recommandations leurs méthodes d'analyse, ainsi que les principales sources informationnelles qu'elles ont utilisées[462]. Le Code de 2014 favorise de ce fait la divulgation des méthodes d'analyse de ses signataires. Toutefois, le degré d'applicabilité de ce principe demeure perfectible chez les différents signataires. Mais il s'agit là d'une critique somme toute classique des Codes de type « comply or explain ». Le Code de 2014 défend donc davantage que la simple publication des méthodes d'analyses de ses signataires. Il s'intéresse directement à la qualité de ces analyses. Elles doivent être pertinentes, exactes, ainsi que vérifiées par l'ensemble du personnel qualifié de l'agence. Qui plus est, les conseillers *proxy* signataires doivent être en mesure de démontrer à leurs clients que les conseils et recommandations qu'ils leur prodiguent sont le fruit de méthodes d'analyse efficientes, lesquelles répondent aux standards de l'industrie. En ce sens, le BPPSVR contribue à favoriser une standardisation des pratiques d'exercice des agences de conseil en vote.

3. Des exigences de personnalisation

187. L'activité de recommandation de vote de l'ensemble des *proxy advisors* est marquée par un caractère potentiellement transfrontalier. En cela, il semble inopportun de limiter la problématique de la personnalisation des recommandations aux agences de portée internationale. Cette question se pose également, quoique dans une mesure moindre, pour les agences de moindre envergure. Il existe en effet de nombreux exemples ou un conseiller *proxy* de portée nationale analyse, à la demande d'un client investisseur, un émetteur se trouvant en dehors de sa zone géographique théorique de compétence.

188. Les *proxy advisors* doivent avoir une connaissance satisfaisante des spécificités des marchés au sein desquels ils prodiguent des conseils à leurs clients. Ils doivent donc être en mesure d'adapter leurs recommandations aux contextes juridiques, économiques et coutumiers des marchés au sein desquels évoluent les émetteurs objets de leurs analyses. D'aucuns reprochent aux agences de conseil en vote l'établissement de recommandations fondées sur une méthode « *box ticking* », c'est-à-dire relevant d'un examen quasi-automatisé de la conformité des émetteurs aux grands principes de la gouvernance d'entreprise, oubliant donc la justification de certaines non-conformités dues à des spécificités des marchés. Pour répondre à cette problématique, le Code BPPSVR encourage ses signataires à faire preuve d'un degré acceptable de personnalisation dans la production de leurs recommandations de vote. La poursuite de cet objectif est double. Il s'agit premièrement pour les agences de garantir la fourniture d'un service d'une qualité supérieure. Secondement, la personnalisation des recommandations de vote permet aux conseillers *proxy* de gagner en probité. Afin d'accroître la pertinence de leurs recommandations, les *proxy advisors* signataires du BPPSVR sont tenus de prendre en compte les spécificités de marché des émetteurs (a.), ainsi que de personnaliser le champ des services qu'ils proposent à leurs clients (b.).

a) Prise en compte de la spécificité des marchés

189. Comme précédemment évoqué, les *proxy advisors* signataires du Code de 2014 sont tenus de prendre en considération, dans leurs analyses et recommandations de vote, les particularismes de marché[463] des émetteurs. Les conseillers *proxy* doivent de ce fait posséder une connaissance satisfaisante du contexte, tant juridique que coutumier, des sociétés objets de leurs analyses. Cet objectif de personnalisation des recommandations parait toutefois conditionné à la capacité effective des *proxy advisors* à développer ce *process* d'individualisation. En effet, c'est uniquement dans le cadre d'une application de type « comply or explain » que les signataires du BPPSVR sont tenus d'indiquer à leurs clients « si » et « comment » les spécificités d'un marché local ont été prises en considération dans l'établissement de leurs recommandations de vote. L'ESMA souligne que chaque signataire du Code applique dans les grandes lignes cette méthodologie d'analyse. L'autorité européenne ajoute cependant que certains *proxy advisors* fournissent dans leurs déclarations de conformité au BPPSVR de nombreux détails relatifs aux procédures de personnalisation des recommandations de vote, tandis que d'autres signataires demeurent encore à ce jour bien plus généralistes[464]. Alors que l'ensemble des *proxy advisors* signataires se déclarent conscients de l'importance de la prise en compte des spécificités de marché dans leurs analyses et recommandations de vote, certains de ces organismes ne semblent pourtant pas disposés à mettre en place les moyens nécessaires pour remplir cet objectif de personnalisation, ces derniers préférant fonctionner dans une logique de type « one size fits all » dépourvue (*ou très partiellement*) de personnalisation.

190. Il est évident que la prise en compte de la spécificité des marchés suppose un effort supplémentaire pour les agences de conseil en vote. Il est notamment question pour les conseillers *proxy* d'entrer en dialogue avec les émetteurs, dans le but de comprendre certains particularismes de ces derniers en matière de gouvernance. Certaines caractéristiques ou circonstances (*par exemple la forte concentration du panorama actionnarial d'un émetteur…*) sont en effet à même de légitimer des atypismes en matière de gouvernance. Ces particularismes sont le reflet d'une situation spécifique, et donc par définition, ils ne sont pas néfastes. En ce sens, les *proxy advisors* doivent tenir compte des explications ou justifications des émetteurs dans leurs *process* de recherche et d'analyse. Bien que notant une nette amélioration en la matière, l'ESMA souligne que les conseillers *proxy* ne tiennent pas encore assez compte des éclaircissements fournis par les émetteurs en ce qui concerne la question de la rémunération des dirigeants et celle de l'indépendance des administrateurs. Or, la prise en compte des spécificités de marché représente un facteur déterminant de l'efficience des recommandations que fournissent les *proxy advisors*.

191. Force est toutefois de constater que la poursuite de la personnalisation des recommandations de vote soutenu par le BPPSVR soulève des interrogations. Il est bien évidemment question du dialogue des *proxy advisors* avec les émetteurs : à quel niveau d'échange avec les émetteurs doit-on considérer que l'indépendance des agences pourrait être remise en cause[465] ? La prise en compte des particularismes de marché soulève également la question du degré d'influence des éclaircissements et justifications que fournissent les émetteurs aux *proxy advisors*. Quel peut être le poids légitime de ces considérations dans l'orientation des recommandations de vote ?

b) Personnalisation du champ des services

192. Les recommandations des agences de conseil en vote ne constituent pas les seuls éléments pour lesquels le BPPSVR marque une exigence de personnalisation. Le Code de déontologie des conseillers *proxy* plaide pour que l'ensemble du champ des services que proposent ces organismes soit concerné par cet objectif. Cette ambition s'exprime au travers du fait que les agences de conseil en vote signataires sont astreintes à fournir à leurs clients des services en adéquation avec leurs attentes, et ce dans le respect des délais inhérents à leur exercice[466]. La poursuite de cet objectif de personnalisation doit donc être menée sur le plan de la prise en compte des spécificités de marché des émetteurs, mais également sur celui des attentes des clients des *proxy advisors*. Les nombreuses exigences auxquelles sont soumises les agences signataires dans leurs rapports avec leurs clients matérialisent aisément cette volonté de personnalisation. Les *proxy advisors* sont tenus de notifier à leurs clients investisseurs les spécificités du cadre qui a conditionné la fourniture de leurs services. Dans la mesure du possible, ce cadre doit être conditionné et restrictif[467]. En somme, il doit être individualisé. Les clients doivent par exemple être avertis quant au fait que le *proxy advisor* ait pu rédiger sa recommandation de vote malgré l'indisponibilité de certaines données, de documents non exhaustifs, ou encore de données à la provenance douteuse (*par des tiers et sur lesquelles l'agence ne peut effectuer aucun contrôle*).

193. Toujours en vue de personnaliser les différents services des agences signataires, le Code BPPSVR suggère la mise en place de questionnaires de satisfaction clients. Il soutient également une transparence de la politique de gestion des réclamations des clients des agences, dans le but de cibler avec toujours plus d'exactitude leurs attentes futures. S'opposant au développement de pratiques commerciales automatisées, et de ce fait dans un esprit de personnalisation, le Code de 2014 précise que les *proxy advisors* signataires doivent cultiver un solide cadre d'audit, cadre d'audit que les clients sont en droit de vérifier, notamment par le biais de visites des sites de travail, d'un dialogue avec les équipes de recherche, de la demande de renseignements concernant le personnel des agences, ou encore de contrôles qualité.

194. Enfin les agences signataires sont tenues d'assister leurs clients investisseurs institutionnels sur le terrain de leurs diverses obligations de divulgation[468]. Ce devoir d'assistance suppose manifestement que les agences de conseil en vote individualisent leurs services en fonction de leurs clients. Le principe de personnalisation est décrit sous ses différents aspects au fil des pages du Code de déontologie des *proxy advisors*. Il s'applique tant au niveau des émetteurs objets de l'analyse des agences, qu'au niveau des clients demandeurs des recommandations de vote.

B. Le développement de systèmes de contrôle

195. Les méthodes d'exercice des agences signataires du « *Best Practice Principles for Shareholder Voting Research* » tendent vers davantage de transparence. Comme le souligne l'ESMA dans son rapport de décembre 2015, l'industrie du conseil *proxy* a fait un réel pas en avant vers une bonne intelligibilité de ses pratiques[469], et cela en dépit du maintien de zones d'ombre spécifiques, comme par exemple le caractère fluctuant du degré de prise en considération des conditions locales des émetteurs dans les recommandations de vote de certains signataires. En dehors de quelques points, les méthodes d'analyse générales des *proxy advisors* gagnent en lisibilité ainsi qu'en accessibilité. Toutefois, le principe d'une transparence croissante des analyses que mènent les conseillers *proxy* ne saurait à lui seul pleinement garantir la probité de l'exercice de ces organismes. C'est pour cette raison que le Code de déontologie des agences de conseil en vote promeut l'établissement de systèmes et de procédures de contrôle. Les *proxy advisors* signataires doivent donc mettre en place un système efficient de vérification (1.) et de conservation (2.) des informations qui ont été utilisées pour l'établissement de leurs recommandations de vote. Plus encore, les agences sont tenues de développer des procédures de vérification de la qualité de leurs analyses (3.). L'action combinée de ces systèmes de contrôle, avec celle des procédures visant à améliorer la transparence de l'exercice des *proxy advisors*, contribue à accroître substantiellement le degré d'intégrité de ces organismes aux yeux d'une majorité des acteurs du marché.

1. Vérification des informations

196. Les données et les informations utilisées par les agences de conseil en vote dans l'élaboration de leurs recommandations doivent faire l'objet d'un contrôle des plus attentifs. La probité et l'efficacité de leurs analyses reposent exclusivement sur ces éléments. Ces derniers doivent donc faire l'objet d'une attention toute particulière. L'origine et l'authenticité de ces informations doivent être indiscutables, sous peine de jeter un complet discrédit sur le travail du conseiller *proxy* négligent. Le Code BPPSVR n'encourage pas l'exploitation d'une source informationnelle spécifique. Les signataires demeurent donc théoriquement libres du choix des données qu'ils exploitent pour rédiger leurs conseils et recommandations de vote. Ce serait un simple truisme d'affirmer que les informations émises par les émetteurs constituent la source principale des données que les agences doivent traiter. Dans l'hypothèse où un *proxy advisor* externaliserait une procédure quelconque de recherche d'information, le Code spécifie qu'il appartient à ladite agence d'en contrôler l'exactitude, ainsi que d'en informer son client[470].

197. Le Code de déontologie des conseillers *proxy* plaide également pour que ses signataires mettent en place un système de contrôle visant à garantir la fiabilité des informations utilisées durant l'ensemble du processus d'élaboration des recommandations de vote[471]. Partant, il appartient à chaque signataire d'établir une méthode de contrôle efficiente, au regard de ses modes de fonctionnement et de ses particularités. Nous soutenons qu'en l'espèce, trois éléments doivent impérativement être pris en compte. Premièrement, il s'agit de l'envergure de l'agence (*internationale, régionale ou nationale*) ; deuxièmement, il s'agit de la présence ou non au sein de l'agence d'un service spécialisé dans le contrôle des informations ; troisièmement, il s'agit du niveau et de la nature du dialogue que développe l'agence avec les émetteurs. Une proximité forte entre un conseiller *proxy* et la société objet de son analyse constitue un évident vecteur de conflits d'intérêts. Mais en l'espèce cette proximité assure un haut degré d'exactitude informationnelle. Il appartient de ce fait aux *proxy advisors* de trouver un juste équilibre en la matière. Le BPPSVR situe le devoir de vérification des informations et des données dans des limites relativement floues. Il précise uniquement que les contrôles déployés doivent assurer d'une manière « raisonnable »[472] la fiabilité des informations ayant permis l'élaboration des conseils et des recommandations. Les *proxy advisors* signataires sont donc relativement libres d'apprécier le degré de contrôle auquel correspond le terme « raisonnable ». Lorsque nous disposerons de davantage de recul quant au sens donné par les différentes agences signataires du BPPSVR à l'expression « contrôle raisonnable », il sera particulièrement intéressant d'étudier les fortes disparités qui ne manqueront pas d'apparaitre.

2. Conservation des informations

198. L'inscription au sein du Code de 2014 d'une exigence de conservation des données utilisées par les agences dans le cadre de la rédaction de leurs conseils et recommandations de vote[473], exprime encore le souhait de rendre l'activité de ces organismes toujours plus transparente. Dans une logique d'ouverture et de rectitude, l'exercice des agences de conseil en vote est conditionné à la fourniture de services de qualité, c'est-à-dire qui respectent certaines méthodes et procédures, dont l'archivage des informations utilisées représente un élément central, puisqu'il se trouve conditionner la teneur des recommandations de vote. La conservation des données utilisées ne signifie toutefois pas qu'elles soient par essence pleinement accessibles. La transmission de ces données demeure encadrée. Elles peuvent l'être tant légalement, que contractuellement[474].

199. La poursuite d'une qualité effective de la recherche est donc assujettie à l'établissement d'une suite d'éléments à première vue indépendants, mais dont les mécanismes se révèlent profondément interdépendants, avec par exemple le fonctionnement quasi symbiotique des mesures de contrôle et des procédures visant à accroître la transparence des *proxy advisors*. Plus encore, le développement de ces exigences parait naturellement conduire les conseillers *proxy* vers la poursuite de nouveaux objectifs de probité. En ce sens, nous soutiendrons l'idée que le Code « *Best Practice Principles for Shareholder Voting Research* » contribue efficacement à auto-responsabiliser ses signataires.

3. Vérification de la qualité des analyses

200. L'établissement de procédures de vérification de la qualité des recherches et des analyses représente le second pan des systèmes de contrôle dont le BPPSVR fait la promotion. Cette procédure est davantage « encadrée » que celle du « contrôle des informations utilisées » puisque dans cette hypothèse, le Code dresse une liste (*non limitative*) des différentes mesures que les *proxy advisors* signataires peuvent adopter. Les conseillers *proxy* sont donc invités à mettre en place des mesures organisationnelles permettant un contrôle de la qualité de leurs analyses. Si l'agence le décide, elle peut directement proposer à l'émetteur objet de son analyse de vérifier l'exactitude d'éléments factuels de son travail. Ce qui nécessite un dialogue efficace avec la société. Et ce qui soulève en parallèle la question de la prise en compte, par le conseiller *proxy*, des éventuelles explications et justifications que l'émetteur se trouve en droit de lui faire parvenir. Le contrôle de la qualité des recherches peut également prendre la forme davantage « classique » de vérifications automatisées par informatique. Principalement sous la forme d'une vérification latente des *process* ou encore d'alertes…

201. Toutefois, le Code de déontologie des *proxy advisors* associe principalement (*et bien naturellement*) l'effectivité du contrôle de la qualité des analyses de ces organismes, à la compétence de son personnel. Le Code ne faisant pas mention de procédures internes spécifiques au fonctionnement des *proxy advisors*, il est donc nécessaire pour le personnel de ces agences de mettre en place, puis de respecter, des procédures de contrôle interne de type « ordinaire ».
Le BPPSVR soutient également le principe selon lequel plusieurs degrés de

vérification sont nécessaires avant la validation définitive, puis la commercialisation des résultats de la recherche, qui comme nous le savons, prendront alors la dénomination de « recommandation de vote ». Le « *Best Practice Principles for Shareholder Voting Research* » fait d'ailleurs directement référence à la notion du « Four-eyes principle ». Il s'agit d'une règle classique de gouvernance et d'audit, règle selon laquelle chaque production doit faire l'objet d'une double vérification par un personnel très hautement qualifié. En l'espèce, le Code de 2014 relève que les résultats de recherches menées par les analystes des agences doivent être dans un second temps vérifiés *soit/et/ou* : par un analyste sénior, par le comité de gouvernance de l'agence, par un ou plusieurs cadres de l'agence. Enfin, l'ESMA ajoute que les procédures de vérification de la qualité des recherches peuvent possiblement prendre la forme d'audits externes[475].

§2. Le personnel des *proxy advisors*

202. Les projets de résolution proposés aux assemblées générales d'actionnaires sont depuis quelques années marqués par un fort degré de technicité, tant du point de vue juridique, que de celui de la stratégie financière. Cette réalité suppose donc que l'actionnariat dispose en retour d'un haut degré de compétence et qu'il dispose également du temps nécessaire à l'étude des projets de résolution. Or, nous ne sommes plus sans savoir qu'une fraction notable des acteurs de la catégorie actionnariale des professionnels de l'intermédiation financière souffre d'une difficulté structurelle dans l'exercice de son droit de vote aux assemblées générales, raison pour laquelle les investisseurs institutionnels font usuellement appel aux services d'organismes spécialisés dans l'analyse des projets de résolution. Le personnel des *proxy advisors* se compose principalement d'analystes et d'experts. Bien que le fonctionnement des agences *proxy* soit dans une notable mesure automatisé, la présence d'un personnel hautement qualifié reste indispensable, notamment pour analyser les tenants et les aboutissants des innovations en matière de gouvernance, programmer la suite de logiciels d'analyse, assurer un dialogue efficace avec les clients et les émetteurs, analyser les particularismes de marché des émetteurs, etc.

203. En 2011, la recommandation AMF soutient que « les personnes en charge d'analyser les projets de résolution disposent des compétences et de l'expérience appropriées à la conduite de ce type d'analyse »[476]. Dans un esprit similaire, l'ESMA souligne que le niveau de compétence du personnel des *proxy advisors* constitue le facteur-clef du développement et de la légitimation de l'influence de ces organismes[477].
En la matière, le Code BPPSVR fait la promotion de deux grands principes. Premièrement, les employés des agences signataires doivent posséder

« l'éducation, les compétences, les atouts et l'expérience appropriés pour leurs postes »[478]. Il s'agit donc de qualités et compétences intrinsèques aux employés. Secondement, les *proxy advisors* signataires « doivent fournir des efforts raisonnables pour s'assurer que leur personnel est formé en adéquation avec l'importance de leurs activités et avec la manière dont ils contribuent à la fourniture du service »[479], ce qui suppose pour les *proxy advisors* signataires de se trouver en capacité de déceler de possibles insuffisances chez leurs employés. Chaque agence doit donc mettre en œuvre une politique de formation active de son personnel. Force est de constater qu'en raison du caractère « comply or explain » du Code BPPSVR, il n'existe à ce jour aucune règle contraignante encadrant la qualification du personnel des agences de conseil en vote. Ce particularisme remet-il par principe en question la qualité du personnel (A.) des *proxy advisors* ? Rien n'est moins sûr.

A. La qualité du personnel des *proxy advisors*

204. Le Code de déontologie des *proxy advisors* soutient que le personnel de ces organismes doit répondre à certaines exigences de compétence professionnelle afin de mener à bien ses recherches et analyses. Compte tenu de l'influence des recommandations émises par les équipes des agences, il ne serait pas aberrant, comme le souligne Alexandre OMAGGIO[480], que le personnel stratégique des agences doive justifier de « conditions de compétences » particulières. L'auteur s'interroge également sur la question de savoir si l'analyse à titre « habituel et rémunéré » de projets de résolution, pour le compte d'un client, peut être en mesure de constituer une consultation juridique au sens de la loi n° 71-1130 du 31 décembre 1971.

Le niveau de qualification et de compétence du personnel des *proxy advisors* est un sujet éminemment sensible, puisqu'il conditionne dans une large mesure la pertinence des recommandations que ces organismes vont émettre. De même que l'obtention d'un diplôme ne fait pas systématiquement naitre un professionnel compétent, l'absence d'une exigence de compétence théorique reconnue pour le personnel des *proxy advisors* ne doit pas être perçue obligatoirement comme une faiblesse. Il est par ailleurs évident que les agences de conseil en vote auraient beaucoup à perdre à s'entourer d'employés incompétents. Dans une optique non contraignante, le Code « *Best Practice Principles for Shareholder Voting Research* » fait la promotion d'un principe de compétence du personnel des *proxy advisors* (1.). Il s'attache également à ce que l'expérience (2.) du personnel des agences soit en adéquation avec ses activités et ses responsabilités, ce qui soulève de manière sous-jacente la question de la pratique largement développée des emplois « saisonniers » au sein de l'industrie des *proxy advisors*.

1. Compétence

205. La compétence du personnel des conseillers *proxy* est une condition *sinequanone* à la fourniture de recommandations de vote de qualité. Puisque ces recommandations auront un impact évident sur le vote de certaines catégories actionnariales au moment des assemblées générales, le niveau d'expertise des employés des *proxy advisors* impacte non seulement les clients de ces organises, mais également les émetteurs. En effet, une recommandation de vote objectivement maladroite, c'est-à-dire ne considérant pas d'importantes spécificités de marché ou fondée sur une analyse juridico-financière inexacte, peut se révéler profondément néfaste tant pour l'émetteur que pour l'actionnariat en place, raison pour laquelle, hors période d'assemblée, un dialogue efficient entre l'agence et l'émetteur peut contribuer à prévenir bien des aberrations.
En vue d'améliorer la transparence et la fiabilité des recommandations de vote des *proxy advisors*, le Code BPPSVR milite pour que ces organismes exposent leurs mécanismes opérationnels. La poursuite de cet objectif réclame évidement que toute la lumière soit faite sur les diverses procédures qui déterminent la teneur des recommandations de vote. Partant, la question de la qualification et de la compétence du personnel des agences ne saurait être éludée. Dans son rapport de décembre 2015, l'ESMA indique qu'au regard de la question du personnel des agences, l'ensemble des signataires du BPPSVR paraissent s'être conformés d'une manière relativement satisfaisante aux attentes dudit Code[481], et ceci d'autant que la plupart des agences semblent avoir développé, en amont de la publication du BPPSVR, des politiques acceptables de recrutement et de contrôle de compétence du personnel[482].
Dans leur déclaration de conformité au Code de 2014, l'ensemble des signataires affirme disposer d'un personnel compétent et à même de mener d'une manière satisfaisante l'analyse de projets de résolution. L'ESMA constate toutefois une forte disparité entre certains signataires en ce qui concerne l'exposé du détail des compétences de leurs employés[483]. Alors que certains *proxy advisors* restent passablement évasifs quant aux compétences et au parcours de leur personnel, d'autres agences font en revanche preuve d'un haut niveau de transparence, puisqu'elles publient sans réticence les diplômes, l'ancienneté, ainsi que les compétences linguistiques et techniques de leurs personnels.

206. Nous soutiendrons fermement qu'aucun *proxy advisor* ne saurait être compétitif sans disposer d'employés efficaces et compétents. Partant, nous nous risquerons à défendre l'idée que les agences les moins transparentes en matière de compétences de leur personnel poursuivent simplement une politique de confidentialité, avec par exemple l'objectif de limiter le démarchage par les concurrents de leur personnel de valeur stratégique.

Mais avec le fort développement des réseaux sociaux professionnels, il est aisé d'avoir accès aux profils de ce personnel stratégique (*analystes, analystes sénior, managers, cadres...*) des principaux *proxy advisors*. Les détails en ce qui concerne la compétence du personnel intermédiaire et saisonnier (*la plupart du temps des étudiants en droit, en économie ou en finance*) demeurent naturellement plus difficiles à obtenir, ce qui n'est pas réellement un problème tant que les prérogatives et les responsabilités de ces employés demeurent limitées et bien encadrées par un personnel compétent.
Dans le but d'en finir avec cette idée étonnamment répandue qui voudrait que le personnel des conseillers *proxy* souffre d'un manque récurrent de qualification et de compétence, nous avons longuement étudié les principaux sites des réseaux sociaux professionnels (*LinkedIn, Viadeo ou encore XING...*), dans le but de comparer l'activité qu'exercent les employés stratégiques des agences (*analystes et cadres*), en perspective avec leur formation, leurs diplômes et leur niveau d'expérience. Il en ressort un fort degré de cohérence générale, notamment en ce qui concerne le niveau de qualification et de compétence de l'ensemble des analystes employés par les principaux *proxy advisors*. Les cadres de ces agences affichent des parcours plus hétéroclites, bien que toujours orientés vers le monde de la finance et de l'entreprise. Cela s'explique notamment par le fait que ces derniers ont des parcours de carrière davantage avancés, tandis que les *proxy advisors* restent de jeunes acteurs du marché.

2. Expérience

207. Le niveau d'expérience du personnel des agences de conseil en vote fait parfois polémique. Cette critique nous semble trop générale puisque les employés stratégiquement importants de ces organismes montrent un haut niveau de compétence et d'expérience. Pour comprendre les origines de cette controverse récurrente, il convient de rappeler que l'activité de recommandation de vote se concentre dans un espace temporel relativement réduit. La majorité des assemblées générales d'actionnaires se tiennent pendant la même période de l'année, ce qui pousse une majorité des *proxy advisors* à faire appel à des employés saisonniers[484]. Dans un esprit de transparence, ISS, IVOX et PROXINVEST rendent public[485] le nombre d'employés saisonniers auxquels ils font appel. ISS mobilise ainsi 987 employés, dont 220 sont des emplois temporaires. L'agence IVOX mobilise 10 employés dont 2 saisonniers. Et enfin le conseiller *proxy* PROXINVEST mobilise 14 employés, dont 6 temporaires. Les agences GLASS LEWIS & Co, MANIFEST et PIRC ne communiquent pas quant à elles le nombre d'emplois saisonniers auxquelles elles font possiblement appel.

208. La critique ainsi faite d'un possible manque d'expérience du personnel des *proxy advisors* trouve donc son origine dans le pourcentage relativement élevé d'employés saisonniers. Mais la controverse n'est justifiable que dans l'hypothèse où le personnel saisonnier exercerait des missions à forte teneur analytique et stratégique. Or, nous savons que pour élaborer des recommandations de vote pertinentes, les *proxy advisors* doivent rassembler de nombreuses données issues d'une multitude de documents, en provenance principalement des émetteurs. Cette activité de collecte et de saisie d'informations ne présente que peu de difficultés, mais elle est difficilement automatisable. En somme, cette activité est chronophage. Pour la mener à bien, les conseillers *proxy* font donc logiquement appel à des employés saisonniers. La critique qui entoure la question de l'expérience du personnel des agences de conseil en vote est donc par essence biaisée. Il est l'évidence même qu'un employé saisonnier ne disposera pas d'un haut niveau d'expérience et de compétence. Par ailleurs, ce serait faire offense à l'intelligence et à l'éthique professionnelle de l'ensemble des *proxy advisors* que d'imaginer qu'après une simple formation à l'embauche, un employé saisonnier puisse se voir confier l'analyse des projets de résolution. Ce personnel temporaire ne réalise que des tâches subalternes, préparatoires, factuelles. Ce travail préparatoire est cependant fondamental, puisqu'il conditionne la justesse de futures recommandations de vote. Le personnel temporaire doit être sérieusement encadré par les employés qualifiés et expérimentés de l'agence. Soyons bien conscients qu'en raison du *business model* des *proxy advisors*, qui se traduit par une alternance de périodes de « rush » et d'accalmies, il est difficilement concevable de ne plus faire appel à du personnel temporaire.

Contrairement au personnel des agences de notation financière, celui des agences de conseil en vote est resté à ce jour à l'écart de tout scandale notable. De longue date, l'ESMA s'est insurgée contre le fait que, dans certaines agences de notation financière, de hautes responsabilités[486] (*c'est-à-dire impactant directement la production des notes émises par ces agences*), étaient confiées à de jeunes employés dépourvus d'expérience[487]. Le scandale a eu un fort retentissement qui s'est traduit par une bien meilleure responsabilisation de l'exercice des agences de notation financière[488]. Seul l'avenir nous dira si les *proxy advisors* sont en mesure d'échapper à de semblables dérives.

Section 2. La poursuite de pratiques indépendantes et transparentes

209. Le Code « *Best Practice Principles for Providers of Shareholder Voting Research* » contribue à uniformiser de nombreuses pratiques d'exercice des agences de conseil en vote signataires. Les principes qu'il promeut marquent donc de leur empreinte la structure de fonctionnement des agences signataires. Mais l'influence du BPPSVR ne saurait être uniquement structurelle. Il tend également à homogénéiser le comportement de ses signataires. Il suggère en effet l'adoption de lignes de conduite et de normes comportementales, en vue d'harmoniser la réponse des *proxy advisors* à certaines situations dans lesquelles l'ensemble des signataires se trouvent aujourd'hui, ou pourraient un jour se trouver. Dans cette section, il sera donc question de l'étude du deuxième et troisième principe du Code BPPSVR, lesquels s'intitulent : « Management des conflits d'intérêts » (§1.) et « Politiques de communication » (§2.).

§1. Management des conflits d'intérêts

210. Les agences de conseil en vote sont des acteurs pouvant aisément être confrontés à des conflits d'intérêts. Pour ces organismes, trois situations semblent spécifiquement favoriser l'émergence de tels conflits. Premièrement, lorsqu'une agence fournit des conseils de gouvernance à un émetteur dont elle analyse en parallèle les résolutions de vote pour le compte d'un client actionnaire. Deuxièmement, lorsqu'une agence appartient à un groupe de sociétés. Troisièmement, lorsqu'une agence tisse des liens étroits avec un émetteur ou qu'elle se trouve en position de dépendance économique vis-à-vis d'un actionnaire de référence d'un émetteur[489]. Le Code BPPSVR milite donc pour que chacun de ses signataires définisse une politique efficace en matière de conflits d'intérêts, et qu'il la rende publique. Cette politique doit décrire les procédures et les méthodes que l'agence est en capacité de mobiliser pour faire face à la survenance d'un conflit d'intérêts effectif ou potentiel[490]. Les *proxy advisors* signataires doivent être en mesure de prévoir, ou au moins d'identifier, la survenance d'un conflit d'intérêts[491]. Dans chacune de ces situations, il leur appartient d'informer les clients, et de leur exposer les démarches qui ont été, ou vont être, mises en place afin de résoudre ce conflit. En insistant sur la notion de conflit d'intérêts « potentiel », le Code de déontologie des *proxy advisors* souligne le fait que ces organismes ne doivent pas se contenter d'être dans la réaction face à l'émergence d'un conflit, mais se situer d'emblée dans une démarche active de prévention.

211. Le développement d'une politique générale de management des conflits d'intérêts est donc porté par l'objectif d'accroître le niveau de transparence des agences de conseil en vote. Bien que des efforts restent à fournir, l'ESMA se dit en la matière « globalement satisfaite » des avancées réalisées par l'ensemble des *proxy advisors* signataires du BPPSVR, tout particulièrement en ce qui concerne les questions d'identification, de divulgation et de résolution des conflits d'intérêts[492]. Ces avancées sont le fruit d'efforts consentis par les *proxy advisors* afin de définir une politique de management efficace des conflits d'intérêts. Ces organismes doivent en effet se trouver en capacité de diagnostiquer (A.) et de traiter

(B.) la survenance effective ou potentielle de ces conflits. *Cette section fera l'objet d'un traitement théorique de la question des conflits d'intérêts au sein des agences de conseil en vote. D'ultérieurs développements seront toutefois consacrés à une analyse pratique de cette problématique*[493].

A. Diagnostiquer

212. Les agences de conseil en vote sont des organismes aisément sujets à l'émergence de conflits d'intérêts. Cette réalité contribue à la réputation « sulfureuse » de certains de ces acteurs. Force est toutefois de constater que depuis quelques années, la majorité de ces organismes œuvrent, avec plus ou moins d'efficacité, à réduire cette problématique. Au moment où l'influence des *proxy advisors* a cru exponentiellement, des autorités spécialisées se sont penchées sur le fait que de tels acteurs pourraient se trouver en position de conflit d'intérêts. Les conseillers *proxy* ont donc été sensibilisés relativement tôt à cette question. C'est pourquoi la survenance de conflits d'intérêts au sein des *proxy advisors* parait aujourd'hui bien davantage naître de politiques de fonctionnement propres à certaines agences, que d'un problème structurel touchant par nature l'ensemble des agences.
La recommandation AMF de 2011 sur les agences de conseil en vote pose les fondements du diagnostic et de la résolution des conflits d'intérêts au sein de ces organismes. L'autorité des marchés financiers préconise que les agences publient sur leurs sites internet l'ensemble des mesures (*sous la forme de chartes éthiques, ou de Codes de conduite*) destinées à prévenir de manière « raisonnable et appropriée » la survenance de conflits d'intérêts. Pour ce faire, l'AMF recommande aux *proxy advisors* de mentionner dans leurs rapports l'existence de liens avec : l'émetteur objet de l'analyse, ou encore avec un actionnaire « ayant soumis des points à l'ordre du jour ou des projets de résolution, ou des personnes qui contrôlent directement ou indirectement la société ou les actionnaires… »[494].

213. Le BPPSVR s'inscrit dans la continuation de la recommandation AMF en ce qui concerne le développement de moyens permettant aux conseillers *proxy* de diagnostiquer l'existence ou la survenance éventuelle de conflits d'intérêts. Le Code soutient que l'objectif premier des *proxy advisors* est de s'assurer que, dans la mesure du possible, l'ensemble de leurs activités sont indépendantes, justes, claires, qu'elles n'induisent pas en erreur et demeurent libres de toute entrave ou influence excessive[495], ce qui implique pour les signataires de signaler exhaustivement et en temps voulu à leurs clients l'émergence potentielle d'un conflit d'intérêts. Le BPPSVR s'attache également à décontextualiser la survenance d'éventuels conflits. Il affirme pour cela que des conflits d'intérêts peuvent émerger dans l'ensemble des sphères d'activité des agences. Il affirme enfin, avec un estimable réalisme, que certains conflits ne sont pas en mesure d'être éliminés, et qu'il appartient donc aux agences signataires de les gérer, tout en œuvrant pour leur affaiblissement. Pour diagnostiquer avec efficacité une position de conflits d'intérêts, les *proxy advisors* signataires sont invités à développer une politique adaptée à cet objectif (1.). Cette dernière doit bien évidement se trouver en capacité de faire apparaitre un conflit d'intérêts existant, mais plus encore, elle doit être capable de prévenir la survenance de conflits potentiels (2.).

1. Une politique visant à diagnostiquer les conflits d'intérêts

214. Le Code BPPSVR suggère à ses signataires l'établissement d'une politique structurellement organisée ayant pour objet le diagnostic, puis la gestion des conflits d'intérêts. Cette politique repose sur quatre piliers, que les agences doivent développer et expliquer. Il s'agit premièrement de l'existence ou non de potentiels conflits d'intérêts fondamentaux. C'est-à-dire inhérents à la « personne » même de l'agence. Il est deuxièmement question du moment et des moyens par lequels les *proxy advisors* divulguent à leurs clients l'existence d'un conflit d'intérêts. Le troisième pilier se définit par la manière dont les conflits d'intérêts sont amenés à être gérés par les signataires. Le quatrième fondement s'intéresse aux moyens par lesquels les signataires communiquent cette politique, ainsi qu'à la manière dont le personnel des agences est formé à la respecter.

215. Une politique visant à diagnostiquer la survenance d'un conflit d'intérêts se révèle fondamentale pour accroître le niveau général de transparence des activités des agences de conseil en vote. Il est évident qu'une telle politique, aussi performante soit-elle, ne saurait aboutir à la disparition de l'intégralité des conflits d'intérêts réels ou potentiels des agences. Mais le développement d'une politique efficiente en la matière représente un gage de sérieux indubitable. Elle permet aux clients des *proxy advisors* de s'assurer que ces organismes font, dans la mesure du possible, le nécessaire afin de ne pas vicier le contenu de leurs recherches, puis, par la suite, de leurs recommandations de vote. Plus encore, le Code BPPSVR, à l'instar de l'AMF et de l'ESMA, suggère que les *proxy advisors* rendent publiques les « situations de conflits d'intérêts dans lesquelles elles sont placées et les moyens mis en œuvre pour les gérer. Il ne s'agit donc pas simplement d'une mesure de transparence, mais bel et bien d'une mesure de gestion active des conflits d'intérêts »[496]. L'ESMA relève cependant dans son rapport du 18 décembre 2015, que d'un signataire à l'autre, il persiste de relatives disparités en ce qui concerne le niveau de diagnostic et de gestion des conflits d'intérêts. Seuls deux signataires affirment explicitement dans leur déclaration de conformité au Code BPPSVR chercher à éviter toute forme de conflit d'intérêts. Deux autres agences paraissent implicitement adopter la même ligne de conduite. Une avant-dernière agence se déclare à l'abri de toute éventualité de conflit en raison de son modèle d'entreprise et du type de services qu'elle propose à ses clients. Enfin, la dernière agence signataire met davantage l'accent sur les moyens qu'elle développe pour gérer les conflits d'intérêts, plutôt que sur le fait de chercher à les éviter ou à les prévenir[497]. Il convient cependant de clairement noter que jamais le Code « *Best Practice Principles for Shareholder Voting Research* » ne demande aux *proxy advisors* d'éviter toute forme de conflits d'intérêts. Le Code de 2014 est donc empreint de réalisme, puisqu'il ne pose pas un principe d'interdiction des conflits d'intérêts. Il tend plutôt à responsabiliser les agences en la matière. Pour cela, il milite à la standardisation d'une politique visant à diagnostiquer et à gérer la survenance effective ou potentielle de conflits d'intérêts.

2. Prévenir la survenance de conflits d'intérêt potentiels

216. Le Code BPPSVR met particulièrement l'accent sur le caractère préventif que doit inclure la politique de diagnostic et de gestion des conflits d'intérêts des agences de conseil en vote. À cet effet, le Code présente une liste non exhaustive de situations pouvant possiblement favoriser la survenance de conflits d'intérêts. Un *proxy advisor* peut donc potentiellement se trouver en conflit d'intérêts lorsqu'il fait partie d'un groupe de sociétés, lorsqu'il fournit des conseils (*par exemple de gouvernance*) à un émetteur, alors qu'il étudie en parallèle ses résolutions pour le compte d'un client actionnaire, lorsque son personnel occupe une place stratégique au sein d'un émetteur (*direction*), lorsque son personnel est détenteur d'une importante quantité de titres, et enfin d'un point de vue général, lorsqu'un client actionnaire peut parvenir à influencer l'objectivité du jugement de l'agence[498]... Le caractère non-exhaustif des hypothèses que liste le Code BPPSVR s'explique aisément par le fait qu'il existe une pluralité de situations pouvant conduire un conseiller *proxy* dans une position de conflit d'intérêts. En conformité avec son objectif de responsabilisation, le Code de 2014 laisse *in fine* aux *proxy advisors* signataires la capacité d'appréhender et de divulguer de nouvelles formes de conflits d'intérêts.

217. A *contrario*, l'ESMA milite pour une plus grande clarification[499] des différents types de conflits d'intérêts pouvant toucher les agences de conseil en vote. En cela, l'autorité européenne soutient une approche encore davantage structurée des hypothèses de conflits d'intérêts au sein des *proxy advisors*. Cette vision pourrait toutefois se révéler contreproductive, puisqu'elle ne tendrait alors plus à ce que les *proxy advisors* signataires du Code BPPSVR s'inscrivent dans une démarche active de recherche de potentiels conflits. L'approche qui est aujourd'hui celle du présent Code nous parait en parfaite adéquation avec son caractère « comply or explain ». Pour que son efficacité soit réelle, il se doit de demeurer relativement flexible, c'est-à-dire en l'espèce, non limité dans la constitution d'hypothèses de survenance des conflits d'intérêt.

B. Traiter

218. Une fois que les agences de conseil en vote ont diagnostiqué l'existence d'un conflit d'intérêts, il appartient à ces organismes de le traiter. Pour ce faire, le Code de déontologie des *proxy advisors* suggère que ces acteurs développent une politique de gestion des conflits d'intérêts. Il s'agit donc pour les conseillers *proxy* d'établir des méthodes et des procédures susceptibles de répondre de manière efficiente à la survenance d'un conflit d'intérêts, tant effectif que potentiel. Gardons cependant à l'esprit que certains conflits d'intérêts ne sont par essence pas régularisables, puisqu'ils peuvent, par exemple, se trouver à l'origine même de l'existence des agences. Il sera donc question de la justesse du traitement apporté par ces organismes dans l'encadrement et la divulgation de ce type de conflits fondamentaux. Les signataires du Code BPPSVR doivent mettre en place des procédures d'apaisement et de gestion des conflits d'intérêts (1.). Cependant, si ces organismes se révèlent dans l'impossibilité de proposer un traitement satisfaisant d'un conflit d'intérêts, alors ils doivent communiquer cette incapacité à leurs clients (2.).

1. Apaisements et gestion des conflits d'intérêts

219. Il est une nouvelle fois fascinant de constater le « libéralisme » dont le Code BPPSVR fait preuve, en laissant une importante marge de manœuvre à ses signataires pour apaiser et gérer la survenance d'un conflit d'intérêts. Le Code de déontologie des *proxy advisors* suggère une liste de *process* utiles pour manager un tel conflit. Mais il ne semble pas être question pour les agences signataires d'avoir à se conformer à l'ensemble de ces approches. Il est en effet spécifié que : « les procédures de gestion d'apaisement des conflits doivent inclure au moins l'une des approches suivantes…[500] ». Notons bien évidemment que rien n'empêche les agences signataires de se conformer à l'ensemble de ces méthodes. Mais elles répondront aux objectifs théoriques dudit Code quand elles se contentent d'appliquer une des méthodes proposées.

220. Le Code propose trois types d'approche en vue d'apaiser et de gérer la survenance d'un conflit d'intérêts. La première, que nous qualifierons d'approche « institutionnelle », concerne l'établissement de procédés structurels au sein des agences. Cela peut comprendre la mise en place de politiques et de procédures transparentes, l'instauration de comités de surveillance indépendants, ou encore la création de Codes d'éthique.
La deuxième approche s'intéresse plus particulièrement au personnel des *proxy advisors* signataires. Il s'agit donc d'une approche « humaine » de la problématique de la gestion des conflits d'intérêt. Le personnel des *proxy advisors* représente

un élément particulièrement sensible en matière de possible survenance d'un conflit d'intérêts. Le Code soutient donc une sectorisation du personnel de ces organismes, ainsi que la capacité pour les *proxy advisors* de récuser certains de ses employés en cas de doute concernant leur impartialité. Il est également question de respecter un principe de division du travail, et de mettre en place des barrières qui limitent la libre diffusion des informations, dans le but de limiter l'implication personnelle des employés des *proxy advisors* dans la réalisation de leurs recherches, puis dans l'élaboration de leurs recommandations.
La troisième approche visant à gérer la survenance d'un conflit d'intérêts est davantage « technique ». Elle concerne l'instauration de procédés de type « informatique ». Il est donc question pour les signataires de mettre en place des systèmes de contrôle automatisé en vue de prévenir ou de répondre à la survenance éventuelle d'un conflit.

221. Bien que les signataires du Code BPPSVR ne semblent tenus de mettre en place qu'un seul des éléments développés au sein de ces trois approches, force est de reconnaitre qu'ils se conforment spontanément à plusieurs de ces éléments. Dans une approche davantage généraliste de la notion de gestion des conflits d'intérêts, notons que les *proxy advisors* qui exercent sur le territoire européen demeurent relativement « libres » en la matière, en raison du caractère « comply *or explain* » du présent Code. A *contrario*, ISS étant aux États-Unis enregistré auprès de la Securities and Exchange US Commission comme « conseiller en investissement », cette structure est tenue, en vertu de l'Investment Advisers Act de 1940, et de manière impérative, de disposer d'un Code d'éthique, de publier des informations sur ses méthodes de recherche, ainsi que de décrire la manière dont elle évite ou gère la survenance de conflits d'intérêts[501].

2. Divulgation des conflits d'intérêts

222. Dans l'hypothèse où les *proxy advisors* signataires ne se révèleraient pas en mesure de proposer un traitement adéquat d'un conflit d'intérêts, ils doivent en divulguer les tenants et aboutissants à leurs clients. Il s'agit d'un nouvel élément en vue de rendre les activités des agences de conseil en vote toujours plus transparentes. Le Code subordonne le procédé de divulgation à l'importance dudit conflit. Il doit s'agir d'un conflit « fondamental », ne pouvant être géré de manière « efficace » par l'agence. Dans cette hypothèse, la nature du conflit devra être clairement exposée aux clients concernés. Entre alors en compte le moment de la divulgation. Elle doit être effectuée « sans délai excessif »[502], c'est-à-dire en amont de la fourniture du service, ou conjointement à sa réalisation. En somme les clients concernés devront toujours avoir conscience de l'existence de ce conflit au moment où ils feront usage des résultats du service que leur a rendu l'agence. Le procédé de divulgation peut éventuellement donner lieu à la signature d'arrangements de nature contractuelle entre le *proxy advisor* et son client. Mais cette possibilité ne remet pas en cause le fait que le conseiller *proxy* soit tenu de respecter sa politique générale de gestion des conflits d'intérêts.

223. En somme, une agence de conseil en vote constatant son incapacité à traiter de manière adéquate un conflit d'intérêts, doit le divulguer à son client. Elle demeure toutefois dans l'obligation de tenter au moins de trouver des solutions, afin de modérer les effets de ce conflit. Le rapport de décembre 2015 de l'ESMA rapporte la parole de clients investisseurs des *proxy advisors*. Ceux-ci observent que des progrès doivent encore être réalisés concernant le « moment » de la divulgation de ces conflits d'intérêts insolubles. Pour illustration, un investisseur indique à l'ESMA qu'il reçoit communication de l'existence de conflits d'intérêts très peu de temps avant l'assemblée générale des actionnaires, ce qui soulève des problèmes de synchronisation[503]. Un autre investisseur souligne que de nombreux acteurs de la finance gèrent sans difficulté apparente la survenance de conflits d'intérêts. Pour lui, il n'y a pas dès lors de raison de considérer qu'il s'agisse d'un problème propre aux *proxy advisors*[504]…
La très grande majorité des acteurs de la finance connait aujourd'hui une réglementation spécifique et contraignante. Les questions qui relèvent de la gestion des conflits d'intérêts semblent pour eux, au moins en apparence, bien davantage structurées. Or, cela n'empêche aucunement nombre de ces acteurs de se trouver d'une manière récurrente et problématique en position de conflits d'intérêts (*nous pensons par exemple aux agences de notation financière*). Nul ne saurait donc soutenir que seule une réglementation contraignante et spécifique pourrait se révéler à même de rationaliser le comportement des acteurs du marché, en ce qui concerne particulièrement les conflits d'intérêts. Nous sommes donc favorables à ce que le Code BPPSVR dispose du temps nécessaire pour faire preuve (*ou non*) de son efficacité en matière de gestion des conflits d'intérêts des *proxy advisors*.

§2. Politiques de communication

224. Les agences de conseil en vote peuvent être perçues par certains acteurs du marché comme des organismes relativement opaques, des organismes dont l'activité principale de recommandation de vote revêt, pour ces acteurs, un caractère largement abscons. Dans le but de modifier cette perception, et pour améliorer la transparence des *proxy advisors*, le Code « *Best Practice Principles for Providers of Shareholder Voting Research* » a développé un troisième et dernier grand pilier. Il s'agit de la nécessité pour les conseillers *proxy* de mettre en place une politique de communication. Le Code BPPSVR milite pour que les agences de conseil en vote soient tenues d'exposer publiquement leur approche communicationnelle à l'égard des émetteurs, des actionnaires, et de l'ensemble des parties prenantes[505]. Ce principe revêt une importance fondamentale, puisqu'il conditionne le degré d'intelligibilité des activités des *proxy advisors* pour l'ensemble des acteurs du marché. L'établissement par un conseiller *proxy* d'une politique communicationnelle publique et transparente représente également un facteur contribuant à prévenir la survenance de conflits d'intérêts. Une telle politique peut ainsi permettre à de futurs clients d'apprécier l'approche communicationnelle dont fait preuve le *proxy advisor* envers les émetteurs, mais plus généralement envers l'ensemble des parties prenantes. Une nouvelle fois, le Code de déontologie des agences de conseil en vote tend à améliorer le niveau de transparence générale de ces organismes. Pour ce faire, il soutient une standardisation des pratiques communicationnelles des *proxy advisors*. Le Code BPPSVR pose un cadre avec pour objectif la définition du contour du dialogue entre les conseillers *proxy* et les émetteurs (A.). Il encourage également l'instauration d'une politique de communication étendue à l'ensemble des parties prenantes (B.).

A. Un dialogue encadré avec les émetteurs

225. Dans l'objectif de développer la transparence communicationnelle générale des *proxy advisors*, le Code BPPSVR étend la portée de cette politique à l'ensemble des parties prenantes. Il est cependant évident qu'en raison de l'activité principale de recommandation de vote des conseillers *proxy*, le dialogue entre ces derniers et les émetteurs représente l'élément fondamental de cette politique de communication. Le Code de 2014 est particulièrement clair sur le fait qu'il appartient aux agences de conseil en vote de décider de mettre (*ou non*) en place un tel dialogue[506]. Il s'agit donc d'une possibilité et non d'une « obligation ». Certains *proxy advisors* n'expriment aucun besoin de mettre en place un dialogue avec les émetteurs. Pour d'autres, le développement d'un tel dialogue est considéré comme indispensable à la fourniture de recommandations de vote efficientes. Il est en effet aisé de percevoir le refus de toute interaction d'un *proxy advisor* avec l'émetteur comme « un manque d'approche sophistiquée face à l'opportunité d'évaluer la société de manière plus complète et basée sur une interaction avec celle-ci »[507].

226. Le personnel stratégique des agences de conseil en vote est amené à analyser de nombreux documents juridico-financiers émanant de la société émettrice. Si ce personnel éprouve le besoin de disposer d'éclaircissements ou de précisions, ce qui compte tenu de l'extrême technicité de certains documents constitue une hypothèse dès plus probables, alors l'établissement d'un dialogue avec l'émetteur (*le service de la communication financière et/ou extra-financière des émetteurs entre le plus souvent en dialogue avec les proxy advisors*) se révèle particulièrement avantageux. Dans une logique similaire, une saine communication entre un *proxy advisor* et la société objet de son analyse, favorise une meilleure fluidité informationnelle. La diffusion des documents utiles au travail de l'agence s'en trouve facilitée, ce qui a pour avantage d'éliminer toute éventualité de dénaturation desdits documents par des intermédiaires peu regardants, voire peu scrupuleux. Compte tenu de l'influence des agences de conseil en vote, un dialogue avec les sociétés émettrices parait objectivement nécessaire. Ce dialogue doit cependant être encadré, afin d'éviter qu'une trop grande proximité entre ces deux catégories d'acteurs ne s'installe. En effet, un excès de proximité serait potentiellement en mesure de peser sur la probité de sa recommandation de vote. Le principe de l'instauration d'un dialogue entre un *proxy advisor* et l'émetteur objet de son analyse fait l'objet d'une perception théorique duale (1.). Quoi qu'il en soit, le développement d'un tel dialogue est dans un premier temps conditionné à ce que le conseiller *proxy* face preuve d'un double niveau d'impartialité (2.). Et dans un second temps, c'est-à-dire au moment où la communication est engagée avec l'émetteur, à ce que l'agence rapporte d'une manière transparente à son client la nature de ces dialogues (3.).

1. Une perception théorique duale

227. Préalablement à tout développement, nous garderons à l'esprit que l'instauration d'un dialogue entre une agence de conseil en vote et un émetteur ne constitue pas un impératif catégorique, mais une simple possibilité, qui pourtant aujourd'hui parait éminemment nécessaire. La notion de dialogue des *proxy advisors* avec les émetteurs donne schématiquement lieu à deux interprétations théoriques, soit l'interprétation issue de la recommandation AMF du 18 mars 2011, et celle issue du Code BPPSVR[508]. Car, une fois n'est pas coutume, le Code de déontologie des conseillers *proxy* ne s'inscrit pas en la matière dans la lignée des concepts préalablement développés par la recommandation AMF de 2011. Il s'agit *in fine* de deux visions différentes de la notion de dialogue avec les émetteurs.

228. Pour l'AMF, ce dialogue s'entend comme le fait pour l'agence de transmettre « à la société concernée son projet de rapport pour commentaires éventuels et, lorsque qu'elle ne l'a pas transmis, de l'indiquer clairement dans le rapport d'analyse et d'en expliquer les raisons »[509]. L'AMF invite également les *proxy advisors* à insérer dans leurs recommandations de vote les commentaires des émetteurs (*lorsque ces derniers en font la demande*), afin d'éclairer davantage les investisseurs. Enfin, les conseillers *proxy* sont tenus de corriger toute erreur matérielle qui leur aurait été signalée par un émetteur, et de la faire connaître aux investisseurs. La vision soutenue par l'AMF du dialogue avec les émetteurs invite à deux réflexions. Premièrement, cette représentation permet d'éviter les erreurs d'analyse ayant pour origine certaines inattentions ou inexactitudes matérielles. Secondement, cette approche du dialogue des *proxy advisors* avec les émetteurs parait avoir pour objectif d'amoindrir l'influence des recommandations de vote des agences. Elle instille en effet « une dose de contradictoire dans le processus, de sorte que les investisseurs [peuvent] voir leurs choix éclairés par les éventuelles remarques faites par les émetteurs… »[510].

229. Le Code BPPSVR développe une approche significativement différente de la notion de dialogue des agences de conseil en vote avec les sociétés émettrices. Suivant une approche libérale et empreinte d'auto-responsabilisation, il encourage les *proxy advisors* à expliquer à leurs clients l'approche communicationnelle qu'ils ont établie avec les émetteurs[511]. Il appartient donc aux agences signataires de déterminer le format, la fréquence, les dates, ainsi que les objectifs de ce dialogue. Derrière le libéralisme apparent du Code de déontologie des conseillers *proxy*, les signataires dudit Code sont finalement incités à expliciter clairement les tenants et aboutissants qu'induit le dialogue avec les émetteurs.

230. L'approche du Code BPPSVR en matière de dialogue peut à première vue paraitre davantage contraignante que celle de la recommandation AMF de 2011. Elle est en réalité bien moins lourde de conséquences pour les *proxy advisors*, car elle se limite à la promotion de procédés préventifs et explicatifs sur lesquels les émetteurs n'ont aucun droit de regard, contrairement au dialogue à caractère intrusif (*sous la forme de possibles commentaires à l'intérieur même des recommandations de vote*) que soutient la recommandation AMF du 18 mars 2011.
Jusqu'en 2013, PROXINVEST transmettait aux émetteurs ses projets de rapport afin qu'ils les commentent, au sens de la recommandation AMF de 2011. Mais pour des raisons de praticité et d'efficacité, l'agence française indépendante a mis un terme à cette pratique[512]. Elle s'est ainsi pleinement alignée sur l'approche du BPPSVR en matière de politique de communication. La recommandation AMF de 2011 et le Code de déontologie des *proxy advisors* soutiennent deux formes de dialogue différentes. Elles se rejoignent cependant sur un point : elles œuvrent chacune à leur manière pour favoriser la transparence de l'exercice des conseillers *proxy*.

2. Nécessité d'une double impartialité

231. La mise en place par les *proxy advisors* d'une politique de communication pertinente suppose que ces organismes soient à même de respecter un principe de « double impartialité ». Cette notion n'est que rarement clairement formulée, mais elle revêt pourtant une importante essentielle, notamment en matière de dialogue des conseillers *proxy*. Le principe de la double impartialité a été initialement décrit par Alexandre OMAGGIO *in* « Faut-il encadrer l'activité des agences de conseil en vote (proxy advisors) ? »[513]. Il traduit l'idée qu'une agence de conseil en vote doit être impartiale tant avec son client, qu'au regard de la relation qu'elle entretient avec l'émetteur objet de son analyse. Ce principe de double impartialité intéresse tout particulièrement le moment du dialogue, car c'est alors qu'un jeu d'influences peut se développer. Comme le souligne la firme GLASS LEWIS & Co, il n'est pas rare que lorsqu'un *proxy advisor* établit un dialogue avec un émetteur, celui-ci tente d'obtenir le soutien de l'agence sur certains projets de résolution[514]. Il s'agit là d'une problématique classique soulevée par l'établissement d'un dialogue avec les émetteurs, problématique à laquelle les agences savent répondre.

232. En revanche, le caractère possiblement partial des clients des *proxy advisors* peut se révéler davantage pernicieux. Alexandre OMAGGIO[515] illustre la portée de cette problématique avec brio. Dans l'hypothèse où un investisseur client d'une agence se trouverait en conflit avec la direction d'une société émettrice, il est probable que, compte tenu de l'impact des recommandations de vote des *proxy advisors*, l'actionnaire soit tenté d'influencer le conseiller *proxy*. L'impartialité des conseillers *proxy* pourrait alors être remise en cause puisqu'aucune disposition ne prévoit à ce jour l'éventualité pour une agence d'avoir à divulguer auprès d'un émetteur, un quelconque jeu d'influences émanant d'un client investisseur. Il est en effet parfaitement imaginable qu'un *proxy advisor* se trouvant en position de dépendance financière vis-à-vis d'un important client investisseur, soit tenté d'orienter ses recommandations en sa faveur. Il s'agirait cependant d'un procédé grossier et maladroit si cette prise de position venait à se trouver en contradiction évidente avec la politique de vote de l'agence. D'autant plus que la politique de vote est publiée sur le site internet du conseiller *proxy*. Il serait dès lors bien plus fin pour l'agence de conseil en vote de faire jouer son influence au moment du dialogue avec la société émettrice. Partant, le dialogue avec les émetteurs se révèle à bien des égards sensible. Compte tenu de l'influence des *proxy advisors*, le principe de double impartialité de ces organismes revêt donc une importance considérable.

3. Informer les clients de la nature du dialogue engagé avec les émetteurs

233. Le Code de déontologie des *proxy advisors* milite pour que ces organismes informent dûment leurs clients des dialogues qu'ils développent avec les émetteurs[516]. Ce *process* est en mesure d'améliorer la compréhension des clients des agences quant au fonctionnement des émetteurs. Ce procédé peut également s'avérer dangereux si les informations relatives à la nature du dialogue sont lacunaires ou viciées. Le BPPSVR encadre la nature de ce dialogue selon deux principes de fonctionnement.

Premièrement, les conseillers *proxy* signataires sont tenus, toujours dans la limite « comply or explain » dudit Code, de communiquer à leurs clients la nature du dialogue mis en place. À cette fin, le Code propose une liste non exhaustive de thématiques pouvant faire l'objet de cette information. Les agences sont invitées à informer leurs clients des circonstances d'établissement du dialogue, de l'existence de mécanismes de vérification des informations qui leurs sont transmises, de l'existence de procédures visant à éviter ou à gérer la réception d'informations privilégiées confidentielles, de l'existence de barrières destinées à protéger leur personnel de toute pression excessive, voire même de représailles. Enfin, les *proxy advisors* signataires sont tenus de révéler à leurs clients le fait qu'ils continuent de communiquer avec les émetteurs pendant la période sensible qui entoure le vote en assemblée générale d'actionnaires.
Secondement, les conseillers *proxy* signataires doivent communiquer à leurs clients les résultats du dialogue avec les émetteurs[517]. Il ne s'agit donc pas uniquement d'informer les clients des agences de l'existence d'un dialogue et de sa nature, il est également question de donner communication des aboutissants de ce dialogue. Dans cette perspective, l'ESMA propose que les résultats de ces dialogues soient communiqués aux clients de façon systématique. L'autorité soutient également que les agences devraient être contraintes d'annoncer qu'un dialogue avec un émetteur a objectivement changé la teneur d'une recommandation[518].

234. La notion de dialogue que promeut le Code BPPSVR s'inscrit donc bien dans une démarche de transparence. Dans son rapport de fin 2015, l'ESMA souligne que les politiques de communication de la moitié des signataires, soit trois agences, sont en parfaite conformité avec les attentes du Code. Que deux autres agences proposent des descriptions de leur approche, tout en gardant certaines marges de manœuvre. Tandis que le dernier signataire ne précise pas si les dialogues éventuellement mis en place avec les émetteurs feront l'objet d'une communication à leurs clients[519]. Alors que certains investisseurs notent de claires améliorations en matière de communication des *proxy advisors*, d'autres soulignent qu'avant même l'édition du Code BPPSVR, le niveau de communication des agences était satisfaisant[520].

B. Une politique de communication auprès de l'ensemble des parties prenantes

235. L'un des notables apports du Code « *Best Practice Principles for Providers of Shareholder Voting Research* » est qu'il ne cantonne pas la notion de « communication » à l'organisation d'un dialogue entre le conseiller *proxy* et l'émetteur. Le Code développe un principe d'ouverture globale de la politique de communication des conseillers *proxy*. En cela, il soutient l'instauration d'une politique de communication étendue à l'ensemble des parties prenantes, c'est-à-dire également envers des tiers. Dans un monde ou l'information financière circule de manière toujours plus fluide, l'établissement d'une politique de communication auprès de l'ensemble des parties prenantes se révèle d'une importance évidente. En ce sens, le Code de déontologie des *proxy advisors* inscrit ces organismes dans l'air du temps. Il permet une meilleure appréhension des comportements que peuvent adopter les agences vis-à-vis des tiers et contribue encore une fois à standardiser le comportement de ces organismes. Puisque les commentaires et déclarations que formulent les *proxy advisors*, que ce soit dans la presse ou sur internet, peuvent avoir un impact significatif, il est du devoir de ces organismes de définir une politique appropriée en la matière[521]. En cela, le Code BPPSVR pose les bases d'un encadrement du dialogue des *proxy advisors* avec les médias et plus généralement le public (1.).

1. Médias et public

236. Bien évidemment, les *proxy advisors* sont libres de répondre à des sollicitations médiatiques lorsqu'elles entrent dans leurs champs de compétence[522]. Le Code BPPSVR souligne trois situations dans lesquelles les conseillers *proxy* peuvent être l'objet d'un fort intérêt de la part des médias : lorsqu'un média s'intéresse à un service que proposent les *proxy advisors*, lorsqu'un média s'intéresse à la situation d'un émetteur, ou encore lorsqu'un média s'intéresse à des problématiques où les agences font office d'experts. Les *proxy advisors* ne sont tenus d'aucune manière à dialoguer avec les médias et le public. Mais dans l'hypothèse où ces organismes le feraient, le Code BPPSVR encourage à la définition préalable d'une politique communicationnelle.
Cette dernière doit au minimum respecter deux principes. Premièrement, il s'agit de désigner les personnes qui parmi le personnel des agences sont autorisées à s'exprimer publiquement pour le compte du *proxy advisor (présidents, directeurs, analystes séniors…)*. Secondement, lorsqu'une recommandation de vote, concernant un projet de résolution ou l'ensemble des projets de résolution d'une assemblée générale d'actionnaires, est rendu publique préalablement à la transmission des rapports finaux aux clients de l'agence, le *proxy advisor* signataire est invité à fournir les éléments probants de sa politique de vote qui ont contribué à orienter la teneur de la recommandation publique[523]. Il en va en effet de la probité des agences de conseil en vote de faire reposer l'ensemble de leurs avis, et plus encore ceux qu'elles rendent publics, sur d'indiscutables bases théoriques.
Le Code BPPSVR met également en garde ses signataires sur le fait que le dialogue avec les médias et le public puisse constituer un moment périlleux, car propice à la diffamation et à la diffusion d'informations confidentielles. Toutefois, le Code de 2014 rappelle que les agences de conseil en vote ne sauraient être tenues pour responsables de l'utilisation qui seraient faites des informations qu'elles rendent publiques, bien évidemment dans la limite des lois applicables en la matière.

Conclusion du chapitre 1

237. Le Code « *Best Practice Principles for Providers of Shareholder Voting Research* » marque, au niveau européen, un tournant pour l'industrie des agences de conseil en vote. Il inscrit ces organismes dans des démarches de standardisation, de transparence et d'indépendance de leurs pratiques d'exercice. Pour les agences signataires, ces orientations s'expriment tant au niveau de leur politique de vote, de leur politique de communication, de leurs méthodes d'analyse des projets de résolution, de leurs méthodes de gestion des conflits d'intérêts, de leurs méthodes de contrôle des informations, ainsi que de leurs méthodes de contrôle de la compétence de leur personnel. Les conseillers *proxy* sont incités à publier leur politique de vote, ainsi que leur méthodologie de recherche, cela afin d'accroître le niveau de fiabilité et de transparence des recommandations de vote qu'ils fournissent à leurs clients. Les recommandations des *proxy advisors* doivent également, et ce dans la limite du possible, prendre en considération les spécificités de marché des émetteurs. Enfin, les agences signataires sont invitées à transmettre à leurs clients la nature du dialogue qu'elles entretiennent avec les émetteurs. En vue de renforcer leur indépendance, les agences signataires sont tenues de prévenir la survenance de toute forme de conflit d'intérêts. Mais dans l'hypothèse où un conflit se révèlerait insoluble ou inhérent au fonctionnement même du *proxy advisor*, le Code BPPSVR soutient le développement de *process* visant à sa gestion et à sa divulgation.

238. L'ESMA remarque que les signataires du Code de 2014 fournissent globalement d'importants efforts pour clarifier et formaliser certaines de leurs pratiques « sensibles » d'exercice[524]. L'autorité européenne souligne toutefois le maintien de disparités notables en ce qui concerne la transparence des déclarations de conformité des agences signataires du BPPSVR. Certaines incertitudes planent autour du Code de déontologie des *proxy advisors*, notamment pour la prise en considération des spécificités locales du marché des émetteurs objets des analyses des conseillers *proxy*. Le Code « *Best Practice Principles for Providers of Shareholder Voting Research* » n'est objectivement pas parfait, mais il a le mérite d'exister. Il constitue « la première base à partir de laquelle un accord sur l'ensemble des activités des agences sera trouvé à l'échelle européenne de manière flexible et délicate »[525].
Le présent Code n'est pas sans incidence sur les activités des principaux acteurs de l'industrie du conseil en vote, mais en raison de sa récente publication et de son caractère « comply or explain », il demeure à ce jour impossible d'évaluer avec précision le niveau d'influence réel du Code BPPSVR dans le fonctionnement de ses signataires. Certains organismes exerçant une activité apparentée à celle de conseiller *proxy*, dont IVIS et EUMEDION, ont fait le choix de ne pas être signataires du Code de 2014. La portée et l'universalité du BPPSVR s'en trouvent donc fragilisées. Pour autant, le Code de déontologie des *proxy advisors* est porteur d'avancées substantielles qu'il convient de promouvoir et de parfaire.

Chapitre 2. Encadrement et responsabilité des agences de conseil en vote

239. L'influence croissante des *proxy advisors* illustre l'impossibilité qu'éprouvent leurs clients investisseurs institutionnels à traiter de manière satisfaisante les centaines, voire les milliers de résolutions qu'ils sont amenés à voter en période d'assemblées générales des actionnaires. En raison du pouvoir dont dispose les agences de conseil en vote dans le fonctionnement de cette catégorie actionnariale, mais également dans la vie des émetteurs, la question de l'encadrement et de la responsabilité de ces organismes se pose d'une manière parfaitement légitime. Bien que distinctes, ces deux notions connaissent des destins liés. En effet, la nature de l'encadrement des conseillers *proxy* joue sans aucun doute sur leur responsabilité. La problématique de l'encadrement des *proxy advisors* divise. D'aucuns estiment qu'un encadrement souple des agences de conseil en vote est suffisant. Il s'agit par exemple de la position que soutient l'ESMA. L'autorité européenne appuie son argumentaire sur l'absence de défaillance objective dans le fonctionnement de ces organismes au sein du marché. Pour d'autres, le caractère sensible et stratégique de l'activité des *proxy advisors* réclame l'établissement d'un encadrement spécifique et contraignant de ces organismes, d'autant que les agences de conseil en vote sont depuis quelques années « dans la ligne de mire des instances européennes »[526].

240. Nous ne devons pas tomber dans des présupposés faciles, qui nous conduiraient vers une approche manichéenne de la problématique de l'encadrement des conseillers *proxy* : soutenir ou au contraire s'opposer à la mise en place d'une réglementation contraignante et spécifique pour les agences de conseil en vote. Nous préférons à cela une approche analytique, plus à même de mettre en lumière toute la complexité de cette problématique, ce qui permettra *in fine* de soutenir le type de réglementation des *proxy advisors* qui nous paraîtra alors la plus adéquate pour assurer l'efficience du marché. Le métier qu'exerce les agences de conseil en vote est nécessaire pour de nombreux d'investisseurs institutionnels[527]. La nature de l'encadrement et de la responsabilité des conseillers *proxy* revêt donc une importance considérable pour ces organismes, pour leurs clients, ainsi que pour les émetteurs. La question de l'encadrement des agences de conseil en vote (Section 1.) divise. À ce jour, la voie d'un encadrement à *minima* de ces organismes prime. Le niveau de responsabilité des agences (Section 2.) suit une logique similaire à celle de son encadrement.

Section 1. L'encadrement des proxy advisors

241. Le type d'encadrement nécessaire à l'activité des *proxy advisors* fait débat. Deux approches s'opposent. Celle d'une réglementation de type *soft law* et celle d'une réglementation spécifique et contraignante. Chacune de ces approches se révèle porteuse d'avantages et d'inconvénients. Il parait donc opportun d'explorer les différents mécanismes qui entourent ces « philosophies » de réglementation des *proxy advisors*. Une réglementation stricte des conseillers *proxy* aurait pour effet d'éteindre les incertitudes qui entourent certaines méthodes d'exercice de ces organismes. Cette approche contribuerait également à faire décroitre le syndrome d'anxiété dont souffrent certains émetteurs vis-à-vis de la teneur parfois peu prévisible des recommandations de vote des *proxy advisors*. A *contrario*, de nombreux arguments plaident en faveur d'un encadrement souple des agences de conseil en vote. Ces organismes évoluent historiquement dans un monde empreint de *soft law*. Le recours à des Codes de bonne conduite et de déontologie est en effet largement développé dans le monde de la gouvernance d'entreprise. Il y aurait une incohérence à ce que des organismes spécialisés dans la fourniture de conseils de type *soft law*, soient eux-mêmes encadrés de manière stricte. Les activités de nature souvent transfrontalière des conseillers *proxy* se prêtent par ailleurs mal au développement d'une réglementation stricte à un niveau national. L'efficacité d'une telle réglementation est donc fonction de son envergure géographique, laquelle ne saurait être autre que de niveau européen.

242. Soulignons enfin que l'influence des *proxy advisors* semble directement la conséquence de leur encadrement souple. En effet, la persistance d'une « toute relative incertitude » (*en raison de la publication des politiques de vote des agences*) entourant la teneur des recommandations de vote émises par les conseillers *proxy*, pousse de nombreux émetteurs à se conformer toujours davantage aux préceptes de la *corporate governance*, cela dans le but de ne pas s'attirer les foudres de ces organismes. Nous assistons depuis plus d'une décennie à un phénomène international visant à réglementer l'ensemble des sphères du marché. Se questionner quant à l'opportunité du développement d'un encadrement contraignant des *proxy advisors* (§1.) revêt donc, à plus ou moins long terme, un caractère prospectif. Soulignons cependant qu'à ce jour, l'encadrement de ces organismes reste (*tout du moins en europe*) profondément empreint de la *soft law* (§2.).

§1. De l'opportunité d'un encadrement législatif

243. L'influence croissante des *proxy advisors* peut être génératrice d'incertitudes, voire d'inquiétudes. L'absence d'une réglementation stricte et spécifique des activités de ces organismes fournit un angle d'attaque privilégié aux détracteurs des conseillers *proxy*, ou tout simplement à ceux qui souhaitent voir le pouvoir de ces organismes décroître. Ces derniers mettent en avant l'imprévisibilité de la teneur des recommandations de vote, ainsi que le caractère nébuleux de la nature du dialogue que peuvent entretenir les conseillers *proxy* et les émetteurs. Pour y remédier, ils soutiennent donc le développement d'un encadrement contraignant des pratiques d'exercice des agences de conseil en vote. L'ESMA, qui pourtant milite en faveur du maintien d'une réglementation souple des *proxy advisors*[528], reconnait que le caractère oligopolistique de cette industrie puisse se révéler défavorable à l'établissement d'une saine concurrence, concurrence qui est nécessaire à la pérennité et à l'essor de la qualité des services que proposent les agences à leurs clients. Dans cette perspective, l'autorité européenne reconnait que des mesures législatives contraignantes pourraient avoir un impact favorable[529] en matière de concurrence au sein de l'industrie du conseil *proxy*. Certaines pistes de réflexion suggèrent qu'un encadrement contraignant de ces organismes puisse se révéler nécessaire (A.). Un tel encadrement s'inscrirait donc dans le cadre d'une refonte profonde du fonctionnement de ces organismes (B.).

A. Un encadrement législatif nécessaire ?

244. Le terme de « nécessaire » renvoie à un besoin impérieux, inéluctable et inévitable. Est-il nécessaire d'encadrer d'une manière contraignante l'activité des agences de conseil en vote ? Les *proxy advisors* n'en n'expriment pas le besoin et le marché ne relève chez eux à ce jour aucun dysfonctionnement profond. La balance semblerait donc pencher du côté qui s'interdit de parler d'une « nécessité » impérieuse, inéluctable et inévitable. Mais à *contrario* de nombreux émetteurs, ainsi que certaines autorités nationales et transnationales se questionnement quant à l'influence grandissante des agences de conseil en vote, en l'absence de toute règlement spécifique et contraignant. En France, les conseillers *proxy* jouissent d'une pleine liberté puisqu'ils n'entrent pas dans la catégorie, qui est elle-même largement encadrée, des prestataires[530] de services d'investissement[531]. En ce sens, les *proxy advisors* sont pour ainsi dire les « dernières » structures, gravitant autour du monde de la finance, à ne pas connaître un encadrement contraignant et généralisé de leurs activités. Cette situation pourrait toutefois connaître une rapide évolution. Aux États-Unis, ISS est par exemple enregistré auprès de la SEC en tant que « conseiller en investissement », en vertu de l'Investment Advisers Act de 1940. De son côté, le législateur européen parait également enclin à réglementer l'activité des conseillers *proxy*. Cet encadrement des *proxy advisors* pourrait à moyen ou long terme s'orienter vers une réglementation contraignante[532] et « automne ». Il ne semble donc pas être question d'intégrer ces organismes au régime des prestataires de services d'investissement.

Le 3 avril 2017, le Conseil a adopté la directive (UE) 2017/828 modifiant la directive 2007/36/CE. Cette directive s'intéresse aux questions de l'encadrement, du champ d'application[533] et des pratiques d'exercice des agences de conseil en vote. Accordons-nous une digression critique de cette dernière. La directive (UE) 2017/828 indique en son article 3 *undecides* que les États membres sont tenus de veiller à ce que les *proxy advisors* se réfèrent, dans la limite du « comply or explain », à un Code de bonne conduite. Elle soutient également que les *proxy advisors* doivent mettre publiquement et annuellement à jour la politique de vote/et ou de gouvernance qu'ils utilisent comme référentiel pour la fourniture de leurs conseils et recommandations de vote. Plus encore, la directive demande la prise en compte des particularismes des émetteurs lorsque les *proxy advisors* établissent leurs recommandations de vote. Dans une logique similaire, elle demande à ce que le conseillers *proxy* indiquent si oui ou non ils sont entrés en dialogue avec les émetteurs pendant leurs recherches.

Enfin, la directive encourage ces organismes à communiquer à leurs clients tout conflit d'intérêt potentiel ou existant, ainsi que les moyens mis en œuvre pour les éliminer ou les gérer, dans l'hypothèse de conflits fondamentaux ou insurmontables.

Il est ainsi regrettable que la directive (UE) 2017/828 ne se positionne pas explicitement quant à la possibilité ou non de fourniture de services *Sell Side*, en parallèle de services *Buy Side*.

Plus encore, l'article 3 *undecies* de la directive pourrait marquer un net recul en matière de transparence des pratiques d'exercice des *proxy advisors*. Alors que de nombreux acteurs de cette industrie s'attachent à fortement détailler la politique de vote/gouvernance à partir de laquelle ils orientent leurs conseils et recommandations, la directive (UE) 2017/828 article 3 *undecies* 2. a) n'attend des *proxy advisors* que les « éléments essentiels des méthodes et des modèles qu'ils appliquent ». De fait, les conseillers en vote aux méthodes de travail les plus intelligibles et les plus détaillés répondraient aux attentes de la présente directive en ne se contentant de publier que de « simples » éléments fondamentaux de leur politique de vote/gouvernance. Au diable les détails… Or, nous soutenons que le sain développement de cette industrie suppose au contraire l'établissement de politiques de vote/gouvernance transparentes et hautement détaillées, sans quoi les *proxy advisors* s'exposent à ce que leurs conseils et recommandations de vote soient perçus comme imprévisibles par de nombreux acteurs du marché.

La directive (UE) 2017/828 met en lumière des pratiques d'exercice des conseillers en vote pour ainsi dire calquées sur celles que développe le code BPPSVR, le tout dans une logique similaire d'applicabilité de type « comply or explain ». La directive n'organise présentement aucune refonte substantielle des pratiques d'exercice des conseillers *proxy*. Toutefois, elle pourrait conditionnellement se trouver à l'origine d'un changement de paradigme. En effet, la directive (UE) 2017/828 nous informe que la Commission européenne, en étroite coopération avec l'ESMA, présentera au Parlement européen et au Conseil, au plus tard le 10 juin 2023, un rapport évaluant la possible nécessité d'établir des dispositions contraignantes pour les agences de conseil en vote, en fonction de l'évolution des marchés[534].

245. Une approche de type *soft law* de la réglementation des *proxy advisors* pouvant présenter certaines limites (2.), un encadrement contraignant, mais exclusivement concentré sur les pratiques d'exercice problématiques de ces organismes (3.) pourrait constituer une solution pertinente, puisque empreinte de modération. Quoi qu'il en soit, l'encadrement des *proxy advisors* parait s'inscrire, à plus ou moins une décennie d'intervalle, dans le sillage de la réglementation des agences de notation financière (1.). Dans une approche possiblement prospective, nous nous sommes donc penchés sur cette déroutante analogie. Si elle se confirme, elle aboutira, tout comme pour les agences de notation financière, à un encadrement contraignant des *proxy advisors*.

1. Proxy advisors et agences de notation financière : un destin semblable ?

246. Bien que le rôle des agences de conseil en vote diffère largement de celui des agences de notation financière[535], ces deux catégories d'acteurs partagent à quelques années d'intervalle un sort commun. Il est en effet frappant de constater que le processus d'encadrement de l'activité des *proxy advisors* est, à ce jour, en tous points similaire à celui qu'ont connu les agences de notation financière. Tout comme c'est le cas actuellement pour les *proxy advisors*, les agences de notation financière ont longtemps été exemptées de toute réglementation contraignante. Et comme l'est aujourd'hui l'activité des conseillers *proxy*, le métier des agences de notation financière est longtemps demeuré inconnu du grand public.
En affichant une infaillibilité de principe, les agences de notation financière ont réussi des années durant à pratiquement échapper à toute mise en œuvre de leur responsabilité[536] délictuelle et contractuelle. Mais cette impunité de fait, qui n'était pas alors contestée, a été à l'origine de dérives[537], de scandales et de crises. C'est pour cette raison qu'une réglementation contraignante des agences de notation financière à progressivement vu le jour aux États-Unis et en Europe. Notons qu'à ce jour jamais un *proxy advisor* n'a été à l'origine d'un scandale notable. C'est d'ailleurs probablement pour cette raison que l'encadrement des conseillers *proxy* demeure actuellement sous le signe de la *soft law*.

247. Comme c'est le cas pour les *proxy advisors*, l'activité des agences de notation est par nature transnationale, ce qui constitue une réelle difficulté dans l'établissement d'une réglementation contraignante de ces organismes. Aux États-Unis, entre les années 1990 et le début 2000, la SEC a développé un système rudimentaire d'accréditation des agences de notation financière. Il faudra en effet attendre le *Credit Rating Agency Reform Act* du 29 septembre 2006 pour que ces organismes se voient dans l'obligation de rendre publiques certaines informations sur leurs méthodes et procédures de notation. En juillet 2010, le *Consumer Protection Act*, ainsi que le *Dodd-Frank Wall Street Reform Act* viendront par ailleurs renforcer l'encadrement des agences de notation financière.

Il est toutefois à noter que, dès 2005, l'organisation internationale des comités de valeurs mobilières (*IOSCO*) a soutenu l'établissement pour ces organismes d'un encadrement transfrontalier de type *soft law*. Il s'agit du « Code of Conduct Fundamentals for Credit Rating Agencies » (*CFCRA*). Il s'articule autour de quatre grands principes qui sont : la prévention des conflits d'intérêts, la qualité du processus de notation, les modalités de publication des notes, et le traitement des informations. Il est une nouvelle fois frappant de constater que les principes du Code de déontologie des *proxy advisors* sont similaires à ceux du Code des agences de notation financière. Tout comme l'est actuellement le Code BPPSVR, celui des agences de notion financière a été à l'époque bien accueilli, puisque le « Big Three » s'y est conformé de manière satisfaisante, quoique certains principes n'aient jamais été pleinement appliqués[538].

248. En Europe, la crise des « Subprimes » a été l'élément déclencheur d'une profonde refonte de la nature de l'encadrement des agences de notation financière[539]. Historiquement, les institutions européennes soutenaient une approche autorégulée des pratiques d'exercice de ces organismes, notamment par le biais de l'application du Code CFCRA de l'IOSCO. Mais le Conseil européen du 16 octobre 2008 (*c'est-à-dire en pleine période de crise*) a opéré un virage complet, puisque la majorité des chefs d'État ou de gouvernement présents ont soutenu le développement d'un encadrement contraignant des agences de notation financière. Une proposition de règlement fut alors promptement présentée par la Commission européenne. Le 16 septembre 2009 a ainsi été adopté le Règlement (CE) n° 1060/2009 du Parlement européen et du Conseil, visant à encadrer ces organismes[540]. Depuis, la politique de l'Union européenne s'inscrit dans une logique d'encadrement toujours plus affirmée. Pour illustration, la directive 2003/41/CE a été modifiée par la directive 2013/14/UE. Cette dernière tend à considérablement renforcer la transparence[541], l'indépendance[542] et la responsabilité[543] des agences de notation financière.

La France fait figure de précurseur pour ce qui relève de la réglementation des agences de notation financière. Dès août 2003, la loi de sécurité financière a astreint ces organismes à mettre à disposition de l'AMF les documents qu'ils analysent pour élaborer leurs notations[544]. La loi de régulation bancaire et financière du 22 octobre 2010 s'inscrit quant à elle dans la ligne du Règlement (CE) n° 1060/2009. Elle tend à accroître le niveau général de responsabilité des agences de notation financière, principalement en interdisant toute clause visant à exclure la responsabilité de ces organismes[545], ainsi qu'en les soumettant à une responsabilité délictuelle et quasi-délictuelle vis-à-vis de leurs clients[546] et des tiers[547].

249. Seul l'avenir nous dira si l'encadrement des *proxy advisors* évoluera et se complétera d'une manière comparable à celle des agences de notation financière. Il est un fait que ces deux acteurs partagent en la matière d'évidentes similitudes. Ils ont tous deux longtemps été exemptés du moindre encadrement, puis ont chacun connu une phase de réglementation souple. Mais contrairement aux agences de notation financière, les *proxy advisors* sont restés à ce jour au stade d'un encadrement de type *soft law*. Certains éléments paraissent cependant indiquer que l'établissement d'un encadrement contraignant des conseillers *proxy* pourrait voir le jour en Europe et aux États-Unis.Tout comme pour les agences de notation financière, l'élément déclencheur pour un tel encadrement des *proxy advisors* pourrait être la survenance de grands scandales. Mais l'influence des conseillers *proxy* demeure très largement inférieure à celle des agences de notation financière. Il est donc peu réaliste d'imaginer que les conseillers *proxy* puissent être à l'origine de scandales d'ampleur semblable à ceux dont ont été tenues pour responsable les agences de notation financière.

2. Les limites d'un encadrement souple

250. Un encadrement de type *soft law* favorise la souplesse et l'auto-responsabilisation. Une telle réglementation permet donc l'établissement de grandes lignes directrices, tout en offrant de fortes marges pour leur application. L'industrie des *proxy advisors* est structurellement propice à un encadrement souple. En effet, le caractère oligopolistique du marché des agences de conseil en vote fait que le non-respect d'une norme *soft law* par un conseiller *proxy* peut rapidement entrainer des répercussions négatives sur sa réputation. L'efficacité du Code BPPSVR repose essentiellement sur ce principe. C'est notamment pour cette raison que le Code prévoit un suivi de l'évolution de ses signataires[548].
Force est de constater que la règle « comply or explain », sur laquelle repose le fonctionnement contemporain de la *soft law*, trouve ses limites. Toutefois, avant de souligner les faiblesses de cette règle, nous en rappellerons le principe même. Elle consiste, pour une personne ou pour une société, à se conformer à des normes ou à des règles de bonne conduite professionnelle, intégrées dans un code de référence, ou bien, si elle s'en écarte, à expliquer les raisons pour lesquelles elle n'applique pas la norme ou la règle. Ce principe trouve son origine historique dans le Rapport Cadbury de 1992. Il a été introduit dans de

l'Union européenne par la directive 2006/46/CE du 14 juin 2006. Cette directive a été consacrée en France par la loi n° 2008-649 du 3 juillet 2008, portant diverses dispositions d'adaptation du droit des sociétés au droit de l'Union européenne, aux articles L.225-37 al. 7 et L. 225-68 al. 8 du Code de commerce. « La loi, qui n'apparaît pas aux acteurs du monde professionnel comme un outil pertinent de conduite de leurs comportements, a perdu de sa légitimité. Au contraire, la méthode actuelle d'édiction des normes de bonne gouvernance serait garante du caractère consensuel, pragmatique et adaptable de ces normes »[549].

251. Le principe d'autorégulation que soutient la règle « *comply or explain* » est en soi estimable. Il apporte une forme d'autodiscipline. Il invite les acteurs concernés à se questionner quant à la pertinence des règles que leur industrie développe. Et plus encore, il permet une large flexibilité. Mais la contrepartie de cette flexibilité existe : une application souvent partielle des règles issues de la *soft law*. Cette réalité soulève un vrai problème d'efficacité, puisqu'il est possible de s'écarter de n'importe quelle disposition de la règle, à condition de s'en justifier. Aucune sanction n'est alors applicable, sinon la défaveur des marchés, en théorie possible. Pour cette raison, l'AMF souligne de manière récurrente les insuffisances du principe « *comply or explain* ».
L'industrie des conseillers *proxy* fait-elle office d'exception ? Est-elle particulièrement disciplinée et respectueuse des normes « *comply or explain* » édictées par le Code BPPSVR ? L'ESMA remarque que certains éléments du Code de déontologie des *proxy advisors* ne sont pas appliqués par l'ensemble des signataires[550]. Du fait de la nature même de ce Code, cela est parfaitement acceptable, mais ce qui ne saurait l'être, c'est la non-application de certaines règles sans que soit apportée aucune justification. Or, l'Autorité européenne relève cette pratique chez certaines agences signataires du Code[551].

252. La règle « comply or explain » n'est objectivement pas pleinement efficiente (*mais existe-il une règle qui le soit ?*). C'est pour cette raison que le législateur français et européen cherche à en contenir le développement[552]. Les lacunes de la *soft law* remettent-elles réellement en cause la pertinence de ce mode d'encadrement ? Deux visions s'opposent. Grâce à sa flexibilité, la *soft law* peut jouer un rôle d'incubateur et permettre à certaines règles de gagner en maturité et en effectivité[553]. En ce sens, l'objectif d'un encadrement souple est de faire progressivement émerger les meilleures pratiques. En revanche, le développement d'un encadrement souple peut aussi représenter une forme de « tâtonnement » qui prépare l'établissement d'une future règlementation contraignante.Quoi qu'il en soit, nous ne pouvons soutenir la pleine efficience d'un encadrement de type « *comply or explain* » des agences de conseil en vote.

Rien n'indique toutefois que l'établissement d'une réglementation stricte de ces organismes soit par nature davantage adapté. Dans l'hypothèse où la réglementation des *proxy advisors* serait malgré tout amenée à évoluer vers une formule davantage coercitive, un encadrement de type « hybride » pourrait constituer un bon équilibre, sinon un moindre mal.

3. De l'opportunité d'un encadrement de type « hybride »

253. Un encadrement de type *soft law* permet aux *proxy advisors* une très grande flexibilité dans leurs pratiques d'exercice. Cela contribue à accroître l'influence de ces organismes. L'établissement d'une réglementation *hard law* permettrait fort probablement de rationnaliser l'influence de ces agences, mais supposerait aussi une refonte substantielle de leur mode de fonctionnement. Or, l'activité de ces organismes, telle qu'elle se pratique aujourd'hui, revêt une importance fondamentale pour nombre d'investisseurs institutionnels. Redessiner radicalement les contours de l'encadrement des conseillers *proxy* aurait potentiellement comme conséquence de lourdement impacter le fonctionnement des institutionnels, ce qui, compte tenu du poids financier de cette catégorie actionnariale dans le marché, parait bien risqué. Pour autant, il serait inutile de nier l'évidence. En raison d'un encadrement *soft law*, certaines pratiques d'exercice des agences de conseil en vote peuvent ne pas être pleinement efficientes. En ce sens, un encadrement contraignant, mais exclusivement orienté vers les pratiques d'exercice les plus problématiques des *proxy advisors*, pourrait constituer une solution pertinente. Il s'agirait en somme d'un encadrement hybride.

254. En 2012, l'ESMA a développé, au niveau européen, quatre hypothèses de réglementation des *proxy advisors*. Pour l'Autorité européenne, ces organismes peuvent ne connaître aucune réglementation, connaître une réglementation souple grâce au développement de lignes directrices et de standards d'exercice, faire l'objet d'une réglementation semi-contraignante, ou enfin être assujettis à une réglementation objectivement contraignante[554]. Mais ce qui est le plus intéressant ici, c'est que l'ESMA souligne que, dans l'hypothèse de l'établissement d'un encadrement contraignant des *proxy advisors*, il serait judicieux de voir cette réglementation se concentrer seulement sur certains points sensibles de l'activité de ces organismes[555], comme par exemple la gestion des conflits d'intérêts, ou encore les questions de transparence. Partant, si une réglementation contraignante devait voir le jour, l'Autorité européenne soutiendrait alors une forme d'encadrement hybride, c'est-à-dire moins à même de bouleverser les nombreuses pratiques d'exercice des *proxy advisors* qui se révèlent satisfaisantes avec le seul encadrement *soft law*.

B. Encadrement législatif des *proxy advisors* : un encadrement de refonte

255. Les agences de conseil en vote font l'objet de réserves et de réticences. Mais, actuellement, quels acteurs du marché peuvent se targuer d'être exempts de toute critique ? Nous pouvons aisément affirmer qu'il n'en existe aucun. Et, s'agissant des *proxy advisors*, nombreux sont ceux qui s'en plaignent, mais plus encore sont ceux qui y font appel.

La grande particularité des conseillers *proxy* tient à l'absence de toute réglementation contraignante les concernant. Pour certains, cela est regrettable. Pour d'autres, les *proxy advisors* font preuve d'une capacité d'autorégulation satisfaisante. Et l'étude de leurs méthodes et procédures laisse effectivement transparaitre un réel sérieux. Pourtant, de nombreux émetteurs, certains régulateurs du marché, ainsi que de grands experts mondiaux de la *corporate governance* militent pour l'établissement d'un encadrement contraignant des *proxy advisors*.

Il serait absurde d'imaginer qu'une réglementation stricte des conseillers *proxy* puisse venir à bout de certaines pratiques d'exercice inhérentes à l'essence même de ces organismes. Prenons par exemple la question des conflits d'intérêts. Il est particulièrement difficile d'imaginer qu'une quelconque norme impérative puisse offrir une réponse satisfaisant au fait que certaines agences appartiennent à des groupes de sociétés. Au mieux pourrait-elle concourir à la gestion de ce conflit, comme le fait aujourd'hui le Code BPPSVR.

256. Un encadrement contraignant des *proxy advisors* se traduirait nécessairement par une refonte complète du fonctionnement de ces organismes. Par ricochet, cette refonte pourrait impacter le précaire équilibre du fonctionnement des investisseurs institutionnels qui font appel aux services des conseillers *proxy*, non par confort, mais par nécessité. Abstraction faite de cet élément (*qui selon nous revêt une importante fondamentale, au point même de nous amener à soutenir le maintien d'un encadrement soft law des proxy advisors*), force est pourtant de constater que l'établissement d'un encadrement contraignant des agences de conseil en vote serait en mesure d'éteindre certaines critiques faites de manière récurrente à ces organismes.

Une réglementation de type *hard law* pourrait contribuer à normaliser l'ensemble des méthodes d'analyse des *proxy advisors* (1.). Elle éteindrait également sans mal les critiques relatives à la qualité du personnel de ces organismes (2.). Dans une mesure plus incertaine, un encadrement strict des *proxy advisors* pourrait théoriquement contribuer à accroître l'influence de ces organismes (3.), principalement par une amélioration de la confiance de leurs clients à leur égard.

1. *Un encadrement qui viserait à normaliser les méthodes d'exercices des proxy advisors*

257. Comme nous l'avons précédemment évoqué, il est parfois reproché à l'analyse des agences de conseil en vote une prise en compte lacunaire de certaines caractéristiques spécifiques des émetteurs. Il peut par exemple s'agir de l'omission d'une législation nationale, ou encore de la non prise en compte de certaines spécificités propre à un émetteur. Le Code BPPSVR[556] prend sérieusement cette question en considération. Il contribue ainsi à ce que les recommandations de vote des *proxy advisors* se défassent progressivement de l'image *box ticking* qui les pénalise. L'ESMA[557] et de l'AMF[558] militent également activement contre cette pratique.
Il ne s'agit pas pour nous de dénoncer la pratique largement répandue du « one-size-fits-all ». Cette illustration vise simplement à souligner que dans l'hypothèse d'une réglementation contraignante des agences de conseil en vote, il ne pourrait plus y avoir certains *proxy advisors* qui prennent bien en compte les spécificités de marché des émetteurs, tandis que d'autres agences n'en auraient cure. Un tel encadrement permettrait alors de normaliser potentiellement l'ensemble des méthodes d'exercices de ces organismes. Force est toutefois de constater qu'avec la publication du Code BPPSVR, un phénomène similaire se développe. Reconnaissons cependant qu'en raison du caractère « comply or explain » dudit Code, la normalisation des méthodes d'exercices les plus « sensibles » des *proxy advisors* s'opèrent plus lentement que dans l'hypothèse de l'établissement d'un encadrement de type *hard law*. Il est donc évident que la mise en place d'un encadrement strict des méthodes d'analyse des agences serait susceptible de clore le débat que nourrissent certaines de leurs pratiques d'exercice dites « sensibles ».

2. *Un encadrement qui viserait à assurer le niveau de qualification du personnel des proxy advisors*

258. Voilà un débat qui ne devrait pas être. La qualité du personnel des agences de conseil en vote fait l'objet de nombreuses critiques. Or, en l'absence d'un personnel compétent et qualifié, la production de recommandations efficientes est inconcevable. L'étude des projets de résolution nécessite en effet un haut degré d'expertise et d'expérience. Les informations à traiter peuvent être de nature tant financière, économique, juridique, que sociétale. Ajoutons que le personnel « stratégique » des *proxy advisors* peut être amené à interpréter l'ensemble de ces informations au regard, non pas de la politique de vote de son employeur, mais de celle du client investisseur lui-même. Comme le soutiennent l'ESMA et l'AMF, la qualité du personnel des agences constitue un élément clef du succès de ces organismes.

Mais, bien que le Code BPPSVR fasse la promotion d'un certain nombre de principes visant à garantir la qualité et l'expérience du personnel de *proxy advisors*[559], certains émetteurs persistent à remettre en cause l'efficacité du personnel des agences. Cette critique s'appuie principalement sur le fait que la majorité des conseillers *proxy* persistent à faire appel à des employés saisonniers. Quoique le Code de déontologie des *proxy advisors* soutienne la mise en place d'une procédure de double vérification des conseils de vote, il ne fait pourtant que sommairement état de cette question sensible.

259. Un encadrement strict des *proxy advisors* pourrait en conséquence éteindre toute critique relative à la compétence du personnel de ces organismes. Cela ne représente aucune difficulté particulière, puisqu'il s'agit de facteurs « tangibles », tels que l'obtention de diplômes (*en droit, en finance, en économie...*), de certifications (*par exemple la certification AMF*) et de la complétude d'années d'expérience. Une telle réglementation permettrait également de clairement définir les missions dévolues au personnel saisonnier. Cet encadrement du personnel des *proxy advisors* pourrait d'ailleurs s'inspirer là encore de l'encadrement mis en place il y a peu pour les agences de notation financière.

3. Un encadrement qui viserait à pérenniser l'influence des proxy advisors

260. Il peut de prime abord paraitre paradoxal de soutenir l'idée qu'un encadrement strict des agences de conseil en vote puisse avoir pour effet de pérenniser, voir d'accroître, l'influence de ces organismes. Il existe pourtant des arguments en faveur de cette hypothèse. Une fraction des investisseurs institutionnels n'a pas confiance en ces conseillers. Ils ne font donc pas appel à leurs services. En ce sens, l'établissement d'une réglementation contraignante des *proxy advisors* pourrait avoir pour effet d'attirer de nouveaux clients vers les agences de conseil en vote.

L'hypothèse d'une « responsabilisation » des recommandations de vote (*proche de celle établie pour les notes des agences de notation financière*), responsabilisation directement soutenue par les agences elles-mêmes, constituerait une preuve de professionnalisme encore inédite dans le monde de la finance, puisqu'elle interviendrait en amont de tout scandale. Cette démarche serait très certainement saluée par de nombreux acteurs de la finance. La voie d'un encadrement ferme peut donc s'avérer profitable pour la réputation des *proxy advisors*.

Enfin, un encadrement contraignant qui viserait à responsabiliser la teneur même des recommandations de vote émises par les *proxy advisors,* pourrait avoir pour effet de limiter un phénomène actuel, celui du développement d'équipes spécialisées dans l'analyse des projets de résolution au sein même des investisseurs[560]. Une telle réglementation participerait donc à rassurer les investisseurs, pour lesquels il est financièrement plus intéressant de faire appel à une agence spécialisée dans le traitement des projets de résolution, que de supporter directement les coûts d'une équipe dédiée en interne à la même activité. Cela peut donc nourrir la réflexion stratégique des *proxy advisors* quant à l'avenir de leur profession.

Un encadrement contraignant de l'activité des *proxy advisors* peut donc se traduire en dernier ressort par le développement de l'influence de ces organismes. Force est cependant de constater qu'un tel changement de paradigme est à même d'impacter substantiellement le comportement des investisseurs institutionnels, ce qui, compte tenu du poids financier de cette catégorie actionnariale, constitue un risque non négligeable pour le marché.

§2. De l'opportunité de perpétuer un encadrement de type « soft law »

261. D'un point de vue diachronique, la réglementation des *proxy advisors* est uniquement caractérisée par une approche de type *soft law*. En raison du caractère fréquemment transfrontalier de l'activité de recommandation de vote de ces organismes, un encadrement souple permet en effet davantage de latitude et de meilleures possibilités d'adaptation. Mais ce type de réglementation sied-t-il réellement davantage au fonctionnement de conseillers *proxy* qu'un encadrement de type coercitif ? L'AMF se positionne en faveur d'un fort encadrement des *proxy advisors*, au niveau tant européen qu'international[561]. La directive (UE) 2017/828 modifiant la directive 2007/36/CE s'inscrit quant à elle dans une optique d'encadrement législatif conditionné à l'évolution des marchés. A ce jour, l'ESMA soutient pour sa part la pérennisation d'un encadrement souple des agences de conseil en vote, avec comme objectif le perfectionnement progressif du Code « *Best Practice Principles for Providers of Shareholder Voting Research* ». L'avenir européen de l'encadrement des *proxy advisors* n'est donc pas actuellement arrêté, d'autant que l'établissement éventuel d'une réglementation contraignante de type « hybride » des conseillers *proxy* ne rendrait pas obsolète le Code BPPSVR.

262. De nombreux mécanismes du marché européen s'inspirent (*consciemment ou non*) du marché américain. Puisque c'est outre-Atlantique que l'industrie des *proxy advisors* est la plus avancée, se pencher sur l'évolution de la réglementation américaine de ces organismes est une démarche à caractère quasi-prospectif. On doit pourtant constater que la question n'y est pas davantage tranchée qu'en Europe (B.), les États-Unis se trouvant eux aussi à la croisée des chemins. On pourrait même paradoxalement souligner qu'en Europe, la récente publication du Code BPPSVR semble davantage qu'aux États-Unis aller dans le sens d'un encadrement de type *soft law* des agences de conseil en vote (A.).

A. Le Code BPPSVR ou la conservation d'un encadrement souple des proxy advisors au niveau Européen

263. Le Code de déontologie des *proxy adivsors* s'inscrit dans la continuité de la politique que soutient l'ESMA en matière d'encadrement de ces organismes. Le Code BPPSVR a pour vocation, dans la limite du principe « *comply or explain* », de promouvoir les meilleures pratiques d'exercice des conseillers *proxy*. Il ne possède donc pas de force réellement contraignante. Il est toutefois à noter que son influence n'est pour autant pas insensible ou illusoire. L'on observe en effet de significatives transformations dans les méthodes de travail des conseillers *proxy* signataires. Il est vrai que la nature de ce type d'encadrement peut sembler discutable en raison de l'influence toujours grandissante des agences de conseil en vote. Ces prestataires de service ont en effet su se rendre indispensables auprès de nombreux investisseurs institutionnels, ce qui a, pour certains clients, progressivement transformé le simple « conseil contingent » en « besoin impératif ». Le succès des *proxy advisors* n'est aucunement le fruit du hasard. Il est construit sur une appréciation opportuniste des besoins des professionnels de l'intermédiation financière. Et bien que certaines méthodes ou activités des agences soient jugées peu conventionnelles, il faut reconnaitre qu'elles n'ont encore été à l'origine d'aucun scandale. Du fait de l'influence exponentielle de ces organismes dans la vie des investisseurs et plus globalement dans celle des émetteurs, l'absence d'une règlementation ferme des *proxy advisors* peut toutefois surprendre. Il s'agit d'ailleurs d'un argument phare des partisans d'une règlementation stricte des *proxy advisors*. Mais pour que cet argument soit entendu, il faut qu'il repose sur une substance. Or, en l'absence de véritable dysfonctionnement, comment est-il possible de soutenir une voie autre que celle actuellement en place (1.) ? Ceci d'autant que le Code BPPSVR est conçu pour progressivement se perfectionner (2.), ce qui confère à ce document une pertinence sans cesse renouvelée, ainsi qu'une forte dimension d'exhaustivité. En ce sens, il tendrait à confirmer le caractère suffisant d'un encadrement de type *soft law* des agences de conseil en vote en Europe.

1. Le bien-fondé de l'autorégulation

264. La question de l'encadrement des conseillers *proxy* est sensible, puisqu'elle impacte nécessairement la nature des relations que ces organismes entretiennent avec les investisseurs institutionnels. Compte-tenu du fragile équilibre qui assure le vote des professionnels de l'intermédiation financière aux assemblées générales d'actionnaires, il convient d'avancer prudemment en matière de réglementation de leurs très fidèles soutiens politico-techniques. De nombreux régulateurs sont conscients de cette problématique et des incertitudes qu'elle soulève. Cela explique qu'ils soient en théorie nombreux à réclamer un meilleur encadrement des *proxy advisors*, mais que, dans les faits, nous constations un évident immobilisme de leur part. D'un point de vue général, le marché s'accommode très honorablement du rôle et de l'encadrement *soft law* des agences de conseil en vote. Dès lors, il paraitrait hasardeux de modifier la nature de l'encadrement d'acteurs n'ayant jamais provoqué de dysfonctionnements manifestes. Cela reviendrait à passer d'une réglementation possiblement lacunaire, quoiqu'objectivement fonctionnelle, à une réglementation contraignante chargée d'incertitudes. En ce sens, il est parfaitement imaginable que le développement d'un encadrement strict des conseillers *proxy* rende ces organismes bien moins attractifs aux yeux de leurs clients. En effet, les investisseurs institutionnels qui font appel au service de recommandation de vote des *proxy advisors* cherchent certes un conseil informé, mais par-dessus tout un conseil libéré de tout carcan. Les conseillers *proxy* parviennent actuellement à fournir cette qualité de service puisqu'ils bénéficient d'un mode de fonctionnement marqué par la souplesse.

265. Demeurons toutefois réalistes. Bien que nous soutenions le bien-fondé d'un mode d'encadrement autorégulé des agences de conseil en vote, des indices concordants laissent à penser qu'en Europe, et plus encore aux États-Unis, une réglementation contraignante de ces organismes pourrait voir le jour à moyen ou long terme. Mais alors que rien n'est définitivement établi, certaines voix s'élèvent déjà, au nom de l'efficacité, contre un éventuel encadrement de type *hard law* des *proxy advisors*. Ces voix soutiennent qu'une telle réglementation permettrait au final à ces agences de facilement se dédouaner de toute responsabilité en cas d'échec d'une politique de vote[562]. Rendant hommage au bon sens populaire (« *un tiens vaut mieux que deux tu l'auras* »), nous confirmerons soutenir qu'en l'absence d'évidentes défaillances de la part des *proxy adviors*, le modèle actuel d'encadrement de ces organismes reste préférable à l'établissement d'un encadrement contraignant générateur de considérables incertitudes.

2. Le caractère évolutif du Code BPPSVR

266. En matière d'encadrement *soft law*, le récent Code de déontologie des *proxy advisors* représente un véritable succès. Plusieurs arguments viennent à l'appui de cette affirmation. Premièrement, l'ensemble des principaux conseillers *proxy* sont signataires de ce Code. Deuxièmement, les principes édictés par le BPPSVR sont, à quelques exceptions près, respectés par ses signataires, ce qui confère à ces organismes une meilleure transparence, ainsi qu'une plus grande prévisibilité. Troisièmement, la souplesse de ce Code permet à l'industrie des *proxy* *advisors* d'explorer de nouvelles pistes en vue d'améliorer ses pratiques d'exercice. La nature « *comply or explain* » de ce texte ne constitue pas un frein à son influence. Son impact est en effet plus que notable au sein du marché européen des agences de conseil en vote. Il est aujourd'hui évident que le caractère non-contraignant d'une règle ne la prive pas d'efficacité.

267. Cependant, pour qu'une réglementation de type *soft law* soit pérenne, il est nécessaire que les tenants et aboutissants des principes qu'elle expose connaissent des évolutions. Le Code BPPSVR s'inscrit dans cette philosophie d'amélioration permanente, philosophie d'ailleurs matérialisée par la publication du rapport « *Follow-up on the development of the Best Practice Principles for Providers of Shareholder Voting Research and Analysis* » de l'ESMA, en date du 18 décembre 2015. Ce premier rapport veut mettre en relief les possibilités d'amélioration du Code de déontologie des conseillers *proxy*, qu'il s'agisse des principes même que le BPPSVR développe, ou de la manière dont les agences signataires se conforment aux règles qu'il édicte. La question de la prise en considération des spécificités locales des émetteurs, ainsi que celle du traitement des conflits d'intérêts, sont ainsi au centre des préoccupations de ce rapport. Sous une présidence indépendante, une revue des principes du Code de déontologie des *proxy advisors* a été initiée en mai 2017. Elle prend notamment en compte le rapport du 18 décembre 2015, mais également les « apports » de la directive (UE) 2017/828 modifiant la directive 2007/36/CE.
Pour asseoir d'avantage encore la légitimité du BPPSVR, l'ESMA soutient qu'il serait pertinent que d'autres structures qui gravitent dans le monde du « conseil aux entreprises » soient signataires dudit Code. L'autorité européenne soutient également le développement d'un processus qui viserait à clarifier et à renforcer la structure du groupe (*The Best Practice Principles Group*) qui est aux origines de la rédaction du Code de déontologie des *proxy advisors*. Ce groupe sera chargé des futures modifications du Code, ainsi que du respect des règles qu'il promeut.
Le Code BPPSVR est un outil pertinent de réglementation des pratiques d'exercice des *proxy advisors,* car il s'inscrit dans une démarche continue de perfectionnement. Sa légitimité repose sur l'adhésion des principaux acteurs de l'industrie du conseil *proxy*. Son efficacité sur la pertinence des principes qu'il développe, ainsi que sur son caractère aisément réformable. Signe de santé du Code BPPSVR, d'aucuns lui reprochent déjà une approche trop européenne, insuffisamment globale de la question des agences de conseil en vote.

B. L'encadrement des *proxy advisors* aux États-Unis

268. Il est intéressant de constater que malgré la maturité de l'industrie des agences de conseil en vote outre-Atlantique, la question de l'encadrement de ces organismes demeure un objet de débat. Le libéralisme états-unien semble

hésitant face à la montée en puissance de « simples » prestataires de service. Force est toutefois de constater que l'impact des *proxy advisors* est plus important sur le marché américain que nulle part ailleurs. Au pays de l'Oncle Sam, une recommandation favorable d'ISS produit une hausse moyenne des approbations au moment du vote en assemblée de l'ordre de 15%[563]. James R. COPLAND (*directeur de l'institut juridico-politique de Manhattan*) fait donc remarquer qu'une firme de seulement 600 employés se trouve *in fine* porteuse d'une influence équivalente à 15% des droits de vote du marché américain[564].
Compte tenu du développement avancé du marché des *proxy advisors* outre-Atlantique, ainsi que de la conscientisation du pouvoir de ces acteurs, il peut sembler étonnant que la question de l'encadrement de ces organismes n'ait pas encore été réglée aux États-Unis. Cela pourrait venir confirmer le caractère éminemment aventureux de l'instauration d'une réglementation stricte des conseillers *proxy*. Bien que l'encadrement américain des agences de conseil en vote demeure équivoque (1.), il pourrait prochainement tendre vers une logique objectivement contraignante (2.).

1. D'un présent encadrement « soft law »...

269. Aux États-Unis, l'activité des agences de conseil en vote entre dans le large cadre[565] de la « *proxy solicitations* » (*Regulation 14A – Solicitations of Proxies Rules 14a-1 to 14b-2*), c'est-à-dire de la sollicitation active de mandat de vote. La question de l'encadrement états-unien de l'activité des *proxy advisors* pourrait donc sembler facile, puisque la « *proxy solicitations* » est un exercice encadré par la SEC. Cependant, l'organisme fédéral américain de réglementation et de contrôle des marchés financiers a exempté[566] les agences de conseil en vote d'obligations qui se trouvent au cœur même de l'efficacité de la réglementation « *proxy solicitations* ». Sous certaines conditions, les *proxy advisors* sont par exemple exemptés de l'obligation de transmission d'informations ou d'enregistrement auprès de la SEC[567].

270. Mais compte tenu de la diversité des services qu'ils offrent, certains conseillers *proxy* (*dont ISS*) entrent dans la définition de « conseiller en placement » au sens de l' « *Advisers Act* »[568] *de la SEC. Depuis plus d'un demi-siècle, cette réglementation a pour objectif de limiter les abus dans le secteur financier*[569]*. Elle soumet les conseillers en placement au respect de règles spécifiques, telles qu'une obligation fiduciaire générale, une obligation de publier leurs politiques de recherche, ou encore une obligation de révéler la survenance de tout conflit d'intérêt.* Face à l'influence grandissante des conseillers *proxy*, ainsi que devant l'absence de réglementation spécifique (*l'encadrement des agences de conseil en vote repose aux États-Unis sur un processus de rattachement à des notions larges et vagues*), certains experts américains se montrent favorables à un encadrement contraignant et spécifique des pratiques d'exercice des *proxy advisors*.

Dans cette perspective, le service « *Division of Investment Management et Division of Corporation Finance* » de la SEC a publié le 30 juin 2014 une « *guidance* » en vue de clarifier l'encadrement de l'activité des conseillers *proxy*. Il s'agit de la « *Proxy Voting - Proxy Voting Responsibilities of Investment Advisers and Availability of Exemptions from the Proxy Rules for Proxy Advisory Firms* ». Ce document fait la promotion d'une possible contractualisation du devoir fiduciaire des *proxy advisors* envers leurs clients, d'un accroissement de la transparence communicationnelle des conseillers *proxy*, ainsi que du développement de méthodes visant à asseoir la qualité des recommandations de vote des agences[570]. Il ne serait d'ailleurs pas étonnant que le Code BPPSVR et les travaux de l'ESMA aient inspiré la « *guidance* » du 30 juin 2014 de la SEC, tant les principes qui y sont développés se révèlent similaires. Bien qu'aux États-Unis les agences de conseil en vote soient plus « surveillées »[571] qu'en Europe, le caractère fluctuant et transitoire de l'encadrement de ces organismes contribue à nourrir un sentiment de confusion autour de leurs pratiques d'exercice.

2. ...Vers un possible encadrement législatif

271. Longtemps marginal, l'encadrement états-unien des agences de conseil en vote tend depuis peu à beaucoup se renforcer. Cette réaction peut sembler tardive, voire surprenante, puisque la montée en puissance des *proxy advisors* au sein du marché américain remonte à au moins vingt-cinq ans. La recherche de la valeur actionnariale revêt un caractère si prioritaire que les *proxy advisors*, en tant que fervents défenseurs de cette philosophie, sont longtemps demeurés libres de tout encadrement. Mais, en raison des crises financières successives, nous assistons depuis quelques années à un mouvement de responsabilisation de l'ensemble des acteurs des marchés financiers, sur le modèle de la récente responsabilisation des agences de notation financière. Aux États-Unis, l'encadrement des *proxy advisors* s'inscrit dans cette politique générale de responsabilisation. Elle est de surcroît appuyée par de nombreux émetteurs, ce qui est un élément qu'il convient de garder à l'esprit, tant les grandes entreprises pèsent de nos jours dans les décisions des régulateurs. Tandis qu'une partie de la doctrine américaine reste favorable à un encadrement souple des *proxy advisors*, le Professeur George W. DENT soutient par exemple qu'en l'absence de preuves concrètes de l'existence de bénéfices à l'appui d'une réglementation spécifique des conseillers *proxy*, un encadrement souple demeure plus approprié[572]. La complexe machine législative américaine semble s'être pour sa part engagée dans le sens d'un encadrement contraignant des agences de conseil en vote.

272. Le 24 mai 2016, le représentant Sean DUFFY[573] a présenté au Congrès des États-Unis un projet de loi (*Proxy Advisor Firm Reform Act of 2016*[574]) visant à abroger certaines dispositions du « *Dodd-Frank Act* », dans l'objectif d'établir un cadre réglementaire à l'activité des *proxy advisors*. Ce projet de loi fut enterré, la Chambre des représentants et le Sénat ne disposant pas du temps nécessaire à son étude (*rappelons en effet que l'année 2016 était aux États-Unis une année électorale*). Ce projet de loi (*renommé The Corporate Governance Reform and Transparency Act of 2017*) a été réintroduit à l'automne 2017, toujours par le représentant Sean DUFFY. Le 20 décembre 2017, The Corporate Governance Reform and Transparency Act of 2017 a été voté par la Chambre des Représentants (*chambre basse*) à 238 voix pour et 182 voix contre.

Si ce projet de loi est également voté par le Sénat (*chambre haute*), l'ensemble des conseillers *proxy* qui exercent aux États-Unis devront s'inscrire auprès de la SEC et déposer auprès de cette autorité un rapport annuel d'activité, fournir des informations sur leur méthodes d'analyse et de recherche, sur leur structure, sur leurs politiques de gestion des conflits d'intérêts, rendre publiques leurs politiques de vote, nommer un responsable de la conformité, nommer un médiateur des conflits avec les émetteurs, disposer d'un Code éthique[575]. Enfin, les *proxy advisors* devront fournir aux émetteurs qu'ils analysent le contenu de leurs recommandations de vote avant de les faire parvenir à leurs clients[576]. Les sociétés seront ainsi en mesure de prévenir toute aberration, d'examiner et de commenter les recommandations émises par les agences de manière préalable à leurs transmissions aux investisseurs (*il s'agit précisement d'un principe que développe la recommandation AMF du 18 mars 2011*). Ce projet de loi s'inscrit bien évidemment dans une démarche contraignante, contrairement à la « *guidance* » de la SEC du 30 juin 2014. S'il est définitivement adopté, il dessinera un environnement réglementaire solide, visant à clairement structurer le fonctionnement des agences de conseil en vote outre-Atlantique[577]. « The Corporate Governance Reform and Transparency Act of 2017 » marquera alors une nouvelle ère dans le mode d'encadrement des *proxy advisors*. Et il y a fort à parier qu'il inspirera à son tour la réglementation européenne de ces organismes.

Section 2. La responsabilité des agences de conseil en vote

273. En l'absence d'encadrement législatif spécifique, la responsabilité des agences de conseil en vote demeure « généraliste ». Ces organismes font figure d'exception, car l'on a assisté ces dernières années à une vague sans précédent de responsabilisation des acteurs de la finance. Comme nous l'avons souligné déjà, les agences de notation financière sont passées en un très court laps de temps d'une totale absence de réglementation, à une pleine responsabilité à l'égard des tenants et aboutissants de leurs activités. Pourquoi un tel revirement ? Parce qu'il n'y avait plus de commune mesure entre le niveau de responsabilité de ces agences et leur impact sur le marché. Nous ne mettons bien évidement pas l'influence des *proxy advisors* à un niveau similaire de celui des agences de notation financière. Toutefois, la logique reste la même, ce qui suppose donc une évaluation de l'influence réelle des *proxy advisors*. Le président de PROXINVEST, M. Pierre-Henry LEROY nous en propose un résumé significatif : « les proxy advisors conseillent de voter contre à peu près 40% des résolutions. Or, c'est à peine 2% des résolutions qui ne passent pas » …

274. En tant que prestataires de service de vote, les *proxy advisors* concluent avec leurs clients des contrats d'entreprise[578]. « Le contrat d'entreprise est la convention par laquelle une personne s'oblige, contre rémunération, à exécuter pour l'autre partie un travail déterminé, sans le représenter et de façon indépendante »[579]. Ce travail peut parfaitement revêtir une dimension intellectuelle[580], comme par exemple la fourniture de conseils juridiques, de conseils en communication, ou encore de conseils en gestion d'entreprise… La conclusion du contrat d'entreprise, tout comme sa preuve, est régie par les règles de droit commun des contrats. En raison de son caractère synallagmatique, le contrat d'entreprise engendre des obligations tant du côté de l'« entrepreneur » que de celui du « maître d'ouvrage ». L'entrepreneur a l'obligation principale d'exécuter sa prestation. « L'étendue de l'obligation d'exécution varie selon la volonté des parties et selon les règles de l'art propre à la nature de la prestation »[581]. En fonction du degré d'*intuitu personae* du contrat d'entreprise, l'entrepreneur se trouve théoriquement en droit de faire exécuter la prestation par un collaborateur ou un sous-traitant. Mais dans le cadre hautement spécifique de la fourniture de recommandations de vote, il n'est que peu réaliste d'imaginer qu'un conseiller *proxy* puisse sous-traiter la réalisation de sa prestation. L'entrepreneur est également soumis à des obligations subsidiaires de conseil, de sécurité, de prudence et de surveillance. L'obligation fondamentale du maître d'ouvrage est de payer l'entrepreneur. Il connait également certaines obligations subsidiaires, comme le devoir de faciliter l'exécution de la prestation de l'entrepreneur (*par exemple le fait pour un investisseur institutionnel de transmettre au proxy advisor des documents émanant de l'émetteur et pouvant faciliter l'exercice d'analyse des projets de résolution…*), celle de procéder à la réception juridique, ou encore celle de respecter les droits intellectuels de l'entrepreneur. En l'absence de règles spéciales, la mise en jeu de la responsabilité de l'entrepreneur est fondée sur la distinction de l'obligation de moyens et de l'obligation de résultat. Lorsque l'obligation est de moyens, il appartient au maître d'ouvrage de rapporter la preuve d'une faute d'exécution. Lorsque cette dernière est de résultat, l'entrepreneur doit établir une cause exonératoire. Notons cependant que les prestations de conseil ne donnent en général lieu qu'à une obligation de moyens[582].

275. En France, la mise en jeu de la responsabilité des agences de conseil en vote est éminemment complexe (§1.), et cela en raison même de la nature de l'activité de recommandation de vote. En l'absence d'encadrement législatif spécifique de ces acteurs, il pourrait être judicieux de se tourner vers un modèle de responsabilité autorégulé élargi (§2.). Modèle qui viserait à une responsabilisation de l'ensemble des acteurs entrant en relation avec les *proxy advisors*.

§1. Une mise en jeu éminemment complexe

276. Les recommandations de vote que produisent les *proxy advisors* n'ont pas vocation à affecter la liberté de vote de leurs clients. Les investisseurs qui font appel à ces prestataires de service restent par principe libres de ne pas suivre la teneur des recommandations. Néanmoins, certains investisseurs institutionnels se trouvent de fait en position de dépendance vis-à-vis des recommandations des agences. Cette réalité soulève la problématique de l'influence ciblée des conseils des agences chez une minorité d'investisseurs particulièrement faibles, structurellement parlant. Alors que la Société française a parfaitement intégré l'idée que chacun puisse être en mesure d'attendre une réparation lorsqu'un professionnel commet une faute dans le cadre de ses fonctions (*il s'agit d'un phénomène qui se traduit par une forte démultiplication des responsabilités civiles professionnelles, comme par exemple celle des mandataires sociaux, des commissaires aux comptes, des avocats, etc.*). Force est de constater que cette réalité ne peut que difficilement toucher les conseillers *proxy*.

277. En France, les prestataires de service sont soumis par principe au droit commun de la responsabilité civile. Il s'agit d'une notion bicéphale pouvant schématiquement prendre la forme d'une responsabilité contractuelle ou extra-contractuelle, bien que « scientifiquement, il n'y ait pas deux responsabilités, mais [...] deux régimes de responsabilité »[583].
La responsabilité contractuelle vise à réparer un dommage subi par un contractant dans l'hypothèse d'une inexécution ou d'une exécution lacunaire des obligations du contrat. Cette responsabilité suppose donc l'existence d'un contrat valable, faute de quoi la responsabilité extracontractuelle (*délictuelle*) trouvera application, puisqu'elle vise à réparer tout dommage né hors contrat. Que le fait dommageable soit issu de l'inexécution d'un contrat, ou de la violation d'un devoir général de ne pas nuire à autrui, l'essence commune de la responsabilité civile demeure la réparation[584]. Aussi vrai que les principes de la responsabilité contractuelle et extracontractuelle partagent des fondements communs, ils diffèrent sur nombre d'éléments. Sans entrer dans de trop fastidieux détails[585] (*compte-tenu du fait que cela n'intéresse que très indirectement la question des agences de conseil en vote*), il convient d'en souligner les plus significatifs. Premièrement, la preuve

d'un dommage (*ou d'un préjudice*) obéit à des règles différentes en matière de responsabilité contractuelle ou extracontractuelle. Deuxièmement, la réparation d'un dommage est totale en matière délictuelle, alors qu'elle se limite au préjudice prévisible en matière contractuelle, sauf dans l'hypothèse d'une faute intentionnelle[586]. Et troisièmement, les clauses limitatives de responsabilité ou de garantie ne sont valables qu'en matière contractuelle.

278. La pratique est souvent bien plus incertaine que la théorie. La question de la responsabilité des conseillers *proxy* ne peut que confirmer cet adage. Compte-tenu des nombreux facteurs qui influent sur la réussite ou l'échec de la politique d'un émetteur (*notamment les indices boursiers*), il n'est pas aisé de déterminer si la violation d'une obligation contractuelle ou extracontractuelle par un *proxy advisor*, est en mesure de matérialiser un dommage pour les investisseurs ou les émetteurs. Quoi qu'il en soit, les clients investisseurs sont tout-à-fait en mesure de faire jouer la responsabilité contractuelle des agences. Dans le contrat d'entreprise, la réparation d'un dommage au titre de cette responsabilité est régie par les règles du droit commun. Les *proxy advisors* seront donc théoriquement tenus, sauf convention contraire, aux dommages contractuels à l'origine des préjudices causés par leurs fautes contractuelles. Encore ces dommages et préjudices devront-ils être caractérisables. Hors relation contractuelle, les émetteurs s'estimant lésés par la teneur d'une recommandation peuvent songer à diverses voies d'action[587], dont celle de l'action de concert[588] et celle de la diffusion de fausses informations[589]. Mais compte-tenu de la spécificité de la première voie, et du caractère plus qu'incertain de la seconde, c'est bien logiquement vers le droit commun de la responsabilité extracontractuelle que les émetteurs se tourneront. Puisque les agences de conseil en vote répondent du droit commun de la responsabilité civile, nous en étudierons successivement l'approche contractuelle (A.), puis extracontractuelle (B.).

A. Responsabilité contractuelle des agences de conseil en vote

279. Comme son nom l'indique, cette responsabilité trouve sa source dans le contrat conclu entre l'agence de conseil en vote et son client. La recommandation AMF de 2011 fait d'ailleurs directement mention du caractère contractuel de l'activité de fourniture de recommandation de vote pour le compte de clients investisseurs[590]. La responsabilité contractuelle est fondée sur l'article 1231-1[591] du Code civil. Trois conditions sont nécessaires à sa caractérisation.
Premièrement, il doit[592] y avoir un préjudice, une atteinte à un droit ayant une valeur patrimoniale ou extrapatrimoniale. Ce préjudice peut être corporel, moral ou matériel. Il doit être certain, personnel et direct. La difficulté de sa matérialisation

réside dans le fait qu'en matière contractuelle il est « souvent présumé »[593], puisqu'il résulte le plus fréquemment d'une inexécution[594].
Deuxièmement, il doit être établi l'existence d'un fait générateur. Il peut s'agir d'un fait personnel (*qui fait office de droit commun en matière délictuelle comme contractuelle*), du fait d'autrui, ou du fait des choses. Ce fait générateur est classiquement constitué d'un élément objectif (*c'est-à-dire le fait illicite que représente la « faute »*[595]), et d'un élément subjectif (*l'imputabilité de la faute*). Mais ce second élément tend à disparaître en droit français[596]. La détermination du manquement à une obligation contractuelle nécessite l'identification de la nature même de cette obligation. De manière schématique, dans le cadre d'une obligation de moyens, il doit être prouvé une faute du débiteur. Dans celui d'une obligation de résultat, il doit être prouvé que le résultat n'a pas été obtenu, en dehors d'une hypothèse de force majeure[597].
Troisièmement, il doit exister un lien de causalité entre le fait générateur et le préjudice. Il s'agit d'une notion « qui fait presque consensus au sein de la doctrine française… sur sa difficulté »[598]. Il est en effet impossible de la définir de manière abstraite, puisqu'elle résulte d'un savant mélange d'éléments factuels *propres à chaque espèce* et de considérations morales[599] proches du « sentiment »[600]. Cette notion est empreinte d'une forme de dualisme, puisqu'il appartient à la victime de prouver l'existence de ce lien de causalité, et au défendeur de s'en écarter. Face à la difficulté que représente l'établissement de la charge de la preuve par la victime, le nouvel article 1382 du Code civil consacre le principe jurisprudentiel d'acceptation de la preuve par présomption judiciaire.

280. Les *proxy advisors* ont un intérêt évident à prévoir, dans leur contrats, sous quelles conditions et dans quelles limites leur responsabilité pourrait être engagée. Les clauses exonératoires ou limitatives de responsabilité dans le contrat d'entreprise sont régies par les règles de droit commun. Elles offrent la possibilité à une partie d'exclure ou de limiter le montant de la réparation en cas d'inexécution ou d'exécution lacunaire[601]. Ces clauses sont admises au titre de l'autonomie de la volonté des parties[602]. Lorsqu'ils contractent, ces derniers sont par principe libres de prévoir des modalités auxquelles ils seront tenus. Ce principe connait toutefois certaines exceptions[603].
Dans cette perspective, il est de fait que l'ensemble des agences de conseil en vote mentionnent dans leurs contrats que le client demeure au final pleinement responsable de son vote, en conformité avec le Code BPPSVR[604]. Faisons présentement abstraction de ces clauses limitatives ou élusives de responsabilité, et concentrons-nous sur la faisabilité de la mise en jeu théorique de la responsabilité contractuelle de ces organismes. La mise en jeu de cette responsabilité nécessite de prendre conscience de la difficulté que représente la caractérisation d'un préjudice en matière de fourniture de recommandation de vote. Cet élément peut

en effet être relié à de nombreux facteurs extérieurs à la qualité intrinsèque de la recommandation.
Quoi qu'il en soit, nous étudierons la mise en jeu de la responsabilité contractuelle d'un conseiller *proxy* par son client investisseur (1.) puis, dans le cadre d'un *proxy advisor* de type dualiste, par un client émetteur (2.). Enfin, nous nous pencherons sur la responsabilité d'une agence dans l'hypothèse où cette dernière agirait en tant que mandataire du vote de son client investisseur (3.).

1. Mise en jeu par un client investisseur

281. La responsabilité d'une agence de conseil en vote envers son client investisseur trouve ses origines et ses limites dans le contrat qui les lie. Comme le souligne l'ESMA, ce rapport n'est autre que celui d'une classique relation commerciale contractuelle[605]. La fourniture de conseils et de recommandations de vote entre donc dans le cadre commun de la responsabilité contractuelle. La mise en jeu de cette responsabilité suppose donc un fait générateur, un préjudice, ainsi qu'un lien de causalité.
La constitution du fait générateur ne présente pas de difficulté particulière. Il sera question de la fourniture d'un conseil ou d'une recommandation de vote objectivement fautive. Bien que le principe de la responsabilité contractuelle ne soit pas conditionné à la gravité de la faute commise, nous ne saurions soutenir la pleine véracité de ce fondement. Le fait qu'une clause limitative de responsabilité soit paralysée si elle prive de sa substance l'obligation essentielle du débiteur, en est une probante illustration. Dans cette perspective, la preuve de la caractérisation du fait générateur parait donc d'autant plus aisée que les *proxy advisors* sont des professionnels reconnus de la fourniture de ce type de conseils. Il est donc vraisemblable que le juge soumette ces organismes à de lourdes exigences en la matière.
La matérialisation du préjudice revêt un caractère bien davantage problématique. Dans son entendement général, c'est-à-dire s'agissant d'une perte financière pour les clients des *proxy advisors* (*perte ayant pour origine une recommandation fautive des agences*), l'établissement du caractère certain, personnel et direct du préjudice se heurte à de vives difficultés. L'essence de la démarche actionnariale repose sur l'acceptation d'une certaine instabilité, de certains risques. Il est donc parfaitement impossible d'écarter la possibilité qu'en dépit de la qualité intrinsèque de la recommandation de vote, des facteurs externes aient directement et certainement concouru à la matérialisation dudit préjudice.
Enfin, la preuve d'un lien de causalité ne présenterait pas de difficulté spécifique, cela toujours dans l'hypothèse hautement improbable où les *proxy advisors* ne contractualiseraient pas le principe selon lequel leurs clients conservent la pleine responsabilité des tenants et aboutissants de leurs votes[606]. La mise en jeu de la responsabilité contractuelle des agences envers leurs clients investisseurs s'avère donc hautement improbable.

2. Mise en jeu d'un proxy advisor dualiste par un client émetteur

282. Par définition, un *proxy advisor* de type dualiste ouvre le champ commercial de son expertise en matière de gouvernance d'entreprise. La catégorie des investisseurs institutionnels ne représente donc plus son unique clientèle. Cette dernière s'étend désormais à l'ensemble des émetteurs soucieux des questions de *corporate governance*. Cette pratique entre à nouveau dans le cadre de la responsabilité contractuelle des agences de conseil en vote. Elle repose donc sur des principes théoriques similaires à ceux développés pour le compte des clients investisseurs. La mise en jeu de la responsabilité contractuelle des *proxy advisors* va de nouveau s'avérer problématique, mais en l'espèce à un degré encore supérieur. Alors que la matérialisation d'un fait générateur ne semble une nouvelle fois pas poser de difficulté particulière, la caractérisation du préjudice et du lien de causalité se heurte à d'insolubles difficultés. L'apophtegme de Noël DEJEAN DE LA BÂTIE trouve ici une parfaite résonnance : la « causalité est une redoutable sirène : elle égare volontiers ceux que sa subtilité séduit et qui cherchent à la pénétrer jusque dans ses mystères intimes »[607]. En raison du nombre indéterminé de facteurs pouvant influer sur la réussite ou l'échec d'une politique en matière de gouvernance d'entreprise, il semble absurde d'imaginer qu'une juridiction puisse retenir l'unique et substantielle influence d'un conseil émis par un « simple » prestataire de service.

283. La responsabilité contractuelle n'est donc pas pleinement adaptée à la mise en cause des agences de conseil en vote. Trois hypothèses s'ouvrent donc à nous. Premièrement, en l'absence de dysfonctionnement notable, il peut être fait le choix de ne proposer aucune modification. Deuxièmement, il peut être fait le choix d'une responsabilisation des *proxy advisors* similaire à celle récemment mise en place pour les agences de notation financière[608]. Troisièmement, le développement de la pratique des *proxy advisors* mandataires du vote de leurs clients pourrait représenter une solution satisfaisante. Dans cette hypothèse, la mise en jeu de la responsabilité de ces organismes parait en effet plus facile.

3. Mise en jeu d'un proxy advisor mandataire du vote de son client

284. Selon l'ESMA[609], la relation entre les agences de conseil en vote et leurs clients investisseurs peut prendre la forme d'un contrat de mandat[610]. Cette prise de position de l'ESMA ne trouve en France à ce jour aucun écho concret. Cependant, la récente libéralisation du mandat de vote pour les actionnaires de sociétés cotées françaises permettra peut-être de venir modifier ce constat[611]. Le mandat fait partie des contrats dont l'esprit a fortement évolué dans le temps, passant ainsi de la notion de service rendu gratuitement par un ami, à celle de prestation de service exécutée par un professionnel rémunéré. « Tout mandataire est évidemment tenu d'exécuter sa mission et d'en rendre compte. Mais celui qui agit à titre professionnel et rémunéré est de plus tenu à un devoir de conseil. En outre sa responsabilité sera plus sévèrement appréciée »[612]. Dans l'hypothèse où le mandataire manquerait à ses obligations, sa responsabilité contractuelle pour faute peut être engagée[613]. Il appartient au mandataire de prouver qu'il a dûment accompli sa mission, ou qu'il en a été empêché par une cause échappant à sa volonté. Si sa mission a effectivement été remplie, il appartiendra au mandant qui soutient qu'elle a été effectuée de manière lacunaire, d'établir la faute[614]. « Le mandataire répond non seulement du dol, mais encore des fautes qu'il commet dans sa gestion »[615]. Cependant, l'évaluation de la faute s'apprécie de manière plus rigoureuse lorsque le mandataire reçoit une rémunération[616]. Dans l'hypothèse où un *proxy advisor* est mandaté par un client investisseur dans l'exercice de son droit de vote en assemblée générale d'actionnaires, la mise en jeu de la responsabilité du *proxy advisor* parait parfaitement envisageable, et cela d'autant plus aisément que l'agence reçoit une rémunération pour sa prestation. Il appartiendra alors à l'agence de prouver qu'elle a dûment réalisé sa mission.

285. Nous ne pouvons ignorer le fait que les agences de conseil en vote représentent d'indiscutables spécialistes des problématiques soulevées aux assemblées générales. Dans une optique prospective, l'établissement d'une réglementation professionnelle de ces organismes pourrait donc légitimement faire d'eux des mandataires professionnels. Alors que le droit commun du mandat reste en principe applicable à cette catégorie de mandataire, il en déroge sur certains points. Les mandataires professionnels sont bien souvent[617] en position de « force économique »[618] par rapport à leurs clients, ce qui suppose des dispositions particulières. Puisque cette catégorie de mandataires dispose d'une compétence particulière, elle est tenue à une obligation de conseil envers son mandant. Les mandataires professionnels sont également tenus de transmettre des informations pertinentes, de mettre en garde leurs mandants, voire de leurs déconseiller la réalisation de certains projets[619]. Si les agences de conseil en vote sont amenées à devenir un jour des mandataires « habituels » de leurs clients investisseurs, il semble alors opportun qu'une réglementation professionnelle de ces organismes soit élaborée, qui leur confère le statut de mandataires professionnels. Le haut degré de compétence et d'expérience de ces organismes les place effectivement en position de force vis-à-vis de leurs mandants investisseurs, raison pour laquelle leur responsabilité devrait, dans cette hypothèse, être renforcée.

B. Responsabilité extracontractuelle des proxy advisors

286. La responsabilité extracontractuelle[620] fonde l'obligation de réparer un dommage. Elle suppose la réunion de trois conditions. Premièrement, celle de l'existence d'un préjudice. Cela désigne « toute lésion d'un intérêt d'ordre patrimonial ou extrapatrimonial subie par une personne, et pouvant consister en une perte ou en un gain manqué »[621]. Le préjudice doit être certain, légitime et personnel. La charge de la preuve appartient au demandeur. Deuxièmement, il doit y avoir un fait générateur. L'on y inclut un fait personnel[622], le fait d'autrui dont on répond[623], ou encore le fait d'une chose que l'on a sous sa garde[624]. *Dans la continuité de l'abandon de l'élément subjectif de la faute au profit du seul élément objectif, il est à noter qu'en matière de fait personnel, la réforme du droit des contrats de 2016 « renonce » à faire la distinction entre faute délictuelle et faute quasi délictuelle.* Troisièmement, il doit exister un lien de causalité entre le préjudice et le fait générateur. La causalité est en effet une notion consubstantielle à la responsabilité tant extracontractuelle que contractuelle[625].
Il convient à présent de s'interroger sur l'identité de ceux qui seraient enclins à mettre en jeu la responsabilité extracontractuelle des *proxy advisors*. Une multitude d'hypothèses plus ou moins réalistes se dessine. Mais une seule est de portée réellement pertinente. Il s'agit de la mise en jeu par un émetteur de la responsabilité extracontractuelle d'un *proxy advisor* fournissant des recommandations de vote aux actionnaires de ce dit émetteur (1.).

1. Mise en jeu par un émetteur

287. La mise en jeu d'un *proxy advisor* par un émetteur relève du droit commun de la responsabilité extracontractuelle. Pour ce qui relève du fait générateur, une recommandation de vote objectivement lacunaire ou erronée parait constitutive d'une faute de la part d'un conseiller *proxy*. Le fait générateur est plus facilement décelable si le conseil émis par l'agence est en contradiction avec sa politique générale de vote. Mais, comme le souligne très justement Alexandre OMAGGIO, « la question sous-jacente à la démonstration d'une faute est l'existence de devoirs à la charge des prestataires. Bien qu'il n'existe aucune obligation légale ou réglementaire à la charge des analystes de résolutions, on trouve dans la jurisprudence l'édiction de devoirs à la charge des analystes : devoirs de rigueur, d'impartialité et d'objectivité (*CA Paris, 30 juin 2006 : affaire LVMH / Morgan Stanley)* »[626]. Reste à savoir si l'activité d'analyse des projets de résolution peut trouver un écho jurisprudentiel similaire...

288. La matérialisation d'un préjudice se révèle encore davantage problématique puisqu'il s'agit de déterminer par quel moyen une orientation de vote négative peut être en mesure d'entrainer une dégradation financière ou « réputationnelle » d'un émetteur. Compte tenu de la multitude des facteurs pouvant influer sur cette dégradation, l'établissement du caractère certain, personnel et direct du préjudice parait fort peu probable, d'autant que le fait de soumettre un projet de résolution au vote de l'assemblée générale implique nécessairement le risque de son rejet. Alexandre OMAGGIO[627] émet donc l'hypothèse que le préjudice de perte de chance puisse être retenu dans le cas où serait apportée la preuve que l'émetteur s'est effectivement vu priver d'une chance réelle et sérieuse de gains. Tout comme l'auteur, nous soutiendrons que le préjudice de perte de chance n'a alors qu'une faible probabilité d'être reconnu, principalement en raison des incertitudes inhérentes au monde financier, mais également en raison de la difficulté que suppose la matérialisation de la preuve d'une éventualité favorable[628], celle de l'existence d'une chance réelle et sérieuse, ainsi que celle de la disparition actuelle et certaine de la chance.

289. L'établissement du lien de causalité représente quant à lui une difficulté quasi insurmontable pour la mise en jeu de la responsabilité extracontractuelle d'une agence de conseil en vote par un émetteur. Le demandeur doit en effet être en mesure de prouver que la recommandation de vote du conseiller *proxy* se trouve directement à l'origine de la décision de vote des actionnaires qui ont contribué au rejet du projet de résolution. Cela suppose d'identifier puis de contacter chacun des clients des agences, afin qu'ils attestent officiellement un suivi mécanique des recommandations des agences. Parallèlement à cela, l'ensemble des clients contactés devront représenter un pourcentage de droits de vote en assemblée suffisant pour avoir objectivement pu orienter la résolution[629].

290. On mesure combien le parcours d'un émetteur souhaitant engager la responsabilité extracontractuelle d'une agence se révèle semé d'embuches. Nous pouvons dès lors envisager trois positions possibles. Premièrement, ne proposer aucune modification des textes, ce qui s'apparente à une forme d'immobilisme, mais qui en l'absence de tout dysfonctionnement peut être justifié. Deuxièmement, établir une responsabilité délictuelle et quasi délictuelle des agences de conseil en vote. Elle pourrait s'inspirer de celle des agences de notation financière instaurée par l'article 10 de la loi de régulation financière n° 2010-1249 du 22 octobre 201, article L. 544-5 et suivants du CMF. Troisièmement, en l'absence de défaillance objective de l'activité des conseillers *proxy,* pourra être préférée l'instauration d'un système d'autorégulation élargi, basé non plus uniquement sur le fonctionnement des *proxy advisors*, mais étendue au comportement de l'ensemble des parties prenantes qui interagissent avec ces conseillers.

§2. De l'opportunité de développer un modèle « autorégulé élargi » pour rationaliser la responsabilité des *proxy advisors* ainsi que celle de leurs clients

291. L'ESMA est à l'origine du processus d'« autorégulation contrôlée »[630] des *proxy advisors* au niveau européen. C'est en effet cette autorité qui a invité les conseillers *proxy* à développer un Code de bonne conduite, tout en leur demandant de respecter certains grands principes directeurs. Bien que sur le long terme l'impact de ce jeune Code demeure inconnu, il est à noter qu'il produit d'ores et déjà des effets notables sur le comportement des conseillers *proxy*. L'établissement du Code BPPSVR représente une mesure à visée structurante pour l'industrie du conseil *proxy*, et doit être salué à ce titre. Le Code confère à ses signataires un niveau de transparence jusqu'ici inédit. Nous soulignerons toutefois le caractère encore perfectible de ce document.
Il est aujourd'hui évident qu'« une transparence fractionnelle [...] ne saurait assurer l'efficience du marché »[631]. L'établissement d'un Code centré uniquement sur les pratiques d'exercice des *proxy advisors* représente une réponse fragmentaire à la problématique de la transparence de l'ensemble des parties prenantes interagissant avec les agences. Dans cette perspective, l'instauration d'un cadre autorégulé élargi à l'ensemble des acteurs ayant des relations avec les *proxy advisors* pourrait se révéler pertinente et efficace, tout en demeurant d'essence *soft law*. Il pourrait s'agir d'un futur Code européen de type « *comply or explain* » applicable à l'ensemble des acteurs [...] impliqués dans la décision d'investissement »[632], et qui pourrait être inspiré du « *Stewardship Code* » britannique fonctionnant déjà sur ce principe.

292. Un modèle autorégulé élargi serait à même d'assurer tant la transparence des méthodes des *proxy advisors*, que celle de leurs clients pour ce qui relève de l'utilisation faite des recommandations de vote. Suivant cette hypothèse, les investisseurs institutionnels devront définir les attentes réelles qui sont les leurs en matière de fourniture de conseils et de recommandations de vote par les *proxy advisors*. Ce modèle viserait donc à responsabiliser l'ensemble des acteurs se trouvant en relation avec les conseillers *proxy*. Cette responsabilisation généralisée aurait pour conséquence une caractérisation plus aisée de la responsabilité des agences de conseil en vote, puisque serait mieux définie l'influence des recommandations de vote sur le comportement des clients des *proxy advisors*.
Une autorégulation élargie pourrait avoir comme conséquence une mise en jeu plus aisée de la responsabilité des agences de conseil en vote (A.). En parallèle, ce modèle devrait contribuer à rendre davantage transparent le niveau de dépendance de certains clients des *proxy advisors* vis-à-vis de la fourniture de recommandations de vote (B.).

A. Une responsabilité davantage déterminable

293. Un encadrement autorégulé exclusivement centré sur les pratiques d'exercice des *proxy advisors* ne permet pas de prendre en compte l'impact réel des recommandations de vote. Or, cette prise en compte est nécessaire à la mise en jeu éventuelle de la responsabilité des agences de conseil en vote. En ce sens, la poursuite d'un encadrement strict de ces organismes pourrait représenter une solution acceptable. Mais il faut rappeler que le caractère transversal et transnational du métier des *proxy advisors* ne saurait se prêter à un tel encadrement, cette règlementation devant prendre une dimension au moins européenne[633]. Un modèle autorégulé uniquement concentré sur les activités des *proxy advisors* nourrirait donc une forme d'« irresponsabilité » de ces organismes. Pourtant, l'hypothèse de l'établissement d'un encadrement contraignant des conseillers *proxy* est encore moins satisfaisante. En effet, cela comporterait le risque de dénaturer en profondeur l'équilibre du fonctionnement de ces organismes, comme celui des investisseurs institutionnels les plus dépendants aux recommandations de vote.

294. Partant, la promotion d'un modèle d'autorégulation élargi pourrait représenter une solution des plus opportunes. Elle offrirait une meilleure prise en considération de l'influence et des relations qu'entretiennent les *proxy advisors* avec l'ensemble des parties prenantes. Cela permettrait de passer de l'approche « unilatérale » du Code BPPSVR (*s'intéressant exclusivement aux méthodes d'exercice et au comportement des agences* à l'égard *de leurs clients et autres parties prenantes…*) vers une approche « bilatérale » (*s'intéressant aux comportements et aux relations qu'entretiennent chacun des acteurs entre eux*) à l'image du « *Stewardship Code* ». Un modèle autorégulé élargi pourrait donc constituer une alternative probante à l'établissement d'une responsabilité spécifique des *proxy advisors*. Ce modèle viserait alors à englober les tenants et aboutissants des méthodes d'exercice des conseillers *proxy*, mais également ceux des autres parties prenantes impactées par les recommandations de vote. La mise en jeu de la responsabilité des *proxy advisors* étant dépendante de la caractérisation de l'influence des recommandations de vote, l'approche bilatérale que soutient ce modèle nous parait appropriée (1.).

1. L'avantage d'une approche bilatérale

295. Le système d'autorégulation développé par le Code BPPSVR est pertinent, mais perfectible. Il se concentre exclusivement sur les pratiques d'exercice des *proxy advisors*. Il ne prête donc pas attention à l'impact des recommandations de vote émises sur les clients des agences. Or, nous savons à présent que cette question se trouve au cœur de la mise en jeu de la responsabilité des *proxy advisors*. La quasi-non-imputabilité des agences de conseil en vote revêt un caractère anxiogène pour de nombreux acteurs du marché. Cela n'est que peu étonnant. Rappelons qu'en raison d'une structure organisationnelle faible, certains investisseurs institutionnels sont plus ou moins dépendant des recommandations de vote des *proxy advisors*. L'établissement d'une autorégulation élargie visant non seulement les conseillers *proxy*, mais également l'ensemble des parties prenantes impactées par les recommandations de vote, aurait pour effet de largement réduire l'appréhension que suscitent les agences. Cet aspect n'est pas négligeable, mais il ne revêt qu'une importance secondaire par rapport à la perspective qu'un tel modèle puisse concourir à rationnaliser la mise en jeu de la responsabilité des agences de conseil en vote.

296. Ce principe ne repose sur aucune considération juridique obscure, ou alambiquée. Il s'appuie sur un simple constat : l'établissement de la responsabilité des *proxy advisors* est soumise à la caractérisation de l'influence des recommandations de vote qu'elles vendent à leurs clients. Or, à ce jour, personne n'a encore proposé un modèle qui permette de déterminer l'influence de ces recommandations. C'est la raison pour laquelle nous soutenons l'efficience d'une autorégulation élargie. Sur le principe d'une approche de type bilatéral, ce modèle permettrait de définir les méthodes d'exercice des *proxy advisors* (*ce que propose actuellement le Code BPPSVR*), mais offrirait également l'avantage de caractériser l'influence des recommandations de vote sur leurs bénéficiaires. Cela pourrait constituer une aide précieuse pour rationnaliser la mise en jeu de la responsabilité des agences de conseil en vote.

B. Mettre en lumière le niveau de dépendance des investisseurs institutionnels eu égard aux recommandations des *proxy advisors*

297. Certains investisseurs institutionnels se trouvent dans une situation de quasi-dépendance vis-à-vis des recommandations de vote des agences de conseil en vote. Cette affirmation vient en contradiction relative avec le fait établi que les émetteurs aient progressivement développé d'importants services de communication spécialisés dans les relations avec leurs investisseurs. Ces services ont pour objectif d'améliorer l'intelligibilité de l'information financière et de répondre aux « obligations de transparence nécessaires au bon fonctionnement du marché financier »[634]. Mais en raison de la faiblesse des structures organisationnelles de certains professionnels de l'intermédiation financière, les efforts consentis par les émetteurs sont restés largement vains. Et ce sont paradoxalement non pas les investisseurs eux-mêmes, mais bien leurs conseillers *proxy* qui se sont rapprochés de ces services.

298. Alors que la majorité des investisseurs institutionnels expliquent ne faire appel à des *proxy advisors* que dans un but informatif[635], pour une minorité

de ces investisseurs, le service de recommandation de vote des conseillers *proxy* revêt bien davantage d'importance. En l'absence d'un modèle autorégulé élargi, le niveau d'influence réelle de ces organismes est difficile à évaluer. Les émetteurs sont conscients que certains de leurs actionnaires institutionnels ne disposent pas des structures adaptées au juste traitement de l'ensemble des projets de résolution qui leur sont soumis, et que donc, par la force des choses, ils s'en remettent dans une large mesure aux *proxy advisors*.
Bien que les émetteurs se trouvent dans la possibilité de se référer au Code BPPSVR pour ce qui relève des méthodes d'exercice des conseillers *proxy*, ils demeurent dans un flou complet s'agissant de l'emploi fait des recommandations des agences par les investisseurs institutionnels. Cette inconnue est profondément anxiogène pour les sociétés, puisqu'elle oblige ces dernières à repenser la notion même d'actionnaire. C'est pourquoi l'hypothèse d'un modèle autorégulé élargi serait à même d'améliorer la situation, car il soutient une approche bilatérale des relations qu'entretiennent les *proxy advisors* et leurs clients. Partant, un investisseur qui serait en position de dépendance vis-à-vis des recommandations de vote d'un conseiller *proxy*, se trouverait dans l' « obligation »[636] de divulguer à l'ensemble des parties prenantes sa situation. Il s'agit en somme de soutenir une responsabilisation de l'emploi que font les investisseurs institutionnels des recommandations émises par les *proxy advisors* (1.).

1. Responsabiliser l'emploi des recommandations de vote

299. Le suivi des recommandations de vote n'intéresse qu'à titre secondaire les *proxy advisors* (*ces prestataires de service demeurent principalement attachés à la pleine satisfaction de leurs clients. Il importe dans l'absolu peu pour les proxy advisors que leurs conseils soient ou non suivis…*). Force est cependant de constater que responsabiliser les investisseurs institutionnels vis-à-vis de l'emploi de ces recommandations pourrait éteindre nombre de questionnements qui entourent l'activité des *proxy advisors*.
Dans l'hypothèse d'un modèle autorégulé élargi, il s'agirait pour les investisseurs institutionnels de divulguer les attentes réelles qui sont les leurs face aux recommandations de vote des *proxy advisors*. Comme le rappelle l'AMF, « l'exercice du droit de vote relève de la responsabilité de l'investisseur. Même lorsque les investisseurs institutionnels ont fréquemment recours aux services de - proxy advisors -, les conseils de ces agences ne sauraient exonérer dans les faits leurs clients investisseurs de cette responsabilité. Cette responsabilité suppose une décision de vote éclairée, mais qui ne soit pas non plus intégralement déléguée à des tiers »[637]. Il serait donc opportun que les investisseurs institutionnels soient activement invités à « publier leur propre politique de vote et [précisent] comment la contribution des conseillers proxy informe leurs choix de vote »[638]. L'établissement d'une telle mesure permettrait de caractériser avec davantage d'aisance la nature exacte des relations

existant entre les conseillers *proxy* et leurs clients[639]. Un émetteur estimant avoir subi un dommage en raison d'une recommandation de vote pourrait ainsi mettre en jeu plus aisément la responsabilité du *proxy advisor*.

300. L'ensemble des marchés financiers fait un constat similaire. Depuis quelques années, les investisseurs institutionnels ne votent plus dans la droite ligne des équipes dirigeantes. D'aucuns peuvent y voir un intérêt grandissant de la part de ces investisseurs pour la vie des émetteurs. Mais en l'absence d'une complète refonte de la structure organisationnelle de nombre d'acteurs de cette catégorie actionnariale, nous ne saurions soutenir cette théorie. Ce constat semble davantage plaider en faveur de l'émergence d'un activisme atypique des investisseurs institutionnels[640]. Si les investisseurs institutionnels ne votent plus dans la droite ligne des équipes dirigeantes, est-ce de leur propre fait, ou sous l'influence grandissante des agences de conseil en vote ? Seule une approche plus approfondie des relations qu'entretiennent les investisseurs institutionnels et les *proxy adviors* semblerait en mesure de nous éclairer. C'est précisément cette orientation que vient soutenir le modèle autorégulé élargi des *proxy advisors* aux parties prenantes impactées par les recommandations de vote.

Conclusion du chapitre 2

301. Les notions d'encadrement et de responsabilité des *proxy advisors* sont au cœur des questionnements que soulèvent ces organismes. La nature de l'encadrement des agences divise puisque l'approche souple (*celle d'une réglementation de type soft law* à l'image du Code *BPPSVR*), tout comme l'approche stricte (*celle d'une réglementation contraignante et spécifique*) mettent à l'équilibre avantages et inconvénients. Au-delà d'une question de forme, ce sujet interroge la philosophie de fonctionnement des conseillers *proxy*. Le rayonnement que permet une réglementation souple des *proxy advisors* est pondérée par l'existence d'effets anxiogènes. L'établissement d'une réglementation stricte serait quant à elle vectrice d'une refonte du fonctionnement des agences de conseil en vote. Par ricochet, elle serait également en mesure d'impacter le précaire équilibre du fonctionnement de nombreux investisseurs institutionnels, qui font appel aux services des conseillers *proxy*, non pas à titre informatif, mais par nécessité. En ce sens, un encadrement contraignant des *proxy advisors* ne nous semble pas nécessaire en l'absence d'études ou de preuves venant accréditer l'idée que ces organismes puissent être à l'origine de graves dysfonctionnements du marché. Alors que l'encadrement des agences demeure à ce jour inscrit dans une logique de type *soft law*, certains éléments laissent toutefois penser qu'une réglementation stricte de ces organismes pourrait émerger (*au niveau européen et plus encore aux États-Unis*) à moyen ou long terme.

302. En France, les conseillers *proxy* répondent du droit commun de la responsabilité civile. Or, la mise en jeu de la responsabilité de ces organismes se révèle d'une complexité presque insurmontable. Cette problématique pourrait trouver une réponse satisfaisante dans le développement d'un modèle autorégulé élargi. Celui-ci tendrait à définir les tenants et aboutissants des méthodes d'exercice des conseillers *proxy*, mais également à caractériser, auprès de l'ensemble des parties prenantes impactées, l'influence des recommandations de vote. D'aucuns soutiennent que les professionnels de l'intermédiation financière ont abandonné leur pouvoir de décision aux *proxy advisors*[641]. Nous ne saurions soutenir une vision aussi tranchée de la question. Il apparait cependant qu'en faisant couramment appel aux services des *proxy advisors*, les investisseurs institutionnels se sont assurés, pour un coût raisonnable, la poursuite de leurs interets généraux.

Conclusion du II de la partie I

303. Les agences de conseil en vote sont des acteurs clivants des marchés financiers. Elles jouent pour certains un rôle essentiel dans la réduction du phénomène d'asymétrie d'information dont pâtissent aujourd'hui les actionnaires. Pour d'autres, ces organismes ont intellectuellement évincé leurs clients des assemblées générales d'actionnaires.
L'encadrement des conseillers *proxy* demeure à ce jour caractérisé par une réglementation de type *soft law*. Le Code BPPSVR marque un tournant dans les pratiques d'exercice des agences au niveau européen, puisqu'il s'attache à définir le comportement des agences, non seulement à l'égard de leurs clients et des émetteurs, mais également à l'égard du public et des médias. Ce Code inscrit donc ses signataires dans une démarche de transparence, d'indépendance, de standardisation, de fiabilité et de qualité.
Pour autant, le Code de déontologie des *proxy advisors* demeure perfectible. Certains des points qu'il développe ne sont que partiellement appliqués par les agences. Et la portée unilatérale de ses préconisations n'éclaircit en rien l'influence intrinsèque des recommandations de vote des agences sur le comportement des investisseurs institutionnels.

304. Le Code BPPSVR pourrait cependant être aux origines d'une réflexion européenne plus générale. Celle-ci pourrait promouvoir l'établissement d'un modèle autorégulé élargi, qui tendrait notamment vers une responsabilisation de l'utilisation des recommandations de vote des agences par les investisseurs institutionnels. Mais il ne s'agit pour l'heure que d'une représentation prospective et donc incertaine de l'évolution de l'encadrement des agences de conseil en vote.
Toujours est-il qu'à ce jour en France, la mise en jeu de la responsabilité des *proxy advisors* doit affronter de quasi infranchissables obstacles. Cette réalité renforce pour nous la nécessité de parfaire les arcanes du fonctionnement des conseillers *proxy*, de les parfaire dans une perspective de type *soft law,* il s'entend, premièrement en raison des spécificités du métier des *proxy advisors*, secondement, en raison du fait que les agences ne sont à l'origine d'aucun dysfonctionnement notable au sein du marché[642].
Alors que certains éléments laissent augurer la possibilité d'un futur encadrement contraignant des *proxy advisors*, nous devons mettre en garde quant à la possibilité pour cette réglementation de remettre en cause la logique même du fonctionnement de ces organismes. Cela pourrait s'avérer bien aventureux si cette refonte se révélait capable d'impacter le précaire équilibre du fonctionnement des investisseurs institutionnels, qui font appel aux services des *proxy advisors,* non pas à titre accessoire, mais en raison d'un impérieux besoin.

Conclusion de la partie I

305. Les agences de conseil en vote sont les témoins et les acteurs de la transformation des marchés financiers. Le développement et l'internationalisation de l'actionnariat institutionnel sont des phénomènes qui ont participé au dérèglement de la souveraineté décisionnelle des assemblées générales. Les *proxy advisors* contribuent donc à assurer le maintien et le développement de la valeur actionnariale, ainsi qu'à réduire le phénomène d'asymétrie d'information dont souffrent leurs clients.
Pour ce faire, ces organismes ont développé diverses méthodes et exercices autour de la question du vote de leurs clients aux assemblées générales. Bien que l'activité principale des agences demeure l'analyse des projets de résolution, analyse dont découleront les recommandations de vote, l'on constate un fort développement de leurs services annexes, tels que la mise à disposition de plateformes d'information, de plateformes de vote et d'analyse de type *governance rating* (*pour le compte des investisseurs*). Par ailleurs, le groupe ISS propose également un service de conseil en gouvernance auprès des émetteurs[643]. En France, les *proxy advisors* sont depuis peu en mesure d'exercer le rôle de mandataire du vote de leurs clients aux assemblées générales d'actionnaires. Les conseillers *proxy* sont donc des acteurs protéiformes.

306. En dépit de récurrentes faiblesses structurelles, la catégorie des investisseurs institutionnels est vivement encouragée à voter lors des assemblées générales. Partant, la possibilité d'externaliser le traitement des projets de résolution auprès des conseillers *proxy* présente un avantage indéniable. Il permet aux institutionnels de s'assurer, pour un coût raisonnable, que leurs votes s'inscriront dans la recherche de la valeur actionnariale, en conformité avec les principes de la *corporate governance*. L'activisme de nombreux investisseurs institutionnels est donc orienté par l'exercice des agences de conseil en vote.
L'influence des *proxy advisors* invite à la réflexion. Ces organismes pallient-ils opportunément les défaillances structurelles de certains investisseurs institutionnels ? Ou écartent-ils leurs clients des assemblées générales en les « dépossédant » de l'essence même de leur droit de vote ?

307. L'encadrement des conseillers *proxy* est également marqué d'incertitudes. Alors que ces organismes se trouvent, au niveau européen, confortés par un encadrement de type *soft law* (*la publication en 2014 du Code de déontologie des proxy advisors : « The Best Practice Principles for Providers of Shareholder Voting Research » inscrit les agences signataires dans des démarches de standardisation, de transparence et d'indépendance des leurs pratiques d'exercice*), de récents éléments laissent présager, à moyen ou long terme, l'établissement d'une réglementation contraignante des *proxy advisors*[644]. En réponse à ces flottements, le Code BPPSVR pourrait servir de base au développement d'un modèle autorégulé élargi. Ce dernier viserait non seulement à définir les pratiques d'exercice des conseillers *proxy*, mais il s'attacherait également à caractériser l'influence des recommandations de vote auprès de l'ensemble des parties prenantes que ces dernières impactent.

308. Les *proxy advisors* demeurent des acteurs perfectibles des marchés financiers. Pour autant, ils exercent avec efficacité une activité nécessaire à de nombreux investisseurs institutionnels. En ce sens, ces organismes impactent positivement le marché. Néanmoins, leur influence est telle qu'ils s'immiscent toujours davantage dans la gestion des émetteurs…

Partie II

L'influence des *proxy advisors* sur la gouvernance d'entreprise

309. En militant pour le développement de la valeur actionnariale, les agences de conseil en vote œuvrent à l'efficience du marché. L'influence de ces organismes passe par la fourniture de recommandations de vote aux investisseurs institutionnels, mais aussi par le fait que de nombreux émetteurs cherchent, en amont de la tenue des assemblées générales d'actionnaires, à se conformer aux prescriptions des *proxy advisors*, en vue de s'assurer un vote favorable. Les conseillers *proxy* participent donc au processus de création de la « *shareholder value* », tout en gardant des positions externes aux sociétés. Comme le souligne Michelle EDKINS (*Global Head of BlackRock's Corporate Governance and Responsible Investment*), les agences de conseil en vote occupent une place importante dans le fonctionnement de BlackRock[645] et plus généralement dans celui de nombreux investisseurs institutionnels.

Les plus grands institutionnels disposent de structures leurs permettant une utilisation optimale des recommandations de vote des *proxy advisors*. A *contrario*, une partie des professionnels de l'intermédiation financière de moindre envergure se trouve en situation de dépendance vis-à-vis des recommandations des agences. Certains investisseurs tirent aujourd'hui la sonnette d'alarme : « Nous avons trop délégué aux agences de conseil en vote notre politique. Nous n'avons pas fait l'effort d'être décideur. Il faut que cela change »[646].

Une application automatique des recommandations des agences s'apparenterait à une externalisation des prérogatives de vote des actionnaires, ce qui viendrait rompre le lien intime qui existe entre l'influence politique du vote et les intérêts financiers qu'il conditionne. Le niveau d'influence général des *proxy advisors* ne saurait à ce jour refléter cette situation. Force est cependant de constater que, dans certains cas, cette situation est une réalité. Ce phénomène illustre la montée en puissance des conseillers *proxy*, au point que ces organismes parviennent à directement influencer le comportement de nombreux émetteurs, ces derniers cherchant à conformer la teneur de leurs projets de résolution aux politiques de vote/gouvernance des conseillers *proxy*.

310. Dès lors, nous avancerons l'hypothèse selon laquelle les agences de conseil en vote influent directement sur la *corporate governance*[647] et se métamorphosent progressivement en agences de gestion des sociétés cotées. Cette hypothèse serait pleinement confirmée si l'ensemble des *proxy advisors* étaient de type « dualiste ». Or, la grande majorité des acteurs de l'industrie du conseil en vote se refusent au contraire à fournir en parallèle de leur activité de conseil aux investisseurs, une activité de conseil en gouvernance auprès des émetteurs. L'immixtion des *proxy advisors* dans la gestion des émetteurs repose sur un mécanisme bien plus subtil, qui vise à promouvoir les préceptes de la gouvernance d'entreprise à un degré paroxysmique. Par ce biais, les politiques de gouvernance développées par les conseillers *proxy* font ainsi office de référentiels pour de nombreuses sociétés cotées. Ce phénomène concourt ainsi à entretenir et développer l'influence des agences de conseil en vote dans la gestion des sociétés cotées.
L'influence des agences de conseil en vote sur le fonctionnement des sociétés cotées conduit à une situation paradoxale où de simples prestataires de service disposent d'un pouvoir potentiel colossal.

I. L'influence des proxy advisors sur les émetteurs

311. Il est de prime abord étonnant de constater que des prestataires de service puissent influer sur le fonctionnement de grandes multinationales. C'est pourtant bien le cas. D'aucuns estiment que les recommandations des principales agences impactent de 20% à 30% le vote des actionnaires. Ces pourcentages ainsi mis en avant semblent élevés, d'autant que l'influence des agences tend à fluctuer largement en fonction de différents facteurs, comme par exemple la présence d'un actionnaire de référence, la spécificité du secteur d'activité de l'émetteur, ou encore en fonction de la nature des résolutions proposées aux assemblées générales. À ce jour, la principale étude concernant cette question estime que l'impact des recommandations d'ISS influe sur 6% à 10% des votes des actionnaires[648], ce qui est déjà en soi très considérable. Les recommandations des agences prennent donc bel et bien un caractère à la fois instructif et prédictif des résultats de vote[649]. Ce qui interpelle plus encore que l'influence intrinsèque des *proxy advisors*, est le caractère extrêmement concentré des acteurs réellement influents de cette industrie. Les structures ISS et GLASS LEWIS & Co représentent à elles seules près de 97% du marché américain des agences de conseil en vote[650]. En Europe, la situation est largement similaire, malgré l'existence d'une dizaine d'agences de moindre envergure.

312. Pour l'auteur James WOOLERY, la faiblesse de l'encadrement de ces organismes en proportion de leur influence sur le marché, et plus particulièrement sur le fonctionnement des émetteurs, constitue un fait sans précédent dans l'histoire de la finance moderne[651]. La solennité de cette déclaration nous invite à deux réflexions. Par quel biais les agences de conseil en vote parviennent-elles à influer sur le fonctionnement des émetteurs ? Cette influence est-elle positive ou négative[652] ?
L'influence des *proxy advisors* sur le fonctionnement des sociétés cotées s'exerce par le biais d'une recherche de l'application optimale de la *corporate governance*. Cette situation confère aux agences un grand pouvoir, mais implique également de grandes responsabilités, notamment en matière de gestion des conflits d'intérêts (Chapitre 1.).
Alors que l'existence de désaccords entre la vision d'une équipe dirigeante et celle de son actionnariat peut pousser la firme vers une performance optimale[653], nous découvrirons qu'en réalité, les intérêts des sphères dirigeantes de nombreux émetteurs et de nombreux grands fonds institutionnels convergent de plus en plus souvent. Cette situation est dangereuse pour la « *shareholder value* », ce qui laisse à penser que les *proxy advisors* militent *in fine* pour discipliner la conduite de l'ensemble des acteurs qui concourent au processus d'investissement (Chapitre 2.).

Chapitre 1. Proxy advisors : une influence croissante sur les émetteurs en dépit de vulnérabilités

313. Afin de s'assurer un vote favorable de l'actionnariat institutionnel aux assemblées générales, certaines équipes dirigeantes se voient pour ainsi dire contraintes d'appliquer l'ensemble des critères de *corporate governance* défendus par les *proxy advisors*. Cette contrainte subie par les émetteurs n'est en rien imaginaire, puisqu'il existe de nombreux exemples de recommandations des conseillers *proxy* venant contrarier l'adoption de résolutions. Pour illustration, en 2015, ISS a contesté le montant des indemnités de départ de l'ex-directeur général de SANOFI Christopher VIEHBACHER, ainsi que la hauteur du « cadeau » d'arrivée de son remplaçant Olivier BRANDICOURT. ISS n'a pas été pleinement suivi par l'actionnariat de SANOFI, mais les deux résolutions ayant obtenu moins de 80% de votes favorables (*61% pour le sortant et 64% pour l'entrant*), elles ont été considérées comme contestées. Chose peu commune, SANOFI a fait part dans une lettre ouverte de sa profonde incompréhension concernant la recommandation d'ISS, estimant que le *proxy advisor* avait fait une grossière erreur d'analyse[654]. Mais rares sont les émetteurs dont la croissance et la vigueur sont telles qu'ils peuvent remettre directement en cause les recommandations d'un conseiller *proxy*. Et plus précisément celles du *leader* de l'industrie.
L'actuelle fébrilité des marchés financiers encourage les sociétés à adopter des modèles de gouvernance largement uniformisé. Ce phénomène est profitable aux *proxy advisors*, puisque ces organismes militent pour le développement de principes de bonne gouvernance standardisés. Les agences de conseil en vote portent le respect des principes de la gouvernance d'entreprise à un degré paroxysmique (Section 1.). Cette situation contribue à justifier l'influence de ces organismes dans le fonctionnement des émetteurs. Pour autant, cette immixtion dans la gestion des sociétés cotées soulève la question de l'aptitude réelle des *proxy advisors* à gérer la survenance ou l'existence de conflits d'intérêts (Section 2.).

Section 1. *Proxy advisors* : une demande d'application optimale de la gouvernance d'entreprise

314. Le respect des critères de la gouvernance d'entreprise constitue le principal vecteur de l'influence des agences de conseil en vote dans le fonctionnement des sociétés cotées. Et il s'agit là d'un vecteur « redoutable » puisqu'il révèle aux yeux de tous la manière dont un émetteur est administré. La succession récente de crises et de scandales financiers a mis en lumière l'existence de dysfonctionnements structurels au sein des marchés financiers. Conjointement, l'enrichissement

aveugle des grandes multinationales a fait l'objet de vives critiques. La combinaison de ces phénomènes a participé à la conscientisation du principe selon lequel, pour fonctionner de manière efficiente, les marchés financiers ont besoin de transparence et d'éthique. L'application de ce principe s'est traduite par une profonde refonte des méthodes d'administration des sociétés cotées. Il s'agit des critères contemporains de la *corporate governance*[655].
Les sociétés cotées demeurent guidées par une logique de création de valeur, qui est directement synonyme de croissance. Mais, à cette poursuite légitime s'ajoute celle du développement, tout aussi légitime, des principes de *corporate governance*, qui visent à renforcer durablement les capacités institutionnelles des émetteurs, « notamment par la connaissance des principaux modèles de gouvernance, des aspects juridiques, financiers et éthiques, des rôles et responsabilités des administrateurs, dirigeants et membres du conseil, de l'importance du rôle du président du conseil »[656].

315. L'intégration des critères de *corporate governance* n'est pas un phénomène spontané pour les sociétés cotées. Elle suppose donc une forme d'enseignement, la mise en place d'une certaine pédagogie[657]. Nous soutiendrons donc l'idée selon laquelle les agences de conseil en vote jouent, d'une manière plus ou moins consciente, ce rôle de pédagogue auprès des émetteurs, rôle qui permet aussi à ces organismes de légitimer leur influence dans la gestion des sociétés cotées. Nous verrons que les *proxy advisors* font office de pédagogues particulièrement intransigeants et soutiennent les concepts de gouvernance d'entreprise d'une manière quasi « dogmatique » (§1.). Cette réalité soulève également la question des raisons pour lesquelles l'influence des conseillers *proxy* engendre une forte rationalisation de cette matière (§2.).

§1. La poursuite d'un idéal de gouvernance

316. Au fil de son développement et de son perfectionnement, la *corporate governance* a progressivement acquis ses lettres de noblesse. Aujourd'hui, cette matière conditionne le fonctionnement efficient des émetteurs, ou au moins représente, aux yeux des actionnaires, l'assurance que leurs intérêts ne seront pas lésés. Ayant rapidement pris conscience de cette situation, les sociétés cotées ont graduellement fait évoluer leurs méthodes de fonctionnement. Elles ont ainsi intégré un certain nombre de nouveaux *process* directement issus des principes du gouvernement d'entreprise. Dans un monde financier ou l'actionnariat occupe une place centrale, les assemblées générales ont pour rôle d'arrêter les méthodes de gestion des émetteurs. Lorsque les équipes dirigeantes synchronisent leurs projets de résolution avec les lignes directrices de la gouvernance d'entreprise, elles ont la quasi-certitude d'être à l'abri de tout désaveu. Les émetteurs, et en particulier leurs équipes dirigeantes, sont donc fortement incités au respect de la *corporate governance*. Ce phénomène est largement accentué par l'influence des conseillers *proxy*. Ces organismes jouent en effet un rôle de médium des préceptes de la matière.

317. Les *proxy advisors* ont acquis un tel niveau d'expertise en *corporate governance* qu'ils influent directement sur cette matière. Cette réalité n'est pas surprenante car, bien souvent, la fonction crée l'organe. Et les agences de conseil en vote sont des observateurs privilégiés de l'efficacité, ou de la défaillance, de l'application des préceptes de la gouvernance d'entreprise. Partant, il est tout à fait dans l'ordre des choses que ces organismes travaillent à améliorer certains tenants et aboutissants de leur objet d'étude et d'action. Les apports et propositions de ces organismes trouvent un écho évident auprès des autorités de régulation.
L'AMF, avec son rapport en date du 22 septembre 2014 sur le gouvernement d'entreprise et la rémunération des dirigeants, en fournit un frappant exemple[658]. Alors que le Code AFEP-MEDEF (*dans sa version révisée de novembre 2015*), dans sa recommandation 9.4, expose d'une manière assez peu précise les critères que « doivent examiner le comité et le conseil afin de qualifier un administrateur d'indépendant », notamment « ne pas être client, fournisseur, banquier d'affaires, banquier de financement significatif de la société ou de son groupe, c'est-à-dire pour lequel la société ou son groupe représente une part significative de l'activité ». L'AMF souligne quant à elle dans son rapport du 22 septembre 2014, au point 5.4.2.1 : « que certaines agences en conseil en vote adoptent une conception stricte de l'appréciation de ces relations d'affaires ». En conformité avec les méthodes d'évaluation précises et chiffrées des *proxy advisors*, l'AMF « recommande que les critères qualitatifs et/ou quantitatifs d'appréciation du caractère significatif de la relation entretenue avec la société ou son groupe, soient explicités de manière claire et précise »[659]. Cette situation de compétence se traduit par un accroissement de l'influence des *proxy advisors* en matière de *corporate governance*. Elle explique que ces organismes ne se limitent pas à jouer un rôle d'évaluateur de la gouvernance d'entreprise, mais qu'ils en représentent également une source de « réforme » et d'évolution.

318. En tant que spécialistes reconnus des problématiques de gouvernance d'entreprise, les conseillers *proxy* influencent de nombreux émetteurs. Principalement via deux procédés (*sans prendre en compte l'hypothèse de l'influence d'un proxy advisor dualiste qui propose directement des conseils en gouvernance aux émetteurs*). Premièrement, la publication annuelle de la politique de vote/gouvernance des conseillers *proxy* impacte le cadre général de la gestion des émetteurs. Ces derniers peuvent s'appuyer sur les politiques de vote des *proxy advisors* pour orienter leurs futurs projets de résolution et ainsi s'assurer un vote favorable à l'assemblée. Secondement, lorsqu'une recommandation de vote est rendue publique en amont de l'assemblée générale, ou qu'un *proxy advisor* se positionne publiquement contre un projet de résolution, il est évident que cette situation peut avoir une incidence sur l'émetteur. Ce dernier peut par exemple modifier ou retirer la résolution mise en cause.

Que ce soit d'une manière objective ou subjective, les exigences des conseillers *proxy* en matière de *corporate governance* façonnent effectivement le comportement des émetteurs. Il conviendra donc d'étudier les principaux critères de gouvernance que soutiennent ces organismes (A.), ce qui laissera par la suite apparaitre que le non-respect de ces règles par les émetteurs peut faire l'objet de véritables sanctions (B.).

A. Principaux critères de gouvernance

319. Suivant le principe du « rasoir d'Ockham », les *proxy advisors* font la promotion d'un degré optimal de bonne gouvernance des émetteurs dans le but de développer la valeur actionnariale, valeur qui conditionne le niveau de satisfaction de leurs clients investisseurs. La *corporate governance* représente donc pour eux un référentiel d'analyse, référentiel qu'ils contribuent par ailleurs directement à faire évoluer. Les critères de gouvernance que promeuvent les conseillers *proxy* ont pour finalité première d'éclairer les investisseurs au moment du vote aux assemblées générales d'actionnaires. Ces critères poursuivent toutefois encore un objectif subsidiaire : contribuer à accroître le niveau général de bonne gouvernance des sociétés cotées. En effet, la publication des politiques de vote/gouvernance des *proxy advisors* permet aux émetteurs de prendre conscience de leurs lacunes éventuelles en la matière.

320. Une étude de l'ensemble des critères de *corporate governance* développés au sein des politiques de vote/gouvernance des agences n'aurait qu'un intérêt très relatif. Il s'agirait en somme de développer une liste interminable de critères, qui pour la plupart ne font pas débat. Pour cette raison, nous nous concentrerons pour l'essentiel sur les critères de gouvernance majeurs des *proxy advisors*, tant du point de vue de leur importance, que de leur actualité. Il est évident que les critères d'approbation des comptes, ou encore les critères relatifs à l'affectation des résultats représentent des éléments essentiels de la gouvernance d'entreprise. Mais ils ne sont aujourd'hui plus porteurs de réelles interrogations. Le principe d'intégrité de la gestion, tout comme celui d'une affectation stratégiquement justifiée des dividendes, fait l'objet d'un plein consensus. À côté de cela, les *proxy advisors* font la promotion de critères de *corporate governance* qui invitent à une analyse moins factuelle. Nos développements se feront donc sur trois axes : une conception nouvelle des administrateurs (1.), le « say on pay » (2.) et enfin les défenses anti-OPA (3.), défenses auxquelles les agences sont fermement opposées.

1. Les membres du conseil d'administration

321. Les administrateurs ne sont autres que les membres du conseil d'administration, organe collégial en charge de l'orientation stratégique de la société anonyme et de la mise en œuvre[660] de celle-ci. L'encadrement de la fonction des administrateurs est le fruit d'une longue évolution du droit et de la pratique des sociétés[661]. La première loi qui a régi les sociétés commerciales (*en date du 24 juillet 1867*) confie aux administrateurs le rôle de conseil de la direction et de contrôle de la société. Mais en raison de l'insuffisance du contrôle exercé par ces acteurs, le législateur national à longtemps été critiqué. Dans le but de répondre à ce manque récurrent de contrôle, les Décrets-lois d'août 1935, la loi du 16 novembre 1940 relative aux sociétés anonymes, la loi du 24 juillet 1966 sur les sociétés commerciales, ainsi que l'Ordonnance n° 2000-912 du 18 septembre 2000 ont progressivement mis en avant le devoir d'honnêteté, de moralité, de prudence, de diligence ainsi que de discrétion des administrateurs.
Aujourd'hui, le conseil d'administration d'une société anonyme est composé de trois à dix-huit administrateurs[662]. Dans l'hypothèse d'une fusion, sa composition peut être étendue à vingt-quatre membres sur une période de trois ans[663]. En conformité avec les principes soutenus par la gouvernance d'entreprise, la loi NRE du 15 mai 2001 a limité la taille de l'organe de gestion des sociétés, dans le but d'en accroître l'efficacité. Une personne physique comme une personne morale[664] peut exercer la fonction d'administrateur. Le mandat d'un administrateur ne peut excéder six ans. Sauf disposition statutaire contraire, les administrateurs sont rééligibles[665]. La rémunération des administrateurs s'effectue par jetons de présence[666], mais des rémunérations exceptionnelles peuvent être prévues si ces derniers exécutent certaines missions spécifiques[667]. Sauf exception[668], « une personne physique ne peut exercer simultanément plus de cinq mandats d'administrateur de sociétés anonymes ayant leur siège sur le territoire français »[669]. Et pour terminer, les administrateurs sont révocables *ad nutum*[670].

322. Les administrateurs subissent donc un fort encadrement législatif. Mais en raison de la succession des scandales financiers, le monde juridico-financier a mis en cause très régulièrement l'efficacité et la probité des membres des conseils d'administration. Les raisons de cette remise en cause des administrateurs sont multiples et concordantes[671] : passivité, absences répétées, existence de nombreux mandats entrecroisés, et surtout poids disproportionné, voire influence liberticide du président du conseil. Pour pallier l'impuissance des conseils d'administration, la *corporate governance* soutient l'introduction et le développement de nouvelles catégories d'administrateurs. Il s'agit là d'un principe moteur de la gouvernance d'entreprise, principe qui se trouve également au cœur de l'ensemble des politiques de vote/gouvernance des *proxy advisors*. Pour ces derniers, les administrateurs qui représentent un groupe d'actionnaires de la société[672] doivent être stratégiquement relégués au second plan, et laisser la place aux « nouveaux » administrateurs. Qui sont ces « nouveaux » administrateurs ? Il s'agit des « administrateurs indépendants » (a.) qui ne doivent pas avoir de lien avec l'émetteur, et des « administrateurs référents » (b.), qui ont la charge d'harmoniser le fonctionnement des arcanes des conseils. N'omettons toutefois pas de préciser que les *proxy advisors* s'inscrivent dans une démarche constante de progrès. Le fait pour ces organismes d'encourager une représentation équilibrée des femmes et des hommes dans la composition des conseils d'administration (c.) en est une illustration probante.

a) Administrateur indépendant

L'administrateur indépendant idéal doit être nécessairement un grand sage[673].

323. Le concept de l'administrateur indépendant trouve son origine dans les premières recommandations de la SEC, autour des années 1940. Mais ce n'est qu'en 1978 que la législation américaine a imposé à ses sociétés cotées l'établissement de comités d'audit composés exclusivement d'administrateurs « indépendants ». « La doctrine de la corporate governance préconise d'ouvrir les conseils d'administration à des professionnels qualifiés et à des personnalités extérieures, dont la présence doit contrebalancer la traditionnelle prépondérance du président »[674]. C'est dans cette perspective qu'est né le modèle de l'*independant non executive director*.
En France, cette notion a été importée par le rapport Vienot I de 1995. L'administrateur indépendant y est alors défini comme ne possédant : « aucun lien d'intérêt direct ou indirect avec la société ou les sociétés de son groupe et qui peut ainsi être réputé participer en toute objectivité aux travaux du conseil »[675]. Il ne peut être le salarié, le président ou le directeur général de la société ou d'une société de son groupe. S'il l'a été, il doit avoir cessé toute activité depuis au moins trois ans. L'administrateur indépendant ne peut également être un actionnaire significatif de la société ou de son groupe, ni être lié de quelque manière que ce soit à un actionnaire important. Enfin, il ne peut être lié à un partenaire significatif, habituel, commercial ou financier de la société ou des sociétés de son groupe. Le rapport Vienot II de 1999 propose une définition « simplifiée » de ces nouveaux membres des conseils d'administration : « un administrateur est indépendant de la direction de la société lorsqu'il n'entretient aucune relation de quelque nature que ce soit avec la société ou son groupe qui puisse compromettre l'exercice de sa liberté de jugement »[676]. Le terme « indépendant » renvoie donc à une situation non-exempte de subjectivité, puisque ces administrateurs doivent répondre à des critères formels, mais aussi comportementaux. Le législateur n'étant que très peu[677] intervenu en la matière, ce sont les Codes *soft*

law, l'AMF, ainsi que certains organismes (*dont les proxy advisors*) qui ont permis de dégager les critères d'indépendance de cette catégorie d'administrateurs.
Bien qu'ils se rejoignent dans leur globalité, les critères de caractérisation de l'indépendance des administrateurs ne sont pas unifiés à ce jour. L'on constate par ailleurs un durcissement des conditions de l'indépendance, ce qui n'entrave nullement le développement de cette catégorie d'acteurs. Dès 2009, 90% des sociétés du CAC 40 accueillaient dans leurs conseils d'administration un ou plusieurs administrateurs « indépendants » selon la définition de l'AMF[678].

324. Il est intéressant de constater que les agences de conseil en vote proposent la définition la plus exigeante des administrateurs indépendants. En véritable créateurs de règles de bonne gouvernance, ces organismes se ne limitent pas à une simple application des critères standards d'indépendance de ces acteurs. Les *proxy advisors* y adjoignent certaines spécificités, d'un niveau de technicité supérieur. Nous prendrons pour illustration de notre propos le Code AFEP-MEDEF et l'agence de conseil en vote française PROXINVEST.
Pour le Code AFEP-MEDEF :

> Un administrateur est indépendant lorsqu'il n'entretient aucune relation de quelque nature que ce soit avec la société, son groupe ou sa direction, qui puisse compromettre l'exercice de sa liberté de jugement. Ainsi, par administrateur indépendant, il faut entendre, non pas seulement administrateur non-exécutif, c'est-à-dire n'exerçant pas de fonctions de direction de la société ou de son groupe, mais encore dépourvu de liens d'intérêt particulier (actionnaire significatif, salarié, autre) avec ceux-ci. [...] La part des administrateurs indépendants doit être de la moitié des membres du conseil dans les sociétés au capital dispersé et dépourvues d'actionnaires de contrôle. Dans les sociétés contrôlées, la part des administrateurs indépendants doit être d'au moins un tiers[679].

Ce cadre général est complété par un ensemble de critères. Pour être qualifié d'indépendant, l'administrateur ne doit pas être mandataire social, salarié, ou client de la société. Il ne peut prétendre à cette qualification dans l'hypothèse où il serait ou aurait été (*dans les cinq ans*) administrateur d'une société entretenant d'étroits liens avec celle où il prétend au poste d'administrateur indépendant. Il ne doit pas avoir de liens familiaux avec d'autres mandataires sociaux. Il ne peut avoir exercé l'activité de commissaire aux comptes auprès de l'émetteur dans les cinq ans, et enfin il lui est interdit d'avoir été administrateur de la société depuis plus de douze ans[680].
Force est de constater que la définition que soutient le Code AFEP-MEDEF de la notion d'administrateur indépendant est efficiente. Pourtant, PROXINVEST soutient une caractérisation plus complète encore de ce type d'administrateur.
Sans aller à l'encontre de la définition proposée par le Code AFEP-MEDEF, puisque PROXINVEST y fait directement référence[681], la politique de gouvernance de cette

agence approfondit certains critères à même de caractériser l'indépendance des administrateurs. Plus encore, l'agence indépendante française adjoint des éléments supplémentaires à la définition de cet acteur du conseil d'administration. Pour cette agence, la qualité d'administrateur indépendant est conditionnée par trois grandes compétences. L'administrateur indépendant doit faire preuve d'un haut degré d'expérience professionnelle, d'une absence totale de conflits d'intérêts, ainsi que d'une importante disponibilité. Les critères que développe PROXINVEST afin de caractériser une absence de conflit d'intérêts chez un administrateur indépendant est symptomatique du caractère particulièrement rigoureux de l'agence.

> La qualification d'administrateur non-libre d'intérêts de PROXINVEST repose donc essentiellement sur la seule notion de risque de conflits d'intérêts. Elle s'applique notamment :
>
> - aux dirigeants et anciens dirigeants (y compris les dirigeants des entités acquises ou des filiales) ;
> - aux salariés et anciens salariés depuis moins de 5 ans ;
> - aux actionnaires détenant une part minimum de 3% du capital ou des droits de vote et à leurs représentants (ceci inclut toute personne ayant un lien avec cet actionnaire ou toute personne missionnée par cet actionnaire) ;
> - aux parents et apparentés des dirigeants ou principaux actionnaires ;
> - aux représentants ou anciens représentants depuis moins de 3 ans des clients, concurrents, fournisseurs, prestataires (avocats, consultants), créanciers, partenaires, ou tout autre contractant du groupe ;
> - aux administrateurs ou anciens administrateurs depuis moins de 3 ans de la société ou des filiales percevant une rémunération spécifique significative annuelle de 100 000 € ou plus au titre des services fournis aux sociétés du groupe, son actionnaire de contrôle ou ses dirigeants ;
> - aux personnes appartenant à un groupe administré par l'un des dirigeants de la société (croisement de mandats direct ou indirect) ;
> - aux personnes ayant été actionnaire significatif ou impliquées depuis moins de 3 ans dans une transaction stratégique majeure (apport d'actifs, fusion) ;
> - aux banquiers (banquiers d'affaires, dirigeants de grandes institutions financières et anciens dirigeants de banques depuis moins de 3 ans, ou disposant encore d'avantages accordés par l'établissement dont ils étaient dirigeants) ;
> - aux personnes disposant d'un mandat politique (conflit d'intérêts entre l'intérêt général et les intérêts privés) ;
> - aux administrateurs dont le mandat ou la présence au sein de la société ou du groupe excède 11 ans ;
> - aux administrateurs nommés autrement qu'à l'issue d'une élection formelle de l'assemblée générale (postes statutaires ou légaux)[682].

Les critères que définit l'agence indépendante française sont bien plus précis que ceux du Code AFEP-MEDEF. Une recommandation positive de la part de ce conseiller *proxy* en ce qui concerne la nomination ou la reconduction d'un administrateur indépendant en assemblée générale suppose donc que soient satisfaits davantage de critères que n'en exige le Code AFEP-MEDEF. Cela n'est pas vrai seulement pour la définition de l'administrateur indépendant : la majorité des *proxy advisors* mettent en oeuvre des critères généraux de *corporate governance* plus élevés que ceux des Codes de gouvernance.

b) Administrateur référent

325. En 2016, 17 entreprises du CAC 40, soit 43% ont nommé un administrateur référent[683]. Directement inspiré du modèle britannique du « senior independent director », l'administrateur référent fait office de « contrepoids au président du conseil d'administration, lorsque celui-ci assume en même temps les fonctions de directeur général »[684]. Puisqu'il n'est « pas sain qu'un dirigeant préside lui-même le conseil d'administration supposé le superviser »[685], l'AMF considère que dans cette hypothèse, un administrateur référent peut contribuer à prévenir d'éventuels conflits d'intérêts[686]. Mais cet acteur est chargé d'autres fonctions : il a « pour mission d'essayer d'apaiser les conflits entre administrateurs, de gérer les conflits d'intérêts de certains administrateurs en référence avec ce que dit le code de gouvernance ou la charte des administrateurs, de conseiller le président-directeur général sur la convocation du conseil ou l'établissement de l'ordre du jour, d'organiser des réunions des seuls administrateurs indépendants avant ou après des conseils d'administration importants »[687]. En authentique médiateur, cet administrateur est donc chargé de faciliter les rapports entre le PDG et les administrateurs (*principalement les administrateurs indépendants*). Pour disposer d'une vision globale, il peut également participer aux réunions de l'ensemble des comités du conseil d'administration. Enfin, l'administrateur référent peut être chargé de l'évaluation de la performance du PDG. Ce rôle le conduit donc à communiquer ses conclusions, que ce soit auprès des actionnaires, mais pourquoi pas aussi auprès du public. Puisque cet acteur n'est encore que très partiellement défini[688], l'on observe que les missions qui peuvent lui être confiées restent très variées.
Les agences de conseil en vote n'expriment pas de réticence particulière face à la désignation d'un administrateur référent au sein des émetteurs. Pour autant, les conseillers *proxy* n'encouragent pas son développement. Pour PROXINVEST, l'administrateur référent « ne représente qu'un palliatif à une vraie séparation des pouvoirs, une forme de diversion face aux vrais problèmes de concentration dans une même personne des conflits d'intérêts entre supervision et exécution »[689].

326. Enfin, dans une optique prospective, il est possible d'émettre l'hypothèse selon laquelle la montée en puissance des administrateurs référent pourrait être à l'origine d'une décroissance de l'influence des agences de conseil en vote. Cette catégorie d'administrateurs a pour rôle d'assurer la bonne gouvernance des émetteurs et plus particulièrement l'équilibre des pouvoirs au sein du conseil d'administration. De nombreuses sociétés cotées disposeront donc d'un spécialiste en interne, influent et reconnu en matière de *corporate governance*. Celui-ci aura toute légitimité pour remettre en cause, si besoin est, la teneur des recommandations de vote des *proxy advisors*. Plus encore, la présence d'un administrateur référent pourrait améliorer le niveau de confiance du panel actionnarial des émetteurs. En ce sens, certains investisseurs faisant appel à l'analyse des *proxy advisors* dans un but uniquement informatif, pourraient dès lors se passer des services de ces organismes. Enfin, l'administrateur référent serait théoriquement en mesure de réduire l'influence générale des conseillers *proxy* dans la gestion des émetteurs, pour cette excellente raison qu'il participe directement au développement des préceptes de bonne gouvernance au sein de ces émetteurs. Les exigences des *proxy advisors* en la matière façonneraient dès lors moins aisément le comportement des émetteurs.

c) Féminisation du conseil d'administration

327. La proposition de directive[690] de septembre 2012 de la Commission européenne suggère une représentation accrue des femmes dans les conseils d'administration. Le 20 novembre 2013, le Parlement européen a accueilli favorablement cette proposition, mais le Conseil de l'Union européenne fait toujours obstacle à l'adoption d'une directive en la matière. Alors que de nombreux Etats de l'Union soutiennent l'établissement d'un encadrement strict de la féminisation des conseils d'administration au niveau européen, d'autres préfèrent que cette problématique soit traitée au niveau national. Ces Etats réfractaires forment donc une minorité de blocage au Conseil de l'Union européenne.
Plusieurs membres de l'Union européenne (*dont la Suède, la Finlande en encore l'Espagne…*) ont d'ores et déjà introduit des quotas de femmes au sein des conseils d'administration des grands émetteurs. Certains par le biais d'une voie non contraignante, d'autres par la voie législative, comme c'est par exemple le cas en France. « Le conseil d'administration est composé en recherchant une représentation équilibrée des femmes et des hommes »[691]. La loi n°2011-103 du 27 janvier 2011 (*Zimmermann-Copé*) prévoit un minimum de 40 % de femmes dans les conseils d'administration des sociétés cotées et de toutes celles employant au moins 250 salariés ou réalisant un chiffre d'affaires d'au moins 50 millions d'euros[692]. « Les entreprises qui ne respectent pas la loi encourent la suspension des

jetons de présence et la nullité des nominations non conformes à l'objectif. Pour faire simple, les dernières nominations masculines sont considérées comme annulées »[693]. Selon le cabinet Ethics & Boards, 57,5% des conseils d'administration du CAC 40 et 44,2% de ceux du SBF120 respectent à la date du 8 juillet 2016 le seuil imposé par la loi Zimmermann-Copé[694].

328. La surreprésentation masculine dans les conseils d'administration traduit une approche aujourd'hui révolue du mode de gestion et d'organisation des émetteurs. Mais la mixité des conseils est-elle par principe créatrice de valeur pour les sociétés ? D'aucuns estiment qu'il est encore tôt pour tirer de quelconques conclusions[695]. Pour d'autres, cela ne fait aucun doute. Aux yeux de la Commission européenne, il s'agit d'un phénomène qui tend effectivement à améliorer la performance des émetteurs (*notamment par effet de miroir de marché*) ainsi que la gestion et le contrôle des risques[696].
La féminisation des conseils d'administration suppose un contrôle efficace des obligations légales des entreprises en la matière[697]. Plus encore, la poursuite de la féminisation des conseils suppose de moderniser le mode de recrutement de leurs membres. En effet, les candidates sont souvent extérieures aux viviers classiques de recrutement des administrateurs. C'est pourquoi une partie de la doctrine avance l'hypothèse que les réseaux sociaux pourraient être en mesure d'augmenter la visibilité de leurs profils[698]. Il s'agit là d'une réponse pertinente au fait que « beaucoup d'entreprises sont allé chercher [...] des femmes étrangères »[699].

329. Les *proxy advisors* encouragent un recrutement professionnel et transparent des membres des conseils d'administration. Dans la mesure où la féminisation de cet organe n'impacte pas négativement l'excellence des acteurs qui le compose[700], les conseillers *proxy* appuient bien évidement le développement de cette démarche, d'autant que la féminisation du conseil d'administration semble directement favoriser une saine gouvernance[701]. Dans cette perspective, PROXINVEST souligne dans sa politique de vote 2016, que : « Lors de l'appréciation des conflits d'intérêts potentiels [au sein des conseils d'administration], le niveau de – diversité -, notamment sexuelle, géographique et académique, de la composition du conseil constitue un facteur favorable »[702].
C'est en s'inscrivant dans une démarche active de perfectionnement de la *corporate governance* que les *proxy advisors* parviennent à développer leur influence. Puisque la féminisation des conseils d'administration des sociétés cotées est à même d'améliorer le niveau général de « *shareholder value* », les agences de conseil en vote ne peuvent qu'appuyer cette démarche. Pour autant, la mutation de la composition de l'organe du conseil demeure en France très timide[703]. Nous conclurons avec une pertinente observation du Professeur Benoit LECOURT : « Si la parité hommes-femmes dans les conseils d'administration des grandes sociétés

est un objectif essentiel, d'autres mesures, qui concernent un nombre beaucoup plus considérable de femmes, devraient être prises... »[704].

2. L'évolution du « say on pay »

330. Les rémunérations des dirigeants mandataires sociaux exécutifs alimentent de nombreuses controverses[705]. Sans revenir sur le principe selon lequel l'assemblée générale des actionnaires ne peut, de son propre chef, fixer le montant de la rémunération des dirigeants[706], le Code AFEP-MEDEF dans sa version de juin 2013 a introduit en France un mécanisme singulier. Il s'agit du « *say on pay* ». Il se définit comme un vote d'approbation ou de défiance sur la rémunération des dirigeants au moment des assemblées générales d'actionnaires. Initialement en France, ce mécanisme se voulait de nature consultative et *ex post*. Dans l'hypothèse où l'assemblée générale des actionnaires exprimait sa défiance à propos de la rémunération des dirigeants, il était prévu que le conseil d'administration se réunisse à nouveau afin d'arrêter un niveau de rétribution acceptable. L'organe de gestion des émetteurs devait alors prendre en compte l'insatisfaction des actionnaires, ainsi que l'avis résultant d'une nouvelle consultation du comité des rémunérations. Nombreux furent ceux qui prévoyaient donc aux assemblées générales de 2014, un large mouvement de défiance à propos de la rémunération des dirigeants. Mais au final il n'en a rien été[707]. Les résolutions en la matière ont obtenu un taux d'approbation moyen dépassant 92%, tant aux assemblées générales du CAC 40[708] qu'à celles du SBF 120[709]. La saison 2015 du « *say on pay* » consultatif a été marquée par une timide hausse de la contestation, puisque la moyenne du taux d'approbation est alors descendue à 86 %[710] aux assemblées du CAC 40 et à 88%[711] à celles du SBF 120. Cette évolution peut sembler paradoxale, puisque les grands émetteurs nationaux ont enregistré en 2015 davantage de croissance qu'en 2014. Un facteur autre que celui de la performance des sociétés est donc à même d'influer sur le mécanisme d'approbation de la rémunération des dirigeants.

331. Ce facteur pourrait être l'influence grandissante des *proxy advisors* en matière de rémunération des dirigeants[712]. Qu'il s'agisse du poids de leurs recommandations sur l'actionnariat, ou de l'impact général de leurs politiques de vote sur les sociétés, l'influence de ces organismes est en progression constante. Les conseillers *proxy* militent pour la rationalisation des politiques de rémunération des dirigeants. Pour illustration, une recommandation favorable d'ISS en la matière suppose que les éventuelles augmentations de rémunération soient transparentes, qu'il existe un lien entre la performance de la société et la rémunération de son dirigeant et que la rémunération du dirigeant soit conforme aux standards de celles de ses pairs[713]...

Les *proxy advisors* sont particulièrement rigoureux en ce qui concerne « les critères de performance des rémunérations variables annuelles et pluriannuelles, ainsi que le manque d'informations sur les dispositifs des plans de stock-options et actions de performance »[714]. Une étude souligne que dans le contexte du « *say on pay* », les agences mènent des analyses détaillées de la rémunération des dirigeants ; elles n'adoptent donc pas des méthodes de type *one-size-fits-all*[715]. Pour Joseph E. BACHELDER, cette attitude est passablement hasardeuse puisqu'en matière d'analyse de la rémunération des dirigeants, les *proxy advisors* s'appuient principalement sur leur propre interprétation et manquent de référentiels stables[716]. L'auteur suggère donc la création d'un « Conseil des normes de rémunération des dirigeants », qui serait en charge d'établir certains principes de rémunération des grands dirigeants.
En « critiques réalistes » de l'article L. 225-53 al. 3 du Code de Commerce, les conseillers *proxy* militent pour que la rémunération des dirigeants soit, en France, davantage maitrisée par l'assemblée générale des actionnaires. Les *proxy advisors* « souhaitent que l'assemblée générale des sociétés cotées puisse valider chaque année la rémunération annuelle fixe et variable individuelle des dirigeants et contraindre ces derniers à une baisse immédiate de leur rémunération en cas de refus de validation »[717].

332. En raison de nombreuses polémiques concernant la rémunération des grands patrons[718], le législateur national a montré un intérêt grandissant pour le développement d'un « *say on pay* » contraignant. Après plusieurs mois de navette parlementaire, et en dépit de la ferme opposition de l'AFEP-MEDEF, cette mesure a vu le jour au sein de la loi n° 2016-1691 du 9 décembre 2016, dite loi « Sapin II »[719] (*nouvel article L. 225-37-2 du Code de commerce*). Dès lors, le mode de calcul, ainsi que le montant des rémunérations des dirigeants de sociétés cotées sur Euronext seront soumis à un double vote contraignant au moment des assemblées générales[720]. Le premier, de type *ex ante,* concerne la politique des rémunérations. Le second, de type *ex post*, s'intéresse aux rémunérations perçues par les dirigeants[721].
Pour PROXINVEST : « l'avantage d'une loi rétablissant le vote contraignant de l'assemblée générale est d'obliger le conseil d'administration à obtenir l'accord final de la majorité des actionnaires »[722]. L'agence indépendante française ajoute qu' « un conseil d'administration faisant bien son travail n'a rien à craindre d'une validation de sa proposition par l'assemblée générale »[723].

333. Dans le prolongement de cette question, une récente étude d'MSCI[724] attire tout particulièrement notre attention. Elle met en relief une profonde déconnexion entre la rémunération des dirigeants et la performance des émetteurs. Preuve à l'appui, l'étude conclut que ce sont les sociétés les moins performantes

de son panel (*800 émetteurs depuis 2006*) qui payent le mieux leurs dirigeants. Coïncidence étonnante, ISS a annoncé introduire dans sa politique de vote européenne 2016 un modèle d'analyse des rémunérations des dirigeants notamment basé sur la performance des émetteurs (*Pay for performance*).
Les agences de conseil en vote possède une puissante influence en ce qui concerne la question du *say on pay*[725]. En avril 2016, « pour la première fois en France, les actionnaires d'une société cotée, Renault en l'occurence, ont rejeté la hausse de la rémunération de leur dirigeant, Carlos Ghosn. [...] PROXINVEST avait appelé les actionnaires à bloquer cette rémunération incontrôlée[726] [...] pour des raisons de manque de transparence et en raison d'une rémunération totale Renault-Nissan de 15M€ »[727].
Certains émetteurs vont jusqu'à modifier les régimes de rémunération de leurs dirigeants afin de s'assurer une recommandation positive des conseillers *proxy*[728]. Ce qui peut induire des changements significatifs dans la gouvernance, ainsi que dans la gestion stratégique des émetteurs[729]. D'aucuns soutiennent même que l'impact des *proxy advisors* sur la question du « say on pay » pourrait pousser les conseils d'administration à adopter des politiques menant à une décroissance de la valeur actionnariale[730].
Comme le déclare le *proxy advisor* Suisse Ethos, une part substantielle de ses recommandations de vote négatives portent sur la question de la rémunération des dirigeants. Il est certain que le « *say on pay* » constitue un excellent moyen de pression des conseillers *proxy* sur les émetteurs. En 2015, certains de ces organismes ont par exemple utilisé ce mécanisme afin d'obtenir la modification de statuts tendant à généraliser les droits de vote double au sein des sociétés cotées[731]. En tant que contrôleurs de l'efficience de la rémunération des dirigeants au regard des principes supérieurs de la *corporate governance*, les *proxy advisors* impactent de manière notable la gestion des sociétés. Et le récent établissement d'un « *say on pay* » contraignant en France ne fera que renforcer encore davantage l'influence de ces organismes.

3. Des agences défavorables aux défenses anti-OPA

334. En 2015, 23% des résolutions rejetées aux assemblées générales d'actionnaires des sociétés cotées françaises portaient sur l'établissement de dispositifs anti-OPA[732].
Une OPA se définit comme :

> La procédure qui permet à toute personne physique ou morale, agissant seule ou de concert, de faire connaître publiquement qu'elle se propose ou est tenue d'acquérir tout ou partie des instruments financiers admis aux négociations sur un marché réglementé émis par une société possédant son siège statutaire dans un État membre de la Communauté européenne ou de l'Espace économique européen,

avec ou sans l'accord de cette dernière et des personnes agissant éventuellement de concert avec elle[733].

En somme, il s'agit d'« opérations de marché, soumises à la règlementation et au contrôle de l'AMF, par lesquelles une personne, appelée l'initiateur, fait connaître publiquement aux actionnaires d'une société cotée qu'elle se propose d'acquérir leurs titres à un prix normalement supérieur au cours de bourse »[734].

Les sources du Droit des OPA sont très diverses. Elles sont d'origine tant judiciaire, réglementaire, législative qu'européenne. La doctrine s'accorde cependant depuis quelques années pour dire que le droit de l'Union européenne occupe une place centrale dans la question de l'encadrement des OPA. Toutefois, la rupture dans le régime français des OPA que provoque la loi Florange n° 2014-384 du 29 mars 2014, nous oblige à reconsidérer cette question.

335. Une OPA s'adresse par principe aux actionnaires d'une société cible, lesquels décident d'apporter ou non leurs titres à l'offre. Les défenses anti-OPA se présentent donc comme des mécanismes visant à prévenir ou à empêcher les OPA jugées hostiles, ainsi que les prises de contrôle rampantes. Il existe de nombreux dispositifs, comme par exemple l'augmentation du capital de la société cible en période d'offre publique (*Bons Breton*[735]), l'apport partiel d'actifs, les clauses statutaires de plafonnement de droits de vote[736], l'émission de nouveaux titres de capital, ou encore l'établissement de participations croisées[737]... « Les OPA, c'est la règle du jeu de l'économie de marché. Si on veut vivre dans un monde de liberté, il faut en accepter les conséquences »[738]. Puisque les émetteurs cotés sont soumis au principe de l'offre et de la demande du marché, les défenses anti-OPA ne doivent pas en entraver le fonctionnement. Les OPA permettent en théorie d'accroître la valeur de l'actif social de l'émetteur, ainsi que son cours de bourse. Plus encore, ces opérations offrent la possibilité d'évincer des équipes dirigeantes insuffisamment compétentes[739]. Les conseillers *proxy* soutiennent une approche catégorique de la question. Pour ces organismes, la poursuite de la « *shareholder value* » commande la suppression de tout obstacle artificiel qui viserait à empêcher le succès d'une OPA. Les défenses anti-OPA sont en général davantage bénéfiques pour les dirigeants (*qui en cas d'échec de l'OPA voient leurs fonctions préservées)* que pour l'actionnariat. Pour les agences de conseil en vote, les équipes dirigeantes ont en effet naturellement tendance à privilégier leurs intérêts sur celui des actionnaires.

336. La directive de 2004 traite judicieusement cette problématique puisqu'elle établit un principe de neutralité de l'action des dirigeants en cas d'OPA, ainsi qu'une règle de légitimité des actionnaires quant à l'organisation de défenses anti-OPA[740]. Mais la loi Florange du 29 mars 2014 a abandonné ce principe de neutralité. « Les organes de direction de la cible d'une offre publique peuvent prendre,

en période d'offre, toute décision susceptible de faire échouer l'offre sans autorisation préalable de l'assemblée générale, si toutefois les statuts n'en disposent pas autrement »[741]. La neutralité de cet organe n'est ainsi plus un principe, mais une exception[742].
Depuis ce revirement, les agences de conseil en vote recommandent systématiquement de voter contre tout projet de résolution établissant des défenses anti-OPA, sauf si l'actionnariat est en mesure de se prononcer de manière préalable sur l'offre[743]. Puisque la loi Florange laisse la porte ouverte à la restauration du principe de neutralité dans les statuts[744], PROXINVEST encourage les émetteurs à procéder à cette modification. Les agences de conseil en vote « encadrent » de manière rigoureuse les hypothèses de délégation financière dont disposent les conseils d'administration[745]. Il va donc de soi que les *proxy advisors* « s'opposent aux résolutions autorisant l'utilisation par les organes de direction des délégations financières ou du programme de rachat en cours d'offre publique, susceptibles selon elles de décourager les offres ou de biaiser leur résultat »[746].
La loi Florange du 29 mars 2014 vise à reconquérir l'économie réelle. Pour ce faire, elle développe une série de principes en faveur des actionnaires stables. La mesure phare de cette loi est bien évidemment la généralisation du droit de vote double. Mais, puisqu'il s'agit objectivement d'une nouvelle défense anti-OPA, les *proxy advisors* s'y opposent (a.).

a) L'exemple de la généralisation du droit de vote double

337. La loi Florange du 29 mars 2014 a généralisé les droits de vote double dans les sociétés cotées : ils « sont de droit, sauf clause contraire des statuts adoptée postérieurement à la promulgation de la loi [...], pour toutes les actions entièrement libérées pour lesquelles il est justifié d'une inscription nominative depuis deux ans au nom du même actionnaire... »[747]. Le législateur tend ainsi à accroître l'influence de l'actionnariat historique, et à fragiliser les perspectives d'investissement à court terme de certaines catégories d'investisseurs. L'établissement de ce mécanisme représente également une nouvelle défense anti-OPA, puisque les actionnaires détenteurs de droits de vote double sont traditionnellement moins disposés à apporter leurs titres aux OPA. Les agences de conseil en vote sont unanimement opposées à la généralisation du droit de vote double. Pour PROXINVEST, il s'agit d'une « distorsion de la démocratie actionnariale »[748], et nombreux sont ceux qui partagent cette avis. Pour le professeur Stéphane TORCK, ce « nouveau dispositif est profondément discriminatoire... »[749]. En effet, on relève tout d'abord que les titres au porteur ne peuvent bénéficier de ce dispositif. Cette catégorie de titre est très développée chez les investisseurs étrangers, ce qui explique que ces derniers se soient montrés largement défavorables à la loi Florange. Ensuite, on relève que les émetteurs dont les statuts prévoient, en amont de la loi Florange, un principe de vote double, peuvent conserver l'effectivité de leur dispositif[750]. Le délai nécessaire à l'acquisition d'un droit de vote double peut donc fluctuer d'une société à une autre. Enfin que pour certains actionnaires, l'attribution automatique de droits de vote double implique un risque de déclenchement d'une OPA obligatoire (*le seuil est fixé à 30% du capital et des droits de vote*). Bien que la loi Florange ait introduit une dérogation au régime des OPA obligatoires dans l'hypothèse d'un dépassement de seuil due à l'attribution de droits de vote double, l'application de cette dérogation s'est révélée totalement inopérante. La loi n°2015-990 du 6 août 2015 (*loi Macron*) en a corrigé le dispositif dans son article 194.

338. En défenseur de la *corporate governance* et de la démocratie actionnariale, les *proxy advisors* mènent une croisade contre le droit de vote double. Ces organismes s'inscrivent dans la ligne que partage la majorité de la doctrine, ligne selon laquelle les offres publiques participent à l'efficience du marché[751]. Mais puisque la loi Florange laisse la possibilité de réintroduire dans les statuts de la société le principe « une action, une voix » (*dans le cadre de l'adoption d'une résolution en assemblée générale extraordinaire*)[752], les conseillers *proxy* soutiennent activement ce projet de résolution. L'agence indépendante française « menace » même de ne pas appuyer la reconduction d'administrateurs dont les sociétés ne soumettent pas aux assemblées générales la question d'un retour au principe de base[753]. Force est néanmoins de constater qu'en 2015, seuls 11 émetteurs du CAC40 ont proposé une telle résolution[754]. Le droit de vote double vise donc à accroître le niveau de concentration de catégories actionnariales déjà stables, cela au détriment de l'ensemble des autres catégories d'actionnaires. Comme le souligne très justement PROXINVEST, ce dispositif est générateur d'une évidente contradiction pour la catégorie des investisseurs institutionnels : alors qu'ils « voient leur responsabilité actionnariale s'étoffer, [ces derniers] se verront paradoxalement diluer en droits de vote à partir de 2016, du fait de l'introduction de nombreux droits de vote double[755]. À défaut d'un retour au principe « one share, on vote », il semblerait stratégique que les *proxy advisors* défendent le principe d'une généralisation du plafonnement des droits de vote de l'article L. 225-125 du Code de commerce. Cela se traduirait en somme par un maintien plafonné des droits de vote double, à l'image de ce que propose déjà la Société Générale ou encore Total[756].

B. Le non-respect des règles de corporate governance : l'établissement de véritables sanctions

339. Il est intéressant de constater que par le biais de la défense des principes de gouvernance d'entreprise, les agences de conseil en vote pèsent significativement sur le fonctionnement des émetteurs. La promotion de la *corporate governance* légitime ainsi le fait que des non-actionnaires impactent la vie des sociétés. *In fine*, ces organismes influencent donc la gestion des émetteurs sans être directement exposés aux retombées économiques qui résultent de leurs recommandations de vote. Comme précédemment développé, les agences exercent leur influence de deux manières. D'une manière latente et continue, grâce à la publication de leurs politiques générales de vote/gouvernance, ainsi que d'une manière directe et concentrée au moment de la publication de leurs recommandations de vote. Lorsqu'un projet de résolution se révèle hors cadre des principes de la *corporate governance*, les *proxy advisors* recommandent de manière quasi-systématique de voter en sa défaveur, ce qui n'a rien de surprenant puisque ces organismes se conçoivent comme les défenseurs de la bonne gouvernance et de la démocratie actionnariale.

340. Une recommandation négative d'un *proxy advisor* accroît objectivement la probabilité du rejet de la résolution. Cela est d'autant plus vrai qu'il s'agit d'une problématique pour laquelle le conseiller *proxy* fait figure d'expert reconnu. C'est le cas des questions touchant à la rémunération des dirigeants. Le rejet d'une résolution (1.) présentée par les équipes dirigeantes[757] n'est pas sans de grandes conséquences. Cela bouleverse le fonctionnement de l'émetteur, tant d'un point de vue symbolique, stratégique, qu'économique. La nature de la résolution rejetée importe de manière relative, le rejet constituant toujours un acte de défiance, avec pour effet la fragilisation des équipes dirigeantes (2.). Plus encore, un tel rejet est générateur de tensions au sein même de l'actionnariat (3.). En effet, les intérêts de certaines catégories d'actionnaires s'alignent sur ceux des équipes dirigeantes. Le refus de vote d'une résolution fragilise donc tout autant ces investisseurs que les dirigeants eux-mêmes. Puisque le non-respect des règles de *corporate governance* que soutiennent les *proxy advisors* augmente le risque du rejet d'un projet de résolution, les équipes dirigeantes seront toujours plus enclines à respecter scrupuleusement ces principes, qui se trouvent développés au sein des politiques de vote/gouvernance des conseillers *proxy*. Cela contribue naturellement à entretenir et développer l'influence des agences de conseil en vote[758].

1. Une probabilité accrue de rejet des résolutions

341. L'assemblée générale des actionnaires représente un moment d'échange, de recueil d'informations et de prise de décisions. Cet organe permet à l'ensemble de l'actionnariat de s'exprimer sur les principales problématiques qui concernent le fonctionnement des sociétés. L'assemblée permet également aux dirigeants de soumettre au vote des actionnaires leur vision stratégique et politique de la croissance de l'émetteur. La plupart du temps, le vote des actionnaires confirme la teneur des projets de résolution. D'aucuns soutiennent même que l'assemblée générale ne joue qu'un rôle de chambre d'enregistrement. Mais dans certaines circonstances, il peut arriver que des projets de résolution émanant des équipes dirigeantes soient rejetés. Cela confirme alors l'organe de l'assemblée générale des actionnaires dans sa mission fondamentale : le contrôle effectif de l'action des dirigeants. Bien loin de n'être qu'une simple chambre d'enregistrement, l'assemblée s'affirme alors en tant qu'organe décisionnel. Un rôle qui par nature lui appartient, mais qui s'est progressivement effacé en raison du déséquilibre provoqué par la concentration des conseils d'administration et la dispersion de l'actionnariat des grands émetteurs.

342. Force est de constater qu'aujourd'hui le rejet d'un projet de résolution reste un acte relativement rare. En cela, il est porteur d'une symbolique lourde. Ce rejet exprime en effet un clair désaveu de la part des actionnaires, désaveu qui touche une équipe dirigeante et la politique qu'elle souhaite développer. La majorité des projets de résolution concerne les questions de *corporate governance*. Pour se prévenir d'éventuelles déconvenues, de nombreuses équipes dirigeantes rédigent leurs projets de résolution en stricte conformité avec la *hard law* (*bien évidemment*) et les principaux Codes de gouvernance, mais également en conformité avec les politiques de vote/gouvernance des *proxy advisors* (*qui sont pour certaines plus exigeantes que les Codes de gouvernance*). Certaines équipes dirigeantes peuvent aller jusqu'à changer la teneur de certains projets de résolution en fonction des recommandations de vote des conseillers *proxy* les plus influents. Les dirigeants limitent ainsi considérablement le risque de désaveu et la perte de légitimité qui en découle. De surcroît, ils poursuivent également les intérêts actionnariaux généraux.

2. Une fragilisation des équipes dirigeantes

343. Le non-respect des principes de *corporate governance* par les équipes dirigeantes augmente significativement le risque de rejet d'une résolution en assemblée générale d'actionnaires. Les conséquences d'un tel rejet sont multiples. Elles peuvent, dans de rares cas, être nulles. Mais en raison du haut niveau de fluidité informationnelle au sein du marché, ces rejets sont très souvent commentés par les experts et par la presse spécialisée, voire dans les cas les plus médiatisés, par la presse généraliste. Dans cette hypothèse, les conséquences peuvent être considérables. Premièrement, la légitimité des dirigeants en place se trouve amoindrie, puisque ce rejet démontre que la politique qu'ils proposent n'est pas en parfaite adéquation avec la majorité de l'actionnariat de la société. Les équipes dirigeantes perdent donc en crédibilité, ce qui peut de surcroît se traduire négativement sur le cours de bourse de l'émetteur. Secondement, l'action des dirigeants est paralysée. Ces derniers ne seront pas en mesure de mettre à exécution la résolution rejetée, tout au moins si le vote de l'assemblée générale n'est pas strictement consultatif. Dans cette hypothèse, la société s'expose néanmoins à de fortes conséquences médiatiques, voire à un scandale public, comme pour l'affaire GHOSN, où le conseil d'administration de RENAULT a maintenu la rémunération de son PDG contre l'avis de l'assemblée générale des actionnaires.

344. Nul ne souhaite être associé à un échec. C'est encore plus vrai chez les dirigeants de grandes sociétés, car ils incarnent l'image même de la « réussite », tant financière que sociale. Cette règle incite les dirigeants à la prudence et se traduit de leur part par toujours davantage de fidélité aux standards de bonne gouvernance, afin de légitimer leurs prises de position. N'oublions pas que comme tout *homo œconomicus*, le dirigeant est guidé par un intérêt supérieur, qui est de garder son poste. Puisque le rejet d'une résolution serait en mesure de le fragiliser dans la poursuite de cet objectif, il est parfaitement rationnel pour le dirigeant d'agir ici avec circonspection. Ce dernier est d'autant moins enclin à prendre le risque du rejet d'un projet de résolution que les « carrières » de dirigeants sont particulièrement longues, et qu'ils sont amenés à changer de société. Ils ne peuvent donc que très difficilement endosser le costume du « grand réformateur », ce qui supposerait prendre le risque de voir de nombreuses résolutions être rejetées par les actionnaires. Cela ne serait objectivement pas compatible avec les mécanismes du marché et se révèlerait bien trop dissuasif pour nombre d'investisseurs. *In fine,* le marché fait donc la promotion d'une forme d'immobilisme, vecteur de stabilité et créateur de valeur. Ce phénomène se caractérise par le biais d'une standardisation de la *corporate governance*. Or, cette standardisation peut trouver des limites[759].

3. Des tensions actionnariales

345. L'on explique souvent le rejet de résolutions par de simples divergences politico-stratégiques entre, d'un coté l'actionnariat, et de l'autre, les équipes dirigeantes. Mais la réalité est souvent plus complexe, puisque l'actionnariat des sociétés cotées est très hétérogène. Les actionnaires d'un même émetteur peuvent ainsi soutenir des politiques diamétralement opposées. En effet, les intérêts de certains investisseurs peuvent parfaitement s'aligner sur ceux des équipes dirigeantes. Ainsi, le refus de vote d'une résolution fragilise tout autant ces investisseurs que les dirigeants. Ce phénomène est générateur de tensions entre les différentes catégories d'actionnaires, ce qui implique de possibles répercussions sur le cours de bourse, répercussions génératrices d'instabilité, instabilités qui favorisent les mouvements actionnariaux, mouvements actionnariaux eux-mêmes générateurs de tensions entre les actionnaires au capital, etc. En somme, les tensions actionnariales s'autoalimentent.

346. L'image classique d'un actionnariat faisant bloc face à une équipe dirigeante est totalement erronée. Les assemblées générales d'actionnaires apparaissent davantage comme le théâtre d'une diversité d'intérêts actionnariaux. Il convient alors de percevoir l'actionnariat des sociétés cotées comme formant une somme d'intérêts particuliers qui, dans certaines circonstances de mise en cause flagrante de leurs intérêts supérieurs, peuvent faire corps afin de rejeter un projet de résolution. Les agences de conseil en vote jouent là un rôle clef. Elles participent d'un coté à prévenir la validation de projets de résolution défavorables aux intérêts actionnariaux généraux, pour l'essentiel grâce à la publication de leurs politiques de vote/gouvernance et à l'intérêt qu'y portent les émetteurs. D'un autre côté, les recommandations des *proxy advisors* peuvent faciliter la conscientisation et la diffusion auprès de nombreux actionnaires, de projets de résolution qui seraient à même d'infléchir la « *shareholder value* ».

§2. Une standardisation de la gouvernance d'entreprise

347. L'influence des *proxy advisors* ne se limite plus à l'émission de conseils de vote auprès de leurs clients investisseurs institutionnels. Les agences de conseil en vote ont pris une telle importance qu'elles impactent visiblement le fonctionnement des émetteurs. Les équipes dirigeantes qui ne suivent pas les politiques générales de vote/gouvernance, ou les recommandations des agences les plus influentes, prennent le risque de voir leur légitimité mise en question lors du vote aux assemblées. Ce phénomène peut être décrit comme une forme d'externalisation du pouvoir actionnarial, au profit de non-actionnaires. La sagacité des agences de conseil en vote est démontrée par le fait qu'elles s'appuient sur un référentiel commun[760] (*celui de la corporate governance*) que ces organismes contribuent eux-mêmes à développer et à unifier. Cette réalité entraine potentiellement « une normalisation internationale des structures de gouvernance des sociétés cotées »[761].

348. La rationalisation de la *corporate governance* est synonyme de standardisation des principes de fonctionnement des sociétés cotées. Ce phénomène ne prend donc qu'imparfaitement en compte les spécificités économiques, financières, ainsi que géopolitiques des différents secteurs d'activité au sein desquels évoluent les émetteurs. Ce qui peut *in fine* participer à réduire la création de valeur, puisque la gouvernance d'entreprise s'attache davantage aux moyens qu'aux finalités : « lorsqu'un actionnaire achète une action, il n'achète pas de la gouvernance, mais une espérance de résultats. Quantité d'exemples montrent que les champions apparents en matière de gouvernance sont loin d'avoir été des champions en terme de résultats »[762]. Le marché promeut donc les vertus d'un mode de gouvernance qui vise à normaliser les comportements de ses principaux acteurs, à savoir les émetteurs. Un arcane essentiel (*le principe « comply or explain »*) de la gouvernance d'entreprise tend à standardiser cette matière (B.). En poursuivant une démarche qui vise également à promouvoir les grands principes de *corporate governance*, les *proxy advisors* s'inscrivent donc en conformité avec les desseins de la matière (A.).

A. Une standardisation favorisée par les proxy advisors

349. L'avènement du marché globalisé est synonyme, pour les sociétés cotées, d'une nette intensification législative. Mais ce n'est pas tout ; les grands émetteurs ont également été encouragés à appliquer un certain nombre de référentiels de type *soft law*[763]. Ces Codes et prescriptions ont été directement inspirés par un modèle de gouvernance de type anglo-saxon. Ils ont donc participé à la transformation progressive du fonctionnement des sociétés cotées françaises et européennes. Cette réalité a contribué à modifier certains comportements actionnariaux, comme par exemple l'affaiblissement des politiques d'investissement concentré, au profit de prises de participations davantage diversifiées. Phénomène qui trouve son expression la plus évidente avec la montée en puissance des investisseurs institutionnels, dont les objectifs ne sont autres que la répartition stratégiquement contrôlée des risques inhérents aux entrées au capital des émetteurs.

350. La *soft law* est porteuse d'une carence empirique, l'abondance de ses référentiels théoriques. Cette particularité explique, selon nous, une partie de l'influence grandissante des agences de conseil en vote. En dépit de l'existence de nombreux référentiels de gouvernance émanant de divers *soft law makers*, il apparait que l'industrie des *proxy advisors* fait la promotion de principes de gouvernance largement standardisés. Le caractère notablement unifié des politiques de vote/gouvernance des conseillers *proxy* s'explique par la longue expérience « de terrain » dont bénéficient ces organismes. Assemblée générale d'actionnaires après assemblée générale d'actionnaires, année après année, ces organismes ont pensé la *corporate governance*. Ils ont ainsi dégagé les principes actuellement les plus efficients, et ont milité pour l'introduction de quelques autres. L'on constate enfin que les principales agences de conseil en vote embrassent des *process* d'activité en général très proches les uns des autres, ce qui n'exclut toutefois pas la quête d'une forme de singularité. Quoi qu'il en soit, il parait bien exister une forme (*consciente ou inconsciente)* de mimétisme entre ces organismes, ce qui n'est en rien aberrant, puisqu'ils s'appuient sur des préceptes de gouvernance standardisés.

351. L'impact grandissant des agences de conseil en vote sur le marché réside donc dans leur capacité à se rassembler derrière une approche commune de la *corporate governance*[764], ce qui leur permet de « faire bloc » et de voir leur influence grandir. Par ce biais, les éléments et principes que soutiennent les

conseillers *proxy* peuvent prendre une importance considérable, même en l'absence de réel fondement. Nous ne sommes plus sans savoir que les agences de conseil en vote sont communément opposées à l'édification de défenses anti-OPA. Or, aucune étude empirique n'est à ce jour parvenue à démontrer l'existence d'un lien évident entre l'édification de telles défenses et la décroissance du niveau de gouvernance d'un émetteur[765]. Cette position classiquement défendue par les *proxy advisors* ne repose que sur des suppositions.
La poursuite de la standardisation de la gouvernance d'entreprise par les *proxy advisors* permet donc à ces organismes d'asseoir et de légitimer leur influence. De plus, cette attitude est en mesure de positionner les agences dans une dynamique de type « gagnant-gagnant », puisqu'à partir du vecteur de la *corporate governance,* elles influent tant sur le vote de leurs clients investisseurs, que sur la gestion des émetteurs, qui pour s'assurer un vote favorable se réfèrent en amont à la politique de vote/gouvernance de ces organismes. Cette situation soulève bien des interrogations… Le principe (1.) d'une standardisation de la gouvernance d'entreprise soutenue par les conseillers *proxy* est séduisant, mais il reste porteur de risques (2.).

1. Principe

352. Le caractère *soft law* de nombreux principes de la gouvernance d'entreprise renvoie à deux axiomes. Premièrement : les règles de Droit contraignantes ne sauraient être à même de répondre efficacement aux nombreuses spécificités stratégiques, économiques et financières des émetteurs. Secondement : la *corporate governance* trouve à s'appliquer naturellement auprès de l'ensemble des grands émetteurs, en raison des principes « supérieurs » que la matière développe. Les règles de bonne gouvernance ont pour objectif de produire de la confiance chez les investisseurs. « Tout le monde sait qu'aucune étude économique n'apporte la preuve que la bonne gouvernance fait la bonne entreprise. Mais en revanche, il est sûr que les investisseurs ne peuvent investir dans le moyen et long terme que s'ils ont confiance dans la gouvernance des sociétés »[766]. Le marché est à l'image de ses acteurs, en perpétuel mouvement. La *corporate governance* n'échappe pas à cette réalité ; elle évolue, se transforme, s'adapte. Les *soft law makers* doivent donc constamment revoir leurs référentiels, puis juger de sa pertinence et de son applicabilité, laquelle n'est en rien assurée puisque, comme nous le savons, il existe de multiples sources de gouvernance d'entreprise[767]. Le droit souple peut être émis par des personnes publiques, privées, d'origine nationale, européenne ou internationale[768]. Les émetteurs peuvent ainsi être amenés à jongler entre diverses sources de *corporate governance*. Afin de limiter ce phénomène, ils se conforment bien souvent au Code de référence du pays de leur siège social. Ainsi en France le Code AFEP-MEDEF.

353. Mais il convient de garder à l'esprit que l'actionnariat s'est internationalisé. Les normes de bonne gouvernance des investisseurs potentiels ne coïncident pas nécessairement avec celles que développent les émetteurs qui ne font référence qu'à un unique Code. C'est dans cette hypothèse que les politiques de vote/gouvernance, que les recommandations de vote, mais également que certains outils informatiques développés par les *proxy advisors* jouent un rôle de premier ordre. Ils permettent une approche rationnelle des grands principes de la *corporate governance*, et à cette approche peut s'adjoindre la prise en compte de certains particularismes des marchés. Les conseillers *proxy* sont à ce jour les seuls organismes à proposer cette « double » compétence en matière de bonne gouvernance. Il existe des documents de gouvernance de portée internationale, à l'image des « Principes de gouvernement d'entreprise du G20 et de l'OCDE ». Il existe également des Codes destinés à des marchés précis. Par exemple, le Code AFEP-MEDEF. Mais seuls les *proxys advisors* proposent une synthèse entre ces deux approches. Ces organismes y parviennent grâce à leur haut niveau d'expertise et leur expérience en la matière.
Les conseillers *proxy* facilitent les décisions de vote, ainsi que les décisions d'investissement. Si ces organismes font « bien » leur métier, ils participent donc à créer de la valeur. Les *proxy advisors* contribuent effectivement à une standardisation des grands préceptes de la *corporate governance*, un principe de standardisation à laquelle ils adjoignent (à des degrés *variables*) certaines spécificités de marché, ainsi qu'une once d'originalité (*nécessaire, car l'industrie du conseil proxy demeure concurrentielle*).

2. Risques

354. Les *proxy advisors* participent au phénomène de standardisation de la gouvernance d'entreprise. Cette conjoncture peut être génératrice de risques, puisqu'elle conduit les émetteurs à adopter des modes de fonctionnement similaires, cela alors même que par essence, chaque émetteur est singulier. Cette situation est à l'origine de la montée en puissance des conseillers *proxy* dans la gestion des sociétés cotées. Les politiques de gouvernance de ces organismes gagnent en influence. Les émetteurs s'y réfèrent directement. Le danger est donc que les agences de conseil en vote commercialisent cette expertise auprès des sociétés cotées, en parallèle de leurs recommandations de vote à destination des investisseurs. Cette activité se trouve au cœur même de la définition du conflit d'intérêts pour un conseiller *proxy*. Elle représente un risque évident.

355. Les *proxy advisors* concourent à rationaliser la *corporate governance* par le biais du « one size fits all ». Il s'agit pour les agences de procéder à l'analyse des émetteurs à partir de règles générales de bonne gouvernance préalablement établies, lesquelles ne prennent pas (*ou peu*) en considération les particularismes stratégiques, concurrentiels ou situationnels de chaque émetteur. Bien que décriée, cette méthode permet un formidable gain d'efficacité pour les *proxy advisors,* puisqu'ils parviennent ainsi à traiter une masse colossale de projets de résolution, dans un laps de temps réduit. Soulignons toutefois que la méthode « one size fits all » a pour objectif de dégrossir la teneur des projets de résolution, qui seront, dans la limite du possible, affinés (*moment de la prise en considération des particularismes de chaque émetteur*) par un analyste spécialisé. Là n'est pas la question. Retenons présentement que pour s'assurer un vote favorable aux assemblées, les conseils d'administration soumettent des projets de résolution en accord avec les grands principes de la gouvernance d'entreprise, ce qui nourrit l'effectivité de l'approche « one size fits all » des *proxy advisors.*

356. L'influence que connaissent les *proxy advisors* sur les règles de bonne gouvernance semble en la matière asseoir définitivement leur caractère de *soft law maker.* Il ne se révèlerait donc pas absurde d'interroger la légitimité des conseillers *proxy* en tant que source de *soft law.* En effet, le Conseil d'État soutient que concernant l'émission de Droit souple par des personnes privées, il convient de vérifier si « il [*Le Droit souple émis par les personnes privées*] n'exerce pas une influence excessive sur la situation de tiers »[769]. Dans l'hypothèse où il serait objectivement reconnu aux agences le caractère de *soft law maker*, ce travail de vérification se révèlerait des plus intéressant eu égard à l'influence considérable de la *corporate governance* (*droit souple*) sur le fonctionnement des émetteurs (*tiers*).

B. Des agences en conformité avec les desseins intimes de la corporate governance

357. La spécificité de la gouvernance d'entreprise provient de son caractère principalement *soft law.* Ce particularisme constitue une force, mais également une faiblesse. Cette matière permet aux émetteurs de jouir d'une réelle souplesse de fonctionnement, puisque les principes qu'elle défend ne sont en théorie pas contraignants. Cela permet donc aux émetteurs de ne pas suivre certains principes de gouvernance qui se révèleraient inadaptés à leur mode de gestion, aux spécificités de leur secteur d'activité, ou encore à leur panorama actionnarial. Mais cette souplesse a un « prix », celui de l'imprécision et de l'approximation.
Le marché globalisé est habité d'une logique de rationalisation. Il ne saurait bien évidement se satisfaire d'une gouvernance imprécise de ses acteurs-clefs, les grands émetteurs. Un *process* a donc été développé dans le but de rationaliser la *corporate governance*, tout en préservant sa souplesse. Il s'agit de la règle « *comply or explain* ». Suivant cette règle, les émetteurs doivent se justifier en cas de non-respect des principes de bonne gouvernance issus des Codes auxquels ils se

réfèrent. Ce mécanisme influence donc la gouvernance d'entreprise par le biais de l'exigence de justification qu'il impose aux sociétés cotées. Il est intéressant de constater que la règle « *comply or explain* » participe, tout comme les *proxy advisors*, à standardiser la gouvernance d'entreprise (1.). Cet arcane essentiel de la gouvernance d'entreprise répond donc à une logique similaire à celle des *proxy advisors*. Tous deux visent *in fine* à accroître la standardisation de la *corporate governance*. Cette réalité contribue donc à légitimer l'approche de la matière que soutiennent les agences de conseil en vote.

1. Le paradoxe du principe « comply or explain »

358. La règle « *comply or explain* » est un mécanisme central de la gouvernance d'entreprise. Ce principe est apparu au Royaume-Uni dans le cadre du rapport CADBURY de 1992. Il a ensuite été étendu à l'ensemble des Etats de l'Union européenne avec la transposition de la directive 2006/46/CE du juin 2006[770]. En France, le Code de commerce consacre cette règle à l'article L. 225-37 al. 7. Lorsqu'un émetteur se réfère à un Code de gouvernance, il doit en appliquer les recommandations, mais dans l'hypothèse où il décide de s'écarter de certaines règles, il doit en expliquer les raisons. Autrement dit, il doit motiver son choix. Ce principe infiltre dans le modèle *soft law* de la gouvernance d'entreprise, une forme d'encadrement. Il favorise « l'essor de la soft law tout en la soumettant à une certaine contrainte »[771]. D'aucuns soutiennent que ce principe accroît la pluralité des méthodes de gouvernance des sociétés cotées. Certaines règles d'un Code de gouvernance peuvent se révéler inappropriées au fonctionnement d'émetteurs porteurs de particularismes. Le mécanisme du « *comply or explain* » permet donc, après justification, d'écarter ces règles pour en suivre d'autres, mieux adaptées. En théorie, ce mécanisme participe au « one size does not fit all ». Il vise donc la non-standardisation de la gouvernance d'entreprise des grands émetteurs.

359. Mais la pratique ne confirme pas toujours la théorie. Alors que les sociétés cotées françaises ne sont pas « obligées » de faire référence à un Code de gouvernance, elles se réfèrent toutes au Code AFEP-MEDEF (*ou au Code Middlenext pour les émetteurs de moindre envergure*...). Cette démarche volontaire vise à rassurer les potentiels investisseurs, ainsi que les actionnaires en place, quant à la pertinence du modèle de gouvernance de l'émetteur. Les sociétés cotées ont donc tout intérêt à appliquer le Code de manière relativement stricte, puisque les émetteurs porteurs de forts particularismes en matière de gouvernance, inquiètent classiquement les investisseurs. Le fait pour une société cotée de devoir justifier le rejet de règles admises par l'ensemble des émetteurs qui se réfèrent à un même Code, représente en soit une sanction.
L'application de la règle « *comply or explain* » encourage donc la standardisation

de la *corporate governance* en ce qu'elle stigmatise toute forme de comportement atypique. Dans le but d'éviter au maximum les critiques et les mises en garde, les sociétés cotées s'alignent sur l'ensemble des règles de bonne gouvernance, même si certains de ces principes peuvent potentiellement se révéler contraires à leurs intérêts. Au final, les émetteurs adoptent des comportements fortement mimétiques. Ce qui encourage l'adoption et le rejet de règles de bonne gouvernance de manière symbiotique entre les sociétés cotées. Dans une logique similaire, l'AMF[772] souligne une tendance à la standardisation des justifications. La règle « *comply or explain* » participe donc bien à une uniformisation de la *corporate governance*. Ce rouage essentiel de la gouvernance d'entreprise contemporaine produit un effet homologue à celui de l'activité des conseillers *proxy*, à savoir qu'ils tendent tous deux à standardiser la matière. Ce phénomène contribue donc à légitimer la vision de la bonne gouvernance que développent les agences de conseil en vote.

Section 2. Proxy advisors : une industrie potentiellement vulnérable aux conflits d'intérêts

360. Les agences de conseil en vote exercent une influence substantielle auprès des investisseurs et des émetteurs. Le succès de ces organismes n'est en aucun cas une chimère, puisqu'ils répondent à des besoins réels de certains investisseurs institutionnels, et participent à rationaliser la gouvernance des sociétés cotées. La publication de politiques de vote, l'émission de recommandations de vote, ainsi que l'influence générale des agences sur la gouvernance d'entreprise ont fait passer ces conseillers du statut d'acteurs secondaires, à celui d'acteurs significatifs du marché. Les agences sont aujourd'hui écoutées, respectées, voire quelquefois craintes. Précisons qu'un émetteur qui respecte la *corporate governance* et fait la promotion d'une démocratie actionnariale franche, n'a absolument rien à « craindre » des *proxy advisors*. Plus encore, ces organismes peuvent devenir de puissants « alliés ». Il n'est en effet pas rare que les agences saluent la gouvernance efficiente d'un émetteur.

361. Quoi qu'il en soit, les *proxy advisors* exercent une forme de magnétisme au sein du marché. Puisqu'un *grand pouvoir implique de grandes responsabilités*, l'influence des agences dans le fonctionnement des sociétés cotées soulève la question de leur aptitude à gérer la survenance d'éventuels conflits d'intérêts. De tels conflits peuvent apparaitre dans plusieurs hypothèses, la plus évidente étant celle où un conseiller *proxy* de type dualiste fournit simultanément des recommandations de vote à un client investisseur et des conseils en gouvernance à un client émetteur. Mais il existe bien d'autres hypothèses à même de favoriser la survenance de conflits d'intérêts. Pour illustration, une agence peut appartenir à un groupe de sociétés et fournir des recommandations de vote à des investisseurs, dont l'objet de l'analyse n'est autre qu'une société dudit groupe. Ou encore, un conseiller *proxy* peut avoir tissé des liens étroits avec certains dirigeants etc. C'est dans l'optique de répondre à ces interrogations que le deuxième principe du BPPSVR soutient l'établissement d'une politique publique de gestion des conflits d'intérêts réels et potentiels[773]. Les *proxy advisors* doivent par principe prévenir la survenance de toute forme de conflit d'intérêts. Mais lorsque ce dernier est inévitable, les signataires du Code doivent faire preuve de transparence en le divulguant à leurs clients, sans toutefois omettre de leur détailler les étapes qui permettront sa résolution. Il est utopique d'imaginer que les principes établis par le BPPSVR soient à eux seuls en mesure d'éteindre l'ensemble des conflits d'intérêts qui gravitent autour des activités des *proxy advisors*, d'autant que les agences occupent une place toujours plus importante dans la gestion des sociétés, ce qui signifie que ces organismes peuvent être sujets à de fortes pressions, influences et jeux de pouvoir. La fourniture de recommandations de vote est une activité sensible par nature. L'ensemble de l'industrie du conseil *proxy* peut donc être sujet à l'émergence de conflits d'intérêts. Le caractère dualiste d'un *proxy advisor* apparait toutefois comme un facteur théorique de prédisposition de la survenance de tels évènements (§1.). Cependant, le développement de certaines mesures se révèle à même de limiter, ou de traiter avec efficacité, la survenance de tels conflits (§2.).

§1. Proxy advisor à caractère dualiste : un facteur théorique de prédisposition aux conflits d'intérêts

362. Nous ne saurions limiter la problématique des conflits d'intérêts des *proxy advisors* au caractère dualiste de leur principal acteur. Les conseillers *proxy* qui appartiennent à des groupes de sociétés[774], à des grands fonds, sont également susceptibles de développer des formes de conflits[775]. Mais un *proxy advisor* de type dualiste affiche la particularité d'avoir développé un *business model* théoriquement « ambigu »[776]. *Business model* que certains n'hésitent pas à qualifier de « mafia-style shakedown »[777]. Les agences monistes qui appartiennent à des groupes de sociétés, et qui « souffrent » donc d'un conflit d'intérêts fondamental[778], sont davantage à même de proposer une gestion efficiente dudit conflit, pour la simple raison que la portée de ce conflit d'intérêts est limitée à la sphère d'influence de l'entité financière détentrice de l'agence. Bien que la question des conflits d'intérêts des *proxy advisors* ne se résume pas dans le caractère dualiste de l'un d'entre eux, il faut reconnaitre que ce cas de figure pose une réelle difficulté. Il mérite de ce fait une attention particulière.

363. Lorsque les conseillers *proxy* concentrent leurs activités sur la fourniture de services pour le compte de leurs clients investisseurs, le risque d'émergence d'un conflit d'intérêts est structurellement faible. Il n'est pour autant pas inexistant, car les agences monistes influencent également le comportement des émetteurs, du fait de l'émission de leurs recommandations de vote à l'intention des investisseurs, du fait de la publication de leur politique de vote, ou encore en raison de la publication de brèves et de résultats de recherche sur leurs sites internet. Bien que ces agences soient uniquement concentrées sur la recherche de la « *shareholder value* », elles entretiennent, pour leur grande majorité, des relations avec les émetteurs. Ces relations par essence ne sont pas commerciales. Elles prennent le plus souvent la forme de dialogues, de prises d'informations. Mais il n'est en rien absurde d'imaginer qu'un émetteur puisse tenter d'intimider un conseiller *proxy*. C'est dans cette hypothèse qu'une pleine déconnexion des jeux de pouvoir propres aux émetteurs, peut permettre aux *proxy advisors* monistes de garantir à leurs clients un haut niveau d'indépendance.

364. Un *proxy advisor* de type dualiste fournit des activités théoriquement incompatibles (A.), puisqu'il propose son expertise en matière de *corporate governance*, à la fois aux investisseurs et aux émetteurs. Il est aisé de percevoir toute l'ambiguïté, ainsi que les dangers que représente ce positionnement. Force est cependant de constater que le fait pour un conseiller *proxy* de proposer cette dualité de services lui confère d'évidents avantages (B.). En contrepartie de quoi il doit faire preuve d'une transparence ainsi que d'une vigilance exemplaire.

A. Des activités théoriquement incompatibles

365. Comment peut-on justifier le fait qu'un spécialiste des intérêts actionnariaux fournisse également des conseils en gouvernance aux émetteurs ? Pour beaucoup, ces deux activités sont absolument inconciliables[779]. Pour d'autres, la fourniture de conseils aux émetteurs par un *proxy advisor*, ne représente qu'un moyen supplémentaire de monnayer un haut niveau d'expertise acquis en gouvernance d'entreprise. Suivant cette dernière hypothèse, ces organismes ne font qu'étendre leur clientèle, à l'image de n'importe quelle société commerciale. Pour être fondée, cette vision suppose que le conseiller *proxy* soit déconnecté de l'ensemble des sources d'influence du marché, faute de quoi de nombreux risques existent. Puisque les agences sont des acteurs à part entière du marché, cette hypothèse peine à trouver une pleine justification.

L'activité de conseil en gouvernance auprès des émetteurs et celle de recommandation de vote semblent d'un point de vue « théorique » incompatibles. Mais d'un point de vue « pratique » et décontextualisé, la fourniture de ces deux activités par un expert de la *corporate governance* n'a rien d'aberrant. C'est précisément ici que le bât blesse. Les *proxy advisors* ont les aptitudes et l'expérience suffisante pour fournir des conseils en gouvernance, tant aux investisseurs qu'aux émetteurs. Mais cette « double casquette » est dangereuse puisque, replacée dans son contexte, elle peut favoriser la survenance de conflits d'intérêts. Une agence de conseil en vote de type dualiste entretient des intérêts (2.) tant du côté des investisseurs que de celui des émetteurs, ce qui lui confère une influence duale (1.).

1. Une influence duale

« *Aliquis non debet esse judex in propria causa, quia non potest esse judex et pars* »*

366. Un *proxy advisor* dualiste propose ses services de conseil, tant aux investisseurs qu'aux émetteurs. Il se trouve donc au cœur même de la définition du conflit d'intérêts. Une telle agence disposera cependant d'une influence transverse, cette situation lui permettant de considérablement accroître son pouvoir. Il existe deux principaux cas de figures en la matière. Premièrement, celui ou le *proxy advisor* fournit des conseils en gouvernance à un émetteur dont les investisseurs ne sont pas clients de l'agence. Dans ce cas de figure, le risque théorique de conflit d'intérêts est limité. Mais cette situation n'est que difficilement imaginable. Il existe en effet une multitude d'interconnexions, tant officielles (*groupe de sociétés, holding, filiales, liens d'intérêts d'un conseiller proxy avec un actionnaire ayant soumis un point à l'ordre du jour ou un projet de* résolution pour lequel l'agence va émettre une recommandation etc.) qu'officieuses (*existence de liens extraprofessionnels entre certains dirigeants et des représentants de firmes proxy…*) qui viennent contrarier la plausibilité de ce cas de figure.
Dans le second cas de figure, l'agence dualiste fournit simultanément ses services en gouvernance à un émetteur, et des recommandations de vote aux actionnaires dudit émetteur. Dans cette situation, il existe d'inévitables risques de conflit d'intérêts.

367. C'est dans l'objectif de prévenir, ou du moins de maitriser la survenance de tels conflits, que le Code BPPSVR a établi son deuxième principe : « Management des conflits d'intérêt ». Les signataires doivent publiquement exposer leur politique en matière de conflit d'intérêts, ainsi qu'en détailler les méthodes de traitement. Pour de nombreux professionnels du secteur, les conflits d'intérêts auxquels donnent naissance les activités d'un *proxy advisor* dualiste, sont par nature insurmontables, puisqu'ils sont au centre même de la logique de ce système. C'est précisément pour cette raison qu'une grande majorité d'avis convergent en faveur de l'interdiction de la fourniture de conseils en gouvernance à destination des émetteurs par les *proxy advisors*.

368. De son côté, le groupe dualiste ISS soutient qu'il cloisonne hermétiquement son activité de recommandation de vote (*ISS Proxy Advisory Service*), de celle de conseil aux émetteurs que réalise sa filiale (*ISS Corporate Services*). Le « mur

---

* Personne ne doit être juge de sa propre cause, parce qu' on ne peut être juge et partie.

de Chine » érigé par ce groupe repose sur le principe d'une séparation physique de son personnel. Les employés d'ISS Proxy Advisory et ceux d'ISS Corporate Services travaillent dans des bâtiments distincts afin qu'ils ne puissent communiquer, échanger, s'influencer. Le personnel de ce groupe est par ailleurs formé à la gestion de ce conflit d'intérêts fondamental. Les équipes qui fournissent des recommandations de vote ne doivent en aucun cas savoir qui sont les clients de la filiale. Lorsque les équipes d'ISS Proxy Advisory entrent en dialogue avec un émetteur, elles informent immédiatement la société objet de l'analyse qu'elles ne doivent pas être informées de son potentiel recours aux services d'ISS Corporate Services. Si cette information vient néanmoins à se faire savoir, alors les équipes d'ISS Proxy Advisory mettent automatiquement un terme au dialogue. Dans cette hypothèse, le sujet est directement transféré à l'équipe *compliance* qui le gère en direct.
Ce cloisonnement peut-il être véritablement hermétique ? D'aucuns demeurent circonspects, notamment en raison de la mobilité du personnel et de la grande difficulté de garantir une totale étanchéité entre les services[780]. Une chose est sûre, les activités du groupe ISS ne sont, à ce jour, à l'origine d'aucun scandale ou dysfonctionnement notable.

2. Des intérêts complexes

369. Malgré l'existence de garde-fous, un *proxy advisor* dualiste est nécessairement amené à jongler avec une somme complexe d'intérêts. Une telle agence se trouve théoriquement en position de « force ». Elle peut influer sur la politique de gouvernance de son client émetteur, tout en fournissant des recommandations de vote à son actionnariat, ainsi qu'à de possibles futurs investisseurs. Le conseiller *proxy* se trouve donc en position de faire appliquer l'ensemble de ses méthodes de bonne gouvernance, puis de les faire voter aux assemblées. Cette situation s'apparente à une approche maximisée de l'influence des agences de conseil en vote, mais elle s'accompagne de nombreuses difficultés, tant d'un point de vue déontologique que matériel. La pérennité d'un *proxy advisor* dualiste est plus complexe à assurer qu'il n'y parait. La viabilité de cette posture est conditionnée au fait que l'agence possède de solides arcanes tant organisationnels que financiers. En effet, les émetteurs clients, tout comme les actionnaires clients, peuvent être tentés d'influencer la teneur des conseils en gouvernance ou des recommandations de vote émises par l'agence. Ce serait faire preuve de naïveté d'imaginer qu'en réponse à l'influence d'une agence dualiste, ses clients puissent ne pas être tentés d'exercer sur cette dernière une forme quelconque de pression. Le marché tout entier est caractérisé par ces jeux d'influence impalpables mais bien réels.
Dans cette logique, les avantages théoriques que confère le développement d'un service de conseil en gouvernance auprès des émetteurs par un *proxy advisor* peuvent rapidement se transformer en véritables cauchemars. L'agence peut se

retrouver écartelée entre d'incessants jeux de pouvoir et ainsi perdre bientôt toute crédibilité. Bien que la fourniture de conseils en gouvernance à destination des émetteurs en parallèle de la fourniture de conseils de vote pour le compte des investisseurs représentent deux activités possiblement « antinomiques », le fait que ce soit le groupe ISS qui exerce cette double activité représente un « moindre mal » pour l'industrie des *proxy advisors*, pour l'évidente raison que la structure organisationnelle, ainsi que la puissance financière de cette firme lui permettent de résister à de nombreuses tentatives d'influence de la part de ses clients. Ce ne serait pas le cas des autres agences, à la probable exception de GLASS LEWIS & Co.

B. Entre fortune et infortune

370. Il est de fait qu'un *proxy advisor* dualiste peut, en raison de ce caractère, voir son influence croître, mais cela peut également la fragiliser. N'oublions pas qu'ISS demeure dans l'absolu un groupe « modeste » en comparaison de la puissance financière de certains de ses clients[781]. Bien que ce groupe soit dans toute l'industrie *proxy* le moins sensible aux pressions, ces pressions demeurent toutefois possibles. Rappelons que les conflits d'intérêts sont affaires courantes au sein du marché. La problématique réelle n'est pas l'existence d'un conflit, mais bien son mode de gestion. Au sein des agences monistes, la plupart des conflits peut être « aisément » gérée. La gestion de tels conflits n'est pas non plus insurmontable pour une agence de type dualiste, mais elle demande davantage de vigilance et de moyens.

371. Les institutions états-uniennes ainsi qu'européennes ce sont donc attachées à clarifier le traitement des politiques de gestion de conflits d'intérêts des agences. Le 30 juin 2014, la SEC a publié la « *guidance* » « *Proxy Voting : Proxy Voting Responsibilities of Investment Advisers and Availability of Exemptions from the Proxy Rules for Proxy Advisory Firms* » dans le but de rendre les activités des conseillers *proxy* davantage transparentes[782]. Plus encore, le projet de loi « *Proxy Advisor Firm Reform Act of 2016* » est en attente de ratification devant le Congrès. Son adoption constituerait le premier encadrement contraignant spécifiquement destiné aux *proxy advisors*. L'Europe s'organise en la matière autour du deuxième principe du Code BPPSVR : « Management des conflits d'intérêt ». Soulignons que le législateur européen, tout comme son homologue d'outre-Atlantique, semble enclin à davantage réglementer l'activité de ces organismes, notamment concernant la question des conflits d'intérêts. La directive (UE) 2017/828 modifiant la directive 2007/36/CE s'inscrit en effet dans une logique de durcissement de l'encadrement des conseillers *proxy*, sans pour autant directement trancher en faveur d'une réglementation contraignante de ces organismes[783].

372. De nombreuses institutions ont conscientisé l'influence que possèdent les *proxy advisors* sur leurs clients, et inversement. C'est pour cette raison que les services que fournissent les *proxy advisors* doivent refléter un haut degré d'intégrité, d'impartialité et d'indépendance. Ces impératifs sont plus difficilement accessibles pour un conseiller *proxy* dualiste, raison pour laquelle il doit fournir encore davantage d'efforts en vue d'assurer la pleine étanchéité de ses activités théoriquement incompatibles. C'est dans cette optique que le groupe ISS a développé un important « mur de Chine ». L'influence duale dont jouit une agence dualiste lui confère un avantage concurrentiel évident. Si un tel organisme parvient à trouver un juste équilibre entre les inconvénients et les avantages que lui confère sa double activité, le retour à un fonctionnement de type moniste parait illusoire. Partant, un moyen potentiellement efficace de tempérer l'influence d'une telle agence pourrait être de faciliter l'entrée dans l'industrie de nouveaux conseillers *proxy*. En effet, le caractère oligopolistique du marché des *proxy advisors* démultiplie l'impact d'un quelconque avantage concurrentiel. Cela est d'autant plus marqué quand il profite au *leader* de l'industrie. La présence d'un plus grand nombre de *proxy advisors* pourrait donc niveler le niveau d'influence générale de ces organismes. Quoi qu'il en soit, un conseiller *proxy* dualiste possède d'indéniables avantages sur les agences monistes (1.), mais il s'expose à d'irréfragables risques (2.).

1. Avantages d'un proxy advisor à caractère dualiste

373. Il est des circonstances dans lesquelles les conflits d'intérêts ont de fortes chances de survenir. Telle est le cas pour un *proxy advisor* qui fournit simultanément des conseils en gouvernance à un émetteur, et des recommandations de vote aux actionnaires dudit émetteur. Aucun garde-fou ne saurait strictement garantir qu'une telle agence ne puisse être partagée entre des intérêts à même d'impacter son indépendance et son impartialité. Mais derrière cette apparente imprudence, se dessine une somme d'avantages, tant pour l'agence, que pour certains clients. Un *proxy advisor* en position de conflit d'intérêts exerce une influence théorique plus importante sur ses clients, ce qui traduit également un impact supérieur sur le marché. Les conseils en gouvernance que prodigue une agence auprès d'un client émetteur prennent une toute autre résonnance lorsque la société réalise que le conseiller *proxy* émettra également des recommandations de vote auprès d'une partie de son actionnariat. Cette logique contribue également à renforcer davantage la prise en compte des recommandations de vote par les clients investisseurs. Une agence dualiste bénéficie donc d'une visibilité et d'un impact théorique supérieurs à celle d'un conseiller de type moniste.

374. Puisque les *proxy advisors* utilisent la gouvernance d'entreprise comme référentiel absolu, l'influence supérieure d'une agence dualiste permet en théorie d'unifier efficacement les intérêts possiblement contradictoires des équipes dirigeantes et des actionnaires. Dans cette perspective, une telle agence peut simultanément favoriser l'établissement d'un actionnariat stable et responsable (*soucieux des problématiques de bonne gouvernance*), ainsi que directement contribuer à l'application des principes de la *corporate governance* auprès du conseil d'administration de l'émetteur. Une agence dualiste subit des risques évidents de conflit d'intérêts, mais dans l'hypothèse où ils réussiraient à être efficacement traités, un tel organisme pourrait devenir le souverain défenseur des principes de bonne gouvernance, en raison même de son influence duale.

2. Inconvénients inhérents à un proxy advisor de caractère dualiste

375. Un conseiller *proxy* dualiste se trouve par définition au cœur même de la notion de conflit d'intérêts. Ce phénomène traduit l'existence de nombreux risques, tant d'un point de vue interne à l'agence, que du point de vue des acteurs que cet organisme est à même d'impacter. Au niveau interne, une telle agence peut être vulnérable aux pressions de ses clients. Il se révèle en effet délicat pour un prestataire de service d'adopter une position totalement fermée face à certaines sollicitations d'un client, sous peine de le perdre. Puisqu'aucune « muraille de Chine » ne saurait être à même de pleinement garantir la gestion de conflits d'intérêts émanant d'activités théoriquement incompatibles, l'assise financière du conseiller *proxy* demeure *in fine* sa meilleure garantie d'« indépendance ». Au niveau externe, il est de fait que lorsque n'importe quel acteur du marché est objectivement exposé à un conflit d'intérêts, sa probité s'en trouve altérée. Cela s'accompagne classiquement de critiques de la part de ses concurrents, des institutions de régulation, ainsi que d'acteurs tiers. Cette « logique » est pleinement respectée pour ce qui relève du groupe dualiste ISS. Son *business model* fait l'objet de réprobations, ce qui ne l'empêche toutefois pas de demeurer le *leader* de son industrie. Probablement, car ce groupe a habilement su trouver un point d'équilibre entre les avantages et les inconvénients que lui confère sa spécificité. Les médias jouent également un important rôle de diffuseurs de l'existence de conflits d'intérêts. Ils ont directement contribué à la médiatisation du caractère dualiste du groupe ISS.
Diaboliser le groupe ISS serait une erreur grossière. Certes, son *leadership* l'expose particulièrement d'un point de vue médiatique. Certes, son caractère dualiste s'apparente à une pratique isolée dans l'industrie. Cependant, gardons à l'esprit que le groupe ISS a développé d'importants dispositifs de cloisonnement de ses activités « Buy side »/« Sell side », et que le cas échéant, il dispose de nombreux dispositifs visant au traitement et à la gestion de la survenance de conflits d'intérêts.

376. En tant que sociétés commerciales, les *proxy advisors* ne sauraient exister sans clients. Les conseillers *proxy* doivent donc en attirer, sans toutefois se plier aux sollicitations qui mettraient ces organismes en position de conflits d'intérêts potentiels ou effectifs. Les activités des *proxy advisors*, et tout particulièrement celles d'ISS, nécessitent un positionnement hautement stratégique, proche du numéro d'équilibriste. Il est de fait que le *business model* du groupe ISS l'expose particulièrement, mais nous ne saurions pour autant tomber dans une forme absurde de manichéisme qui consisterait par principe à déprécier cet organisme, et à mettre sur un piédestal l'ensemble des conseillers *proxy* de type moniste. Premièrement, parce que le groupe ISS demeure un expert mondialement reconnu des questions de *corporate governance*. Deuxièmement car son *business model* n'est à ce jour à l'origine d'aucun scandale, ce qui tend à prouver que la « muraille de Chine » que ce groupe a développé est efficace. Troisièmement, parce que ce *proxy advisor* fait preuve d'un niveau de transparence comparable, voir supérieur, à celui de certains autres acteurs monistes de l'industrie. Quatrièmement, parce qu'il n'est pas un *proxy advisor* qui soit par nature à l'abri de toute potentialité de conflits d'intérêts. Un tel conflit peut par exemple naitre lorsque qu'une agence publie une recommandation de vote concernant un projet de résolution qui serait à l'initiative d'actionnaires que le *proxy advisor* possède en parallèle comme clients. Ainsi, nul besoin d'être un conseiller *proxy* dualiste pour se trouver en position de conflit d'intérêts.

§2. Conflits d'intérêts chez les proxy advisors : les voies de l'apaisement

377. La notion générale de conflit d'intérêt fait aujourd'hui l'objet de nombreuses réflexions[784]. Cela est dû à la progressive conscientisation du fait que ces conflits impactent significativement le fonctionnement des sociétés, ainsi que plus généralement celui du marché. En droit des sociétés, le législateur ne définit pas à proprement parler le conflit d'intérêt. Il faut donc se tourner du côté de la doctrine pour que cette notion gagne en lisibilité. Une majorité d'auteurs s'accordent autour de la définition, relativement large, que propose Dominique SCHMIDT. Un conflit d'intérêt nait lorsque « les intérêts personnels d'un individu sont en opposition avec ses devoirs »[785]. Mais en raison de nombreuses interconnexions entre les différents acteurs du marché, un tel conflit ne saurait s'appréhender à la manière d'une simple opposition. Il résulte nécessairement d'une multiplicité d'antagonismes. Avec le phénomène de globalisation et d'internationalisation de l'actionnariat, la relation d'agence qui unit les équipes dirigeantes à leurs actionnaires se trouve déséquilibrée. Cette situation est directement à même d'accroître l'émergence de conflits d'intérêts. Pour ce qui nous intéresse, un *proxy advisor* lui-même en situation de conflit d'intérêts constituerait un formidable amplificateur du conflit original. Les conseillers *proxy* peuvent être les sources ou les médiums de conflits d'intérêts. Pour ces raisons, il est important de chercher de nouvelles voies en vue de prévenir la survenance de ces conflits.

378. « Je suis pour l'interdiction pure et simple des services de conseil en gouvernance par les *proxy advisors*. C'est vraiment une contradiction trop grave. Au-delà de ça, chaque agence possède des formes spécifiques de conflits d'intérêts. La seule vraie solution, c'est la transparence parfaite, la déclaration claire du fait que l'on est en conflit d'intérêts »[786]. Les remarques du président de PROXINVEST respirent la sagesse et la sagacité. L'apaisement des conflits d'intérêts des *proxy advisors* est nécessairement lié à une pleine transparence (A.) de ces organismes sur le sujet. En raison du phénomène de décloisonnement du marché[787], une plus grande implication des parties prenantes en relation avec les conseillers *proxy* (B.) est également nécessaire pour prévenir efficacement la survenance de tels conflits.

A. Vers une pleine transparence des proxy advisors

379. Les agences de conseil en vote exercent-elles leurs activités dans le respect d'un haut niveau de transparence ? Il s'agit là d'un débat complexe, et la réponse que nous sommes en mesure d'apporter ne saurait être manichéenne, pour cette simple raison que chaque *proxy advisor* reste marqué de nombreux particularismes. Alors que certains conseillers *proxy* ont fait de la transparence et de l'indépendance un argument de vente, d'autres agences cultivent davantage le secret des affaires, voir l'opacité... Ces derniers organismes sont donc en théorie moins transparents que les premiers évoqués. Mais puisque l'ensemble de l'industrie européenne des *proxy advisors* se trouve être signataire du Code BPPSVR et de ses principes de transparence[788], on notera donc qu'une certaine indétermination demeure, qui n'est que l'expression des limites du caractère « *comply or explain* » dudit Code.

380. Afin d'accroître le niveau général de transparence des *proxy advisors*, il est nécessaire que l'industrie conscientise l'utilité de cette démarche dans la pratique de ses affaires. Cette exigence met en lumière une situation pour le moins paradoxale : certains conseillers *proxy,* qui ne respectent pas une partie des principes du Code dont ils sont signataires, contribuent *in fine* à un respect plus tatillon encore (*pour les émetteurs et les actionnaires*) des principes (*de corporate governance*) d'une nature *(soft law et comply or explain*) similaire à ceux qu'ils enfreignent sans scrupule dans l'exercice de leur propre métier. L'adage « balayer d'abord devant sa propre porte » trouve ici sa pleine dimension de vérité. Le Code de déontologie BPPSVR représente un premier pas vers la conscientisation du besoin d'une pleine transparence des *proxy advisors*. En raison de son caractère « *comply or explain* » et de sa récente introduction, ce document doit encore être affiné et perfectionné. C'est à ces seules conditions qu'il pourra devenir un Code de référence et exprimera toute la force de ses prérogatives. Le Code BPPSVR souffre pour l'instant d'un manque flagrant de visibilité, ce qui ne favorise pas son effectivité. Il serait donc opportun de davantage médiatiser son existence (1.). Les régulateurs du marché ont ici un rôle prépondérant à jouer. Plus encore, il serait particulièrement pertinent de faire référence à certains principes de fonctionnement du BPPSVR au sein des Code de *corporate governance* renommés. Des simples références faciliteraient la médiatisation d'un Code de déontologie jusqu'ici resté largement confidentiel. De très nombreux émetteurs et actionnaires seraient ainsi informés de l'existence de ce document. Partant, les signataires du BPPSVR seraient naturellement incités à mieux respecter l'ensemble des principes dudit Code. Une deuxième piste de réflexion serait de mettre l'accent sur le principe selon lequel les activités des conseillers *proxy* sont exclusivement orientées vers la recherche des intérêts des actionnaires (2.). Cette innovation amènerait *in fine* à proscrire la fourniture de conseils en gouvernance aux émetteurs, par les *proxy advisors* (3.). Il est en effet difficilement imaginable d'attendre d'une agence qu'elle garantisse la poursuite des meilleurs intérêts pour les investisseurs, alors même qu'elle vend en parallèle des conseils en gouvernance aux émetteurs.

1. Médiatiser le Code de déontologie des proxy advisors

381. Au sein du marché, l'information tient un rôle central. Cela confère aux régulateurs des marchés financiers une importance fondamentale, puisqu'ils sont à la fois diffuseurs d'information, et créateurs de nouvelles sources informatives. L'AMF soutient un principe de transparence et d'effectivité des informations transmises aux investisseurs. L'autorité s'illustre également en matière de vote des actionnaires. Alors qu'elle est pleinement consciente de l'influence grandissante des *proxy advisors*, l'AMF se contente de sa recommandation du 18 mars 2011 et ne milite pas plus avant à la promotion du Code de déontologie de ces organismes. On peut le regretter, d'autant qu'à de très rares exceptions près, le Code BPPSVR s'inscrit dans la continuité de cette recommandation. Une médiatisation du Code de 2014 par l'AMF permettrait à de nombreux acteurs du marché hexagonal de prendre conscience de l'existence de principes régissant l'activité des *proxy advisors*, ce qui participerait d'un côté à lever le voile sur les méthodes d'exercice de ces agences, et de l'autre inciterait les signataires du BPPSVR à davantage encore respecter les principes que ce document développe, et ceci pour la simple raison que les agences se sauraient « surveillées » dans leurs agissements par un grand nombre d'acteurs du marché, bons connaisseurs du Code BPPSVR.

382. Avec un objectif similaire, de simples références au BPPSVR dans les grands Codes de gouvernance aurait pour effet d'accroître substantiellement son niveau de médiatisation. Ces références ne seraient en rien déplacées, car le champ couvert par les Codes de *corporate governance* s'est largement étendu[789], passant d'une prévention centrée sur l'apparition de possibles conflits d'intérêts entre les dirigeants et les actionnaires, à une prévention générale de l'ensemble des risques à même d'affecter les émetteurs et le marché. Compte tenu de l'influence grandissante des *proxy advisors* sur le marché et sur les émetteurs, faire référence aux pratiques d'exercice de ces organismes dans les grands Codes de gouvernance se révèlerait au final hautement bénéfique. Il s'agirait de rappeler que, conformément aux lignes directrices établies par leur Code de déontologie, les *proxy advisors* sont tenus à de hautes exigences dans leurs activités, à savoir : transparence, indépendance, pratiques d'exercice qualitativement contrôlées et développement de *process* visant à gérer l'existence ou la survenance de conflits d'intérêts. De cette médiatisation naitrait une plus grande connaissance des pratiques d'exercice des *proxy advisors*, ce qui pousserait naturellement l'ensemble des agences signataires (*et particulièrement celles qui s'autorisent des libertés à l'égard de leur Code de déontologie*) à se concentrer davantage sur les principes développés par le BPPSVR. Le phénomène de médiatisation est à même d'accroître la transparence des activités des *proxy advisors*, et cette transparence concourt directement à prévenir la survenance de conflits d'intérêts.

2. Garantir au mieux les intérêts des actionnaires

383. L'établissement d'une exigence procédurale garantissant à un client investisseur ayant fait appel aux services d'un *proxy advisor* que ce dernier œuvre dans son intérêt exclusif, constituerait une mesure simple, quoique efficace. Elle viendrait mettre un terme à la problématique récurrente selon laquelle les conseillers *proxy* pourraient être incités à prioriser d'autres intérêts que ceux des actionnaires. L'on assimile à juste titre cette question à l'émergence de possibles conflits d'intérêts, et cela d'une manière encore plus systématique lorsqu'il s'agit d'un *proxy advisor* dualiste. Il est bien évident que le développement d'activités « incompatibles » ne favorise en rien le ressenti de transparence et d'impartialité des recommandations de vote. Les principaux conseillers *proxy* ont très tôt pris conscience du besoin de générer de la confiance chez leurs clients. L'on retrouve par ailleurs nombre de ces principes dans le Code BPPSVR. En ce sens, le Code de déontologie des agences représente un premier pas vers la garantie que ses signataires œuvreront dans l'intérêt exclusif de l'actionnariat. Cette avancée demeure toutefois fragile, puisque le Code BPPSVR s'est pour l'instant d'avantage concentré sur la qualité technique des pratiques d'exercice des agences. Mais, puisque sans pratiques d'exercice qualitatives, il ne saurait y avoir un réel soutien aux intérêts actionnariaux, cette avancée sera jugée significative.

384. Garantir directement aux clients des *proxy advisors* que ces derniers s'emploieront exclusivement à promouvoir leurs intérêts, constituerait donc une avancée substantielle pour cette industrie. D'autant que cette exigence procédurale pourrait prendre la forme d'un engagement contractuel, dans l'hypothèse où le conseiller *proxy* exerce déjà son activité de recommandation de vote avec un haut niveau d'exigence. Cette innovation aurait également pour bénéfice de permettre au marché de clairement définir le positionnement des agences de conseil en vote. Il n'y aurait ainsi plus aucune ambiguïté concernant les finalités de leur activité. Les agences seraient exclusivement orientées vers la promotion des intérêts actionnariaux, ce qui aurait pour effet de parfaire l'intégration des agences au rang d'acteurs fiables et incontournables du monde économico-financer. Pour terminer, cette exigence procédurale inciterait naturellement les agences à produire des recommandations davantage transparentes, et il serait alors particulièrement délicat pour un *proxy advisor* de type dualiste de garantir qu'il agit dans l'unique intérêt de son client. La garantie de la recherche des meilleurs intérêts de l'actionnaire pourrait donc être à même d'autoréguler les agissements d'un *proxy advisor* à caractère dualiste.

3. Proscrire la fourniture de conseils en gouvernance aux émetteurs

385. Proscrire purement et simplement la fourniture de conseils en gouvernance aux émetteurs par les *proxy advisors* peut sembler être une mesure de caractère radical. Elle pourrait cependant se révéler nécessaire. Il existe deux principaux arguments pour tenter de minorer le caractère problématique des agissements d'une agence de type dualiste. Dans un souci d'exhaustivité, il convient d'en faire le développement. Premièrement, les agences sont d'excellents spécialistes des questions de *corporate governance* : elles possèdent une expérience et un savoir-faire uniques en la matière. En l'absence d'éléments factuels corroborant la nécessité immédiate d'interdire l'activité de conseil en gouvernance auprès des émetteurs, certains auteurs adoptent donc une position modérée[790], fondée sur la vigilance attendue de l'ensemble des parties prenantes. Le second argument que développent les défenseurs des agences dualistes, tient à l'idée que l'ensemble des *proxy advisors* sont sujets aux conflits d'intérêts (*ce qui dans l'absolu est vrai, mais ne prend pas en compte le caractère difficilement surmontable des conflits qui naissent au sein d'une agence dualiste*). Suivant ce principe, une agence dualiste ne serait pas plus vulnérable à la survenance de conflits d'intérêts que les agences de type moniste. Un conseil en gouvernance représente une évaluation à un instant précis de la situation d'un émetteur, alors qu'une recommandation de vote exprime un objectif prospectif. Il s'agit donc de deux types de conseil bien distincts. D'autant que de nombreux *proxy advisors* de type « moniste » offrent la possibilité de commander directement sur leur site internet les recommandations, études ou analyses réalisées directement sur les émetteurs. Si ces agences ne fournissent pas directement un service consultatif aux émetteurs, elles n'empêchent pas toutefois les sociétés de faire l'acquisition de leurs recommandations de vote et de leurs analyses.

386. Reconnaissons que de très nombreux investisseurs institutionnels se fient aux recommandations de vote du groupe ISS[791], cela malgré son caractère dualiste. Reconnaissons également que le groupe ISS est totalement transparent : il propose, ses clients disposent. ISS n'oblige personne à faire appel à ses services. Alors que des *proxy advisors* concurrents proposent des services de type « moniste », le *leadership* d'ISS est bien souvent préféré par les investisseurs. L'influence de cette firme sur le marché permet à ses clients de se prémunir de nombreuses critiques relatives à la gestion de leurs droits de vote. Plus encore, les clients d'ISS voient le poids de leurs votes croitre lorsqu'ils se conforment aux recommandations de cette agence, et cela pour la simple raison que cette firme conseille un grand nombre d'actionnaires au capital de la plupart des grands émetteurs de la planète. Nous nous trouvons donc devant un phénomène de cercle vertueux. D'un côté l'influence d'ISS est conditionnée au nombre et au poids financier de ses clients investisseurs, de l'autre, les actionnaires clients d'ISS recherchent l'influence supérieure dont jouit cette firme. Il s'agit de la raison pour laquelle de nombreux investisseurs préfèrent se tourner vers ISS plutôt que vers ses concurrents, cela malgré les « risques » théoriques inhérents au fait de faire appel aux services d'un groupe dualiste.

387. Proscrire la fourniture de conseils en gouvernance aux émetteurs par un *proxy advisor* représenterait une mesure forte. Cela permettrait de garantir un haut niveau de déontologie et d'indépendance à l'ensemble de cette industrie. Plus encore, cela limiterait largement les possibilités de survenance de conflits d'intérêts. Mais dans l'hypothèse (*plus que probable*) où le groupe ISS ne mette pas fin par lui-même à ses activités à caractère dualiste, il se révèle d'une importante capitale que ce *proxy advisor* soit soumis à une réelle concurrence[792]. La rapide croissance de l'agence GLASS LEWIS & Co illustre parfaitement ce phénomène. Ce *proxy advisor* se refuse à fournir des conseils en gouvernance auprès des émetteurs, et revendique ainsi un haut degré de déontologie. C'est en application de ce principe de fonctionnement que l'agence a pris des parts de marchés substantielles à ISS[793]. Il est intéressant de souligner que c'est en réponse au fort développement de GLASS LEWIS & Co qu'ISS a pris la décision d'opérer une séparation structurelle et organisationnelle de ses activités de recommandation de vote et de conseil en gouvernance. La concurrence possède donc bien un effet disciplinant sur les *proxy advisors*. Dans cette perspective, il serait souhaitable que d'autres agences de portée internationale émergent, d'autant qu'il n'en existe à ce jour aucune qui soit d'origine européenne et ait acquis une telle envergure. Force est toutefois de constater que le caractère oligopolistique du marché des *proxy advisors* rend l'introduction de nouveaux acteurs difficile. Il existe en effet de nombreuses barrières à l'entrée de cette industrie[794]...

B. Promouvoir l'implication des parties prenantes

388. Pour de nombreux théoriciens, la notion de « conflit d'intérêts » est synonyme d'extrême danger. Pour de nombreux praticiens des affaires, cette notion revêt pourtant un caractère de relative banalité. Ces conflits sont perçus par ces derniers comme inévitables, voire naturels, pour la simple raison que la grande majorité des acteurs du marché globalisé se trouve à un moment donné en position de conflit d'intérêts, du fait de l'existence d'un nombre incalculable d'interconnexions. Cette réalité justifie en partie le fait qu'en dépit de nombreuses mises en garde, très peu d'investisseurs semblent tenir compte du fait que les activités du groupe ISS se trouvent illustrer la définition même du conflit d'intérêt. Certains autres *proxy advisors* persistent à fournir leurs services sur la base de pratiques d'exercice incertaines, voire discutables. Cela n'est déontologiquement pas tolérable. Mais ces agences lacunaires ne sont pas les uniques responsables de cette situation. Les nombreux investisseurs qui continuent à faire appel à leurs services le sont tout autant. Ils nourrissent le sentiment d'impunité de ces agences. Il semble donc opportun de mettre l'accent sur une plus grande implication des parties prenantes en relation avec les *proxy advisors*, dans le but d'accroître le niveau de transparence général de l'ensemble des conseillers *proxy*, ainsi que pour lutter efficacement contre la survenance de conflits d'intérêts.

Il est indéniable que la voie de la régulation peut aider à la prise de conscience, mais les progrès réels reposent sur ce qui se décrète rarement : la responsabilisation de chaque partie prenante. Responsabilisation des agences de vote qui doivent réfléchir à la structuration et au renforcement de compétences de leur profession, responsabilisation des investisseurs institutionnels qui doivent s'interroger sur ce qu'ils attendent de l'exercice de recommandation et déterminer comment ils s'impliquent, le vote ne pouvant se réduire à une application mécanique des recommandations reçues, les émetteurs enfin qui doivent faire œuvre de toujours plus de pédagogie lorsqu'ils proposent leurs résolutions[795].

Du coté des investisseurs, il serait question de rendre davantage transparent les finalités du recours aux *proxy advisors* (1.). S'agit-il de recommandations de vote purement consultatives, ou l'investisseur se trouve-t-il dans une position de dépendance vis-à-vis de l'agence ? En ce qui concerne les sociétés cotées, nous devons reconnaître qu'elles ont déjà fort à faire. Elles doivent « non seulement appliquer les normes légales et réglementaires qui régissent avec précision le fonctionnement des organes sociaux, mais également rendre compte de l'application par elles des préconisations faites dans le cadre du mouvement dit du gouvernement d'entreprise, qui concernent plutôt le comportement des membres de ces organes… »[796]. Nous demanderons donc aux émetteurs un ultime effort : il serait particulièrement pertinent que les émetteurs divulguent avec quelles agences ils sont entrés en dialogue (2.). En somme, il s'agirait d'inciter tant les émetteurs que les investisseurs, à divulguer davantage les tenants et les aboutissants des relations qu'ils entretiennent avec les conseillers *proxy*, dans le but de prévenir efficacement la survenance de conflits d'intérêts clairement préjudiciables.

1. Divulguer les finalités du recours aux agences par les investisseurs

389. Le Code BPPSVR et la recommandation AMF n° 2011-06 s'accordent sur la nécessité pour les *proxy advisors* de prévenir ou de gérer la survenance de conflits d'intérêts. Ces documents suggèrent un ensemble de mesures que les conseillers *proxy* sont encouragés à mettre en œuvre[797]. Mais ces dispositifs sont uniquement centrés sur la mécanique de fonctionnement des conseillers *proxy*. Ils ne prennent pas en compte les finalités du recours aux recommandations de vote par les clients des *proxy advisors*. Or, ce facteur est à même d'accroître le niveau d'implication des investisseurs dans les relations qu'ils entretiennent avec les conseillers *proxy*. Divulguer les finalités de l'emploi d'un *proxy advisor* concourt donc à réduire l'éventualité de la survenance d'un conflit d'intérêt, ou tout du moins ce dispositif encourage fortement à sa révélation. Une finalité purement consultative est bien moins susceptible de favoriser la survenance d'une quelconque forme de conflit d'intérêts. À *contrario*, un investisseur se trouvant en position de forte dépendance vis-à-vis des recommandations de vote d'un *proxy advisor*, appliquera ces dernières de manière quasi-automatique, ce qui se révèle éminemment problématique, si le conseiller *proxy* se trouve en position de conflit d'intérêts avec l'émetteur objet de son analyse. Inviter les investisseurs à divulguer les finalités de l'emploi des *proxy advisors* permettrait à l'ensemble des parties prenantes de porter une attention particulière en cas de situation d'évidente dépendance. Les conseillers *proxy* se verraient alors dans l' « obligation » naturelle de renforcer la probité de leurs recommandations de vote. Nous ne sommes plus sans savoir que des recommandations de haute qualité tendent à réduire les coûts d' « agence », ainsi qu'à discipliner la relation actionnaire-émetteur. En ce sens, l'emploi d'un *proxy advisor* peut accroître la valeur d'un émetteur. À l'inverse, des recommandations viciées sont susceptibles d'augmenter les coûts d' « agence », réduisant possiblement la valeur de la société[798]. Plus encore, un dispositif de divulgation serait à même d'accroître le niveau de vigilance de ces organismes. *Les situations de conflit d'intérêts ne sont en effet pas toujours flagrantes. Elles peuvent être indirectes ou encore latentes*, ce qui pourrait progressivement inciter les agences sujettes aux problématiques de type conflit d'intérêts à s'auto-discipliner pour ne pas perdre des parts de marché trop conséquentes.

390. Davantage de transparence au regard des motivations qui sont à l'origine de l'emploi d'un *proxy advisor* permettrait également de dresser un panorama clair de l'influence de ces organismes sur l'actionnariat des émetteurs, ce qui serait directement profitable pour les sociétés cotées, puisqu'elles sauraient à quoi s'en tenir eu égard à l'influence des *proxy advisors* sur leur actionnariat. Cette situation aurait inévitablement des répercussions positives sur le marché, car elle est synonyme d'une hausse de la fluidité informationnelle.

2. Vers une mesure de divulgation des émetteurs

391. Certains *proxy advisors* n'entretiennent aucune forme de contact avec les émetteurs objet de leurs recommandations. D'autres agences développent à l'inverse un dialogue plus ou moins formel avec les sociétés, dans le but d'obtenir davantage d'informations. Le Code de déontologie BPPSVR invite ses signataires à informer leurs clients investisseurs de la nature et de la finalité de ce dialogue[799]. Le BPPRGP encadre donc le dialogue qui peut exister entre les *proxy advisors* et les émetteurs. Ce principe s'inscrit dans une démarche de transparence propre à limiter les jeux d'influence qui sont des terrains fertiles pour l'émergence de conflits d'intérêts. Mais ce *process* demeure déséquilibré. Alors que les *proxy advisors* doivent faire preuve de transparence dans la finalité des dialogues qu'ils entretiennent avec les émetteurs, les sociétés cotées n'ont en revanche aucune « obligation » de révéler[800] à leur actionnariat, et plus généralement au marché, avec quels *proxy advisors* elles sont entrées en relation. L'établissement d'une telle mesure serait susceptible de mettre en lumière le niveau d'influence, quelquefois très élevé, des conseillers *proxy* sur les émetteurs. Dans l'hypothèse où une agence conseillerait une part substantielle de l'actionnariat d'un émetteur, il est évident que le dialogue qui est susceptible de se mettre en place sera marqué par l'influence du conseiller *proxy*. Ce jeu d'influence serait à *contrario* inopérant dans le cas de figure où une agence ne représenterait qu'un pourcentage négligeable du panorama actionnarial de l'émetteur.

392. Les procédés de divulgation obligatoire d'information constituent des leviers communément admis en matière de bonne gouvernance. Ces leviers ont en effet pour objectif de faire décroître les risques d'émergence de conflits d'intérêts, par accroissement de la transparence[801]. Cette nouvelle mesure de divulgation obligatoire serait donc à même de limiter l'apparition de conflits d'intérêt dits « horizontaux », c'est-à-dire relatifs à la diversité des intérêts pouvant coexister entre les parties prenantes[802]. Une telle démarche permettrait enfin aux actionnaires et au marché de se trouver alertés en cas d'influence potentiellement préjudiciable d'une agence sur un émetteur.

Conclusion du chapitre 1

393. L'influence des *proxy advisors* ne se limite aujourd'hui plus à l'émission de simples conseils de vote auprès de leurs clients investisseurs. Ces organismes ont pris une telle importance qu'ils impactent objectivement le fonctionnement des émetteurs. Alors que cette influence ne semble pas constituer une fin en soi pour les agences de type moniste, un *proxy advisor* dualiste peut en jouer davantage, voire en tirer profit. Dans le but de s'assurer un vote favorable aux assemblées générales, les équipes dirigeantes sont incitées à suivre les politiques de vote, ainsi que les recommandations des principales agences. Qui plus est, le non-respect des règles de bonne gouvernance dictées par les agences se traduit par de véritables sanctions pour les équipes dirigeantes. En tant que spécialistes des questions de *corporate governance*, les conseillers *proxy* diffusent efficacement leur approche extrêmement pointue des principaux paramètres de la bonne gouvernance. Ce qui contribue à légitimer l'immixtion des agences dans le fonctionnement des sociétés, ainsi qu'à standardiser la gouvernance d'entreprise.

394. L'influence grandissante des *proxy advisors* dans le fonctionnement des émetteurs soulève la question de l'aptitude de ces prestataires de service à prévenir ou à gérer efficacement la survenance (*parfois inévitable*) de conflits d'intérêts. L'activité de conseil en vote est par nature propice à l'émergence de tels conflits. Mais lorsqu'une agence mène simultanément une activité de conseil en vote auprès des investisseurs, et une activité de conseil en gouvernance directement auprès des émetteurs, la survenance de conflits d'intérêts est quasi-inéluctable. Il appartient donc à un *proxy advisor* de type dualiste de développer une imposante « muraille de Chine », laquelle vise à cloisonner du mieux possible ses activités « *Buy side* » et « *Sell side* ».

395. La problématique que soulève une agence dualiste est éminemment délicate. Cet organisme jouit d'un haut niveau d'expertise en matière de *corporate governance*. Hors contexte, il est donc parfaitement légitime à fournir des conseils en gouvernance auprès des émetteurs. Ce n'est donc pas l'activité de conseil en gouvernance qui est en elle-même problématique, mais bien son cumul avec la fourniture de recommandations de vote aux investisseurs. Ce cumul d'activités révèle des liens d'intérêts, tant du côté des investisseurs que des émetteurs. Cela confère à une agence dualiste une influence duale, constitutive de la définition théorique même du conflit d'intérêts. Gardons cependant à l'esprit que l'ensemble de l'industrie du conseil en vote peut être sujette à la survenance de conflits d'intérêts. Accroître le niveau général de transparence des *proxy advisors,* et renforcer l'implication de l'ensemble des parties prenantes qui sont en relation avec ces organismes, parait donc nécessaire.

Chapitre 2. Le caractère rationalisant des proxy advisors

396. Il n'est évidemment pas réaliste de percevoir les *proxy advisors* comme de simples conseillers. Les politiques de vote/gouvernance des agences, ainsi que leurs recommandations de vote impactent le marché à la manière des ondes qui courent à la surface de l'eau, l'amplitude de ces ondes étant corrélée à la puissance du conseiller *proxy,* comme à la pertinence de ses conseils. Mais ne nous méprenons pas, le phénomène reste marginal comparé à l'influence d'autres acteurs, comme les agences de notation financière. Les *proxy advisors* exercent une influence essentiellement sectorielle. Elle se concentre par exemple sur la question de la rémunération des dirigeants. Reste une certitude : les recommandations de vote que fournissent les agences aux investisseurs excédent le cercle de la relation « conseilleur et conseiller » puisque, par essence, elles impactent la gouvernance des émetteurs.

397. Dans un monde financier où le vote des actionnaires joue un rôle clef, les *proxy advisors* contribuent à réduire le phénomène d'asymétrie d'information dont souffrent de nombreux actionnaires. Plus encore, l'influence des conseillers *proxy* permet d'espérer limiter certains abus des équipes dirigeantes. Les agences de conseil en vote ont donc pour finalité de discipliner, tant le comportement des investisseurs, que celui des émetteurs. Cela est d'autant plus important que certains principes de fonctionnement du marché se révèlent hautement pernicieux. Pour illustration, en raison d'une collusion d'intérêts entre les dirigeants de certains grands fonds d'investissement et ceux de certains grands émetteurs, il n'est pas rare que les premiers soutiennent aveuglement les seconds au moment de l'assemblée générale, même lorsque cela revient à bafouer objectivement la « *shareholder value* ». Cette simple illustration légitime la demande quasi-dogmatique de respect des principes de la *corporate governance* par les agences de conseil en vote.
Les nombreuses exigences des *proxy advisors* en matière de bonne gouvernance permettent *in fine* de limiter les effets de toute collusion d'intérêts (*complexes et entrecroisés*) qui existerait au sein des hautes sphères du marché. Les *proxy advisors* œuvrent donc à l'efficience du marché, puisqu'ils contribuent à discipliner tant les investisseurs que les émetteurs. Dans un système financier marqué de sérieux déséquilibres, les agences de conseil en vote œuvrent à rationaliser la conduite des acteurs qui concourent au processus d'investissement (Section 1.). Mais sont-elles légitimes pour endosser ce rôle (Section 2.) ?

Section 1. Rationaliser la conduite des acteurs qui concourent au processus d'investissement

398. Les agences de conseil en vote trouvent une pleine justification de leur existence avec l'idée qu'elles participent à rationaliser la conduite des acteurs qui se trouvent au centre du processus d'investissement. Comme nous l'avons précédemment développé, ces organismes exercent effectivement une influence, tant sur les investisseurs que sur les émetteurs. Que le conseiller *proxy* soit de type moniste, ou plus encore dualiste, son rôle ne saurait se limiter à celui d'un simple prestataire en service de vote, du fait de cette double influence. Les *proxy advisors* auraient pu se concentrer exclusivement sur la maximisation des intérêts de leurs clients. Or, cette démarche purement mercantile aurait rapidement entraîné un manque de pertinence et de légitimité. En imposant la *corporate governance* en tant que référentiel, le pouvoir des conseillers *proxy* sur le comportement des acteurs du processus d'investissement, trouve une habile justification. C'est en fonction de ce mécanisme que les *proxy advisors* participent à rationaliser la conduite de nombreux acteurs du marché. Mais reste une question latente : quelle est la finalité ultime d'un tel processus de rationalisation ?

399. Pour atteindre un certain degré d'efficience, le marché a besoin d'un juste équilibre dans la balance « émetteurs/investisseurs ». Or le système financier mondial demeure, *malgré des efforts*, fortement déséquilibré (§1.) en faveur des grands émetteurs. C'est en défendant une application stricte de la gouvernance d'entreprise que les *proxy advisors* concourent donc à rationaliser les agissements des acteurs directement concernés par le processus d'investissement, processus sur lequel repose l'ensemble de la finance moderne. En cela, les agences sont des acteurs qui œuvrent à développer l'efficience du marché (§2.).

§1. Un système financier marqué de déséquilibres

400. Les agences de conseil en vote justifieraient difficilement leur influence au sein d'un système financier guidé réellement par une saine « main invisible »[803]. Mais, comme chacun sait, le marché est le théâtre d'opaques jeux de pouvoir, où interagissent une quantité incalculable d'intérêts entrecroisés. Et le système financier actuel génère un déséquilibre systémique en faveur des grands émetteurs. Pour en prendre pleinement conscience, nous nous questionnerons sur les finalités de ce phénomène internationalement constaté : la volonté d'activisme des investisseurs. Cette quête n'a qu'une signification : rééquilibrer la balance « émetteurs/investisseurs », en jouant sur la revitalisation des assemblées générales d'actionnaires, de sorte que cet organe puisse représenter enfin autre chose qu'une simple chambre d'enregistrement entre les mains d'équipes dirigeantes omnipotentes. Ce déséquilibre trouve principalement sa source dans le phénomène d'asymétrie d'information dont pâtissent nombre d'actionnaires.

401. Le pouvoir croissant des *proxy advisors* est directement corrélé à ces problématiques. Ces agences militent en effet pour que l'exercice du vote en assemblée générale redevienne pleinement efficient, ce qu'il n'est plus réellement[804] aujourd'hui. C'est ainsi que ces organismes ont été à l'origine d'une forme inédite d'activisme des investisseurs institutionnels. Les conseillers *proxy* participent donc à rééquilibrer le marché, à le rationaliser, en rendant davantage efficient le vote des investisseurs, ainsi qu'en mettant de l'ordre dans les prérogatives des émetteurs. Puisque les agences œuvrent à compenser la balance « émetteurs/investisseurs » (B.), elles représentent une forme inédite de pouvoir au sein d'un système financier dont le déséquilibre est tel que ce nouveau pouvoir met au jour une collusion d'intérêts flagrante entre certaines sphères supérieures du marché (A.). En cela, le métier des *proxy advisors* favorise un fonctionnement vertueux du marché.

A. Une collusion d'intérêts

402. Il est intéressant de constater un phénomène paradoxal. Alors que la « *shareholder value* » représente un objectif commun à l'ensemble des équipes dirigeantes des grands émetteurs de la planète[805], ce qui devrait se traduire par une notable montée en puissance de l'actionnariat, force est de constater que le « système financier est totalement déséquilibré en faveur des émetteurs, c'est-à-dire les grandes sociétés que tout le monde courtise »[806]. Nombre d'investisseurs institutionnels désirent travailler avec les grands émetteurs en raison de la sécurité qu'ils inspirent. Il est vrai que ce type d'émetteur offre d'avantageuses garanties de développement. Même si les grands émetteurs ne peuvent afficher une forte rentabilité, ils offrent à moyen et long terme l' « assurance » d'un retour sur investissement, ce à quoi des émetteurs de moindre envergure ne sauraient prétendre. Il est donc logique que des professionnels de l'intermédiation financière qui, *in fine,* demeurent soumis à des objectifs de rentabilité, se tournent du côté des émetteurs les plus « fiables » pour composer leurs portefeuilles d'actifs. Les grands émetteurs sont particulièrement prisés des investisseurs institutionnels, en raison de leur positionnement sur le marché, de leur visibilité, de leur histoire[807]. Cela confère à ces sociétés une réelle emprise sur leurs actionnaires, ainsi que plus généralement sur le marché.
Cette situation est à l'origine d'une faible dynamique actionnariale, laquelle se traduit par le fait que certains institutionnels (*notamment les banques et les assurances...*) n'osent pas, en raison d'une collusion d'intérêts, remettre en question les décisions politiques des équipes dirigeantes, ni même émettre de simples

réserves. Le système financier est empreint d'un déséquilibre systémique en faveur des grands émetteurs (1.), ce qui a pour effet d'asseoir l'hégémonie de l'organe du conseil d'administration (2.). En réaction à cette situation, les *proxy advisors* s'attachent à sauvegarder les intérêts réels des investisseurs et soutiennent l'amélioration de la gouvernance des émetteurs. En ce sens, ces organismes participent à développer l'efficacité du marché (3.).

1. Un déséquilibre systémique

403. « Nul doute qu'en France l'assemblée générale des actionnaires soit juridiquement l'organe majeur de la société de capitaux »[808], d'autant que la poursuite de la « *shareholder value* » occupe désormais une place centrale dans le fonctionnement des sociétés cotées. Il parait donc légitime de penser que la balance du pouvoir entre les investisseurs et les équipes dirigeantes se soit rééquilibrée, voire même que cette balance puisse pencher désormais en faveur des investisseurs en raison des nombreuses mesures qui, ces dernières années, ont visé à redynamiser les assemblées générales[809], à améliorer la transparence informationnelle[810] des émetteurs, ainsi qu'à accroître l'activisme de catégories actionnariales classiquement passives. « Malheureusement, les faits démentent les textes, si bien que la réalité s'avère parfois décevante »[811] : le marché demeure affecté d'un déséquilibre systémique en faveur des émetteurs. Cette situation est toujours plus perceptible du fait de la forte attractivité dont bénéficient les grands émetteurs pour les investisseurs institutionnels. Ce fait est responsable d'une dynamique actionnariale paradoxale puisque, portée par des règlementations renforçant leurs obligations en matière de droits extra-pécuniers, certains investisseurs peuvent être amenés à voter contre les intérêts de la « *shareholder value* » (*c'est-à-dire contre leurs propres intérêts*). Le président de PROXINVEST, Pierre-Henry LEROY, illustre parfaitement ce déséquilibre systémique[812] dans les « Les Décodeurs de l'éco » [813]:

> « Cela est profondément lié à un capitalisme peu responsable, car les actionnaires sont sous l'influence des grandes banques et malheureusement les conflits d'intérêts des grandes banques font qu'elles ne travaillent pas pour les actionnaires. [...] Le gros problème que nous avons en France, mais aussi à l'étranger, c'est que le système financier est totalement déséquilibré en faveur des émetteurs, c'est-à-dire les grandes sociétés que tout le monde courtise. Et parce que les banques universelles ont une activité de banques d'affaire et une grande activité de gestion. Il est évident que BNPParibas ne va pas voter contre la rémunération de M. DRAHI, de M. COMBES... Ce sont des gens avec lesquels ils veulent travailler, il n'est pas question pour eux de marquer des réserves. Le problème que nous avons, c'est cette confusion des métiers au sein du système financier, la question de la rémunération est somme toute relativement accessoire, c'est un symptôme. Le problème, c'est la non-réforme du système bancaire par les politiques. [...] Au jour d'aujourd'hui,

> avec la manière dont fonctionnent les marchés, il est extrêmement difficile d'obtenir une indépendance des administrateurs, car ils sont élus par de grands fonds, et ces grands fonds sont très souvent détenus et gérés par des gens qui sont très proches des émetteurs ».

Ce déséquilibre systémique est donc la résultante de la concentration et de l'interconnexion de nombreuses sphères supérieures du marché, qui renforcent le caractère hégémonique de l'organe du conseil d'administration au sein des grands émetteurs.

404. Mme Collette NEUVILLE, présidente de l' Association de défense des actionnaires minoritaires (ADAM) va plus loin encore, puisqu'elle considère que les *proxy advisors* jouent également le jeu des dirigeants :

> « Certains gérants influents sur les marchés n'exercent pas toujours leurs droits de vote dans l'intérêt des épargnants. Ils s'opposent rarement aux dirigeants de sociétés cotées par ailleurs clientes des banques qui les emploient. Tant que les banques françaises exerceront tous les métiers à la fois, leurs gérants de SICAV et fonds seront en situation de conflit d'intérêts lorsqu'il s'agit de défendre l'intérêt des épargnants. [...] C'est souvent le résultat de plusieurs facteurs. Les actionnaires étrangers (principalement anglo-saxons) suivent généralement les recommandations des agences de conseil en vote ; or, il est rare que celles-ci prennent directement parti contre un dirigeant. Quant à l'actionnariat français, il est pour l'essentiel entre les mains des banques et des compagnies d'assurance qui sont les plus gros collecteurs d'épargne. Il y a de moins en moins d'actionnaires individuels qui investissent directement en Bourse. [...] Les choses ont du mal à changer, principalement à cause du choix que nous avons fait en France de privilégier la détention d'actions via la gestion collective des banques et assurances. Le métier de ces gérants d'OPCVM actions est de manager un portefeuille de titres, pas de se comporter en actionnaires. Ils se contentent le plus souvent d'arbitrer tant bien que mal en faveur des entreprises les mieux gérées, sans faire de vagues »[814].

En ce qui concerne les *proxy advisors*, les propos de Mme Collette NEUVILLE paraissent manquer de nuance et nourrissent un amalgame. Il est vrai que les recommandations de vote d'une agence de type dualiste peuvent difficilement aller à l'encontre des projets de résolution d'un conseil d'administration pour lequel elle a fourni des conseils en gouvernance. À *contrario*, un *proxy advisor* de type moniste, qui ne se trouve pas en position de conflit d'intérêts, ne tirera aucun profit à approuver des projets de résolution en contradiction avec les principes de la *corporate governance*.

2. L'hégémonie du conseil d'administration

405. Bien que le modèle de gouvernance des sociétés cotées soit aujourd'hui centré sur la « *shareholder value* », il faut garder à l'esprit que le conseil d'administration demeure un organe aux prérogatives considérables. Il représente « l'organe intermédiaire entre la collectivité des associés et la direction générale de la société, [...] au sein duquel doivent se fondre les intérêts catégoriels pour dégager une stratégie propre à la société, stratégie qui doit concilier des intérêts sur des horizons de développement variables »[815]. Un conseil d'administration éclairé doit faire preuve de transparence et de responsabilité. Il s'agit là de conditions indispensables à son fonctionnement, puisqu'il est amené à assumer des décisions-clefs au regard du développement de l'émetteur, comme par exemple, celle de désigner les dirigeants mandataire sociaux, ou encore celle d'établir la stratégie de l'émetteur... Le conseil d'administration est un organe de décision au croisement des autres organes de la société. Pour autant, il ne possède juridiquement pas les pleins pouvoirs. En vertu du principe de spécialisation des organes sociaux[816], il se saurait empiéter sur les prérogatives qui appartiennent à l'assemblée générale des actionnaires.

406. Comment justifier le caractère hégémonique du conseil d'administration, puisque son autorité se trouve encadrée par la loi et la *corporate governance* ? La réponse vient du fait que cet organe évolue au cœur même de la société et que son pouvoir est extrêmement concentré, tandis que l'actionnariat des sociétés cotées s'internationalise et se disperse. En dépit de mesures visant à accroître le niveau d'indépendance des administrateurs, nombre d'entre eux conservent un esprit de corps ou subsistent de bien inquiétantes interconnexions. Certains vont même jusqu'à évoquer « la consanguinité des conseils d'administration »[817]. La sphère des membres des conseils d'administration apparait comme particulièrement exclusive. Elle nourrit le caractère hégémonique de cet organe. Les administrateurs ont en effet fréquenté les mêmes écoles, appartiennent à des sphères d'influence semblables, disposent des mêmes réseaux, etc.... Et pourtant, paradoxalement : « aujourd'hui, la plupart des grandes entreprises se vantent d'avoir une majorité d'administrateurs indépendants, si bien que du point de vue formel, toutes sont bien gouvernées ! Si la notion d'indépendance a pu émerger dans le contexte pathologique des années 1980, elle est aujourd'hui vide de sens, car facile à contourner »[818]. Raison pour laquelle les *proxy advisors* s'engagent en faveur d'une approche particulièrement stricte de la notion d'administrateur indépendant. Cette observation conduit à penser que la prééminence de la valeur actionnariale au sein des systèmes financiers peut ne représenter qu'un leurre, avec pour objet de détourner l'attention d'une problématique plus profonde, celle d'une collusion des intérêts au sein des conseils d'administration. Ce qui expliquerait la difficulté des grands émetteurs à mettre en place des politiques de gouvernance efficientes, guidées par un objectif de développement efficace et assaini de la « *shareholder value* », politiques pour lesquelles militent ardemment les agences de conseil en vote.

3. *Promouvoir l'efficacité du marché : le cas PROXINVEST*

407. En exaltant les règles de la *corporate governance*, les agences de conseil en vote participent à l'efficience du marché. D'un côté, elles concourent à ce que les sociétés cotées adoptent des critères de gouvernance plus sains et transparents, de l'autre, elles favorisent les intérêts réels de l'actionnariat. Cette vision du rôle des *proxy advisors* est justifiée par le fait que chaque semaine dans le monde, plusieurs agences publient (*sur leurs sites internet ou dans la presse...*) des mises en gardes ou des réserves concernant des applications lacunaires de certains critères de *corporate governance* par certains émetteurs. Afin d'illustrer ces propos, nous nous arrêterons sur la nature des publications de l'agence indépendante française PROXINVEST sur son site internet. Elle communique principalement sur des questions de défense des intérêts actionnariaux, ainsi que sur les bienfaits d'une application efficiente des principes de bonne gouvernance par les émetteurs. Par exemple, l'agence a exprimé sa désapprobation quant à la composition du conseil d'administration de Capelli[819], en raison de son absence d'indépendance. Plus encore, PROXINVEST joue un rôle de « lanceur d'alerte » dans de nombreuses affaires. Dans l'affaire Alcatel (*août 2015*), l'agence française indépendante est allée au-delà d'un simple rôle informatif, puisqu'elle a directement saisi l'AMF sur la question relative aux rémunérations de départ de Michel COMBES[820]. Plus récemment encore, PROXINVEST a de nouveau alerté l'autorité des marchés financiers sur les manquements de divers émetteurs concernant des franchissements de seuils réglementaires et statutaires[821], ainsi que sur des clauses de remboursement anticipé de la dette, en cas de changement de majorité du conseil d'administration[822].

408. Il apparait toutefois que PROXINVEST ne s'intéresse pas uniquement aux problématiques « franco-françaises » de gouvernance des émetteurs. L'agence exprime un intérêt évident pour nombre de questions inhérentes aux marchés financiers. Pour illustration, elle n'hésite pas à prendre position contre les intérêts spécifiques de certains investisseurs, au nom d'une éthique actionnariale générale[823]. En militant pour une création de valeur actionnariale responsable, PROXINVEST, ainsi que tous les *proxy advisors* qui font preuve d'une déontologie similaire, n'exercent donc pas seulement un rôle de conseillers. Ils participent, dans une approche plus globale, à l'efficience de l'ensemble du marché. Nous verrons que cette réalité se traduit par le fait que de nombreux conseillers *proxy* endossent un rôle de « lanceurs d'alerte » en matière de *corporate governance*.

B. La fonction des *proxy advisors* : rééquilibrer la balance des pouvoirs

409. L'influence des *proxy advisors* est directement subordonnée au caractère prépondérant de la valeur actionnariale au sein du marché. Or, le développement d'un modèle efficient de « *shareholder value* » demeure, dans une large mesure, conditionné au comportement des conseils d'administration. Au final, ce sont les organes de gestion des grands émetteurs qui « tirent les ficelles » du marché. Avec la globalisation du marché, l'actionnariat des sociétés cotées s'est internationalisé. De nombreux professionnels de l'investissement ne se sont plus trouvés dans la capacité organisationnelle de voter d'une manière éclairée aux assemblées générales d'actionnaires. Certains ont pris le parti de s'aligner automatiquement sur les décisions des équipes dirigeantes. D'autres ont partiellement ou intégralement « délégué » la problématique de leurs droits de vote aux *proxy advisors*. Les conseillers *proxy* permettent à leurs clients de voter aux assemblées générales sur la base des principes de la gouvernance d'entreprise. En ce sens, les recommandations de vote des agences assurent la poursuite générale de la valeur actionnariale. Cette situation n'est qu'un des nombreux échos donnés à la théorie de l'activisme atypique des investisseurs institutionnels. Même dans l'hypothèse ou un institutionnel délègue totalement son vote à un conseiller *proxy* (*ne se trouvant lui-même pas en position de conflit d'intérêts*), l' « activisme » de l'investisseur peut être perçu, car l'agence poursuit par principe les intérêts actionnariaux généraux. Si le métier des *proxy advisors* est exercé avec compétence, il œuvre à rationaliser l'action du conseil d'administration (1.), car il sollicite un alignement de cet organe sur les intérêts réels de l'actionnariat (2.). Cette ambition apparait toutefois plus difficilement compatible avec les objectifs d'un *proxy advisor* de type dualiste (3.).

1. Rationaliser l'action du conseil d'administration

410. En réponse à la suprématie de fait du conseil d'administration, les agences de conseil en vote soutiennent une vision particulièrement stricte des règles de bonne gouvernance qui sont applicables à cet organe. La *corporate governance* influe d'une manière significative sur le fonctionnement de l'organe de gestion des sociétés. Nous savons que les préceptes que développe cette matière sont regroupés au sein de Codes de déontologie, tel que le Code AFEP-MEDEF ou le Code Middlenext. Bien qu'ils soient de nature « *comply or explain* », l'impact de ces Codes est considérable dans l'organisation des grands émetteurs[824]. Premièrement, parce que la loi y fait explicitement référence[825], secondement, parce que le défaut d'application de certaines mesures peut entrainer de réelles sanctions économiques de la part du marché. L'existence et l'efficacité de ces Codes ne retient toutefois pas les *proxy advisors* de promouvoir des critères encore plus pointus de bonne gouvernance. Cette croisade en faveur de la rationalisation des activités des équipes dirigeantes a permis à une majorité de conseillers *proxy* d'acquérir ses « lettres de noblesse », le plus souvent par le biais d'une ferme opposition au niveau de rémunération de certains dirigeants. Il serait cependant profondément erroné de percevoir les *proxy advisors* comme des ennemis de principe des émetteurs. Sans ces derniers, les agences de conseil en vote n'auraient évidemment jamais existé. Plus encore, les conseillers *proxy* font très souvent la promotion des sociétés dont la gouvernance est exemplaire. En somme, les *proxy advisors* sont des ennemis de la mauvaise gouvernance qui orientent le fonctionnement de certains grands émetteurs. L'influence dont jouissent les agences de conseil en vote permet à ces organismes de contribuer à rationaliser l'action de l'organe de gestion de la société. En s'appuyant sur le référentiel de la *corporate governance*, ces agences participent donc à aligner les intérêts des conseils d'administration sur ceux de l'actionnariat.

411. L'âpre défense des intérêts des investisseurs a permis aux *proxy advisors* de mettre en lumière le caractère parfois inabouti, voire même complaisant, de certaines mesures présentes dans les Codes de bonne gouvernance. Dans une optique de rééquilibrage des pouvoirs, les conseillers *proxy* ont progressivement affiné leur vision de la *corporate governance*, ce qui explique à la fois la montée en puissance des politiques de vote/gouvernance de ces organismes, mais aussi le fait que certains éléments de ces politiques peuvent parfois différer de ceux des Codes de gouvernance. Les agences de conseil en vote font preuve d'une approche davantage pragmatique (*chiffrée, illustrée*...) de la matière. C'est par ce biais que les *proxy advisors* ont développé une expertise inégalée en bonne gouvernance, au point d'exercer un rôle de *soft law maker* et de s'immiscer directement dans la gestion des émetteurs.

2. Aligner les intérêts du conseil d'administration sur ceux de l'actionnariat

412. Les *proxy advisors* militent en faveur d'un alignement réel des intérêts du conseil d'administration sur ceux de l'ensemble des actionnaires. Ces organismes œuvrent donc à rationaliser les activités de l'organe de gestion des sociétés cotées, dans le but de rééquilibrer la balance des pouvoirs. Mais pour être pleinement efficient, cet alignement doit reposer sur un facteur tangible de détermination. Le facteur du « gain financier » semble à première vue adéquat, mais il souffre en réalité d'une faiblesse liée à son rapport au temps. Certaines politiques menées par le conseil d'administration permettent la réalisation de gains financiers sur le court terme, mais provoquent des pertes à long terme[826]. Cet élément de détermination n'est donc pas satisfaisant. Un alignement réel des intérêts du conseil d'administration sur ceux des actionnaires suppose le développement d'un facteur plus englobant. La définition et la poursuite d'une « politique de gestion à long terme de la société »[827] par le conseil d'administration, parait une mesure plus à même d'assurer un alignement réel des intérêts.

413. Alors qu'en France les administrateurs de sociétés cotées ont longtemps eu pour obligation d'entrer au capital de l'émetteur qu'ils dirigeaient « afin de se sentir engagés patrimonialement par les actes qu'ils allaient prendre au nom et pour le compte de celle-ci »[828], la loi de modernisation de l'économie du 4 aout 2008 a supprimé cet impératif. Ce sont désormais uniquement les statuts de la société qui « peuvent imposer que chaque administrateur soit propriétaire d'un nombre d'actions... »[829]. Le législateur national a fait le choix de contourner la problématique de l'alignement des intérêts au sein des sociétés cotées. La *corporate governance* s'inscrit dans une vision diamétralement opposée, puisque cet alignement représente un des objectifs premiers de la matière. Dans le but d'aligner réellement les intérêts des conseils d'administration sur ceux de leur actionnariat, l'agence PROXINVEST recommande que les membres non-exécutifs des conseils détiennent un nombre d'actions équivalant au minimum à une année de jetons de présence[830]. En ce qui concerne les dirigeants, l'agence soutient que la valeur minimale des actions détenues par eux doit représenter l'équivalent d'une année de leur salaire fixe[831].

414. Alors que certains actionnaires ne sont animés que par des intérêts directement financiers, d'autres font preuve d'une vision actionnariale plus responsable. Il appartient aux *proxy advisors* de rester fidèles à leur vision de la *corporate governance*. La prise en compte de la politique de vote propre à un client investisseur ne saurait légitimer le fait qu'un conseiller *proxy* bafoue un principe fondateur de la bonne gouvernance. Il existe une forte probabilité pour qu'un investisseur ayant fait appel aux services d'un *proxy advisor* se trouve en accord avec la politique générale de gouvernance de ce conseiller. Et quand même l'investisseur aurait fait appel à une agence par « obligation », la finalité du travail du conseiller demeure la même : il doit œuvrer à promouvoir les intérêts supérieurs de la « *shareholder value* ». Les *proxy advisors* peuvent ainsi concourir à l'établissement d'un socle d'actionnaires stables, habités par une vision à long terme de l'évolution de l'émetteur. Ce phénomène favorise donc l'intérêt social de la société[832]. Il convient enfin de souligner que les politiques de vote/gouvernance des principales agences de conseil en vote tendent vers cet objectif. En favorisant l'établissement d'un actionnariat durable et en soutenant une politique de gestion à long terme de la société par le conseil d'administration, les *proxy advisors* favorisent donc bien un alignement des intérêts autour de la « *shareholder value* ».

3. Proxy advisor dualiste : l'impossibilité de rééquilibrer le pouvoir entre les organes de la société

415. Seul un *proxy advisor* totalement indépendant peut œuvrer à rééquilibrer la balance des pouvoirs entre un conseil d'administration et son actionnariat. Bien qu'un *proxy advisor* de type dualiste bénéficie par nature d'une influence duale, cette influence demeure inséparable d'une forte potentialité de conflit d'intérêts[833]. Une telle agence ne peut donc pas contribuer à contrebalancer la suprématie de l'organe de gestion des émetteurs, pour la raison évidente qu'elle entretient une relation commerciale avec ce dernier. En fournissant des conseils en gouvernance aux émetteurs, une agence dualiste a de grandes chances de se trouver prise dans des jeux d'influence. Un tel organisme ne peut dès lors faire la promotion de la valeur actionnariale sans que plane le doute sur la probité de sa démarche. Ce doute détruit toute possibilité pour l'agence de concourir à rééquilibrer la balance des pouvoirs au sein des émetteurs. Sans remettre en cause les qualités intrinsèques des conseils et recommandations de vote d'un *proxy advisor* dualiste, nous soutiendrons que le *business model* que ce type d'organisme développe, le rend par définition inapte à contribuer au rééquilibrage de la balance des pouvoirs entre le conseil d'administration et ses actionnaires.

§2. Proxy advisors : des défenseurs de l'efficience du marché

416. « L'on n'estime les gens qu'en raison des secours et des agréments que l'on s'imagine en recevoir »[834]. Cette citation résume pertinemment l'ambivalence des sentiments que suscitent les agences de conseil en vote. Alors que de nombreux investisseurs sont pleinement conscients des « agréments et des secours » que leur fournissent les conseillers *proxy*, d'autres émetteurs manifestent un profond mépris pour ces agences. L'activité de conseil en vote participe par nature au rééquilibrage de la balance « émetteurs/investisseurs ». Il n'est dès lors que peu surprenant que certaines sociétés cotées demeurent circonspectes devant l'immixtion des *proxy advisors* dans leur mode de gestion. Cette réalité nourrit une dynamique contradictoire autour du métier des conseillers en vote. Pour certains, cette activité joue en faveur des intérêts actionnariaux réels. Pour d'autres, elle représente seulement une intrusion inacceptable de tiers dans la gestion des émetteurs.

417. Les opposants à l'influence des *proxy advisors* (*bien souvent des émetteurs en désaccord avec leur actionnariat, ou des émetteurs en position de leadership*) alimentent leurs critiques avec des points de désaccords extrêmement ciblés. Ils perdent ainsi de vue la politique générale de gouvernance du conseiller *proxy*, laquelle repose sur les principes généraux de la *corporate governance*. Les agences de conseil en vote militent pour la « shareholder value ». Cette notion qui se trouve au cœur de la *corporate governance*, fait l'objet d'un consensus auprès de l'ensemble des émetteurs. Remettre en cause les principes que promeuvent les *proxy advisors* revient donc à désavouer la *corporate governance*[835], ce qu'aucun émetteur n'oserait aujourd'hui se permettre, alors même que de nombreuses sociétés critiquent certains des principes que défendent les *proxy advisors* dans leurs politiques de vote/gouvernance. C'est un paradoxe, puisque ces politiques ne sont qu'une extension des grands principes de la gouvernance d'entreprise. Toute la singularité de l'exercice des conseillers *proxy* repose sur le fait que des organismes (à ce jour) non réglementés encouragent le développement de principes déontologiques pour le compte d'autres structures. Une majorité des émetteurs tolèrent cette particularité, car l'industrie du conseil *proxy* répond à un besoin réel des investisseurs. Pour une minorité de sociétés, cette situation est inacceptable.

418. Puisque les principes de bonne gouvernance que soutiennent les *proxy advisors* favorisent le développement de la valeur actionnariale, l'activité de ces organismes participe à accroître la performance du marché. Partant, même les détracteurs des conseillers *proxy* bénéficient de l'impact potentiellement positif de ces organismes sur le marché. La poursuite de la « *shareholder value* » place donc naturellement les *proxy advisors* en position de défenseur de l'efficience du marché, puisque les conseillers *proxy* ont directement vocation à révéler les mauvaises pratiques des émetteurs en matière de *corporate governance* (A.). Plus encore, dans l'hypothèse d'irrégularités systémiques, ces organismes proposent des mesures visant à endiguer ces pratiques (B.). Cette action de leur part trouve sa pleine justification en raison du haut niveau d'expertise en gouvernance d'entreprise dont disposent les *proxy advisors*.

A. Dévoiler les irrégularités en matière de gouvernance

419. La fourniture de recommandations de vote suppose pour les *proxy advisors* de mener un travail d'analyse du mode de gouvernance des émetteurs. Cet examen revêt un caractère particulièrement original. En effet, seuls les conseillers *proxy* proposent aux investisseurs une étude des émetteurs centrée sur les questions de *corporate governance*. Cette singularité permet aux *proxy advisors* de déceler certaines irrégularités que les analyses financières « classiques » ne relèvent pas, ou de manière lacunaire. En ce sens, les agences de conseil en vote participent directement à défendre l'efficience du marché. Si un *proxy advisor* exerce son activité d'une manière consciencieuse et qu'il ne se trouve pas en position de conflit d'intérêts, les recommandations de vote qu'il produit seront génératrices d'une hausse du niveau d'information pour l'ensemble des bénéficiaires. Comme nous le savons, la fluidité informationnelle conditionne dans une large mesure l'efficacité du marché. Suivant ce principe, les recommandations de vote des *proxy advisors* contribuent donc bien à accroître l'efficience du marché.

420. La caractérisation du principe selon lequel les *proxy advisors* concourent à favoriser le bon fonctionnement du marché revêt un caractère relativement inédit. Cette caractérisation repose toutefois sur des indices que nous estimons concordants. Premièrement, le Code AFEP-MEDEF dans sa version du 23 mai 2016 nous informe que depuis 2013, les agences de conseil en vote sont consultées à l'occasion des révisions successives dudit Code[836]. Cette consultation institutionnalise le rôle des *proxy advisors* et met en valeur leur expertise. En interrogeant les agences sur les possibles évolutions de la *corporate governance*, l'AFEP confirme donc que ces organismes assument une fonction plus large que celle de « simple » conseiller du vote des investisseurs. Secondement, les activités des *proxy advisors* semblent davantage guidées par la poursuite d'intérêts actionnariaux généraux que par la défense d'intérêts actionnariaux ciblés. Cela tend également à accréditer le principe selon lequel les *proxy advisors* dénoncent les irrégularités de la gouvernance des émetteurs dans le but de défendre l'efficience du marché. Pour illustration, PROXINVEST a saisi courant 2015 l'AMF sur la question des indemnités de départ de Michel COMBES dans l'affaire ALCATEL[837]. Avec cette initiative, le conseiller *proxy* a directement agi en tant que défenseur du marché, pour l'évidente raison qu'en saisissant l'AMF, l'agence a pu prendre position contre les intérêts de certains de ses clients investisseurs, mais défendait en revanche des intérêts actionnariaux généraux.

B. Promouvoir des pratiques innovantes

421. En révélant les irrégularités des émetteurs, les *proxy advisors* se positionnent en défenseur de l'efficacité du marché. Mais lorsque ces anomalies revêtent un caractère systémique, l'on remarque que bien souvent les conseillers *proxy* développent des mesures qui visent à endiguer ces pratiques. Cela n'a en soit rien d'étonnant : le fonctionnement des *proxy advisors* repose sur leur capacité à faire preuve de réactivité, de discernement et d'innovation. Il s'agit là de conditions *sinequanone* à l'existence de ces organismes, puisque sans ces « qualités », leurs clients ne feraient plus appel à leurs services. Cette perpétuelle « épée de Damoclès » pousse les agences à perfectionner toujours davantage leur approche de la gouvernance d'entreprise, et à proposer des *process* innovants. C'est ainsi que les agences de conseil en vote sont devenues extrêmement actives en matière de *corporate governance*. Ces organismes bénéficient d'une capacité d'expertise aujourd'hui sans égal en la matière. Pour cette raison, ils sont pleinement légitimes à proposer des pratiques de gouvernance innovantes. En conformité avec le caractère *soft law* de la *corporate governance*, la pertinence de ces nouvelles pratiques trouvera écho dans leur utilisation, ou dans leur rejet, par les émetteurs ciblés. L'influence des *proxy advisors* sur l'évolution de la rémunération des dirigeants (1.) est symptomatique de l'impact de ces organismes dans la *corporate governance*. Cette influence illustre également le principe selon lequel les conseillers *proxy* participent à défendre l'efficience du marché, puisque ces organismes concourent à borner le développement des irrégularités les plus flagrantes.

1. Exemple de l'influence des agences sur la rémunération des dirigeants

422. « Sans doute, l'organe de gestion jouit d'un pouvoir souverain quant à la fixation du montant de la rémunération attribuée à chacun des dirigeants. La procédure d'attribution se fonde, certes, sur le droit, mais la part de l'humain est très importante »[838]. Dans une approche traditionnelle, la rémunération du dirigeant est l'objet d'une négociation entre ce dernier et l'émetteur. Dans une vision contemporaine, de nombreux facteurs endogènes et exogènes à la société impactent la question de la rémunération des dirigeants. Selon la théorie de l'agence, les intérêts actionnariaux et ceux des équipes dirigeantes peuvent être amenés à diverger. Les actionnaires cherchent une optimisation de la valeur financière de leurs titres, tandis que les dirigeants peuvent être amenés à s'intéresser principalement à maximiser leurs rémunérations. L'actionnariat des grands émetteurs est largement dispersé, il évalue donc avec difficulté la qualité du travail des dirigeants (*raison pour laquelle l'actionnariat conditionne bien souvent l' « acceptation » de la rémunération des dirigeants à des gains financiers réalisés sur le court terme*). Dans le but de limiter le phénomène récurrent d'asymétrie d'information dont souffrent de nombreux investisseurs, les *proxy advisors* ont fait de la question de la rémunération des dirigeants un cheval de bataille.

423. « En matière d'encadrement de la rémunération des dirigeants sociaux, la loi qui constitue traditionnellement l'instrument d'action privilégié sur la société se révèle hésitante et timorée. Dans un contexte de compétition économique internationale, elle semble handicapée par ses caractéristiques traditionnelles, notamment son caractère général et abstrait [...]. Quant au droit souple, phénomène normatif récent, il se révèle être une force de proposition d'une vivacité étonnante »[839]. Le caractère de *soft law maker* des conseillers *proxy* en est une probante illustration. Ces organismes militent pour rationaliser les activités des équipes dirigeantes, et ils se sont donc très tôt penchés sur le niveau de corrélation entre la rémunération des dirigeants et la prospérité des sociétés. Il en ressort que la rémunération des dirigeants n'est pas corrélée à la performance de leurs sociétés[840]. En véritable experts de la rémunération des dirigeants, les conseillers *proxy* participent directement à faire évoluer cette question. Ils représentent donc des éléments exogènes d'influence sur la rémunération des dirigeants. Il serait mensonger de soutenir que la rémunération des grands dirigeants tend à décroître. Cependant, elle gagne en transparence et en efficience[841].

424. PROXINVEST est un bon exemple de l'influence des *proxy advisors* sur les questions de rémunération des dirigeants. Pour l'agence française[842], tout comme pour ISS[843] et GLASS LEWIS & Co[844], le niveau de rémunération des

dirigeants doit être lié à la satisfaction de critères (*Key Performance Indicators*) financiers et extra-financiers de la performance à long terme des émetteurs. La part fixe de la rémunération des dirigeants doit ainsi être alignée sur celle des pratiques du secteur et du pays d'activité. Quant à la question du variable annuel, il ne peut être indexé pour sa part que sur la performance financière et extra-financière de l'émetteur.
En matière de rémunération des dirigeants, PROXINVEST va plus loin que l'ensemble des acteurs de l'industrie du conseil en vote. L'agence soutient un principe de rémunération globale annuelle des dirigeants « socialement acceptable », c'est-à-dire ne pouvant excéder 240 fois le salaire minimum légal brut, avec « une répartition entre 25 % pour le fixe, 25 % pour le bonus annuel et 50 % pour les options ou actions de performance »[845]. L'ensemble des *proxy advisors* font la promotion d'un alignement de la rémunération des dirigeants sur la performance de l'émetteur. ISS a d'ailleurs récemment introduit dans sa politique de vote européenne un modèle d'analyse des rémunérations des dirigeants notamment basé sur la performance des émetteurs (*Pay for performance*).

425. Le vote sur la rémunération des dirigeants aux assemblées générale d'actionnaires permet l'évaluation sociale de son acceptabilité. Dans un premier temps, ce vote est demeuré en France consultatif, limitant donc le rôle des agences de conseil en vote à celui de « lanceur d'alerte ». Mais avec la loi SAPIN II n° 2016-1691 du 9 décembre 2016 « tant le mode de calcul que le montant des rémunérations des dirigeants seront désormais soumis à un vote contraignant – et non plus simplement consultatif – des actionnaires. Ce double vote s'appliquera à toutes les entreprises cotées sur Euronext »[846], ce qui *in fine* renforce considérablement le rôle des *proxy advisors*. L'organisation globale d'audit financier EY souligne que quatre années après l'introduction en France du « say on pay », « la rémunération des dirigeants est de moins en moins contestée lors des assemblées générales... [...] Cela s'explique notamment par le fait que 65 % des entreprises du CAC 40 intègrent désormais des critères RSE pour déterminer la rémunération variable de leurs dirigeants »[847]. Il s'agit là d'éléments pour lesquelles militent les *proxy advisors* depuis de nombreuses années.

426. Dans de nombreux pays, dont les États-Unis, le vote de la rémunération des dirigeants aux assemblées générales d'actionnaires est également l'objet d'âpres négociations. Cette situation contribue à renforcer de manière notable le rôle des *proxy advisors*. Outre-Atlantique, ISS et GLASS LEWIS & Co mènent ainsi de vraies croisades contre la rémunération de certains grands dirigeants. Ces agences s'opposent depuis plusieurs années à la rémunération des dirigeants du groupe bancaire « Citygroup ». Ces combats ont dernièrement été couronnés de succès, puisqu'en 2016 la rémunération des dirigeants de ce groupe a été rejetée en assemblée. Les *proxy advisors* impactent la rémunération des dirigeants d'une manière directe lorsque les assemblées générales disposent d'un vote contraignant de la rémunération des dirigeants, et d'une manière indirecte lorsque ce vote demeure consultatif, notamment par le biais de l'influence de leurs politiques de vote et de leur capacité à jouer un rôle de « lanceur d'alerte ».

Section 2. La légitimité de l'influence des proxy advisors

427. Les conseillers *proxy* possèdent une influence substantielle sur le comportement des investisseurs, ainsi que sur celui des émetteurs. Ce pouvoir fait cependant l'objet de questionnements. Certains acteurs du marché, (*principalement les émetteurs*) dénoncent l'influence des *proxy advisors* qu'ils jugent illégitime. Leurs réquisitoires se développent autour de trois critiques principales, parfois marquées par la doxa. Il s'agit du caractère par trop général des recommandations de vote émises par les agences, de la vulnérabilité de ces organismes face à l'émergence de conflits d'intérêts, ainsi que de l'absence de toute réglementation contraignante pour l'activité de ces conseillers. Alors que certains émetteurs se dressent objectivement contre l'influence des *proxy advisors*, d'autres n'hésitent pas à faire directement appel au service du groupe dualiste ISS, afin de s'« assurer » un vote positif en assemblée. Cet exemple illustre toute l'ambigüité que soulève la question de la légitimité de l'influence des conseillers *proxy*.

428. L'étude réalisée par Joseph A. Mc CAHERY et son équipe est également symptomatique de cette ambiguïté. Alors que 52% du panel des investisseurs que l'étude interroge reconnaissent que les *proxy advisors* sont sujets à des conflits d'intérêts, seulement 22% de ce même panel soutient que ces organismes devraient faire l'objet d'une réglementation contraignante[848]. La vision des investisseurs en ce qui regarde la légitimité de l'influence des conseillers *proxy* ne semble pas moins conflictuelle que celle des émetteurs. Alors que dans l'étude précédente, un investisseur sur deux se dit conscient du fait que les agences sont sujettes aux conflits d'intérêts, seulement un sur cinq soutient la nécessité d'une réglementation contraignante de ces organismes. Cette discordance parait difficilement justifiable, sauf à émettre l'hypothèse que les avantages nés de l'emploi de *proxy advisors* par les investisseurs tendent à maintenir le statu quo, cela en dépit du fait que les investisseurs sont conscients de l'existence des problématiques qui caractérisent ces organismes.

429. Les tenants et les aboutissants de la problématique de la légitimité de l'influence des agences de conseil en vote ne sauraient avoir la même résonnance du côté des investisseurs que de celui des émetteurs. Force est toutefois de constater qu'il s'agit d'une question fondamentale : l'influence des *proxy advisors* est-elle légitime ? Nous ne nous prononcerons pas à ce jour en faveur de l'établissement d'une réglementation spécifique et contraignante des conseillers *proxy* ; il convient pourtant d'admettre que seule la réalisation de cette hypothèse serait à même de pleinement justifier le pouvoir de ces organismes, et ce sur le long terme. Les mécanismes d'autorégulation présentent toutefois l'avantage d'inscrire les *proxy advisors* dans une démarche active de légitimation de leur influence. Les clefs de cette légitimation reposent sur le développement d'une déontologie exemplaire (§1.). Mais puisque nul ne peut aujourd'hui affirmer que la poursuite d'une telle démarche suffira à pleinement justifier l'influence des *proxy advisors*, nous nous attacherons au développement des procédés « alternatifs » susceptibles d'asseoir encore davantage la légitimité de ces organismes (§2.).

§1. Une légitimité subordonnée à une déontologie aboutie

430. Nous soutenons qu'un *proxy advisor* ne peut légitimement pas faire la promotion de pratiques de bonne gouvernance, s'il n'est pas lui-même inattaquable au plan déontologique. Compte tenu de l'influence qu'exercent les conseillers *proxy* sur les investisseurs, et plus généralement dans la gestion des sociétés cotées, il semble pleinement fondé que ces organismes aient à justifier de pratiques d'exercice d'une particulière exigence. Alors que certains *proxy advisors* font preuve d'un niveau de transparence que nous pourrions qualifier d'exemplaire, il convient de reconnaitre, qu'en dépit de notables efforts, le fonctionnement de certains acteurs de cette industrie demeure, à différents niveaux d'intensité, relativement peu lisible.

431. Il est entendu que l'influence des conseillers *proxy* n'est pas illusoire : « Les conseillers en vote jouent un rôle important dans la gouvernance d'entreprise en contribuant à réduire les coûts de l'analyse des informations concernant les sociétés. Ils peuvent aussi exercer une influence importante sur le comportement de vote des investisseurs. Les investisseurs possédant des portefeuilles très diversifiés et de nombreuses actions de sociétés étrangères, en particulier, s'appuient davantage sur les recommandations de conseillers en vote »[849]. Bien que les principaux *proxy advisors* qui évoluent sur le territoire européen soient signataires du Code BPPSVR, cet engagement n'a pas totalement mis fin aux critiques relatives à l'influence de ces organismes. Il est donc essentiel que les conseillers *proxy* poursuivent leurs efforts en vue d'une pleine légitimation de leurs prérogatives. Ces efforts pourraient se concentrer autour de deux axes qui n'ont pas été suffisamment développés au sein du Code BPPSVR. Il s'agit premièrement d'accroître le niveau général d'intelligibilité des pratiques d'exercice des *proxy advisors* (A.).

Et secondement, de renforcer l'efficience du dialogue que ces organismes sont amenés à développer avec les émetteurs (B.).

A. Accroitre le niveau d'intelligibilité des proxy advisors

432. En réponse aux récentes crises financières successives, les problématiques d'intelligibilité et plus généralement de transparence sont devenues des préoccupations de première importance pour les régulateurs des marchés financiers. Ce phénomène se constate tant au niveau national et européen, qu'international. La transparence du marché ne saurait être effective que si l'ensemble des acteurs qui le composent jouent pleinement le jeu de la clarté. Comme le souligne Jean-Pierre JOUYET : « La transparence des seuls marchés ne suffit pas. Encore faut-il appliquer ces mêmes principes de transparence aux acteurs financiers »[850]. Développer le niveau d'intelligibilité des acteurs du marché passe « classiquement » par l'établissement d'un encadrement contraignant de ces acteurs. Le dernier exemple de la mise en place d'un tel mécanisme n'est autre que l'encadrement des agences de notation financière. Un tel encadrement pour les *proxy advisors* nous semble toutefois encore prématuré, car contrairement aux agences de notation financière, les conseillers *proxy* ne sont à l'origine d'aucun dysfonctionnement du marché.

433. Les agences de conseil en vote ne faisant à ce jour l'objet d'aucune réglementation spécifique, la légitimité de leur influence est exclusivement subordonnée à leur capacité d'autorégulation. Rappelons que la recommandation AMF n° 2011-06 sur les agences de conseil en vote, tout comme le Code BPPSVR, ne possèdent pas de caractère impératif. Soulignons enfin que l'article 3 *undecies* « Transparence des conseillers en vote » de la directive (UE) 2017/828 soutient également une approche de type « *comply or explain* » des pratiques d'exercice de ces organismes. Cette capacité d'autodiscipline suppose donc que l'industrie des conseillers *proxy* fasse preuve d'un haut degré de transparence et d'intelligibilité. Ces notions servent de pierre angulaire à la légitimité de l'influence des *proxy advisors*, puisqu'elles impactent l'ensemble des problématiques que soulèvent ces organismes. Cela est vrai pour les questions relatives aux méthodes d'exercice des agences, pour celles liées à l'indépendance de ces organismes, mais également pour celles qui touchent à la capacité des conseillers *proxy* à traiter l'apparition de conflits d'intérêts. Pour illustration : en cas de conflit d'intérêts d'un *proxy advisor*, comment un client investisseur peut-il s'assurer que l'agence respecte scrupuleusement sa propre procédure de gestion de conflit, si son niveau de transparence se révèle médiocre ? Il sera dès lors impossible pour le client d'avoir la pleine conviction que l'agence formulera par la suite des recommandations de vote non viciées... La recommandation AMF de 2011, le Code BPPSVR, ainsi que la directive

(UE) 2017/828 ne s'y trompent pas. Ils militent tous trois en faveur d'une plus grande transparence des *proxy advisors*. Ces organismes sont ainsi « tenus » de publier leur politique de vote et de fournir des informations quant à leur méthodologie d'exercice. Mais le caractère généraliste et *soft law* de ces principes rend leur application relativement imprécise. Certains conseillers *proxy* tirent parti de la souplesse de ce mode d'encadrement pour maintenir des pratiques d'exercice insatisfaisantes.

434. Alors que les principaux *proxy advisors* qui évoluent sur le territoire européen se réfèrent au Code BPPSVR, des disparités évidentes en matière de transparence perdurent d'un acteur à l'autre. Dans le but de légitimer l'influence générale des conseillers *proxy*, il est important que le niveau d'intelligibilité de l'ensemble de ces organismes soit harmonisé. Dans cet objectif, le développement de politiques de vote/gouvernance à ossature prédéterminée (1.) représenterait une avancée significative. Ce procédé permettrait d'uniformiser la structure de ces documents, sans que cela ne touche en rien aux « doctrines » développées. Le niveau d'intelligibilité des conseillers *proxy* irait donc croissant, puisque ce système autoriserait les investisseurs, comme les émetteurs, à adopter une démarche didactique face aux politiques développées par l'industrie du *proxy voting*. Plus encore, la légitimation de l'influence des conseillers en vote passe par le développement de recommandations de vote tenant compte en profondeur des particularismes de marché des émetteurs. Cette orientation s'avère indispensable pour les *proxy advisors* d'envergure internationale (2.). Car, contrairement aux agences de portée nationale dont les politiques de vote/gouvernance sont naturellement inspirées par les spécificités du marché qu'elles ciblent, les *proxy advisors* internationaux proposent des recommandations de vote pour l'ensemble des grands émetteurs de la planète. Il est fondamental que ces recommandations témoignent d'une prise en compte des particularismes locaux de ces émetteurs.

1. La promotion de politiques de vote à ossature prédéterminée

435. Comme le souligne le « Livre vert sur le cadre de la gouvernance d'entreprise dans l'UE »[851] d'avril 2011, de nombreux acteurs du marché se questionnent quant à la transparence parfois lacunaire des *proxy advisors*. Cette carence est essentiellement liée à l'établissement, par certaines agences, de politiques de vote non-explicites et non-exhaustives. Rappelons qu'il y a quelques années, certains conseillers *proxy* se refusaient à rendre public le contenu de leurs politiques de vote[852], ou n'en définissaient tout simplement pas[853]. La situation n'est plus la même. Sous l'influence de la recommandation AMF de 2011, du Code BPPSVR et de la directive (UE) 2017/828, l'ensemble des agences définissent aujourd'hui une politique de vote et la publient sur leur site internet. Mais pour qu'une politique de vote soit un facteur de transparence, elle ne doit pas souffrir d'imprécisions flagrantes, faute de quoi elle perd tout caractère fonctionnel. C'est pour cette raison, que les politiques des conseillers *proxy* doivent être détaillées, circonstanciées et régulièrement mises à jour. Ce degré de transparence est une condition *sinequanone* pour que les différents acteurs du marché intègrent sans réticence l'influence des *proxy advisors*. Il apparait toutefois que de fortes disparités subsistent encore en matière de transparence des politiques de vote des agences[854]. Alors que certains de ces organismes publient des documents structurés et largement détaillées, d'autres *proxy advisors* se contentent de formulations succinctes. Le caractère qualitativement hétérogène des politiques de vote des agences est problématique, puisqu'il entretient un sentiment d'inintelligibilité du fonctionnement des *proxy advisors*. Pour pallier cette réalité, le Code BPPSVR soutient l'établissement de politiques de vote davantage transparentes. Mais les agences signataires satisfont à ce principe avec différents degrés de précision et de loyauté.

436. Pour répondre avec davantage d'efficacité à cette problématique, il serait pertinent d'inviter l'ensemble des acteurs de cette industrie à adopter une politique de vote à ossature prédéterminée. Il s'agirait de mettre en place une trame générale, au sein de laquelle chaque *proxy advisor* serait libre de développer le fond des principes qu'il soutient. Ce document pourrait être inspiré de la structure de la politique de vote de l'agence PROXINVEST, puisqu'elle fait référence en matière de transparence. La trame de ce document pourrait donc être organisée de la manière suivante[855] :

- Introduction (*comprenant le développement des grands principes déontologiques de l'agence. La simple référence au fait que l'agence soit signataire du BPPSVR ne semble à ce jour pas suffisante, compte-tenu de l'interprétation relativement large que font certains des proxy signataires des recommandations dudit Code*).
- Principes de gouvernement d'entreprise[856] : l'approbation des comptes et de la gestion ; le conseil d'administration ou de surveillance ; l'affectation du résultat, la gestion des fonds propres et les opérations en capital ; la rémunération des mandataires sociaux et l'association des salariés au capital ; les droits des actionnaires.
- Lignes directrices de vote : l'approbation des comptes et de la gestion ; le conseil d'administration ou de surveillance ; l'affectation du résultat, la gestion des fonds propres et les opérations en capital ; la rémunération des mandataires sociaux et l'association des salariés au capital ; la rémunération des mandataires sociaux et l'association des dirigeants et salariés au capital ; les modifications statutaires et droits des actionnaires.

Chaque *proxy advisor* serait alors parfaitement libre de détailler chaque point de cette ossature générale. La création d'un tel document, ainsi que sa validation par l'ensemble des *proxy advisors*, constituerait une avancée substantielle en vue de parfaire la transparence de ces organismes, d'autant que le comité *ad hoc* qui est à l'origine du Code BPPSVR serait pleinement légitime à développer ce document. Enfin, la mise en place d'un tel outil serait également salutaire, d'un point de vue organisationnel, pour les investisseurs comme pour les émetteurs. Il leur permettrait d'établir aisément des comparatifs, des statistiques, et de réaliser des recherches croisées… En somme, la mise en place de cet outil devrait constituer une avancée substantielle vers une pleine transparence des *proxy advisors*.

2. Accroître la prise en compte des particularismes des émetteurs dans les recommandations de vote des agences d'envergure transnationale

437. Les *proxy advisors* signataires du Code BPPSVR sont invités à prendre en compte les critères spécifiques des marchés au sein desquels évoluent les émetteurs, objets de leurs recommandations. Certains investisseurs soulignent toutefois le fait que les recommandations de vote des conseillers *proxy* demeurent, dans une proportion trop importante, standardisées[857]. Pourtant, accroître la prise en considération des spécificités des émetteurs pourrait contribuer à légitimer l'influence de ces organismes. Cela permettrait aux *proxy advisors* de justifier la teneur des conseils qu'ils prodiguent en s'appuyant, non seulement sur les critères de la *corporate governance* (*ce que les agences font actuellement*), mais également sur les caractéristiques spécifiques de chaque émetteur. Cette double justification viendrait mettre un terme à la problématique des recommandations de vote, dites *box ticking*. Un auteur souligne que « les agences ont une tendance récurrente à se focaliser plutôt sur la conformité à un code de gouvernement d'entreprise que sur les raisons de non-conformité par les émetteurs dans le cadre du principe *comply or explain* »[858]. Une bonne connaissance du contexte économique, financier et juridique des émetteurs est nécessaire pour que les *proxy advisors* établissent des recommandations de vote efficientes. Cette réalité contribue à légitimer l'influence de ces organismes. Cependant, le président de PROXINVEST, M. Pierre-Henry LEROY, met en lumière un évident paradoxe : « À l'origine nous avions tendance à favoriser les analyses complètes, économique et financière. C'est ainsi que nous avions été les seuls en 2006 à prévoir les risques de la fusion Alcatel-Lucent... Mais le patronat s'est montré hostile à de telles synthèses subjectives, et nous avons dû préférer des analyses très factuelles, automatiques au regard de certains standards de bonne gouvernance[859]. Mais les mêmes se plaignent encore et prétendent que les analyses des agences de conseil de vote sont trop automatiques, trop objectives ! »[860]. Cette situation n'entraine, selon-nous, que peu de conséquences pour ce qui relève des *proxy advisors* de portée nationale. En effet, les politiques de vote/gouvernance de ces conseillers *proxy* sont naturellement influencées par les spécificités du marché des émetteurs objets de leurs analyses.

438. En revanche, il s'avère fondamental de faire un effort de particularisme pour les recommandations de vote des *proxy advisors* d'envergure internationale. Ces derniers ne peuvent avoir qu'une connaissance parcellaire de l'ensemble des marchés où évoluent les émetteurs qu'ils évaluent. Pour cette raison, nous soutiendrons que les conseillers *proxy* de portée internationale devraient « systématiquement » disposer de bureaux physiques sur le territoire de chaque marché ou ils proposent leurs services. Ces antennes locales seraient ainsi formées de spécialistes dudit marché. Il convient toutefois de souligner que les *proxy advisors* internationaux (*et plus particulièrement ISS*) ont fait des efforts conséquents en matière de prise en considération des spécificités de marché. Cela se traduit principalement par la publication de politiques de vote/gouvernance personnalisées. Pour illustration, GLASS LEWIS & Co propose une politique singulière en Australie, au Brésil, au Canada, en Europe continentale, en France, en Allemagne, à Hong Kong, en Inde, en Italie, en Israël, au Japon, en Chine, en Corée, aux Pays-Bas, en Espagne, en Suisse, au Royaume-Uni et aux États-Unis[861]. La firme ISS propose quant à elle des politiques singulière au États-Unis, au Canada, au Brésil, en Europe (*où l'agence détaille certains points spécifiques à chaque Etat…*), en Israël, en Russie, au Kazakhstan, en Afrique du Sud, en Afrique, au Moyen-Orient, en Australie, en Chine, à Hong-Kong, en Inde, au Japon, en Corée, à Singapour et à Taiwan[862]. Malgré ces efforts, l'ESMA souligne que les signataires du Code BPPSVR appliquent avec une rigueur fluctuante[863] l'exigence de prise en compte des spécificités de marché des émetteurs. Compte-tenu du fort potentiel de légitimation que cette pratique est susceptible d'octroyer aux *proxy advisors*, il serait souhaitable que le Code BPPSVR la mette davantage en avant. Puisque ledit Code s'inscrit dans une philosophie d'amélioration permanente, nous attendrons sa prochaine révision pour juger des progrès sur cette question.

B. Façonner le dialogue avec les émetteurs

439. D'aucuns pointe du doigt l'insuffisance, voir l'inexistence, de dialogue entre les *proxy advisors* et les émetteurs[864]. Soulignons qu'à ce jour rien n'oblige les agences à développer un tel dialogue. Il ne s'agit que d'une possibilité ouverte, mais une possibilité qui revêt une importance considérable. Bien que cette pratique se soit largement développée au sein de l'industrie, une minorité de conseillers *proxy* demeurent réticents face à la possibilité de dialoguer avec les émetteurs. Ils considèrent que c'est aux investisseurs d'entretenir une telle relation avec les émetteurs. Ces agences justifient cette fermeture en soutenant que le dialogue avec les émetteurs ouvre une « boite de Pandore » et, tôt ou tard, influera sur la teneur de leurs conseils et recommandations de vote. Cette philosophie tombe aujourd'hui en désuétude. Ces *proxy advisors* sont considérés comme trop généralistes et imprécis, puisqu'ils élaborent des conseils seulement à partir des principes de la *corporate* *governance*. Comme précédemment étudié, le dialogue avec les émetteurs donne schématiquement lieu à deux interprétations. La recommandation AMF de 2011 préconise l'établissement d'un dialogue de type « contradictoire » entre l'agence et l'émetteur : « L'AMF recommande que l'agence de conseil transmette à la société concernée son projet de rapport pour commentaires éventuels et, lorsque qu'elle ne l'a pas transmis, de l'indiquer clairement dans le rapport d'analyse et d'en expliquer les raisons. »[865]. Le Code BPPSVR soutient quant à lui que les agences sont tenues d'expliquer à leurs clients l'approche communicationnelle qu'elles ont développée avec les émetteurs[866]. Contrairement à la recommandation AMF, le Code de déontologie ne soutient pas un procédé de type « contradictoire ». Les *proxy advisors* sont uniquement encouragés à informer leurs clients de la nature, des tenants ainsi que des aboutissants du dialogue établi. Il appartient *in fine* aux agences de déterminer le format, la fréquence, les dates, ainsi que les objectifs de ce dialogue[867]. Aujourd'hui, l'intégralité des *proxy advisors* qui ouvrent un dialogue avec les émetteurs, se sont en théorie conformés à la philosophie du Code BPPSVR.

440. Si l'ensemble des conseillers *proxy* faisaient preuve d'un degré exemplaire de transparence, l'approche que soutient le Code BPPSVR sur la question du dialogue se révèlerait parfaitement adaptée. Or, l'ESMA met en évidence l'existence de dysfonctionnements en la matière[868]. En réponse à cette situation, l'approche de type « contradictoire » de la recommandation AMF pourrait s'avérer pertinente. Mais il serait illusoire d'imaginer qu'une agence qui se serait conformée à l'approche du Code BPPSVR en matière de dialogue avec les émetteurs, décide de revenir à celle de la recommandation AMF. En effet, l'approche « contradictoire » de l'autorité française participe objectivement à faire décroître l'influence des recommandations de vote des *proxy advisors*[869]. Cette conduite parfaitement rationnelle des conseillers *proxy*, nous encouragera à plaider pour une optimisation de l'efficience du dialogue entre ces organismes et les émetteurs, sans qu'il puisse être question de développer des procédés de type « intrusif ». Il s'agirait pour les agences de divulguer d'une manière structurée et automatique la nature du dialogue qu'elles entretiennent avec les émetteurs (1.). Enfin, les *proxy advisors* pourraient missionner un employé (*ou un service en fonction de la taille de l'agence…*) pour analyser l'efficience des dialogues développés entre l'agence et les émetteurs., mais aussi s'assurer que les investisseurs clients de l'agence sont correctement tenus informés des tenants et aboutissants de ces dialogues (2.).

1. Une divulgation structurée et automatique

441. La divulgation structurée ainsi qu'automatique du dialogue établi entre les conseillers *proxy* et les émetteurs représente un élément-clef pour accroître la transparence des agences. Les clients des agences ont besoin d'être informés d'une manière claire et précise des tenants et des aboutissants qui président à l'existence d'un tel dialogue. Si l'agence se révèle peu coopérative, c'est-à-dire si elle n'envoie que des informations parcellaires, ou si elle se contente de transmettre des informations standardisées sur son mode de communication avec les émetteurs, alors ses recommandations de vote devront être soumises à réserves. Dans cette hypothèse, le client se trouve en effet dans l'impossibilité d'évaluer l'influence qu'a eue l'émetteur sur les recommandations de l'agence, ce qui constitue une lacune évidente en matière de transparence dans les pratiques d'exercice des *proxy advisors*. Plus encore, cette situation s'analyse comme un indice de potentiels conflits d'intérêts. Il relève donc de l'intérêt du marché que les agences et les émetteurs développent un dialogue efficient, notamment en vue d'accroître l'efficience des recommandations de vote et d'éliminer le risque d'erreur flagrante d'analyse. Il relève également du « bien commun » que les *proxy advisors* communiquent correctement à leurs clients les tenants et les aboutissants de ces dialogues.

442. Dans cette perspective, nous soutiendrons l'initiative de l'ESMA : l'autorité européenne propose en effet que le résultat de ce dialogue soit communiqué aux clients des agences sur une base systématique[870]. Il serait alors attendu que l'ensemble des *proxy advisors* exerçant sur le territoire européen, divulguent, avec un niveau d'exigence similaire, les tenants et aboutissants des dialogues qu'ils entretiennent avec les émetteurs. « De façon générale, la nature et l'issue du dialogue ou des échanges avec l'émetteur, dans l'élaboration des recommandations, devraient être divulguées explicitement dans les rapports de l'agence de conseil en vote »[871]. En prolongement de cette approche, nous soutiendrons que les conseillers *proxy* devraient également être tenus d'informer spécifiquement leurs clients lorsque ce dialogue a eu pour effet de changer la teneur d'une recommandation.

443. Dans une approche matérielle de la question du dialogue, il serait opportun que l'ESMA, ou les pères du Code BPPSVR, rédigent un document type (*structuré*) qui viserait à lister les informations essentielles et contextualisables (*dans le but d'éviter que le proxy advisor ne transmette des informations standardisées sur son mode de communication avec les émetteurs*) devant automatiquement faire l'objet d'une communication aux clients des agences. Ce simple procédé de structuration aurait pour effet d'uniformiser la qualité de l'approche communicationnelle qui entoure la question du dialogue entre les conseillers *proxy* et les émetteurs. Cela contribuerait donc à accroître la transparence générale des agences, et par là même leur légitimité.

2. Un employé missionné pour étayer l'efficience du dialogue et garantir le respect des politiques de vote

444. Le caractère relativement standardisé des pratiques d'exercice des *proxy advisors* nourrit le sentiment que ces entreprises sont dématérialisés[872] et dépersonnalisés. Cette opinion, partagée à tort ou à raison, par de nombreux acteurs du marché, entretient le sentiment de la nature opaque des activités de ces organismes. Mais, en raison du volume considérable de recommandations de vote que les *proxy advisors* doivent produire dans un court laps de temps, il est normal que ces organismes standardisent cette activité et mettent à profit les logiciels « multicritères » qu'ils ont développés. Sauf à soutenir une refonte totale du modèle d'affaire des *proxy advisors*, le phénomène d'automatisation partielle des conseils et recommandations que produisent ces organismes ne peut sérieusement être remis en cause. Compte tenu de l'utilité des *proxy advisors*, de nombreux régulateurs encouragent donc le développement des méthodes « douces » qui visent à encourager ces organismes à accroître leur niveau de transparence. Cette quête se révèle longue et malaisée, mais s'il existe des batailles plus facilement à gagner que d'autres, développer la transparence communicationnelle des *proxy advisors* ne semble pas un combat perdu d'avance.

445. Afin de pallier le sentiment de dépersonnalisation qui affecte les conseillers *proxy*, mais également d'accroître leur transparence communicationnelle, nous encouragerons ces agences à missionner un de leurs employés (*ou un service, en fonction de la taille du proxy advisor*) pour qu'il étaye l'efficience des relations que développent ces organismes. L'activité de cet employé consisterait à analyser la nature des dialogues que le conseiller *proxy* développe avec les émetteurs. D'autre part, il serait tenu de s'assurer que les investisseurs clients (*voir l'ensemble des parties prenantes, dans l'hypothèse d'une recommandation de vote rendue publique*) du *proxy advisor* sont correctement informés du caractère de ces dialogues. Cet employé devra bénéficier d'un haut niveau d'expérience et d'éthique. Mais il s'avèrera toutefois nécessaire qu'il soit spécialement formé pour déceler les différentes formes d'influence pouvant émaner d'un dialogue, ou plus généralement d'une relation, entre un *proxy advisor* et un émetteur. Cet employé pourra exercer la fonction d'interlocuteur privilégié des clients de l'agence, pour ce qui relève des relations de travail « routinières ». Il aura donc un rôle d'intermédiaire dans la relation tripartite investisseur/*proxy advisor*/émetteur.

446. Pour que cet employé contribue bien à accroître la légitimité de l'influence de la structure qui l'emploie, il apparait nécessaire qu'il ne puisse, en parallèle à sa mission d'interlocuteur, directement participer à l'élaboration des recommandations de vote. En somme, cet employé serait simultanément le garde-fou des dialogues qu'entretient le *proxy advisor* avec les émetteurs, et le rapporteur de l'efficience des communications transmises aux clients de l'agence. Enfin, il pourrait être celui auquel incombe la tâche de remplir le document-type listant les informations essentielles et contextualisables devant faire l'objet d'une communication automatique aux clients de l'agence. Les missions de cet employé seraient donc de nature à développer la transparence de l'agence qui l'emploie. Mais pour que ce processus soit pleinement efficace, il est nécessaire que cette « personne » fasse preuve d'une large disponibilité. Cette condition ne saurait poser de problème lorsque le *proxy advisor* est financièrement à même de dédier un service à cette activité. Cette condition est plus problématique, sans être insurmontable, pour les agences plus modestes. Dans une vision similaire à celle que nous soutenons (*celle d'un employé de chaque proxy advisor chargé de garantir l'efficience du dialogue, ainsi que le respect des politiques de vote/gouvernance*), il est à noter qu'aux États-Unis « The Corporate Governance Reform and Transparency Act of 2017 » (*House Bill 4015*) impose aux *proxy advisors* la désignation d'un employé dit : « compliance officer ». Notre recommandation revêt donc un caractère objectivement prédictif.

§2. L'étude de pistes alternatives

447. « Bien évidement, les agences en conseil de vote sont, comme toutes les institutions humaines, imparfaites. Cependant, elles jouent un rôle important et bénéfique »[873]. Aucune institution humaine n'est infaillible, c'est une vérité universelle. Mais l'Homme cherche par nature à s'améliorer, et il en est de même des institutions qu'il développe. Les régulateurs et les penseurs du marché font-ils au mieux pour « améliorer » le fonctionnement des *proxy advisors* ? La recherche de cette amélioration doit-elle passer par la voie d'une réglementation spécifique et contraignante de ces organismes ? Certains émetteurs le pensent, mais comme le maintient l'ESMA, le bien-fondé d'une telle réglementation demeure incertain, car les *proxy advisors* ne sont à l'origine d'aucun dysfonctionnement notable du marché[874]. C'est pour cette raison que l'autorité européenne soutient la mise en place, ainsi que le perfectionnement, de dispositifs de type *soft law*, à l'image du Code BPPSVR. Mais compte-tenu de l'influence potentielle des *proxy advisors* sur l'exercice du droit de vote des investisseurs, sur la gestion des émetteurs, ainsi que plus généralement dans la *corporate governance*, il demeure légitime que certains soulèvent la question de la pertinence d'un encadrement de type *soft law*. Cet encadrement est par nature fragile, c'est pourquoi il est impératif que les conseillers *proxy* conscientisent pleinement l'importance d'une application exemplaire des dispositifs qu'il met en avant.

448. Dans l'hypothèse où cette pleine conscientisation tarde à émerger, nous soulignerons l'existence de pistes de réflexion « alternatives », théoriquement à même d'asseoir la légitimité des conseillers *proxy*. Pour répondre au phénomène de dépendance dans lequel se sont placés certains investisseurs institutionnels vis-à-vis des recommandations de vote des *proxy advisors*, nous soutiendrons une refonte du fonctionnement de cette catégorie actionnariale (A.), car ce sont bien les défaillances organisationnelles de certains professionnels de l'intermédiation financière qui sont à l'origine des débats autour de la légitimité de l'influence des *proxy advisors*. Les conseils et recommandations de vote des agences sont par essence des avis consultatifs, et il est important qu'il en reste ainsi. Enfin, il existe une piste de légitimation qui n'a encore jamais été explorée par les *proxy advisors*, alors que son efficacité est bien réelle : il s'agit du développement des certifications ISO (B.).

A. Vers une refonte du fonctionnement des investisseurs institutionnels

449. Le fonctionnement des investisseurs institutionnels invite au scepticisme : « la situation actuelle est marquée par un éloignement inquiétant en matière de communication et de compréhension des enjeux cruciaux dans la gouvernance d'entreprise, et l'esprit de court-termisme est renforcé par une conception traditionnelle de déresponsabilisation des investisseurs- face à leur rôle dans la chaîne de l'investissement »[875]. En dépit de nombreuses initiatives visant à accroître la vision à long terme, ainsi que l'activisme des professionnels de l'intermédiation financière, il apparait que les mécanismes de cette catégorie actionnariale n'ont pas connu de profonds bouleversements. Une frange des investisseurs institutionnels demeure dans l'impossibilité matérielle de traiter l'ensemble des projets de résolution qui lui est soumis lors des assemblées générales. Cette situation parait paradoxale, puisque, globalement, l'activisme de cette catégorie actionnariale se développe. Ce paradoxe cache un activisme atypique marqué par l'influence des *proxy advisors* sur de nombreux professionnels de l'intermédiation financière. En raison des coûts ainsi que du caractère chronophage que représente une internalisation du travail d'analyse des projets de résolution, de nombreux institutionnels ont externalisé tout ou partie de cette activité aux conseillers *proxy*. Cette réalité est à l'origine, chez certains investisseurs, d'une réelle dépendance vis-à-vis des recommandations de vote des agences.

450. L'on perçoit aisément les risques liés à une telle situation. Sur ce point, l'IGOPP développe deux observations. Premièrement, les fonds d'investissement de taille modeste prétendent ne pas avoir « les moyens ni les ressources pour remplir leur obligation fiduciaire d'exercer les droits de vote représentés par leurs procurations. De prime abord, cette affirmation est quelque peu surprenante [puisque ces fonds] ont, ou prétendent avoir, les ressources pour mener le genre d'analyse requise pour appuyer leur décision d'investir dans une société donnée, pour en superviser la performance et afin de décider de conserver l'investissement, ou de vendre les actions. Pourtant, ils n'auraient pas les ressources pour prendre leurs propres décisions sur des enjeux de gouvernance liés à ces mêmes sociétés »[876]. Secondement, « les grands fonds institutionnels affirment catégoriquement que les recommandations des conseillers en vote ne constituent qu'un élément de leur processus de décision »[877]. Or, « les émetteurs et certains observateurs bien informés ne partagent pas cette perception d'un rôle limité des conseillers en vote »[878].

451. La dépendance de certains investisseurs institutionnels vis-à-vis des *proxy advisors* est d'autant plus problématique que le monde financier est en perpétuelle mutation. Face à l'arrivée d'une nouvelle génération d'actionnaires minoritaires particulièrement actifs (*voir agressifs*), il se révèle d'une importance fondamentale que les professionnels de l'intermédiation financière (*compte-tenu de leur influence sur le marché*) opèrent rapidement une réorganisation efficiente de leur fonctionnement. Une telle refonte commande aux investisseurs institutionnels d'améliorer drastiquement leur transparence (1.). Une harmonisation de la pratique du vote de cette catégorie actionnariale (2.) est également souhaitable. Enfin, ces évolutions semblent en mesure de contribuer à ce que les institutionnels conscientisent pleinement l'importance du vote aux assemblées. Ce changement de perception sera donc naturellement synonyme d'une influence décroissante des *proxy advisors* (3.).

1. Accroître la transparence des investisseurs institutionnels

452. Les investisseurs institutionnels ne répondent pas à une philosophie actionnariale classique. Afin d'appréhender ces professionnels de l'intermédiation financière le plus justement possible, il convient d'adopter une approche contemporaine de l'investissement. La principale difficulté que soulève cette catégorie actionnariale est qu'elle n'éprouve par essence que peu d'intérêt pour ses droits extrapatrimoniaux. Aveuglés par une quête d'investissements exponentielle, les régulateurs du marché ne se sont que tardivement penchés sur l'impact de ce phénomène de déresponsabilisation actionnariale. Lorsqu'ils se sont attachés à « rectifier le tir », le mal était fait. La structure organisationnelle d'une frange notable d'institutionnels avait été façonnée de telle manière qu'elle se trouvait peu ou pas adaptée à l'exercice de ses droits extra-pécuniaires. Raison pour laquelle cette catégorie actionnariale a directement contribué au développement d'artefacts appelés *proxy advisors*.

453. Dans un monde financier ou la « transparence » est devenu maitre-mot, le caractère relativement « obscur » de certaines méthodes de fonctionnement des investisseurs institutionnels s'avère difficilement justifiable. Les professionnels de l'intermédiation financière doivent donc faire un pas réel vers la prise en considération effective de leurs droits extrapatrimoniaux. Les *process* en développement insistent d'un coté sur la nécessité de rendre davantage transparente les stratégies d'investissement des investisseurs institutionnels[879], et de l'autre, ils visent à contraindre cette catégorie d'actionnaires à publier une politique de vote[880]. Ces méthodes ont pour objet de promouvoir les politiques d'investissement à long terme des professionnels de l'intermédiation financière, car ces politiques participent à accroître la stabilité du marché. Comme précédemment évoqué, le législateur européen fait office de pionner en la matière. Le 3 avril 2017, le Conseil a adopté une nouvelle directive modifiant la directive 2007/36/CE. Il y est question de promouvoir encore davantage l'engagement à long terme des investisseurs professionnels. Dans la limite de la règle « *comply or explain* », cette catégorie actionnariale sera donc contrainte de mettre en place et de publier une politique de vote efficiente[881]. Elle devra également rendre publique sa stratégie d'investissement[882], de façon à avoir l'assurance que cette stratégie reste compatible avec le profil et la durée de son engagement. Le chemin de la responsabilisation des professionnels de l'intermédiation financière en matière de droits extrapatrimoniaux est donc tracé. Mais compte-tenu de l'impact financier considérable de ces acteurs sur les marchés financiers, il est essentiel que cette responsabilisation se fasse d'une manière souple. Il ne serait pas du tout souhaitable que ce processus de responsabilisation contribue *in fine* à une fuite massive des investisseurs professionnels hors du marché européen. À *contrario*, s'il est savamment mené, il peut conduire à ce que les investisseurs institutionnels conscientisent pleinement l'importance de l'exercice de leurs droits extrapatrimoniaux, ce qui favoriserait des comportements moins mimétiques chez cette catégorie actionnariale.

2. Harmoniser la pratique du vote des investisseurs institutionnels

454. Le législateur européen trace le sillon de la responsabilisation des droits extrapatrimoniaux chez les investisseurs institutionnels. Sans contraindre directement cette catégorie actionnariale à voter aux assemblées[883], il l'encourage vivement à le faire. Le caractère hétérogène des institutionnels traduit une spécificité : certains des acteurs qui composent cette famille d'actionnaires votent d'une manière efficiente et habituelle à l'ensemble des assemblées générales, alors que d'autres ne votent pas, ou sont pour le faire dépendants des recommandations des *proxy advisors*. La directive adoptée par le Conseil le 3 avril 2017 modifiant la directive 2007/36/CE ne s'inscrit pas seulement dans une démarche visant à accroître l'engagement à long terme des professionnels de l'intermédiation financière. Elle ambitionne également d'harmoniser la pratique du vote de l'ensemble des acteurs de cette catégorie actionnariale. En soutenant la publication de la politique de vote et de la stratégie d'investissement des institutionnels, la directive affiche ostensiblement l'ambition d'amener l'ensemble des acteurs de cette catégorie actionnariale à exprimer un vote efficient lors des assemblées. La directive concourt ainsi à ce que les investisseurs institutionnels habituellement peu concernés par les tenants et les aboutissants de leurs votes, s'y intéressent davantage. Ce principe est donc à même d'aider l'ensemble des investisseurs professionnels à prendre conscience de l'importance que revêt l'expression de leurs droits de vote.

3. Promouvoir l'importance du vote des investisseurs institutionnels

455. L'influence des *proxy advisors* se nourrit du fait que de nombreux investisseurs institutionnels ne se soucient qu'accessoirement de la problématique de leurs votes aux assemblées. En effet, certains institutionnels font appel aux services des conseillers *proxy* pour se libérer d'« incitations » réglementaires, ou simplement pour faire bonne figure. Mais lorsque ces professionnels de l'intermédiation financière auront pleinement conscientisé (*avec ou sans l'aide des législateurs…*) l'importance du vote aux assemblées, les agences de conseil en vote verront leur influence décroitre naturellement. Cette perspective tend à légitimer une réglementation de type *soft law* de ces organismes. Dans cette hypothèse, les *proxy advisors* retrouveront donc le rôle qui est par nature (*et à l'origine*) le leur, c'est-à-dire celui de « simples » conseillers. Il s'agit d'un simple phénomène de « vases communicants ». Plus les investisseurs institutionnels seront conscients de l'importance de voter d'une manière efficiente, moins la légitimation de l'influence des conseillers *proxy* sera problématique. Ce changement de paradigme de la part des professionnels de l'intermédiation financière entrainerait mécaniquement une baisse de l'influence des conseillers *proxy*. Bien évidemment, cela ne remettra pas en cause la compétence intrinsèque des *proxy advisors*. Ces organismes demeureront des experts reconnus des questions de *corporate governance*. Simplement, l'ensemble des investisseurs institutionnels feront appel à leurs services dans une perspective réellement consultative. Il ne serait pas à exclure qu'en raison des efforts que développeront alors les institutionnels pour analyser les projets de résolution, ils demandent aux conseillers de vote de rehausser leur niveau général d'examen, faute de quoi les investisseurs de métier pourraient ne plus éprouver le besoin de faire appel à leurs services, serait-ce dans un but exclusivement consultatif. Pleinement conscient du caractère contingent de l'emploi des conseillers *proxy*, les professionnels de l'intermédiation financière seraient alors en mesure d'exiger que ces organismes fassent preuve d'une transparence totale. Et tout particulièrement en matière de méthodes d'exercice et de gestion des conflits d'intérêts. Cette position trouve un remarquable écho dans les propos du Professeur Yvan ALLAIRE : « La plupart des grands investisseurs institutionnels affirment catégoriquement qu'ils ne sous-traitent pas cette responsabilité et qu'ils utilisent plutôt les services des conseillers en vote pour la cueillette d'information et la formulation d'opinions. Mais même pour ce rôle limité, les grands investisseurs institutionnels, en tant que clients des services de conseil en vote, devraient demander qu'on leur fournisse une information satisfaisante sur leur modèle d'affaire »[884].

B. Développer la pratique des certifications au sein des proxy advisors

456. Dans le but de parfaire la légitimité de l'influence des *proxy advisors*, les dispositifs de certification peuvent se révéler particulièrement appropriés. Cette pratique de la certification témoigne du sérieux de l' « objet » certifié. Elle diffuse un signal de confiance auprès des clients et des parties prenantes, mais également auprès de l'ensemble du marché. L'on assiste ces dernières années à une forte croissance du phénomène de « certification », au sens large du terme. Il existe aujourd'hui une pluralité de certificats, de labels, d'attestations, ou encore de logos de qualité, etc.... Mais tous ces dispositifs se retrouvent autour d'un objectif commun, celui de générer de la confiance[885]. Face à la multiplicité des organismes de certification, la renommée du certificateur « n'est pas sans incidence sur la notoriété du système de certification lui-même, ni sur la confiance générée par le certificat. Il est évident qu'une norme internationale comme l'ISO 9001 sur le management d'un système qualité, induit a priori plus de confiance qu'une spécification plus ou moins confidentielle établie par une entreprise privée pour s'auto-certifier... »[886]. En ce sens, la piste d'une certification ISO pourrait judicieusement venir combler le déficit de légitimité des *proxy advisors*, eu égard à leur influence.

457. Accordons-nous une rapide digression. Qu'est-ce que l'ISO (*International Organization for Standardization*) ? Il s'agit d'une organisation internationale non-gouvernementale de normalisation. Elle a été créée le 23 février 1947. Son siège se trouve actuellement à Genève. Cette organisation est à l'origine de nombreux travaux, lesquels donnent naissance à des accords internationaux, publiés sous la forme de normes internationales, de référentiels, ainsi que de lignes directrices. « L'ISO entend faciliter entre les pays, les échanges, tant des biens que des services, et développer la coopération dans les domaines intellectuel, scientifique, technique et économique »[887]. Au sein du marché globalisé, la « normalisation internationale demeure, plus que jamais, une nécessité du monde économique »[888]. Afin d'apprécier avec justesse l'impact quotidien des normes ISO au sein du marché, nous ferons simplement référence au fait que cette organisation est à l'origine de la standardisation des cartes bancaires, ou encore du format des feuilles de papier. L'ISO est donc au cœur de l'intégralité des interactions économiques.

458. Bien évidemment, une certification ISO ne saurait prendre un caractère contraignant. Elle représente « l'aboutissement d'un processus d'évaluation de la conformité [d'un objet] à un référentiel »[889], le tout pour une période déterminée[890]. Une certification est attribuée par un organisme certificateur ou de normalisation (*En France, l'AFNOR, l'OFC, DEKRA, etc...*) indépendant. Puisqu'une certification suppose que celui qui en bénéficie se soit conformé à un référentiel précis, il s'agit donc bien d'une démarche active d'auto-responsabilisation. Plus encore, le certificat matérialise un « avantage concurrentiel »[891] en ce qu'il augmente la visibilité, ainsi que la légitimité de son bénéficiaire. Pour l'ensemble de ces raisons, les « petits » comme les « grands » *proxy advisors* devraient se pencher sur la question de la certification ISO. Plusieurs familles de normes ISO peuvent intéresser les pratiques d'exercice des conseillers *proxy*. Nous pouvons par exemple citer la famille ISO 27000, qui aide les organisations à assurer la sécurité de leurs informations, ou encore l'ISO 37001, qui établit un ensemble de systèmes de management anti-corruption. Mais puisque nous cherchons présentement à accroître la légitimité de l'influence des *proxy advisors*, nous nous concentrerons sur la famille des normes ISO 9000, et plus précisément sur la norme ISO « 9001 : 2015 - Systèmes de management de la qualité ». Nous verrons que cette norme ISO contribue à accroître la satisfaction des clients à travers l'établissement d'un référentiel qui concourt à améliorer la qualité de service de l'organisme demandeur de certification. Valoriser le management de la qualité peut donc substantiellement confirmer la légitimité de l'influence des *proxy advisors* (1.).

1. Valoriser le management de la qualité

459. Il n'existe aucun obstacle probant à ce que les *proxy advisors* mettent en place une norme de la famille ISO 9000, et plus précisément la norme ISO « 9001:2015 - Systèmes de management de la qualité ». En effet, il s'agit d'« une norme internationale de management de la qualité, ouverte à toute organisation, indépendamment de sa taille, de son domaine d'activité ou de son chiffre d'affaire[892]. La famille de norme ISO 9000 « est aujourd'hui utilisée pour promouvoir leur image, par des entreprises relevant de domaines d'activité les plus diversifiés de la production ou des services : entreprises de travaux, organismes de formation, [*Banques, sociétés d'assurances...*], cabinets d'avocats et même gares SNCF... »[893]. Cette famille ISO est reconnue mondialement. Comme chacun sait, « il est important de pouvoir disposer de normes internationales, car un nombre croissant d'organismes et d'entreprises opèrent au sein de l'économie globale en vendant ou en achetant des produits et services qui ne proviennent pas de leur marché national »[894]. Cette citation trouve une résonnance toute particulière compte-tenu du caractère largement transnational de l'activité des *proxy advisors*.

460. La famille ISO 9000 s'attache depuis trois décennies à développer un standard international de la qualité du management dans le but « de faciliter les relations entre les clients et fournisseurs et donc entre l'ensemble des opérateurs économiques »[895]. Ce standard repose sur un *process* normalisé appelé « Système de Management de la Qualité » (*SMQ*). L'ISO 9001 : 2015 se concentre sur l'établissement de principes généraux visant à standardiser et à rationaliser la qualité du management d'un organisme. Il participe donc à en améliorer l'efficacité ainsi que la transparence. Il n'entend pas pour autant perturber le cœur d'activité de l'organisme. Schématiquement, sept principes régissent l'ISO 9001 : 2015. Un organisme en conformité avec cette norme doit être en mesure de : répondre et dépasser les attentes des clients ; posséder un vision claire de ses objectifs ; disposer d'un personnel qualifié, responsable et impliqué ; concevoir ses activités comme des processus interdépendants les uns des autres, afin de parvenir à l'efficience ; chercher à constamment s'améliorer ; savoir prendre des décisions efficientes (à *partir d'analyses et d'évaluations techniques…*) et enfin mettre en place un management efficace auprès de l'ensemble des parties prenantes[896].

461. Il est troublant de constater que le développement de la norme ISO 9001:2015 par les conseillers *proxy* serait en mesure de mettre fin à nombre de critiques qui leur sont adressées. Une telle certification permettrait aux *proxy advisors* de faire la preuve d'un fonctionnement managérial reconnu par une norme internationalement acceptée, ce qui ne peut qu'améliorer leur transparence et donc la légitimité de leur influence. Cette norme permettrait aux agences d'évaluer la pertinence de leur fonctionnement dans un contexte globalisé, ainsi que d'identifier pleinement l'ensemble des risques inhérents à leurs activités. Plus encore, la certification ISO 9001 : 2015 permettrait de régler nombre de questions relatives à la qualité du personnel des *proxy advisors*. En effet, l'application d'une telle norme suppose que « l'implication et le domaine de responsabilité de chacun soit officiellement déterminés, en clarifiant au passage les zones d'ombre »[897]. Puisque les normes ISO s'inscrivent dans une logique d'amélioration permanente, elles apporteraient aux *proxy advisors* certifiés une présomption de qualité quant à la réalisation de leurs activités. Ce qui *in fine* pourrait permettre aux agences certifiés de développer encore davantage leur clientèle, d'autant qu'un client potentiel lui-même certifié aura naturellement tendance à préférer un prestataire en service de vote qui l'est également. « Si l'on engage une démarche qualité, c'est bien dans l'intention de s'organiser pour ne pas décevoir le client […], pour fidéliser celui-ci et en conquérir d'autres »[898]. Au-delà de concourir à légitimer efficacement l'influence des *proxy advisors*, l'établissement de la norme ISO 9001 : 2015 (*mais plus généralement toute norme ISO qui viserait à* légitimer les pratiques d'exercice de ces organismes) aurait pour effet de développer leur pouvoir.

Conclusion de chapitre 2

462. Il serait lacunaire de n'apprécier le rôle des *proxy advisors* qu'au travers du prisme d'une activité de conseil. Par le biais de leurs politiques de vote/gouvernance et de leurs recommandations de vote, ces organismes impactent significativement la *corporate governance,* ainsi que les modes de gestion des émetteurs. En promouvant d'une manière impérative les principes du gouvernement d'entreprise, les conseillers *proxy* concourent à rationaliser l'action des principaux acteurs du marché, acteurs qui se trouvent bien souvent en proie à une somme complexe d'intérêts entrecroisés. En défendant les intérêts de l'ensemble des actionnaires, les agences contribuent à rééquilibrer la balance d'un système financier au sein duquel l'organe du conseil d'administration occupe une place considérable. Les *proxy advisors* contribuent ainsi à accroître l'efficience du marché.

463. Force est toutefois de constater que les agences de conseil en vote souffrent d'un manque de légitimité proportionnée à leur influence. Le développement d'une réglementation spécifique et contraignante de ces organismes serait probablement à même de résoudre cette question, mais elle en induirait de nombreuses autres… Partant, le cœur de la légitimation du pouvoir des *proxy advisors* se trouve, en l'absence de dysfonctionnements évidents, dans la *soft law*. En l'état, la relative imprécision de cette forme de réglementation ne justifie qu'incomplètement l'influence grandissante des conseillers *proxy*. Pour cette raison, nous soutiendrons la nécessité pour ces organismes de conscientiser l'importance du développement d'une déontologie exemplaire. Dans l'hypothèse où l'ensemble de cette industrie n'y parviendrait pas de manière satisfaisante, nous proposerons de développer la légitimité de *proxy advisors* par la voie de moyens alternatifs.

Conclusion du I de la partie II

464. Les marchés financiers ne sauraient nier l'influence des agences de conseil en vote. En tant que défenseurs de la « *shareholder value* », ces organismes contribuent à rationaliser l'action des émetteurs. En tant que *soft law makers* du gouvernement d'entreprise, ils concourent à standardiser cette matière. Les *proxy advisors* ne sont, à ce jour, pas encadrés d'une manière spécifique et contraignante. En Europe, ces organismes répondent d'un Code de déontologie de type *soft law*, lequel tend à se perfectionner. La légitimité des conseillers *proxy* peut être sujette à controverse. Pour certains émetteurs, la très grande souplesse de l'encadrement de ces agences n'est pas à la mesure de leur influence. Ce positionnement n'est pas indéfendable, mais il néglige le fait que les *proxy advisors* représentent avant tout des médiums des grands principes de la *corporate governance*, principes auxquels l'ensemble des acteurs du marché, dont les détracteurs de ces organismes, adhèrent. Cette réalité n'éclipse cependant pas le fait que l'encadrement *soft law* des *proxy advisors* doit être perfectionné et affiné.

465. Ces organismes trouvent motif de légitimation de leur influence dans leur qualité d'expert en gouvernance d'entreprise. Mais cette justification se révèle aujourd'hui insuffisante au regard de leur immixtion potentiellement substantielle dans la gestion des émetteurs. Cette problématique est illustrée par le déficit de transparence de certaines agences dans la gestion de leurs conflits d'intérêts. D'autres vecteurs de légitimation doivent donc émerger. La conscientisation, par l'ensemble des *proxy advisors*, de l'importance du développement d'une déontologie exemplaire se trouve au carrefour de cette problématique. Le développement de cette déontologie pourrait par exemple passer par une garantie selon laquelle « ces organismes agissent dans l'intérêt exclusif de leurs clients ». Cette nouvelle déontologie serait également susceptible de structurer davantage les interactions existantes entre les agences et les parties prenantes, afin que l'ensemble des acteurs des marchés financiers puissent aisément apprécier l'impact des *proxy advisors*.

II. Le paradoxe des agences de conseil en vote

466. L'influence des agences de conseil en vote sur le fonctionnement des émetteurs conduit à une situation paradoxale où des non-actionnaires concourent substantiellement à faire voter ou rejeter des résolutions aux assemblées générales. De simples prestataires de services jouissent donc d'une influence notable sur les marchés financiers. Ce phénomène interroge, puisque d'un côté, il promeut une prise de décision désintéressée, basée sur des grands principes de gouvernance, et en cela les *proxy advisors* rationalisent le vote des assemblées générales, mais par ailleurs, l'activité des conseillers *proxy* obère par essence le jeu des forces internes (*les actionnaires, le conseil d'administration, la direction, le personnel...*) qui interagissent au sein des émetteurs. Puisque l'assemblée générale représente l'expression démocratique du pouvoir des actionnaires, force est de constater que dans l'hypothèse où les décisions de cet organe seraient substantiellement dictées par des non-actionnaires, l'« épicentre du pouvoir »[899] des sociétés que constitue l'assemblée générale perdrait en pertinence. Les *proxy advisors* sont des organismes sujets aux paradoxes. Leur activité est objectivement nécessaire pour certains investisseurs institutionnels, mais elle est critiquée par d'autres acteurs. Les principes de gouvernance que promeuvent ces agences impactent le marché, mais elles manquent selon certains de légitimité pour les promouvoir. Les agences concourent à l'efficience du marché, mais le marché demeure plus que jamais circonspect à leur égard. En somme, les *proxy advisors* sont des organismes clivants.

467. Les développements à venir nous conforterons dans cette opinion. Ne sommes-nous pas en présence d'un nouveau paradoxe avec le fait que les *proxy advisors* jouissent d'une influence substantielle au sein des assemblées générales, en dépit d'une absence d'exposition économique directe (Chapitre 1.) ? Plus encore, le fondement même de l'activité des agences n'est-il pas teinté de paradoxe ? N'existe-t-il pas une profonde ambivalence d'intérêts dans cette idée que des organismes spécialisés dans la défense des intérêts actionnariaux, se développent, évoluent, prospèrent, en raison de l'incapacité de certains actionnaires à faire un usage efficient de leurs droits de vote ? En « mâchant » le travail de leurs clients, les agences concourent-elles réellement à servir leurs intérêts ? C'est soulever l'épineuse question de la finalité de l'existence des *proxy advisors* (Chapitre 2.). N'encouragent-ils pas davantage une forme d'immobilisme dans le fonctionnement des investisseurs institutionnels ? Suivant cette théorie, il ne serait pas absurde de développer l'hypothèse selon laquelle les *proxy advisors,* en tant que *soft law maker* de la *corporage governance*, accroissent perpétuellement les exigences de cette matière dans le but de nourrir cet immobilisme et de justifier leur emploi par leurs clients.

Chapitre 1. Proxy advisors : un fort rayonnement malgré l'absence d'une exposition économique de type actionnarial

468. L'activité de conseil des *proxy advisors* offre la particularité d'être à la fois très classique et très inédite. Classique, car de tout temps l'Homme a fait appel à des conseillers. Inédite, car jamais des non-actionnaires n'ont exercé une telle influence potentielle au sein des assemblées générales. Il est un fait que les conseillers *proxy*, en tant que prestataires de service, ne s'exposent pas (*ou alors uniquement d'une manière symbolique avec la prise d'une poignée de titres...*) directement aux retombées économiques (*positives comme négatives*) des conseils en vote qu'ils prodiguent à leurs clients. Il serait pourtant erroné de soutenir l'idée que les agences ne s'exposent en rien. En effet, la réputation de professionnalisme de ces organismes est directement liée à la qualité des recommandations de vote qu'ils émettent. L'industrie du conseil en vote repose donc sur un modèle économique original, celui de l'analyse rationnelle et efficiente (*c'est-à-dire prenant compte d'une manière pleine ou fragmentaire des spécificités de marchés*) d'un référentiel (*les principes de la gouvernance d'entreprise*) communément accepté. Si une agence diffuse des recommandations de vote objectivement non efficientes, ses clients ne feront rapidement plus appel à ses services. Ainsi, disparaitra-t-elle.

469. Les agences de conseil en vote exercent bel et bien une influence au sein des assemblées générales d'actionnaires, en dépit d'une exposition économique classique (*c'est-à-dire d'une exposition de type actionnarial*). Cependant, la santé économique et la réputation des *proxy advisors* semblent directement corrélées à la qualité des conseils qu'ils fournissent. En poursuivant un objectif d'accroissement général de la « *shareholder value* », ces organismes peuvent cependant développer une forme d'intérêt autonome (Section 1.). Cette situation peut s'avérer préoccupante. Il serait donc opportun de contrôler l'influence des agences pour pérenniser leur mode de fonctionnement (Section 2.).

Section 1. La poursuite d'un intérêt autonome : l'accroissement général de la valeur actionnariale

470. « Les conseilleurs ne sont pas les payeurs »[900]. L'adage de Gabriel MEURIER s'applique-t-il aux agences de conseil en vote ? D'un point de vue littéral, cela paraît être le cas. Mais à y regarder de plus près, les *proxys advisors* ont un intérêt évident à ce que leurs payeurs soient satisfaits, faute de quoi, les clients se détourneront de l'agence. Il semble donc exister un alignement d'intérêts entre les conseillés et les conseilleurs, avec un « bien commun » qui n'est autre que la poursuite de la « *shareholder value* ». Cependant, le fonctionnement des *proxy advisors* repose sur une application assez généraliste de la *corporate governance*, ainsi que sur un objectif d'accroissement global des intérêts actionnariaux. Cela signifie qu'il est parfaitement plausible que ces organismes soutiennent des positions se révélant *in fine* contraires aux intérêts spécifiques de certains émetteurs (§2.). De la même manière et en principe, les conseillers *proxy* ne s'attacheront pas à promouvoir les intérêts ciblés de leurs clients au sein de leurs recommandations de vote, mais développeront une approche plus générale des intérêts actionnariaux. Cette idée peut *a priori* sembler déroutante, mais s'inscrit pourtant dans la poursuite de nouveaux paradigmes (§1.), ce qui la rend donc légitime.

§1. Proxy advisors : la poursuite de nouveaux paradigmes

471. Les agences de conseil en vote sont un symptôme, et si l'on veut aussi un remède, à l'atypisme de l'investissement contemporain. Les investisseurs institutionnels ne partagent désormais que peu de similitudes avec les actionnaires classiques, familiaux. Plus encore, les institutionnels semblent les avoir progressivement évincés du panorama actionnarial[901]. Le particularisme des méthodes d'investissement des professionnels de l'intermédiation financière est à l'origine de l'existence des agences de conseil en vote. Il explique également de nombreuses spécificités méthodologiques propres à l'activité de ces conseillers, notamment leur militance en faveur d'une croissance globalisée des intérêts actionnariaux, sur la base d'un référentiel général *corporate governance*. La globalisation de l'investissement, symbolisé par la montée en puissance exponentielle des professionnels de l'intermédiation financière, a profondément modifié l'équilibre des marchés financiers. La crise de 2008 ne saurait trop nous rappeler à quel point la globalisation financière a pu se montrer pernicieuse. « Les crises financières peuvent en effet se transmettre aujourd'hui très rapidement d'un marché à un autre, du fait des rapprochements qu'opère la globalisation financière »[902]. En militant pour un accroissement efficient des intérêts actionnariaux à travers l'application du référentiel de la gouvernance d'entreprise, les *proxy advisors* participent à l'unification des politiques d'investissement des investisseurs institutionnels (A.). Ce qui concourt directement à asseoir l'équilibre du marché. L'une des manifestations les plus évidentes de cette évolution est le soutien grandissant que les investisseurs institutionnels donnent à la collusion d'intérêts qui émerge entre les conseillers *proxy* et certains fonds activistes (B.).

A. Vers une unification des politiques d'investissement des investisseurs institutionnels

472. Les investisseurs institutionnels forment une catégorie actionnariale hétérogène aux aspirations d'investissement diverses[903]. En tant que professionnels de l'intermédiation financière, ces investisseurs développent un mode de fonctionnement particulier et subissent des contraintes singulières. La poursuite d'un rendement financier acceptable les oblige à fortement diversifier leurs portefeuilles, ce qui fait qu'il est structurellement difficile pour certains de ces investisseurs d'analyser l'ensemble des projets de résolution en provenance de la multitude d'émetteurs dont ils détiennent des participations. C'est à ce moment qu'ils font appel aux *proxy advisors*, dans une démarche (*plus ou moins*) consultative. Nous savons que pour générer leurs recommandations de vote, les conseillers *proxy* s'appuient sur un référentiel de *corporate governance*, qui peut, il est vrai, souffrir d'un manque de spécificité. Mais de cette carence nait un avantage : la défense des intérêts actionnariaux généraux permet à ces organismes de ne pas verser dans la sauvegarde des intérêts spécifiques d'un client, avec en revanche un effet néfaste pour une majorité d'actionnaires.

473. En cela les *proxy advisors* œuvrent à structurer les politiques d'investissement de leurs clients. Ces organismes participent ainsi à accroître l'efficacité du marché. Mais ne nous méprenons pas ! A l'origine, les conseillers *proxy* n'avaient pas vocation à impacter d'une manière aussi globale les décisions d'investissement des investisseurs institutionnels. Cette capacité est progressivement apparue avec le développement par les *proxy advisors* d'une plus large gamme de services, dont des services spécialisés dans l'évaluation à « grande échelle » de la gouvernance des émetteurs. Avec le développement de ces services, les conseillers *proxy* œuvrent donc bien à faciliter le processus d'investissement des investisseurs institutionnels (1.). Cette réalité vise une nouvelle fois à nourrir l'activisme de cette catégorie actionnariale. Mais cet activisme constitue-t-il une fin en soi ? Une partie de la doctrine tend à reconsidérer l'axiome selon lequel l'activisme des institutionnels serait nécessairement profitable (3.). Une certitude demeure, le progressif changement de paradigme des investisseurs professionnels est à l'origine d'une lente, mais profonde transformation de la *corporate governance* (2.), transformation dans laquelle les *proxy advisors* jouent un rôle déterminant.

1. Faciliter et standardiser le processus d'évaluation de l'investissement

474. En raison des transformations économico-financières actuelles, le panorama des investisseurs institutionnels a évolué. Il tend désormais à se concentrer. Pour illustration, on rappellera qu'en France depuis 2015, « Réunica et Via Santé ont rejoint le giron d'AG2R-La Mondiale, la MGEN et Harmonie Mutuelle ont entamé leur rapprochement, Malakoff Médéric a successivement signé une union avec la Mutuelle Générale et un partenariat avec la Banque Postale… »[904].

Cependant, les stratégies d'investissement de cette catégorie actionnariale demeurent dans une large mesure hétérogènes. « Ce constat devrait s'accentuer à l'avenir en matière d'allocation d'actifs, compte-tenu des différentes stratégies d'investissement mises en œuvre pour faire face à la baisse des taux »[905]. Les investisseurs institutionnels se trouvent donc dans la nécessité de davantage maitriser les tenants et les aboutissants de leurs politiques d'investissement. Ces professionnels de l'investissement portent donc davantage attention à la gouvernance des sociétés dans lesquelles ils investissent. Mais comme nous savons, certains de ces investisseurs demeurent structurellement inadaptés à la réalisation de tels objectifs. C'est pour cela qu'ils s'appuient notamment sur des outils spécialisés dans l'évaluation de la gouvernance des émetteurs. Ces outils ont été développés par certains *proxy advisors*. Il s'agit par exemple du programme QualityScore chez ISS, ou du PCGR chez PROXINVEST[906]. La méthode d'évaluation des émetteurs repose sur une analyse multifactorielle de critères de *corporate governance*, analyse largement automatisée. Ces outils visent donc à faciliter le processus d'évaluation de l'investissement des professionnels de l'intermédiation financière. Ils ont également comme caractéristique de standardiser les politiques d'investissement de ces acteurs, pour l'évidente raison que la majorité des bénéficiaires de ces outils orientent leurs investissements vers les émetteurs dont l'évaluation est la meilleure. « Il n'y a plus de comportement uniforme dans les placements des investisseurs institutionnels, résume Jean EYRAUD »[907]. Les services d'évaluation de la gouvernance des émetteurs qu'ont développés certains *proxy advisors* tendent donc à rétablir ce comportement « uniforme ». Comportement qui participe à l'équilibre des marchés financiers.

2. L'activisme des investisseurs institutionnels : à l'origine d'une transformation de la corporate governance

475. Le développement exponentiel de l'actionnariat institutionnel confère aux *proxy advisors* une influence significative. Cette situation participe à une transformation progressive, quoique profonde, de la gouvernance d'entreprise. La crise de 2008 a joué un rôle de catalyseur dans l'évolution de cette matière. Plaçant les principes de transparence et de contrôle au cœur de leurs politiques, certains grands investisseurs, ainsi que l'ensemble des conseillers *proxy* ont milité pour accroître les pouvoirs des conseils d'administration. Ces organes qui étaient déjà soumis à de forts objectifs de rendement, se sont donc vus alors dans l'« obligation » de « se préoccuper de la diversité de leurs membres, des intérêts des autres parties prenantes de l'entreprise, des enjeux de société comme, au premier chef, la protection de l'environnement, une fiscalité juste et équitable, etc.... »[908]. La légitimité de l'organe du conseil d'administration est aujourd'hui volontiers remise en question par certains investisseurs institutionnels. En dépit du fait que les investisseurs institutionnels représentent par nature une catégorie actionnariale minoritaire, ils témoignent d'une influence telle sur les marchés financiers que leurs revendications prennent le plus souvent l'allure de sommations. Certaines de ces revendications étant directement soufflées par les *proxy advisors*, cela confère également à ces organismes une influence marquée.

476. Cette conjoncture dessine un rééquilibrage entre les pouvoirs de l'organe du conseil d'administration et ceux des actionnaires. Cette pondération peut toutefois se révéler problématique, si elle ne nourrit qu'une optique actionnariale court-termiste :
« Dans la mesure où l'entreprise jouit de latitudes pour planifier son développement en longue durée, son conseil d'administration peut et doit établir des priorités, ainsi qu'un arbitrage entre parties prenantes. Cependant, si la partie prenante que sont les actionnaires joue un rôle prépondérant et que ceux-ci ont des attentes de rendement de court terme, la direction et le conseil d'administration sont coincés. Décevoir ces actionnaires, poursuivre d'autres objectifs que le rendement, fait courir au conseil et à la direction le risque d'une insurrection. Toutefois, ne gérer et gouverner l'entreprise que dans l'intérêt de ces actionnaires amène un risque, moins immédiat, mais bien réel, que l'entreprise perde sa légitimité sociale et politique »[909].
La responsabilisation progressive des professionnels de l'intermédiation financière est donc bien à l'origine de notables bouleversements dans les conseils d'administration des grands émetteurs. Ces transformations se matérialisent par le développement des mécanismes modernes de la *corporate gouvernance*, mécanismes que les *proxy advisors*, en tant que *soft law maker* de la *corporate governance*, contribuent à théoriser.

477. Plus encore, une « convention » tacite semble se dessiner entre les *proxy advisors* et les investisseurs institutionnels faisant appel à ces organismes. Pour que les recommandations de vote des agences trouvent une juste résonnance, il apparait en effet nécessaire que leurs clients acceptent une forme de standardisation de leurs intérêts, standardisation qui s'articule autour de la poursuite des intérêts actionnariaux généraux et du développement de la *corporate governance*. D'aucuns désapprouveront le caractère relativement normalisé des recommandations de vote des agences. Mais l'industrie du *proxy voting* tire sa légitimité de l'application des grands principes de la gouvernance d'entreprise.

3. L'activisme des investisseurs institutionnels : un impératif dont certains doutent

478. L'activisme des investisseurs institutionnels est perçu par une majorité d'auteurs et de régulateurs comme un vecteur de stabilité du marché. Plus encore, il tend en théorie à accroître la performance des émetteurs, puisqu'il concourt à rééquilibrer la balance : conseil d'administration/actionnariat. Une minorité d'auteurs n'hésitent toutefois pas à remettre en cause la profitabilité réelle de cet activisme[910]. D'aucuns soutiennent que ce phénomène ne connait qu'un niveau de répercussion négligeable sur la performance des émetteurs[911]. D'autres ont un avis encore davantage tranché et soutiennent qu'en raison du caractère hétérogène de cet actionnariat, il ne peut exister d'uniformité stratégique dans l'investissement. Selon eux, l'activisme des investisseurs institutionnels ne concerne qu'une somme d'intérêts particuliers. Loin de favoriser l'équilibre du marché, cet activisme favorise *in fine* l'émergence d'un profond déséquilibre entre les actionnaires. Les investisseurs institutionnels visent des objectifs que ne partagent pas nécessairement les autres actionnaires et peuvent même se révéler contraires aux intérêts actionnariaux généraux. Suivant cette théorie, qui n'a en soi rien d'absurde, l'activisme des institutionnels peut se révéler néfaste aux intérêts de l'ensemble des actionnaires. En cela, le caractère standardisant et rationalisant des prérogatives des *proxy advisors* joue à nouveau un rôle de garde-fou. Le métier des agences de conseil en vote développe une nouvelle dimension de subtilité : il encourage l'activisme des investisseurs institutionnels, mais un activisme marqué d'une forme de standardisation (*autour des principes de la corporate governance*).

479. Comme le souligne le Professeur Bruno DONDERO, les institutionnels jouissent de prérogatives inédites. Cet actionnariat « orienté »[912] est en effet à même de peser lourdement sur la vitalité des émetteurs. Alors que l'activisme de cette famille d'actionnaires se trouve au cœur de nombreux processus de réglementation récente, il peut ne pas être réellement souhaitable. Prenons l'exemple de l'*empty voting,* ou encore celui des prérogatives de l'article L. 533-22 du CMF, qui pose le principe de la primauté des intérêts des adhérents des sociétés de gestion. Ces principes peuvent aisément justifier le développement de politiques actionnariales en contradiction avec les principes généraux de la « *shareholder value* ». Les investisseurs institutionnels représentent une catégorie actionnariale inédite à tout point de vue. En ce sens, le caractère disciplinant des *proxy advisors* est estimable. Un conseiller *proxy* faisant son métier d'une manière intègre, orientera la teneur de ses recommandations de vote dans le sens des intérêts généraux des actionnaires, favorisant ainsi l'unité stratégique des politiques d'investissement d'une catégorie actionnariale par essence hétérogène.

B. *Proxy Advisors* et fonds « activistes » : un possible rapprochement

480. Le 17 mars 2016, l'AGEFI Hebdo titrait : « Les fonds activistes se sont perfectionnés »[913]. Ces investisseurs, qui représentent aujourd'hui approximativement 163 milliards de dollars d'actifs[914], s'inscrivent dans une démarche progressive de responsabilisation. Bien que l'appellation « fonds activiste » englobe une pluralité d'acteurs et de stratégies d'investissement, il apparait que dans leur globalité, ces fonds s'orientent progressivement vers des politiques actionnariales davantage raisonnées, c'est-à-dire de moyen terme. Certains fonds activistes conservent cependant une stratégie d'investissement ultra-agressive et exclusivement orientée sur le court terme. Il convient toutefois de souligner le fait que leur nombre décroit. Il serait donc réducteur de désigner les dirigeants des fonds activistes comme de simples « tarés [...] dont le sport préféré consiste à entrer au capital d'une entreprise et à y semer le désordre [...] pour faire grimper le cours de l'action le plus vite possible, puis revendre très rapidement en empochant un maximum »[915]. Certains fonds activistes agissent bel et bien « en purs spéculateurs et se taillent une réputation de vautours. D'autres ont [toutefois] une approche plus constructive »[916] et font la promotion de changements efficients en matière de stratégie d'entreprise et de *corporate governance*. Pour impacter le marché, ces fonds mettent sur pied de grandes campagnes de communication, qui visent à mettre en évidence les lacunes des émetteurs ciblés. Ce procédé cherche à rallier un maximum d'actionnaires à la cause des activistes, ce qui leur permet d'étendre leur influence. Les activistes demeurent la plupart du temps des actionnaires minoritaires. Ils ne parviennent donc que très rarement à siéger au conseil d'administration des émetteurs, raison pour laquelle ils « profitent des assemblées générales annuelles pour essayer de rassembler les voix d'autres actionnaires et contester certaines résolutions »[917]. Cette méthode qui consiste pour un activiste principal à rechercher le soutien d'autres investisseurs (*alors appelées activistes périphériques*) est appelée « *wolf pack activism* »[918]. Sans que cette démarche soit vraiment comparable à celle des *proxy advisors*, d'évidentes similitudes existent pourtant entre ces acteurs...

481. Les fonds activistes ont connu un essor considérable aux États-Unis dans les années 2000. Pour certains auteurs, cet actionnariat était destiné à rester cantonné au marché américain[919], en raison de ses particularités (*présence d'un actionnariat fortement dispersé, mécanisme de proxy access, etc...)*. Il n'en fut bien évidemment rien. Avec le phénomène de décloisonnement des marchés, les fonds activistes états-uniens (*Icahn Capital Management, Third Point, Pershing Square Capital Management, Trian, Elliott...*) ont commencé à investir massivement sur le marché européen[920]. En parallèle, d'autres fonds activistes originaires du vieux continent se sont également développés (*Knight Vinke, Cevian Capital, Ciam...*). En 2015, 85 grands émetteurs européens ont été ciblés par des fonds activistes[921]. Les grands émetteurs français ont longtemps été épargnés par l'influence des fonds activistes, principalement grâce à leur structure actionnariale (*présence d'un actionnaire majoritaire, ou de référence...*). Ce particularisme tend à progressivement s'estomper. Sur les 85 sociétés cotées européennes ciblées par

des fonds activistes, 10 étaient françaises (*dont Casino et Vivendi*).
Plus encore, la généralisation du droit de vote double de la loi Florange pourrait se trouver en mesure de favoriser l'action des activistes ayant développé une politique d'investissement à moyen terme[922]. Gardons cependant à l'esprit que « l'activisme en France n'est pas aussi courant et prononcé que dans les pays anglo-saxons. Il n'est pas aussi brutal et médiatisé non plus »[923].

482. Comme le souligne le Professeur Yvan ALLAIRE :

> « On peut observer une relation tacite entre les fonds de couverture « activistes » et les fonds institutionnels (*ayant une tendance formelle d'activiste ou non*). Les Proxy Advisors furent et demeurent (*bien que de façon moins universelle*) les meilleurs amis des activistes. Ils appuient les candidats au conseil proposés par les « activistes » dans une très forte proportion des cas. Les fonds institutionnels appuient en catimini ces activistes de deux façons : en votant pour leurs candidats proposés pour le conseil et en investissant massivement dans les fonds activistes, leur fournissant ainsi les munitions essentielles à leurs agissements »[924].

C'est avec la recherche d'une optimisation efficiente des intérêts actionnariaux que se forme une collusion d'intérêts entre les agences de conseil en vote et les fonds activistes (à optique d'investissement moyen *terme*). Cette situation peut se révéler génératrice d'avantages (1.), comme comporter des risques (2.).

1. Avantages

483. Les *proxy advisors* militent pour l'accroissement de la valeur actionnariale, et ils ont donc stratégiquement intérêt à encourager l'ensemble des acteurs qui défendent des convictions analogues aux leurs. Tout en conservant de nombreuses spécificités, les fonds activistes et les conseillers *proxy* partagent certaines convictions, mais en tant qu'extrémistes de la poursuite de la « *shareholder value* », les fonds activistes soulèvent de nombreuses interrogations. La problématique centrale qui entoure l'influence de ces fonds dans le fonctionnement des émetteurs est la suivante : la politique actionnariale des fonds activistes est-elle en mesure d'assurer une conservation acceptable de la valeur actionnariale à moyen et long terme ? Puisque la majorité des clients des *proxy advisors* se trouvent dans l' « obligation » de développer une politique d'investissement à moyen et long terme, puisque les conseillers *proxy* défendent les intérêts de l'ensemble des actionnaires, il n'y aurait alors aucun intérêt à ce que les agences de conseil en vote encouragent l'action de fonds activistes qui agissent en purs spéculateurs, c'est-à-dire aveuglés par la quête d'une maximisation actionnariale à court terme, en dépit des maux à moyen et long terme que cette politique pourrait provoquer. L'exemple classique qui illustre cette problématique reste la pression que mettent certains fonds activistes sur les émetteurs afin que ces derniers renoncent à certaines branches d'activité peu rentables. Cette politique permet, à court terme, une hausse quasi-mécanique de la valeur actionnariale, mais elle peut, à moyen et long terme, profondément ébranler l'équilibre social, économique et financier de l'émetteur. En ce sens, les *proxy advisors* soutiennent les activistes qui font la promotion d'évolutions efficientes et durables en matière de stratégie d'entreprise et de bonne gouvernance.

484. La doctrine, dans son approche classique, demeure profondément soumise au postulat selon lequel les fonds activistes exercent un effet défavorable sur les intérêts à long terme des émetteurs et des actionnaires[925]. Or, une étude de référence de Lucian A. BEBCHUK, Alon BRAV et Wei JIANG[926] a totalement remis en cause la véracité de cet axiome. Entre 1994 et 2007, ces chercheurs ont répertorié quelque 2.000 interventions de fonds activistes. Ils se sont dès lors attachés à analyser l'évolution de la valeur actionnariale de chaque émetteur ayant été confronté à ces fonds, pendant une durée de 5 ans. Les conclusions qui ressortent de cette analyse sont claires. Il n'existe aucune preuve qui laisserait à penser que les interventions des fonds activistes (*même les plus agressives*) puissent favoriser une décroissance à long terme de la performance des émetteurs. Plus encore, une seconde étude conclut même que les fonds activistes participent au développement de l'innovation chez les émetteurs. En effet, les entreprises ciblées par les activistes déposent statistiquement, dans les 5 ans suivant l'intervention de ces fonds, davantage de brevets que les émetteurs n'ayant pas été ciblés par les fonds[927].

485. Partant de ce constat, il semble donc parfaitement légitime et avantageux pour les *proxy advisors* de soutenir et de tirer parti de l'influence de certains fonds activistes, en particulier ceux qui s'inscrivent dans une optique d'investissement au moins à moyen terme, comme par exemple « Cevian Capital ». Et inversement, les fonds activistes recherchent le soutien des agences de conseil en vote, afin de légitimer leur action au regard des grands principes de la *corporate governance*. Il apparait clairement que les politiques de gouvernance des fonds activistes se diffusent. Les investisseurs « classiques » jugent de plus en plus favorablement l'action des activistes. « L'engagement actif des fonds institutionnels avec d'autres groupes d'actionnaires activistes est maintenant un phénomène courant »[928]. Ces derniers ont en effet professionnalisé leurs méthodes. Par exemple, le géant BlackRock, par la voix de son dirigeant Larry FINK, soutient directement l'action de certains de ces fonds : « les activistes qui mettre l'accent sur la création de valeur à long terme proposent parfois de meilleures stratégies que le management. L'équipe de corporate governance de BlackRock apportera son soutien à ces plans »[929]. Enfin, les agences de conseil en vote peuvent voir dans l'action des activistes, un appui en matière de gouvernance d'entreprise. Ces fonds surveillent en effet de très près les agissements des équipes dirigeantes. « En 2015, plus de la moitié des résolutions déposées par les fonds activistes étaient en relation avec la composition du conseil d'administration, l'obtention d'un siège étant de plus en plus recherchée »[930]. La présence d'un fond activiste (*pratiquant une politique d'investissement « raisonnable »*) au capital d'un émetteur peut donc présenter l'avantage d'asseoir un modèle de gouvernance efficient. Dans cette optique, l'influence de certains fonds activistes et celle des *proxy advisors* peuvent se révéler complémentaires et tendre vers un accroissement efficient de la valeur actionnariale. Toutefois, cette collusion d'intérêts peut se révéler également génératrice de risques...

2. Risques

486. Les *proxy advisors* et les fonds activistes œuvrent, chacun avec ses spécificités, au développement d'une forme de valeur actionnariale. Les agences de conseil en vote s'inscrivent dans la poursuite d'un accroissement global et durable de la « shareholder value ». Les fonds activistes répondent à des intérêts actionnariaux davantage ciblés, mais qui peuvent également s'inscrire au sein de politiques de croissance actionnariale générale. Ces deux acteurs peuvent donc être amenés à faire cause commune, c'est-à-dire, à faire la promotion de mécanismes de bonne gouvernance similaires. Mais en raison des nombreux particularismes des fonds activistes, il existe évidemment des risques à ce que les *proxy advisors*, et par extension certains de leurs clients, se rallient d'une manière routinière aux politiques actionnariales des fonds activistes. Bien que de récentes études nient l'impact négatif des fonds activistes sur les intérêts à long terme des émetteurs, un important courant doctrinal persiste à soutenir que les politiques de nombreux activistes sont susceptibles de provoquer de préjudiciables dérèglements dans le fonctionnement des sociétés[931]. En conformité avec cette vision, les agences de notation financière se préparent à des effets négatifs sur le marché dans les années à venir[932].

487. Il est évident que sous l'angle d'une politique d'investissement socialement responsable, il est impossible de se satisfaire d'importantes cessions d'actifs, ou du démantèlement d'une société « façon puzzle »[933]. Qui plus est, une majorité des *proxy advisors* sont particulièrement sensibles aux questions d'ISR. Un conseiller *proxy* qui se conforme à la politique d'un activiste consent donc en théorie à de profondes transformations structurelles de l'émetteur ciblé. Or, ce militantisme ne reflète définitivement pas la philosophie actionnariale des principaux clients des *proxy advisors*. Ce contraste peut être vecteur de difficultés. En effet, à travers le suivi de certaines recommandations de vote, le client d'un conseiller *proxy* peut jouer le rôle d' « activiste périphérique », alors même qu'il n'aurait aucune appétence particulière pour ce type d'approche. Le fait pour un conseiller *proxy* de soutenir la politique actionnariale d'un fonds activiste, dont la durée de détention oscille en moyenne entre 9 et 15 mois, est également susceptible de raviver les appétences court-termistes des politiques d'investissement des clients des *proxy advisors*, ce qui ne serait pas souhaitable pour l'équilibre des marchés financiers. Enfin, les agences de conseil en vote ne bénéficient pas une image particulièrement positive auprès de certains acteurs du marché. Se rallier d'une manière courante aux politiques des fonds activistes (*qui souffrent quant à eux d'une réputation vraiment « sulfureuse »...*), ne ferait que nourrir encore davantage la « polémique ».

§2. Proxy advisors : des politiques pouvant desservir les intérêts de certains émetteurs

488. Les politiques de vote/gouvernance que développent les *proxy advisors* sont construites sur la base d'une approche relativement généraliste de la *corporate governance*, et témoignent de la recherche d'un développement global de la « *shareholder value* ». Il est donc parfaitement plausible que les conseillers *proxy* soient amenés à soutenir des positions pouvant desservir les intérêts spécifiques de certains émetteurs. Partant, il est aisé de concevoir que des sociétés cotées s'insurgent contre certains de ces organismes. Dans la limite de la règle « *comply or explain* », les principes de bonne gouvernance sont aujourd'hui acceptés par l'ensemble des émetteurs. Certains de ces fondements peuvent donc se révéler inadaptés au fonctionnement d'une minorité de sociétés cotées. Raison même de l'existence du principe « *appliquer ou expliquer* ». En poursuivant un référentiel général de bonne gouvernance, les *proxy advisors* peuvent donc faire la promotion d'un mécanisme objectivement défavorable à l'organisation d'un émetteur en particulier, alors même que ce mécanisme se révèlerait bénéfique, dans une optique décontextualisée, à l'accroissement général de la valeur actionnariale. Le Code BPPSVR soutient une prise en compte effective des spécificités des sociétés cotées dans le processus d'élaboration des recommandations de vote des agences. Il apparait toutefois que pour de nombreux acteurs de cette industrie, ce principe relève bien davantage du vœu pieux que d'une mesure ayant transformé en profondeur les arcanes de leurs méthodes d'analyse[934]. En poursuivant un objectif d'accroissement généralisé des intérêts actionnariaux, certains éléments des politiques de vote/gouvernance des *poxy advisors* peuvent se révéler inadaptés aux spécificités de certains émetteurs (A.). Cette réalité suppose une réaction efficace (B.) puisque certaines sociétés cotées peuvent s'en trouver injustement lésées.

A. Des éléments de politique de vote possiblement inadaptés aux spécificités de certains marchés

489. Qu'il s'agisse d'une politique de vote directement établie par un conseiller *proxy*, ou d'une agence qui applique tout ou partie de la politique d'un client investisseur, le respect des principes généraux de la *corporate governance* demeure un référentiel absolu pour ces organismes[935]. Les *proxy advisors* développent des politiques de vote marquées par un degré fluctuant de spécialisation. ISS, ainsi que GLASS LEWIS & Co, définissent par exemple une politique générale de vote, ainsi que des « sous-politiques » de vote qui prennent en compte certains particularismes locaux. Ces « sous-politiques » de vote restent toutefois peu développées et renvoient bien souvent à la politique de vote générale du conseiller *proxy*. L'application d'un référentiel de bonne gouvernance légitime l'influence des agences, mais nourrit aussi chez certains émetteurs un réel scepticisme. On se saurait nier qu'en raison de méthodes d'analyse relativement automatisées, il est tout à fait envisageable qu'un *proxy advisor* laisse échapper certaines finesses stratégico-politiques propres à un émetteur (*raison pour laquelle le dialogue entre ces deux acteurs doit être efficient et structuré*).

490. En développant une approche standardisée de la *corporate gouvernance*, les agences participent à la stabilisation du marché. Mais la dimension négative de cette méthode de travail existe : elle peut se révéler néfaste pour les intérêts particuliers de certains émetteurs. Comme le souligne un auteur : « une entreprise, ce n'est pas uniquement de la gouvernance, c'est aussi une structure et une stratégie. En ces matières, il n'y a pas de vérité absolue et applicable indifféremment »[936]. Il existe deux éléments couramment développés au sein des politiques de vote des *proxy advisors* qui, selon nous, ne prennent pas suffisamment en compte les particularismes de fonctionnement des émetteurs. Il s'agit d'abord de la dissociation des pouvoirs de direction (1.), et ensuite du fait que les conseillers *proxy* conditionnent largement la rémunération variable des dirigeants à des indices de performance financière (2.).

1. La dissociation des pouvoirs de direction

491. Le droit français offre aux sociétés anonymes la liberté d'adopter l'une des deux structures de direction qu'il reconnait, à savoir : une organisation de type « moniste » avec conseil d'administration, ou une organisation dite « dualiste », avec conseil de surveillance et directoire. Dans les sociétés de type « moniste », il appartient au conseil d'administration de choisir de dissocier ou de cumuler le mandat de président du conseil d'administration et celui de directeur général (*notons à titre indicatif que la structure moniste se révèle aujourd'hui en France largement dominante*). Alors que, ni la loi, ni le Code AFEP MEDEF[937] ne privilégient le principe de cumul ou de dissociation de la fonction de président de celle de directeur général, il apparait que la totalité des *proxy advisors* militent pour la disjonction de ces fonctions[938]. C'est pour cette raison que certains soutiennent que les conseillers *proxy* jouent « un rôle dogmatique, notamment en ce qui concerne la formule dissociée »[939].

492. La structure dissociée repose sur un principe louable de prévention de la survenance de potentiels conflits d'intérêts. Mais pour que ce postulat trouve une pleine application, le président du conseil d'administration doit jouir d'importantes prérogatives personnelles. Or, en France, il ne dispose pas d'un tel pouvoir. Il joue principalement le rôle de « super intendant » du conseil d'administration, il « organise et dirige les travaux de celui-ci, dont il rend compte à l'assemblée générale. Il veille au bon fonctionnement des organes de la société et s'assure, en particulier, que les administrateurs sont en mesure de remplir leur mission »[940]. Il ne jouit donc pas d'un pouvoir décisionnel propre à son statut particulier. Bien que son influence interne ne puisse qu'être supérieure à celle d'un simple administrateur, il ne dispose objectivement pas d'un pouvoir décisionnel supérieur à celui des autres membres du conseil. C'est le conseil d'administration, en tant qu'organe collégial, qui représente l'organe de contrôle de la direction générale. Contrairement à ce que soutiennent les agences de conseil en vote, le président du conseil d'administration ne constitue pas, en France, un contrepouvoir plein et effectif.

493. Le fait que les conseillers *proxy* militent quasi-mécaniquement pour une direction dissociée relève donc plus d'une vision standardisée de la gouvernance, que d'une approche méthodique et personnalisée des effets de l'adoption de cette structure sur la valeur des émetteurs[941]. La séparation des fonctions de président et de directeur général peut donc se révéler pertinente (*BNPParibas, Alcatel, Sanofi*), comme problématique (*après avoir adopté une structure de direction dissociée, certains grands émetteurs sont revenus à une structure cumulée. Comme par exemple Axa, Orange, Saint-Gobain, Veolia, Vinci et Total en 2010, Société Générale, Accor et Renault en 2009*[942]). Et une direction dissociée peut même se montrer contre-productive. En effet, pour certains émetteurs, il est préférable de privilégier l'unicité des fonctions, afin de « privilégier la rapidité et l'efficacité de la prise de décision et de renforcer la cohésion de l'organisation sociale »[943]. Les sociétés cotées sont porteuses de spécificités et évoluent au sein de marchés eux-mêmes marqués de particularismes. Il parait dès lors difficile pour les *proxy advisors* d'affirmer que la formule de direction dissociée puisse être, par principe, plus pertinente que la formule unifiée. Puisque les agences de conseil en vote encouragent la structure dissociée d'une manière quasi-automatique, il est évident qu'ils peuvent être amenés à soutenir des positions desservant potentiellement les intérêts particuliers de certains émetteurs et *in fine*, également ceux de l'actionnariat en place.

2. Le calcul de la rémunération variable des dirigeants

494. Concernant la rémunération variable des dirigeants, une majorité de *proxy advisors* établissent leurs recommandations de vote sur la base de référentiels « classiques » de mesure de performance. « La rémunération variable des dirigeants devrait être arrimée à des mesures de performance, on en convient. Or, que proposent ces agences ? Des mesures strictement financières (*BPA, croissance de la valeur du titre*) pour justifier les montants attribués, comme si la performance d'une direction pouvait se résumer par des mesures aussi limitées et imparfaites. Mais les conseils d'administration ne voulant déplaire à ces agences et courir le risque d'un vote négatif sur le « say-on-pay » adoptent massivement de telles mesures de performance »[944]. Le fait qu'une majorité de conseillers *proxy* s'appuient principalement sur des critères tangibles et vérifiables pour calculer la performance des émetteurs, n'a absolument rien de choquant. Mais cette approche peut conduire à desservir les intérêts de certains émetteurs ayant mis l'accent sur des critères non-financiers dans le calcul de la rémunération variable de leurs dirigeants. Il peut, par exemple, s'agir de l'instauration de critère RSE dans le calcul de la rémunération variable des dirigeants. La France fait d'ailleurs ici figure de pays précurseur, puisque 65% des émetteurs du CAC 40 « ont intégré des indicateurs environnementaux, sociaux et sociétaux dans la rémunération variable de leurs dirigeants »[945]. Cette réalité fait de PROXINVEST un pionnier en matière de rémunération variable des dirigeants. L'agence française a en effet intégré, au sein de sa politique de vote, un critère extra-financier pouvant peser jusqu'à 20% du total de la rémunération variable des dirigeants[946]. « La part variable de la rémunération salariale des dirigeants doit reposer pour la majeure partie sur des critères complémentaires et non alternatifs, pour l'essentiel des critères financiers par action, et vérifiables. [...] PROXINVEST encourage aussi les sociétés à recourir à des critères extra-financiers (par exemple la création d'emploi, le taux d'accidents du travail, la formation, les réductions d'émissions de CO_2,...), précis et vérifiables, qu'elles jugeront cohérents avec leurs objectifs de développement durable »[947]. La prise en compte de critères purement financier par les *proxy advisors*, dans le calcul de la rémunération variable des dirigeants semble aujourd'hui dépassée. Les conseillers *proxy* ont donc intérêt à adopter une approche plus globale de la question, à l'image de l'agence PROXINVEST, faute de quoi les conseillers *proxy* pourraient être amenés à léser certaines politiques stratégiques mises en place par des émetteurs, ce qui, *in fine*, irait alors à l'encontre des intérêts de l'ensemble des actionnaires en place.

B. Endiguer le phénomène des politiques de vote inadaptées

495. Le fonctionnement des agences de conseil en vote rend particulièrement délicat la prise en compte des intérêts spécifiques de chaque émetteur dans les recommandations de vote. Plus encore, le principe d'un accroissement généralisé des intérêts actionnariaux corrobore celui de la logique de standardisation. Mais compte-tenu de l'influence grandissante des *proxy advisors* sur le fonctionnement des sociétés cotées, l'on se saurait se satisfaire du fait qu'en raison d'un accroissement général des intérêts actionnariaux, certains émetteurs se retrouvent objectivement lésés par des recommandations standardisées des conseillers *proxy*, d'autant que certaines particularités stratégiques développées par les émetteurs peuvent se révéler particulièrement pertinentes. Cette réalité n'est évidemment pas satisfaisante pour les émetteurs. Elle ne l'est pas davantage pour les conseillers *proxy*, puisqu'elle les dépeint comme des organismes aux méthodes mécaniques et impersonnelles. Il n'est toutefois pas aisé pour les *proxy advisors* d'accroître la prise en compte des particularismes des émetteurs, sans passer pour autant par une refonte globale de leurs mécanismes et méthodes d'exercice propres. Il est évident que l'établissement d'une réglementation contraignante des *proxy advisors* serait à même de les obliger à prendre directement en considération les particularismes des émetteurs. Une telle réglementation modifierait toutefois en profondeur le fonctionnement des conseillers *proxy*, ce qui serait générateur de nombreux aléas. En conformité avec une approche « souple » de la question de l'amélioration des pratiques d'exercice des *proxy advisors*, le développement d'un dialogue efficient entre ces organismes et les émetteurs (1.) pourrait à nouveau se révéler salutaire. En effet, un tel dialogue est directement susceptible d'endiguer le phénomène des recommandations de vote ne prenant nullement en compte certains particularismes des émetteurs, pour la simple raison que les émetteurs se trouveront alors en capacité d'informer les agences de l'existence de politiques stratégiques singulières.

1. Promouvoir un dialogue efficient avec les émetteurs

496. Malgré de notables efforts en termes de communication, l'industrie du *proxy voting* demeure en la matière imparfaite. Ces organismes pourraient améliorer significativement la teneur du dialogue qu'ils entretiennent avec les émetteurs. Conformément à l'hypothèse que nous avons préalablement développée, un employé (*ou un service de l'agence*) pourrait être spécialement affecté au développement d'un tel dialogue. Il serait chargé de prendre en considération pour le compte de son agence, les particularités stratégiques des émetteurs. Mais afin de préserver l'ensemble du *proxy advisor* de tout jeu d'influence, cet employé (*ou ce service*) devra faire preuve d'un haut niveau de qualification et d'éthique. Pour cette raison, il apparait essentiel que celui-ci ne participe pas directement à l'élaboration des recommandations de vote. Le rôle de cet interlocuteur privilégié serait de transmettre aux analystes de l'agence les informations stratégiques récoltées auprès des émetteurs, d'expliquer à ces derniers la teneur des recommandations que l'agence transmettra à ses clients, ainsi que, le cas échéant, exercer la délicate tâche de « lanceur d'alerte » sur des « questions relatives aux communications »[948]. La création de cette activité permettrait donc aux agences d'améliorer substantiellement (*et pour un coût raisonnable*) leur niveau de personnalisation des recommandations de vote, avec la prise en compte des spécificités des émetteurs. Ce procédé permettrait donc un juste équilibre entre, d'un côté la quête d'un accroissement généralisé des intérêts actionnariaux, via l'établissement de recommandations de vote relativement générales, et de l'autre une prise en compte effective et nécessaire des spécificités stratégiques développées par les émetteurs.

Section 2. Tempérer l'influence des agences pour pérenniser leur mode de fonctionnement

497. En théorie, la croissance des *proxy advisors* devrait être directement corrélée à la satisfaction des services qu'ils fournissent aux investisseurs. Ce serait la preuve d'un parfait alignement entre les intérêts des conseillers et ceux de leurs clients. Mais, dans la pratique, cet alignement peut se révéler partiel, puisque le fonctionnement des conseillers *proxy* repose essentiellement sur l'application d'un référentiel général de *corporate governance*, qui vise l'accroissement des intérêts actionnariaux globaux, plutôt que ceux d'un unique client. Ce principe contribue à légitimer l'influence des *proxy advisors*, mais il nourrit également une forme de méfiance vis-à-vis de ces organismes. Au nom de l'application de principes généraux de bonne gouvernance (*ne laissant pas ou peu la place à la prise en compte des stratégies particulières des* émetteurs...), les conseillers *proxy* peuvent parfois produire des recommandations en dissonance avec les intérêts des émetteurs et de leurs clients. Bien que cette politique soit commune à l'ensemble de l'industrie du *proxy voting* et qu'elle nourrisse une volonté sincère d'accroître les intérêts actionnariaux globaux, elle n'en demeure pas moins une forme de « bizarrerie » problématique.

498. Cette particularité est à l'origine de l'influence croissante des *proxy advisors*. On peut se risquer à prévoir qu'elle sera également à l'origine de la transformation de ces organismes. En effet, nul acteur du marché ne saurait voir son pouvoir croître indéfiniment sans que cela n'entraîne de profondes transformations dans ses arcanes de fonctionnement. Or, dans leur présent mode de fonctionnement, les *proxy advisors* exercent déjà un rôle de notable importance, et qui va croissant, que ce soit auprès de nombreux investisseurs institutionnels, ou dans une optique plus générale de rééquilibrage des pouvoirs au sein des émetteurs.

499. Dès lors, il serait judicieux de définir un point d'équilibre, qui permette de contrôler l'influence des agences (§2.), en sorte que leur mode de fonctionnement ne se trouve pas prochainement bouleversé (*nous pensons bien évidemment à l'établissement d'une réglementation spécifique et contraignante des agences*). Car, comme l'ESMA le souligne, en l'absence de dysfonctionnement effectif, la nécessité d'établir une réglementation stricte des conseillers *proxy* demeure largement discutée. Même en l'absence de scandale, l'on ne saurait raisonnablement laisser indéfiniment croître l'influence des agences à l'abri de toute réglementation contraignante. La *soft law* montre en effet certaines limites d'efficacité, et les agences paraissent s'en approcher. Il apparait donc nécessaire que le pouvoir des *proxy advisors* ne dépasse pas ce que nous appellerons « la ligne jaune ». Un signe probant qui vient corroborer l'hypothèse selon laquelle les conseillers *proxy* jouent présentement avec les limites, peut être trouvé dans le fait que ces organismes se transforment progressivement, d'une manière soit directe, soit indirecte, en agences de *governance rating* (§1.), ce qui accentue considérablement leur potentiel d'immixtion dans la gestion des émetteurs.

§1. Evolution de l'industrie : du conseil en vote vers l'évaluation en gouvernance

500. En raison du succès planétaire de la *corporate governance*, l'industrie de l'évaluation de cette matière est en constante extension. Au côté d'acteurs historiques (*MSCI, Morningstar, Standard & Poor's, Moody's Investor Services, Fitchratings, Dagong…*), les agences de conseil en vote font figure de nouveaux entrants, mais de nouveaux entrants à l'influence substantielle, car les *proxy advisors* représentent de véritables experts des questions de bonne gouvernance. Comme nous le savons, certains *proxy advisors* proposent directement aux investisseurs des évaluations et des conseils en gouvernance. Par exemple, l'outil QualityScore développé par ISS est spécialisé dans l'évaluation en gouvernance des principaux émetteurs mondiaux. Cependant, nous ne nous méprendrons pas. Même les agences qui ne proposent pas directement un service de *governance rating* font par nature de l'évaluation de la gouvernance des émetteurs, et ceci au travers de leurs recommandations de vote. L'activité de conseil en vote exige par nature une évaluation de la gouvernance des émetteurs. Il s'agit là d'une réalité factuelle. L'ensemble des *proxy advisors* font donc, dans des formes différentes, de la *governance rating* (A.). Mais sont-ils légitimes dans l'exercice d'une telle activité (B.) ?

A. La *governance rating* : un processus inhérent à l'activité des agences

501. Le cœur d'activité des conseillers *proxy* demeure la production de recommandations de vote pour le compte de leurs clients investisseurs. La réalisation de ce travail nécessite pour les agences une évaluation de la gouvernance des émetteurs ciblés. L'influence des *proxy advisors* ayant cru, cette activité au départ exclusivement centrée sur l'analyse de l'ordre du jour des assemblées générales, s'est progressivement transformée en évaluation de la gouvernance des émetteurs. Dans le document d'analyse et de recommandation de vote, les agences ne se contentent plus d'émettre un avis sur chaque projet de résolution, mais proposent un savant panorama de la gouvernance des émetteurs, soulignant les points forts, comme les faiblesses de la société. Par exemple, la composition du conseil d'administration, les points-clefs de la rémunération des dirigeants, la composition de l'actionnariat de l'émetteur, etc.... Ce travail s'apparente directement à de la *governance rating*. Plus encore, certains *proxy advisors* ont directement développé un service d'évaluation de la gouvernance des sociétés cotées, à destination des investisseurs. Que ce soit au travers d'un service spécialisé en *governance rating*, ou via le prisme d'analyses et de recommandations de vote, les *proxy advisors* évaluent donc bel et bien la gouvernance des émetteurs (1.). Cette activité n'est que l'expression première du métier des conseillers *proxy*. L'influence grandissante de ces organismes a simplement permis de faire apparaître au grand jour cette réalité.

1. Évaluer la gouvernance des émetteurs pour le compte des investisseurs

502. Nous ne reviendrons pas présentement sur les procédées techniques qui conditionnent le développement, par un *proxy advisor*, d'une activité spécifique de fourniture d'évaluation de la gouvernance des émetteurs, pour le compte des investisseurs. Mais nous garderons bien à l'esprit que le principe même d'une évaluation consiste à déterminer la valeur d'un élément ou d'un processus. Il s'agit d'un procédé couramment employé dans le monde de l'entreprise, et plus particulièrement au sein de celui des grands émetteurs. En effet, il est d'usage pour les sociétés cotées de procéder à des auto-évaluations, voire à des évaluations externes de leur modèle de gouvernance. Les regards inquisiteurs sont classiquement tournés du côté du conseil d'administration[949]. L'évaluation de la gouvernance d'un émetteur amène à soulever de nombreuses questions. Elles peuvent être relatives aux structures et aux méthodes de gestion des émetteurs, au respect de règles juridiques, éthiques, comportementales, etc.... Le fait pour un émetteur de répondre d'une manière satisfaisante aux exigences de la bonne gouvernance apporte à ce dernier une forte respectabilité chez les investisseurs, et plus généralement vis-à-vis du marché.

503. L'industrie du conseil en vote implique, en raison même de la nature de son activité d'analyse des projets de résolution, une évaluation de la gouvernance des émetteurs. Partant, certaines agences ont décidé d'institutionnaliser cette fonction. Cette activité permet d'aider les investisseurs institutionnels à examiner les données de gouvernance des émetteurs. La fourniture de ce service peut permettre aux institutionnels d'orienter leurs investissements. Plus généralement, il peut aussi permettre à cette catégorie actionnariale de disposer d'un document schématisant la structure gouvernementale des grands émetteurs de la planète. L'étude des critères de bonne gouvernance est un travail laborieux et chronophage, mais qui se révèle plus que jamais nécessaire pour optimiser l'investissement. Les *proxy advisors* sont, à ce jour, les seuls organismes à proposer une évaluation de la gouvernance des émetteurs, exclusivement concentrée sur les critères de bonne gouvernance. D'un côté, ces critères sont devenus des indicateurs fiables d'un investissement efficient, et par ailleurs, un nombre conséquent d'investisseurs ne peuvent réaliser par eux-mêmes une telle analyse. Ils font donc appel aux services spécialisés de *governance rating* des *proxy advisors*. L'outil, déjà cité, qu'ISS a développé, permet par exemple aux investisseurs institutionnels de bénéficier d'un service d'évaluation mondial de la gouvernance des grands émetteurs. PROXINVEST propose également un service d'évaluation des risques en matière de gouvernance d'entreprise. Il s'agit du « *Proxinvest Corporate Governance Rating* » (P*CGR*)[950].

504. Avec leurs analyses et recommandations de vote, les *proxy advisors* font de la *governance rating* ciblée. Le développement d'un service spécifique en la matière élargit considérablement le panel d'émetteurs objets d'une évaluation. Un tel outil permet en un temps très court d'apprécier la qualité de la gouvernance d'un émetteur, selon les critères classiques de la matière, c'est-à-dire composition et fonctionnement du conseil d'administration, programme de rémunération des dirigeants, droits des actionnaires, contrôle des risques, etc.... Plus encore, ce service permet de disposer d'une vue synthétique des risques en matière de gouvernance que présente un émetteur. Il permet donc d'orienter l'investissement. Il offre également aux investisseurs la possibilité d'élargir leur panorama d'investissement, puisque cet outil permet de passer en revue un ensemble d'émetteurs reflétant un haut niveau de *corporate governance*. Enfin, ce service permet de surveiller d'une manière extrêmement précise et en temps réel, l'évolution des risques en matière de gouvernance du portefeuille des investisseurs. Pour autant, l'évaluation de la gouvernance des émetteurs réalisée par les conseillers *proxy* soulève des interrogations.

B. La légitimité des agences à produire de la *governance rating*

505. La fourniture d'un service spécifique d'évaluation de la *corporate governance* d'un émetteur, pour le compte des investisseurs, ne soulève que peu d'interrogations lorsqu'il s'agit de *proxy advisors* monistes. Cette situation n'est que l'expression de l'influence grandissante des agences de conseil en vote. *A contrario*, chez un *proxy advisor* dualiste, ce service d'évaluation des émetteurs pour le compte des investisseurs peut se révéler davantage problématique. Cette situation favorise une nouvelle fois l'émergence de conflits d'intérêts potentiels. En effet, comment avoir la certitude que l'agence dualiste ne « surcotera » un émetteur pour lequel elle fournit en parallèle des conseils en gouvernance ?

506. Il est dans la nature même des conseillers *proxy* de produire des évaluations de la gouvernance des émetteurs pour le compte de leurs clients investisseurs. Mais en raison du succès que connaissent les agences, le poids de leurs évaluations se fait sentir désormais largement au-delà de la relation « proxy advisors/investisseurs ». En effet, les conseils d'administration ont rapidement intégré le fait que mettre en place une politique de gouvernance proche de celle des *proxy advisors* favorisait une forme de paix actionnariale. Tous les conseillers *proxy* possèdent donc, à un degré plus ou moins fort, un pouvoir d'immixtion dans la gestion des émetteurs. Les *proxy advisors* sont-ils vraiment légitimes à produire de la *governance rating* ? Puisqu'il s'agit d'une émanation naturelle de l'activité principale de ces organismes, nous répondrons logiquement par l'affirmative. Nous ajouterons toutefois une nuance : les agences de conseil en vote sont légitimes à produire de la *governance rating* tant que leur influence demeure modérée dans le fonctionnement des émetteurs. En ce sens, l'influence grandissante de ces organismes dans la gestion des émetteurs, et tout particulièrement celle du groupe dualiste ISS, soulève des interrogations (1.).

1. De possibles interrogations

507. L'évaluation de la gouvernance des émetteurs, pour le compte des investisseurs, par les conseillers *proxy* peut conduire à des situations problématiques. La plus connue demeure évidemment celle d'un *proxy advisor* dualiste. Elle tient au fait qu'une telle entité puisse se trouver en position de noter la gouvernance d'un émetteur, alors même qu'elle lui fournit des conseils en gouvernance. Nous nous trouvons là au cœur même de la notion de conflit d'intérêts. Il existe un danger évident de « surcote » de l'émetteur, ce qui pourrait se révéler pernicieux pour les investisseurs. Plus encore, une agence dualiste peut être tenté d'accroître le niveau de visibilité des émetteurs clients, dans son outil de *governance rating*.

508. Pour s'assurer une évaluation positive de la part des grands *proxy advisors*, certains émetteurs peuvent développer des politiques de gouvernance imparfaitement adaptées à leurs spécificités de marché. L'on peut notamment retrouver cette situation lorsqu'un émetteur européen cherche à obtenir l'appui d'un *proxy advisor* d'envergure internationale. La problématique est analogue en matière de *governance rating*. Pour s'assurer une bonne note en matière d'évaluation de gouvernance, et donc attirer de nombreux investisseurs, certains émetteurs développent tout particulièrement les critères que soutiennent les *proxy advisors*, et cela alors même que certains éléments peuvent ne coïncider qu'imparfaitement avec les spécificités du marché où évoluent ces émetteurs. Cela, une nouvelle fois, peut se révéler trompeur pour les investisseurs faisant appel aux services de *governance rating* des conseillers *proxy*. Quand bien même une politique de gouvernance se révèlerait théoriquement optimale, si elle est en fait inadaptée aux spécificités du marché de l'émetteur, elle n'assure en rien l'efficience du fonctionnement de ladite société.

509. La problématique des référentiels de *governance rating* des *proxy advisors* tient au fait que leur fonctionnement repose sur une forte automatisation. Or, cette approche favorise la standardisation de la gouvernance d'entreprise, ce qui n'est pas nécessairement bénéfique pour les émetteurs qui évoluent au sein de plusieurs marchés différents, lesquels peuvent se trouver porteurs de spécificités. Pour répondre à cette problématique, le service de *governance rating* de l'agence PROXINVEST a développé un élément de pondération. Le processus d'évalution demeure automatisé, toutefois, des experts locaux spécialisés dans chaque pays ont la liberté d'impacter positivement ou négativement les notes émises, dans la limite de 10%.

§2. De la nécessité de pondérer l'influence des *proxy advisors*

510. Pour que les *proxy advisors* continuent de fonctionner selon un principe d'encadrement *soft law*, il est essentiel de contenir leur influence, faute de quoi ces organismes évolueront d'une manière inévitable et nécessaire, vers une réglementation contraignante. Pour Nadya MALENKO et Yao SHEN[951], l'influence des *proxy advisors* est surestimée[952]. Selon ces auteurs, la forte corrélation qui existe entre les recommandations des agences et le vote des actionnaires aux assemblées n'est due qu'au fait que ces acteurs se basent sur des informations similaires, et c'est pourquoi ils parviendraient à des conclusions similaires, sans relation de cause à effet. Quand bien même cette théorie serait fondée, au moins partiellement, elle demeurerait insuffisante, puisque le cercle d'influence des *proxy advisors* s'étend au-delà de la simple analyse de l'ordre du jour des assemblées générales. En effet, les agences impactent également le comportement des émetteurs, réalité que les auteurs cités ci-dessus reconnaissent par ailleurs, puisqu'ils concèdent que les *proxy advisors* exercent bien une influence sensible sur l'établissement des stratégies politiques des sociétés, notamment lorsque leur actionnariat institutionnel est dispersé. Nul ne saurait donc nier l'influence des agences dans la gestion des émetteurs, influence qui se trouve démultipliée lorsqu'un conseiller *proxy* prodigue, directement auprès des émetteurs, des conseils en gouvernance.

511. Il parait donc nécessaire de pondérer l'influence des conseillers *proxy*… En ce sens, la voie d'une réglementation contraignante de ces organismes pourrait se révéler pertinente. Mais comme nous savons, un tel encadrement serait générateur de nombreux aléas. Soucieux d'équilibre, le législateur tant national qu'européen favorise encore à ce jour un encadrement de type *soft law* de l'activité des *proxy advisors*. Nous nous concentrerons donc sur le développement d'un mécanisme destiné à pondérer l'influence de ces organismes, sans toutefois dénaturer leur mode de fonctionnement. Le caractère oligopolistique du marché des conseillers *proxy* joue un rôle prépondérant dans leur influence. En effet, l'industrie du *proxy voting* se trouve concentrée entre les mains d'une poignée d'agences. Pour cette raison, nous soutiendrons les bienfaits d'une ouverture à la concurrence du marché des agences de conseil en vote (A.). Toujours dans une logique de pondération du pouvoir de ces organismes, nous soutiendrons le principe d'un accroissement de l'influence des associations de défense des actionnaires (B.).

A. Ouverture à la concurrence

512. Le marché des *proxy advisors* est fortement concentré. Il est approximativement composé d'une quinzaine d'acteurs et se trouve clairement dominé par deux agences (*ISS et GLASS LEWIS & Co*). Bien qu'il existe une concurrence directe entre ces deux « géants » du conseil en vote, chacun parvient pourtant à drainer une masse de recommandations de vote colossale. Ces deux agences jouissent donc respectivement d'une influence absolument considérable. La concurrence existe, mais ne semble pas vraiment féroce, cela d'autant moins qu'il arrive qu'un investisseur fasse simultanément appel aux conseils de plusieurs agences. Les agences de moindre envergure évoluent sur des marchés délimités, à l'échelle d'un pays ou d'un continent. Ces structures subissent une concurrence plus effective, car elles peuvent être « en compétition » à la fois avec d'autres agences d'envergure moyenne, et avec les deux agences de dimension internationale. C'est une situation qui incite, selon nous, les petites et moyennes agences à produire des recommandations d'une haute pertinence, en raison bien sûr de la plus forte concurrence qu'elles subissent, mais aussi parce qu'elles se trouvent plus proches du marché et donc des spécificités de l'émetteur qu'elles analysent.

513. Dès 2011, la Commission européenne soulignait le caractère préoccupant de la nature oligopolistique du marché des *proxy advisors*, notamment parce que cette situation n'incite en rien ces acteurs à améliorer constamment la qualité de leurs services[953]. Cela s'avère particulièrement vrai pour les deux agences de portée internationale, qui n'ont *in fine* que peu à « jouer des coudes », en raison d'une demande croissante de travail de la part des investisseurs institutionnels. L'émergence d'une saine concurrence entre les *proxy advisors* favoriserait la dilution d'un pouvoir principalement concentré sur deux agences, ce qui pourrait contribuer efficacement à modérer l'influence des *leaders* mondiaux du marché. Bien que les avantages d'une telle concurrence puissent s'avérer nombreux (1.), il faut toutefois reconnaitre que les nouveaux entrants auront à affronter de substantielles barrières à l'entrée de cette industrie (2.).

1. Les avantages d'une concurrence effective

514. L'établissement d'une saine concurrence entre les *proxy advisors* ne saurait constituer une fin en soi. Cela participerait pourtant à la réalisation d'un marché efficient du conseil en vote. Et plus généralement, cela contribuerait à accroître la transparence générale du marché. Ces dernières années, l'activité de conseil en vote a pris une importance substantielle, une importance qui génère par ailleurs des questionnements. Quels seraient les avantages d'une concurrence effective entre les agences de conseil en vote ? Une concurrence efficace aurait pour effet de diluer l'influence oligopolistique des deux principaux conseillers *proxy*. Nous savons que les *leaders* internationaux ISS et GLASS LEWIS & Co sont d'origine états-unienne. Ces deux organismes dominent bien évidement le marché américain du conseil en vote, mais ils pèsent également sur le marché européen. Il serait donc salutaire qu'une, voire deux agences européennes de portée transnationale émergent rapidement.

515. Par ailleurs, le développement d'une saine concurrence dans l'industrie du conseil de vote ne pourrait qu'avoir pour effet d'accroître la qualité des services proposés par les *proxy advisors*. La meilleure illustration de ce principe demeure le processus ayant poussé ISS à cloisonner son activité de conseil en gouvernance auprès des émetteurs. GLASS LEWIS & Co ayant en effet gagné d'importantes parts de marché en se targuant de poursuivre exclusivement les intérêts de ses clients investisseurs[954], le groupe dualiste a dû opérer une séparation structurelle et organisationnelle de ses activités. Cet exemple exprime bien le principe selon lequel la concurrence peut produire une meilleure qualité de service au sein du marché des *proxy advisors*. Plus encore, elle contribuerait à discipliner les différents acteurs de cette industrie. On ne saurait militer contre l'établissement d'une saine concurrence entre les conseillers *proxy*. Force est toutefois de constater que l'apparition de nouveaux *proxy advisors* de portée transnationale suppose le franchissement d'importantes barrières à l'entrée de cette industrie.

2. Des barrières à l'entrée de caractère protéiforme

516. Le caractère oligopolistique du marché des *proxy advisors* rend l'introduction de nouveaux acteurs particulièrement difficile. Il existe en effet de nombreuses barrières à l'entrée de ce marché. De nos jours, un conseiller *proxy* ne saurait réussir à s'implanter sur ce marché, s'il ne dispose d'importants moyens financiers (*dans ces conditions, le caractère indépendant dudit organisme est difficilement imaginable, et il y aura donc de fortes probabilités qu'il soit détenu par de grands fonds, tout comme GLASS LEWIS & Co*) lui permettant d'absorber les pertes inévitables liées aux coûts de démarrage, puis de fonctionnement. Il est donc primordial que tout nouvel entrant se forge rapidement une solide réputation et qu'il développe sa visibilité au travers de campagnes de communication. En l'absence de ces éléments, le nouveau conseiller ne sera pas jamais en mesure d'attirer de potentiels clients investisseurs institutionnels. Rappelons qu'un changement de conseiller *proxy* est nécessairement chronophage pour un investisseur institutionnel. Cela suppose pour lui évaluer l'offre proposée, en comparer la pertinence au regard des services dont il dispose déjà, s'assurer de la qualité des analyses et des recommandations que propose le nouveau prestataire, appréhender un ensemble de nouvelles procédures, etc. Puisqu'un changement de conseiller *proxy* ne va pas sans de lourds inconvénients, l'investisseur doit donc y trouver un intérêt très fort. Pour satisfaire ce point, l'agence entrante doit, soit innover dans l'existant, soit proposer un service encore inexistant (*par exemple, proposer des recommandations de vote socialement responsable*...), soit être plus compétitive en terme de prix que ses concurrents (*tout en fournissant des recommandations de qualité*).

517. L'on perçoit difficilement comment un nouvel entrant pourrait être compétitif au niveau tarifaire face aux agences *leaders* du marché. En raison d'une grande expérience, d'une pleine efficacité, ainsi que d'une automatisation substantielle du traitement de leurs recommandations de vote, les principaux *proxy advisors* parviennent à réduire leurs coûts de production. Ils affichent donc des tarifs attractifs[955]. Il s'agit là d'une nouvelle barrière à l'entrée du marché des *proxy advisors*. Puisque les agences de moindre envergure ne peuvent que difficilement s'aligner sur la politique tarifaire, ainsi que sur la complétude de l'offre de services de leurs concurrents internationaux, elles ont développé une offre de haut niveau en matière de déontologie (*comme par exemple le critère de l'indépendance des conseillers*...). Cela leur permet d'exister et d'évoluer face à une concurrence, représentée par un très petit nombre d'agences, mais bien réelle et forte pourtant. Bien que le facteur tarifaire demeure d'une importance capitale, l'ESMA souligne que les critères de fonctionnement et d'éthique occupent également une place importante dans le choix des conseillers *proxy* par les investisseurs[956]. Cette réalité est doublement pénalisante pour un nouvel entrant. D'un côté, il sera dans l'incapacité de s'aligner sur l'offre tarifaire, ainsi que sur le nombre des services proposés par les *proxy leaders*. Plus encore, en l'absence d'expérience probante, il ne pourra que difficilement faire la preuve de l'efficience de ses méthodes de fonctionnement et du sérieux de sa déontologie.

518. Le marché des *proxy advisors* est difficile d'accès : il suppose le franchissement de nombreuses barrières. Il n'y a présentement rien d'absurde à imaginer que la domination substantielle des deux géants de cette industrie puisse, le cas échéant (*d'aucuns regrettent que la politique tarifaire d'ISS vienne asphyxier tout élargissement de la concurrence potentielle*[957].), relever d'un abus de position dominante. Il conviendrait dès lors de prendre les mesures nécessaires au niveau tant national[958] qu'européen[959]. Enfin, il semblerait pertinent que le Code de déontologie BPPSVR fasse de l'ouverture du marché des *proxy advisors* un objectif.

B. La promotion des associations de défense des actionnaires

519. L'actionnariat minoritaire montre une multitude de visages. Pour autant il partage un objectif commun, celui de parvenir à l'obtention du « meilleur retour sur investissement »[960]. La réalisation de cet objectif suppose un marché fluide et transparent, au sein duquel les minoritaires disposent de moyens réels d'influencer la politique des émetteurs. En effet, certains intérêts actionnariaux peuvent s'opposer à ceux des équipes dirigeantes. Il est donc important que l'ensemble des actionnaires parviennent à se faire entendre. Les *proxy advisors* participent directement à développer les intérêts actionnariaux, dont bien évidement ceux des minoritaires. L'influence des conseillers *proxy* étant devenue considérable, elle a jeté un voile sur une autre catégorie d'acteurs spécialisés dans la défense des actionnaires : les associations de défense des actionnaires. Certes, ces associations protègent des intérêts actionnariaux plus ciblés que ceux des *proxy advisors*, mais elles sont directement susceptibles d'épauler ces derniers, mais aussi de pondérer leur influence. Ce qui montre que « l'activisme français présente la particularité de mettre en œuvre des mécanismes alternatifs de contrôle tels que la création ou le recours à une association d'actionnaires »[961].

520. La notion d'association de défense des actionnaires réunit « une triple réalité juridique »[962] derrière laquelle se trouve : les groupements de droit commun directement issus de la loi du 1er juillet 1901, classiquement nommés associations de défense des actionnaires minoritaires, les associations d'actionnaires de sociétés cotées[963] et les associations de défense des investisseurs en titres financiers ou en produits financiers[964]. Notons cependant que « toute association d'actionnaires ou d'investisseurs régie par un statut spécifique, est d'abord une association de droit commun relevant de la loi du 1er juillet 1901 »[965]. Ajoutons qu'« à la différence des associations d'actionnaires, l'objet des associations d'investisseurs agréées est la défense des détenteurs de valeurs mobilières ou de produits financiers quels qu'ils soient, sans égard au caractère coté ou non coté de la société émettrice des titres qu'ils possèdent. Cet objet distingue fondamentalement l'association d'investisseurs de l'association d'actionnaires, dont la compétence spécifique se limite à une société cotée déterminée »[966].

521. Ces associations avaient à l'origine pour but de regrouper les actionnaires individuels, afin de permettre une optimisation de leurs intérêts. En effet, dans les années 1990, les investisseurs institutionnels se contentaient de joindre très occasionnellement leurs voix à celles des associations de défense[967]. Depuis les choses ont évolué. Ces associations comptent aujourd'hui parmi leurs membres, aussi bien des petits porteurs individuels, que des professionnels de l'intermédiation financière, français comme étrangers. Plus encore, ces changements ne se sont pas limités aux caractéristiques des membres des associations de défense. Les évolutions ont directement touché l'activité des associations de défense des actionnaires. A l'origine, ces associations avaient pour principale fonction de représenter les actionnaires individuels devant les juridictions. Cette orientation principalement contentieuse a progressivement laissé place au développement d'activités centrées sur la défense *a priori* des intérêts actionnariaux[968]. Les associations de défense des actionnaires et les *proxy advisors* peuvent se rejoindre sur des combats communs. De ce fait, développer l'influence des associations de défense des actionnaires parait un moyen approprié et vertueux (*puisqu'il ne laisse craindre aucune décroissance potentielle des intérêts actionnariaux*) de pondérer l'influence des *proxy advisors* (1.).

1. Pondérer l'influence des proxy advisors en réactivant les associations de défense des actionnaires

522. En basculant progressivement d'une activité principale de nature contentieuse à des activités plus proches du conseil, les associations de défense des actionnaires ont élargi leur champ de compétence. Ces associations occupent aujourd'hui une fonction proche de celle des *proxy advisors*. Elles sont toutefois davantage centrées sur la défense d'intérêts ciblées. Reconnaissons également qu'elles ne sauraient, à ce jour, jouir d'une influence similaire à celle des conseillers *proxy*. Ceci s'explique notamment par le fait que l'influence des associations demeure essentiellement nationale, tandis que celle des conseillers *proxy* est clairement comme tendanciellement transfrontalière. Malgré cette réalité, les associations de défenses exercent de nombreux pouvoirs. Tout comme les *proxy advisors*, elles impactent la politique de gestion des émetteurs. Elles mettent en balance les intérêts actionnariaux et les décisions prises par les équipes dirigeantes. Dans une approche semblable à celles des agences, les associations participent également à prévenir toute décroissance flagrante de la valeur actionnariale. Enfin, en raison de leur influence dans la gestion des émetteurs, elles contribuent, *une nouvelle fois, comme les conseillers proxy*, à modeler la gouvernance d'entreprise.

523. Tandis que les agences de conseil en vote se concentrent principalement sur la fourniture de recommandations de vote au moment des assemblées générales d'actionnaires, les associations militent continument en faveur des intérêts de certains actionnaires. Les associations d'actionnaires disposent de larges compétences (*demander l'inscription de projets de résolution à l'ordre du jour*[969] *; demander la nomination d'un mandataire « ad hoc » afin de convoquer l'assemblée*[970] *; poser des questions écrites*[971] *; établir une expertise de gestion*[972] *; demander la récusation des commissaires aux comptes*[973]*...*)[974]. Au moment des assemblées générales, ces associations offrent la possibilité aux actionnaires membres et non membres, de recourir à un « mandat associatif » renouvelable[975], conformément au récent principe de libéralisation du mandat de vote au sein des sociétés cotées[976]. Puisque les associations de défense des actionnaires bénéficient d'une expérience « intimidante » en matière contentieuse, les équipes dirigeantes sont particulièrement attentives au respect des préceptes que promeuvent ces associations. Il n'existe en effet pas pire publicité pour une équipe dirigeante que de voir une de ces associations entreprendre d'ester en justice pour des intérêts actionnariaux lésés. L'influence des associations, combinée à la peur du contentieux que connaissent les équipes dirigeantes, a par ailleurs largement contribué au développement de modes de règlement alternatifs[977].

524. Ces différents constats laissent donc penser que les associations de défense puissent être susceptibles de satisfaire aux attentes de certains clients des agences. Nous pensons ici aux clients des agences qui analysent eux même les projets de résolution présentés par les émetteurs au moment des assemblées générales, et qui ne font donc appel aux *proxy advisors* qu'à une fin consultative, et dans le but de s'assurer que leurs intérêts ne seront pas lésés par les équipes dirigeantes. Cette catégorie de clients semble donc pouvoir se tourner sans inconvénient vers les associations de défense des actionnaires. C'est une conclusion que nous n'avancerons pas, s'agissant des clients qui se trouvent en position de réelle dépendance face aux recommandations de vote des agences. Dans leur cas, le caractère hautement spécifique du travail d'analyse des projets de résolution que fournissent les *proxy advisors* ne saurait être substitué d'une manière satisfaisante par les associations de défense. En effet, ces associations n'ont par nature pas vocation à traiter spécifiquement les projets de résolution.

Conclusion du chapitre 1

525. Malgré l'absence de toute exposition économique de type actionnarial, les agences de conseil en vote jouissent d'une influence substantielle, que ce soit auprès des investisseurs, mais également auprès des émetteurs. C'est en promouvant l'application de stricts référentiels de gouvernance que les *proxy advisors* légitiment leur influence et participent au développement de la « *shareholder value* ». En ce sens, certaines agences possèdent des intérêts relativement similaires à ceux des fonds activistes les moins subversifs (*c'est-à-dire ceux qui ont une politique d'investissement à moyen terme*). Malgré des efforts, les *proxy advisors* mettent en œuvre des méthodes d'exercice largement automatisées, c'est-à-dire ne prenant en compte que d'une manière lacunaire les caractéristiques spécifiques des émetteurs. Cette réalité concourt à standardiser les politiques de gouvernance des sociétés cotées, et favorise l'unicité des politiques de vote des clients investisseurs. En effet, pour bénéficier de l'influence des agences, les clients doivent tacitement accepter une certaine forme de standardisation de leurs intérêts. Compte tenu de leur caractère relativement général, il est évident que certaines politiques actionnariales que mènent les agences pour le compte de leurs clients, peuvent ne pas se révéler les plus efficientes. De la même manière, il est tout aussi évident que certains principes de gouvernance que promeuvent les conseillers *proxy* peuvent se révéler inadaptés au fonctionnement spécifique de quelques émetteurs.

526. Bien que critiquable, le pouvoir des agences est substantiel et tend encore à s'accroître. Le fait que les *proxy advisors* se transforment en agences de *governance rating* constitue un élément caractéristique accréditant la réalité de ce phénomène. Il peut donc se révéler judicieux de tempérer le pouvoir des conseillers *proxy* à l'aide, dans un premier temps, de méthodes « peu invasives » telles que le développement d'un dialogue efficient avec les émetteurs, l'ouverture du marché des *proxy advisors*, ou encore en faisant la promotion des associations de défense des actionnaires minoritaires… Si ces mesures se révèlent sur la durée inefficaces, l'établissement d'une réglementation stricte et contraignante de ces organismes devra être envisagé, en dépit des importantes perturbations que cela peut impliquer dans le fonctionnement précaire de certains investisseurs institutionnels.

Chapitre 2. L'ambivalent conatus des proxy advisors

527. Concept fondamental de la philosophie spinozienne, le *conatus*[978] se définit comme l'effort de persévérance de toute chose dans la conservation et l'accroissement de sa puissance. Certes, il est peu probable que Baruch SPINOZA se soit inspiré de l'influence grandissante des conseillers *proxy* pour façonner sa pensée. Il n'en demeure pas moins que cette théorie permet d'appréhender l'analyse des *proxy advisors* sous un angle inédit et, selon nous, pertinent. Le *conatus* des agences de conseil en vote repose sur un arcane majeur, celui de servir avec efficience les intérêts actionnariaux. Ce fondement est cependant paradoxal, puisque ces organismes spécialisés dans l'accroissement des intérêts actionnariaux se développent « grâce » à l'incapacité de certains actionnaires à faire un usage efficient de leurs droits de vote. L'activité principale des agences concourt-elle de ce fait réellement à servir les intérêts des actionnaires ? Ou entretient-elle le phénomène de dépendance de certains actionnaires vis-à-vis des recommandations des agences ?

528. Cela revient à soulever la question de la finalité de l'existence des *proxy advisors*. D'aucuns soutiennent que le modèle économico-stratégique (*qui n'est in fine qu'une version moderne du conatus de Baruch SPINOZA*) à l'origine de l'existence et du succès des conseillers *proxy* (*traitement automatisé des recommandations de vote, influence substantielle sur la corporate governance etc...*), conduira inévitablement ces organismes à leur perte[979]. Sans faire preuve d'un tel pessimisme, force est de constater que l'existence ainsi que le succès des conseillers *proxy* repose sur un arcane possiblement ambigu (Section 1.). Cette situation concourt à ce que les émetteurs développent certaines « défenses » (*des « affectus » qui font barrage au conatus des proxy advisors, toujours dans une approche spinozienne*), dans le but de circonscrire l'influence des *proxy advisors* (Section 2.).

Section 1. La poursuite des intérêts actionnariaux généraux : un arcane paradoxal

529. Est-il profitable pour les investisseurs clients des agences de faire appel aux services de ces organismes ? Dans une visée consultative et informative, cela n'est pas douteux. Cependant, certains investisseurs institutionnels ont développé une réelle dépendance vis-à-vis des recommandations de vote des *proxy advisors*, et cela, de l'avis même des agences[980], n'est pas chose souhaitable. Nous ne mettrons évidemment pas en doute le fait que les agences soient réellement au service des intérêts actionnariaux généraux, nous soulignerons simplement le fait que l'arcane majeur de l'activité des *proxy advisors* nourrit un paradoxe. Ces agences militent en effet pour le développement de la « *shareholder value* », mais se développent en raison de l'incapacité de ces mêmes actionnaires à faire un usage efficient de leurs droits de vote. Les services que proposent les *proxy advisors* peuvent nourrir chez une minorité d'investisseurs une forme de dépendance (§1.). Pour cette raison, il semble délicat que les *proxy advisors* fondent exclusivement leur existence sur l'arcane des intérêts actionnariaux généraux. Il parait donc nécessaire que ces organismes s'appuient sur un second arcane (§2.).

§1. Activités des *proxy advisors* et dépendance de certains investisseurs

530. Les agences de conseil en vote soutiennent le développement de la « *shareholder value* ». Il s'agit d'un principe-clef de l'attractivité des conseillers *prox,* aux yeux de leurs clients investisseurs. Pour parvenir à jouer un rôle notable dans la défense de tels intérêts, les *proxy advisors* ont développé des stratégies visant à impacter la *corporate governance*, ainsi que la gestion des émetteurs. C'est donc par le biais de la promotion des intérêts actionnariaux que de « non-actionnaires » se sont progressivement vus élevés au rang de « chefs de file » de la défense de nombreux investisseurs. Jouissant d'une influence bien réelle sur le comportement des émetteurs, les agences de conseil en vote ont bénéficié d'un puissant phénomène d'attraction. C'est-à-dire que de nombreux investisseurs se sont « offerts » les services de conseillers *proxy* pour bénéficier de leur influence dans la gestion des émetteurs. Ce phénomène est indissociable du développement de la *corporate governance* dans les années 2000. En tant que spécialiste de la gouvernance d'entreprise, les agences de conseil en vote ont ainsi bénéficié d'une pleine légitimité et ont vu leurs politiques de gouvernance largement diffusées, ce qui a permis de rallier encore davantage d'investisseurs à leur cause.

531. A ce stade, deux catégories de clients investisseurs ont fait appel aux services des *proxy advisors*, ceux qui se trouvaient réellement dans l'impossibilité structurelle de voter avec efficience aux assemblées générales, et ceux qui, bien que capables de supporter le poids de l'analyse de l'ensemble de leurs droits de vote, font en toute conscience appel au service des agences, soit dans un but simplement consultatif, soit pour mettre à profit le « sillage » de l'influence que possèdent les *proxy advisors* dans la gestion des émetteurs. Nous prendrons l'exemple d'un actionnaire possédant 1% du capital d'un émetteur. Son impact isolé demeure nécessairement modeste dans la gestion de l'émetteur. *A contrario*, s'il s'adjoint les services d'une agence *proxy* (*c'est-à-dire si l'investisseur accepte le principe d'une relative standardisation de ses intérêts*) et que cette dernière œuvre également pour d'autres actionnaires de ce même émetteur, il n'impactera alors plus la gestion de la société à hauteur d'1% seulement, mais bien à hauteur du pourcentage cumulé de l'ensemble des actionnaires qui suivent les recommandations de ce même *proxy advisor*. Cette situation participe également à entretenir le caractère oligopolistique de l'industrie du *proxy voting*. Pour disposer d'un plus grand impact, les investisseurs se tournent massivement vers les agences de conseil en vote les plus influentes, soit ISS et GLASS LEWIS & Co.

532. Il n'y a donc rien d'absurde à soutenir l'hypothèse que les *proxy advisors* puissent favoriser et entretenir une forme de dépendance de certains investisseurs à leur égard. Une dépendance de type matériel pour les investisseurs structurellement lacunaires, une dépendance de type stratégique pour les investisseurs souhaitant impacter la vie des émetteurs au-delà de la valeur de leur investissement. Nous soutiendrons donc que cette dépendance protéiforme peut représenter un risque pour certains investisseurs (A.).

A. La dépendance comme facteur de risque

533. Les *proxy advisors* sont des experts en matière de *corporate governance* et de « *shareholder value* ». Partant, il est peu étonnant que certains investisseurs se reposent exclusivement sur les analyses et recommandations de vote de ces organismes. Certains investisseurs institutionnels évoluent donc vers une situation de dépendance vis-à-vis des conseillers *proxy*. Et comme chacun sait, la dépendance engendre des risques liés à toute perte d'autonomie, partielle ou totale. Une étude américaine souligne le caractère largement variable du niveau de dépendance des investisseurs institutionnels à l'égard de l'activité de recommandation de vote d'ISS. Pour une majorité des investisseurs sondés, l'agence joue un rôle consultatif et informatif. Cependant, plus de 25% de institutionnels interrogés reconnaissent se trouver en situation de dépendance vis-à-vis des recommandations de vote de l'agence *leader* mondiale[981], ce qui demeure un pourcentage considérable une fois traduit en nombre de droit de vote.

534. Les critères qui influent sur le niveau de dépendance des investisseurs institutionnels ne sont autres que la structure actionnariale de l'émetteur, son mode de gouvernance, mais également le résultat de la balance avantages/inconvénients que l'investisseur peut espérer obtenir en procédant lui-même aux analyses des projets de résolution. Si les avantages potentiels (*gain de valeur*) sont supérieurs aux inconvénients (*coûts structurels des analyses*), l'institutionnel sera naturellement plus enclin à réaliser directement le travail d'analyse. Il pourra éventuellement faire appel à un conseiller *proxy* à titre consultatif, en complément. Lorsque les inconvénients excèdent les avantages potentiels, certains investisseurs paraissent trouver avantage à « déléguer » l'ensemble de la problématique de leurs droits de vote aux agences de conseil en vote. Dès lors, ils se soumettent à une logique de standardisation de leurs intérêts, puisque le modèle d'analyse des *proxy advisors* demeure empreint d'une logique « one size fits all ». Bien que cette « mise sous tutelle » soit le fruit d'un calcul rationnel de la part de certains investisseurs, il n'en demeure pas moins qu'ils se mettent objectivement en position de dépendance à l'égard des conseillers *proxy*. Ce phénomène n'est pas dénué de tout risque, puisque le modèle d'affaire des *proxy advisors* demeure, *comme toute création humaine*, imparfait (1.). L'émergence de risques se révèle d'autant plus perceptible qu'un investisseur sera amené à se trouver sous la dépendance d'un *proxy advisor* de type dualiste (2.).

1. Proxy advisor : Un modèle d'affaire imparfait

535. Aucune société commerciale ne pourra jamais se prévaloir d'un *business model* pleinement efficace et pérenne. Le monde des affaires suppose en effet de perpétuelles adaptations et innovations. Il n'y a donc rien de choquant à ce que le modèle d'affaire des *proxy advisors* soit par nature lacunaire. Force est cependant de constater que le caractère imparfait du *business model* des conseillers *proxy* porte à conséquence, spécifiquement pour la fraction des investisseurs les plus dépendants de leurs services de conseil de vote. En dépit du caractère souvent très conscient de cette mise sous sujétion, la situation reste problématique, puisque ces investisseurs abandonnent une part essentielle de leurs droits extra-pécuniaires. Le modèle d'affaire des *proxy advisors* repose sur des méthodes d'analyse relativement standardisées. Cette réalité peut être problématique lorsqu'un client investisseur se trouve en situation de dépendance manifeste à l'égard des recommandations de vote de son conseiller. Nous savons que pour parvenir à gérer, dans un laps de temps réduit, un grand nombre de recommandations de vote, les agences ont recours à des méthodes d'analyse basées sur l'application d' « une grille standardisée, une sorte d'algorithme simplifié [...], au moyen de laquelle on évalue les sociétés à la fois pour leur gouvernance, leur conseil d'administration, leurs régimes de rémunération, et les propositions de leurs actionnaires »[982]. Lorsqu'un conseiller *proxy* joue simplement un rôle consultatif ou informatif, l'investisseur conserve *in fine* la pleine maîtrise de sa décision de vote[983]. Mais lorsque cette décision repose « exclusivement » sur les épaules du *proxy advisor*, le caractère « one size fits all » de la méthode d'analyse de cet organisme soulève des interrogations. En faisant la promotion d'un accroissement général de la « shareholder value », les recommandations de vote de l'agence peuvent notamment se révéler imparfaitement adaptées aux spécificités de l'émetteur ciblé. L'investisseur dépendant peut dès lors faire une application mécanique de prescriptions inadéquates.

2. Investisseurs dépendants d'une agence dualiste : des risques augmentés

536. Puisque le fonctionnement d'un *proxy advisor* dualiste peut en théorie favoriser l'émergence de conflit d'intérêts, la dépendance de certains investisseurs à l'égard d'un organisme de cette nature présente des risques spécifiques. En l'absence d'un garde-fou décisionnel chez le client investisseur ayant fait appel au service de l'agence dualiste, cette dernière dispose d'une influence théorique considérable. Dans cette hypothèse et malgré l'établissement de « murailles de Chine », une agence dualiste exerce une double influence. Elle peut simultanément fournir des conseils de vote à des investisseurs dépendants (*c'est-à-dire des investisseurs qui suivront de façon mécanique les recommandations de l'agence*), ainsi que des conseils en gouvernance auprès des émetteurs. Elle exerce donc un pouvoir substantiel dans la gestion des émetteurs. Cette situation apparait comme un terrain particulièrement favorable à l'émergence de conflits d'intérêts. En raison des conseils en gouvernance qu'une agence dualiste fournit aux émetteurs, celle-ci peut être amenée à orienter la teneur des recommandations de vote qu'elle propose aux actionnaires dudit émetteur. En d'autres termes, il est avantageux pour une agence de type dualiste de faire systématiquement correspondre l'orientation de ses recommandations de vote, avec les conseils en gouvernance qu'elles prodiguent aux émetteurs. Dans la mesure où un *proxy advisor* dualiste s'inscrit dans des liens commerciaux avec les émetteurs, l'hypothèse selon laquelle cet organisme serait implicitement enclin à « coopérer » avec les équipes dirigeantes n'est en rien extravagante. Dans ce cas, une application mécanique des recommandations de vote de l'agence par des investisseurs dépendants, peut nourrir cette hypothèse, d'autant qu'aucune « muraille de Chine » ne garantira jamais une séparation absolument hermétique entre l'activité de conseil en vote et celle de conseil en gouvernance.

§2. De la nécessité pour les agences de s'appuyer sur un second arcane

537. Nul doute que la poursuite des intérêts actionnariaux généraux représente l'arcane majeur de l'existence des agences de conseil en vote. Ce fondement présente cependant une part d'ombre, puisqu'il favorise chez certains investisseurs une forme de dépendance à l'égard aux recommandations de vote des agences. Il est donc déontologiquement embarrassant que l'action d'organismes dédiés à la défense des actionnaires, favorise *in fine* une forme d'asservissement de ces mêmes actionnaires. En cela, les conseillers *proxy* ne peuvent fonder leur existence exclusivement sur cet arcane. Compte tenu de l'influence grandissante des *proxy advisors*, ces organismes doivent renforcer leur légitimité en prenant appui sur un « second pilier ». Ce pilier doit davantage refléter le poids des *proxy advisors* en matière de *corporate governance*. En mettant en avant comme

« second pilier » leur fonction de *soft law maker* de la gouvernance d'entreprise, les conseillers *proxy* s'exposeraient à de vives critiques (*quand bien même cela reflète dans une large mesure la réalité*). Afin de contourner cette difficulté, nous soutiendrons qu'il pourrait être particulièrement judicieux pour les agences de développer comme « second pilier » leur fonction de « lanceur d'alerte »[984] en matière de *corporate governance* (A.). Pour certains *proxy advisors*, dont PROXINVEST, il s'agit d'ores et déjà d'une réalité factuelle.

A. « Lanceur d'alerte » en matière de gouvernance d'entreprise

538. L'activité de recommandations de vote implique pour les *proxy advisors* de procéder à un examen des projets de résolution. Pour réaliser ce travail d'une manière efficiente, les agences doivent donc analyser la politique de gouvernance des émetteurs. Plus cet examen est approfondi, plus il permet de voir se dessiner les orientations stratégiques et financières des émetteurs. Plus le *proxy advisor* est indépendant, plus il lui sera aisé d'exprimer la teneur de son analyse critique. C'est donc en affichant des pratiques d'exercice reflétant un haut niveau de déontologie que les conseillers *proxy* pourront se prévaloir de l'arcane « lanceur d'alerte » en matière de gouvernance d'entreprise.

539. Il apparait que de nombreuses agences communiquent sans excessive retenue à propos des dysfonctionnements de la gouvernance des émetteurs. Elles en informent avant toute chose les sociétés concernées. Puis, en l'absence de réaction, les *proxy advisors* peuvent communiquer selon deux modes d'expression. Il s'agit le plus souvent d'alertes de type privé, à destination des clients du conseiller *proxy*, sous forme de *newsletters*, de notifications personnalisées, ou encore par le biais d'une plateforme d'information. Plus rarement, il peut être question d'une communication publique : communiquées de presse, interviews, articles dans les médias, ou directement sur le site internet du conseiller *proxy*. L'agence française PROXINVEST, ainsi que l'agence suisse ETHOS sont coutumières de la pratique[985]. Ce phénomène trouve actuellement une expression nouvelle, puisque certaines agences sont désormais très actives sur des réseaux sociaux, tels que TWITTER, avec la publication de nombreux billets.

540. C'est en réalisant une analyse de haut niveau de la *corporate governance* des émetteurs que les *proxy advisors* peuvent jouer un rôle de « lanceur d'alerte ». Cela permettrait à ces organismes de ne plus seulement justifier leur existence par la défense des intérêts actionnariaux généraux. Cette évolution participerait donc à accroître la légitimité de l'influence des conseillers *proxy* au sein des marchés financiers. Toutefois, le bien-fondé de ce second arcane demeure conditionné au fait que les *proxy advisors* soient reconnus comme des experts des marchés au sein desquels évoluent les émetteurs dont ils analysent le modèle de gouvernance. Sauf à mettre en place d'importants dispositifs, les agences de portée internationale auront donc davantage de difficultés que les agences de type national ou continental, à bâtir et légitimer ce second pilier. Quelles sont alors les autres conditions d'une émergence légitime de ce potentiel second arcane (1.) ?

1. Conditions de légitimité

541. Trois conditions paraissent devoir être réunies pour qu'une agence de conseil en vote se prévale légitimement de l'arcane de « lanceur d'alerte » en matière de *corporate governance*. Premièrement, et comme nous l'avons développé ci-dessus, l'agence doit faire référence en matière de gouvernance d'entreprise. Pour ce faire, elle doit posséder une parfaite connaissance des spécificités de marché et de la gouvernance des émetteurs qu'elle analyse Mais compte-tenu des nombreux particularismes de l'ensemble des « sous marchés » qui composent le marché globalisé, le système de référence en matière de bonne gouvernance devra être limité aux marchés au sein desquels l'agence offre ses services. En effet, il serait désastreux, tant pour la réputation globale que sur la question de la probité des *proxy advisors*, que ces derniers soient amenés à diffuser des accusations non fondées sur la gouvernance de certains émetteurs, en raison d'un manque de connaissance des spécificités de leurs marchés. C'est pour cette raison que, sauf à déployer de conséquents moyens (*disposer d'experts de chaque sous-marché, voire même disposer directement de bureaux sur le territoire de chaque marché…*), les agences de portée internationale auront davantage de difficultés que les agences de moindre envergure pour se prévaloir légitimement de l'arcane de « lanceur d'alerte » en matière de gouvernance d'entreprise. Deuxièmement, un *proxy advisor* ne peut s'enorgueillir du rôle de « lanceur d'alerte » en bonne gouvernance si ses analyses et recommandations de vote reposent exclusivement sur un processus de type « one size fits all ». Bien qu'un système automatisé d'analyse puisse aisément faire ressortir certaines grosses anomalies, il ne saurait être pleinement efficace face à des irrégularités plus « fines », que seul un expert peut être capable de déceler. Troisièmement, et en conformité avec le principe de la politique de communication du Code BPPSVR[986], l'agence se prévalant de ce second arcane devra faire preuve d'une complète ouverture sur la diffusion des pratiques de *corporate governance* au public, aux tiers et à l'ensemble des parties-prenantes (*médias, intégralité des actionnaires, investisseurs potentiels, régulateurs du marché etc.…*). Il s'agit là d'une condition *sinequanone*. Il serait en effet totalement aberrant qu'un « lanceur d'alerte » ne transmette *in fine* ses informations qu'à un cercle restreint de clients, alors que le marché tout entier peut être lésé.

542. Ces trois principes étant satisfaits, une agence devrait pouvoir se prévaloir de ce second arcane. Soulignons enfin que ce rôle de « lanceur d'alerte » en matière de *corporate governance* parait difficilement compatible avec le travail d'un *proxy advisor* de type dualiste, pour l'évidente raison que l'agence conseille les émetteurs en matière de bonne gouvernance. Notons cependant qu'en fournissant des conseils en gouvernance aux émetteurs, en parallèle de recommandations de vote aux investisseurs, une agence dualiste développe par principe un second arcane de légitimation de son existence. Il demeure toutefois évident que ce second arcane est empreint d'ambiguïté, puisqu'il flirte constamment avec la définition du conflit d'intérêts. *A contrario*, l'arcane de « lanceur d'alerte » en matière de *corporate governance* n'est facteur d'aucune retombée négative, tant pour les investisseurs que pour les émetteurs. Bien au contraire il participe à rendre le travail d'analyse des *proxy advisors* plus efficient encore.

Section 2. Le développement de « défenses » anti-*proxy advisors*

543. Le *conatus* des *proxy advisors* est un facteur de modifications notables dans le fonctionnement des grands émetteurs. Il pousse certaines sociétés cotées à développer des *process* visant à accroître leur niveau de transparence et de contrôle[987], cela dans le but de rassurer leur l'actionnariat, d'attirer de nouveaux investisseurs, et par la même de contourner l'influence des *proxy advisors*. Certains émetteurs tolèrent sans mal le métier des conseillers *proxy*, d'autres ne trouvent aucune légitimité à ces organismes. Quoi qu'il en soit, l'impact des conseillers *proxy* pousse les émetteurs à prendre de nouvelles mesures en vue d'assurer une juste gouvernance, ce qui, pour les émetteurs réfractaires à l'industrie du *proxy voting*, peut permettre de limiter l'influence des agences. Cette tendance est particulièrement perceptible dans le développement des dispositifs de contrôle des émetteurs (§1.). Puisque le pouvoir des *proxy advisors* est en lien étroit avec la notion de valeur actionnariale, la promotion d'un rééquilibrage de la balance des différents intérêts existant au sein des émetteurs (§2.) apparait donc comme une défense possible pour limiter l'influence de ces organismes.

§1. Une réorganisation des dispositifs de contrôle des émetteurs

544. L'influence des agences de conseil en vote encourage les émetteurs (*principalement via leurs conseils d'administration et certains comités spécialisés*) à mettre en place de nouvelles mesures de *corporate governance*. Pour illustration, les recommandations du *leader* ISS ont pris un tel poids qu'une étude[988] rapporte que les fonds d'investissement qui ne sont pas en accord avec la politique décriée par ce conseiller sont statistiquement davantage vendeurs de leurs actions en aval du vote en assemblée générale. Il est donc compréhensible que cette influence se révèle difficilement supportable pour certains émetteurs. Ce n'est que par la mise en place de dispositifs de contrôle toujours plus pointus que ces derniers peuvent espérer voir décroître le pouvoir des *proxy advisors*. L'actionnariat d'un émetteur parfaitement transparent étant naturellement moins sujet à faire appel au service d'un conseiller *proxy*. N'est-il pas paradoxal que les *proxy advisors* fassent la promotion d'un haut niveau de *corporate governance* auprès des conseils d'administration des émetteurs, alors même que ce mouvement peut faire reculer leur influence ? Cela s'explique principalement par le fait que cette stimulation tend à maximiser les intérêts actionnariaux généraux, arcane majeur, quoiqu'incomplet, de l'existence des conseillers *proxy*. Nous nous demanderons donc de quelle manière le renouveau de l'organisation des travaux du conseil d'administration (A.) dont émane le développement de mesures visant à davantage maitriser les plus âpres promoteurs de la « *shareholder value* » (B.), se trouve en mesure d'impacter l'influence d'un de ces promoteurs, les *proxy advisors*.

A. Le renouveau de l'organisation des travaux du conseil

545. Pour rendre confiance[989] aux investisseurs potentiels et répondre aux exigences des actionnaires en place, les conseils d'administration des sociétés cotées ont, ces quinze dernières années, été incités à perfectionner leurs procédures de contrôle[990]. Ce courant est directement issu du mouvement de *corporate governance* et tient plus particulièrement compte des apports de la loi états-unienne Sarbanes-Oxley. Dès 2002, cette dernière a contraint les équipes dirigeantes de sociétés cotées américaines à évaluer avec une précision jusqu'alors inédite « l'efficacité et la qualité de leur système de contrôle interne »[991]. Cette loi a eu une forte influence sur le modèle de gouvernance des sociétés cotées, en France[992] comme à l'international. Le Committee of Sponsoring Organizations of the Treadway Commission définit le « contrôle interne » comme l'ensemble des dispositifs que doivent mettre en place le conseil d'administration, les dirigeants et le personnel, en vue de la réalisation de certains objectifs, tels que la fiabilité des informations financières, l'optimisation des opérations financières, ou encore la conformité de ces opérations au regard des lois et règlements en vigueur. Cette caractérisation du contrôle interne correspond aujourd'hui pleinement à la vision française[993] et européenne. Gardons cependant à l'esprit qu'il s'agit d'une matière en constante évolution, qui à l'origine n'avait vocation qu'à prévenir d'éventuelles fraudes. Actuellement, elle revêt un caractère bien plus général, puisqu'elle intègre l'ensemble des problématiques de *corporate governance*.

546. Nous nous accorderons ici une rapide digression. Puisqu'il s'agit de l'établissement de mesures de contrôle interne chez les émetteurs, nous devons évoquer la possibilité pour les *proxy advisors* d'être tenus de développer des référentiels similaires. Cela n'aurait rien d'incongru, puisque, par exemple, les agences de notation financière y sont obligées[994]. Une étude[995] américaine s'est donc penchée sur cette question. Elle en conclut que l'établissement de mesures de contrôle interne chez les conseillers *proxy* permettrait de mieux surveiller l'adéquation des recommandations de vote de ces organismes avec les politiques générales de vote/gouvernance qu'ils développent. Ce contrôle interne pourrait notamment prendre la forme d'un rapport annuel visant à relever, ainsi qu'à justifier, l'ensemble des recommandations de vote soutenues par un *proxy advisor*, et qui ne seraient pas alignées sur sa politique générale. Nous soutenons cependant que cette démarche reste problématique, puisqu'il est continuellement demandé aux conseillers *proxy* d'aller vers des recommandations de vote toujours plus personnalisées. Or, cet hypothétique rapport annuel ne ferait au contraire que renforcer les pratiques d'exercice de type « one size fits all ». En effet, pour ne pas avoir à se justifier, les agences seront amenées à appliquer de manière mécanique les éléments issus de leur politique de vote/gouvernance. Cela n'est pas souhaitable. Le métier de *proxy advisor* exige que soient pris en compte les particularismes des émetteurs. Refermons cette parenthèse et concentrons-nous sur la question suivante : dans quelle mesure le renouveau de l'organisation des travaux du conseil d'administration se trouve-t-il à même d'impacter l'influence des *proxy advisors* ? Pour y répondre, nous nous intéresserons à l'essor des comités spécialisés (1.), ainsi qu'au développement du règlement intérieur de l'organe de gestion (2.).

1. Le développement des comités du conseil d'administration

547. Le développement des comités spécialisés du conseil d'administration permet d'améliorer la bonne gouvernance des grands émetteurs, puisqu'ils participent à renforcer la confiance des investisseurs potentiels et des actionnaires en place. Ce mouvement est donc susceptible de contribuer à une décroissance de l'influence des *proxy advisors* dans la gestion des émetteurs. Or, la majorité des conseillers *proxy* perçoivent d'une manière bénéfique l'essor de ces comités. « La constitution de comités permanents dotés d'attributions spécialisées au sein du conseil est l'une des principales préconisations du mouvement du gouvernement d'entreprise. Que ces comités soient dotés ou non de pouvoirs de décision, selon le système juridique applicable dans le pays du siège, leur création parait aux investisseurs un gage que les taches qui leur sont dévolues sont bien accomplies, sinon par le conseil plénier, du moins par ceux des membres du conseil qui en sont membres »[996]. En France, ce sont les rapports Vienot I de 1995, Vienot II de 1999, Bouton de 2002, ainsi que la loi NRE du 15 mai 2001 qui, en redéfinissant les pouvoirs du conseil d'administration et en faisant la promotion des comités spécialisés, ont façonné le fonctionnement actuel de l'organe de gestion des émetteurs.

La recommandation 2005/162/CE de la Commission du 15 février 2005, ainsi que les rapports annuels de l'AMF sur la gouvernance d'entreprise, ont également joué un rôle moteur dans l'organisation du conseil d'administration et de ses comités.

548. Le mouvement de la *corporate governance* recommande prioritairement l'établissement de trois comités permanents. Il s'agit du comité d'audit, du comité des nominations et du comité des rémunérations. Mais l'impact grandissant de la RSE incite les conseils d'administration à former d'autres comités spécialisés (*permanents ou temporaires*), comme par exemple des comités dédiés au développement durable, à l'environnement, à l'éthique, aux risques, ou encore au traitement des conflits d'intérêts. Dès 2004 en France, 75% des sociétés cotées étaient dotées de comités spécialisés[997]. En 2010, 98% des grands émetteurs nationaux disposaient d'un comité d'audit, 97% d'un comité des rémunérations (*dont 70% non-distincts du comité des nominations*) et 29% d'un comité des nominations distinct de celui des rémunérations[998]. En 2013, l'intégralité des sociétés cotées étaient dotées de comités spécialisés au sein de leur conseil[999]. En 2014, ce sont les comités « annexes » qui se sont développés d'une manière spectaculaire. Pour illustration, 44% des sociétés du CAC40 disposent alors de comités d'éthique et/ou RSE, contre seulement 33% en 2013[1000]. Cette tendance est depuis en constante hausse.

549. La pratique des comités est en France profondément implantée au sein des grands émetteurs. La consécration législative du comité d'audit, au sein des sociétés cotées, ainsi que dans les établissements de crédit et les entreprises d'assurance[1001], en est la plus probante illustration. L'établissement des comités peut résulter de la loi, d'une stipulation des statuts, ou d'une délibération du conseil d'administration (*par exemple en raison de pressions actionnariales…*). L'article R225-29 du Code de commerce prévoit que le conseil d'administration peut « décider la création de comités chargés d'étudier les questions que lui-même ou son président soumet, pour avis, à leur examen. Il fixe la composition et les attributions des comités qui exercent leur activité sous sa responsabilité »[1002]. Toutefois, l'article L823-19 alinéa 2 du Code de commerce prévoit que le comité d'audit ne peut être composé que « des membres de l'organe chargé de l'administration ou de la surveillance en fonction dans la société, à l'exclusion de ceux exerçant des fonctions de direction ». De plus, le Code AFEP-MEDEF souligne que « les membres du comité d'audit doivent avoir une compétence financière ou comptable. La part des administrateurs indépendants dans le comité d'audit, doit être au moins de deux tiers et le comité ne doit comprendre aucun dirigeant mandataire social exécutif »[1003]. Toujours selon ce Code, il est préférable que l'ensemble des comités soient majoritairement composés d'administrateurs indépendants ; « que le président du comité des rémunérations soit indépendant et qu'un administrateur salarié en soit membre »[1004] ; que le comité des nominations ne compte aucun dirigeant mandataire social exécutif[1005]. Il convient enfin d'éviter la présence d'administrateurs croisés au sein des différents comités[1006].

550. Les comités sont objectivement subordonnés au conseil d'administration[1007], lequel est chargé de préciser dans un règlement leurs attributions, ainsi que leurs modalités de fonctionnement. Dépourvus de pouvoir de décision[1008] ou de gestion[1009], les comités exercent donc un rôle consultatif. Cette fonction demeure néanmoins substantielle puisqu'il appartient aux comités de préparer les réunions du conseil d'administration et de lui soumettre des recommandations. Les comités ont donc comme finalité de renforcer l'efficacité de l'organe de gestion des grands émetteurs.

551. Le comité des rémunérations est « chargé d'étudier les modalités de rémunération des dirigeants préalablement à la délibération du conseil, en particulier des présidents, des directeurs généraux et directeurs généraux délégués, quelle que soit la nature de cette rémunération (fixe, variable, avantages en nature, stock options, avantages différés…) »[1010]. Il peut se prononcer sur le montant et la répartition des jetons de présence à allouer aux administrateurs par le conseil d'administration. Il peut également être amené à rédiger une charte des rémunérations.

552. Le comité de nomination (*ou de sélection*) intervient dans la composition des équipes dirigeantes. « Il a la charge de préparer pour le conseil d'administration les listes des candidats potentiels aux mandats sociaux. Il analyse la composition du conseil et propose des noms de personnes disposant des compétences et de l'expérience nécessaires à la bonne marche du conseil »[1011]. Il se voit donc principalement confier la réalisation d'études, lesquelles ont pour but d'établir une composition efficiente et équilibrée du conseil d'administration. Il est également courant que ce comité mette en place un plan de succession des dirigeants mandataires sociaux.

553. Le comité d'audit apporte un appui technique et critique aux dirigeants (*ainsi qu'au conseil d'administration*) dans le suivi de la politique comptable et financière de la société[1012]. « La création de ce comité est devenue la prescription majeure du gouvernement d'entreprise et quand ce n'est pas une loi qui l'impose [...], toute les bourses et autorités de marché la considèrent partout comme obligatoire ; ce comité prend dans certains pays la stature d'un véritable organe social, doté de compétences propres et d'un pouvoir de décision. Son existence et son rôle sont parés de vertus quasi-magiques, supposées écarter les risques d'erreur ou de fraude »[1013]. Non sans ironie, les auteurs font directement référence au fait que les comités d'audit n'ont pas permis d'éviter la survenance de nombreux scandales financiers. ENRON disposait effectivement d'un comité d'audit, par exemple. Conformément aux dispositions de l'article L823-19 du Code de commerce, le comité d'audit assure une mission de contrôle de l'information financière, de gestion des risques, de contrôle interne, de contrôle des comptes annuels, de contrôle de l'indépendance des commissaires aux comptes... De surcroît, ce comité doit rendre régulièrement compte au conseil d'administration de l'exercice de ses missions. Il n'a cependant pas vocation à réaliser des études extrêmement détaillées, le comité d'audit est davantage chargé de s'assurer de la validité des *process* et des méthodes suivies. Son contrôle demeure donc relativement superficiel.

554. En demeurant objectivement subordonnés aux conseils d'administration, les comités spécialisés répondent d'une manière lacunaire à l'objectif qui leur était fixé : renforcer la confiance des actionnaires. En cela, les différents services que les agences de conseil en vote proposent aux investisseurs restent une nécessité pour ces derniers. Au regard de leurs prérogatives actuelles, les comités ne sauraient donc « menacer » l'influence des *proxy advisors*. En soutenant globalement le rôle des comités spécialisés, les conseillers *proxy* sont donc dans une démarche parfaitement rationnelle de recherche des intérêts actionnariaux généraux. Pour illustration, l'agence française PROXINVEST déclare[1014] que « l'existence de comités spécialisés indépendants contribue au bon fonctionnement du conseil », qu'ils doivent « être composés majoritairement de personnes libres d'intérêts et présidés par une telle personne » et « disposer de budgets autonomes leur permettant d'exercer leur mission ».
Les comités spécialisés ne peuvent se permettre de représenter une simple chambre d'enregistrement du conseil d'administration. Ils doivent participer à éclairer efficacement l'organe de gestion dans la réalisation de ses objectifs. Force est cependant de constater que ces comités apparaissent à certains égards comme de simples « services » de l'entreprise. Les comités représentent donc une avancée de la *corporate governance*, mais une avancée somme toute modeste. L'on perçoit donc aisément qu'investisseurs potentiels et actionnaires en place continuent de faire appel aux services d'organismes tiers, tels que les *proxy advisors*. C'est uniquement dans l'hypothèse où les comités muteraient de « service de l'entreprise », à « organe social de l'entreprise », que l'influence des *proxy advisors* pourraient être impactée à la baisse. Pour qu'il en soit ainsi, il faudrait que le législateur reconnaisse à ces comités des prérogatives propres[1015]. Si un premier comité spécialisé est un jour amené à se transformer en « organe social », il s'agira très certainement du comité d'audit. Puisque les comités sont issus de la volonté des actionnaires de contrôler davantage la direction, une évolution plausible pourrait être qu'ils soient à l'avenir élus, non plus par le conseil d'administration, mais directement par l'assemblée générale des actionnaires. Cela contribuerait à accroître leur indépendance et leur influence.

2. L'essor du règlement intérieur du conseil d'administration

555. L'essor du règlement intérieur du conseil d'administration s'inscrit dans une démarche similaire à celle du développement des comités spécialisés. Il vise à rationaliser l'action du conseil d'administration, dans le but de développer de la confiance. Mais ce règlement est-il à même d'influer d'une manière notable sur le fait que de nombreux actionnaires ou investisseurs fassent appel aux *proxy advisors*, dans le but de garantir au mieux leurs intérêts ? En France, compte-tenu de la physionomie actuelle du règlement interne du conseil d'administration, rien n'est moins sûr. Lié au mouvement général en faveur de la *corporate governance*, le règlement intérieur du conseil d'administration est un objet né de la pratique. Contrairement au « règlement intérieur d'entreprise », celui de l'organe de gestion de la société n'est soumis à aucune réglementation contraignante. Seule la *soft law* s'intéresse aujourd'hui à son développement. Malgré tout, pour le Code AFEP-MEDEF, l'existence d'un tel règlement représente une condition *sinequanone* à la bonne gouvernance des émetteurs. Le règlement intérieur du conseil d'administration définit l'organisation ainsi que le fonctionnement[1016] de cet organe. Il organise la répartition des compétences entre le conseil d'administration et la direction générale, et dessine le périmètre des comités spécialisés. Ce règlement précise « les cas d'approbation préalable du conseil d'administration »[1017], comprenant toute « opération significative se situant hors de la stratégie annoncée de l'entreprise »[1018]. Il pose « les règles selon lesquelles le conseil d'administration est informé de la situation financière, de la situation de trésorerie, ainsi que des engagements de la société »[1019]. Le règlement intérieur s'intéresse également aux devoirs des administrateurs, ainsi que plus spécifiquement aux modalités d'exercice de leur droit de communication, ainsi qu'à leurs obligations de confidentialité. D'une manière plus générale, il est chargé de préciser les missions particulières qui peuvent être confiées à un administrateur.

556. De nature infra-statutaire[1020], le règlement intérieur s'apparente à un acte de délibération du conseil d'administration. Le règlement est classiquement élaboré par le comité d'éthique, puis il est présenté pour acceptation au conseil d'administration. Il possède une vocation naturelle à être modifié, au gré des évolutions législatives, règlementaires et *soft law* du fonctionnement du conseil. Le conseil demeure cependant exclusivement compétent pour arrêter les éventuelles modifications dudit règlement. L'organe de gestion des sociétés est donc relativement « libre » quant à la teneur de ce document. Seul l'usage, qui impose sa publication (*sur le site internet de la société, au sein du rapport annuel, etc.…*), restreint cette liberté. Bien que la pratique de la publication favorise une standardisation des principes de gouvernance[1021], de nombreux régulateurs y sont particulièrement attachés. Le développement du règlement intérieur participe donc à la transparence de l'action de l'organe de gestion de la société. En ce sens, il renforce la confiance des actionnaires, ainsi que celle des investisseurs potentiels. Il concourt également, avec l'action des comités spécialisés, à une forme d'auto-évaluation des conseils d'administration. Cependant, le règlement (*tout comme les comités spécialisés…*) demeure sous la dépendance objective du conseil d'administration. Sous sa forme présente, le règlement intérieur semble donc difficilement en mesure d'impacter à la baisse l'influence des agences de conseil en vote. Cela est principalement dû au fait que les actionnaires sont totalement déconnectés du processus d'élaboration de ce règlement. Nous pourrons dès lors soutenir l'hypothèse selon laquelle le règlement intérieur devrait à l'avenir être établi par le conseil d'administration, puis ratifié par les assemblées générales d'actionnaires, en vertu de la règle « *comply or explain* ». Cette approbation par l'assemblée des actionnaires donnerait alors au règlement intérieur une influence, ainsi qu'une légitimité, objectivement supérieures. Enfin, l'on constate même que les conseillers *proxy* se servent des règlements intérieurs pour nourrir leurs recommandations de vote et leurs évaluations de la gouvernance des émetteurs. C'est un constat pour le moins paradoxal, les agences de conseil en vote s'appuient sur un *process* destiné *in fine* à restaurer la confiance des actionnaires, c'est-à-dire appelé à rendre l'activité des *proxy advisors* en partie sans objet.

B. De la nécessité pour le conseil de se prémunir des plus âpres promoteurs de la « shareholder value » ?

557. L'évolution de l'activisme actionnarial représente l'une des grandes transformations du monde financier de ces dix dernières années. L'implication des fonds activistes dans la gouvernance des émetteurs est progressivement passée de « par principe négative », à « possiblement positive » pour une majorité d'actionnaires. Ce phénomène est principalement dû au fait que les « *hedge funds* » de type ultra-agressif, ont progressivement laissé place à des fonds activistes moins « prédateurs »[1022]. Il en résulte qu'une part croissante d'investisseurs institutionnels[1023] et de *proxy advisors* s'engagent au côté des activistes, puisque ces derniers défendent (*lorsqu'ils ne répondent pas d'une politique ultra-agressive et hostile)* de réels intérêts actionnariaux[1024]. Afin de tempérer l'influence des fonds activistes, ainsi que celle de leurs alliés conditionnels (*les proxy advisors*), les émetteurs ont mis en place des mesures préventives. Mesures que nous pourrons regrouper autour de trois axes[1025], qui sont : le développement de la transparence (1.), le développement de la communication (2.), ainsi que la définition de stratégies prophylactiques (3.).

1. Développer et entretenir la transparence au sein du conseil

558. La transparence constitue un axe-clef pour la maîtrise de l'influence des fonds activistes, ainsi que celle de leurs alliés conditionnels, les *proxy advisors*.

Le respect des principes de bonne gouvernance joue en l'espèce un rôle déterminant, puisqu'il est désormais inimaginable qu'un conseil d'administration parvienne à entretenir de bonnes relations avec ses actionnaires, ainsi qu'avec l'ensemble des acteurs du marché, tout en négligeant des grands préceptes de la matière. Il revêt donc une importance fondamentale que les grands émetteurs développent et entretiennent une stratégie de gouvernance en bonne corrélation avec les standards de la matière, standards qui doivent toutefois être issus de Codes de gouvernance prenant en compte les spécificités des marchés sur lesquels les émetteurs évoluent. L'application de ces règles de *corporate governance* garantit une transparence optimale quant au mode de gestion des émetteurs.

559. Il est une situation qui provoque classiquement l'indignation des fonds activistes et des conseillers *proxy*. Il s'agit de la rémunération excessive des dirigeants, sans rapport avec les situations financières quelquefois bien peu brillantes des émetteurs. Comme le veut la théorie des cycles économiques de Joseph SCHUMPETER, il est clair que la vie d'un émetteur ne saurait être un long fleuve tranquille, mais plutôt une succession de hauts et de bas. La gestion de l'actionnariat est naturellement bien plus aisée pour une équipe dirigeante lorsque l'émetteur se trouve dans une phase de croissance (*encore que la politique de distribution des dividendes peut être problématique, si elle ne correspond pas à la politique stratégique développé par l'émetteur*). Mais lorsque qu'une société cotée est confrontée à une phase de stagnation, de stagflation, voire de récession de l'économie, il est impératif pour l'organe de gestion de maintenir de « bonnes » relations avec l'actionnariat en place, ainsi qu'avec les investisseurs potentiels, faute de quoi l'influence des activistes, jointe à celle des *proxy advisors* est à même de déstabiliser profondément le pouvoir du conseil d'administration. Le phénomène peut se trouver accentué dans le cas où l'organe de gestion aurait commis une erreur stratégique, à l'origine de pertes. Dans cette hypothèse, somme toute bien banale, seule une totale transparence du conseil d'administration peut lui permettre de faire face aux réactions négatives des activistes et des conseillers *proxy*. Bien que rendre publique une erreur puisse représenter une étape douloureuse pour un conseil, c'est pour les actionnaires en place, les investisseurs potentiels, et l'ensemble du marché, un signal positif[1026]. Et il faut tenir compte du fait qu'en raison du haut niveau de fluidité informationnelle acquise par le marché, les erreurs sont de plus en plus souvent et rapidement identifiées, et l'information aussitôt relayée. Les équipes dirigeantes ont donc un plein intérêt à faire de la transparence un véritable sacerdoce. « Il y autant de situations que de cas d'activisme, souligne Patrick SAVADOUX, responsable ISR et Solidaire chez Mandarine Gestion. Le travail de l'activiste peut être constructif, car c'est un garde-fou de la bonne gouvernance des entreprises, mais il peut aussi être néfaste si son objectif est simplement un retour de –cash- à tout prix »[1027].

2. Développer et pérenniser la communication au sein du conseil

560. Il est capital pour l'organe de gestion de développer une intense et permanente stratégie de communication, puisque ce facteur détermine une part substantielle de la transparence de l'émetteur. Afin de prévenir ou modérer au moins l'influence des activistes, ainsi que celle des *proxy advisors*, le conseil d'administration doit déployer une politique de communication[1028] multidirectionnelle. Cette dernière doit cibler prioritairement l'actionnariat en place. Mais compte tenu de la globalisation financière et de l'hyper fluidité informationnelle du marché, l'organe de gestion des grands émetteurs doit également porter une attention particulière au développement de sa communication auprès des tiers, qu'il s'agisse des investisseurs potentiels, des conseillers aux actionnaires, des régulateurs du marché, des superviseurs du marché, ou encore des médias. Etablir une relation de confiance avec l'ensemble de l'actionnariat devrait constituer un objectif premier de l'organe de gestion des émetteurs. La communication et le dialogue permettent en effet de cerner les attentes actionnariales (*affectation du résultat, rémunération des mandataires sociaux…*) en amont de tout conflit, ou d'un vote « couperet » en assemblée générale. Une solide communication avec les investisseurs potentiels permet quant à elle de cerner les paramètres susceptibles de déclencher une entrée au capital. Compte tenu de l'impact grandissant des journalistes financiers, et plus généralement des médias, dans les questions de gouvernance des émetteurs, l'établissement par le conseil d'administration d'une politique robuste de communication médiatique revêt également une importance significative. De nos jours, les médias sont directement susceptibles de faire fluctuer l'opinion du marché, dont bien évidemment celle des actionnaires en place. Il convient enfin de ne pas minimiser le pouvoir des réseaux sociaux (*Facebook, mais surtout Twitter…*).

561. La question de la communication entre l'organe de gestion des émetteurs et les agences de conseil en vote se révèle plus complexe[1029]. Elle est, selon nous, éminemment souhaitable et même nécessaire. Mais il se trouve qu'elle peut être la cause de réticences de la part de chacune des parties. D'un côté, certains conseils d'administrations ne trouvent que peu de légitimité à l'activité des *proxy advisors* ; ils ne souhaitent donc pas entrer en communication avec ces organismes. De l'autre, une minorité de *proxy advisors* se refusent à entrer en dialogue avec les sociétés objets de leurs analyses, dans le but de préserver leur totale impartialité. Ces organismes peuvent donc passer à côté de certaines finesses stratégiques mises en œuvre par les émetteurs. Dans l'hypothèse spécifique où un émetteur serait directement ciblé par un activiste, les équipes dirigeantes doivent décider de la pertinence de l'établissement d'un dialogue. Bien que de nombreuses informations concernant le fonds activiste lui-même soient disponibles hors de tout dialogue (réussites et échecs du fonds *dans des affaires antérieures, connaissance* *du secteur d'activité de l'émetteur ciblé, etc....*), la connaissance de certains éléments stratégiques réclame pourtant la mise en place d'une communication. Cela permet par exemple aux équipes dirigeantes de prendre connaissance des méthodes de négociation du fonds. L'on perçoit dès lors toute l'importance du développement préalable d'une solide communication multidirectionnelle, que ce soit auprès des médias qui peuvent se révéler de solides appuis, ou auprès des acteurs pouvant conditionnellement soutenir l'action des activistes (*les proxy advisors, voire directement certains investisseurs institutionnels*). En ce sens, l'élaboration d'une communication efficiente parait à même de contrer l'influence des activistes et *in fine*, de modérer le processus d'immixtion des *proxy advisors* dans la vie des émetteurs.

3. Développer des stratégies prophylactiques au sein du conseil

562. Un conseil d'administration efficace ne saurait se contenter de mesures en réaction. Pour être pleinement opérant, ce dernier doit être capable de prendre l'initiative afin de se prémunir d'un grand nombre d'éventualités. Cela suppose donc de prévoir l'éventualité selon laquelle l'émetteur serait ciblé par un activiste, soutenu par une frange de l'actionnariat en place, ainsi que conditionnellement, par des agences de conseil en vote. Cette hypothèse n'a aujourd'hui rien de farfelu, puisque les fonds activistes ont largement rationnalisé leurs exigences et militent, pour une majorité, à l'accroissement réel des intérêts actionnariaux. Tout comme les *proxy advisors*. Un conseil d'administration soucieux de limiter l'influence potentielle des activistes, ainsi que celle de leurs alliés conditionnels, aurait tout intérêt à établir des stratégies préventives visant sinon à empêcher, du moins à contrôler l'éventuelle « prise d'assaut » menée contre lui. Il est par ailleurs parfaitement imaginable que des tiers spécialisés dans la gestion de ces problématiques participent au processus d'élaboration de cette stratégie. Il sera dès lors question d'évaluer la vulnérabilité de la gouvernance de l'émetteur, premièrement, selon les grands standards de la matière, deuxièmement en confrontant les spécificités de gouvernance de l'émetteur avec celles du marché au sein duquel il évolue, troisièmement, en comparant le modèle de gouvernance de ladite société avec celui des autres émetteurs qui progressent dans une « industrie » similaire.

563. Le développement d'une telle stratégie permet de déceler préventivement les lacunes en matière de gouvernance sur lesquelles les activistes pourraient un jour s'appuyer. Grace à cette évaluation, il parait possible pour un conseil d'administration d'estimer d'une manière relativement fiable, le risque pour la société d'être prise pour cible. Ce qui lui permet d'établir des *process* en amont de potentiels différents. Gardons toutefois à l'esprit que la mise en place de mesures préventives ne saurait palier un manque de transparence et de communication de la part de l'organe de gestion des émetteurs. Le développement de stratégies préventives par les émetteurs améliore leur niveau de bonne gouvernance. Ce procédé est donc théoriquement à même de contribuer à accroître la « *shareholder value* », sans qu'il soit nécessaire d'entrer en phase de conflit. Un niveau de gouvernance optimal est également en mesure de tempérer l'influence des agences de conseil en vote.

§2. Rééquilibrer la somme des intérêts au sein des émetteurs

564. L'influence des agences de conseil en vote pousse les émetteurs à perfectionner leur approche de la gouvernance d'entreprise. Ce phénomène est particulièrement visible concernant le développement des dispositifs de contrôle des sociétés, dispositifs dont l'objectif est simplement de rassurer l'actionnariat en place, ainsi que les futurs investisseurs. Ces mesures peuvent donc amener les professionnels de l'intermédiation financière à s'appuyer moins systématiquement sur les services des *proxy advisors*. Le développement de la « *shareholder value* » représente aujourd'hui un objectif fondamental pour l'ensemble des grands émetteurs. C'est en faisant la promotion de l'accroissement de la valeur actionnariale générale que les agences de conseil en vote se sont progressivement immiscées dans la gestion des sociétés cotées. Mais le poids de cette influence est-il légitime ? Une réponse manichéenne se révèlerait ici insuffisante, puisque l'impact des conseillers *proxy* dans la vie des sociétés est marqué d'aspects positifs, comme possiblement négatifs.

565. Le caractère hégémonique de la poursuite de la « *shareholder value* » peut être générateur de déséquilibres au sein des émetteurs. Cette situation a d'ailleurs permis à un *proxy advisor* de type dualiste de prendre une importance notable en matière de conseil en gouvernance auprès des émetteurs, cela même alors qu'il existe toute une industrie spécialisée dans le conseil en gouvernance auprès des sociétés cotées. Cette situation ne manque pas d'interroger quant aux finalités du développement d'une telle activité par un conseiller *proxy*. Rééquilibrer les intérêts au sein des émetteurs suppose avant tout que chaque partie prenante, dont fait partie l'industrie du conseil en vote, reste à la place qui lui appartient par essence (B.). Nous mettrons également en lumière l'existence de modes d'organisation alternatifs, visant davantage encore à équilibrer l'ensemble des intérêts au sein des émetteurs (A.), cela dans le but de pondérer le caractère hégémonique de la valeur actionnariale, conséquence de la forte influence des *proxy advisors*.

A. La promotion de modes d'organisation alternatifs

566. La prééminence du mode d'organisation « *shareholder value* » est génératrice d'un déséquilibre systémique dans le fonctionnement des émetteurs. Ce déséquilibre demeure cependant inhérent à la globalisation du marché. Longtemps, ce sont les conseils d'administration qui ont connu une pleine hégémonie, les intérêts actionnariaux étant alors relégués au second plan. Mais face à la succession de scandales et de crises financières dans les années 2000, les grands préceptes de bonne gouvernance des émetteurs se sont mondialement répandus, et ont placé l'actionnariat au centre des préoccupations des sociétés. La prééminence de l'organe de gestion des émetteurs n'en a pas pour autant disparu. Ce sont les préoccupations de cet organe qui ont changé. Le conseil d'administration est désormais bien plus attentif à la poursuite des intérêts actionnariaux. Ce changement de paradigme, n'empêche toutefois pas que certains professionnels de l'intermédiation financière demeurent dans l'impossibilité structurelle de faire un usage efficient de leurs droits de vote, raison pour laquelle ils font appel usuellement à des sociétés tierces, spécialisées dans la défense et la promotion de la « *shareholder value* ». Cette situation nourrit l'influence des conseillers *proxy* et entretient un déséquilibre en faveur de la valeur actionnariale. Or, cette situation peut interroger.

567. Puisque le mode d'organisation des grands émetteurs favorise ce déséquilibre, il serait intéressant, sinon de faire la promotion de modes d'organisation alternatifs, du moins de mettre en lumière leur existence. Ils se trouvent en effet, à différents niveaux, capables en théorie au moins, de rééquilibrer les intérêts au sein des émetteurs. Au niveau des *proxy advisors*, une « mise en ligne » financière systématique de ces organismes avec leurs clients investisseurs pourrait être une piste intéressante (1.). Dans une approche plus généraliste, l'actionnariat salarié (2.), tout comme le développement de la valeur partenariale (3.) sembleraient également en mesure de rééquilibrer la balance des différents intérêts au sein des émetteurs.

1. Aligner les intérêts financiers des proxy advisors sur ceux de leurs clients

568. Les investisseurs qui font appel aux agences de conseil en vote rémunèrent un service de recommandation de vote, lequel s'appuie principalement sur le développement d'un référentiel de gouvernance, aussi appelé politique de vote des *proxy advisors*. Ces organismes fournissent donc un service visant à développer la valeur actionnariale dans sa globalité, ce qui peut être problématique, puisque chaque recommandation de vote impacte directement un émetteur. Or, nous savons que la poursuite des grands standards de la *corporate governance* peut ne pas correspondre aux spécificités de marché de certains émetteurs. Dans le but d'en finir avec cette problématique, une « mise en ligne » des intérêts financiers des *proxy advisors* avec ceux des investisseurs institutionnels pourrait se révéler très efficace. Ce procédé simple permettrait de légitimer et de rationnaliser l'influence des conseillers *proxy,* quant à leur immixtion dans la gestion des émetteurs, puisque la performance de leurs recommandations impacterait directement leur niveau de rémunération. Bien évidemment, il serait irréaliste qu'une part substantielle de la rémunération des agences *proxy* soit assujettie à la performance des conseils qu'elles prodiguent, principalement en raison du relatif aléa qui entoure le vote aux assemblées générales d'actionnaires. Néanmoins, il n'y aurait rien d'extravagant à ce qu'un pourcentage de la rémunération des *proxy advisors* soit conditionné à un tel système. Dans cette hypothèse, les émetteurs percevraient sous un angle nouveau la possible immixtion des conseillers *proxy* dans leur mode de gestion, pour l'évidente raison que leurs intérêts respectifs se trouveraient alors en parfaite harmonie.

569. Ces modestes développements ne visent pas à déterminer les tenants et aboutissants techniques de cette forme de rémunération. Ils invitent simplement à la réflexion. Soulignons toutefois que l'incitation financière liée à l'efficience du service proposé par le conseiller *proxy* pourrait prendre la forme d'un paiement en actions[1030]. Dès lors, directement intéressées financièrement, les agences seraient incitées à améliorer le niveau d'efficience et de performance des recommandations qu'elles établissent pour le compte de leurs clients. Cette méthode de rémunération alternative des *proxy advisors* les pousserait d'une part à surperformer, et d'une autre part, elle participerait à rationaliser, ainsi qu'à légitimer, l'influence de ces organismes dans la gestion des émetteurs.

2. La promotion de l'actionnariat salarié

570. La finance globalisée favorise la progression d'un actionnariat internationalisé qui, en raison de son mode de fonctionnement, éprouve bien souvent le besoin de faire appel aux conseillers *proxy*. *A contrario*, les actionnaires salariés représentent une catégorie actionnariale davantage ancrée dans une vision « classique » de l'investissement, puisqu'elle évolue au cœur du fonctionnement de l'émetteur. L'actionnariat salarié peut se définir tel que « *l'ensemble des dispositifs spécifiques par lesquels le titulaire d'un contrat de travail est amené à détenir, directement ou indirectement, des actions de la société qui l'emploie et que celle-ci lui a proposé* d'acquérir, en l'absence d'initiative préalable de sa part, en raison de sa seule qualité de salarié »[1031]. En France, ce dispositif a été « initié » par le Général de Gaulle[1032], dans le but de concilier les intérêts capitalistiques et travaillistes. Il serait impossible de promouvoir l'actionnariat salarié sans faire référence à son plus illustre défenseur, M. Jean-Aymon MASSIE, qui a fondé en 1986 la première association d'actionnaires salariés en France, chez Elf-Aquitaine.

571. Un auteur rapporte que l'actionnariat salarié détient en moyenne 2 % du capital des sociétés du SBF 120[1033]. Et que plus de 80 % des sociétés cotées européennes proposent des plans d'actionnariat salarié[1034]. Bien que que l'actionnariat salarié représente en France une tradition tant juridique que politique, il apparait que le législateur national demeure peu enclin à promouvoir une articulation équilibrée entre les pouvoirs de l'organe de gestion des émetteurs et les institutions de représentation des intérêts particuliers des actionnaires salariés. Dans les sociétés dont les titres sont admis aux négociations sur un marché réglementé, cette représentation existe, mais demeure conditionnée à l'obligation pour les actionnaires salariés de représenter plus de 3% du capital de la société[1035]. Ce pourcentage étant satisfait et dans le respect des conditions fixées par les statuts, un ou plusieurs administrateurs choisis parmi les actionnaires salariés ou parmi les membres du conseil de surveillance d'un Fonds Commun de Placement d'Entreprise (FCPE), sont éligibles par l'assemblée générale des actionnaires. Cette catégorie actionnariale est donc à même de participer à la bonne gouvernance de l'émetteur, via l'introduction d'un ou plusieurs de ses représentants au sein du conseil d'administration. Dans certains cas, le salarié actionnaire peut détenir d'une manière directe des parts de capital de la société qui l'emploie, mais dans la plupart des situations, ce dernier sera porteur de parts d'un FCPE. Le FCPE n'est autre qu'une forme particulière de FPC, famille des OPCVM[1036]. Les FCPE se voient ainsi confier la gestion des capitaux des épargnants salariés de l'entreprise. En opposition au principe de gestion des OPCVM, les FCPE offrent cette particularité de permettre « au règlement du fonds d'opter pour un exercice des droits de vote par chaque détenteur de parts individuellement »[1037].

572. Il est classique que les grands émetteurs développent dans le cadre de leur politique sociale, un volet consacré à l'établissement d'un plan d'actionnariat salarié. De nombreux *proxy advisors*, dont PROXINVEST[1038], y sont directement favorables. Ce système favorise en effet l'implication des salariés dans la croissance de l'émetteur. Mais en raison d'un impact souvent « négligeable », cette catégorie actionnariale n'est pas considérée comme une composante majeure de la bonne gouvernance[1039]. Et pourtant le développement de l'actionnariat salarié offre de nombreux avantages. Premièrement, il s'agit d'actionnaires stables et solidaires qui, sous l'impulsion de la généralisation du droit de vote double issu de la loi Florange du 29 mars 2014, sont amenés à gagner en influence. Deuxièmement, les salariés actionnaires sont plus à l'écoute des préoccupations stratégiques de l'ensemble des catégories actionnariales, tout en gardant une vision « travailliste ». L'actionnariat salarié constitue ainsi :

> « Un levier efficace dans le fonctionnement et la gouvernance de l'entreprise. D'abord, les salariés comprennent mieux ce que ressent l'investisseur, ils deviennent beaucoup plus responsables, puisqu'ils risquent leur argent comme lui : l'efficacité opérationnelle en est d'ailleurs grandement accrue, car ils sont directement motivés à la bonne marche de l'entreprise. Ensuite, ça force le management à communiquer largement avec le personnel. Enfin, ils permettent de construire des conseils d'administration variés ou s'instaurent un équilibre entre ceux qui ont une vue de l'extérieur et ceux qui vivent l'entreprise de l'intérieur »[1040].

Troisièmement, puisque les actionnaires salariés représentent également (*une partie de*) la partie prenante du personnel, ces actionnaires sont plus sensibles aux problématiques de l'ensemble des parties prenantes de l'émetteur[1041]. Enfin, l'actionnariat salarié favorise la transparence des émetteurs, que ce soit vis-à-vis des marchés, ou de l'ensemble des actionnaires en place[1042]. En effet, la présence d'un tel actionnariat au capital d'un émetteur contribue à la fluidification des informations transmises par ce dernier. Selon deux auteurs, l'actionnariat salarié concourt donc, lorsque son influence demeure modérée, à accroître la valeur financière des émetteurs[1043].

573. L'actionnariat salarié apporte donc de nombreux bienfaits. Cela est parfaitement logique puisqu'il vise à concilier des intérêts, sinon antagonistes, du moins possiblement divergents (*entre intérêts capitalistiques et intérêts travaillistes…*). De plus, le développement de cette catégorie actionnariale se révèle profitable pour l'ensemble des parties prenantes, puisqu'elle participe à accroître le niveau de transparence général des émetteurs. En ce sens, elle concourt donc bien à équilibrer l'ensemble des intérêts au sein des sociétés cotées.

3. La promotion de la valeur partenariale

574. La valeur actionnariale occupe une place centrale au sein de la *corporate governance*. Cette réalité fait écho à l'axiome selon lequel une bonne gouvernance conduit inexorablement à accroître la « *shareholder value* ». Or, nous savons que ce postulat s'avère partiellement erroné. Afin de pallier cette problématique, certains auteurs[1044] se sont intéressés à la promotion de méthodes alternatives de développement de la valeur des émetteurs. En ce sens, la théorie de la « valeur partenariale » se révèle particulièrement intéressante puisqu'elle soutient une approche élargie de la création de valeur à l'ensemble des parties prenantes. Cette théorie ne remet pas en cause l'utilité, ni l'importance de la valeur actionnariale. Elle souligne cependant son caractère ethnocentré. « Cet élargissement, et la mesure qui lui est associée, sont conformes à la vision pluraliste de la firme et permettent de mieux comprendre les mécanismes de création et de partage de la valeur, en relation avec l'ensemble des parties prenantes qui concourent au fonctionnement de la firme »[1045]. « L'entreprise est représentée comme le centre contractant d'un jeu coopératif qu'elle organise de façon à s'approprier le maximum de valeur créée. Cette représentation suppose que la valeur créée soit répartie entre les différents acteurs du jeu, celui-ci n'étant pérenne que si chaque acteur y trouve son compte à terme »[1046].

575. La théorie de la valeur partenariale suggère une prise en compte équilibrée de l'ensemble des parties prenantes dans le processus de création de valeur. Elle ne saurait donc se cantonner à une vision « Freemanienne » de l'entreprise. Les médias sont de puissants vecteurs du développement de cette théorie. Une étude souligne que sous l'influence des médias, les dirigeants « cherchent à améliorer la création et la répartition de la valeur partenariale. Sans cette influence, il est probable que les objectifs des dirigeants auraient été différents. Ils auraient pu, plus facilement et plus librement, privilégier les actionnaires dans la répartition de la rente au détriment d'autres parties prenantes, en particulier des salariés »[1047]. En prônant un rééquilibrage des parties prenantes dans le mécanisme de création de valeur, cette théorie modère le caractère hégémonique de la valeur actionnariale. Au regard du fonctionnement du marché, il serait évidemment irréaliste de présager la possibilité d'un basculement substantiel de l'arcane de la valeur actionnariale vers celui de la valeur partenariale. Toutefois, un processus de création de valeur reposant sur un meilleur équilibre entre les différentes parties prenantes peut apparaître comme un mode d'organisation particulièrement adapté aux interconnexions fortes qui existent entre l'ensemble des différents acteurs du marché. Bien que les grands émetteurs évoluent dans un monde où la « *shareholder value* » occupe une place centrale, il convient de ne pas omettre que la croissance des sociétés cotées demeure plus que jamais tributaire de l'ensemble de parties prenantes.

B. Rééquilibrage des intérêts : de la nécessité de remettre en cause la fourniture par une agence dualiste de conseils en gouvernance pour le compte des émetteurs ?

576. Promouvoir l'ensemble des intérêts qui existent au sein des émetteurs suppose qu'aucune partie prenante n'outrepasse ses fonctions, sous peine de générer un déséquilibre. Or, en impactant objectivement la gouvernance des émetteurs, l'industrie du conseil en vote peut être à l'origine d'un tel déséquilibre en faveur de la « *shareholder value* ». Comme le souligne le Professeur Yvan ALLAIRE, les *proxy advisors* « deviennent en quelque sorte des agences – immanentes - de conseil en gouvernance, puisque leurs politiques et règles d'évaluation deviennent souvent par la suite des sinequanone de la bonne gouvernance »[1048]. Le développement par un *proxy advisor* d'une activité de conseil en gouvernance auprès des émetteurs est motivé par la volonté d'accroître son influence. Il s'agit là d'un mouvement « naturel » (*mais problématique, puisque facteur de déséquilibre*) pour deux raisons. Premièrement, la très grande majorité des agences de conseil en vote sont des sociétés commerciales ; elles visent donc par nature à développer leurs profits. Secondement, les *proxy advisors* jouissent d'un niveau d'expertise unanimement reconnu en matière de *corporate governance* ; elles éprouvent donc un clair intérêt économique à vendre des services pour lesquels elles sont techniquement compétentes.

577. Mais la logique économique poussée à son paroxysme n'est que rarement porteuse d'équilibre, d'autant que l'essor du marché globalisé a permis le développement d'une puissante industrie du conseil en gouvernance (1.). « Toute une industrie du conseil en gouvernance auprès des émetteurs s'est développée depuis 20 ans. Ce sont surtout les grands bureaux d'avocats ou d'audit qui occupe ce terrain »[1049]. Cette réalité interroge quant à la finalité du développement d'une telle activité par un *proxy advisor* dualiste, l'unique avantage concurrentiel dont semble pouvoir jouir une telle agence, face au reste de l'industrie du conseil en gouvernance auprès des émetteurs, étant fatalement générateur de conflits d'intérêts. Existe-t-il une argumentation susceptible de remettre en cause cette position (2.) ? Certains arguments peuvent être évoqués, il apparait cependant qu'ils demeurent marqués d'incertitudes et soumis à conditions.

1. L'existence d'une industrie historique du conseil en gouvernance à destination des émetteurs

578. Le marché du conseil en gouvernance pour le compte des émetteurs est largement développé. Le « Big Four » (*Deloitte, PwC, EY, KPMG*) de l'audit et du conseil, ainsi que de nombreux cabinets d'avocats d'affaire proposent ce type de service. Le caractère mature ainsi qu'efficient de ce marché conduit naturellement à s'interroger quant aux motivations qui poussent un *proxy advisor* à entrer en concurrence avec des acteurs pleinement établis et bénéficiant d'une influence considérable.
Comme précédemment évoqué, un *proxy advisor* dualiste (*comme tout autre conseiller proxy sérieux*) bénéficie d'un haut degré d'expertise en matière de *corporate governance*. Ne se satisfaisant plus de la fourniture de conseils auprès des investisseurs, il décide donc d'étendre ses services aux émetteurs. Bien que le développement d'une telle activité par un groupe *proxy* suscite de vives interrogations, il serait imprudent d'imaginer que l'équilibre de la balance politico-stratégico-financiere de la manœuvre n'ait pas été savamment étudié. Il n'en reste pas moins que le principal avantage concurrentiel dont bénéficie un *proxy advisor* dualiste sur le reste de l'industrie du conseil en gouvernance se trouve directement générateur de conflits d'intérêts.

579. Nous admettrons, pour les besoins de notre démonstration, que la « muraille de Chine » qu'établit un *proxy advisor* dualiste puisse être parfaitement hermétique. Deux hypothèses émergent alors. Premièrement, au cas où il ne serait pas constaté de décroissance effective de l'activité de conseil en gouvernance par l'agence dualiste, nous pourrons soutenir que les *proxy advsisors* jouissent d'un niveau d'expertise unique en matière de *corporate governance*, justifiant à lui seul que les émetteurs fassent appel aux services de ces organismes. Dans la seconde hypothèse (*de loin la plus plausible*), le conseiller *proxy* dualiste verrait substantiellement décroitre son attractivité de conseil en gouvernance, en raison de l'existence de nombreuses autres structures, au *leadership* et à l'influence bien mieux établis. Seul l'établissement de « murailles de Chine » totalement hermétiques permettrait de rendre la finalité de l'activité de conseil en gouvernance d'une agence dualiste pleinement transparente. Nous pouvons reconnaître l'efficience de ces mesures de sectorisation, mais soulignerons avec vigueur leur caractère faillible. Nous soutiendrons donc que certains émetteurs font appel au service d'une agence dualiste, plutôt qu'à d'autres acteurs historiques de l'industrie du conseil en gouvernance, dans le but d'influencer leur actionnariat. La fourniture de conseils en gouvernance par une agence dualiste pose donc de sérieux problèmes. S'il ne s'agit pas d'une mise en cause directe de la déontologie de fonctionnement dudit conseiller, c'est l'objectif poursuivi par les émetteurs qui peut être sujet à caution. Ce cas de figure peut en effet laisser penser que l'émetteur cherche à influencer son actionnariat par le biais du pouvoir dont jouit en parallèle le conseiller *proxy*, du fait de la fourniture de recommandations de vote aux actionnaires.

2. Défendre le difficilement défendable

580. Les activités d'un *proxy advisor* dualiste se trouvent au cœur d'un conflit d'intérêts. Mais existe-il des arguments qui permettent, sinon de remettre en cause la réalité de ce conflit d'intérêts, tout du moins d'en relativiser substantiellement les inconvénients ? Cela semble a *priori* irréalisable. Pourtant, à y regarder de plus près, il existe des arguments qui pourraient permettre de revoir à la baisse la dangerosité potentielle attachée au caractère bicéphale de l'activité d'une agence dualiste. Premièrement, les experts s'accordent sur le fait qu'en raison de cette double activité, les conseils et recommandations d'un *proxy advisor* dualiste sont particulièrement surveillées. Comme le souligne le Professeur Yvan ALLAIRE : « Le risque élevé de conflits d'intérêt chez ISS est préoccupant, mais parce que c'est ainsi, ISS est étroitement surveillé (*du moins aux États-Unis*) »[1050]. Nous savons par ailleurs qu'ISS a mis en place d'importantes mesures pour compartimenter son activité de conseil en vote auprès des investisseurs, et celle de conseil en gouvernance auprès des émetteurs. Bien que cette « muraille de Chine » demeure perfectible, elle a pourtant le mérite d'exister. En cela elle participe à une rationalisation de l'influence de l'agence *leader* mondiale. Deuxièmement, le caractère bicéphale de l'activité d'une agence dualiste favorise l'étude de la concordance entre sa politique générale de vote et sa politique de gouvernance. Un *proxy advisor* dualiste est donc davantage sujet à l'émergence de conflits d'intérêts, mais il est également davantage en position de les identifier. Les activités d'un *proxy advisor* dualiste interpellent, et donc attirent fortement l'attention sur lui, ce qui le contraint à être particulièrement attentif quant au respect de ses propres pratiques d'exercice.

Force est de constater que les activités du groupe ISS font l'objet, aux États-Unis, de bien davantage d'études et de recherches que les agences de type moniste. En ce sens, le groupe ISS doit faire preuve d'un haut niveau de transparence et de vigilance. Troisièmement, un *proxy advisor* dualiste génère de nombreuses craintes et interrogations. En ce sens, il contribue de manière « inconsciente » au possible futur établissement d'une réglementation contraignante de son industrie. Règlementation qui pourrait pondérer l'influence des conseillers *proxy* monistes, mais plus encore celle d'une agence de type dualiste.

Conclusion du chapitre 2

581. Le *conatus* des *proxy advisors* repose sur un arcane majeur possiblement ambigu : servir les intérêts actionnariaux généraux. En effet, ces organismes se développent et prospèrent en raison des lacunes de certaines catégories actionnariales quant à un usage efficient de leurs droits de vote. Les agences entretiennent donc, d'une manière plus ou moins consciente, une forme de dépendance subie par certains de leurs clients. Il peut soit s'agir d'une dépendance « matérielle » pour les investisseurs structurellement lacunaires, soit encore d'une dépendance de type « stratégique » pour les investisseurs souhaitant impacter la vie des émetteurs au-delà de la valeur de leur investissement. En cela, il semble déontologiquement insuffisant que les agences de conseil en vote fondent leur existence sur l'arcane de la défense des intérêts actionnariaux généraux. Compte tenu de leur influence, il parait nécessaire que les *proxy advisors* construisent leur légitimité sur un second pilier, qui reflète davantage leur poids au sein de la *corporate governance*. Bien que justifié par les faits, le pilier de *soft law maker* en matière de gouvernance d'entreprise exposerait ces organismes à de vives critiques. C'est la raison pour laquelle nous proposerons, de façon moins ambitieuse, que ce second arcane repose sur le caractère de « lanceur d'alerte » en matière de bonne gouvernance.

582. L'immixtion des agences de conseil en vote dans la gestion des émetteurs incite ces derniers à développer des mesures destinées à accroître leur niveau de transparence et de contrôle, avec pour objectif de rassurer l'ensemble de l'actionnariat et de rendre ainsi le recours aux conseillers *proxy* largement facultatif. Ce phénomène est particulièrement perceptible sur le terrain de la réorganisation des travaux du conseil d'administration, ainsi que de l'établissement de mesures visant à mieux maitriser l'activisme actionnarial. L'influence intrinsèque des agences de conseil en vote concourt donc à ce que les émetteurs accroissent leur niveau de bonne gouvernance. Le pouvoir des *proxy advisors* est en lien étroit avec le caractère hégémonique de la « *shareholder value* ». En ce sens, promouvoir un rééquilibrage de la balance des différents intérêts existant au sein des émetteurs apparait comme une mesure de défense efficace pour *in fine* limiter l'impact de ces organismes.

Conclusion du II de la partie II

583. Le paradoxe intrinsèque au fonctionnement des agences de conseil en vote tient au fait que, sans avoir la qualité d'actionnaire, ces organismes exercent une influence substantielle dans la gestion des émetteurs. Les *proxy advisors* légitiment donc leur activité par l'expérience qu'ils ont acquise, expérience qui leur permet l'établissement (*en prenant en compte certaines spécificités législatives*) de référentiels de gouvernance. Il s'agit bien entendu de leurs politiques générales de vote/gouvernance. L'existence et le succès des conseillers *proxy* reposent sur la défense des intérêts actionnariaux généraux. Or, cette défense se révèle ambiguë puisque les *proxy advisors* prospèrent sur l'incapacité de certains investisseurs à faire usage de leurs droits de vote. Ainsi, l'activité de fourniture de recommandations de vote entretient-elle une forme de dépendance, au détriment de certains clients. Compte tenu de l'influence des conseillers *proxy* en matière de gouvernance d'entreprise, il serait maladroit de soutenir que ces derniers n'ont en main, comme arcane unique, que la défense des intérêts actionnariaux généraux, cela d'autant que certaines agences de conseil en vote proposent aujourd'hui un service de *governance rating* des émetteurs, pour le compte des investisseurs. Le second arcane des *proxy advisors* parait donc tout trouvé : celui de « lanceur d'alerte » en matière de bonne gouvernance. Cela explique notamment que leurs revendications se rapprochent aujourd'hui et davantage chaque jour, de celles des fonds activistes les plus « raisonnables » en matière d'investissement, soit les *hegde funds* qui militent réellement pour une meilleure gouvernance des émetteurs ciblés.

584. Malgré les avancées substantielles portées par le Code de déontologie des *proxy advisors*, nous garderons à l'esprit que les pratiques d'exercice de ces organismes demeurent, dans une large mesure, perfectibles. Elles montrent comme principale lacune le recours à l'automatisation. S'appuyant sur des référentiels de bonne gouvernance, ces organismes ne prennent qu'imparfaitement en compte, dans leurs analyses, les spécificités de la multitude des émetteurs qu'ils étudient. Cette réalité concourt d'un côté à accroître le phénomène de standardisation de la politique de gouvernance des sociétés, de l'autre, à uniformiser les politiques de vote des investisseurs clients des agences. En effet, pour bénéficier pleinement du service des *proxy advisors*, leurs clients doivent consentir à une forme de standardisation de leurs intérêts.

585. L'influence des *proxy advisors* dans le mode de gestion des émetteurs est réelle et tend à s'accroître. Pour améliorer le niveau de confiance des actionnaires et donc rendre le recours aux *proxy advisors* moins nécessaire, les sociétés cotées ont développé des mesures visant à améliorer leur niveau de transparence et de contrôle. Nous pourrons donc en conclure que l'influence des agences de conseil en vote pousse les émetteurs à développer leurs mécanismes de *corporate governance*. Force est de constater que cette immixtion dans le fonctionnement des émetteurs ne saurait trouver une légitimité pleine et parfaite, surtout s'il est question de trouver une pleine justification au caractère bicéphale des activités d'un conseiller *proxy* dualiste. Dans un premier temps, il serait nécessaire de tempérer l'influence des agences de conseil en vote en mobilisant des *process* de type « *soft law* ». Nous soutiendrons en parallèle le développement de systèmes alternatifs visant à rééquilibrer la balance de l'ensemble des intérêts existant au sein des émetteurs, avec l'objectif de voir partiellement décroitre le caractère hégémonique de la valeur actionnariale, et *in fine* l'influence des *proxy advisors* elle-même, puisqu'ils se révèlent être de notables moteurs de la prééminence de cette valeur. Dans un second temps, c'est-à-dire dans l'hypothèse où l'impact de ces différentes mesures se révélerait insuffisant, l'établissement d'une réglementation spécifique et contraignante des agences de conseil en vote serait objectivement à l'« ordre du jour ».

Conclusion de la partie II

586. L'immixtion des *proxy advisors* dans le fonctionnement des sociétés cotées est le reflet de l'influence croissante de ces prestataires de service. Alors qu'aucun conseiller *proxy* ne fournit directement de conseils en gouvernance aux émetteurs, à l'exception du groupe dualiste ISS, force est de constater que l'industrie du conseil en vote impacte de manière croissante la gestion des sociétés cotées. Cela est dû au fait que ces organismes érigent leurs politiques générales de vote/gouvernance, ainsi que de leurs recommandations de vote, au rang de traduction directe des grands principes de *corporate governance*. Et reconnaissons qu'en la matière, les agences de conseil en vote font figures d'experts. Cependant, cette immixtion dans la gestion des émetteurs est problématique, puisque les conseils d'administration se conforment toujours davantage aux politiques de gouvernance défendues par les *proxy advisors*, dans le but de s'assurer un vote favorable aux assemblées générales d'actionnaires. Cette situation est problématique, car les méthodes d'exercice de certains conseillers *proxy* souffrent de récurrentes faiblesses. Et plus encore, une gouvernance exemplaire ne garantit en rien la croissance financière des émetteurs. Compte tenu de l'influence des conseillers *proxy* dans la *corporate governance*, nous pouvons affirmer qu'ils jouent un rôle de *soft law maker* en la matière. Les *proxy advisors* sont vecteurs de standardisation. Cette affirmation se vérifie à différents niveaux. Ces organismes participent à l'uniformisation des règles de bonne gouvernance, à la standardisation des politiques de gouvernance des émetteurs, ainsi qu'à une rationalisation des politiques de vote de leurs clients investisseurs.

587. Par le biais d'une promotion opiniâtre des valeurs du gouvernement d'entreprise, les agences de conseil en vote ont construit une incontestable influence. Mais ces organismes peinent à trouver les clefs de légitimation de ce pouvoir. Les agences s'appuient principalement sur l'expérience qu'elles ont acquise, ainsi que sur le pilier de la défense et de l'accroissement des intérêts actionnariaux généraux. Mais ces organismes prospèrent sur l'incapacité de certains investisseurs à faire un usage efficient de leurs droits de vote. Ce fondement de la légitimité des *proxy advisors* est donc ambigu. Alors que l'activité de ces organismes devrait être d'essence informative et consultative, certains investisseurs se trouvent en situation de dépendance (*partielle ou totale*) à l'égard des recommandations de vote des *proxy advisors*, un fait dont on ne saurait dire qu'il contribue à l'accroissement des intérêts actionnariaux. Nous soutiendrons, compte-tenu de leur influence en matière de bonne gouvernance, que les *proxy advisors* doivent rechercher un second axe de légitimation de leurs activités, soit le rôle de « lanceur d'alerte » en matière de *corporate governance*.

588. Les conseillers *proxy* jouissent d'une influence conséquente dans la gestion des émetteurs, malgré l'absence d'exposition économique de type actionnarial. De surcroît, ils ne font à ce jour l'objet d'aucune réglementation spécifique et contraignante. Partant, il est parfaitement légitime que cette situation puisse troubler de nombreux acteurs du marché, ce qui est directement à l'origine de l'établissement du Code de déontologie des *proxy advisors*. Cette situation a amené les émetteurs à une prise de conscience, de l'importance des mécanismes de transparence et de contrôle, utiles pour accroître le niveau de confiance des actionnaires, avec notamment comme but de rendre ces derniers moins dépendants des services des conseillers *proxy*, d'autant que les pratiques d'exercice des agences de conseil en vote peuvent, sur certains points, se révéler insatisfaisantes ou lacunaires. Citons par exemple le caractère fortement automatisé de leurs systèmes d'analyse de la gouvernance des émetteurs, ou encore le fait que leurs activités peuvent faire naître des conflits d'intérêts, à plus forte raison lorsqu'il s'agit d'une agence de type dualiste, ou d'un conseiller *proxy* qui n'est pas indépendant. Face à ces incertitudes, nous soutiendrons le développement de nouvelles mesures de type « *soft law* », qui devront être associées à un effort de rééquilibrage de la balance des intérêts au sein des émetteurs. Si ces évolutions se révèlent sans effet, l'établissement d'une réglementation spécifique et contraignante de ces organismes s'imposera objectivement, malgré les importantes perturbations que ce changement de paradigme peut impliquer dans le fonctionnement précaire de certains investisseurs institutionnels. Et quoique, compte-tenu du caractère hautement spécifique, transverse ainsi que transnational, de l'activité des agences de conseil en vote, il restera à prouver qu'un encadrement contraignant peut être davantage efficient que la « *soft law* » elle-même.

Conclusion générale

589. Cette étude a pour ambition d'apporter, au niveau national, un éclaircissement liminaire sur le fonctionnement des agences de conseil en vote. Pour ce faire, nous nous sommes attachés tant à l'étude des méthodes d'exercice de ces organismes, qu'à leur influence auprès des investisseurs et des émetteurs. Ce travail se situe donc à l'intersection de différents champs de recherche. Alors qu'au terme de cette étude, nous pensons pouvoir dégager plusieurs éléments de conclusion, il nous faudra aussi reconnaître que certaines interrogations demeurent. Cela est principalement dû au manque de recul temporel qui entoure l'étude critique des conseillers *proxy*, ainsi qu'au fait que la recherche scientifique nationale, et plus généralement européenne, n'ait que récemment pris conscience du poids des *proxy advisors* sur le marché. Malgré une influence croissante, les agences de conseil en vote restent donc relativement méconnues. Cette situation nourrit tout un ensemble de mythes et de représentations autour de l'exercice de ces organismes, ensemble où la présente étude s'est donné pour ambition de mettre un peu d'ordre et de clarté. Reconnaissons que les conseillers *proxy* sont des organismes profondément clivants. Pour certains, ces agences apportent une aide précieuse à toute une frange d'investisseurs institutionnels. Pour d'autres, ces prestataires de service développent une forme illégitime d'externalisation du pouvoir actionnarial, et favorisent ainsi l'*empty voting*. Certes, le fonctionnement ainsi que le mode de légitimation du pouvoir des *proxy advisors* ne sont pas à ce jour pleinement assurés ou clarifiés, mais ne sont pas établis pour autant sur d'obscurs arcanes. Les agences *proxy,* en tant que sociétés commerciales (*pour leur grande majorité*), cherchent à proposer un service efficient à leurs clients. Pour ce faire, elles poursuivent un objectif d'accroissement des intérêts actionnariaux généraux, via la promotion de la *corporate governance*. En cela, beaucoup des critiques qui leurs sont adressées se révèlent largement non fondées.

590. La globalisation du marché a eu comme corollaire l'internationalisation ainsi que la professionnalisation de l'actionnariat des sociétés cotées. Ce phénomène a directement participé à l'affaiblissement de la souveraineté décisionnelle des assemblées générales d'actionnaires. En réponse à ce déséquilibre systémique en faveur de l'organe du conseil d'administration, les investisseurs institutionnels ont été vivement encouragés à faire un usage efficient de leurs droits de vote aux assemblées générales. Or, la structure organisationnelle de nombreux investisseurs institutionnels ne leur permet que rarement d'analyser, sur un court créneau temporel, les milliers de projets de résolution qui émanent de centaines de firmes, géographiquement éparses, où ils détiennent des participations. Les *proxy advisors* jouent donc un rôle prépondérant dans l'exercice du droit de vote des investisseurs institutionnels. Ces organismes assurent en effet la conservation des intérêts actionnariaux généraux et permettent aux professionnels de l'intermédiation financière d'honorer aisément leurs « obligations » de vote, le tout pour un coût raisonnable. Emerge alors une configuration inédite, l'activisme atypique des investisseurs institutionnels, placé directement sous l'influence des *proxy advisors*. Avec leurs recommandations de vote, les conseillers *proxy* font la promotion des critères de *corporate governance*. Ces organismes concourent ainsi à réduire le phénomène d'asymétrie d'information dont souffre aujourd'hui de très nombreux actionnaires. Plus encore, ils contribuent à corriger la balance d'un système financier largement déséquilibré.

591. Compte-tenu des nombreuses exigences légales qui pèsent sur le vote des actionnaires aux assemblées générales, ainsi que de la forte technicité que nécessite l'étude des projets de résolution, les agences de conseil en vote ont développé des méthodes de travail hautement spécifiques. Rares sont aujourd'hui les conseillers *proxy* qui proposent seulement des recommandations de vote aux investisseurs. Ces organismes ont développé tout un éventail de services gravitant autour de la question du vote des actionnaires et des problématiques de *corporate governance*, par exemple la mise à disposition de plateformes de vote, de plateformes d'information, diffusant résultats de recherche et analyses, ou encore d'un service de *governance rating*. En experts reconnus des questions de *corporate governance*, les agences de conseil en vote participent au développement des standards de la matière. Conscients de l'influence substantielle des *proxy advisors*, de nombreux conseils d'administration s'assurent un vote favorable aux assemblées générales en se conformant toujours davantage aux politiques de gouvernance que ces organismes promeuvent. Ce phénomène concourt à préserver la légitimité de l'organe de gestion de l'émetteur, mais il questionne quant à la pertinence des politiques de gouvernance développées. D'autant que les *proxy advisors* adoptent majoritairement une méthode d'analyse de type « one size fits all », c'est-à-dire fondée sur l'application d'un référentiel de gouvernance ne pouvant qu'imparfaitement prendre en compte certaines spécificités des émetteurs ou du marché au sein duquel ces derniers évoluent. Cette situation touche naturellement davantage les *proxy advisors* d'envergure internationale, quoique, après de notables efforts, les politiques de vote de ces géants de l'industrie tendent aujourd'hui à se spécialiser de marché à marché. Par le biais d'une promotion opiniâtre des valeurs du gouvernement d'entreprise, les *proxy advisors* ont construit leur influence auprès de nombreux émetteurs. Ainsi se sont-ils progressivement métamorphosés en agence de gestion des sociétés cotées. L'extrême majorité des conseillers *proxy* est de type « moniste » (*c'est-à-dire qu'ils offrent leurs services exclusivement aux investisseurs*), cela ne les empêche cependant pas d'impacter directement le fonctionnement des émetteurs, que ce soit par le biais de leurs politiques de vote/gouvernance, ou de leurs recommandations de vote, chaque fois qu'ils décident de les rendre publiques en amont de la tenue des assemblées générales. Plus encore, l'industrie du conseil en vote comprend un acteur de type « dualiste » (*et pas des plus négligeables puisqu'il s'agit du leader de l'industrie, le groupe ISS*), qui propose en parallèle à la fourniture de recommandations de vote aux investisseurs, un service de conseil en gouvernance auprès des émetteurs (*par le biais d'une filiale détenue à 100%*). Malgré le développement de notables « murailles de Chine » visant à cloisonner ces deux activités, cette agence se révèle théoriquement vulnérable à la survenance de conflits d'intérêts. Force est toutefois de souligner que l'atypisme des activités du groupe ISS n'est à l'origine d'aucun scandale ou dysfonctionnement notable.

592. Les agences de conseil en vote peinent à trouver les clefs de légitimation de leur influence sur le marché. Les conseillers *proxy* ne peuvent pleinement s'appuyer sur le pilier de la défense et de l'accroissement des intérêts actionnariaux généraux, puisqu'ils prospèrent sur l'incapacité relative ou complète de certains investisseurs à faire un usage efficient de leurs droits de vote. Une forme de dépendance à l'égard des recommandations de vote des *proxy advisors* peut ainsi apparaitre chez certains de leurs clients. Raison pour laquelle nous soutiendrons que la légitimation du pouvoir des conseillers *proxy* doit également reposer sur la reconnaissance de leur caractère d'expert en *corporate governance*. En la matière, ces organismes jouent tant un rôle de « lanceur d'alerte », que de « *soft law maker* ». En ce sens, leur influence concourt à une standardisation des politiques de vote des investisseurs, ainsi qu'à une uniformisation des politiques de gouvernance des émetteurs.

593. La présente étude s'est particulièrement attachée au développement de procédés de type « *soft law* » visant à légitimer l'influence des *proxy advisors,* en raison de l'inexistence de tout cadre législatif spécifique à l'activité de ces organismes. A l'échelle nationale, l'activité des agences de conseil en vote ne fait, à ce jour, l'objet que d'une simple recommandation AMF. C'est à l'échelle européenne que l'on relèvera deux avancées majeures. Il s'agit premièrement de la publication d'un Code de déontologie de l'exercice des *proxy advisors* : « *The Best Practice Principles for Providers of Shareholder Voting Research* », en mars 2014. Bien qu'il s'agisse d'un Code de type « *soft law* », les principaux conseillers *proxy* qui évoluent sur les marchés européens en sont signataires. Il s'agit donc d'un profond tournant dans l'exercice du conseil en vote, puisque ce Code dessine les contours de méthodes uniformisées. Les agences signataires s'engagent en effet à développer des mesures visant à accroître la transparence, la qualité, ainsi que l'indépendance de leurs pratiques. Mais en raison du caractère « comply or explain » du Code BPPSVR, certaines zones d'ombres demeurent, comme par exemple la gestion efficiente de la survenance de conflits d'intérêts, ou encore la prise en compte des spécificités des émetteurs et des marchés dans l'établissement des recommandations de vote des agences signataires. Ce Code demeure donc largement perfectible, d'autant qu'il fait uniquement la promotion d'un modèle autorégulé fondé sur la conduite à tenir à l'égard des investisseurs, des émetteurs, ainsi que des tiers du marché. Or, le développement d'un modèle autorégulé élargi, basé sur les arcanes du BPPSVR, offrirait l'avantage de définir également les normes de conduite que devraient respecter l'ensemble des acteurs ci-dessus cités, lorsqu'ils entrent en relation avec un conseiller *proxy*. Secondement, le 3 avril 2017, le Conseil a adopté la directive (UE) 2017/828 modifiant la directive 2007/36/CE, qui souligne que les États membres doivent veiller à la transparence des *proxy advisors*, et que ces organismes doivent se référer, dans la limite du « *comply or explain* » à un Code de bonne conduite. La Commission, en étroite coopération avec l'ESMA, présentera au plus tard le 10 juin 2023, un rapport évaluant la nécessité d'établir des dispositions contraignantes pour les conseillers *proxy*, en tenant compte de l'évolution des marchés.

594. Sans que nous ne rejetions catégoriquement l'hypothèse de l'établissement d'une réglementation contraignante des agences de conseil en vote, la mise en œuvre d'une telle démarche nous parait une cause d'instabilité en raison du caractère hautement spécifique, transversal et transnational de l'activité de ces organismes. Si une telle réglementation devait voir le jour, il conviendrait d'être particulièrement attentif aux profondes perturbations que ce changement de paradigme pourrait impliquer dans le fonctionnement de la frange des investisseurs institutionnels structurellement fragiles. Ces derniers sont bien plus nombreux qu'il n'y parait. Partant, rien ne nous permet à ce jour d'affirmer qu'un encadrement contraignant des conseillers *proxy* puisse se révéler davantage efficient que la réglementation de type « *soft law* » existante. Une règlementation souple que nous proposons d'enrichir par le biais des propositions développées au fil de cette étude, propositions qui s'attachent à rationaliser les pratiques d'exercice de ces organismes, ainsi qu'à faire émerger de nouvelles clefs de légitimation de leur influence.

595. L'étude des agences de conseil en vote se révèle propice au développement de sentiments ambivalents. Ces organismes se montrent nécessaires et précieux, tout autant qu'ils interpellent et inquiètent. L'immixtion des conseillers *proxy* dans la gestion des émetteurs en est une illustration frappante. Alors que cette immixtion souffre d'une légitimité incertaine, force est de constater que cette situation favorise la promotion des principes de *corporate governance*, et participe à ce que les émetteurs développent davantage de mécanismes de transparence et de contrôle. En ce sens les conseillers *proxy* participent bien à accroître l'efficience du marché. Les agences de conseil en vote sont des acteurs singuliers du marché : influents et perfectibles, paradoxaux et nécessaires.

Annexes

Annexe 1 :

PROXINVEST : Illustration de recommandations de vote.

Les clients du service d'analyse d'assemblées générales de PROXINVEST reçoivent une analyse complète et détaillée des points à l'ordre du jour environ deux semaines avant le déroulement de l'assemblée générale (Cf., annexe 2).

Edition du 30/09/2015

Proxinvest **Recommandations de vote**

La mission de Proxinvest est de conseiller les investisseurs qui désirent exercer leur responsabilité d'actionnaire en surveillant les résolutions d'assemblées générales ou en incorporant dans leur politique d'investissement ou de dialogue avec les émetteurs une connaissance approfondie des problématiques de gouvernance d'entreprise. Les clients du service d'analyse d'assemblées générales de Proxinvest reçoivent une analyse complète des points à l'ordre du jour environ deux semaines avant l'assemblée générale. Ces analyses sont également disponibles par abonnement à la recherche Proxinvest sur la plateforme clients de Proxinvest (Devenir client) ou par souscription en ligne à l'unité.
Parallèlement Proxinvest entend promouvoir la diffusion des meilleurs pratiques de gouvernance d'entreprise et d'investissement responsable au sein du grand public. Ainsi, conformément au principe 3.3 du code de conduite des agences de conseil de vote (« Dialogue with Media & the Public ») dont Proxinvest est signataire, Proxinvest a développé une politique de communication avec les différentes parties prenantes que sont les médias, le public et la communauté des actionnaires individuels, qui permet à quiconque de prendre connaissance des recommandations de vote de Proxinvest sur son site Internet 2 jours ouvrables avant la date des assemblées générales. Ce niveau de transparence n'est pas commun dans la communauté des investisseurs et la profession des agences de conseil de vote, toutefois Proxinvest entend assumer son rôle de pionnier sur le marché français dans la définition et la diffusion des meilleures pratiques de gouvernance.
Ces recommandations de vote reposent sur les principes de gouvernement d'entreprise de Proxinvest et sa politique de vote.

Avenir Telecom FR0000066052 lundi 17 août 2015 Lettre conseil

Résolution	Résumé de la résolution	Recommandation Proxinvest
1	Approbation des comptes sociaux connaissance prise du rapport de gestion, du rapport du conseil et du rapport des commissaires aux comptes : les comptes présentent un résultat social de 1 825 975 € pour l'exercice.	Pour
2	Approbation des comptes consolidés.	Pour
3	Affectation du résultat social de 1 825 975 € au report à nouveau.	Pour
4	Approbation du rapport sur les conventions réglementées.	Contre
5	Constatation de la démission d'Agnès Tixier.	Pour
6	Ratification de la cooptation de Véronique Baume comme administrateur pour une durée de 5 ans en remplacement d'Agnès Tixier.	Contre
7	Renouvellement du mandat de Jean-Daniel Beurnier comme administrateur pour une durée de 6 ans.	Contre
8	Nomination de Vincent Gros du cabinet Deloitte en qualité de commissaire aux comptes titulaire pour une durée de six ans.	Pour
9	Renouvellement de la Société d'Expertise Comptable et de Commissariat aux Comptes CASASOLA en tant que commissaire aux comptes suppléant pour une durée de 6 ans.	Pour
10	Autorisation de cession partielle d'actifs au profit de CIG HOLDING.	Pour
11	Modification de l'article 21 des statuts relatif aux conditions de participation aux assemblées.	Pour
12	Pouvoirs pour les formalités liées à l'assemblée (dépôts, publicité...).	Pour

Source : http://www.proxinvest.fr/?page_id=1941

Annexe 2 :

Analyse des assemblées générales : Illustration parcellaire d'une étude (dénommée Lettre Conseil) de PROXINVEST.

Proxinvest
Managing Partner ECGS

LETTRE CONSEIL

Carrefour

Date de réunion	mardi 15 avril 2014 à 09:30
Lieu de réunion	Palais des Congrès - 2 place de la Porte Maillot - 75017 Paris
Type d'assemblée	mixte
Première insertion au BALO	10/03/2014 - http://www.journal-officiel.gouv.fr/publications/balo/html/2014/0310/201403101400569.htm
Centralisateur	CACEIS
Date limite de dépôt	samedi 12 avril 2014

Analyste : Déborah Slama

Date de diffusion : 31/03/2014

POINTS D'ATTENTION PRIORITAIRES

Les actionnaires de Carrefour sont convoqués en assemblée générale notamment pour se prononcer de manière consultative sur la rémunération due et attribuée au titre de l'exercice 2013 à Georges Plassat, Président Directeur Général. Or, à la date de publication du Document de Référence de la société, soit 21 jours avant l'assemblée générale, le montant variable dû au titre de l'exercice n'a pas été déterminé par le conseil et n'est donc pas communiqué aux actionnaires. Il est peu concevable pour les actionnaires d'approuver une rémunération dont les montants ne sont pas communiqués et Proxinvest recommande donc l'opposition à la cinquième résolution.

Par ailleurs, la société indique se conformer au code AFEP-MEDEF et n'indique écarter aucune recommandation. Or certaines des dispositions de ce code n'ont pas été appliquées (nombre de réunions, taux de participation et activités du conseil et des comités), et la société aurait donc, conformément au principe "comply or explain" du en expliquer les raisons. Conformément à notre politique de vote, Proxinvest recommande l'opposition à l'approbation des comptes sociaux (résolution 1).

Enfin, Proxinvest considère exceptionnellement acceptable la modification des statuts afin de porter l'âge maximal du Directeur Général de 65 à 70 ans : le conseil d'administration eut dû proposer une modification statutaire dérogatoire et non permanente afin de permettre à Georges Plassat d'être maintenu dans ses fonctions pour une période de cinq années.

SOMMAIRE

1. ORDRE DU JOUR ET RECOMMANDATIONS DE VOTES

N° résolution	Résolution	Recommandation du Conseil	Recommandation Proxinvest
1	Approbation des comptes sociaux connaissance prise du rapport de gestion, du rapport du conseil et du rapport des commissaires aux comptes : les comptes présentent un résultat social de 1 803 754 408 € pour l'exercice.	POUR	CONTRE
2	Approbation des comptes consolidés : les comptes présentent un résultat consolidé de 1 263 millions € pour l'exercice.	POUR	POUR
3	1) Affectation du résultat : dividende de 0,62 € par action. Mis en paiement le 28 mai 2014. 2) Option pour le paiement du dividende de l'exercice en actions prix de souscription non inférieur à 95% du cours de l'action. Date limite d'exercice de l'option : 15 mai 2014.	POUR	CONTRE
4	Approbation des nouvelles conventions réglementées.	POUR	POUR
5	Avis consultatif sur la rémunération individuelle de Georges Plassat, Président Directeur Général.	POUR	CONTRE
6	Ratification de la cooptation de Thomas Barrack comme administrateur pour une durée de 2 ans.	POUR	CONTRE
7	Renouvellement du mandat d'Amaury de Sèze comme administrateur pour une durée de 3 ans.	POUR	CONTRE
8	Renouvellement du mandat de Bernard Arnault comme administrateur pour une durée de 3 ans.	POUR	CONTRE
9	Renouvellement du mandat de Jean-Laurent Bonnafé comme administrateur pour une durée de 3 ans.	POUR	CONTRE
10	Renouvellement du mandat de René Brillet comme administrateur pour une durée de 3 ans.	POUR	POUR
11	Autorisation d'acquisition et de vente par la société de ses propres actions : autorisation portant sur 65 649 919 actions. Prix d'achat maximum : 45,00 €. Rachat exclu en période d'offre. Durée de l'autorisation : 18 mois.	POUR	POUR
12	Modification des statuts : l'âge statutaire maximal du Directeur Général est porté de 65 à 70 ans.	POUR	POUR
13	Autorisation de réduction éventuelle du capital à hauteur de 10% du capital. Durée de l'autorisation : 24 mois.	POUR	POUR

4. STRUCTURE ACTIONNARIALE

Actionnariat estimé

Principaux actionnaires

Nom	% du capital	% des droits de vote
Concert Colony-Arnault (Blue Capital)	14,77%	20,06%
Carrefour Salariés	1,09%	1,92%
Autodétention	0,80%	0%

Droits des actionnaires : Respect des principes Proxinvest

Traitement équitable des actionnaires	👎	Non respect du principe "une action - une voix".
Droit de vote égal pour tout actionnaire	👎	Droit de vote double sous condition de détention nominative d'au moins 2 ans.
Absence de limitation de droits de vote	👍	Pas de plafonnement du droit de vote en assemblée.
Seuil de déclaration d'actionnariat	👍	Le seuil statutaire de déclaration d'actionnariat de 1% représente une contrainte importante pour les investisseurs institutionnels d'autant plus que la société ne communique pas ces franchissements de seuils.
Rachats d'actions en période d'offre publique non autorisés	👍	Pas de rachat d'actions possible en période d'offre publique.

Commentaires

Société Anonyme à conseil d'administration.
Le capital social de la société s'élève au 31 décembre 2013 à 1 809 960 480 € et est composé de 723 984 192 actions.
Pas de respect du principe "Une action - Une voix" : droit de vote double sous condition de détention nominative d'au moins 2 ans.
Seuil de déclaration obligatoire à partir de 1% du capital : la société ne communique pas les franchissements de ce seuil.

Le concert Colony-Arnault (Blue Capital) est le principal actionnaire de la société et détient 14,77% du capital et 20,06% des droits de vote, suivi des salariés avec 1,09% du capital et 1,92% des droits de vote.

Part des salariés au capital de 1,09% du capital.
Nombre d'actionnaires estimé : 250 000.

6. RÉMUNÉRATION ⇑

Membres du conseil (en fonction au cours de l'exercice)

(Valeurs en euros)	2013		2012		Nombre d'actions détenues	Equivalent espèces au 31/12/2013
Nom	Jetons	Autres	Jetons	Autres		
Georges Plassat	55 000	0	13 339	0	30 000	864 300
Sébastien Bazin	105 000	0	114 062	0	1 000	28 810
Amaury de Sèze	85 000	0	92 188	0	12 500	360 125
Bernard Arnault	38 636	0	44 688	0	1 000	28 810
Nicolas Bazire	55 000	0	60 000	0	1 000	28 810
Jean-Laurent Bonnafé	43 182	0	43 750	0	1 030	29 674
Thierry Breton	61 364	0	73 125	0	1 000	28 810
Bertrand de Montesquiou	65 000	0	9 107	0	198 261	5 711 899
Diane Labruyère	55 000	0	7 902	0	34 580	996 250
Mathilde Lemoine	49 882	0	71 010	0	2 000	57 620
Georges Ralli	70 758	0	9 107	0	5 000	144 050
René Brillet	64 091	0	75 000	0	270 250	7 785 903
Charles Edelstenne	45 000	0	53 125	0	1 000	28 810
Anne-Claire Taittinger	54 091	0	72 884	0	3 901	112 388
Total versé	847 003	-	739 287	-		
Total autorisé	900 000	-	900 000	-		

Premier dirigeant : Georges Plassat

(Valeurs en euros)	2013 mois rémunérés : 12	2012 mois rémunérés : 9	Variation
Fixe	1 500 000	1 125 000	n/a
Bonus annuel, dont :	0	1 543 500	n/a
- variable dû	*0*	*1 543 500*	*n/a*
- variable différé	*0*	*0*	*n/a*
- bonus en actions	*0*	*0*	*n/a*
Variable pluriannuel	0	0	n/a
Variable pluriannuel (selon la société)	*0*	*0*	*n/a*
Exceptionnel	0	0	n/a
Options	0	0	n/a
Options (selon la société)	*0*	*0*	*n/a*
Actions	0	0	n/a
Actions (selon la société)	*0*	*0*	*n/a*
Indemnisation de départ	0	0	n/a
Rémunération holding	0	0	n/a
Autre	55 000	13 339	n/a
TOTAL	1 555 000	2 681 839	n/a
TOTAL (selon la société)	*1 555 000*	*2 681 839*	*n/a*

8. RECOMMANDATIONS DE VOTES ⇑

1	Approbation des comptes sociaux connaissance prise du rapport de gestion, du rapport du conseil et du rapport des commissaires aux comptes : les comptes présentent un résultat social de 1 803 754 408 € pour l'exercice.	CONTRE	⇑

Contrairement à l'année précédente, les documents préparatoires à l'AG sont disponibles sur le site Internet dans les délais légaux (21 jours avant l'assemblée générale) afin de permettre aux actionnaires de voter en toute connaissance. Les comptes sociaux sont disponibles et certifiés sans réserve par les commissaires aux comptes. Comité d'Audit non majoritairement indépendant (taux d'indépendance 25%). Proxinvest note que le rapport des commissaires aux comptes sur le rapport sur le contrôle interne du Président n'appelle pas de remarque. Or, il semble que le Document de Référence de Carrefour ne contienne pas de rapport du Président concernant les procédures de contrôle interne et de gestion des risques relatives à l'élaboration et au traitement de l'information comptable et financière, ou du moins aucun rapport de ce type signé de Georges Plassat, même si l'ensemble des informations y afférentes sont communiquées.

La société se réfère au code AFEP-MEDEF et déclare en respecter toutes ses dispositions. Cependant, il semble que certaines recommandations n'aient pas été respectées et que Carrefour n'en explique pas les raisons (non application du principe "comply or explain"). Ainsi :

- En point 11 du code de gouvernance, il est recommandé que "le nombre des séances du conseil d'administration et des réunions des comités du conseil tenues au cours de l'exercice écoulé doit être indiqué dans le rapport annuel, qui doit également donner aux actionnaires toute information utile sur la participation des administrateurs à ces séances et réunions.". Or, le nombre de réunions des comités et le taux de participation à ces séances ne sont pas indiqués dans le document de référence de Carrefour alors que la société communiquait ces informations l'année passée.
- En points 16.3, 17.2.2 et 18.2, le code AFEP-MEDEF recommande que le rapport annuel comporte un exposé sur l'activité des comités d'audit, de nomination et de rémunération au cours de l'exercice écoulé, ce que le document de référence de Carrefour ne mentionne pas, alors qu'une fois de plus la société communiquait ces informations l'année passée.
- En point 24.2, le dit code de gouvernance recommande que le rapport annuel doit comporter un chapitre devant prévoir "une présentation détaillée de la rémunération individuelle de chaque dirigeant mandataire social comparée à celle de l'exercice précédent, et ventilée par masses entre parties fixes et parties variables. Bien que le code de commerce ne le prévoie pas, il apparaît que l'information la plus pertinente pour les actionnaires est celle qui consiste à rattacher la partie variable à l'exercice au titre duquel elle est calculée, même si elle n'est versée qu'au cours des exercices suivants. Il est donc recommandé de communiquer en priorité sur les rémunérations dues au titre de l'exercice [.]". Or, le document de référence de Carrefour indique que la rémunération variable 2013 n'est pas déterminée à la date de publication du présent Document de Référence.

Ainsi, au regard de cette non application du principe "comply or explain" et conformément à notre politique de vote, nous recommandons l'opposition.

2	Approbation des comptes consolidés : les comptes présentent un résultat consolidé de 1 263 millions € pour l'exercice.	POUR	⇑

Comptes consolidés certifiés sans réserve par les commissaires aux comptes.

Sur l'exercice, le chiffre d'affaires consolidé s'est élevé à 74 299 millions, en baisse de 2,4% par rapport à l'exercice précédent. Sur deux ans, les ventes affichent un recul de 7,7%. A taux de changes constants, les ventes augmentent de 2% sur l'exercice "avec une progression dans tous les formats en France, un rebond au second semestre en Europe, une progression remarquable en Amérique Latine et une accélération en Asie". Le résultat opérationnel a progressé de 66,1% sur l'exercice, et à taux de change constants de 9,8%. "L'Europe (y compris la France) affiche une hausse du résultat opérationnel courant de +11,3% alors que les pays émergents (Amérique Latine et Asie) enregistrent une croissance de +8,5%". Le résultat part du groupe par action a progressé de 6% sur l'exercice antérieur et est en hausse de 53,6% sur la moyenne des deux exercices précédents.
Le cours de l'action a baissé de 6% depuis la fin de 2013 et a progressé de 54% depuis la fin de 2011.

Nous recommandons l'approbation.

3	1) Affectation du résultat : dividende de 0,62 € par action. Mis en paiement le 28 mai 2014. 2) Option pour le paiement du dividende de l'exercice en actions prix de souscription non inférieur à 95% du cours de l'action. Date limite d'exercice de l'option : 15 mai 2014.	CONTRE	⇑

1) Progression du dividende de 7% sur l'exercice précédent en ligne avec la progression de 6% du bénéfice par action. Le taux de distribution proposé s'inscrit à 34% en ligne avec la politique définie en mars 2012 de stabilité de distribution. La distribution s'élève à 5,7% des fonds propres consolidés et 26% des flux de trésorerie d'exploitation. Le montant du dividende proposé semble acceptable.

2) Cependant, la résolution ouvre une option d'un mois permettant de recevoir le dividende sous forme d'actions nouvelles à 95% du prix moyen des vingt jours ayant précédé l'assemblée, le prix étant connu au préalable. Il est de meilleure pratique de dissocier le vote sur cette option de la résolution d'approbation du dividende ("vote bloqué").

L'opération constituant par sa procédure en une prime à l'arbitrage administrativement coûteuse ne saurait assurer la fidélisation généralement recherchée et ne justifie pas la dilution rampante aux dépens des actionnaires passifs ou aveuglement fidèles. Proxinvest est favorable à tous les procédé loyaux et sains d'encouragement de la fidélité des actionnaires et recommande depuis dix ans l'adoption du procédé anglais ou espagnol de dividende en actions plus équitable. Tant que le législateur n'aura pas rendu son cadre réglementaire plus juste et en ligne avec les meilleurs standards étrangers, Proxinvest refusera les résolutions autorisant l'option pour le dividende en actions prévoyant une décote. Cette dernière encourage en effet d'autant plus les opérations d'arbitrage susvisées et dilue plus fortement les actionnaires optant pour le dividende en espèces.

Source : PROXINVEST,
« lettre conseil Carrefour », http://www.proxinvest.fr/?page_id=31, 2014, p. 1-2, 7, 13, 18.

Bibliographie

Thèses et monographies

ABDELMOUMEN (N.), « *Hiérarchie et séparation des pouvoirs dans les sociétés anonymes de type classique* », Paris I, 2013.

ALCOUFFE (A.), « *Gouvernement d'entreprise : réseaux d'administrateurs et investisseurs institutionnels* », Toulouse I, 2011.

ARENA (S.), « *Objectivisme et responsabilité civile* », Paris XIII, 2008.

BELOT (F.), « *Pactes d'actionnaires et mécanismes de renforcement du contrôle* », Paris IX, 2010.

BENMBAREK (N.), « *Le comportement des investisseurs institutionnels dans le contrôle des entreprises de leurs portefeuilles : une contribution à l'étude des facteurs d'influence* », Nice Sophia-Antipolis, 2003.

BENNINI (A.), « *Le voile de l'intérêt social* », Cergy-Pontoise, LEJEP, 2010.

BIHR (M.H.), « *L'intégration de la responsabilité sociale de l'entreprise et des informations extra-financières par le marché financier* », Grenoble, 2010.

BOUVERESSE (J.), « *Les conflits d'intérêts en droit des sociétés* », Strasbourg III, 2006.

BOUZOUBAA (F.Z.), « *Les besoins des investisseurs en informations financières et comptables : le cas des investisseurs institutionnels* », Toulouse I, 2015.

BRANCHUT (J.), « *Les abus de minorité dans les sociétés anonymes* », Paris II, 1974.

BRUN (A.), « *Rapports et domaines des responsabilités contractuelle et délictuelle* », Lyon, 1931.

CHATELIN (C.), « *Privatisation et architecture organisationnelle : une contribution à la théorie de la gouvernance à partir d'une approche comparative des formes organisationnelles publiques et privées* », Bourgogne, 2001.

CHEZAUD (H.), « *Les assemblées d'actionnaires* », Paris I, 1989.

CLEMENT (J.C.), « *Le rôle des batailles de procurations au sein du gouvernement des entreprises* », Grenoble II, 2006.

CLUZANT (S.C.), « *Pouvoirs de l'assemblée extraordinaire de la société par actions et les droits propres de l'actionnaire* », Toulouse, 1906.

CONSTANTIN (A.), « *Les rapports de pouvoir entre actionnaires dans les sociétés anonymes* », Paris I, 1998.

COUPET (C.), « *L'attribution du droit de vote dans les sociétés* », Paris II, 2012.

DAMMAK (N.), « *Notation financière et comportement des acteurs sur le marché financier* », Paris Est, 2013.

DU GARREAU de la MECHENIE (J.), « *Les droits propres de l'actionnaire* », Poitiers, 1937.

FADAIE GHOTBI (R.), « *Comprendre la responsabilité civile* », Paris II, 2016.

FORGUES (F.), « *L'actionnaire indirect* », Paris I, 2002.

GROSCLAUDE (L.), « *Le renouvellement des sanctions en droit des sociétés* », Paris I, 1997.

G'SELL-MACREZ (E.), « *Recherches sur la notion de causalité dans la responsabilité juridique* », Paris I, 2005.

HABIB (A.), « *Analyse des fusions acquisitions : activisme des investisseurs institutionnels et pouvoir managérial* », Bordeaux, 2015.

HU (X.), « *Le groupe de sociétés en droit français et en droit chinois* », Angers, 2010.

ISKANDAR (S.), « *Le déclin des bourses démutualisées : gouvernance défaillante, déréglementation et progrès technologique affaiblissent les marchés organisés* », Paris I, 2014.

KHALDI (M.A.), « *Impact des mécanismes de gouvernance sur la création et la répartition de la valeur partenariale* », Grenoble, 2014.

KHENISSI (M.), « *Rémunération des dirigeants et gouvernance des entreprises* », Lyon II, 2013.

LE BARS (B.), « *Les associations de défense d'actionnaires et d'investisseurs* », Paris I, 1998.

LHUILLIER (J-B.), « *Le cyber-actionnaire : adaptation du droit des sociétés à l'évolution des technologies d'information et de communication* », Paris X, 2015.

LIEUTIER (J.P.), « *Le modèle de l'actionnariat salarié* », Aix-Marseille, 2012.

MAHMOUD (E.), « *L'information des actionnaires : étude comparative* », Paris II, 1976.

MANIN (F.), « *Les investisseurs institutionnels* », Paris I Panthéon-Sorbonne, 1997.

MEADEL (J.), « *Les marchés financiers et l'ordre public* », LGDJ, 2007.

MIZZI (A.), « *Subjectivisme et responsabilité civile* », Toulouse I, 2005.

MONTANDRAU (S.), « *Activisme des investisseurs institutionnels, gouvernement d'entreprise et richesse de l'actionnaire : le cas des alertes de l'AFG-ASFFI sur les sociétés françaises cotées* », Aix-Marseille III, 2004.

MOREAU (L.), « *Agence de notation et architecture financière internationales. Perspectives historiques* », Paris X, 2009.

OTHMANI GHARBI (H.), « *Investisseurs institutionnels et performance des entreprises* », Aix-Marseille III, 2010.

OUASSINI SAHLI (M.), « *La responsabilité de la société mère du fait de ses filiales* », Paris IX, 2014.

PAILLUSSEAU (J.), « *La société anonyme technique judiciaire d'organisation de l'entreprise* », Paris, Sirey, 1970.

PIQUET (F.), « *Les agences de conseil en vote (proxy advisers)* », mémoire, Paris II Panthéon-Assas, 2012.

QUEZEL-AMBRUNAZ (C.), « *Essai sur la causalité en droit de la responsabilité civile* », Chambéry, 2008.

RECEVEUR (B.), « *La force obligatoire du contrat de société : contribution à l'étude des relations entre droit des contrats et droits des sociétés* », Cergy-Pontoise, 2014.

RIGOT-COTELLON (S.), « *Stratégies et gouvernance des fonds de pension* », Paris X, 2010.

ROUAUD (A.C.), « *Contribution à l'étude de l'opération de marché : Étude de droit des marchés financiers* », Paris I, 2008.

RAINGEARD de la BLETIERE (O.), « *Efficacité de la notation et régulation* », Paris II, 2005.

SADOK JABALLAH (J.), « *Essais sur l'impact des crises financières sur la réputation et le comportement des agences de notation* », Toulouse I, 2014.

SOTIROPOULOU (A.), « *Les obligations d'information des sociétés cotées en droit communautaire* », Paris I, 2009.

VANAPPELGHEM (C.), « *Le rôle et l'efficacité du conseil d'administration selon sa sympathie à l'égard du dirigeant : le cas des firmes françaises cotées* », Grenoble, 2015.

YANISELLY (Y.), « *La représentation des actionnaires dans les assemblées générales ordinaires des sociétés anonymes* », Paris II, 1994.

Ouvrages généraux et spéciaux, encyclopédies, dictionnaires

AGLIETTA (M.), RIGOT (S.), « *Crise et rénovation de la Finance* », Odile Jacob, 2009.

ARISTOTE, « Éthique à Nicomaque », LGF, 1992.

BATSCH (L.), « *Le capitalisme financier* », Repères, 2002.

BENABENT (A.), « *Droit civil : Les contrats spéciaux civils et commerciaux* », Montchrestien, lextenso éditions, 9e édition, février 2011.

BERGEL (J.L.), « *Méthodologie juridique* », PUF, Thémis, Droit privé, 2001.

BISSARA (P.), FOY (R.), DE VAUPLANE (A.), « *Droit et pratique de la gouvernance des sociétés cotées* », JOLY, 2007.

BOSSUET (J.B.), « *Politique tirée des propres paroles de l'écriture sainte* », J. A. LEBEL, 1818.

BOURGUINAT (H.), « *Finance internationale* », Presses Universitaires de France, 1995.

BRENDER (A.) PISANI (F.), « *La crise de la finance globalisée* », La découverte, 2009.

BRETHE de la GRESSAYE (J.), LABORDE-LACOSTE (M.), « *Introduction générale à l'étude du droit* », Sirey, 1947.

BRISSY (Y.), GUIGOU (D.), MOUROT (A.), « *Gouvernance et communication financière* », éditions d'Organisation, Paris, 2008.

BRUN (P.), « *Responsabilité civile extracontractuelle* », LexisNexis, 3e éd, 2014.

BURGARD (J-J.), « *L'information des actionnaires* », éd. Dunod, coll. « *La vie des entreprises* », 1970.

CORIAT (B.), « *L'installation de la Finance en France* », Revue de la régulation, n° 3/4, 2008, http://regulation.revues.org/index5843.html.

CORNU (G.), « *Vocabulaire juridique* », PUF, Association Henri Capitant, Quadrige 9e éd., 2011.

COZIAN (M.), VIANDIER (A.), DEBOISSY (F.), « *Droit des sociétés* », 26e éd., Litec, 2015.

CUISINIER (V.), « *L'affectio societatis* », Litec (Bibl. de Droit de l'Entreprise), préf. A. Martin-Serf, 2008.

DAMIEN (R.), « *Le conseiller du Prince de Machiavel à nos jours : genèse d'une matrice démocratique* », Presses universitaires de France, 2003.

DAMIEN (R.), TOSEL (A.), « *L'action collective : coordination, conseil, planification* », Les Belles Lettres, Annales littéraires de l'Université de Franche-Comté, 1998.

DIDIER (P.), DIDIER (PH.), « *Droit commercial – Les sociétés commerciales* », Économica, 2011, tome 2.

FABRA (P.), « *Le capitalisme sans capital* », Eyrolles, 2010.

GODON (L.), « *Les obligations des associés* », Economica, 1999, préf. Y. Guyon.

GOMEZ (P-Y.), « *La république des actionnaires - Le gouvernement des entreprises, entre démocratie et démagogie* », Syros, 2001.

GRANIER (T.), « *Les fonds d'investissement* », Axe droit, Lamy, 2013.

GUILLIEN (R.), VINCENT (J.), « *Lexique des termes juridiques* », 21e éd., Dalloz, 2014.

GUYON (Y.), « Droit des Affaires - *Droit commercial général et sociétés* », t. 1, 12e éd., Economica, 2003.

HANNOUN (C.), « *La dématérialisation de l'entreprise. Essai sur les dimensions immatérielles de l'entreprise* », L'Harmattant, 2010.

HOURCADE (A.), LEFEBVRE (R.), « *Aristote : rationalités* », Cahiers de l'ERIAC, n° 1 – Rencontres philosophiques, 2011.

IZRAELEWICZ (E.), « *Le capitalisme zinzin* », Grasset, 1999.

JORION (P.), « *La crise : des subprimes au séisme financier planétaire* », Fayard, 2008.

KEYNES (J.M.), « *Théorie générale de l'emploi, de l'intérêt et de la monnaie* », Les classiques des sciences sociales, 1936, Livre IV.

KUHN (T.), « *La structure des révolutions scientifiques* », Flammarion, 1972.

LAMETHE (D.), « *Les paradoxes des administrateurs indépendants* », OMNIDROIT, Newsletter n°85, 10 février 2010.

LE CANNU (P.), DONDERO (B.), « *Droit de sociétés* », 6e éd., Lextenso éditions 2015.

MALINVAUD (P.), FENOUILLET (D.), MEKKI (M.), « *Droit des obligations* » LexisNexis, 13e édition, 2014

MAZUYER (E.), KONIN (M.A.), BEN ABDALLAH (E.), BERTHILLON (F.), BORGA (N.), et al..., « *Quel cadre juridique pour une mise en oeuvre effective des codes de gouvernance d'entreprise ?* », HAL, Rapport de recherche, Mission de recherche Droit et Justice, 2017.

MEURIER (G), « *Trésor des sentences* », 1568.

MIGNON (V.), LARDIC(S.), « *L'efficience informationnelle des marchés financiers* », Repères n°461, août 2006.

MORIN (F.), « *Le nouveau mur de l'argent. Essai sur la finance globalisée* », éd. du Seuil, 2006.

MOULIN (J.M.), « *Droit des sociétés et des groupes* », 8e éd., Lextenso éditions, 2014.

MOUSSERON (P.), « *Droit des sociétés* », 2e éd., Montchrestien, 2005.

NEUVILLE (S.), « *Droit de la banque et des marchés financiers* », PUF, 2005.

OHL (D.), « *Droit des sociétés cotées - Accès aux marchés - Valeurs mobilières cotées - Offres publiques - Abus de marché* », Litec, 2008.

OPPETIT (B.), « *Droit et modernité* », PUF, 1998.

PETIT (B.), « *Droit des sociétés, Objectif Droit cours Licence Master* », 5e éd., Litec, 2010.

POITRINAL (F.D.), « *La révolution contractuelle du droit des sociétés* », *Dynamique et paradoxes*, Rev. banque, éd. 2003.

POLANYI (K.), « *La Grande transformation. Aux origines politiques et économiques de notre temps* », Gallimard, 1983.

ROUSSEAU (J.J.), « *Pensées d'un esprit droit, et sentiments d'un cœur vertueux* », Fournier-Favreux, 1826.

SCHMIDT (V.D.),

« *Les droits de la minorité dans la société anonyme* », Sirey, 1970.

« *Les conflits d'intérêts dans la société anonyme* », Joly, 2004.

SMITH (A.), « *Recherches sur la nature et les causes de la richesse des nations* », Les classiques des sciences sociales, tome I.

SOSTHENE De La ROCHEFOUCAULD-DOUDEAUVILLE (L.F.), « *Le livre des pensées et maximes* », 1861.

SPINOZA (B), « Éthique », Charpentier, 1861, Partie III.

TILQUIN (T.), **SIMONART (V.)**, « *Traité des sociétés* », vol. 1, Kluwer Editions Juridiques Belgique, 1996.

MAGNIER (M.), Collectif, « *La gouvernance des sociétés cotées face à la crise - Pour une meilleure protection de l'intérêt social* », LGDJ, 2010, préf. P. Marini.

VIDAL (D.), « *Droit des sociétés* », 7e éd., LGDJ, 2010.

Rapports, traités, études, recommandations, codes et colloques

AGLIETTA (M.), « *Investisseurs à long terme et gouvernance d'entreprise* », Actes des 6e Journées d'Economie financière, Hammamet, Tunisie, 2008, p.15.

AFEP,

« *Le choix de la formule de gouvernance - Unicité ou dissociation des fonctions de président du Conseil d'administration et de directeur général* », Janvier 2015, p. 2.

« *Le cadre de la gouvernance d'entreprise dans l'UE : Réponse de l'AFEP au Livre vert* », 13 juillet 2011, p. 26-27.

AFEP-MEDEF,

« *Code de gouvernement d'entreprise des sociétés cotées* », (Révisé en novembre 2016).

« *Code de gouvernement d'entreprise des sociétés cotées* », (Révisé en novembre 2015).
« *Code de gouvernement d'entreprise des sociétés cotées* », (Révisé en juin 2013).
AFGE,
« *La Lettre de l'AFGE* », n°49, Editorial - 2e trimestre 2017.
« *La Lettre de l'AFGE* », n° 48 - 1er trimestre 2017.
« *La Lettre de l'AFGE* », n°47 4e trimestre 2016.
« *La Lettre de l'AFGE* », n°46 - 3e trimestre 2016.
« *La Lettre de l'AFGE* » n°42 - 3e trimestre 2015.
« *La Lettre de l'AFGE* », n°38 - 3e trimestre 2014.
« *La Lettre de l'AFGE* », n°36 -1er trimestre 2014.
« *La Lettre de l'AFGE* », n°31- 4e trimestre 2012.
ALLAIRE (Y.), IGOPP,
« *Avis de consultation des ACVM : Projet d'Avis 25-201 relatif aux indications à l'intention des agences de conseil en vote* », 16 juillet 2014, p. 5-6.
« *Le rôle préoccupant des agences de conseil en vote (« proxy advisors ») : Quelques recommandations de politiques* », IGOPP, 2013.
AMF,
« *Bilan, Mise en œuvre des propositions du rapport de l'AMF de 2012 sur les assemblées générales d'actionnaires des sociétés cotées* », 11 février 2015.
« *Recommandation, Rapport 2014 de l'AMF sur le gouvernement d'entreprise et la rémunération des dirigeants* », 22 septembre 2014, n° 2014-08.
« *Position-recommandation, L'exercice des droits de vote par les sociétés de gestion* », DOC-2005-19, Document créé le 2 juin 2005, modifié le 29 juillet 2014.
« *Rapport sur les valeurs moyennes et petites* », 18 novembre 2013, p. 5.
« *Recommandation* », 10 octobre 2013, n° 2013-15.
« *Rapport 2013 de l'AMF sur le gouvernement d'entreprise et la rémunération des dirigeants* », 2013, p. 60.
« *Rapport 2012 de l'AMF sur le gouvernement d'entreprise et la rémunération des dirigeants des sociétés cotées* », 11 octobre 2012.
« *Rapport 2011 de l'AMF sur les agences de notation* », 20 août 2012, p. 7-8, 18-19, 21, 24.
« *Rapport final sur les assemblées générales d'actionnaires de sociétés cotées* », Groupe de travail présidé par O. POUPART, 2 juillet 2012.
« *Rapport sur les assemblées générales d'actionnaires de sociétés cotées* », 7 février 2012.
« *Réponse de l'AMF à la consultation de la Commission européenne sur le livre vert portant sur le cadre de la gouvernance d'entreprise dans l'UE* », 22 juillet 2011.
« *VOEUX A LA PLACE, Intervention du Président de l'Autorité des marchés financiers* », 4 janvier 2011, p. 4.
« *Recommandation, Agences de conseil en vote* », n° 2011-06.

« *Principes d'organisation et de publication de la doctrine de l'AMF* », 7 décembre 2010.

« *Rapport 2010 de l'AMF sur le gouvernement d'entreprise et la rémunération des dirigeants* », 2010, p. 41-45.

« *Rapport sur les opérations de prêt emprunt de titres en période d'assemblée générale d'actionnaires* », Groupe de place présidé par Y. MANSION, janvier 2008.

« *Recommandation, la participation des actionnaires aux assemblées générales* », 16 avril 2007.

« *Etude : l'impact de la notation* », 31 janvier 2006.

« *Rapport pour l'amélioration de l'exercice des droits de vote en France* », présidé par Y.MANSION, 6 septembre 2005.

« *Rapport 2004 de l'AMF sur le gouvernement d'entreprise et le contrôle interne* », 2004, p. 12.

AUCKENTHALER (F.), « *Tenue de compte – Conservation de titres financiers* », JurisClasseur Sociétés Traité, 25 août 2014.

BPPSVR, « *Best Practice Principles for Providers of Shareholder Voting Research* », 2014.

BUCHBERGER (M.), *Traité*, « *Administration. - Président du conseil d'administration* », JurisClasseur Sociétés, Fasc. 133-10, 9 avril 2014, p. 7-8.

CARREAU (D.), LETRÉGUILLY (H.), « *Offres publiques (OPA, OPE, OPR)* », Répertoire de droit des sociétés, juin 2012 (*actualisation : avril 2015*), p. 23-24, 110.

CHARREAUX (G.),

« *Quelle théorie pour la gouvernance ? De la gouvernance actionnariale à la gouvernance cognitive et comportementale* », FARGO - Centre de recherche en Finance, Architecture et Gouvernance des Organisations, Cahier du FARGO n° 1110402, Version 1, avril 2011.

« *La valeur partenariale : vers une mesure opérationnelle...* », Comptabilité - Contrôle - Audit 2007/1, Tome 13, p. 8.

« *Les théories de la gouvernance : de la gouvernance des entreprises à la gouvernance des systèmes nationaux* », FARGO - Centre de recherche en Finance, Architecture et Gouvernance des Organisations, Cahier du FARGO n° 1040101, Version révisée, décembre 2004.

« *Le conseil d'administration dans les théories de la gouvernance* », https://pdfs.semanticscholar.org/6539/cda5d527bb97ce23ff17b6fde7159b0600f2.pdf, décembre 2000, p. 19.

« *Les mesures de la création de valeur : fondements théoriques et limites* », gerard.charreaux.pagesperso-orange.fr/perso/articles/Echanges0998.pdf, 1999, *passim*.

« *Le rôle de la confiance dans le système de gouvernance des entreprises* », https://ideas.repec.org/p/dij/wpfarg/0980501.html, 1998, p. 14

« *Vers une théorie du gouverement des entreprisees* », https://ideas.repec.org/p/dij/wpfarg/0960501.html, 1996, p. 3.

CHARREAUX (G.), PITOL-BELIN (J-P.), « *Les théories des organisations* », l'Encyclopédie de gestion, Vuibert, janvier 1992, p. 2-15.

CHARREAUX (G.), SCHATT (A.), « *La recherche française en gouvernance d'entreprise : un panorama* », Cahier du FARGO, septembre 2005, p 14.

CNCC, « *Loi n° 2003-706 du 1er août 2003 de sécurité financière* », www.crcc-paris.fr/sites/default/files/.../brochure-loi-securite-financiere-2003-cncc.pdf, p. 1-9.

COLLOQUE, « *La bourse aujourd'hui : quelle attractivité pour les entreprises mais aussi les épargnants ? Évolution de la réglementation, quête de sens, pédagogie... Quelles réformes pour l'avenir de la place financière de Paris ?* », Organisé par : Droit & Croissance, Centre européen de droit et économie - ESSEC et CapitalCom, RTDF n° 1/2 - 2015, 9 avril 2015, p. 10.

CONAC (P-H.),

« *Principes de gouvernance d'entreprise du G20 et de l'OCDE.* », Rapport de l'OCDE aux ministres des finances et aux gouverneurs des banques centrales du G20, Revue des sociétés 2015, septembre 2015, p. 612.

Etude, « *Le droit européen et les OPA* », Cahiers de droit de l'entreprise n° 6, novembre 2014, dossier 37.

CONSEIL D'ÉTAT, *Rapport*, « *Le droit souple* », Les rapports du Conseil d'État, 2013, p. 5, 193.

COMMISSION EUROPEENNE,

Final Report, « *Study on the Feasibility of Alternatives to Credit Ratings* », décembre 2015, p. 1.

Fiche descriptive, « *Gender balance on corporate boards : Europe is cracking the glass ceiling* », mars 2014, p. 3.

Livre vert, « *Le financement à long terme de l'économie européenne* », 25 mars 2013.

Fiche descriptive, « *Women on boards - Factsheet 1 : The economic arguments* », 2012, p. 1.

Livre vert, « *Promouvoir un cadre européen pour la responsabilité sociale des entreprises* »,18 juillet 2001.

Livre vert, « *Le cadre de la gouvernance d'entreprise dans l'Union Européenne* », 22 juillet 2011.

DELEBECQUE (P.), PANSIER (F.J.), « *Administrateur* », Répertoire de droit des sociétés, janvier 2003 (actualisation : janvier 2014), p. 4.

DELLA GASPERA (S.), « *Trente ans de déréglementation financière* », Les cahiers français, n° 301, 2001, p. 123.

DELLA CROCE (R.), STEWART (F.), YERMO (J.), « *Promoting Longer-Term Investment by Institutional Investors : Selected Issues and Policies* », OECD Journal: Financial Market Trends, vol. 2011, Issue 1, pp. 3.

DELOITTE, « *Structures de gouvernance des sociétés cotées* », octobre 2015.

DE VILMORIN (O.), BERDOU (A.), « *Des offres publiques d'acquisition « made in France » ? Retour sur la loi n° 2014-384 du 29 mars 2014 visant à reconquérir l'économie réelle* », Droit des sociétés n° 6, Juin 2014, étude 10, p. 4.

ELINEAU (R.), « *Franchissement de seuils* », JurisClasseur Sociétés Traité, 26 Septembre 2008, Date de la dernière mise à jour : 11 Avril 2014.

ESMA,

« *Discussion paper, An Overview of the Proxy Advisory Industry: Considerations on Possible Policy Options* », 22 Mars 2012.

« *Credit Rating Agencies, Sovereign ratings investigation, ESMA's assessment of governance, conflicts of interest, resourcing adequacy and confidentiality controls* », 2 décembre 2013

« *Call for Evidence, Impact of the Best Practice Principles for Providers of Shareholder Voting Research and Analysis* », 8 Juin 2015.

« *Follow-up on the development of the Best Practice Principles for Providers of Shareholder Voting Research and Analysis* », 18 décembre 2015.

ESPAGNAC (F.), MONTESQUIOU (A.), « *RAPPORT D´INFORMATION FAIT au nom de la mission commune d'information sur le fonctionnement, la méthodologie et la crédibilité des agences de notation* », SÉNAT, Enregistré à la Présidence du Sénat le 18 juin 2012, n°598, tome 1 : Rapport général, p. 154-169.

Ethos,

« *Yes to more transparency on consultancy mandates of proxy advisors* », https://www.ethosfund.ch/en/news/yes-to-more-transparency-on-consultancy-mandates-of-proxy-advisors, 14 juillet 2017.

« *Fonds Ethos Assemblées générales de sociétés non suisses* », https://www.ethosfund.ch/fr/actualites-et-publications/publications-rapports, 2016, p. 3.

« *Changement climatique : Les cinq attentes de la Fondation Ethos envers les entreprises* », https://www.ethosfund.ch/fr/news/changement-climatique-les-5-attentes-de-la-fondation-ethos-envers-les-entreprises, 19 octobre 2016.

« *Bourse suisse : Ethos demande la publication obligatoire d'un rapport de développement durable* », https://www.ethosfund.ch/fr/news/ethos-demande-que-la-bourse-suisse-six-swiss-exchange-prevoie-l-obligation-pour-les-emetteurs, 15 juillet 2016.

« *Assemblée générale de LafargeHolcim : Intervention d'Ethos* », https://www.ethosfund.ch/fr/news/assemblee-generale-de-lafargeholcim-intervention-d-ethos, 12 mai 2016.

« *Sika : Ethos recommande de soutenir le Conseil d'administration lors de l'assemblée générale du 12.04.2016* », https://www.ethosfund.ch/fr/news/sika-ethos-recommande-de-soutenir-le-conseil-d-administration-lors-de-l-assemblee-generale-du, 29 mars 2016.

« *Ethos signe une déclaration d'investisseurs sur le climent et demande à la bourse suisse de se joindre à l'initiative internationale pour des bourses durables* », La Lettre de l'AFGE n°38 3e trimestre 2014, p. 15-16.

« *Charte Ethos* », https://www.ethosfund.ch/fr/actualites-et-publications/publications-rapports, 2012, p. 1.

EY,

« *Panorama de la Gouvernance 2016 : Cap sur l'avenir !* », p. 3

« *SEC Financial Reporting Series 2016 proxy statements An overview of the requirements and observations about current practice* », pp. 1.

« *Panorama des pratiques de gouvernance des sociétés cotées françaises* », Edition 2014, http://www.ey.com/fr/fr/newsroom/news-releases/communique-de-presse---ey--gouvernance-2014.

« *Panorama des pratiques de gouvernance des sociétés cotées françaises* », Edition 2013, p. 10, 26.

FRANCOIS (B.), « *Un statut pour l'actionnaire de long terme ?* », in « *Le rôle et la responsabilité de l'actionnaire de long terme* », Institut français de gouvernement d'entreprise, 28 mai 2015.

FAUCHERE (B.), « *La responsabilité sociale des entreprises et les codes de conduite* », Willy Thys, avril 2004, p. 18.

GERMAIN (M.), MAGNIER (V.), *Traité, « Les sociétés commerciales »*, tome 2, 21e éd., LGDJ, 2014.

GERMAIN (M.), MAGNIER (V.), NOURY (M.A.), *Etude : « La gouvernance des sociétés cotées »*, La Semaine Juridique Entreprise et Affaires n° 47, 21 novembre 2013.

GLASS LEWIS & Co,

« *Glass Lewis Comments to the SEC on Regulation S-K* », November 17, 2016, https://corpgov.law.harvard.edu/2016/11/17/glass-lewis-comments-to-the-sec-on-regulation-s-k/

« *Proxy Paper Guidelines, 2016 Proxy Season, An Overview Of The Glass Lewis Approach To Proxy Advice* », http://www.glasslewis.com/guidelines/.

« *Proxy Paper Guidelines, 2016 Proxy Season, An Overview Of The Glass Lewis Approach To Proxy Advice, Continental Europe* », pp. 11, 13, 18, 20, 23.

« *Proxy Paper Guidelines, 2016 Proxy Season, An Overview Of The Glass Lewis Approach To Proxy Advice, France* », pp. 2-4.

GOUVERNANCE EN ACTION, « *Etude de la gouvernance des sociétés du CAC 40* », www.gouvernance-en-action.com/app/download/.../Etude+CAC40+2016.pdf, Septembre 2016, p. 13, 25, 27.

GUYON (Y.),

« *Affectio Societatis* », JurisClasseur Sociétés Traité, 21 septembre 2016.

« *Faut-il des associations d'actionnaires et d'investisseurs ?* », Revue des sociétés, 1995, p. 207.

« *L'évolution récente des assemblées d'actionnaires* », mélanges Guy Flattet, Payot, 1985, p. 39.

HARRIBEY (J.M.), « *La financiarisation de l'économie et la création de valeurs* », Centre d'économie du développement, Université Montesquieu-Bordeaux IV, Document de travail n°45, 2000, p. 4-5, 15.

HECKEL (G.), LARCENA (A.), *Etude 30*, « *Panorama des aménagements apportés aux droits des actionnaires de sociétés cotées suite à la transposition de la directive 2007/36/CE du 11 juillet 2007* », Revue de Droit bancaire et financier n° 5, septembre 2011.

HIRIGOYEN (G.), « *Comprendre le capitalisme familial* », economia e-revue, http://economia.ma/content/comprendre-le-capitalisme-familial, n° 11, février 2011.

ICGN, « *Global Governance Principles* », https://www.icgn.org/, p. 19-21.

ISO,

« Choisir et appliquer les normes de la famille ISO 9000 », www.iso.org/iso/fr/iso_9000_selection_and_use-2009.pdf, p. 1, 9.

« *ISO 9001:2015 mode d'emploi* », www.iso.org/iso/fr/iso_9001-2015_-_how_to_use_it.pdf, p. 3, 4-5.

ISS,

« *2016-2017 ISS Global Policy Survey - Summary of Results* », p. 8, 16.

« *2016 Europe, Middle East, and Africa (EMEA) Proxy Voting Guidelines Updates* », https://www.issgovernance.com/policy-gateway/2016-policy-information/.

« *2016 Europe Summary Proxy Voting Guidelines, Benchmark Policy Recommendations* », https://www.issgovernance.com/policy-gateway/2016-policy-information/.

« *FAQ : Rémunération en actions – France 2015* », p. 5.

« *Best Practice Principles for Providers of Shareholder Voting Research & Analysis, Compliance Statement* », 10 June 2014, pp. 22.

JAUFFREY-SPINOZI (C.), *Etude*, « *Les assemblées générales d'actionnaires dans les sociétés anonymes, réalité ou fiction* », Etudes Rodière, Paris, 1982.

LAGARDE (C.), « *G20 Finances et avancées de la réforme de la régulation financière* », www.economie.gouv.fr/files/finances/presse/dossiers_de_presse/100602g20.pdf, p. 57-59.

LE BARS (B.), « *Associations d'actionnaires et de défense des investisseurs* », Répertoire de droit des sociétés, janvier 2011, p. 1-2, 25-26.

LE REVENU, « *Un contrôle encore plus serré de la rémunération des dirigeants* », http://www.lerevenu.com/bourse/un-controle-encore-plus-serre-de-la-remuneration-des-dirigeants, 24 janvier 2017.

LETOURNEUR (P.), *Etude*, « *L'actionnariat salarié, un développement résistible* », Droit des sociétés n° 3, dossier 4, Mars 2016, p. 2.

MAGNIER (V.), « *Gouvernance des sociétés cotées* », Répertoire de droit des sociétés, octobre 2010, mise à jour juin 2014.

MORIS (K.), **Finance Contrôle Stratégie**, « *La presse en tant que mécanisme de gouvernance partenariale : Danone et l'affaire LU* », http://fcs.revues.org/1153?gathStatIcon=true, 2012, §115.

NACIRI (A.), « *Traité de gouvernance corporative : théories et pratiques à travers le monde* », Les presses de l'université Laval, 2006, p. 254.

NEUVILLE (C.), *Interview*, « *Légitimité et efficacité de la gouvernance* », La lettre de la gouvernance, KPMG, 2014, p. 3.

NEUVILLE (S.), *Etude*, « Établissements de crédit - L›exclusion de la loi de sauvegarde dans le secteur financier », Revue des procédures collectives n° 2, Avril 2008, dossier 5, §1.

NOVETHIC, « *Panorama des agences de notation extra-financière* », juillet 2013.

NOVETHIC, ADEME, *Etude*, « *Le marché des fonds verts européens* », mars 2017, p. 3-5, 7, 24-25.

OCDE,

« *Principles of Corporate Governance* », 2004.

« *Guidelines for Pension Fund Governance* », 2009.

« *The Role of Pension Funds in Financing Green growth Initiatives* », forthcoming OECD report, 2011.

« *Transcontinental Infrastructure needs to 2030/2050: Pension Funds Investment in Infrastructure: a Survey* », forthcoming OECD report, 2011.

« *Statistiques de l'OCDE sur les investisseurs institutionnels 2013* », Éditions de l'OCDE, Paris, 2013.

« *Statistiques de l'OCDE sur les investisseurs institutionnels 2014* », Éditions de l'OCDE, Paris, 2014.

« *Review of the OECD Principles of Corporate Governance* », 2015.

OMAGGIO (A.), *Etude*, « *Transposition de la directive relative aux droits des actionnaires de sociétés cotées* », La Semaine Juridique Entreprise et Affaires, n° 4, 27 Janvier 2011.

PETITIER (M.), MELI (T.), « *Agences de conseil en vote et pouvoirs des assemblées générales de sociétés cotées* », Etude 12, Droit des sociétés n° 6, Juin 2013, p. 3.

PROXINVEST,

« *News Ethos : Oui à plus de transparence sur les mandats de conseil des proxy advisors* », http://www.proxinvest.fr/?p=4568, 14 juillet 2017.

« *Principes de bonnes pratiques pour les agences de conseil de vote : revue des principes en 2017, consultation sous une présidence indépendante* », http://www.proxinvest.fr/?p=4394, 21 avril 2017.

« *Proxinvest écrit une nouvelle fois à l'AMF sur les conventions réglementées* », http://www.proxinvest.fr/?p=4105, 8 décembre 2016.

« *Affaire Solocal : sept questions de Proxinvest à l'AMF sur les clauses de remboursement anticipé de la dette en cas de changement de contrôle* », http://www.proxinvest.fr/?p=4047, 24 octobre 2016.

« *Administrateurs indépendants : trois ans que la famille Capelli promet sans délivrer* », http://www.proxinvest.fr/?p=3965, 15 septembre 2016.

« *Non respect de la diffusion d'information réglementée : Proxinvest alerte l'AMF* », http://www.proxinvest.fr/?p=3936, 6 septembre 2016.

« *Exploration pétrolière du Grand Nord Arctique, la responsabilité des investisseurs et de la Norvège* », http://www.proxinvest.fr/?p=3916, 31 aout 2016.

« *Discussion de la loi Sapin 2 au Sénat : Proxinvest dénonce quatre mesures défavorables au droit de contrôle de l'AG* », http://www.proxinvest.fr/?p=3840, 6 juillet 2016.

« *1er rejet de Say On Pay en France : les actionnaires de Renault rejettent la rémunération de Carlos Ghosn* », http://www.proxinvest.fr/?p=3656, 29 avril 2016.

« *L'AFEP-MEDEF se trompe : restaurons dans la loi la souveraineté de l'AG sur la rémunération des dirigeants* », http://www.proxinvest.fr/?p=3736, 20 mai 2016.

« *Il faut bloquer les rémunérations incontrôlées de Carlos Ghosn* », http://www.proxinvest.fr/?p=3604, 22 avril 2016.

« *Principes de gouvernement d'entreprise et Politique de vote 2016* », www.proxinvest.fr/wp-content/uploads/.../Politique_de_vote_2016.pdf.

« *Les Assemblées Générales 2015 des sociétés cotées françaises et Politique de vote 2016* », http://www.proxinvest.fr/?p=3252#more-3252, 3 décembre 2015.

« *Proxinvest saisit l'AMF et Alcatel sur l'information relative aux rémunérations de départ de Michel Combes* », http://www.proxinvest.fr/?p=3054, 2 septembre 2015.

« *Compliance Statement, Best Practice Principles For Providers Of Shareholder Voting Research And Analysis* », https://bppgrp.info/signatory-statements/, 2015.

PWC, « *Boards, shareholders, and executive pay* », Governance Insights Center, july 2016, pp. 5.

QUANG (P.B.), « *La détention par les non-résidents des actions des sociétés françaises du CAC 40 à fin 2013* », Bulletin de la Banque de France du 3e trimestre 2014.

QUÉZEL-AMBRUNAZ (C.), « *La causalité dans le droit de la responsabilité civile européenne : Définition de la causalité en droit français* », Séminaire du GERC, Genève, 26-27 mars 2010, p. 1.

RAPPORT,

« *Pour un meilleur gouvernement des entreprises cotées* », (*Rapport Bouton*), www.paris-europlace.net/files/a_09-23-02_rapport-bouton.pdf, septembre 2002.

« *Rapport du comité sur le gouvernement d'entreprise* », (*Rapport Vienot II*), www.ecgi.org/codes/documents/vienot2_fr.pdf, Juillet 1999.

« *Le conseil d'administration des sociétés cotées* », (*Rapport Vienot I*) www.ecgi.org/codes/documents/vienot1_fr.pdf, Juillet 1995.

SANOFI, « *LETTRE AUX ACTIONNAIRES* », 4 mai 2015, p. 1-3. www.sanofi.com/Images/38704_Lettre_aux_actionnaires_FR.pdf.

SERGAKIS (K.), « *Marchés financiers - Intermédiaires. - Agences de notation* », JurisClasseur Sociétés Traité, 9 août 2014, Fasc. 1580, p. 5.

STORCK (M.), *Etude* : « *Le risque, 10 ans après l'affaire Enron* », La Semaine Juridique Entreprise et Affaires n° 24, 14 juin 2012.

TELLER (M.), « *Rapport du conseil d'administration* », JurisClasseur Sociétés Traité, 6 septembre 2013, date de la dernière mise à jour : 12 septembre 2016.

TEZENAS DU MONTCEL (A.), LOYRETTE NOUELLE (G.), MARTIN (B.), « *Application de la loi Florange. - Étude des AG 2015* », La Semaine Juridique Entreprise et Affaires n° 42, 15 octobre 2015, p. 1.

The Conference Board, NASDAQ, and Stanford Rock Center for Corporate Governance, « *The Influence of Proxy Advisory Firm Voting Recommendations on Say-on-Pay Votes and Executive Compensation Decisions* », 2012, p. 4.

TOCQUEVILLE (J.G.), PUEL (S.), BOUJARD (E.), « *OPCVM* », Répertoire de droit des sociétés, juin 2013, actualisation : janvier 2015.

TONELLO (M.), « *Corporate Use of Social Media* », The Conference Board, Inc., on, May 17, 2016, https://corpgov.law.harvard.edu/2016/05/17/corporate-use-of-social-media-2/#more-72932.

TORCK (S.), *Etude*, « *L'attribution automatique du droit de vote double* », Droit des sociétés n° 7, juillet 2014, dossier 7, p. 3.

TRÉBULLE (F.G.), « *Responsabilité sociale des entreprises (Entreprise et éthique environnementale)* », Répertoire de droit des sociétés, mars 2003, mise à jour janvier 2014.

VALUET (J-P.), *Etude 13* : « *Le droit de vote des actionnaires en AG : le point sur deux sujets d'actualité. - Vote électronique des actionnaires, Vote des actionnaires non-résidents* », Droit des sociétés n° 7, juillet 2014.

VIANDIER (A.), *Etude* : « *Observations sur les conventions de vote* », La Semaine Juridique Edition Générale, 16 juillet 1986, n° 28.

WIEDEMANN-GOIRAN (T.), PERIER (F.), LÉPINEUX (F.), « *Développement durable et gouvernement d'entreprise : un dialogue prometteur* », Les cahiers de l'ORSE, Organisation, 2003.

Articles, fascicules, chroniques et répertoires

AGGERI (F.), ACQUIER (A.), « *La théorie des stakeholders permet-elle de rendre compte des pratiques d'entreprise en matière de RSE ?* », AIMS, 2005, *passim*.

ALBOUY (M.),

« *Le dirigeant et l'administrateur-salarié face à la finance : Michel Albouy s'entretient avec Pierre Alanche et Xavier Fontanet* », Revue française de gestion, 2009/8 n° 198-199, p. 422, 423.

« *Théorie, applications et limites de la mesure de la création de valeur* », Revue française de gestion » 2006, n° 160, p. 140.

« *Les histoires racontées aux actionnaires*», Revue française de gestion, 2005, n° 159, p. 230.

ALBOUNY (M.), SCHATT (A.), « *Activisme et Proxy Fight - Quand les actionnaires déclarent la guerre au management* », Revue Française de Gestion n°198-199, 2009, p. 298, 305.

ALEXANDRE (H.), PAQUEROT (M.), « *Efficacité des structures de contrôle et enracinement des dirigeants* », Revue Finance Contrôle Stratégie, 2000, p.11.

AMIAUD (A.), « *L'affectio societatis* », in Mél Simonius, 1955, p. 6.

AZOULAY (V.), « *Isocrate, Xénophon ou le politique transfiguré* », Revue des études anciennes, HAL, 2006, p. 8-9.

BAILLY-MASSON (C.), « *L'intérêt social, une notion fondamentale* », LPA, 9 novembre 2000, n° 224, p. 5.

BARBAN (P.), « *L'identification des actionnaires* », Dossier, Réflexions collectives sur la nouvelle directive « Droits des actionnaires » du 17 mai 2017, sous la direction de Benoît LECOURT, Revue des sociétés, décembre 2017, p. 678-682.

BARDASI (S.), PROXINVEST, « *L'actionnaire activiste, capitaliste impatient, mais contre-pouvoir intéressant.* », http://www.proxinvest.fr/?p=3835, 5 juillet 2016.

BARDOUL (J.), « *Les clauses d'agrément et les cessions d'actions entre actionnaires* », D. 1973, chron. p. 137.

BASINI (B.), « *Les investisseurs activistes débarquent en Europe* », Le Journal du Dimanche, samedi 30 avril 2016, http://www.lejdd.fr/Economie/Les-investisseurs-activistes-debarquent-en-Europe-783331.

BAUDRU (D.), KECHIDI (M.), « *Les investisseurs institutionnels étrangers, vers la fin du capitalisme à la française ?* », Revue d'économie financière, n° 48, juillet 1998, p. 67-78.

BAUDRU (D.), LAVIGNE (S.), « *Investisseurs institutionnels et gouvernance sur le marché financier français* », Revue d'économie financière, n° 63, 2001, p. 91-105.

BAUDRU (D.), LAVIGNE (S.), MORIN (F.), « *Les investisseurs institutionnels internationaux. Une analyse du comportement des investisseurs américains* », Revue d'économie financière, n° 61, 2001.

BAVOILLOT (F.), « *Les grands principes de gouvernement d'entreprise* », Cahiers de droit de l'entreprise n° 2, dossier 10, mars 2016, p. 1.

BEAUDEUX (C.), « *La causalité : frontière entre la responsabilité délictuelle et la responsabilité contractuelle* », LPA, 25 avril 2008, p. 8.

BENMBAREK (N.), « *L'hétérogénéité du comportement de contrôle des investisseurs institutionnels français* », Revue d›économie financière, janvier 2008, p. 243.

BENNINI (A.), « *L'élargissement du cercle des conflits d'intérêts dans les sociétés commerciales* », Les conflits d'intérêts dans le monde des affaires, un Janus à combattre ?, PUF, 2006, sous la dir. de V. Magnier, p. 155.

BERENDEIM (R.E.), « *Les relations des sociétés avec les investisseurs institutionnels* », Revue d'économie financière, 1995, p. 25-30.

BEZARD (P.), « *La position des acteurs de la vie économique sur l'intérêt social* », Droit et patr. avril 1997, p. 53.

BISSARA (P.),

« *Les mutations de l'actionnariat et le fonctionnement des sociétés cotées* », in « *Mélanges Schmidt* », Joly, 2005.

« *Interdépendance et coopération des organes sociaux de la société anonyme classique* », *in* « *Mélanges Yves Guyon* », Dalloz, 2003.

« *Le gouvernement d'entreprise en France : faut-il légiférer encore et de quelle manière ?* », Rev. Sociétés, 2003, p. 65.

BODESCOT (A.), « *Les rémunérations des patrons du CAC 40 ont bondi de 10% l'an dernier* », http://www.lefigaro.fr/argent/2015/04/30/05010-20150430ARTFIG00010-les-remunerations-des-patrons-du-cac-40-ont-bondi-de-10-l-an-dernier.php, 4 mai 2015.

BOISSEAU (L.),

« *La leçon de gouvernance du géant BlackRock aux grands patrons* », LesEchos, 2 Février, 2016, http://www.lesechos.fr/02/02/2016/lesechos.fr/021666393875_la-lecon-de-gouvernance-du-geant-blackrock-aux-grands-patrons.htm,.

« *Le rôle grandissant et inquiétant des agences de conseil en vote* », LesEchos, 2 Février 2016, http://www.lesechos.fr/02/02/2016/LesEchos/22120-122-ECH_le-role-grandissant-et-inquietant-des-agences-de-conseil-en-vote.htm.

« *Les agences de conseil en vote vont être plus encadrées* », LesEchos, 1 Octobre 2015, http://www.lesechos.fr/01/10/2015/LesEchos/22035-141-ECH_les-agences-de-conseil-en-vote-vont-etre-plus-encadrees.htm.

« *Attaques des fonds activistes : des effets controversés à long terme* », LesEchos, 22 Janvier 2015, http://www.lesechos.fr/22/01/2015/lesechos.fr/0204102535772_attaques-des-fonds-activistes---des-effets-controverses-a-long-terme.htm.

BOLLON (P.), « *Bien gérer, c'est aussi bien voter* », Revue d'économie financière, n°63, 2001, p. 153, 154, 158.

BOMPOINT (D.), « *Actionnaire. – peu à peu, le citoyen évince l'actionnaire* », La Semaine Juridique Edition Générales, n° 48, 23 novembre 2015, doctr. p. 1305.

BOYER (C.), « *Fonds activiste : 3 questions pour tout comprendre* », Les Echos, 9 février 2016, http://start.lesechos.fr/actu-entreprises/finance-banque-assurance/fond-activiste-3-questions-pour-tout-comprendre-3829.php.

BRABET (J.), « *La main visible des investisseurs institutionnels* », Revue Française de Gestion, n°141, 2002, p. 203, 211, 224.

BRIGNON (B.), « *Les modifications apportées par la loi « Sapin II » au droit des sociétés* », http://presentation.lexbase.fr/les-modifications-apportees-par-la-loi-sapin-ii-au-droit-des-societes, 12 janvier 2017.

BRUNSWICK (P.), « *Position de la doctrine et présence dans la Soft Law* », Cahiers de droit de l'entreprise n° 1, dossier 5, janvier 2016, p. 1.

CABY (J.), HIRIGOYEN (G.), « *La création de valeur de l'entreprise* », Economica, 1997.

CATELIN (C.), CHATELIN (C.), « *Privatisation, gouvernement d'entreprise et processus décisionnel : une interprétation de la dynamique organisationnelle à travers le cas de France Télécom* », Finance Contrôle Stratégie, vol. 4, n°2, 2001, p. 63-90.

CHARLETY (P.), CHEVILLON (G.), MESSAOUDI (M.), « *Stratégies de vote en AG face aux résolutions externes* », Revue française de gestion, n° 198-199, 2009, p. 286.

CHARREAUX (G.), « *La théorie positive de l'agence : positionnement et apports* », Revue d'économie industrielle, Vol. 92, 2000, p. 193-214.

CHARREAUX (G.), DESBRIÈRES (P.), « *Gouvernance des entreprises : valeur partenariale contre valeur actionnariale* », Finance Contrôle Stratégie – Volume 1, N° 2, juin, 1998.

CHRISTIN (A.), VEIL (A), « *Les agences de conseil en vote* », Revues des Juristes de Sciences Po n° 7, février 2013.

CONAC (P.H.),

« *La réglementation des conseillers en vote* », Dossier, Réflexions collectives sur la nouvelle directive « Droits des actionnaires » du 17 mai 2017, sous la direction de Benoît LECOURT, Revue des sociétés, décembre 2017, p. 691.

« *ESMA Report, Enforcement and Regulatory Activities of Accounting Enforcers in 2016* », Revue des sociétés, avril 2017 p. 453.

« *Rapport 2016 sur les entreprises faisant référence au code de gouvernance Middlenext* », Revue des sociétés, Mars 2017, p. 456.

« *Report on shareholder identification and communication systems* », Revue des sociétés 2017, p. 452.

« *Pour une véritable démocratie actionnariale numérique : AMF, Rapport du groupe de travail de la commission consultative épargnant. Pour un vote transparent et effectif en Assemblée générale à l'ère du numérique, mars 2017* », Revue des sociétés 2017, p. 457.

« *L'amélioration des règles applicables aux conseillers en vote (proxy advisors)* », Revue des sociétés, 2013, p. 404.

« *Les conflits d'intérêts dans les groupes de sociétés* », *in* « *Les conflits d'intérêts: fonction et maîtrise* », Société de Législation Comparée, 2013, p. 245-260.

« *Recommandation AMF n° 2011-06 sur les agences de conseil en vote* », Revue des sociétés, 2011, p. 459.

« *L'autorité boursière a-t-elle vocation à être le gardien d'une bonne gouvernance* », *in* « *La gouvernance des sociétés cotées face à la crise – Pour une meilleure protection de l'intérêt social* », lextenso éditions, juin 2010, p. 52

« *L'influence de la loi Sarbanes Oxley Act en France* », Revue des sociétés, 2003, *passim*.

CONSTANTIN (A.),

« *Dispositif de prévention des conflits d'intérêts par l'information en droit des sociétés* », in Les conflits d'intérêts dans le monde des affaires, un Janus à combattre ?, PUF, 2006, sous la dir. de V. Magnier, p. 57.

« *La tyrannie des faibles, De l'abus de minorité en droit des sociétés* », *in* Mél. Y. Guyon, Dalloz, 2003, p. 213.

COURET (A.), « *L'évolution juridique du cadre* », Revue française de gestion, 2002, n°141, §13-14.

CUIF (P-F.), « *Le conflit d'intérêts, essai sur la détermination d'un principe juridique en droit privé* », RTD com, 2005, p. 1.

CUZACQ (N.), « *De l'éthique de la rémunération à la rémunération éthique du dirigeant* », Bull. Joly 2013, passim.

DE BEAUFORT (V.), **KHAYAT (M.)**, « *Femmes dans les conseils d'administration en France : quelques considérations sur leur intégration et leur visibilité (Women, Get Recognized : Social Media and Professional Visibility)* », ESSEC Working Paper 1202, http://ssrn.com/abstract=2328165 or http://dx.doi.org/10.2139/ssrn.2328165, p. 15.

DESBARATS (I.), « *La RSE en droit français : un champ d'évolutions normatives* », Droit social, 2015.

DESSAINT (L.), « *Loi Sapin 2 : PROXINVEST exprime ses positions aux membres de la commission mixte paritaire* », La Lettre de l'AFGE n°46 3e trimestre 2016, p. 20-21.

DECOOPMAN (N.), « *Conflits d'intérêts, impartialité, incompatibilités* », in Les conflits d'intérêts dans le monde des affaires, un Janus à combattre ?, PUF, 2006, sous la dir. De V. Magnier, p. 119.

DELPECH (X.), « *Publication du décret Say on Pay* », Dalloz actualité 24 mars 2017.

DE RAVEL D'ESCLAPON (T.), « *AMF : rapport 2016 sur le gouvernement d'entreprise* », Dalloz actualité 02 décembre 2016.

DE VAREILLES-SOMMIERES (B.), **GEOFFROY (T.)**, « *La certification ISO 9001 ou 9002 et son application aux cabinets d'avocats* », La Semaine Juridique Edition Générale n° 21, 24 mai 2000, I 230, 11.

DE VILMORIN (O.), **BERDOU (A.)**, « *Suppression du droit de vote double dans les sociétés dont les actions sont admises aux négociations sur un marché réglementé* », Droit des sociétés n° 7, juillet 2014, p. 1.

DIAZ (X.), « *Les activistes, un plus pour la gouvernance* », L'AGEFI, 17 septembre 2015.

DIDIER (P.), « *Théorie économique et droit des sociétés* », *in* Mél. A. Sayag, Droit et vie des affaires, Litec, 1997, p. 227.

DIONNE-PROULX (J.), **LAROCHELLE (G.)**, « Éthique et gouvernance d'entreprise », Management & Avenir, 2010/2 n° 32, p. 48.

DJELIC (M.L.), **ZARLOWSKI(P.)**, « *Entreprises et gouvernance en France : perspectives historiques et évolutions récentes* », Sociologie du travail 47, 2005, p. 451-469.

DONDERO (B.), « *L'actionnariat orienté ou la prise en compte des mobiles de l'actionnaire* », LGDJ, 2010, p. 265.

DONZEL TABOUCOU (C.), « *Le principe « appliquer ou expliquer » en France Ou le droit à l'auto-édiction normative* », Revue des sociétés 2015, p. 347.

DUBOIS (E.), « *Shareholders' General Meetings and the Role of Proxy Advisors in France and Japan* », Kyushu Journal of International Legal Studies, Issue 4, 2011, p. 56.

DUBOIS (E.), **MCGINTY (S.)**, **UCHIDA (K.)**, « *What Roles Proxy Advisors Play: Evidence from International Comparison* », papers.ssrn, 28 septembre 2015.

DU BOULLAY (E.), COLOMB (J.B), « *L'apport de l'évaluation des conseils d'administration au gouvernement d'entreprise* », Cahiers de droit de l'entreprise n° 2, Mars 2016, p. 1-4.

DU BOYS (C.), « *L'activisme des investisseurs institutionnels est-il un outil efficace ? Quelques réponses de la littérature* », Centre d'Etudes et de Recherche en Gestion d'Aix-Marseille, 2003 , p. 28.

DUCOULOUX-FAVARD (C.), « *Le contrôle de l'actionnariat en droit français* », LPA, Octobre 1998, n°123, p. 26.

DURAND-BARTHEZ (P.),

« *Les tribulations du droit souple* », La Lettre de l'AFGE Lettre d'information sur le gouvernement d'entreprise, n° 48 1er Trimestre 2017, http://www.afge-asso.org/index.php/lettres/nouvelle-lettre, 2017, p. 19.

« *Le principe appliquer ou expliquer. – Réflexions sur ses fondements et sa mise en œuvre dans le domaine du gouvernance d'entreprise* », Cahiers de droit de l'entreprise, n°2, dossier 11, mars 2016, p. 1-2, 4.

ERRARD (G.), « *Conseils d'administration : seules six sociétés du CAC 40 respectent la parité* », 10 février 2016 (Mis à jour le 16 mai 2016), http://www.lefigaro.fr/economie/le-scan-eco/decryptage/2016/02/10/29002-20160210ARTFIG00223-conseils-d-administration-seules-cinq-societes-du-cac-40-respectent-la-parite.php.

ESMEIN (P.),

« *Le nez de Cléopâtre ou les affres de la causalité* », D. 1964, chr. p. 205.

« *La faute et sa place dans la responsabilité civile* », RTD civ. 1949, p. 481.

FAGES (B.), « *Rôle, valeur et bon usage des codes de gouvernement d'entreprise* », Joly, 2009, p. 430.

FASTERLING (B.), DUHAMEL (J.C.), « *Le Comply or explain : la transparence conformiste en droit des sociétés* », Revue internationale de droit économique, 2009, p. 129.

FENIN (T.), LABRADOR,

« *AG 2017 : des proxys toujours plus exigeants* », http://labrador.fr/assemblees-generales-proxys-exigeance-societes-cotes-transparence-remunerations-ethique/, 2 fevrier 2017.

« *Faut-il avoir peur du « Pay-For-Performance » d'ISS ?* », http://labrador.fr/pay-for-performance-diss-pas-inquieter/, 19 août 2016.

FORNONI (D.), DETHOMAS (P.), « *Le rôle toujours essentiel des actionnaires dans le processus de défense anti-OPA, même à la suite de la loi Florange* », RTD Com. 2015 p. 31.

FOURNIER (S.), MAISTRE DU CHAMBON (P.), « *La responsabilité civile délictuelle* », 4e édition, Presses universitaires de Grenoble, p. 1.

FRANCOIS (B.),

« *Le devoir de transmission de l'information par les intermédiaires* », Dossier, Réflexions collectives sur la nouvelle directive « Droits des actionnaires » du 17 mai 2017, sous la direction de Benoît LECOURT, Revue des sociétés, décembre 2017, p. 682-686.

« *Bilan 2017 du say on pay* », Revue des sociétés, 2017, p. 607.

« *Quota de femmes dans les conseils d'administration : premier bilan négatif* », AFECA, Étude 2017 sur la place des administratrices dans les conseils et leurs comités des sociétés cotées sur Euronext et Alternext Paris, juin 2017, Revue des sociétés, 2017, p. 606.

« *Mixité au sein des conseils : lancement de l'indice Zimmermann* », Revue des sociétés, 2017, p. 260

« *Rémunération des dirigeants : publication du décret d'application de la loi - Sapin 2-* », Revue des sociétés 2017, p. 257.

« *Bilan des assemblées générales 2016 - CAPITALCOM, Bilan des assemblées générales du CAC 40. Les AG : vraie ou fausse démocratie actionnariale* », 11e éd., Revue des sociétés, 2016, 14 juin 2016, p. 631.

« *Bilan 2015 du vote consultatif des actionnaires sur les rémunérations des dirigeants (say on pay vote)* », Revue des sociétés, 2015, p. 613, 615.

« *Rapport 2014 du Haut comité de gouvernement d'entreprise* », Revue des sociétés, 2015, p. 65.

« *Femmes administratrices* », Revue des sociétés, 2014, p. 466.

« *Le renforcement des règles de transparence pour les investisseurs institutionnels* », Revue des sociétés, 2013, p. 399.

GALLOIS COCHET (D.), « *L'exemple du droit des sociétés* », in « *Le mandat en question* » sous la direction de REMY (B.), Bruylan, 2013.

GAILLARD (E.), « *Le pouvoir en droit privé* », Economica, p. 27, n° 27, 1985.

GENDRON (C.), « *L'entreprise comme vecteur du progrès social : la fin ou le début d'une* époque ? », Les Cahiers de la CRSDD, n°1, 2009.

GENIAUT (B), « *Le droit de vote des salariés actionnaires comme mode d'expression collective : vision d'un travailliste* », Droit social, 2014, p. 512.

GIBIRILA (D.),

« *SOCIÉTÉS ANONYMES. - Assemblée des actionnaires. - Règles communes à toutes les assemblées* », JurisClasseur Commercial, Fasc.1419, 1er Mai 2011, mise à jour : 9 octobre 2014, p. 5, 65.

« *SOCIÉTÉS ANONYMES. - Assemblée des actionnaires. - Règles spécifiques à chaque assemblée* », JurisClasseur Commercial, Fasc.1420, 1er mai 2011, mise à jour : 9 Octobre 2014.

GINGLINGER (E.),

« *Quelle gouvernance pour créer de la valeur ?* », Revue d'économie financière, n° 106, 2012, p. 229, 231, 238.

« *L'actionnaire comme contrôleur* », Revue française de gestion, n° 141, 2002, p. 37.

GIRARD (B.), « *Responsabilité sociale des entreprises : retour sur un article de Milton Friedman* », Les Cahiers de la CRSDD Collection recherche, n°4, 2013.

GIRARD (C.),
« *L'incidence de l'activisme actionnarial sur les mécanismes de gouvernance* : le cas français », Finance Contrôle Stratégie, Vol. 7, 2004, p. 90-116.
« *Les actionnaires minoritaires* », Revue française de gestion, 2002, p. 185.
« *Une typologie de l'activisme des actionnaires minoritaires en France* », leg2.u-bourgogne.fr/rev/043146.pdf, 2001, p. 20.
GODARD (L.), SCHATT (A.), « *Caractéristiques et fonctionnement des conseils d'administration français* », Revue française de gestion, 2005, n°158, p. 69-87.
GOUTAY (P.), « *De l'abus de la notion d'intérêt social* », D. Aff. 1997, p. 876.
GOYET (M.), « *La transformation du gouvernement d'entreprise* », *in* « *La France en mutation 1980-2005. 1980-2005* », Sous la direction de PALIER (B.), Hall (P.A.), CULPEPPER (P.), Presses de Sciences Po, 2006, p. 71-107.
GRANIER (C.), « *L'attrait du droit souple dans l'encadrement de la rémunération des dirigeants sociaux* », Revue des sociétés, 2016, 37, p. 211.
GUYON (Y.),
« *Assemblée d'actionnaires* », Rev. soc., Dalloz, 2002.
« *La société anonyme, une démocratie parfaite !* », *in* « *Propos impertinents de droit des affaires* », Dalloz, 2001, p. 123, *passim*.
« *La fraternité dans le droit des sociétés* », Rev. soc. 1989, p. 439.
HANNOUN (C.),
« *Constitutionalization and the status of the director - The test of "Say on pay"* », Routledge, Taylor & Francis Group, coll. « *Multinationals and the Constitutionalization of the World Power System* », 2016, p. 216.
« *Les valeurs aux fondements de l'entreprise : Approche juridique* », Les cahiers de la CRSDD, février 2013.
« *La réalité juridique de l'entreprise* » Réflexions sur la perception par le droit de la réalité matérielle de l'entreprise, Entreprises et histoire, 2009, n° 57, p. 184-193.
« *Faut-il limiter la rémunération des dirigeants d'entreprise ? Une question inscrite dans le débat historique* », Revue de Droit du travail, 2009, p. 141.
« *L'impact de la financiarisation de l'économie sur le droit du travail* », Revue de droit du travail 2008 p. 288.
HANNOUN (C.), RADE (C.), « *Faut-il limiter la rémunération des dirigeants d'entreprises ?* », Revue de droit du travail, 2009, p.140.
HONNEFELDER (S.), « *Politique de la concurrence* », http://www.europarl.europa.eu/aboutparliament/fr/displayFtu.html?ftuId=FTU_3.2.1.html, Septembre 2016.
HOURCADE (A.),
« *Entre mythe et histoire, figures du conseiller et naissance du concept de délibération chez Hérodote* », Practical Reasoning Journal of Political Science, Communcation and Cultural Studies, https://fsplc.valahia.ro/images/doc/Practical_Reasoning_nr1.pdf, 2012, p. 33-34.

« *Les qualités du conseiller : savoir, bienveillance, franc-parler (Platon, Gorgias, 486e6-487d7)* », HAL, 2015, p. 62-63.

HURSTEL (D.), **BIEDER (T.)**, « *Est-il urgent et indispensable de réformer le droit des sociétés au nom de la corporate governance* », Rev. Sociétés, 1995, p. 662.

JEANTIN (M.), « *Le rôle du juge en droit des sociétés* », Mél. R. Perrot, Nouveaux juges, nouveaux pouvoirs ?, Dalloz, 1996, p. 149.

KARYOTIS (C.), « La finance, pour quoi faire ? », La Lettre de l'AFGE n°42 3e trimestre 2015, p. 16-17.

KOCHER (M.), « *L'actionnariat salarié : à la croisée des chemins de la gouvernance* », Droit social, 2014 p. 540.

KONSTANTINOS (S.),

« *ESMA et agences de conseil en vote : un rapprochement délicat à la recherche d'une transparence volontaire* », Bulletin Joly Bourse, 01 avril 2013, n° 4, p. 198.

« *Le Stewardship code : lumière d'Outre-Manche sur les investisseurs institutionnels* », Bulletin Joly Bourse, 2013.

« *Agences de Notation (Credit Rating Agencies)* », Jurisclasseur Europe, fasc 1030, 2014.

« *Proxy advisory firms under ESMA's microscope: a perfectible regulatory approach?* », International Company and Commercial Law Review, vol 25, 2014, p. 144-151.

« *Rapport d'enquête sur les notations souveraines : l'ESMA hausse le ton* », Bulletin Joly Bourse, 2014, p. 83-87.

KRAMARZ (F.), **THESMAR (D.)**, « *Relations sociales dans les conseils d'administrations* », www.banque-france.fr/fondation/fr/telechar/papers_d/synthesekramartz.pdf, p. 1.

LAFFITE (M.), « *Les fonds de pension aux États-Unis* », Revue d'économie financière, Volume 23 Numéro 4, 1992 p. 250.

LANTENOIS (C.), **CORIAT (B.)**, « *Investisseurs institutionnels non-résidents, corporate governance et stratégies d'entreprise* », Revue d'économie industrielle, n°134, 2011.

LAROCHE (M.), **ROBINE (D.)**, « *Dispositions spécifiques aux sociétés cotées* », JurisClasseur Commercial, Fasc. 1202, 6 Décembre 2013.

LAPRADE (F. M.), « *Action de concert* », JurisClasseur Sociétés Traité, 30 avril 2009, Date de la dernière mise à jour : 22 mai 2015, p. 4.

LASBORDES DE VIRVILLE (V.), « *Le point sur les clauses limitatives et exclusives de réparation en droit des contrats* », RLDC, mai 2011, p. 7.

LE BOLZER (J.), « *26 sociétés du CAC 40 lient critères RSE et rémunération des dirigeants* », lesEchos, http://business.lesechos.fr/directions-generales/metier-et-carriere/remuneration/021597720622-integrer-les-criteres-rse-dans-la-remuneration-des-dirigeants-205931.php, 6 janvier 2016.

LE CANNU (P.),

« *L'administrateur référent : un nouveau personnage au théâtre du conseil* », RTD Com. 2013 p. 625.

« *Encadrement des rémunérations des dirigeants de sociétés cotées* », Rev. soc., septembre 2007, p. 465.

« *L'abus de minorité* », Bull. Joly 1986, p. 429

« *Le règlement intérieur des sociétés* », Bull. Joly sociétés, 1986, p. 723.

LECOURT (B.),

« *L'actionnaire de long terme, nouvelle notion européenne* », Dossier, Réflexions collectives sur la nouvelle directive « Droits des actionnaires » du 17 mai 2017, sous la direction de Benoît LECOURT, Revue des sociétés, décembre 2017, p. 676.

« *Les rémunérations des dirigeants des sociétés cotées* », Dossier, Réflexions collectives sur la nouvelle directive « Droits des actionnaires » du 17 mai 2017, sous la direction de Benoît LECOURT, Revue des sociétés, décembre 2017, p. 692-696.

« *Engagement à long terme des actionnaires de sociétés cotées : adoption de la directive* », Revue des sociétés 2017, p. 315

« *Vote des actionnaires sur les rémunérations des dirigeants de sociétés cotées : conformité du droit français aux futures exigences européennes ?* », Revue des sociétés 2017, p. 118.

« *Les codes de gouvernement d'entreprise dans l'Union européenne - Autorité des marchés financiers, Étude comparée : les codes de gouvernement d'entreprise dans 10 pays européens* », Revue des sociétés, 30 mars 2016, p. 698.

« *Proposition de directive sur l'engagement à long terme des actionnaires : vote des députés européens* », Revue des sociétés 2015, p. 693.

« *Engagement à long terme des actionnaires : vers des dispositions européennes ?* », Revue des sociétés, 2014, p. 689-690.

« *Directive n° 2007/36/CE du 11 juillet 2007 concernant l'exercice de certains droits des actionnaires de sociétés cotées : suite et fin de la transposition par la France* », Revue des sociétés 2011, p. 130.

« *La loi DDAC du 3 juillet 2008 réformant le code de commerce dans ses dispositions relatives au gouvernement d'entreprise, aux fusions internes, à la SARL et à la SE* », Rev. soc., 2008, p. 563.

LETRÉGUILLY (H.), **MADDEN (J.)**, « *Le soft law en matière financière : le point de vue des praticiens* », Revue de Droit bancaire et financier n° 1, janvier 2012, p. 2, 6.

LEPOUTRE (V.E.), « *Noyer l'abus d'égalité dans le concept d'abus de minorité* », Bull. Joly, 1997, p. 980.

LEROY (P-H.),

« *Directive Droit des actionnaires, Focus par Pierre-Henri LEROY* », Droit des sociétés n° 10, Octobre 2014.

« *Entretien 1 - Sur quelques questions relatives au vote en assemblée générale* », Droit des sociétés n° 7, juillet 2014, p. 2.

« *Publication du seizième rapport de PROXINVEST sur les assemblées générales de sociétés cotées francaises – saison 2012* », La Lettre de l'AFGE n°31- 4e trimestre 2012, p. 20.

« *Les avancées récentes de l'activisme actionnarial* », in « *Développement durable et gouvernement d'entreprise : un dialogue prometteur* », Les cahiers de l›ORSE, 2003, éd. d›Organisation, p.143.

LIEUTIER (J-P.), « *Réforme de l'épargne salariale, de l'épargne retraite et de l'actionnariat salarié* », Droit social, 2015, p. 777.

LORDON (F.), « *La création de valeur comme rhétorique et comme pratique. Généalogie et sociologie de la valeur actionnariale* », L'Année de la régulation, vol. 4, 2000, p. 118, 120.

LOY (M.), « *Le rapport de l'AEMF sur les proxy advisors : appel à une « auto-régulation contrôlée* », Lettre CREDA-Sociétés n°2013-10, 22 mars 2013, p. 1-2.

MAGNAN DE BORNIER (J.), « *Propriété et contrôle dans la grande entreprise. Une relecture de Berle et Means* », Revue économique, novembre 1987, p. 1171.

MAGNIER (V.), « *Droit de contrôle des actionnaires : vers une réforme ?* », Recueil Dalloz 2017, p. 1112

MAISON BLANCHE (C.), « *Les agences de conseil en vote : réflexion sur l'encadrement des pratiques* », Bull. Joly Bourse, septembre 2013, n° 9, p. 447, 449-450.

MALECKI (C.), « *Le nouveau souffle de l'actionnariat salarié dans la loi n° 2006-1770 du 30 décembre 2006 pour le développement de la participation et de l'actionnariat salarié* », Recueil Dalloz, 2007, p. 524.

MANSUY (F.), « *ASSEMBLÉES D'ACTIONNAIRES. - Règles communes à toutes les assemblées. - Tenue de l'assemblée* », JurisClasseur Sociétés Traité, Fasc. 136-35, 10 Juin 2015, mise à jour : 9 Décembre 2015.

MARTHEZ (H.), « *En matière de gouvernance des sociétés cotées, la perfection n'est probablement pas de ce monde* », Bulletin Joly Sociétés, 01 juin 2013 n° 6, p. 373.

MASOUNAVE (A.),

« *Les fonds activistes se sont perfectionnés - Entretien avec... Edouard Dubois, responsable du marché français, Stewardship Investment, BlackRock* », L'AGEFI Hebdo, 17 mars 2016, http://www.agefi.fr/gouvernance/actualites/hebdo/20160317/fonds-activistes-se-sont-perfectionnes-176589.

« *Fonds activistes : Au tour de la France* », L'AGEFI Hebdo, 17 mars 2016, http://www.agefi.fr/gouvernance/actualites/hebdo/20160317/fonds-activistes-tour-france-176669.

MASSIE (J-A.),

« *Le dialogue actionnarial s'impose face aux nombreux défis et risques* », La Lettre de l'AFGE n°47 4eme trimestre 2016, p. 1

« *Les progrès du gouvernement d'entreprise traduident une adaptation des sociétées du secteur privé et public à un nouvel envirionnement et à des risques multiples* », La Lettre de l'AFGE n°36 1er trimestre 2014, p. 15.

MATTOUT (J.P), **MOUY (S.)**, « *La notation* », Bull. Joly, n°5, 1er septembre 1994, p.435.

MAZEAUD (D.), « *Quand c'est fini, ça recommence…* », La Semaine Juridique Edition Générale, n°23, 6 juin 2016, p. 640.

MERCIER (S.), **GOND (J.-P.)**, « *Les théories des parties prenantes : une synthèse critique de la littérature* », Université des sciences sociales de Toulouse, 2005.

MERLE (P.H.), « *Les nouvelles responsabilités des comités d'audit* », Bull. Joly Sociétés 2009, p. 21.

MONTEL-DUMONT (O.), **COUDERC (N.)**, « *Des subprimes à la crise mondiale* » in Les politiques économiques à l'épreuve de la crise, Cahiers français n°359, La Documentation française, 2010.

MORIN (F.), **RIGAMONTI (E.)**, « Évolution et structure de l›actionnariat en France », Revue française de gestion, 2002, n°141, p. 155-181.

MORTIER (R.), « *Réforme des droits des actionnaires* », Droit des sociétés n° 3, mars 2011, p. 6.

MOTTIS (N.), PONSARD LAVOISIER (J.P.), « *L'influence des investisseurs institutionnels sur le pilotage des entreprises* », Revue française de gestion, n°141, 2002, p. 234.

MOULIN (J.M.), « *Sociétés anonymes - Gouvernance des sociétés* », JurisClasseur Commercial, Fasc. 1350, 28 avril 2010, Date de la dernière mise à jour : 21 Janvier 2016, p. 4, 14, 29-30, 35-36, 55.

NEUVILLE (C.), « *L'émergence d'un actionnariat actif en France* », Petites Affiches, 27 septembre 1995, p. 38.

NEUVILLE (S.),

« *La Bourse ou la loi : le Droit des marchés à l'Aube du 21ème siècle – Introduction* », Revues des Juristes de Sciences Po n° 7, Février 2013, 72.

« *Les prestataires (entreprises d'investissement et entreprises de marché) et les services d'investissement* », Bulletin Joly Bourse, 1er Septembre 2007, n° 05, p. 558.

« *Normes comptables : principes, règles et application cohérente* », Revue Le Lamy Droit des Affaires, n° 13, 1er février 2007, passim.

« *Les trackers - perspective juridique* », Recueil Dalloz 2001 p. 2730.

NOTTE (G.), « *Exercice de certains droits des actionnaires de sociétés cotées. – A propos de l'ordonnance du 9 décembre 2010* », La Semaine Juridique Edition Générale n° 52, décembre 2010.

NIVOIX (S.), **PEPINP (D.)**, « *Intérêts et limites de la globalisation comme processus créateur d'investissement* », HAL, https://hal.archives-ouvertes.fr/hal-00963658, p. 14-15.

OMAGGIO (A.), « *Faut-il encadrer l'activité des agences de conseil en vote (proxy advisors) ?* », La Semaine Juridique Entreprise et Affaires n° 46, novembre 2009.

ORLEAN (A.), « *De l'euphorie à la panique : penser la crise financière* », Editions de la rue d'Ulm, Collection du CEPREMAP n°16, 22 mai 2009.

PARACHKEVOVA (I.),

« *Les obligations des investisseurs institutionnels et gestionnaires d'actifs* », Dossier, Réflexions collectives sur la nouvelle directive « Droits des actionnaires » du 17 mai 2017, sous la direction de Benoît LECOURT, Revue des sociétés, décembre 2017, p. 686-689.

« *Les obligations des fonds d'investissement au sein des sociétés cotées* », Revue des sociétés 2015, p. 79.

« *La rémunération des dirigeants des sociétés cotées : de la morale à la réforme* », RIDE, 2010, p. 241.

PASQUETTE (M-J.), *Interview, « Colette Neuville : Le respect du minoritaire s'arrête où commencent les intérêts de la banque »*, https://deontofi.com/colette-neuville-des-patrons-de-banque-empechent-leurs-gerants-dexercer-leurs-droits-dactionnaires/, 4 aout 2014.

PENNEAU (A.), « *L'ISO, cette (relative) Inconnue Super Offensive* », Recueil Dalloz 2006 p. 521.

PETITIER (M.), **MELI (T.)**, « *Agences de conseil en vote et pouvoirs des assemblées générales de sociétés cotées* », Droit des sociétés n° 6, juin 2013, étude 12, p. 4.

PLIHON (D.), « *La globalisation financière* » *in* « *Les enjeux de la mondialisation : les grandes questions économiques et sociales* », tome 3, La Découverte, coll. Repères, 2007.

PLIHON (D.), **JEFFERS (E.)**, « *Investisseurs institutionnels et gouvernance des entreprises* », Revue d'économie financière, n° 63, 2001, p. 137-152.

PLIHON (D.), **PONSSARD (J.P.)**, « *Les fonds éthiques dans la montée en puissance des fonds d'investissement, quels enjeux pour les entreprises ?* », Les études de la documentation française, 2002, p. 42-51.

PORTIER (P.), « *Agences de notation* », Revue de droit bancaire et financier n°2, mars 2006, p. 84.

POSTEL (N.), **CAZAL (D.)**, **CHAVY (F.)**, **SOBEL (R.)**, « *La responsabilité sociale de l'entreprise : nouvelle régulation du capitalisme ?* », Presse universitaire du septentrion, 2011.

RAVEL D'ESCLAPON (T.), « *Batailles de procurations : une nécessaire réglementation* », LPA, 6 octobre 2009, p. 5.

REBERIOUX (A.), « *Les fondements microéconomiques de la valeur actionnariale : Une revue critique de la littérature* », Presses de Sciences Po, Revue économique, vol. 56, 2005, p.51-75.

REROLLE (J-F.), « *Gouvernement d'entreprise : Quand l'apparence l'emporte sur la substance* », http://www.rerolle.eu/post/2011/03/07/Gouvernement-d%E2%80%99entreprise-%3A-Quand-l%E2%80%99apparence-l%E2%80%99emporte-sur-la-substance, 7 mars 2011.

RIASSETTO (I.), « *Gestion dans le seul intérêt des porteurs de parts et gestion du risque de liquidité* », Revue de Droit bancaire et financier, n° 6, Novembre 2015.

ROBERT HAUTEQUERE (S.), « *La loi Sapin 2 soumet les rémunérations des dirigeants de sociétés cotées sur Euronext à l'approbation des actionnaires* », http://www.fidal-avocats-leblog.com/2016/11/loi-sapin-2-soumet-les-remunerations-dirigeants-societes-cotees-euronext-lapprobation-actionnaires/, 24 novembre 2016.

ROHART-MESSAGER (I.), « *A propos des conflits d'intérêts dans les sociétés* », PA, 8 avril 2008, n° 71, p. 13.

RONTCHEVSKY (N.), **STORCK (M.)**, « *L'impact de la loi Florange sur le droit des offres publiques d'acquisition et les sociétés cotées françaises* », RTD Com. 2014, p. 363.

ROULET (J-P.), « *Du gouvernement d'entreprise de sociétés cotées à la gouvernance de groupe* », Cahiers de droit de l›entreprise n° 2, dossier 15, mars 2016, p. 1.

ROUSSEAU (S.), « *L'encadrement des conflits d'intérêts dans le droit nord-américain des sociétés : le rôle des règles et des normes de conduite* », RTD Com., 2013, p. 612.

ROUSSILLE (M.), « *Internet au service du formalisme des assemblées sociétaires* », Droit des sociétés n° 1, repère 1, Janvier 2012.

SAHUT (J.M.), **OTHMANI GHARBI (H.)**,

« *Activisme des investisseurs institutionnels : cadre général et facteurs d'influence* », La Revue des Sciences de Gestion, n°243-244, 2010, p. 25-33.

« *Typologie des investisseurs institutionnels et performance des firmes dans le contexte français* », Gestion 2000, 2011, p. 59-75.

SCHMIDT (D.), « *Les conflits d'intérêts dans la société anonyme* », JOLY, 2004, *passim*.

SICARD (J.P.), « *Le rôle des investisseurs institutionnels dans l'ISR* », Alternatives Économiques, http://www.alternatives-economiques.fr/role-investisseurs-institutionnels-lisr/00063062, 1 septembre 2006.

SICOT (D.), « *Fonds activistes : la Bourse a trouvé ses terroristes* », l'Humanité dimanche, Jeudi 5 Février, 2015, http://www.humanite.fr/fonds-activistes-la-bourse-trouve-ses-terroristes-564806.

SOTIROPOULOU (A.),

« *L'ESMA et la sanction de Fitch : brèves réflexions sur les pouvoirs de surveillance de l'Autorité européenne des marchés financiers* », Bulletin Joly Bourse, 1er Octobre 2016, n° 10, p. 423.

« *La responsabilité civile des agences de notation* », Bulletin Joly Bourse, n° 01, 1er janvier 2013, p. 47.

SPY (A), **SEBAG (S.)**, « *Investisseurs institutionnels : Un secteur en recomposition* », Option Finance, 23 mars 2015, http://www.optionfinance.fr/asset-management/investisseurs-institutionnels/investisseurs-institutionnels-un-secteur-en-recomposition.html.

STOLOWY (H.), **PUJOL (E.)**, **MOLINARI (M.)**, « *Audit financier et contrôle interne : l'apport de la loi Sarbanes-Oxley* », https://studies2.hec.fr/jahia/webdav/site/hec/shared/sites/.../audit%20financier.pdf, p. 1.

STORCK (M.),

« *Directive OPCVM V* », Revue de Droit bancaire et financier n° 3, Mai 2016, comm. 141.

« *Société de gestion. Obligation d'agir dans le seul intérêt des porteurs de parts ou actionnaires d'OPC* », RTD Com. 2015 p. 717.

« *Recommandation AMF n°2011-06 du 18 mars 2011 sur les agences de conseil en vote* », RTD Com. 2011, p. 380.

SUPIO (M.), « *AGOA 2016 - SA dont des titres financiers sont admis aux négociations sur un marché réglementé* », La Semaine Juridique Entreprise et Affaires n° 5, 4 Février 2016.

SUTTER (E.), « *Certification et labellisation : un problème de confiance. Bref panorama de la situation actuelle* », Documentaliste-Sciences de l'Information, 2005, Vol. 42, p. 284-286.

THEPOT (J.), « *Jensen et Meckling trente ans après* », Revue française de gestion, 6, 2007, p. 15-22.

THOUCH (M.), « *Les sociétés spécialisées dans l'exercice du droit de vote (proxy voting providers)* », Actes pratiques Droit des sociétés, juin 2006.

TOE (M.), « *Diversité du genre au Conseil d'Administration : vers une amélioration de la gouvernance des entreprises ?* », Gestion 2000, Volume 31, 2014, p. 87.

TORCK (S.),

« *AMF : un pas de plus vers la régulation des agences de conseil en vote* », JurisClasseur Dr. Sociétés juillet 2011, n°7.

« Rapport final de l›ESMA sur les agences de conseil en vote, ESMA, Final Report - Feedback statement on the consultation regarding the role of the proxy advisory industry. », Droit des sociétés n° 5, Mai 2013, p. 1-3.

TUFFERY-ANDRIEU (J-M.), « *Propos liminaire ou contribution historique à l'étude de l'actionnariat salarié* », Droit social, 2014, p. 493.

URBAIN-PARLEAN (I.), « *Les transactions entre parties liées* », Dossier, Réflexions collectives sur la nouvelle directive « Droits des actionnaires » du 17 mai 2017, sous la direction de Benoît LECOURT, Revue des sociétés, décembre 2017, p. 696-699.

URBAN (Q), « *Le juge et le parcours professionnel du salarié dans le groupe* », LPA, 21 avril 2005, n° 79, p. 23.

VALUET (J-P.), « *Le bureau de l'assemblée générale des actionnaires* », Rev. soc., 2012, p. 543.

VAN DE KERCHOVE (M.), OST (F.), « *De la pyramide au réseau ? Pour une théorie dialectique du droit* », Revue internationale de droit comparé, 2003, Volume 55 n° 3 p. 730-742.

VENDETTE (R.), « *L'investissement socialement responsable, un levier de changement* », La Lettre de l'AFGE n°36 1er trimestre 2014, p. 5-6.

VINEY (G), « *La responsabilité des entreprises prestataires de conseil* », JCP Semaine Juridique, I art. 2750, 1975, *passim.*

Notes, avis, décisions et commentaires de jurisprudence

Cass. req. 16 nov. 1943, Gaz. Pal. 1944.1.14, note P. Lescot.
Cass. civ., 4 juin 1946, JCP éd. G, 1947, II, n° 3518, note Bastian
Cass. com. 6 févr. 1957, Bull. civ. III, n° 48, note D. Bastian.
CA Besançon, 5 juin 1957, D. 1957.605, note A. Dalsace.
Cass. com., 18 avr. 1961, Bull. civ. III, n° 175.
Cass. civ., 1ere, 21 décembre 1964, J.C.P 65.II.14005.
Cass. com., 21 juill. 1969 : D. 1970, jurispr. p. 88.
Cass. crim., 27 juin 1972, n° 72-92.608.
Cass. 2e civ., 1er février 1973, JCP 1974, II, n° 17882.
Cass. com., 17 juin 1974 : Rev. sociétés 1977, p. 84, note D. Randoux.
T. com. Paris, 27 mai 1977 : Rev. Sociétés 1977, p. 708, note J. Guyénot.
Cass. 3e civ., 4 juillet 1979, Bull. III, n° 150.
CA Paris, 31 mars 1981 : Gaz. Pal. 1981, p. 513.
Cass. civ. 19 janvier 1982, RTD civ. 1983, 144, obs. G. Durry.
T. corr. Paris, 16 juin 1983 : Gaz. Pal. 1983, 2, jur. p. 431, note J.P. Marchi.
Cass. civ., 3e, 28 février 1984, Bull. civ. III, no 51 ; Gaz.Pal. 1984.
Cass. 1er civ., 22 mai 1985, Bull. I, n° 159.
Cass. com., 2 juin 1987, no 86-1088.
Cass. com., 27 mai 1997 : Bull. civ. 1997, IV, n° 159.
Cass. com., 8 juill. 1997, Bull. Joly 1997, p. 980, notes V.E. Lepoutre.
CA Aix en Provence, 28 septembre 1982, Revue sociétés 1983, p.773, note J. Mestre.
CA Paris, 14 nov. 1989 : Bull. Joly Sociétés 1990, p. 82.
Cass, com., 6 juin 1990, n° 88-19420, Bull, civ. IV, p. 117.
Cass. civ., 1ere, 12 juin 1990, Bull. I, n°156.
Cass. com., 19 novembre 1991, JCP, 1992, éd. G, II, 21833.
CA Paris, 20 novembre 1991, Rev. sociétés 1992, 327, note Carreau et Martin.
Cass, com., 9 mars 1993, D. 1993, jur., p. 363, note Y. Guyon.
CA Paris, 27 avril 1993, JCP E 1993, 457, note Viandier.
Cass. com., 4 juill. 1995, no 93-17.969, Bull. civ. IV, no 206, JCP 1995. II. 22560, note Y. Guyon.
Cass, com., 12 décembre 1995, Bull. Joly, 1996, p. 206, note P. Le Cannu.
Cass. crim., 22 juin 1999 : Bull. Joly 1999, p. 978.
CA Paris, 2 août 2001 : Rev. Sociétés 2001, p. 880, note Y. Guyon.
Cass. 3e civ., 22 oct. 2002 : RD imm. 2003, 95, obs. Ph. Malinvaud.
Cass. 3e civ., 3 déc. 2003 : Bull. civ. 2003, III, n° 221.
Cass. civ., 1ere, 14 décembre 2004, Bull. I, n°314.
Cass. civ. 1ère, 22 juin 2004, RDC 2005, p. 270, obs. D. Mazeaud.
Cass. civ., 1ere, 2 novembre 2005, Bull. I, n°400.
Cass. 1er Civ., 21 novembre 2006.

Cass. com., 31 mars 2009, n°08-11860.
CE, 6e SSJS, 2 juillet 2015, n° 366108.
CE, 6e SSJS, 27 juillet 2015, n° 382550.

Références bibliographiques étrangères

États-Unis : articles, chroniques, rapports, études, ouvrages généraux et spéciaux

AGRAWAL (A.), KNOEBER (C.R.), « *Firm Performance and Mechanisms to Control Agency Problems between Managers and Shareholders* », Journal of Financial and Quantitative Analysis, vol. 31, 1996, pp. 377.

AKIN GUMP STRAUSS HAUER & FELD LLP, « *TOP 10 TOPICS FOR DIRECTORS IN 2017* », pp. 3, 5.

ALEXANDER (C. R.), CHEN (M.A), SEPPI (D.J.), SPATT (C.S.), « *Interim News and the Role of Proxy Voting Advice* », Review of Financial Studies, vol. 23, 2010, pp. 4420.

ALON (B.), DASGUPTA (A.), RICHEMOND (M. D.), « *Wolf Pack Activism* », SSRN: https://ssrn.com/abstract=2529230, September 2016, pp. 1-10.

ANDERSON (R.), REEB (D.), « *Founding-Family Ownership and Firm Performance: Evidence from the S&P 500* », Journal of Finance, vol. 58, 2003, pp. 1301-1328.

ARGENTI (J.), « *Stakeholders: the Case Against* », Long Range Planning, 1997, pp. 442-445.

ARMOUR (J.), CHEFFINS (B.R.), « *The Rise and Fall (?) of Shareholder Activism by Hedge Funds* », ECGI - Law Working Paper No. 136/2009, https://ssrn.com/abstract=1489336, September 1, 2009, pp. 36.

ASTFINANCIAL, « *AST to Deliver Blockchain-based Proxy Voting Solution* », https://www.astfinancial.com/news-events/newsroom/news/ast-to-deliver-blockchain-based-proxy-voting-solution/, May 10, 2017.

BACHELDER (J.E.), « *Proxy Advisors' Impact on Executive Pay Decisions by Directors* », New York Law Journal, March 25, 2016.

BAINBRIDGE (S. M.), « *Shareholder Activism and Institutional Investors* », UCLA School of Law, Law-Econ. Research Paper n° 05-20, https://papers.ssrn.com/sol3/papers.cfm?abstract_id=796227, 2005, pp. 18.

BEBCHUK (L.A.),

« *The Myth that Insulating Boards Serves Long-Term Value* », Columbia Law Review, Vol. 113, https://ssrn.com/abstract=2248111, September 2013, pp. 48-49.

« *The Myth of the Shareholder Franchise* », Harvard Law and Economics Discussion Paper No. 567, October 2005, pp. 100.

BEBCHUK (L.A.), BRAV (A.), JIANG (W.), « *The Long-term Effects of Hedge Fund Activism* », Columbia Law Review., 2015, https://ssrn.com/abstract=2291577, pp. 1085, 1154-1155.

BELINFANTI (T.C.), « *The Proxy Advisory and Corporate Governance Industry : The Case for Increased Oversight and Control* », New York Law School Legal Studies, Research Paper Series, 2009.

BERLE (A.), MEANS (G.), « *The Modern Corporation and Private Property* », New York, Harcourt, Brace and World, new ed. 1967.

BETHEL (J. E.), GILLAN (S. L.), « *The impact of the institutional and regulatory environment on shareholder voting* », Financial Management 31, no. 4, 2002, pp. 29-54.

BLACK (B.S.), « *Shareholder passivity re-examined* », Michigan Law Review, 1990, pp. 520.

BOVA (F.), DOU (Y.), HOPE (O. K.), « *Employee Ownership and Firm Disclosure* », Social Science Research Network, 2011, pp. 31-32.

BRANCATO (C.K.), « *Institutional Investors and Corporate Governance: Best Practices for Increasing Corporate Value* », Irwin Professional Pub, 1997.

BRANDENBURGER (A.M.), STUART (H.W.), « *Value-Based Business Strategy* », Journal of Economics & Management Strategy, vol. 5, 1996, p. 23-24.

BRAV (A.), JIANG (W.), MA (S.), TIAN (X.), « *How Does Hedge Fund Activism Reshape Corporate Innovation?* », https://ssrn.com/abstract=2409404, May 16, 2016, pp. 51.

BUSHEE (B.J.), «*The Influence of Institutional Investors on Myopic R&D Investment Behaviour* », The Accounting Review, vol. 73, 1998, pp. 305.

CAI (J.), GARNER (J.L.), WALKING (R.A.), « *Electing Directors* », Journal of Finance, vol. 64, no. 5, 2009, pp. 2389-2421.

CARROLL (A.B.), BUCHHOLTZ (A.K.), « *Business and Society : Ethics and Stakeholder Management* », South-Western Publishing Cincinnati, 2000.

Center On Executive Compensation, « *A Call for Change in the Proxy Advisory Industry Status Quo* », online.wsj.com/public/.../ProxyAdvisoryWhitePaper02072011.pdf, January 2011, pp. 85-86.

CHEN (X.), HARFORD (J.), LI (K.), « *Monitoring: Which Institutions Matter?* », Journal of Financial Economics, 2007, pp. 279-305.

CHOI (S.), FISCH (J. E.), KAHAN (M.), « *The Power of Proxy Advisors: Myth or Reality?* », Emory Law Journal, Vol. 59, 2010, pp. 869.

COHN (Y.), « *Issuers' CEO/Chairman Structure Not Correlated with Firm Performance* », https://corpgov.law.harvard.edu/2017/07/31/issuers-ceochairman-structure-not-correlated-with-firm-performance/, July 31, 2017.

CONNELL (M.C.J.J.), SERVAES (H.), «*Additional Evidence on Equity Ownership and Corporate Value*», Journal of Financial Economics, 1990, pp. 595-612.

COPLAND (J.R.), « *SEC Needs To Rethink Its Rules on Proxy Advisory Firms* », Washington Examiner, July 24, 2014, http://www.washingtonexaminer.com/sec-needs-to-rethink-its-rules-on-proxy-advisory-firms/article/2551268

CORNETTE (M.M.), MARCUS (A.J.), SAUNDER (A.), TEHRANIAN (H.), «*The Impact of Institutional Ownership on Corporate Operating Performance*», Journal of Banking and Finance, 2007, pp. 1771-1794.

COTTER (J.F), PALMITER (A.R.), THOMAS (R.S.), « *ISS Recommendations and Mutual Fund Voting on Proxy Proposals* », Villanova Law Review, vol. 55, n°. 1, 2010, pp. 1-57.

CREMERS (M.), GIAMBONA (E.), SEPE (S.M.), WANG (Y.), « *Hedge Fund Activism and Long-Term Firm Value* », https://ssrn.com/abstract=2693231, November 19, 2015, pp. 1-3.

CUNAT (V.), GINE (M.), GUADALUPE (M.), « *The vote is cast : the effect of corporate governance on shareholder value* », Journal of Finance n°67, 2012, pp. 1943 1977.

DAVIS (E.P.) « *Institutional investors, corporate governance and the performance of the corporate sector* » Economic Systems, 2002, pp. 203-229.

DE ANGELO (H.), DE ANGELO (L.), « *Proxy contests and the governance of publicly held corporations* », Journal of Financial Economics, vol. 23, n° 1, 1989, p.29.

DENT (G.W.), « *A defense of proxy advisors* », Michigan State Law Review, 2014, pp. 1287, 1329.

DEMSETZ (H.), «*The Structure of Ownership and the Theory of the Firm*», Journal of Law and Economics, vol. 24, 1983, pp. 375.

DODD (P.), WARNER (J.), « *On corporate governance: a study of proxy contests* », Journal of Financial Economics, vol. 11, n° 1-4, 1983, pp. 420.

DONALDSON (T.), PRESTON (L.E.), « *The Stakeholder Theory of the Corporation: Concepts, Evidence and Implications* », Academy of Management Review, vol. 20, 1995, pp. 65-91.

DOUGHERTY (T.J.), « *"Pre-Populated" Proxy Protocols and the Narrowing of Proxy Participation* », https://corpgov.law.harvard.edu/2017/07/20/pre-populated-proxy-protocols-and-the-narrowing-of-proxy-participation/, July 20, 2017.

DOWNES (G.R.), HOUMINER (E.), HUBBARD (R.G.), « *Institutional Investors and Corporate Behavior* », the American Enterprise Institute, 1999, pp. 2.

DUPPSTADT (S.), Proxy Insight, « *Are Top Investors Listening to Proxy Advisors on Pay?* », https://corpgov.law.harvard.edu/2017/02/02/are-top-investors-listening-to-proxy-advisors-on-pay/, February 2, 2017.

EASTERBROOK (F.), FISCHEL (D.), « *The Economic Structure of Corporate Law* », 1996.

EDELMAN (P.H.), THOMAS (R.S.), THOMPSON (R.B.), « *Shareholder Voting in an Age of Intermediary Capitalism* », USC Law Review 2015, pp. 2.

ECKSTEIN (A.), « *Great expectations : The peril of an expectations gap in proxy advisory firm regulation* », DELAWARE JOURNAL OF CORPORATE LAW, n°40, 22 juil. 2014, pp. 77.

ERTIMUR (Y.), FERRI (F.), OESCH (D.), « *Shareholder Votes and Proxy Advisors: Evidence from Say on Pay* », Journal of Accounting Research, 2013, pp. 951.

FACCIO (M.), LANG (L.), « *The ownership in Western European Corporations* », Journal of Financial Economics, vol. 65, septembre 2002, pp. 365-395.

FAMA (E.F.), JENSEN (M. C.),
a « *Separation of Ownership and Control* », Journal of Law and Economics, vol. 26, june 1983, pp. 301-325.
b « *Agency Problems and Residual Claims* », Journal of Law and Economics, vol. 26, june 1983, pp. 327-349.
« *Agency Problems and the Theory of the Firm* », Journal of Political Economy, 1980.

FAUVER (L.), HUNG (M.), LI (X.), TABOADA (A.G.), « *Board Reforms and Firm Value: Worldwide Evidence* », Journal of Financial Economics, https://ssrn.com/abstract=2607785 or http://dx.doi.org/10.2139/ssrn.2607785, July 1, 2016, pp. 1, 29-30.

FINK (B.), NASDAQ, « *Blockchain Comes To Corporate Governance With AST Proxy Voting* », http://www.nasdaq.com/article/blockchain-comes-to-corporate-governance-with-ast-proxy-voting-cm791465.

FRANCIS (T.), « *Best-Paid CEOs Run Some of Worst-Performing Companies : Analysis by MSCI calls into question the idea that high CEO pay helps drive better results* », http://www.wsj.com/articles/best-paid-ceos-run-some-of-worst-performing-companies-1469419262, July 25, 2016.

FREEMAN (R.E.),
« *Strategic management: A stakeholder approach* », CAMBRIDGE UNIVERSITY PRESS, 2010.
« *Divergent Stakeholder Theory* », Academy of Management Review, vol. 24, 1999, pp. 233-236.
« *The politics of stakeholder theory: Some future directions* », Society for Business Ethics, 1994, pp. 409-421.
« *Corporate governance: A stakeholder interpretation* », Journal of Behavioral Economics, 1991, pp. 337-359.

FRIED (J.), « *The Uneasy Case for Favoring Long-Term Shareholders* », Harvard Law School, February 26, 2014, pp. 1554.

FRIEDMAN (M.),
« *Capitalism and freedom* », University of Chicago press, 2009.
« *The Social Responsibility of Business is to Increase its Profits* », The New York Times Magazine, September 13, 1970.

GIBSON (K.), « *The Moral Basis of Stakeholder Theory* », Journal of Business Ethics, 2000, pp. 245-257.

GOLDBERG (K.), NATHAN (C.), « *Communications Challenges for the Post-Activist Proxy Contest World* », https://corpgov.law.harvard.edu/2017/07/17/communications-challenges-for-the-post-activist-proxy-contest-world/, July 17, 2017.

GOODPASTER (K.E.), « *Business Ethics and Stakeholder Analysis* », Business Ethics Quarterly, 1, 1991, pp. 53-73.

GORDON (J.N.), « *The Rise of Independent Directors in the United States, 1950-2005: Of Shareholder Value and Stock Market Prices* », The Center for Law and Economic Studies Columbia University School of Law, 2007, pp. 1465.

GOVERNMENT ACCOUNTABILITY OFFICE, Report to the Chairman, Subcommittee on Economic Policy, Committee on Banking, Housing, and Urban Affairs, U.S. Senate, « *CORPORATE SHAREHOLDER MEETINGS -Proxy Advisory Firms' Role in Voting and Corporate Governance Practices* », November 2016, pp. 1, 16, 17.

GROSSMAN (G.), « *International trade, Foreign Investment, and the Formation of the Entrepreneurial Class* », American Economic Review, 1984, pp. 605-613.

GRUMBERG (A.), « *Activist Investing in Europe: A Special Report* », https://corpgov.law.harvard.edu/2016/11/09/activist-investing-in-europe-a-special-report/, November 9, 2016.

HANNOUN (C.),

« *Constitutionalization and the status of the director - The test of "Say on pay"* », Routledge, Taylor & Francis Group, coll. « *Multinationals and the Constitutionalization of the World Power System* », 2016, p. 216.

HIRSCHMAN (A.), « *Exit, Voice and Loyalty: Responses to Decline in Firms, Organizations, and States* », Harvard University Press, 1970.

HOLLAND (C.), **GREGORY (H.)**, **KELSH (J.)**, **GRAPSAS (R.)**, **KIM (T.)**, **AUSTIN (S.)**, « *Is Proxy Access Inevitable?* », Sidley Austin LLP, September 29, 2015.

HU (H.T.C.), BLACK (B.S.), « *The New Vote Buying: Empty Voting and Hidden (Morphable) Ownership* », Southern California Law Review, vol. 79, mai 2006, pp. 811-906.

HUDDART (S.), LANG (M.), « *Employee Stock Options Exercices : An Empirical Analysis* », Journal of Accounting and Economics, february, 1996.

ILIEV (P.), **LOWRY (M.)**, « *Are Mutual Funds Active Voters?* » Review of Financial Studies, 2015, pp. 1-6, 32-33.

JENSEN (M.), MECKLING (W.), « *Theory of the firm: managerial behavior, agency cost and ownership structure* », Journal of Financial Economics, 3, 1976, pp. 305-360.

JIN (L.), « *How does Investor Short Termism Affect Mutual Fund Manager Short Termism* », Harvard Business School, working paper, 2005, pp. 2.

JOYCE (J.), **LANE (B.)**, « *Lower Performance for Target Pay? Pay for Performance Alignment in Times of Declining Performance* », Pay Governance LLC, November 20, 2016, https://corpgov.law.harvard.edu/2016/11/20/lower-performance-for-target-pay-pay-for-performance-alignment-in-times-of-declining-performance/#more-75224

KARPOFF (J.M.), « *The Impact of Shareholder Activism on Target Companies: A Survey of Empirical Findings* », https://ssrn.com/abstract=885365, August 18, 2001.

KATZ (D.), **McINTOSH (L.)**,

« *Holding Activists and Proxy Advisory Firms Accountable?* », Wachtell, Lipton, Rosen & Katz, May 31, 2016, https://corpgov.law.harvard.edu/2016/05/31/holding-activists-and-proxy-advisory-firms-accountable/, pp. 5.

« *Important Proxy Advisor Developments* », New York Law Journal, September 25, 2014, pp. 3.

KHAN (R.), DHARWADKAR (R.), BRANDES (P.), «*Institutional Ownership and CEO Compensation : a Longitudinal Examination*», Journal of Business Research, 2005, pp. 1078-1088.

KHANNA (T.), PALEPU (K.), « *Emerging Market Business Groups, Foreign Investors and Corporate Governance* », Working Paper Series, n°6955, National Bureau of Economic Research, Massachusetts, 1999.

KIM (E. H.), OUIMET (P.), « *Employee Capitalism or Corporate Socialism? Broad-Based Employee Stock Ownership* », https://ssrn.com/abstract=1107974, March 6, 2008, pp. 39-40.

KLEIN (A.), ZUR (E.), « *Hedge funds activism* », https://ssrn.com/abstract=1291605, October 2006.

KLOHN (L.), SCHWARZ (P.), « *The regulation of proxy advisors* », Capital Markets Law Journal, December 18, 2012, pp. 2-5, 17, 15, 20.

LARCKER (D.F.), McCALL (A.L.), TAYAN (B.), « *And Then a Miracle Happens!: How Do Proxy Advisory Firms Develop Their Voting Recommendations?* », Rock Center for Corporate Governance at Stanford University Closer Look Series: Topics, Issues and Controversies in Corporate Governance and Leadership No. CGRP-31, SSRN, February 25, 2013.

LARCKER (D.F.), McCALL (A.L.), ORMAZABALC (G.),

« Outsourcing Shareholder Voting to Proxy Advisory Firms », Journal of Law and Economics, Vol. 58, n° 1, February 2015, pp. 173-204.

« *Proxy advisory firms and stock option repricing* », Journal of Accounting and Economics,Volume 56, Issues 2-3, December 2013, pp. 149-169.

« *The Economic Consequences of Proxy Advisor Say-on-Pay Voting Policies* », SSRN #2101453, 5 juillet 2012, pp.1.

LAZONICK (W.), O'SULLIVAN (M.), « *maximizing shareholder value : a new ideology for corporate governance* », economy and Society, vol. 29, 2000, pp. 33-34.

LI (T.), « *Outsourcing Corporate Governance: Conflicts of Interest Within the Proxy Advisory Industry* », Management Science, http://ssrn.com/abstract=2828690, August 24, 2016, pp. 1, 29.

LIPTON (M.), « *Corporate Governance: The New Paradigm* », Harvard Law School Forum on Corporate Governance and Financial Regulation, https://corpgov.law.harvard.edu/2017/01/11/corporate-governance-the-new-paradigm/ January 11, 2017.

MALENKO (N.), YAO (S.), « *The Role of Proxy Advisory Firms: Evidence from a Regression-Discontinuity Design* », Review of Financial Studies, http://ssrn.com/abstract=2526799, June 14, 2016, pp. 2, 28-29.

Mc CAHERY (J.A.), STARKS (L. T.), SAUTNER (Z.), « *Behind the Scenes: The Corporate Governance Preferences of Institutional Investors* », June 2015 Journal of Finance, Forthcoming, pp. 2-3, 9.

MINGUE Z VERA (A.), MARTIN UGEDO (A.F.), *«Does Ownership Structure Affect Value? A Panel Data Analysis for the Spanish Market»*, International Review of Financial Analysis, 2007, pp. 81-99.

MITCHELL (A.), LAWRENCE (E.), « *A Theoretical and Practical Framework for Enforcing Corporate Constituency Statutes* », Rev. 579, 1992, pp. 591.

MORAN (M.), « *Ten Strategic Building Blocks for Shareholder Activism Preparedness* », https://corpgov.law.harvard.edu/2016/12/20/ten-strategic-building-blocks-for-shareholder-activism-preparedness/, December 20, 2016.

MURPHY (K.J.), BRIAN (J.), « *Stock Options for Undiversified Executives* », National Bureau of Economic Research, 2000.

NASDAQ, « *Proxy Advisory Reform: Legislation Update* », http://www.nasdaq.com/article/proxy-advisory-reform-legislation-update-cm862099, October 19, 2017.

NATHAN (C.M.), « *Proxy Advisory Business: Apotheosis or Apogee?* », https://corpgov.law.harvard.edu/2011/03/23/proxy-advisory-business-apotheosis-or-apogee/, March 23, 2011, pp. 13.

O'KELLEY III (J.), GOODMAN (A.), MENEER (E.), « *Global and Regional Trends in Corporate Governance for 2017* », http://www.russellreynolds.com/en/insights/thought-leadership/pages/global-and-regional-trends-in-corporate-governance-for-2017.aspx, December 16, 2016.

PLAZE (R.), « *Regulation of Investment Advisers By the U.S. Securities and Exchange Commission* », STROOCK, February 2016, pp. 1.

POUND (J.), « *Proxy Contests and the Efficiency of Shareholder Oversight* », Journal of Financial Economics, 1988, pp. 237-265.

RADFORD,

« *House Pursues Regulation of Proxy Advisory Firms (Again)* », https://radford.aon.com/insights/articles/2017/house-pursues-regulation-of-proxy-advisory-firms, December 2017.

« *House Financial Services Committee Revives Bill that Would Regulate ISS, Glass Lewis* », https://radford.aon.com/insights/articles/2016/the-Proxy-Advisory-Firm-Reform-Act-of-2016, July 2016.

RAY (W.), « *Why Every CEO Needs a Coach* », https://www.psychologytoday.com/blog/wired-success/201208/why-every-ceo-needs-coach?goback=%2Egde_3834048_member_150186632, August 13, 2012.

ROBE (J.P.), « *The Legal Structure of the Firm, Accounting* », Economics, and Law, Vol 1, n°1 art 5, 2011.

ROMANO (R.), « *Less Is More: Making Shareholder Activism A Valued Mechanism Of Corporate Governance* », Yale Law & Economics Research Paper No. 241 , 14 mai 2000, pp. 250.

SALVIONI (D), GENNARI (F), « *Corporate Governance, Ownership and Sustainability* », Corporate Ownership & Control / Volume 13, Issue 2, March 20, 2016, pp. 606-615.

SHILLER (R.), « *Irrational exuberance* », Princeton University Press, 2000, p. 32-34.

SIMON (H.), « *Theories of decision making in economics and behavorial science* », American Economic Review, 1959, pp. 253-283.

STOUT (L.A.), « *The Shareholder Value Myth* », European Financial Review, April-May 2013, pp. 1.

STRASKA (M.), WALLER (H.G.), « *Antitakeover Provisions and Shareholder Wealth: A Survey of the Literature* », pp. 35, *passim*.

VON THADDEN (E.L.), BOLTON (P.), « *Blocks, Liquidity and Corporate Control* », Journal of Finance, vol. 53, 1998.

WOOLERY (J.), « *Boards Should Minimize the Role of Proxy Advisors* », http://corpgov.law.harvard.edu/2013/10/31/boards-should-minimize-the-role-of-proxy-advisors/#more-54217, October 31, 2013.

YERMACK (D.), « *Shareholder Voting and Corporate Governance, Annual Review of Financial Economics* », http://ssrn.com/abstract=1523562, March 17, 2010, p. 1.

YU TING FOREST (W.), « *Wolves at the Door: A Closer Look at Hedge Fund Activism* », https://ssrn.com/abstract=2721413, October 2, 2016, pp. 1-2.

ZAGOROFF (D.), « *House Bill 4015 and the Proposed Regulation of Proxy Advisors* », https://corpgov.law.harvard.edu/2017/11/01/house-bill-4015-and-the-proposed-regulation-of-proxy-advisors/, November 1, 2017.

Royaume-Uni : articles, chroniques, rapports, études, ouvrages généraux et spéciaux

BLUMBERG (P.), « *The Multinational Challenge to Corporation Law : The Search for a New Corporate Personality* », OXFORD UNIVERSITY PRESS, 1993.

BARCA (F.), BECHT (M.), « *The Control of Corporate Europe* », OXFORD UNIVERSITY PRESS, 2001.

DJELIC (M.L.), « *Exporting the American Model The Post-War Transformation of European Business* », OXFORD UNIVERSITY PRESS, 2001.

DJELIC (M.L.), SAHLIN-ANDERSSON (K.), « *Transnational governance: Institutional dynamics of regulation* », CAMBRIDGE UNIVERSITY PRESS, 2006.

HOSKING (P.), The Times, « *Adviser is accused of 'mafia-style shakedown'* », https://www.thetimes.co.uk/article/adviser-is-accused-of-mafia-style-shakedown-7vz8qv770, February 9 2017.

LI (T.), « *Outsourcing Corporate Governance: Conflicts of Interest and Competition in the Proxy Advisory Industry* », University of Warwick, ECGI - Finance Working Paper No. 389/2013, November 12, 2013, pp. 2.

MALLIN (C.), « *Institutional Investors: The Vote as a Tool of Governance* », Journal of Management and Governance, vol. 16, n°2, 2012, pp. 77-96.

MOORE (M.T), « *A Necessary Social Evil : The Indispensability of the Shareholder Value Corporation* », University of Cambridge Faculty of Law Research Paper No. 25/2016, https://ssrn.com/abstract=2796148, June 2016, pp. 1.

SIEMS (M.), « *Convergence in shareholder law* », Cambridge University Press, 2008.

Autres : articles, chroniques, rapports, études, ouvrages généraux et spéciaux

ALLAIRE (Y.), « *The Troubling Case of Proxy Advisors: Some Policy Recommendations* », SSRN, January 20, 2013, pp. 6.

Australian Institute of Company Directors, « *Institutional Share Voting and Engagement: Exploring the Links Between Directors, Institutional Shareholders and Proxy Advisers* », http://www.companydirectors.com.au/General/Header/Media/MediaReleases, 2011.

BACH (L.), **METZGER (D.)**, « *Are Shareholder Votes Rigged?* », https://ssrn.com/abstract=2880523, December 1, 2016, pp. 1.

CREDIT SUISSE, « *How Corporate Governance Matters* », Research Institute, January 2016.

DELLA CROCE (R.), **STEWART (F.)**, **YERMO (J.)**, « *Promoting Longer-Term Investment by Institutional Investors: Selected Issues and Policies* », OCDE : OECD Journal: Financial Market Trends, vol. 2011, Issue 1, oecd-library.org, pp. 3.

ECKSTEIN (A), « *Skin in the Game: Aligning the Interests of Credit Rating Agencies, Proxy Advisors, and Investors* », Tel Aviv University - Buchmann Faculty of Law, March 29, 2016, pp. 1, 50-51.

GRISÉ (J.),

« *Dix stratégies pour se préparer à l'activisme accru des actionnaires* », https://jacquesgrisegouvernance.com/2016/12/20/dix-strategies-pour-se-preparer-a-lactivisme-accru-des-actionnaires/, 20 décembre 2016.

« *Le pouvoir démesuré des firmes de conseil en votation !* », https://jacquesgrisegouvernance.com/2014/09/19/le-pouvoir-demesure-des-firmes-de-conseil-en-votation/, 19 septembre 2014.

« *Questionnements sur le modèle d'affaires des firmes spécialisées dans le conseil et la gestion de procurations !* », https://jacquesgrisegouvernance.com/2013/02/26/questionnements-sur-le-modele-daffaires-des-firmes-specialisees-dans-le-conseil-et-la-gestion-de-procurations/, 26 février 2013.

KEAY (A.), « *The Enlightened Shareholder Value Principle and Corporate Governance* », Routledge, 2012.

KIRKPATRICK (G.), « *The Corporate Governance Lessons from the Financial Crisis* », OCDE : OECD Journal : financial market trends, Vol. 2009/1, ISSN 1995-2864, 2009.

PAAPE (L.), **LACHOTZKI (F.)**, « *Aandeelhoudersbetrokkenheid in Nederland: Onderzoek onder Institutionele Beleggers en hun Relatie met Nederlandse Beursfondsen* », http://commissiecorporategovernance.nl/download/?id=716&download=1, 2010.

SCHOUTEN (M.C.), « *Do Institutional Investors Follow Proxy Advice Blindly?* » University of Amsterdam, Duisenberg School of Finance, January 2, 2012.

THEVENOZ (L.), « *Le conflit d'intérêts : Une composante inéluctable des marchés financiers* », Finance & Bien Commun, CAIRN, n°24, 2006, p. 65.

VERDAM (A.), « *An Exploration of the Role of Proxy Advisors in Proxy Voting* », SSRN, December 2006.

Index alphabétique

-B-

-C-

-T-

-V-

-W-

Notes

1. *Cf., infra*, n° 17 et s.

2. L'*affectio societatis* revêt un caractère protéiforme. L'on ne saurait donc écarter la possibilité que les investisseurs institutionnels possèdent une forme contemporaine d'*affectio societatis* ; *Cf.*, GUYON (Y.), « *Affectio Societatis* », JurisClasseur Sociétés Traité, 21 septembre 2016, p. 7-8.

3. En France, la loi de Sécurité Financière de 2003 ainsi que du Règlement général AMF de cette même année ont introduit cette mesure ; *Cf.*, C. monét. fin., art. L 533-22.

4. *Cf., infra*, n° 60 et s.

5. CORNU (G.), « *Vocabulaire juridique* », PUF, Association Henri Capitant, Quadrige, 9e éd., 2011, p. 40.

6. *Cf., infra*, n° 88 et s.

7. *Ibid*, n° 89-90, 99 et s.

8. *Ibid*, n° 100, 282, 362 et s.

9. KLOHN (L.), SCHWARZ (P.), « *The regulation of proxy advisors* », Capital Markets Law Journal, December 18, 2012, pp. 10-11 ; *Cf.*, ISS Corporate Solutions, https://www.isscorporatesolutions.com/legal/ : « ISS Corporate Solutions (ICS) is a wholly owned subsidiary of Institutional Shareholder Services Inc. (ISS) » ; *Cf., infra*, n° 362 et s.

10. ISS détient en 2009, 61% de parts du marché nord-américain des agences de conseil en vote ; *Cf.*, BELINFANTI (T.C.), « *The Proxy Advisory and Corporate Governance Industry : The Case for Increased Oversight and Control* », New York Law School Legal Studies, Research Paper Series, 2009, p. 14.

11. L'agence GLASS LEWIS & Co a été fondée en 2003 par Katherine RABIN et Kevin CAMERON. Ce *proxy advisor* possèdent des bureaux tant en Europe, qu'en Australie, ou qu'aux États-Unis, où il détient en 2009, 36% de parts de marché du conseil en vote ; *Cf.*, BELINFANTI (T.C.), *ibid.*, pp. 12.

12. PROXINVEST fut fondée en 1995 par M. Pierre-Henry LEROY. Il s'agit du *proxy advisor* indépendant *leader* du marché national.

13. Une association est également présente sur le marché hexagonal de l'analyse des projets de résolutions soumises aux assemblées générales. L'AFG (*Association Française de la Gestion Financière*) communique en effet à ses adhérents des recommandations sur les assemblées générales des sociétés de l'indice SBF 120.

14. *Cf., infra*, n° 517 et s.

15. QUANG (P.B.), « *La détention par les non-résidents des actions des sociétés françaises du CAC 40 à fin 2013* », Bulletin de la Banque de France du 3e trimestre 2014.

16. *Cf., infra*, n° 310 et s.

17. *Ibid*, n° 268 et s.

18. *Ibid*, n° 263 et s.

19. Une recommandation ne possède pas de force contraignante. Il s'agit d'un acte d'interprétation, par essence non réglementaire.

20. TORCK (S.), « *AMF : un pas de plus vers la régulation des agences de conseil en vote* », JurisClasseur Dr. Sociétés, juillet 2011, n°7, p. 3.

21. TORCK (S.), « *Rapport final de l'ESMA sur les agences de conseil en vote, ESMA, Final Report - Feedback statement on the consultation regarding the role of the proxy advisory industry.* », Droit des sociétés n° 5, mai 2013, p. 2.

22. CONAC (P-H.), « *L'amélioration des règles applicables aux conseillers en vote (proxy advisors)* », Revue des sociétés, 2013, p. 404.

23. KONSTANTINOS (S.), « *ESMA et agences de conseil en vote : un rapprochement délicat à la recherche d'une transparence volontaire* », Bulletin Joly Bourse, 01 avril 2013 n° 4, p. 198.

24. LOY (M.), « *Le rapport de l'AEMF sur les proxy advisors : appel à une « auto-régulation contrôlée* », Lettre CREDA-Sociétés n°2013-10, 22 mars 2013, p. 1.

25. *Cf.*, *infra*, n° 174 et s.

26. LECOURT (B.), « Engagement à long terme des actionnaires : vers des dispositions européennes ? » Revue des sociétés, 2014, p. 689.

27. Directive (UE) 2017/828 du Parlement européen et du Conseil du 17 mai 2017 modifiant la Directive 2007/36/CE en vue de promouvoir l'engagement à long terme des actionnaires, Article 3 undecies, p. 18.

28. *Ibid*, Article 3 undecies, p. 19.

29. HANNOUN (C.), « *La dématérialisation de l'entreprise. Essai sur les dimensions immatérielles de l'entreprise* », L'Harmattant, 2010, p. 9.

30. *Ibid*, « *La réalité juridique de l'entreprise : Réflexions sur la perception par le droit de la réalité matérielle de l'entreprise* », Entreprises et histoire, 2009/4 n° 57, p. 192.

31. C'est-à-dire réunissant au sein d'une unique organisation la direction des capitaux et les éléments de production.

32. VAN DE KERCHOVE (M.), OST (F.), « *De la pyramide au réseau ? Pour une théorie dialectique du droit* », Revue internationale de droit comparé, 2003, Volume 55 Numéro 3, p. 730.

33. « Théorie des 3D » de BOURGUINAT (H.), *in* « *Finance internationale* », Presses Universitaires de France, 1995, *passim.*

34. HARRIBEY (J.M.), « *La financiarisation de l'économie et la création de valeur* », Centre d'économie du développement, Université Montesquieu-Bordeaux IV, Document de travail n°45, 2000, p. 4-5, 15.

35. NEUVILLE (S.), « *La Bourse ou la loi : le Droit des marchés à l'Aube du 21e siècle – Introduction* », Revues des Juristes de Sciences Po n° 7, Février 2013, 72.

36. En raison de la fluidité du marché globalisé, les émetteurs disposent des mêmes informations et ont accès aux mêmes référentiels (*Cf.*, *infra*, n° 347 et s.). De ce fait, ils adoptent consciemment et/ou inconsciemment des comportements mimétiques.

37. BANQUE DE FRANCE, « *La crise financière* », Documents et débats, n° 2, fév. 2009, p. 2.

38. MONTEL-DUMONT (O), COUDERC (N), « *Des subprimes à la crise mondiale* », *in* « *Les politiques économiques à l'épreuve de la crise* », Cahiers français n°359, La Documentation française, 2010, p. 3.

39. MAGNIER (M.), *Collectif*, « *La gouvernance des sociétés cotées face à la crise - Pour une meilleure protection de l'intérêt social* », LGDJ, 2010, préf. P. Marini, p. 11.

40. NEUVILLE (S.), *Etude*, « Établissements de crédit - L›exclusion de la loi de sauvegarde dans le secteur financier », Revue des procédures collectives n° 2, Avril 2008, dossier 5, §1.

41. STORCK (M.), *Etude*, « Le risque, 10 ans après l›affaire Enron », La Semaine Juridique Entreprise et Affaires n° 24, 14 Juin 2012, p. 2 ; KHALDI (M.A.), *thèse*, « *Impact des mécanismes de gouvernance sur la création et la répartition de la valeur partenariale* », Grenoble, 2014, p. 22 et s.

42. Préalablement à la loi Sarbanes-Oxley, d'importantes règles ont été mises en place aux États-Unis dans le but d'améliorer les principes comptables de présentation des comptes des grands émetteurs. Il s'agit des normes US GAAP définies en 1973, lesquelles se trouvent toujours en vigueur. Dans un souci d'uniformisation, de très nombreux grands émetteurs internationaux ont également adopté ces normes comptables de présentation des données financières ; NEUVILLE (S.), « *Normes comptables : principes, règles et application cohérente* », Revue Le Lamy Droit des Affaires, n° 13, 1er février 2007, *passim.*

43. Force est de constater que les mesures développées par la loi Sarbanes-Oxley ce sont révélées inefficaces au moment de la crise des « subprimes ». C'est pourquoi les États-Unis ont mis en place, avec loi Dodd-Frank du 21 juillet 2010, de nouvelles procédures de contrôle des risques économiques, juridiques, financiers et comptables.

44. C. com., art. L. 225-37 al. 7 et C. com., art. L. 225-68.

45. *Cf., infra*, n° 545 et s.

46. CNCC, « *Loi n° 2003-706 du 1er août 2003 de sécurité financière* », p. 1-9.

47. *Cf., infra*, n° 61 et s.

48. VIANDIER (A.), *Etude*, « *Observations sur les conventions de vote* », La Semaine Juridique Edition Générale, 16 Juillet 1986, n° 28.

49. Dans la limite de la règle « comply or explain ».

50. C. monét. fin., art. L. 533-22.

51. GERMAIN (M.), MAGNIER (V.), NOURY (M.A.), *op. cit.*, p. 15.

52. HIRSCHMAN (A.), « *Exit, Voice and Loyalty : Responses to Decline in Firms, Organizations, and States* », Harvard University Press, 1970, *passim.*

53. L'actionnariat institutionnel ne cesse de croître, sa présence au sein des grands émetteurs nationaux atteint 38,61 % en 2008, contre 35,65 % en 2006 et 24,78 % en 2001. Cette évolution concerne tant les investisseurs institutionnels français (*qui représentent 14,39 % du capital moyen des groupes français en 2008*) qu'étrangers (*lesquels représentent 24,21 % du capital moyen des groupes français en 2008*). *Cf.*, SAHUT (J.M.), OTHMANI GHARBI (H.), « *Activisme des investisseurs institutionnels : cadre général et facteurs d'influence* », La Revue des Sciences de Gestion, n°243-244, 2010, p. 30.

54. DJELIC (M.L.), ZARLOWSKI (P.), « *Entreprises et gouvernance en France : perspectives historiques et évolutions récentes* », Sociologie du travail 47, 2005 p. 458.

55. Dans un souci d'exhaustivité, il conviendrait théoriquement d'ajouter une quatrième catégorie d'investisseurs institutionnels, à savoir, les fonds spéculatifs ou *hedge funds.* Pour la simple raison que ces fonds sont également des professionnels de l'intermédiation financière. Cependant, le caractère activiste des *hedge funds*, ainsi que leur horizon d'investissement à court terme, se trouve en substantielle dissonance avec les trois autres catégories d'investisseurs institutionnels. Cela fait des *hedge funds* une catégorie à part. Nous verrons qu'il existe néanmoins certains liens entre cette catégorie spécifique d'investisseurs et les *proxy advisors* ; *Cf., infra*, n° 480 et s.

56. Les fonds de pension gèrent l'épargne et la retraite dans les pays où le système repose sur un processus de capitalisation. Comme par exemple aux États-Unis ou encore aux Pays-Bas.

57. Les Organismes de Placement Collectif en Valeurs Mobilières (*OPCVM*) se voient confier la gestion des capitaux de leurs épargnants afin de les investir sur les marchés financiers. Ces organismes sont des professionnels de l'intermédiation financière. Il existe deux formes d'OPCVM (C. mon. fin., art. L. 214-4).

Premièrement, les Sociétés d'Investissement à Capital Variable (*SICAV*) (C. mon. fin., art. L. 214-7). Il s'agit de sociétés anonymes ou de société par actions simplifiée, où l'investisseur est actionnaire.

Secondement, les Fonds Communs de Placement (*FCP*) (C. mon. fin., art. L. 214-8), qui ne possèdent pas de personnalité morale, au sein desquels l'investisseur devient membre d'une « copropriété » de valeurs mobilières.

La famille des OPCVM fonctionne selon le principe que « plutôt que d'acquérir directement des titres de capital ou des titres de créance, l'épargnant souscrit des titres émis en représentation d'un portefeuille collectif d'instruments financiers » ; *Cf.*, TOCQUEVILLE (J.G.), PUEL (S.), BOUJARD (E.), « *OPCVM* », Répertoire de droit des sociétés, juin 2013, actualisation : janvier 2015, p. 4. Il semble donc bien s'agir d' « actionnaires indirects » (*Cf.*, FORGUES (F.), « *L'actionnaire indirect* », Paris I, 2002, *passim).*

Deux récents arrêts du Conseil d'État (CE, 6e SSJS, 2 juillet 2015, n° 366108 ; CE, 6e SSJS, 27 juillet 2015, n° 382550) sont venus préciser les contours du principe selon lequel il incombe aux sociétés de gestion d'OPCVM d'agir dans l'intérêt exclusif des investisseurs (C. mon. fin., art. L. 214-9, L. 214-24-3, L. 533-11). À défaut de l'établissement de preuve matérielle, la méthode du faisceau d'indices se révèlera dès lors applicable ; *Cf.*, RIASSETTO (I.), « *Gestion dans le seul intérêt des porteurs de parts et gestion du risque de liquidité* », Revue de Droit bancaire et financier, n° 6, Novembre 2015 ; STORCK (M.), « *Société de gestion. Obligation d'agir dans le seul intérêt des porteurs de parts ou actionnaires d'OPC* », RTD Com. 2015 p. 717.

58. RIGOT-COTELLON (S.), *thèse*, « *Stratégies et gouvernance des fonds de pension* », Paris X, 2010, p. 55.

59. SPY (A), SEBAG (S.), « *Investisseurs institutionnels : Un secteur en recomposition* », Option Finance, 23 mars 2015.

60. BOLLON (P.), « *Bien gérer, c'est aussi bien voter* », Revue d›économie financière, n°63, 2001, p. 154.

61. La part des investisseurs étrangers au sein des grandes entreprises françaises atteint 50 % pour l'ensemble des sociétés du CAC 40, et ce dès 1998 ; *Cf.*, PLIHON (D.), JEFFERS (E.), *Ibid.*, p. 141.

62. En 1998, 60% de la propriété des actifs financiers sont détenus par des investisseurs institutionnels originaires des États-Unis. *Cf.*, *ibid.*, p. 138.

63. BAUDRU (D.), KECHIDI (M.), « *Les investisseurs institutionnels étrangers, vers la fin du capitalisme à la française ?* », Revue d'économie financière, n° 48, juillet 1998, *passim.*

64. MORIN (F.), RIGAMONTI (E.), *op. cit.*, p. 164.

65. BAUDRU (D.), LAVIGNE (S.), « *Investisseurs institutionnels et gouvernance sur le marché financier français* », Revue d'économie financière, n° 63, 2001, p. 93.

66. BAUDRU (D.), LAVIGNE (S.), MORIN (F.), « Les investisseurs institutionnels internationaux. Une analyse du comportement des investisseurs américains », Revue d'économie financière, n° 61, 2001, p. 123.

67. SAHUT (J.M.), OTHMANI GHARBI (H.), « *Typologie des investisseurs institutionnels et performance des firmes dans le contexte français* », Gestion 2000, 2011, p. 59-75 ; CHEN (X.), HARFORD (J.), LI (K.), « *Monitoring : Which Institutions Matter* ? », Journal of Financial Economics, 2007, pp. 279-305.

68. BUSHEE (B.J), « *The Influence of Institutional Investors on Myopic R&D Investment Behaviour* », The Accounting Review, 1998, pp. 305.

69. KHAN (R.), DHARWADKAR (R.), BRANDES (P.), « *Institutional Ownership and CEO Compensation : a Longitudinal Examination* », Journal of Business Research, 2005, pp. 1078.

70. Un investisseur institutionnel ayant tissé certaines relations d'affaires (*par exemple un service bancaire ou d'assurance…*) avec un émetteur dont il est en parallèle au capital sera par principe moins enclin à développer une politique de gestion active qu'un institutionnel se trouvant dans une unique relation d'investissement ; *Cf.*, CORNETT (M.M.), MARCUS (A.J), SAUNDERS (A.), TEHRANIAN (H.), «*The Impact of Institutional Ownership on Corporate Operating Performance*», Journal of Banking and Finance, 2007, pp. 1771.

71. CONNELL (M.C.J.J.), SERVAES (H.), «*Additional Evidence on Equity Ownership and Corporate Value*», Journal of Financial Economics, 1990, pp. 595.

72. CONAC (P.H.) *in Collectif*, « *La gouvernance des sociétés cotées face à la crise - Pour une meilleure protection de l'intérêt social* », LGDJ, 2010, préf. P. Marini, Chapitre 3, p. 39.

73. MOULIN (J.M.), « *Sociétés anonymes - Gouvernance des sociétés* », JurisClasseur Commercial, Fasc. 1350, 28 Avril 2010, Date de la dernière mise à jour : 21 Janvier 2016, p. 4.

74. CHARREAUX (G.), « *Vers une théorie du gouverement des entreprisees* », 1996, p. 3.

75. CONAC (P-H.), « *L'autorité boursière a-t-elle vocation à être le gardien d'une bonne gouvernance* », *in* « *La gouvernance des sociétés cotées face à la crise – Pour une meilleure protection de l'intérêt social* », lextenso éditions, juin 2010, p. 52.

76. MIGNON (V.), LARDIC (S.), « *L'efficience informationnelle des marchés financiers* », Repères n°461, août 2006, *passim.*

77. FAMA (E.), JENSEN (M. C.), « *Separation of Ownership and Control* », Journal of Law and Economics, vol. 26, june 1983, pp. 313.

78. Les recommandations du rapport Vienot I portent sur le fonctionnement du conseil d'administration, plus particulièrement sur la nécessité de l'introduction d'un minimum de deux administrateurs indépendants au sein de cet organe, sur l'établissement d'une charte éthique des administrateurs, ainsi que sur la problématique du cumul des mandats.

79. En matière de gouvernance d'entreprise, le rapport Marini pose les bases d'une meilleure information des actionnaires minoritaires. Il structure également davantage le droit des groupes de sociétés.

80. Le rapport Vienot II propose une restructuration partielle du fonctionnement des sociétés anonymes. Il recommande également davantage de transparence, notamment par le biais de la publication au bilan annuel du montant global de la rémunération des équipes dirigeantes, ainsi que celle des administrateurs. Plus encore ce rapport soutient qu'une saine gouvernance du conseil d'administration nécessite qu'un tiers de ses membres soient indépendants.

81. Ce rapport s'inscrit dans la lignée des rapports Vienot I et II. Il préconise que les conseils d'administration soient composés à 50% d'administrateurs indépendants. Il développe des critères visant à prévenir toute forme de conflits d'intérêts au sein de l'organe de gestion des émetteurs. Ce rapport fait la promotion du développement du comité des rémunérations. Il milite également pour l'indépendance des commissaires aux comptes, ainsi que pour une transparence accrue de l'information financière.

82. Les sociétés cotées de moindre envergure ont, depuis 2009, la possibilité de se référer au Code Middlenext ; CONAC (P-H.), « *Rapport 2016 sur les entreprises faisant référence au code de gouvernance Middlenext* », Revue des sociétés, Mars 2017, p. 456.

83. BAVOILLOT (F.), « *Les grands principes de gouvernement d'entreprise* », Cahiers de droit de bentreprise n° 2, dossier 10, Mars 2016, p. 1.

84. *Cf., infra*, n° 316 et s.

85. CHRISTIN (A.), VEIL (A), « *Les agences de conseil en vote* », Revues des Juristes de Sciences Po n° 7, Février 2013, p. 5.

86. REBERIOUX (A.), « *Les fondements microéconomiques de la valeur actionnariale : Une revue critique de la littérature* », Presses de Sciences Po, Revue économique, vol. 56, 2005, p. 53-54.

87. JENSEN (M.), MECKLING (W.), « *Theory of the firm : managerial behavior, agency cost and ownership structure* », Journal of Financial Economics, 3, 1976, pp. 305.

88. THEPOT (J.), « *Jensen et Meckling trente ans après* », Revue française de gestion, 6, 2007, p. 16.

89. HANNOUN (C.), « *Constitutionalization and the status of the director - The test of "Say on pay"* », Routledge, Taylor & Francis Group, coll. « *Multinationals and the Constitutionalization of the World Power System* », 2016, p. 216.

90. POSTEL (N.), CAZAL (D.), CHAVY (F.), SOBEL (R.), « *La responsabilité sociale de l'entreprise : nouvelle régulation du capitalisme ?* », Presse universitaire du septentrion, 2011, *passim*.

91. La difficulté d'établissement qu'impose le caractère bidimensionnel de la théorie *stakeholder*, combinée aux incertitudes qui entourent la caractérisation de certaines parties prenantes, matérialisent les limites de cette doctrine ; *Cf.*, DONALDSON (T.), PRESTON (L.E.), « *The Stakeholder Theory of the Corporation : Concepts, Evidence and Implications* », Academy of Management Review, 20, 1995, pp. 65.

92. MERCIER (S.), GOND (J.-P.), « *Les théories des parties prenantes : une synthèse critique de la littérature* », Université des sciences sociales de Toulouse, 2005, p. 15.

93. AGGERI (F.), ACQUIER (A.), « *La théorie des stakeholders permet-elle de rendre compte des pratiques d'entreprise en matière de RSE ?* », AIMS, 2005, p. 1.

94. ARGENTI (J.), « *Stakeholders : the Case Against* », Long Range Planning, 1997, pp. 442.

95. Citons par exemple la question du traitement prioritaire de certaines parties prenantes par les dirigeants (*GIBSON (K.), « The Moral Basis of Stakeholder Theory », Journal of Business Ethics, 2000, pp. 246.*), ou encore la possibilité, voire la probabilité, que les agissements d'un émetteur, s'ils devaient se révéler profitables pour certaines parties prenantes, pourraient bien alors en défavoriser d'autres (*GOODPASTER (K.E.), « Business Ethics and Stakeholder Analysis », Business Ethics Quarterly, 1, 1991, pp. 53.*).

96. HOURCADE (A.), « *Entre mythe et histoire, figures du conseiller et naissance du concept de délibération chez Hérodote* », Practical Reasoning Journal of Political Science, Communcation and Cultural Studies, https://fsplc.valahia.ro/images/doc/Practical_Reasoning_nr1.pdf, 2012, p. 33-34.

97. HOURCADE (A), « *Les qualités du conseiller : savoir, bienveillance, franc-parler (Platon, Gorgias, 486e6-487d7)* », HAL, 2015, p. 62-63.

98. HOURCADE (A), *Ibid.*, p. 70. La problématique que soulève Socrate fait écho à une critique récurrente de l'activité des agences de conseil en vote, la réalisation de recommandations de type « one size fits all » ; *Cf., infra*, n° 178.

99. *Ibid.*, p. 65.

100. SOSTHENE De La ROCHEFOUCAULD-DOUDEAUVILLE (L.F.), « *Le livre des pensées et maximes* », 1861, p. 240 : « Il faut conseiller les autres d›après leur caractère plutôt que d›après le sien ».

101. HOURCADE (A.), LEFEBVRE (R.), « *Aristote : rationalités* », Cahiers de l'ERIAC, n° 1 – Rencontres philosophiques, 2011, p. 86.

102. HOURCADE (A), « *Les qualités du conseiller : savoir, bienveillance, franc-parler (Platon, Gorgias, 486e6-487d7)* », HAL, 2015, p. 70.

103. De prudence ; *Cf.*, ARISTOTE, « Éthique à Nicomaque », LGF, 1992, p. 175.

104. BOSSUET (J.B.), « *Politique tirée des propres paroles de l'écriture sainte* », J. A. LEBEL, 1818, p. 198.

105. AZOULAY (V.), « *Isocrate, Xénophon ou le politique transfiguré* », Revue des études anciennes, HAL, 2006, p. 8-9.

106. HOURCADE (A.), « *Entre mythe et histoire, figures du conseiller et naissance du concept de délibération chez Hérodote* », Practical Reasoning Journal of Political Science, Communcation and Cultural Studies, https://fsplc.valahia.ro/images/doc/Practical_Reasoning_nr1.pdf, 2012, p. 37-38.

107. *Cf., infra*, n° 204 et s.

108. DAMIEN (R.), TOSEL (A.), « *L'action collective : coordination, conseil, planification* », Les Belles Lettres, Annales littéraires de l'Université de Franche-Comté,1998, p. 308.

109. CORNU (G.), « *Vocabulaire juridique* », PUF, Association Henri Capitant, Quadrige, 9e éd., 2011, p. 237.

110. Cette pratique se développe également du côté des dirigeants de sociétés ; *Cf.*, RAY (W.), « *Why Every CEO Needs a Coach* », August 13, 2012.

111. SMITH (A.), « *Recherches sur la nature et les causes de la richesse des nations* », Les classiques des sciences sociales, 1776, Tome I, p. 33.

112. ALBOUY (M.), « *Théorie, applications et limites de la mesure de la création de valeur* », Revue française de gestion » 2006, n° 160, p. 140.

113. LORDON (F.), « *La création de valeur comme rhétorique et comme pratique : généalogie et sociologie de la valeur actionnariale* », l'année de la Régulation, vol. 4, 2000, p. 118.

114. *Cf., infra*, n° 162, 302.

115. CONAC (P-H.), « *Recommandation AMF n° 2011-06 sur les agences de conseil en vote* », Revue des sociétés, 2011 p. 459.

116. C. monét. fin. art. L. 533-22-1.

117. Comme par exemple les fonds de pension TIAA-CREF et de CALPERS ; *Cf.*, LETRÉGUILLY (H.), MADDEN (J.), « *Le soft law en matière financière : le point de vue des praticiens* », Revue de Droit bancaire et financier n° 1, Janvier 2012, p. 2.

118. C. com., art. L.225-100.

119. CHEZAUD (H.), « *Les assemblées d'actionnaires* », Paris I, 1989.

120. C. com., art. L225-18.

121. C. com., art. L232-12.

122. C. com., art. L225-100.

123. C. com., art. L232-18.

124. C. com., art. L228-40.

125. C. com., art. L225-96.

126. JAUFFREY-SPINOZI (C.), « *Les assemblées générales d'actionnaires dans les sociétés anonymes, réalité ou fiction* », Etudes Rodière, Paris, 1982, *passim.*

127. BURGARD (J-J.), « *L'information des actionnaires* », éd. Dunod, coll. « *La vie des entreprises* », 1970, *passim* ; MAHMOUD (E.), *thèse*, « *L'information des actionnaires : étude comparative* », Paris II, 1976.

128. CHEZAUD (H.) « *Les assemblées d'actionnaires* », Paris I, 1989 ; YANISELLY (Y.), « *La représentation des actionnaires dans les assemblées générales ordinaires des sociétés anonymes* », Paris II, 1994.

129. CHRISTIN (A.), VEIL (A), *op. cit.*, p. 4.

130. MANSUY (F.), « *Assemblées d'actionnaires. - Règles communes à toutes les assemblées. - Tenue de l'assemblée* », JurisClasseur Sociétés Traité, Fasc. 136-35, 10 juin 2015, mise à jour : 9 décembre 2015, p. 4 ; C. com., art. L. 225-107.

131. C. com., art. L. 228-35-3 ; C. com., art. L. 228-29.

132. C. civ., art 1844.

133. COURET (A.), « *L'évolution juridique du cadre* », Revue française de gestion, 2002, n°141, §13-14.

134. Pour une étude détaillée, *Cf.*, GIBIRILA (D.), « *Sociétés anonymes. - Assemblée des actionnaires. - Règles spécifiques à chaque assemblée* », JurisClasseur Commercial, Fasc.1420, 1er mai 2011, mise à jour : 9 Octobre 2014.

135. Les sociétés ne proposant pas d'offre publique de titres ne répondent pas de cette obligation, sauf demande écrite préalable d'un actionnaire ; C. com., art. R. 225-72.

136. C. com., art. R. 225-67 ; C. com., art. R. 225-73.

137. AMF, « *Recommandation, la participation des actionnaires aux assemblées générales* », 16 avril 2007.

138. C. com., art. R. 225-66, al. 1 ; C. com., art. R. 225-69.

139. Les détenteurs d'actions saisies, nanties, amorties (C. com., art. L. 225-199), les copropriétaires d'actions indivises (C. com., art. R. 225-68, al. 2.), ainsi que les porteurs d'actions grevées d'usufruit (C. com., art. R. 225-68, al. 3.) doivent également faire l'objet d'une convocation, puisque leurs actions conservent droit de vote.

140. C. monét. fin., art. L. 214-25.

141. C. com., art. L. 228-1, al. 7.

142. À cela il faut ajouter la convocation du commissariat aux comptes (C. com., art. L. 225-238.), de deux représentants des membres du comité d'entreprise (C. trav., art. L. 2323-67.), des représentants de la masse des porteurs de titres participatifs (C. com., art. L. 228-37, al. 4.), ainsi que ceux de la masse des obligataires (C. com., art. L. 228-55.). Sans oublier les « convocations » qui ne revêtent pas un caractère obligatoire, c'est-à-dire un secrétariat, les journalistes financiers, les experts, etc....

143. Cass. com., 21 juill. 1969 : D. 1970, jurispr. p. 88.

144. Ou du directoire pour la société anonyme de type dualiste (C. com., art. L. 225-103, I.). Le conseil de surveillance peut également exercer cette prérogative en cas de défaillance du directoire.

145. C. com., art. L. 225-103, II, 2° ; C. com., art. L. 225-103, II, 3° ; C. com., art. L. 225-103, II, 1° ; C. com., art. L. 225-103, II, 4°.

146. LE CANNU (P.), DONDERO (B.), « *Droit de sociétés* », 5e éd., Lextenso éditions 2013, p. 565.

147. C. com., art. L. 225-105, al. 2 ; C. com., art. R. 225-71.

148. C. com., art. L. 225-120.

149. C. trav., art. L. 2323-62.

150. C. com., art. L. 225-105, al. 2.

151. C. com., art. R. 225-74, al. 2.

152. C. com., art. L. 225-121, al. 1er.

153. CA Paris, 31 mars 1981 : Gaz. Pal. 1981, p. 513.

154. GIBIRILA (D.), *Ibid*, p. 24 ; C. com., art. L. 225-105, al. 3.

155. DIDIER (P.), DIDIER (PH.), « *Droit commercial – Les sociétés commerciales* », Économica, 2011, Tome 2, p. 643 ; ABDELMOUMEN (N.), *thèse*, « *Hiérarchie et séparation des pouvoir dans les sociétés anonymes de type classique* », Paris I, 2013, p. 82.

156. C. com., art. R. 225-100.

157. *Cf.*, VALUET (J-P.), « *Le bureau de l'assemblée générale des actionnaires* », Rev. soc., 2012, p. 543.

158. C. com., art. R. 225-101, al. 1.

159. C. com., art. R. 225-101, al. 2.

160. C. com., art. L. 225-114 ; C. com., art. R. 225-95.

161. C. com., art. L. 225-117 et C. com., art. R. 225-106, al. 1.

162. GIBIRILA (D.), *Ibid.*, p. 50.

163. Relevant de l'assemblée générale ordinaire des sociétés cotées, sur première convocation le *quorum* nécessaire est de 1/5 des actions ayant droit de vote. Il n'y a aucun *quorum* exigé en deuxième convocation (C. com., art. L. 225-98). Dans le cadre d'une assemblée générale extraordinaire, le quorum est de 1/3 en première convocation et de 1/4 en deuxième (C. com., art. L. 225-96).

164. C. com., art. L. 225-108, al. 3.

165. Les débats doivent être en relation directe avec l'ordre du jour, sauf : C. com., art. L. 225-105, al. 3.

166. LHUILLIER (J-B.), *thèse*, « *Le cyber-actionnaire : adaptation du droit des sociétés à l'évolution des technologies d'information et de communication* », Paris 10, 2015, p. 19 et s.

167. C. com., art. L. 225-115.

168. C. com., art. L. 225-117.

169. *Ibid.*

170. C. com., art. L. 225-108, al. 1.

171. C. com., art. L. 225-115 et C. com., art. R. 225-83.

172. C. com., art. R. 225-89, al. 1.

173. C. com., art. R. 225-81.

174. C. com., art. R. 225-63, al. 1.

175. C. com., art. R. 225-81 à C. com., art. R. 225-83.

176. *Cf.*, *infra*, n° 314 et s.

177. PROXINVEST, « *Principes de gouvernement d'entreprise et Politique de vote 2016* », p. 16.

178. AMF, « *Assemblées générales d'actionnaires de sociétés cotées : rapport du groupe de travail de l'AMF pour 2012* », p. 7-8.

179. *Cf., infra*, n° 90.

180. *Ibid*, n° 89.

181. C. com., art. L. 225-106.

182. Commission Européenne, « *Livre vert sur le cadre de la gouvernance d'entreprise dans l'UE* », 5 avril 2011, p. 16 ; *Cf., infra*, n° 142 et s.

183. GERMAIN (M.), MAGNIER (V.), NOURY (M.A.), *Etude*, « *La gouvernance des sociétés cotées* », La Semaine Juridique Entreprise et Affaires n° 47, 21 Novembre 2013, p. 15.

184. Commission Européenne, *Ibid.*

185. ALLAIRE (Y.), IGOPP, « *Le rôle préoccupant des agences de conseil en vote (« proxy advisors ») : Quelques recommandations de politiques* », IGOPP, 2013, p. 6 ; *Cf., infra*, n° 362 et s.

186. C. com., art. L. 225-100, al. 1.

187. *Cf., infra*, n° 439 et s.

188. *Cf.*, Annexe 1.

189. Les investisseurs institutionnels bénéficient d'un haut niveau de médiatisation. Ils possèdent également d'efficients moyens de communication. Le marché étant ce qu'il est, de vives critiques face à la probité du travail d'un *proxy advisor* auraient rapidement raison de son existence.

190. AMF, « *Recommandation, Rapport 2014 de l'AMF sur le gouvernement d'entreprise et la rémunération des dirigeants* », 22 septembre 2014, n° 2014-08, p. 28.

191. KONSTANTINOS (S.), « *ESMA et agences de conseil en vote : un rapprochement délicat à la recherche d'une transparence volontaire* », Bulletin Joly Bourse, 01 avril 2013 n° 4, p. 198.

192. D'aucuns considèrent que la prise en compte des spécificités géographiques et juridiques des émetteurs évalués ne se limite qu'à un simple traitement de type « box ticking », c'est-à-dire s'attachant davantage à l'image de la société qu'à sa substance.

193. ESMA, « *Discussion Paper, An Overview of the Proxy Advisory Industry : Considerations on Possible Policy Options* », 22 mars 2012, p.14.

194. Demeure la question de l'analyse de documents non publics transmis par la société émettrice à certains *proxy advisors*. Bien que ce fait soit générateur d'une forme d'asymétrie d'information entre les actionnaires, l'ESMA considère qu'il s'agit simplement de la résultante d'une volonté d'approfondissement de l'analyse des agences, au même titre que la consultation d'experts, ou d'universitaires ; *Cf.*, ESMA, *ibid.*, p.13.

195. ESMA, *ibid.*, p.10 ; C. com., art. L.225-100.

196. Sous réserve de la règle « comply or explain ».

197. AMF, « *Position-recommandation, L'exercice des droits de vote par les sociétés de gestion* », DOC-2005-19, Document créé le 2 juin 2005, modifié le 29 juillet 2014.

198. DOWNES (G.R.), HOUMINER (E.), HUBBARD (R.G.), « *Institutional Investors and Corporate Behavior* », the American Enterprise Institute, 1999, p. 2.

199. BRANCATO (C.K.), « *Institutional Investors and Corporate Gouvernance : Best Practices for Increasing Corporate Value* », Irwin Professional Pub, 1997.

200. BENMBAREK (N.), « *L'hétérogénéité du comportement de contrôle des investisseurs institutionnels français* », Revue d›économie financière, Janvier 2008, *passim*.

201. PLIHON (D.) et PONSSARD (J.P.) *in* « *Les fonds éthiques dans la montée en puissance des fonds d'investissement, quels enjeux pour les entreprises ?* », Les études de la documentation française, 2002, p. 42-51.

202. BERENDEIM (R.E.), « *Les relations des sociétés avec les investisseurs institutionnel* », Revue d'économie financière, 1995, p. 25.

203. LECOURT (B.), « *Engagement à long terme des actionnaires : vers des dispositions européennes* ? » Revue des sociétés, 2014, p. 689.

204. OCDE, « *France* », « *Statistiques de l'OCDE sur les investisseurs institutionnels 2014* », Les Éditions de l'OCDE, Paris,2014.

205. BRABET (J.), « *La main visible des investisseurs institutionnels* », Revue Française de Gestion, n°141, 2002, p. 203.

206. NEUVILLE (S.), « *Les trackers - perspective juridique* », Recueil Dalloz 2001 p. 2730 et s.

207. GERMAIN (M.), MAGNIER (V.), NOURY (M.A.), *op. cit.*, p. 15.

208. GLASS LEWIS & Co, « *Glass Lewis Comments to the SEC on Regulation S-K* », November 17, 2016.

209. *Cf.*, *infra*, n° 360 et s.

210. CORNETTE (M.M.), MARCUS (A.J.), SAUNDER (A.), TEHRANIAN (H.), «*The Impact of Institutional Ownership on Corporate Operating Performance*», Journal of Banking and Finance, 2007, pp. 1771 ; SAHUT (J.M.), OTHMANI GHARBI (H.), « *Typologie des investisseurs institutionnels et performance des firmes dans le contexte français* », Gestion 2000, 2011, p. 62.

211. DEMSETZ (H.), « *The Structure of Ownership and the Theory of the Firm* », Journal of Law and Economics, Vol. 24, 1983, pp. 375.

212. POUND (J.), « *Proxy Contests and the Efficiency of Shareholder Oversight* », Journal of Financial Economics, 1988, pp. 237.

213. ALEXANDRE (H.), PAQUEROT (M.), « *Efficacité des structures de contrôle et enracinement des dirigeants* », Revue Finance Contrôle Stratégie, 2000, p. 11.

214. FRANCOIS (B.), « *Le renforcement des règles de transparence pour les investisseurs institutionnels* », Revue des sociétés 2013 p. 399.

215. L'expression « vote bloqué » signifie la possibilité pour un ensemble de résolutions proches d'être l'objet d'un unique vote.

216. PETITIER (M.), MELI (T.), « *Agences de conseil en vote et pouvoirs des assemblées générales de sociétés cotées* », Etude 12, Droit des sociétés n° 6, Juin 2013, p. 2.

217. *Ibid*, p. 3.

218. *Cf.*, *infra*, n° 334 et s.

219. C. com., art. L. 233-32, II.

220. GERMAIN (M.), MAGNIER (V.), NOURY (M.A.), *op. cit.*, p. 15.

221.http://www.amf-france.org/Reglementation/Dossiers-thematiques/Societes-cotees-et-operations-financieres/Gouvernement-d-entreprise/Transfert-vers-Alternext-d-une-societe-cotee-sur-Euronext.html

222. *Cf.*, *infra*, n° 142 et s.

223. SIEMS (M.), « *Convergence in shareholder law* », Cambridge University Press, 2008, *passim*.

224. ROUSSEAU (J-J.), « *Pensées d'un esprit droit, et sentiments d'un cœur vertueux* », Fournier-Favreux, 1826.

225. *Cf.*, *infra*, n° 373 et s.

226. *Cf.*, Ministère de la Justice, http://www.justice.gouv.fr/mots-cles/mc_c.html.

227. *Cf.*, Dictionnaire Larousse.

228. L'ESMA *in* « *Discussion Paper, An Overview of the Proxy Advisory Industry : Considerations on Possible Policy Options* », 22 mars 2012, p. 13, souligne que les *proxy advisors* d'origine américaine ont davantage tendance à mettre en avant leurs propres politiques de vote, tandis que les agences européennes se réfèrent dans une plus grande mesure à la politique de vote de leurs clients.

229. La globalisation financière a permis aux capitaux de circuler d'une manière libre et fluide. Mais ce phénomène a eu comme corollaire de générer des instabilités. Certaines décisions prises par des acteurs majeurs de la finance peuvent affecter, en quelques secondes, l'économie mondiale. Un conseil de vote donné par une agence à un moment donné, aussi pertinent soit-il, peut en quelques instants se trouver obsolète du fait de soudaines perturbations des marchés financiers.

230. KLOHN (L.), SCHWARZ (P.), *Ibid* ; KARYOTIS (C.), « *La finance, pour quoi faire ?* », La Lettre de l'AFGE n°42 3eme trimestre 2015, p. 16-17.

231. ESMA, *Ibid.*

232. *Ibid.*

233. C. mon. fi., art. L. 544-1 ; Règlement général AMF, art. 313-20 et s.

234. C. mon. fi., art. L541-1.

235. C. com., art. L. 232-1 ; L. 225-100 ; L. 225-117 ; L. 225-115.

236. www.ejproxy.com

237. Le rapport HQB Partners sur les assemblées générales d'actionnaires de 2011 relativise largement l'influence des *proxy advisors* sur les investisseurs institutionnels. Les recommandations émises par les agences de conseil en vote constituent, selon ce rapport, un élément non déterminant des futures décisions de vote de leurs clients.

238. Car une agence d'envergure internationale est en mesure de fournir des recommandations de vote là où certaines agences de moindre portée sont spécifiquement compétentes.

239. KLOHN (L.), SCHWARZ (P.), « *The regulation of proxy advisors* », Capital Markets Law Journal, December 18, 2012, pp. 2-5.

240. ESMA, *Discussion paper*, « *An Overview of the Proxy Advisory Industry : Considerations on Possible Policy Options* », 22 Mars 2012, p. 10.

241. Nous pouvons prendre l'exemple de GLASS LEWIS & Co, ou celui de ISS.

242. L'agence de conseil en vote IVOX a par exemple été créée à l'initiative de la fédération allemande de l'investissement et de la gestion. L'agence IVIS, à l'initiative de l'Association des Assureurs Britannique.

243. Nous pouvons illustrer cette hypothèse avec la création en 1995 de PROXINVEST, par M. Pierre-Henry LEROY.

244. PETITIER (M.), MELI (T.), « *Agences de conseil en vote et pouvoirs des assemblées générales de sociétés cotées* », Etude 12, Droit des sociétés n° 6, Juin 2013, p. 2.

245. *Cf.*, *infra*, n° 100 et s., n° 506 et s.

246. HANNOUN (C.), « *Les valeurs aux fondements de l'entreprise : Approche juridique* », Les cahiers de la CRSDD, février 2013, p. 16.

247. BLACK (B.S.), « *Shareholder passivity re-examined* », Michigan Law Review, 1990, pp. 520.

248. ISS a respectivement exercé son activité auprès de clients représentant 25 000 milliards de dollars, et GLASS LEWIS & Co auprès de clients représentant 15 000 milliards de dollars, ce uniquement sur le marché américain.

249. LARCKER (D.F.), McCALL (A.L.), TAYAN (B.), « *And Then a Miracle Happens ! : How Do Proxy Advisory Firms Develop Their Voting Recommendations ?* », Rock Center for Corporate Governance at Stanford University Closer Look Series : Topics, Issues and Controversies in Corporate Governance and Leadership No. CGRP- 31, SSRN, February 25, 2013, pp. 1.

250. Ce courant débute dès 1988 aux États-Unis pour les fonds de pension. La SEC étend cette obligation aux *mutuals funds* en 2003. La même année la France instaure une « obligation » similaire pour les sociétés de gestion de portefeuille ; *Cf.*, C. monét. fin., art. L 533-22.

251. Sous la réserve de la règle « comply or explain ».

252. GUYON (Y.), « *La société anonyme, une démocratie parfaite !* », *in* « *Propos impertinents de droit des affaires* », Dalloz, 2001, p. 123, *passim*.

253. *Cf.*, *infra*, n° 337 et s.

254. PARACHKEVOVA (I.), « *Les obligations des fonds d'investissement au sein des sociétés cotées* », Revue des sociétés 2015, p. 79.

255. C. com., art. L. 225-122.

256. SORTAIS (J.P.), « *Abus de droit (Majorité, minorité, égalité)* », Répertoire de droit des sociétés, mars 2003, actualisation : juin 2015, p. 15.

257. Cass. req. 16 nov. 1943, Gaz. Pal. 1944.1.14, note P. Lescot ; Cass. com. 6 févr. 1957, Bull. civ. III, n° 48, note D. Bastian.

258. GAILLARD (E.), « *Le pouvoir en droit privé* », Economica, p. 27, n° 27, 1985.

259. Il convient d'aviser le lecteur de l'existence de cas « exceptionnels » d'abus d'égalité ; *Cf.*, LEPOUTRE (V.E.), « *Noyer l'abus d'égalité dans le concept d'abus de minorité* », obs. sur Cass. com. 8 juill. 1997, Bull. Joly 1997, p. 980, notes 5 et 6. Les tenants et aboutissants de l'abus d'égalité sont largement semblables à ceux de l'abus de minorité. Pour de plus amples détails ; *Cf.*, LE CANNU (P.), DONDERO (B.), « *Droit de sociétés* », 6e éd., Lextenso éditions 2015, p. 118.

260. SCHMIDT (V.D.), « *Les conflits d'intérêts dans la société anonyme* », JOLY, Pratique des affaires, 2004.

261.*Ibid*, « *Les droits de la minorité dans la société anonyme* », Sirey, 1970, p. 176.

262. La définition liminaire de l'abus de majorité a été donnée par la haute juridiction dans l'arrêt : Cass. Com., 18 avr. 1961, Bull. ci. III, n° 175.

263. Un troisième élément semble implicitement pris en compte par le juge, il s'agit du caractère « excessif » de la décision, puisque par essence « le juge ne veut et ne doit pas se substituer aux organes sociaux normalement élus, sauf faute particulièrement grave » (*Cf., LE CANNU (P.), DONDERO (B.), Ibid.*). L'abus de majorité peut être sanctionné par la nullité de la décision (*Il est à noter que l'abus de droit ne figure pas parmi les possibles causes de nullité de C. Civ., art. L. 235-1 ; C. Civ., art. L. 1128 (C. civ., art. 1108 anc.); C. Civ., art. L. 1844-10.*), à laquelle peut se substituer ou s'adjoindre des dommages-intérêts (*Cass, com., 6 juin 1990, n° 88-19420, Bull, civ. IV, p. 117.*) pour les minoritaires lésés.

264. Cass. com., 27 mai 1997, Bull. civ. 1997, IV, n° 159.

265. La première illustration d'un abus de minorité date de 1957 (*CA Besançon, 5 juin 1957, D. 1957.605, note A. Dalsace*). Une partie de la doctrine propose une approche symétrique de la notion d'abus de minorité sur celle d'abus de majorité (*Cf., LE CANNU, « L'abus de minorité », Bull. Joly 1986. p. 429*). Mais une telle approche parait lacunaire : « si le recours à l'abus de majorité demeure exceptionnel, le recours à l'abus de minorité doit être encore plus exceptionnel, car quelle serait l'utilité d'une participation minoritaire, si l'on ne pouvait faire librement usage du pouvoir de nuisance qu'elle comporte ? » ; *Cf.*, SORTAIS (J.P.), *Ibid.*, p 15.

266. Le caractère excessif du blocage de la décision semble également jouer un rôle dans la matérialisation de l'abus de minorité. L'affaire Flandin (*Cass, com., 9 mars 1993, D. 1993, jur., p. 363, note Y. Guyon.*) illustre cette idée. Alors que la haute juridiction ne perçoit pas comme abusive le refus d'un minoritaire de voter une forte augmentation de capital, elle caractérise de minorité de blocage un refus de moindre importance ayant pour objet de rejoindre un nouveau minimum légal (*GIBIRILA (D.), in « SOCIÉTÉS ANONYMES. - Assemblée des actionnaires. - Règles communes à toutes les assemblées », JurisClasseur Commercial, Fasc.1419, 1er Mai 2011, mise à jour : 9 Octobre 2014, p. 65.*). La sanction de l'abus de minorité demeure obscure, puisqu'il n'y a dans cette forme d'abus rien à annuler (*BRANCHUT (J.), « Les abus de minorité dans les sociétés anonymes », thèse, Paris 2, 1974, passim.*). Une décision judiciaire rendant exécutoire la résolution soumise à l'assemblée générale des actionnaires constitue une immixtion du juge, la Cour de cassation a donc opté pour la nomination d'un mandataire *ad hoc* (*Cass. com., 31 mars 2009, n°08-11860.*) chargé d'exercer les droits des minoritaires défaillants.

267. Cependant les OPCVM ainsi que les FIA pourront aisément échapper à cette éventualité en invoquant le principe de « primauté des intérêts des adhérents » ; *Cf.*, C. monét. fin., art. L. 533-22.

268. *Cf.*, Annexe 2.

269. *Cf., infra*, n° 538 et s.

270. ESMA, « *Discussion Paper, An Overview of the Proxy Advisory Industry : Considerations on Possible Policy Options* », 22 mars 2012, p. 9-10.

271. *Ibid*, p. 9.

272. *Ibid*, p. 10.

273. http://clients.proxinvest.com/wwwconsultation/

274. http://www.proxinvest.fr/?page_id=122

275. AMF, « *Recommandation, Agences de conseil en vote* », n° 2011-06, p. 1.

276. *Ibid.*, « *Rapport sur les assemblées générales d'actionnaires de sociétés cotées* », 7 février 2012, p. 26.

277. ECGS : Expert Corporate Governance Service. L'ECGS comprend PROXINVEST ; FRONTIS GOVERNANCE ; ETHOS ; Virv Solutions ; DSW, MANIFEST et CORPORANCE.

278. http://www.proxinvest.fr/?page_id=122

279. VOTACCESS est par exemple une plateforme de vote internet qui connait un succès grandissant au sein des sociétés cotées française. Pour une étude de cette problématique : CONAC (P-H.), « *Pour une véritable démocratie actionnariale numérique : AMF, Rapport du groupe de travail de la commission consultative épargnant. Pour un vote transparent et effectif en Assemblée générale à l'ère du numérique, mars 2017* », Revue des sociétés 2017, p. 457.

280. ESMA, « *Discussion Paper, An Overview of the Proxy Advisory Industry : Considerations on Possible Policy Options* », 22 mars 2012, p. 9.

281. *Cf., infra*, n° 150 et s.

282. C. com., art. L. 225-106, al. 1er, Modifié par Ordonnance n°2010-1511 du 9 décembre 2010.

283. FINK (B.), NASDAQ, « *Blockchain Comes To Corporate Governance With AST Proxy Voting* », http://www.nasdaq.com/article/blockchain-comes-to-corporate-governance-with-ast-proxy-voting-cm791465 ; ASTFINANCIAL, « *AST to Deliver Blockchain-based Proxy Voting Solution* », https://www.astfinancial.com/news-events/newsroom/news/ast-to-deliver-blockchain-based-proxy-voting-solution/, May 10, 2017.

284. DOUGHERTY (T.J.), « *"Pre-Populated" Proxy Protocols and the Narrowing of Proxy Participation* », https://corpgov.law.harvard.edu/2017/07/20/pre-populated-proxy-protocols-and-the-narrowing-of-proxy-participation/, July 20, 2017.

285. Commission Européenne, « *Livre vert sur le cadre de la gouvernance d'entreprise dans l'UE* », 5 avril 2011, p. 16

286. BPPSVR, « *Best Practice Principles for Providers of Shareholder Voting Research & Analysis* », 2014, p. 10.

287. *Cf.*, *infra*, n° 150 et s.

288. *Ibid*, n° 505 et s.

289. www.proxinvest.fr/?page_id=31

290. *Cf.*, *infra*, n° 515 et s.

291. CHRISTIN (A.), VEIL (A), *op. cit.*, p. 5.

292. Il convient toutefois de relever l'existence d'indices visant à consacrer le caractère législatif des problématiques extra-financières. L'article L. 533-22-1 du CMF en est un frappant exemple.

293. ISS, « *2016 Europe Summary Proxy Voting Guidelines* », December 22, 2015, pp. 22-23.

294. www.proxinvest.fr/?page_id=31.

295. FRANCOIS (B.), « *Bilan des assemblées générales 2016 - CAPITALCOM, Bilan des assemblées générales du CAC 40. Les AG : vraie ou fausse démocratie actionnariale* », 11e éd., Revue des sociétés, 2016, 14 juin 2016, p. 631.

296. DUBOIS (E.), MCGINTY (S.), UCHIDA (K.) « *What Roles Proxy Advisors Play : Evidence from International Comparison* », papers.ssrn, 28 septembre, 2015.

297. BETHEL (J.E.), GILLAN (S.L), « *The Impact of the Institutional and Regulatory Environment on Shareholder Voting* », Financial Management vol. 31, no. 4, 2002, pp. 32.

298. COTTER (J.F), PALMITER (A.R.), THOMAS (R.S.), « *ISS Recommendations and Mutual Fund Voting on Proxy Proposals* », Villanova Law Review, vol. 55, no. 1, 2010, pp. 49, 51.

299. CAI (J.), GARNER (J.L.), WALKING (R.A.), « *Electing Directors* », Journal of Finance, vol. 64, no. 5, 2009, pp. 2389.

300. CHOI (S.), FISCH (J. E.), KAHAN (M.), « *The Power of Proxy Advisors : Myth or Reality ?* », Emory Law Journal, Vol. 59, 2010, pp. 869.

301. DELOITTE, « *Structures de gouvernance des sociétés cotées* », octobre 2015, p. 68.

302.http://www.lesechos.fr/finance-marches/marches-financiers/021549361062-les-investisseurs-institutionnels-plebiscitent-les-actions-pour-2016-1183497.php

303. MORIN (F.), RIGAMONTI (E.), « Évolution et structure de bactionnariat en France », Revue française de gestion, 2002, n°141, p. 155-181 ; BAUDRU (D.), LAVIGNE (S.), « *Investisseurs institutionnels et gouvernance sur le marché financier français* », Revue d'économie financière, n° 63, 2001, p. 91-105 ; BAUDRU (D.), LAVIGNE (S.), MORIN (F.), « *Les investisseurs institutionnels internationaux. Une analyse du comportement des investisseurs américains* », Revue d'économie financière, n° 61, 2001 ; SAHUT (J.M.), OTHMANI GHARBI (H.) « *Activisme des investisseurs institutionnels : cadre général et facteurs d'influence* », La Revue des Sciences de Gestion, n°243-244, 2010, p. 25-33 ; PLIHON (D.), JEFFERS (E.), « *Investisseurs institutionnels et gouvernance des entreprises* », Revue d'économie financière, 2001, n° 63, p. 137-152.

304. Commission européenne, Livre vert sur le cadre de la gouvernance d'entreprise dans l'UE, 5 avril 2011.

305. PAAPE (L.), LACHOTZKI (F.), « *Aandeelhoudersbetrokkenheid in Nederland : Onderzoek onder Institutionele Beleggers en hun Relatie met Nederlandse Beursfondsen* », http://commissiecorporategovernance.nl/download/?id=716&download=1, 2010, p. 56.

306. SAHUT (J.M.), OTHMANI GHARBI (H.), « *Typologie des investisseurs institutionnels et performance des firmes dans le contexte français* », Gestion 2000, 2011, p. 64.

307. *Ibid.*

308. *Ibid.*, « *Activisme des investisseurs institutionnels : cadre général et facteurs d'influence* », La Revue des Sciences de Gestion, n°243-244, 2010, p. 29.

309. SCHOUTEN (M.C.), « *Do Institutional Investors Follow Proxy Advice Blindly ?* », University of Amsterdam, Duisenberg School of Finance, January 2, 2012, p. 1.

310. BAUDRU (D.), LAVIGNE (S.), « *Investisseurs institutionnels et gouvernance sur le marché financier français* », Revue d'économie financière, n° 63, 2001, p. 91-105 ; BAUDRU (D.), LAVIGNE (S.), MORIN (F.), « *Les investisseurs institutionnels internationaux. Une analyse du comportement des investisseurs américains* », Revue d'économie financière, n° 61, 2001 ; SAHUT (J.M.), OTHMANI GHARBI (H.) « *Activisme des investisseurs institutionnels : cadre général et facteurs d'influence* », La Revue des Sciences de Gestion, n°243-244, 2010, p. 25-33 ; SAHUT (J.M.), OTHMANI GHARBI (H.), « *Typologie des investisseurs institutionnels et performance des firmes dans le contexte français* », Gestion 2000, 2011, p. 64. ; PLIHON (D.), JEFFERS (E.), « *Investisseurs institutionnels et gouvernance des entreprises* », Revue d'économie financière, 2001, n° 63, p. 137-152.

311. CHOI (S.), FISCH (J. E.), KAHAN (M.), « *The Power of Proxy Advisors: Myth or Reality?* », Emory Law Journal, Vol. 59, 2010, pp. 869 ; ERTIMUR (Y.), FERRI (F.), OESCH (D.), « *Shareholder Votes and Proxy Advisors: Evidence from Say on Pay* », Journal of Accounting Research, 2013, pp. 951-996 ; BELINFANTI (T.C.), « *The Proxy Advisory and Corporate Governance Industry: The Case for Increased Oversight and Control* », New York Law School Legal Studies, Research Paper Series, 2009 ; CORNETTE (M.M.), MARCUS (A.J.), SAUNDER (A.), TEHRANIAN (H.), «*The Impact of Institutional Ownership on Corporate Operating Performance*», Journal of Banking and Finance, 2007, pp. 1771-1794.

312. BAUDRU (D.), LAVIGNE (S.), « *Investisseurs institutionnels et gouvernance sur le marché financier français* », Revue d'économie financière, n° 63, 2001, p. 93.

313. PLIHON (D.), JEFFERS (E.), *Ibid*, p. 148.

314. LANTENOIS (C.), CORIAT (B.), « *Investisseurs institutionnels non-résidents, corporate governance et stratégies d'entreprise* », Revue d'économie industrielle, n°134, 2011, p. 58.

315. SAHUT (J.M.), OTHMANI GHARBI (H.), « *Activisme des investisseurs institutionnels : cadre général et facteurs d'influence* », La Revue des Sciences de Gestion, n°243-244, 2010, p. 30.

316. LANTENOIS (C.), CORIAT (B.), *Ibid*, p. 61.

317. DJELIC (M.L.), ZARLOWSKI (P.), « *Entreprises et gouvernance en France : perspectives historiques et évolutions récentes* », Sociologie du travail 47, 2005 p. 459.

318. SAHUT (J.M.), OTHMANI GHARBI (H.), *Ibid.*

319. BRABET (J.), « *La main visible des investisseurs institutionnels* », « Revue française de gestion », 2002, p. 211.

320. *Cf., infra*, n° 134 et s.

321. AMF, « *Bilan, Mise en œuvre des propositions du rapport de l'AMF de 2012 sur les assemblées générales d'actionnaires des sociétés cotées* », 11 février 2015, p 22.

322. C. com., art. L228-1 al 7 et 8.

323. GERMAIN (M.), MAGNIER (V.), NOURY (M.A.), *op. cit.*, p. 17.

324. Ces pistes de réflexion reviennent dans leur intégralité à PARACHKEVOVA (I.), *in* « *Les obligations des fonds d'investissement au sein des sociétés cotées* », Revue des sociétés 2015, *passim.*

325. C. mon. fin., art. L. 533-22.

326. LECOURT (B.), « *L'actionnaire de long terme, nouvelle notion européenne* », Dossier, Réflexions collectives sur la nouvelle directive « Droits des actionnaires » du 17 mai 2017, sous la direction de Benoît LECOURT, Revue des sociétés, décembre 2017, p. 676.

327. Pour une étude de cette notion, *Cf.*, PARACHKEVOVA (I.), « *Les obligations des investisseurs institutionnels et gestionnaires d'actifs* », Dossier, Réflexions collectives sur la nouvelle directive « Droits des actionnaires » du 17 mai 2017, sous la direction de Benoît LECOURT, Revue des sociétés, décembre 2017, p. 686-689.

328. PARACHKEVOVA (I.), *ibid.*, p. 688.

329. C. com., art. L. 228-2.

330. À savoir les Pays-Bas ou la Belgique ; *Cf.*, LECOURT (B.), « *Engagement à long terme des actionnaires : vers des dispositions européennes ?* », Revue des sociétés 2014 p. 690.

331. Pour une étude de cette notion, *Cf.*, CONAC (P-H.) « *Report on shareholder identification and communication systems* », Revue des sociétés 2017 p. 452 ; BARBAN (P.), « *L'identification des actionnaires* », Dossier,

Réflexions collectives sur la nouvelle directive « Droits des actionnaires » du 17 mai 2017, sous la direction de Benoît LECOURT, Revue des sociétés, décembre 2017, p. 678-682.

332. BARBAN (P.), *Ibid*, p. 678.

333. Pour une étude de cette notion, *Cf.*, FRANCOIS (B.), « *Le devoir de transmission de l'information par les intermédiaires* », Dossier, Réflexions collectives sur la nouvelle directive « Droits des actionnaires » du 17 mai 2017, sous la direction de Benoît LECOURT, Revue des sociétés, décembre 2017, p. 682-686.

334. « Une partie liée est une personne ou une entité qui est liée à l'entité qui prépare ses états financiers » ; *Cf.*, Règlement (UE) N° 632/2010 de la Commission du 19 juillet 2010, al. 9.

335. Art. 9 quater.

336. Pour une étude de cette notion ; *Cf.*, URBAIN-PARLEAN (I.), « *Les transactions entre parties liées* », Dossier, Réflexions collectives sur la nouvelle directive « Droits des actionnaires » du 17 mai 2017, sous la direction de Benoît LECOURT, Revue des sociétés, décembre 2017, p. 696-699.

337. MAGNIER (V.), « *Droit de contrôle des actionnaires : vers une réforme ?* », Recueil Dalloz 2017, p. 1112 ; *Cf.*, *infra*, n° 332.

338. LECOURT (B.), « *Engagement à long terme des actionnaires : vers des dispositions européennes ?* », Revue des sociétés, 2014, p. 690.

339. Pour une étude de cette notion ; *Cf.*, LECOURT (B.), « *Les rémunérations des dirigeants des sociétés cotées* », Dossier, Réflexions collectives sur la nouvelle directive « Droits des actionnaires » du 17 mai 2017, sous la direction de Benoît LECOURT, Revue des sociétés, décembre 2017, p. 692-696.

340. *Cf.*, *infra*, n° 244.

341. LEROY (P-H.), « *Directive Droit des actionnaires, Focus par Pierre-Henri LEROY* », Droit des sociétés n° 10, Octobre 2014, p. 2.

342. ISKANDAR (S.), *thèse*, « *Le déclin des bourses démutualisées : gouvernance défaillante, déréglementation et progrès technologique affaiblissent les marchés organisés* », Paris I, 2014, p. 115 et s.

343. PLIHON (D.), JEFFERS (E.), « *Investisseurs institutionnels et gouvernance des entreprises* », Revue d›économie financière, 2001, N°63, p. 146.

344. *Ibid.*, p. 147.

345. Dans ce type de régime, ce sont théoriquement les entreprises qui chapeautent le financement des retraites de leurs employés ; *Cf.*, PLIHON (D.), JEFFERS (E.), *ibid.*, p. 142.

346. L' « Employers' Retirement Income Security Act » de 1974 permet par exemple aux salariés américains d'ouvrir un plan d'épargne individuel exempt de charges fiscales ; *Cf.*, PLIHON (D.), JEFFERS (E.), *ibid.*

347. SHILLER (R.), « *Irrational exuberance* », Princeton University Press, 2000, p. 32.

348. PLIHON (D.), JEFFERS (E.), *ibid.*, p. 143.

349. DURAND-BARTHEZ (P.) « *Les tribulations du droit souple* », *La Lettre de l'AFGE Lettre d'information sur le gouvernement d'entreprise*, n° 48 1er Trimestre 2017, http://www.afge-asso.org/index.php/lettres/nouvelle-lettre, 2017, p. 19.

350. *Ibid.*, « *Le principe appliquer ou expliquer. – Réflexions sur ses fondements et sa mise en œuvre dans le domaine de la gouvernance d'entreprise* », Cahiers de droit de l'entreprise, n°2, Mars 2016, p. 4.

351. BISSARA (P.), FOY (R.), DE VAUPLANE (A.), « *Droit et pratique de la gouvernance des sociétés cotées* », JOLY, 2007, p. 3.

352. PLIHON (D.), JEFFERS (E.), *ibid.*, p. 137.

353. Il serait lacunaire d'exprimer l'idée que la gouvernance d'entreprise américaine se trouve en décalage avec l'intégralité des Etats européens. Elle est proche en effet de la *corporate governance* du Royaume-Uni. Tout comme les États-Unis, le Royaume-Uni dispose d'une forte tradition capitaliste. La *soft law* assortie de la règle « comply or explain » revêt outre-Manche une importance toute particulière, comme le confirme l'orientation générale des rapports Cadbury (1992), Greenbury (1995) et le Combined Code on Corporate Governance (1998).

354. MOULIN (J.M.), « *Sociétés anonymes - Gouvernance des sociétés* », JurisClasseur Commercial, Fasc. 1350, 28 Avril 2010, Date de la dernière mise à jour : 21 Janvier 2016, p. 14.

355. GERMAIN (M.), MAGNIER (V.), NOURY (M.A.), *op. cit.*, p. 5-6.

356. *Ibid.*

357. L'établissement d'un modèle national de gouvernance a conduit la doctrine à adapter certains principes issus de la philosophie états-unienne de la *corporate governance.* Cette production doctrinale a par la suite influencé différents rapports, textes législatifs et Codes. L'on s'accorde aujourd'hui à reconnaitre que les rapports Viénot I, Viénot II, Bouton, la loi NRE, ainsi que le Code AFEP-MEDEF sont d'essence américaine.

358. Car les investisseurs institutionnels n'exercent par essence que peu de fonction de contrôle. Mais cette catégorie actionnariale demeure toutefois attachée à l'application de référentiels de gouvernance dont elle maitrise les lignes directrices.

359. GINGLINGER (E.), « *L'actionnaire comme contrôleur* », Revue française de gestion, n° 141, 2002, p. 37.

360. FACCIO (M.), LANG (L.), « *The ownership in Western European Corporations* », Journal of Financial Economics, vol. 65, septembre 2002, pp. 365.

361. DELOITTE, « *Structures de gouvernance des sociétés cotées* », octobre 2015, p. 68.

362. BELOT (F.), « *Pactes d'actionnaires et mécanismes de renforcement du contrôle* », Thèse, Paris 9, 2010, *Introduction.*

363. ALBOUNY (M.), SCHATT (A.), « *Activisme et Proxy Fight : Quand les actionnaires déclarent la guerre au management* », 198-9, Revue Française de Gestion 305, 2010, p. 298, 305.

364. Souvent par le biais de l'instauration de droits de vote double (*poursuivant un objectif de stabilité actionnariale la loi Florange de mars 2014 accrédite largement cette démarche)*, ou encore par l'emploi de stratégies pyramidales.

365. GINGLINGER (E.), « *Quelle gouvernance pour créer de la valeur ?* », Revue d'économie financière, n° 106,2012, p. 229.

366. *Cf.*, *supra*, n° 23 et s.

367. VON THADDEN (E.L.), BOLTON (P.), « *Blocks, Liquidity and Corporate Control* », Journal of Finance, vol. 53, 1998, pp. 1-5.

368. CHRISTIN (A.), VEIL (A), *op. cit.*

369. C. mon. fin., art. L. 533-22.

370.ESMA, « *Rapport final de l'ESMA sur les agences de conseil en vote, ESMA, Final Report - Feedback statement on the consultation regarding the role of the proxy advisory industry.* », Droit des sociétés n° 5, Mai 2013, p. 1.

371. *Cf.*, *infra*, n° 150 et s.

372. *Ibid*, n° 480 et s.

373. STOUT (L.A), « *The Shareholder Value Myth* », European Financial Review, April-May 2013, pp. 1.

374. BOLLON (P.), « *Bien gérer, c'est aussi bien voter* », Revue d›économie financière, n°63, 2001, p. 153.

375. CREDIT SUISSE, « *How Corporate Governance Matters* », Research Institute, January 2016, *passim.*

376. CUNAT (V.), GINE (M.), GUADALUPE (M.), « *The vote is cast : the effect of corporate governance on shareholder value* », Journal of Finance n°67, 2012, pp. 1944.

377. Mc CAHERY (J.A.), STARKS (L. T.), SAUTNER (Z.), « *Behind the Scenes: The Corporate Governance Preferences of Institutional Investors* », Journal of Finance, Forthcoming, 2015, pp. 3.

378. ILIEV (P.), LOWRY (M.), « *Are Mutual Funds Active Voters ?* » Review of Financial Studies, 2015, pp. 1-6.

379. GUYON (Y), « L›évolution récente des assemblées d›actionnaires », mélanges Guy Flattet, Payot, 1985, p. 39.

380. VALUET (J-P.), « *Le droit de vote des actionnaires en AG : le point sur deux sujets d'actualité. - Vote électronique des actionnaires, Vote des actionnaires non-résidents* », Droit des sociétés n° 7, étude 13, Juillet 2014, p. 1.

381. C. com., art. L. 225-107, II.

382. Le décret n° 2006-1566 du 22 décembre 2006 trouve son essence dans les conclusions du rapport MANSION. Ce décret interdit par exemple le blocage des titres (C. com., art. R. 225-85) et allonge le délai de publication de l'avis de réunion au BALO à trente-cinq jours (C. com., art. R. 225-73).

383. Ce décret développe l'obligation d'information de l'émetteur envers ses actionnaires (C. com., art. R. 210-20 ; C. com., art. R. 225-73-1) et modifie certains mécanismes de convocation en assemblées générales (C. com., art. R. 225-69).

384. L'ordonnance du 9 décembre 2010 assouplit substantiellement le mandat d'actionnaires de sociétés cotées (C. com., art. L. 225-106 et s.).

385. MAGNIER (V.), « *Gouvernance des sociétés cotées* », Répertoire de droit des sociétés, octobre 2010, dernière mise à jour : juin 2014, §. 70.

386. C. monét. fin. art. L. 533-22-1.

387. TORCK (S.), « *Rapport final de l'ESMA sur les agences de conseil en vote, ESMA, Final Report - Feedback statement on the consultation regarding the role of the proxy advisory industry.* », Droit des sociétés n° 5, Mai 2013, p. 1-2.

388. CHRISTIN (A.), VEIL (A), *op. cit.*, p. 5.

389. Le terme « mandat » est utilisé au sein de diverses situations du droit des sociétés. Comme le « mandat » de représentation aux assemblées générales, l'emploi du terme de « mandataire social » pour un dirigeant, ou encore le « mandat » qui peut être donné à la formation de la société afin de permettre la reprise des actes ; *Cf.*, GALLOIS COCHET (D.), « *L'exemple du droit des sociétés* », *in* « *Le mandat en question* » sous la direction de REMY (B.), Bruylan, 2013.

390. Cette approche demeure exceptionnelle puisque la loi subordonne, de manière générale, la qualité de mandataire à des compétences particulières, à l'exercice d'une profession spécifique…

391. C. com., art. L. 225-106, dans sa version à antérieure à l'ordonnance du 9 décembre 2010.

392. D'illustres auteurs nationaux se positionnent « contre » la libéralisation du mandat de vote pour les actionnaires de sociétés cotées françaises. Ils dénoncent là une dénaturation de l'*affectio societatis* et soulignent les dangers de l'accès à de non actionnaires aux assemblées générales ; *Cf.*, GERMAIN (M.), MAGNIER (V.), NOURY (M.A.), Etude : « *La gouvernance des sociétés cotées* », La Semaine Juridique Entreprise et Affaires n° 47, 21 Novembre 2013 ; GERMAIN (M.), MAGNIER (V.), Traité, « *Les sociétés commerciales* », tome 2, 21e éd., LGDJ, 2014 ; COZIAN (M.), VIANDIER (A.), DEBOISSY (F.), « *Droit des sociétés* », 26e éd., Litec, 2015.

393. GALLOIS COCHET (D.), « *L'exemple du droit des sociétés* », *in* « *Le mandat en question* » sous la direction de REMY (B.), Bruylan, 2013.

394. La nouvelle rédaction de cet article élargit la possibilité de représentation de l'actionnaire à un conjoint titulaire d'un pacte civil de solidarité.

395. NOTTE (G.), « *Exercice de certains droits des actionnaires de sociétés cotées. – A propos de l'ordonnance du 9 décembre 2010* », La Semaine Juridique Edition Générale n° 52, Décembre 2010, p 2.

396. LAROCHE (M.), ROBINE (D.), « *Disposition spécifiques aux sociétés cotées* », Fasc. 1202, JurisClasseur Commercial, 6 Décembre 2013, p. 37.

397. VALUET (J.P.), Etude, « *Le droit de vote des actionnaires en AG : le point sur deux sujets d'actualité. - Vote électronique des actionnaires, Vote des actionnaires non-résidents* », Droit des sociétés n° 7, Juillet 2014, p. 6.

398. NOTTE (G.), « *Exercice de certains droits des actionnaires de sociétés cotées. – A propos de l'ordonnance du 9 décembre 2010* », La Semaine Juridique Edition Générale n° 52, Décembre 2010, p. 5.

399. C. com., art. L225-106-2.

400. OMAGGIO (A.), *Etude*, « *Transposition de la directive relative aux droits des actionnaires de sociétés cotées* », La Semaine Juridique Entreprise et Affaires, n° 4, 27 Janvier 2011, p. 4.

401. C. com., art. L. 225-106-3.

402. MAGNIER (V.), *op. cit.*, p. 39.

403. C. com., art. L. 228-2, II.

404. VALUET (J.P.), *Etude*, « *Le droit de vote des actionnaires en AG : le point sur deux sujets d'actualité. - Vote électronique des actionnaires, Vote des actionnaires non-résidents* », Droit des sociétés n° 7, Juillet 2014.

405. EDELMAN (P.H.), THOMAS (R.S.), THOMPSON (R.B.), « *Shareholder Voting in an Age of Intermediary Capitalism* », USC Law Review 2015, pp. 2.

406. ALBOUY (M.), SCHATT (A.), « *Activisme et proxy fight - Quand les actionnaires déclarent la guerre au management* », Revue française de gestion, 2009/8 n° 198-199, p. 298.

407. ALBOUY (M.), SCHATT (A.), *Ibid.*

408. CLEMENT (J.C.), *thèse*, « *Le rôle des batailles de procurations au sein du gouvernement des entreprises* », Grenoble 2, 2006.

409. DE ANGELO (H.), DE ANGELO (L.), « *Proxy contests and the governance of publicly held corporations* », Journal of Financial Economics, vol. 23, n° 1, 1989, pp. 29.

410. En 2004, une association d'actionnaires minoritaires est parvenue à renverser la direction d'Eurotunnel par le biais d'une sollicitation active de mandats ; *Cf.*, RAVEL D'ESCLAPON (T.), « *Batailles de procurations : une nécessaire réglementation* », LPA, 6 octobre 2009, p. 5.

411. LECOURT (B.), « *Directive n° 2007/36/CE du 11 juillet 2007 concernant l'exercice de certains droits des actionnaires de sociétés cotées : suite et fin de la transposition par la France* », Revue des sociétés 2011, p. 130.

412. STORCK (M.), « *Recommandation AMF n°2011-06 du 18 mars 2011 sur les agences de conseil en vote* », RTD Com. 2011, p. 380.

413. COMMISSION EUROPÉENNE, *Livre vert*, « *Le cadre de la gouvernance d'entreprise dans l'Union Européenne* », 22 juillet 2011, p. 16.

414. VALUET (J.P.), *Etude*, « *Le droit de vote des actionnaires en AG : le point sur deux sujets d'actualité. - Vote électronique des actionnaires, Vote des actionnaires non-résidents* », Droit des sociétés n° 7, Juillet 2014.

415. OMAGGIO (A.), Etude, « *Transposition de la directive relative aux droits des actionnaires de sociétés cotées* », La Semaine Juridique Entreprise et Affaires, n° 4, 27 Janvier 2011, p. 4 ; LAPRADE (F. M.), « *Action de concert* », JurisClasseur Sociétés Traité, 30 Avril 2009, Date de la dernière mise à jour : 22 Mai 2015, p. 4.

416. Sollicitation publique de mandats de représentation en assemblées générales d'actionnaires de sociétés cotées.

417. DODD (P.), WARNER (J.), « *On corporate governance : a study of proxy contests* », Journal of Financial Economics, vol. 11, n° 1-4, 1983, pp. 420.

418. C. com., art. L. 225-105. À condition de représenter un minimum de 5% du capital, les actionnaires ou associations d'actionnaires peuvent désormais inscrire des points à l'ordre du jour sans avoir l'obligation de déposer un projet de résolution ; *Cf.*, MORTIER (R.), « *Réforme des droits des actionnaires* », Droit des sociétés n° 3, Mars 2011, p. 6.

419. C. com., art. R. 226-61.

420. ROUSSILLE (M.), « *Internet au service du formalisme des assemblées sociétaires* », Droit des sociétés n° 1, repère 1, Janvier 2012, *passim.*

421. HANNOUN (C.), « *L'impact de la financiarisation de l'économie sur le droit du travail* », Revue de droit du travail 2008 p. 291.

422. GERMAIN (M.), MAGNIER (V.), NOURY (M.A.), *op. cit.*, p. 13.

423. ALBOUY (M.), « *Le dirigeant et l'administrateur-salarié face à la finance : Michel Albouy s'entretient avec Pierre Alanche et Xavier Fontanet* », Revue française de gestion, 2009/8 n° 198-199, p. 422.

424. PONSSARD (J.P.), FRISON-ROCHE (M.A), DICK (W.), GEHRKE (I.), JEFFERS (E.), MAGNIER (V.), MOTTIS (N.), PLIHON (D.), SAULPIC (O.), TANGUY (H.), ZARLOWSKI (P.), Etude, « *Montée en puissance des fonds d'investissement étrangers et impact sur la gestion des entreprises industrielles* », INSEE, 2000, p. 138.

425. CHRISTIN (A.), VEIL (A), *op. cit.*, p. 9.

426. Nous entendons par l'emploi de cette expression les principaux « émetteurs » de la gouvernance d'entreprise (Le Code AFEP-MEDEF, le Code britannique Stewardship, les principes de bonne gouvernance de l'ICGN (*International Corporate Governance Network*), l'EFAMA (*Code de gouvernance externe de l'European Funds and Asset Management Association*) etc…).

427. MAGNIER (V.), « *Gouvernance des sociétés cotées* », Répertoire de droit des sociétés, octobre 2010, mise à jour juin 2014, p. 13-14, 24, 35.

428. MOTTIS (N.), PONSARD LAVOISIER (J.P.), « *L'influence des investisseurs institutionnels sur le pilotage des entreprises* », Revue française de gestion, n°141, 2002, p. 232, 236-246.

429. WIEDEMANN-GOIRAN (T.), PERIER (F.), LÉPINEUX (F.), « *Développement durable et gouvernement d'entreprise : un dialogue prometteur* », Les cahiers de l'ORSE, Organisation, 2003, p. 187, 237.

430. COM/2001/0366 final.

431. C. com., art. R. 225-105 ; *Cf.*, TELLER (M.), « *Rapport du conseil d'administration* », JurisClasseur Sociétés Traité, 6 Septembre 2013, Date de la dernière mise à jour : 12 Septembre 2016, p. 15-22.

432. C. com., art. L. 225-102-1 al 5. et s. Modifié par LOI n°2016-1088 du 8 août 2016 - art. 37.

433. LEROY (P.H.), « *Les avancées récentes de l'activisme actionnarial* », *in* « *Développement durable et gouvernement d'entreprise : un dialogue prometteur* », Les cahiers de bORSE, 2003, éd. dOrganisation, p. 143.

434. SALVIONI (D), GENNARI (F), « *Corporate Governance, Ownership and Sustainability* », Corporate Ownership & Control / Volume 13, Issue 2, March 20, 2016, pp. 606.

435. OPPETIT (B.), « *Droit et modernité* », PUF, 1998, p. 273.

436. SICARD (J.P.), « *Le rôle des investisseurs institutionnels dans l'ISR* », Alternatives Économiques, 1 septembre 2006.

437. DESBARATS (I.), « *La RSE en droit français : un champ d'évolutions normatives* », Droit social, 2015, p. 1.

438. TRÉBULLE (F.G.), « *Responsabilité sociale des entreprises (Entreprise et éthique environnementale)* », Répertoire de droit des sociétés, mars 2003, mise à jour janvier 2014, p. 13.

439. NOVETHIC, ADEME, *Etude*, « *Le marché des fonds verts européens* », Mars 2017, p. 3-5, 7, 24-25.

440. HECKEL (G.), LARCENA (A.), *Etude 30*, « *Panorama des aménagements apportés aux droits des actionnaires de sociétés cotées suite à la transposition de la directive 2007/36/CE du 11 juillet 2007* », Revue de Droit bancaire et financier n° 5, Septembre 2011, p. 1.

441. KONSTANTINOS (S.), « *ESMA et agences de conseil en vote : un rapprochement délicat à la recherche d'une transparence volontaire* », Bulletin Joly Bourse, 01 avril 2013 n° 4, p. 198.

442. Sous la présidence du Professeur Dirk Andreas ZETZSCHE, de l'Université du Luxembourg.

443. BPPSVR, « *Best Practice Principles for Providers of Shareholder Voting Research* », 2014, p. 12-15.

444. *Ibid.*, p. 16-17.

445. *Ibid.*, p. 18-19.

446. LOY (M.), « *Le rapport de l'AEMF sur les proxy advisors : appel à une « auto-régulation contrôlée* », Lettre CREDA-Sociétés n°2013-10, 22 mars 2013, p. 1.

447. BPPSVR, *ibid.*, p. 7.

448. GLASS LEWIS & Co, Institutional Shareholder Services Inc, IVOX, GmbH, Manifest Information Services Ltd, PIRC Ltd et Proxinvest ; *Cf.*, BPPSVR, *ibid.*, p. 3.

449. Dont les prestigieux « *UK Stewardship Code* » et l' « *Organisation for Economic and Co-operation and Development Principles of Corporate Governance* » de l'OCDE ; *Cf.*, BPPSVR, *ibid.*, p. 6.

450. Dont la recommandation AMF n°2011-06 sur 18 mars 2011 ; *Cf.*, BPPSVR, *ibid.*, p. 7.

451. BPPSVR, *Ibid.*, p. 3.

452. *Ibid.*, p. 12.

453. TORCK (S.), « *Rapport final de l'ESMA sur les agences de conseil en vote, ESMA, Final Report - Feedback statement on the consultation regarding the role of the proxy advisory industry.* », Droit des sociétés n° 5, Mai 2013, p. 2.

454. BPPSVR, *Ibid.*, p. 12.

455. *Ibid.*, p. 13.

456. *Ibid.*

457. *Ibid.*, p. 14.

458. ESMA, Report, « *Follow-up on the development of the Best Practice Principles for Providers of Shareholder Voting Research and Analysis* », 18 décembre 2015, p. 41.

459. AMF, *op. cit.*, p. 3.

460. KONSTANTINOS (S.), *op. cit.*, p. 200.

461. https://bppgrp.info/signatory-statements/

462. ESMA, *Ibid.*, p.41.

463. BPPSVR, *Ibid.*, p. 13.

464. ESMA, *Ibid.*, p. 26.

465. *Cf.*, *infra*, n° 224 et s., n° 439 et s.

466. BPPSVR, *Ibid.*, p. 14.

467. *Ibid.*, p. 15.

468. BPPSVR, *Ibid.*

469. ESMA, *ibid.*, p. 38.

470. BPPSVR, *ibid*, p. 14.

471. *Ibid.*, p. 12.

472. *Ibid.*, p. 13.

473. *Ibid.*, p. 12.

474. *Ibid.*

475. ESMA, Report, « *Follow-up on the development of the Best Practice Principles for Providers of Shareholder Voting Research and Analysis* », 18 décembre 2015, p. 24.

476. AMF, *op. cit.*, p. 2.

477. ESMA, « *Discussion Paper, An Overview of the Proxy Advisory Industry : Considerations on Possible Policy Options* », 22 mars 2012, p. 25.

478. BPPSVR, *ibid.*, p. 14.

479. *Ibid.*

480. OMAGGIO (A.), « *Faut-il encadrer l'activité des agences de conseil en vote (proxy advisors) ?* », La Semaine Juridique Entreprise et Affaires n° 46, Novembre 2009, p. 33.

481. Report, « *Follow-up on the development of the Best Practice Principles for Providers of Shareholder Voting Research and Analysis* », 18 décembre 2015, p. 41.

482. ESMA, « *Discussion Paper, An Overview of the Proxy Advisory Industry : Considerations on Possible Policy Options* », 22 mars 2012, p.13.

483. ESMA, Report, « *Follow-up on the development of the Best Practice Principles for Providers of Shareholder Voting Research and Analysis* », 18 décembre 2015, p. 25.

484. ESMA, « *Discussion Paper, An Overview of the Proxy Advisory Industry : Considerations on Possible Policy Options* », 22 mars 2012, p.12.

485. ESMA, Report, « *Follow-up on the development of the Best Practice Principles for Providers of Shareholder Voting Research and Analysis* », 18 décembre 2015, p. 12.

486. KONSTANTINOS (S.), « *Rapport d'enquête sur les notations souveraines : l'ESMA hausse le ton* », Bulletin Joly Bourse, 2014, p. 83.

487. ESMA, « *Credit Rating Agencies, Sovereign ratings investigation, ESMA's assessment of governance, conflicts of interest, resourcing adequacy and confidentiality controls* », 2 décembre 2013.

488. *Cf., infra,* n° 246 et s.

489. KONSTANTINOS (S.), « *ESMA et agences de conseil en vote : un rapprochement délicat à la recherche d'une transparence volontaire* », Bulletin Joly Bourse, 01 avril 2013 n° 4, p. 199.

490. BPPSVR, *op. cit.*, p. 16.

491. LOY (M.), « Le rapport de l'AEMF sur les proxy advisors : appel à une « auto-régulation contrôlée », Lettre CREDA-Sociétés n°2013-10, 22 mars 2013, p. 1.

492. ESMA, *Report*, « *Follow-up on the development of the Best Practice Principles for Providers of Shareholder Voting Research and Analysis* », 18 décembre 2015, p. 41.

493. *Cf., infra,* n° 360 et s.

494. AMF, *op. cit.*, p. 3.

495. BPPSVR, *ibid.*, p. 16.

496. TORCK (S.), « *Rapport final de l'ESMA sur les agences de conseil en vote, ESMA, Final Report - Feedback statement on the consultation regarding the role of the proxy advisory industry.* », Droit des sociétés n° 5, Mai 2013, p. 3.

497. ESMA, Report, « *Follow-up on the development of the Best Practice Principles for Providers of Shareholder Voting Research and Analysis* », 18 décembre 2015, p. 23.

498. BPPSVR, *Ibid.*, p. 16.

499. ESMA, *Ibid.*, 18 décembre 2015, p. 16.

500. BPPSVR, *Ibid.*, p. 17.

501. ISS, « *Best Practice Principles for Providers of Shareholder Voting Research & Analysis, Compliance Statement* », 10 June 2014, pp. 22.

502. BPPSVR, *Ibid.*, p. 17.

503. ESMA, Report, « *Follow-up on the development of the Best Practice Principles for Providers of Shareholder Voting Research and Analysis* », 18 décembre 2015, p. 31.

504. *Ibid.*

505. BPPSVR, *Ibid.*, p. 18.

506. *Ibid.*

507. KONSTANTINOS (S.), « *ESMA et agences de conseil en vote : un rapprochement délicat à la recherche d'une transparence volontaire* », Bulletin Joly Bourse, 01 avril 2013 n° 4, p. 201.

508. La directive (UE) 2017/828 du Parlement européen et du Conseil du 17 mai 2017 modifiant la directive 2007/36/CE soutient quant à elle une vision du dialogue des *proxy advisors* avec les émetteurs similaire, quoique moins détaillée, à celle du Code BPPSVR ; *Cf.*, Directive (UE) 2017/828, Article 3 *undecies*, 2. f).

509. AMF, *Ibid.*, p. 3.

510. TORCK (S), « *Rapport final de l'ESMA sur les agences de conseil en vote, ESMA, Final Report - Feedback statement on the consultation regarding the role of the proxy advisory industry* », Droit des sociétés n° 5, Mai 2013, p. 2-3.

511. BPPSVR, *op. cit.*, p. 18.

512. PROXINVEST, « *Politique de dialogue avec les émetteurs* », Principe n°8.

513. OMAGGIO (A.), « *Faut-il encadrer l'activité des agences de conseil en vote (proxy advisors) ?* », La Semaine Juridique Entreprise et Affaires n° 46, Novembre 2009, p. 32-33.

514. Raison pour laquelle la firme GLASS LEWIS & Co limite toute forme de dialogue avec les émetteurs durant les périodes « sensibles ». *Cf.*, http://www.glasslewis.com/glass-lewis-supports-esma-principles-for-proxy-advisors/

515. OMAGGIO (A.), *ibid.*

516. BPPSVR., p. 18.

517. *Ibid.*

518. ESMA, Report, « *Follow-up on the development of the Best Practice Principles for Providers of Shareholder Voting Research and Analysis* », 18 décembre 2015, p. 21.

519. *Ibid.*, p. 27.

520. *Ibid.*, p. 31.

521. BPPSVR, *ibid.*, p. 18.

522. *Ibid.*

523. *Ibid.*, p. 19.

524. ESMA, *Report*, « *Follow-up on the development of the Best Practice Principles for Providers of Shareholder Voting Research and Analysis* », 18 décembre 2015, p. 28.

525. KONSTANTINOS (S.), « *ESMA et agences de conseil en vote : un rapprochement délicat à la recherche d'une transparence volontaire* », Bulletin Joly Bourse, 01 avril 2013 n° 4, p. 204.

526. BOISSEAU (L.), « *Les agences de conseil en vote vont être plus encadrées* », LesEchos, 1 Octobre 2015.

527. ESMA, « *Discussion Paper, An Overview of the Proxy Advisory Industry : Considerations on Possible Policy Options* », 22 mars 2012, p. 7.

528. KONSTANTINOS (S.), « *ESMA et agences de conseil en vote : un rapprochement délicat à la recherche d'une transparence volontaire* », Bulletin Joly Bourse, 01 avril 2013 n° 4, p. 198.

529. ESMA, Report, « *Follow-up on the development of the Best Practice Principles for Providers of Shareholder Voting Research and Analysis* », 18 décembre 2015, p. 38, 39.

530. C. mon. fin., art. L. 531-1 ; NEUVILLE (S.), « *Les prestataires (entreprises d'investissement et entreprises de marché) et les services d'investissement* », Bulletin Joly Bourse, 1er Septembre 2007, n° 05, p. 558.

531. C. mon. fin., art. L. 321-1 ; C. mon. fin., art. L. 321-2.

532. Directive (UE) 2017/828 du Parlement européen et du Conseil du 17 mai 2017 modifiant la Directive 2007/36/CE en vue de promouvoir l'engagement à long terme des actionnaires, Article 3 undecies, p. 19.

533. CONAC (P.-H.), « *La réglementation des conseillers en vote* », Dossier, Réflexions collectives sur la nouvelle directive « Droits des actionnaires » du 17 mai 2017, sous la direction de Benoît LECOURT, Revue des sociétés, décembre 2017, p. 691.

534. Directive (UE) 2017/828 du Parlement européen et du Conseil du 17 mai 2017 modifiant la Directive 2007/36/CE en vue de promouvoir l'engagement à long terme des actionnaires, Article 3 duodecies, 2.

535. Pour une étude des agences de notation financière ; *Cf.*, MOREAU (L.), « *Agence de notation et architecture financière internationales. Perspectives historiques* », Paris 10, 2009 ; SADOK JABALLAH (J.), « *Essais sur l'impact des crises financières sur la réputation et le comportement des agences de notation* », Toulouse 1, 2014 ; RAINGEARD de La BLETIERE (O.), « *Efficacité de la notation et régulation* », Paris 2, 2005.

536. ESPAGNAC (F.), MONTESQUIOU (A.), « *Rapport d'information fait au nom de la mission commune d'information sur le fonctionnement, la méthodologie et la crédibilité des agences de notation* », SÉNAT, Enregistré à la Présidence du Sénat le 18 juin 2012, n°598, Tome 1 : Rapport général, p. 154-169.

537. Pour une très récente illustration de ces dérives : *Cf.*, SOTIROPOULOU (A.), « *L'ESMA et la sanction de Fitch : brèves réflexions sur les pouvoirs de surveillance de l'Autorité européenne des marchés financiers* », Bulletin Joly Bourse, 1er Octobre 2016, n° 10, p. 423.

538. PORTIER (P.), « *Agences de notation* », Revue de droit bancaire et financier n°2, mars 2006, p. 84.

539. SOTIROPOULOU (A.), « *La responsabilité civile des agences de notation* », Bulletin Joly Bourse, n° 01, 1er janvier 2013, p. 47.

540. Ce Règlement sera par la suite modifié par le Règlement (UE) n°513/2011 du Parlement européen et du Conseil du 11 mai 2011. Puis par Règlement (UE) n° 462/2013 du Parlement européen et du Conseil du 21 mai 2013.

541. Les agences sont tenues d'établir un calendrier des dates d'élaboration de leurs notations.

542. Dans le but de prévenir la survenance d'éventuels conflits d'intérêts, les agences doivent préciser si un actionnaire détient plus de 5 % de leur capital ou des droits de vote. Ces organismes sont également tenus de préciser si un actionnaire détient 5 % ou plus du capital d'une entité qu'ils notent. Dans l'hypothèse où ces chiffres seraient égaux ou supérieur à 10 %, les agences se trouvent dans l'impossibilité de noter les entités en question (Article 6 *bis* et *ter* du Règlement (UE) n° 462/2013).

543. Le législateur européen a par exemple développé une responsabilité civile des agences de notation financière pour faute intentionnelle ou négligence grave (Article 35 bis du Règlement (UE) n° 462/2013).

544. C. mon. fin., art. L.544-3.

545. C. mon. fin., art. L. 544-6.

546. SOTIROPOULOU (A.), *Ibid.*

547. C. mon. fin., art. L. 544-5 et s.

548. BPPSVR., p. 5.

549. DONZEL TABOUCOU (C.), « *Le principe « appliquer ou expliquer » en France Ou le droit à l'auto-édiction normative* », Revue des sociétés 2015, p. 347.

550. ESMA, Report, « *Follow-up on the development of the Best Practice Principles for Providers of Shareholder Voting Research and Analysis* », 18 décembre 2015, p. 35.

551. *Ibid.*, p. 37.

552. DONZEL TABOUCOU (C.), *ibid.*, p. 357.

553. *Ibid.*

554. ESMA, « *Discussion Paper, An Overview of the Proxy Advisory Industry : Considerations on Possible Policy Options* », 22 mars 2012, p. 5.

555. *Ibid.*, p.37.

556. BPPSVR, *op. cit.*, p. 13.

557. ESMA, « *Discussion Paper, An Overview of the Proxy Advisory Industry : Considerations on Possible Policy Options* », 22 mars 2012, p.23 ; Report, « *Follow-up on the development of the Best Practice Principles for Providers of Shareholder Voting Research and Analysis* », 18 décembre 2015, p. 26 s., 41.

558. AMF, « *Recommandation, Agences de conseil en vote* », n° 2011-06, p. 1.

559. BPPSVR, *ibid.*, p. 14.

560. Ce phénomène traduit une prise de conscience des investisseurs institutionnels quant aux tenants et aboutissants de leurs votes. Le développement d'équipes spécialisées dans l'analyse des projets de résolution au sein même des investisseurs institutionnels est profondement positif. Il pourrait être à l'origine d'une influence décroissante des *proxy advisors*, raison pour laquelle il semblerait stratégiquement intéressant que les agences de conseil en vote militent directement à la mise en place d'un encadrement strict de leur profession, dans le but d'entériner définitivement leur légitimité quant à la fourniture de recommandations de vote aux investisseurs institutionnels. Soyons pragmatiques, si l'ensemble des professionnels de l'intermédiation financière met en place des équipes spécialisées dans l'étude des projets de résolution, alors l'existence des *proxy advisors* est directement « menacée ». Pour s'assurer une certaine pérénité, ces organismes n'ont-ils donc pas intérêt à prendre les devants, c'est-à-dire à se révéler favorables au développement d'un encadrement strict et spécifique de leur profession ?

561. AMF, « *Recommandation, Rapport 2014 de l'AMF sur le gouvernement d'entreprise et la rémunération des dirigeants* », 22 septembre 2014, n° 2014-08, p. 28.

562. ECKSTEIN (A.), « *Great expectations : The peril of an expectations gap in proxy advisory firm regulation* », DELAWARE JOURNAL OF CORPORATE LAW, n°40, 22 juil. 2014, pp. 77.

563. KATZ (D.), McINTOSH (L.), « *Important Proxy Advisor Developments* », New York Law Journal, September 25, 2014, pp. 3.

564. COPLAND (J.R.), « *SEC Needs To Rethink Its Rules on Proxy Advisory Firms* », Washington Examiner, July 24, 2014 ; *Cf.*, http://www.washingtonexaminer.com/sec-needs-to-rethink-its-rules-on-proxy-advisory-firms/article/2551268

565. COUPET (C.), *thèse*, « *L'attribution du droit de vote dans les sociétés* », Paris II, 2012, p. 322 ; EY, « *SEC Financial Reporting Series 2016 proxy statements An overview of the requirements and observations about current practice* », pp. 1.

566. Exchange Act Rule14a-2 (b) (3).

567. ESMA, « *Discussion Paper, An Overview of the Proxy Advisory Industry : Considerations on Possible Policy Options* », 22 mars 2012, p. 27.

568. Il s'agit d'une version amendée de l' « Investment Advisers Act of 1940 ». https://www.sec.gov/about/laws/iaa40.pdf.

569. PLAZE (R.), « *Regulation of Investment Advisers By the U.S. Securities and Exchange Commission* », STROOCK, February 2016, pp. 1.

570. AMF, « *Recommandation, Rapport 2014 de l'AMF sur le gouvernement d'entreprise et la rémunération des dirigeants* », 22 septembre 2014, n° 2014-08, p. 30.

571. KATZ (D.), McINTOSH (L.), *ibid*, pp. 2.

572. DENT (G.W.), « *A Defense Of Proxy Advisors* », Michigan State Law Review, 2014, pp. 1329.

573. Représentant républicain du Wisconsin à la Chambre des représentants des États-Unis.

574. The text of the bill, H.R. 5311 (Duffy).

575. CONGRESS, https://www.congress.gov/bill/115th-congress/house-bill/4015/text?q=%7B%22search%22%3A%5B%22corporate+governance+reform+and+transparency+act%22%5D%7D&r=1, 20 december 2017.

576. *Ibid.*

577. WILCZEK (Y.), « *Dodd-Frank Rollback bill likely to include proxy firm regulation* », https://www.bna.com/doddfrank-rollback-bill-b57982084764/, March 3, 2017 ; NASDAQ, « *Proxy Advisory Reform: Legislation Update* », http://www.nasdaq.com/article/proxy-advisory-reform-legislation-update-cm862099, October 19, 2017 ; ZAGOROFF (D.), GLASS, LEWIS & Co, « *House Bill 4015 and the Proposed Regulation of Proxy Advisors* », https://corpgov.law.harvard.edu/2017/11/01/house-bill-4015-and-the-proposed-regulation-of-proxy-advisors/, November 1, 2017.

578. C. civ., art. 1710.

579. BENABENT (A.), « *Droit civil : Les contrats spéciaux civils et commerciaux* », Montchrestien, lextenso éditions, 9eme édition, février 2011, p. 331.

580. Cass. civ. 3e, 28 février 1984, Bull. civ. III, no 51 ; Gaz.Pal. 1984.

581. BENABENT (A.), *ibid*, p. 362.

582. VINEY (G), « *La responsabilité des entreprises prestataires de conseil* », JCP Semaine Juridique, I art. 2750, 1975, *passim* ; Cass. civ. 1ere, 21 décembre 1964, J.C.P 65.II.14005 ; Cass. civ. 1ere, 12 juin 1990, Bull. I, n°156 ; Cass. civ. 1ere, 14 décembre 2004, Bull. I, n°314 ; Cass. civ. 1ere, 2 novembre 2005, Bull. I, n°400

583. BRUN (A.), « *Rapports et domaines des responsabilités contractuelle et délictuelle* », *thèse*, Lyon, 1931.

584. BEAUDEUX (C.), « *La causalité : frontière entre la responsabilité délictuelle et la responsabilité contractuelle* », LPA, 25 avril 2008, p. 8.

585. Pour une étude complète de la notion de « responsabilité civile » : *Cf.*, les thèses de Doctorat de : ARENA (S.), « *Objectivisme et responsabilité civile* », Paris XIII, 2008 ; MIZZI (A.), « *Subjectivisme et responsabilité civile* », Toulouse I, 2005 ; FADAIE GHOTBI (R.), « *Comprendre la responsabilité civile* », Paris II, 2016.

586. C. civ., art. 1231-3 (*C. civ., art. 1150 anc.*).

587. Il s'agit d'hypothèses développées par OMAGGIO (A.), *op. cit.*, p. 34.

588. C. com., art. L. 233-10.

589. Règlement Général de l'AMF., art. 632-1 ; C. mon. fin., art. L. 621-15.

590. AMF, *op. cit.*, p. 2.

591. C. civ., art. L. 1131-1 (*C. civ., art. 1147 anc.*).

592. Tandis que la première chambre civile de la Cour de cassation ne s'est jamais détournée de l'exigence d'un dommage comme condition d'établissement de la responsabilité contractuelle, la troisième

chambre civile de la haute juridiction a quelquefois retenu cette responsabilité en l'absence d'un dommage (Cass. 3e civ., 22 oct. 2002 : RD imm. 2003, 95, obs. Ph. Malinvaud.). Mais elle est rapidement revenue à une approche davantage « orthodoxe » des critères d'appréciation de cette responsabilité. (Cass. 3e civ., 3 déc. 2003 : Bull. civ. 2003, III, n° 221.) ; *Cf.*, MALINVAUD (P.), FENOUILLET (D.), MEKKI (M.), « *Droit des obligations* », LexisNexis, 13e édition, 2014, p. 464.

593. MALINVAUD (P.), FENOUILLET (D.), MEKKI (M.), *ibid.*

594. C. civ., art. L. 1231-2 (*C. civ., art. 1149 anc.*).

595. ESMEIN (P.), « *La faute et sa place dans la responsabilité civile* », RTD civ. 1949, p. 481.

596. C. civ., art. L.414-3 illustre parfaitement cette affirmation.

597. C. civ., art. L. 1218 (*C. civ., art. 1148 anc., et C. civ., art. 1184 anc.*).

598. QUÉZEL-AMBRUNAZ (C.), « *La causalité dans le droit de la responsabilité civile européenne : Définition de la causalité en droit français* », Séminaire du GERC, Genève, 26-27 mars 2010, p. 1.

599. G'SELL-MACREZ (E.), « *Recherches sur la notion de causalité dans la responsabilité juridique* », *Thèse*, Paris I, 2005, *passim.*

600. ESMEIN (P.) : « *Le nez de Cléopâtre ou les affres de la causalité* », D. 1964, chr. p. 205.

601. LASBORDES DE VIRVILLE (V.), « *Le point sur les clauses limitatives et exclusives de réparation en droit des contrats* », RLDC, mai 2011, p. 7.

602. Cass. civ. 19 janvier 1982, RTD civ. 1983, 144, obs. G. Durry.

603. La loi permet d'écarter les clauses exonératoires ou limitatives de responsabilité en cas de faute dolosive du débiteur ; ou lorsqu'elles exonèrent le contractant de son obligation essentielle (Cass. civ. 1ère, 22 juin 2004, RDC 2005, p. 270, obs. D. Mazeaud ; C. civ., art. 1170). Ces clauses peuvent également être écartées sur le fondement de l'article 132-1 du Code de la consommation.

604. BPPSVR, *op. cit.*, p. 13.

605. ESMA, Discussion Paper, « *An Overview of the Proxy Advisory Industry : Considerations on Possible Policy Options* », 22 mars 2012, p. 31.

606. ESMA, *ibid.*, p. 20 ; BPPSVR, *op. cit.*, p. 9, 10, 12, 13.

607. Cass. 2e civ., 1er février 1973, JCP 1974, II, n° 17882.

608. *Cf., supra,* n° 246.

609. ESMA, Discussion Paper, « *An Overview of the Proxy Advisory Industry : Considerations on Possible Policy Options* », 22 mars 2012, p. 32.

610. C. civ., art. L. 1984 ; C. civ., art. L. 1191-1996.

611. *Cf., supra,* n° 143 et s.

612. BENABENT (A.), « *Droit civil : Les contrats spéciaux civils et commerciaux* », Montchrestien, lextenso éditions, 9eme édition, février 2011, p. 443.

613. *Ibid.*, p. 449.

614. Cass. 1er civ., 22 mai 1985, Bull. I, n° 159.

615. C. civ., art. L. 1992.

616. C. civ., art. L. 1992, al 2.

617. La doctrine confère classiquement aux agents immobiliers et aux agents de voyage une supériorité économique. À *contrario,* elle place les agents d'assurance et les agents commerciaux dans une position d'infériorité économique qu'il convient de protéger.

618. BENABENT (A.), *Ibid.*, p. 476.

619. Cass. 3e civ., 4 juillet 1979, Bull. III, n° 150.

620. C. civ., art. L. 1240 (*C. civ., art. 1382 anc.*).

621. BRUN (P.), « *Responsabilité civile extracontractuelle* », LexisNexis, 3e éd, 2014, p 117.

622. C. civ., art. 1241 (*C. civ., art. 1383 anc.*).

623. C. civ., art. L. 1242 (*C. civ., art. 1384 anc.*).

624. *Ibid.*

625. QUEZEL-AMBRUNAZ (C.), *Thèse*, « *Essai sur la causalité en droit de la responsabilité civile* », Chambéry, 2008, *passim.*

626. OMAGGIO (A.), *op. cit.*, p. 34.

627. *Ibid.*

628. Cass. 1er Civ., 21 novembre 2006.

629. OMAGGIO (A.), *ibid.*

630. LOY (M.), « *Le rapport de l'AEMF sur les proxy advisors : appel à une « auto-régulation contrôlée* », Lettre CREDA-Sociétés n°2013-10, 22 mars 2013, p. 1.

631. KONSTANTINOS (S.), « *ESMA et agences de conseil en vote : un rapprochement délicat à la recherche d'une transparence volontaire* », Bulletin Joly Bourse, 01 avril 2013 n° 4, p. 202.

632. *Ibid.*

633. *Cf., supra,* n° 244.

634. MOTTIS (N.), PONSARD LAVOISIER (J.P.), « *L'influence des investisseurs institutionnels sur le pilotage des entreprises* », Revue française de gestion, n°141, 2002, p. 234.

635. ALLAIRE (Y.), « *The Troubling Case of Proxy Advisors : Some Policy Recommendations* », SSRN, January 20, 2013, pp. 6.

636. Dans la limite de la règle « comply or explain ».

637. AMF, « *Bilan, Mise en œuvre des propositions du rapport de l'AMF de 2012 sur les assemblées générales d'actionnaires des sociétés cotées* », 11 février 2015, p. 22.

638. ESMA, Report, « *Follow-up on the development of the Best Practice Principles for Providers of Shareholder Voting Research and Analysis* », 18 décembre 2015, p. 39.

639. TORCK (S.), « *Rapport final de l'ESMA sur les agences de conseil en vote, ESMA, Final Report - Feedback statement on the consultation regarding the role of the proxy advisory industry.* », Droit des sociétés n° 5, Mai 2013, p. 1.

640. *Cf., supra,* n° 134 et s.

641. BOMPOINT (D.), « *Actionnaire. – peu à peu, le citoyen évince l'actionnaire* », La Semaine Juridique Edition Générales, n° 48, 23 Novembre 2015, doctr. p. 1305.

642. KONSTANTINOS (S.), « *ESMA et agences de conseil en vote : un rapprochement délicat à la recherche d'une transparence volontaire* », Bulletin Joly Bourse, 01 avril 2013 n° 4, p. 198.

643. En 2012, le panorama des clients émetteurs d'ISS ayant fait appel à une activité de conseil en gouvernance était composé à 5% d'entreprises pesant plus de 100 milliards de dollars, à 29% d'émetteurs pesant entre 10 et 100 milliards de dollars et à 31% d'émetteurs pesant entre 1 et 10 milliards ; *Cf.*, LARCKER (D.F.), McCALL (A.L.), TAYAN (B.), « *And Then a Miracle Happens!: How Do Proxy Advisory Firms Develop Their Voting Recommendations?* », Rock Center for Corporate Governance at Stanford University Closer Look Series: Topics, Issues and Controversies in Corporate Governance and Leadership No. CGRP- 31, SSRN, February 25, 2013, pp. 6.

644. Directive (UE) 2017/828 du Parlement européen et du Conseil du 17 mai 2017 modifiant la Directive 2007/36/CE en vue de promouvoir l'engagement à long terme des actionnaires, Article 3 undecies, p. 19.

645. Ces propos ont été recueillis par BURR (B.) *in* « *Money managers increasing activism on governance — but quietly* », Pension&Investments, 19 mars 2012.

646. Il s'agit des mots d'un gérant d'une société de gestion. Ces propos ont été recueillis par BOISSEAU (L.) *in* « *Le rôle grandissant et inquiétant des agences de conseil en vote* », Les Echos, 2 Février 2016.

647. GOVERNMENT ACCOUNTABILITY OFFICE, Report to the Chairman, Subcommittee on Economic Policy, Committee on Banking, Housing, and Urban Affairs, U.S. Senate, « *CORPORATE SHAREHOLDER MEETINGS -Proxy Advisory Firms' Role in Voting and Corporate Governance Practices* », November 2016, pp. 16.

648. CHOI (S.), FISCH (J. E.), KAHAN (M.), « *The Power of Proxy Advisors : Myth or Reality?* », Emory Law Journal, Vol. 59, 2010, pp. 869.

649. ALEXANDER (C. R.), CHEN (M.A), SEPPI (D.J.), SPATT (C.S.), « *Interim News and the Role of Proxy Voting Advice* », Review of Financial Studies, vol. 23, 2010, pp. 4420.

650. ESMA, Report, « *Follow-up on the development of the Best Practice Principles for Providers of Shareholder Voting Research and Analysis* », 18 décembre 2015, p. 13.

651. WOOLERY (J.), « *Boards Should Minimize the Role of Proxy Advisors* », http://corpgov.law.harvard.edu/2013/10/31/boards-should-minimize-the-role-of-proxy-advisors/#more-54217, October 31, 2013.

652. REROLLE (J-F.), « *Gouvernement d'entreprise : Quand l'apparence l'emporte sur la substance* », 7 mars 2011.

653. AGRAWAL (A.), KNOEBER (C.R.), « *Firm Performance and Mechanisms to Control Agency Problems between Managers and Shareholders* », Journal of Financial and Quantitative Analysis, vol. 31, 1996, pp. 377.

654. SANOFI, « *LETTRE AUX ACTIONNAIRES* », 4 mai 2015, p. 1-3.

655. SOTIROPOULOU (A.), *Thèse*, « *Les obligations d'information des sociétés cotées en droit communautaire* », Paris 1, 2009.

656. DIONNE-PROULX (J.), LAROCHELLE (G.), « Éthique et gouvernance d'entreprise », Management & Avenir, 2010/2 n° 32, p. 48.

657. *Ibid.*

658. AMF, « *Recommandation, Rapport 2014 de l'AMF sur le gouvernement d'entreprise et la rémunération des dirigeants* », 22 septembre 2014, n° 2014-08.

659. *Ibid.*

660. C. com., art. L. 225-35.

661. DELEBECQUE (P.), PANSIER (F.J.), « *Administrateur* », Répertoire de droit des sociétés, janvier 2003 (actualisation : janvier 2014), p. 4.

662. C. com., art. L. 225-17.

663. C. com., art. L. 225-95.

664. C. com., art. L. 225-20.

665. C. com., art. L. 225-18.

666. C. com., art. L. 225-45.

667. C. com., art. L. 225-46.

668. C. com., art. L. 225-21.

669. *Ibid.*

670. C. com., art. L. 225-18.

671. VANAPPELGHEM (C.), *thèse*, « *Le rôle et l'efficacité du conseil d'administration selon sa sympathie à l'égard du dirigeant : le cas des firmes françaises cotées* », Grenoble, 2015, p. 215 et s.

672. C. com., art. L. 225-25.

673. LAMETHE (D.), « *Les paradoxes des administrateurs indépendants* », OMNIDROIT, Newsletter n°85, 10 février 2010, p. 2.

674. MAGNIER (V.), « *Gouvernance des sociétés cotées* », Répertoire de droit des sociétés, octobre 2010, mise à jour juin 2014, p. 17.

675. RAPPORT, « *Le conseil d'administration des sociétés cotées* », (*Rapport Vienot I*), Juillet 1995, p. 13.

676. RAPPORT, « *Rapport du comité sur le gouvernement d'entreprise* », (*Rapport Vienot II*), Juillet 1999, p. 17.

677. Seul l'article L. 225-25 du Code de Commerce semble objectivement prendre en compte l'existence d'administrateurs indépendants.

678. MAGNIER (V.), *ibid*, p. 19.

679. AFEP-MEDEF, « *Code de gouvernement d'entreprise des sociétés cotées* », (*Révisé en novembre 2015*), p. 10.

680. Ce qui demeure un critère largement discutable, puisqu'il caractérise un facteur de stabilité qui n'est pas à proprement parler à même de remettre en cause l'indépendance de l'administrateur, l'élément central demeurant que sa rémunération au titre du conseil ne représente pas une part trop importante de l'ensemble de ses différents revenus.

681. PROXINVEST, « *Principes de gouvernement d'entreprise et Politique de vote 2016* », p. 19.

682. *Ibid.*, p. 19-20.

683. GOUVERNANCE EN ACTION, « *Etude de la gouvernance des sociétés du CAC 40* », Septembre 2016, p. 25.

684. LE CANNU (P.), « *L'administrateur référent : un nouveau personnage au théâtre du conseil* », RTD Com. 2013, p. 625.

685. PROXINVEST, « *Principes de gouvernement d'entreprise et politique de vote 2016* », p. 17.

686. AMF, « *Recommandation, Rapport 2014 de l'AMF sur le gouvernement d'entreprise et la rémunération des dirigeants* », 22 septembre 2014, n° 2014-08, p. 37.

687. GERMAIN (M.), MAGNIER (V.), NOURY (M.A.), Etude : « *La gouvernance des sociétés cotées* », La Semaine Juridique Entreprise et Affaires n° 47, 21 Novembre 2013, p. 3.

688. LE CANNU (P.), *ibid*

689. PROXINVEST, *ibid.*

690. Proposition de Directive du Parlement européen et du Conseil relative à un meilleur équilibre hommes-femmes parmi les administrateurs non exécutifs des sociétés cotées en bourse et à des mesures connexes /* COM/2012/0614 final - 2012/299 (COD).

691. C. com., art. L. 225-17 al. 2.

692. C. com., art. L. 225-18-1.

693. Citation de DESSAINT (L.), Directeur Général de PROXINVEST, dans un article de ERRARD (G.), « *Conseils d'administration : seules six sociétés du CAC 40 respectent la parité* », lefigaro, 10 février 2016.

694. http://www.ethicsandboards.com/études/196-le-chiffre-de-gouvernance-de-la-semaine-8-juillet-2016.

695. GINGLINGER (E.), « *Quelle gouvernance pour créer de la valeur ?* », Revue d'économie financière 2012/2, n° 106, p. 238.

696. Commission européenne, *Fiche descriptive*, « *Women on boards - Factsheet 1 : The economic arguments* », 2012, p. 1.

697. FRANCOIS (B.), « *Mixité au sein des conseils : lancement de l'indice Zimmermann* », Revue des sociétés 2017 p. 260.

698. DE BEAUFORT (V.), KHAYAT (M.), « *Femmes dans les conseils d'administration en France : quelques considérations sur leur intégration et leur visibilité (Women, Get Recognizer : Social Media and Professional Visibility)* », ESSEC Working Paper 1202, http://ssrn.com/abstract=2328165 or http://dx.doi.org/10.2139/ssrn.2328165, p. 15.

699. Citation de PARISOT (L.) (*vice-président de l'IFOP*) dans un article de ERRARD (G.), *ibid.*

700. FRANCOIS (B.), « *Femmes administratrices* », Revue des sociétés, 2014, p. 466.

701. TOE (M.), « *Diversité de genre au Conseil d'Administration : vers une amélioration de la gouvernance des entreprises ?* », Gestion 2000, Volume 31, 2014, p. 87.

702. PROXINVEST, *op. cit.*, p. 19.

703. FRANCOIS (B.), « *Quota de femmes dans les conseils d'administration : premier bilan négatif* », AFECA, Étude 2017 sur la place des administratrices dans les conseils et leurs comités des sociétés cotées sur Euronext et Alternext Paris, juin 2017, Revue des sociétés, 2017, p. 606.

704. LECOURT (B.), « *Parité hommes-femmes dans les conseils d'administration : vers un texte européen de compromis ?* », Revue des sociétés, 2016, p.126.

705. HANNOUN (C.), RADE (C.), « *Faut-il limiter la rémunération des dirigeants d'entreprises ?* », Revue de droit du travail, 2009, p.140 ; CUZACQ (N.), « *De l'éthique de la rémunération à la rémunération éthique du dirigeant* », Bull. Joly 2013, *passim.*

706. Cass, com., 12 décembre 1995, Bull. Joly, 1996, p. 206, note P. Le Cannu.

707. FRANCOIS (B.), « *Rapport 2014 du Haut comité de gouvernement d'entreprise* », Revue des sociétés, 2015, p. 65.

708. *Ibid.*, « *Bilan 2015 du vote consultatif des actionnaires sur les rémunérations des dirigeants (say on pay vote)* », Revue des sociétés, 2015, p. 613.

709. PROXINVEST, « *Les Assemblées Générales 2015 des sociétés cotées françaises et Politique de vote 2016* », 3 décembre 2015.

710. FRANCOIS (B.), *Ibid.*

711. PROXINVEST, *Ibid.*

712. FRANCOIS (B.), « *Bilan 2017 du say on pay* », Revue des sociétés, 2017, p. 607.

713. AMF, « *Recommandation, Rapport 2014 de l'AMF sur le gouvernement d'entreprise et la rémunération des dirigeants* », 22 septembre 2014, n° 2014-08. p. 30.

714. FRANCOIS (B.), *ibid.*, p. 615.

715. ERTIMUR (Y.), FERRI (F.), OESCH (D.), « *Shareholder Votes and Proxy Advisors: Evidence from Say on Pay* », Journal of Accounting Research, 2013, pp. 951.

716. BACHELDER (J.E.), « *Proxy Advisors' Impact on Executive Pay Decisions by Directors* », New York Law Journal, March 25, 2016.

717. PETITIER (M.), MELI (T.), « *Agences de conseil en vote et pouvoirs des assemblées générales de sociétés cotées* », Droit des sociétés n° 6, Juin 2013, étude 12, p. 4.

718. Dont la retentissante affaire « Carlos Ghosn » qui se veut l'élément déclencheur de l'évolution du modèle français du « say on pay ». Le conseil d'administration de RENAULT ayant maintenu la rémunération du PDG contre l'avis de l'assemblée générale des actionnaires (« say on pay » consultatif).

719. BRIGNON (B.), « *Les modifications apportées par la loi «Sapin II» au droit des sociétés* », lexbase, 12 janvier 2017.

720. LECOURT (B.), « *Vote des actionnaires sur les rémunérations des dirigeants de sociétés cotées : conformité du droit français aux futures exigences européennes ?* », Revue des sociétés 2017, p. 118 ; *Ibid*, « *Engagement à long terme des actionnaires de sociétés cotées : adoption de la directive* », Revue des sociétés 2017, p. 315.

721. FRANCOIS (B.), « *Rémunération des dirigeants : publication du décret d'application de la loi - Sapin 2-* », Revue des sociétés 2017, p. 257.

722. PROXINVEST, « *L'AFEP-MEDEF se trompe : restaurons dans la loi la souveraineté de l'AG sur la rémunération des dirigeants* », 20 mai 2016.

723. *Ibid.*

724. FRANCIS (T.), « *Best-Paid CEOs Run Some of Worst-Performing Companies : Analysis by MSCI calls into question the idea that high CEO pay helps drive better results* », wsj, July 25, 2016, *passim.*

725. Une récente étude de Proxy Insight nous informe que, concernant la question de la rémunération des dirigeants anglo-saxons en 2016, les recommandations de vote d'ISS et de GLASS LEWIS & Co ont été respectivement suivis à hauteur de 90,3 % et 83,2 %. Lorsque ces conseillers *proxy* recommandent de voter contre la rémunération des dirigeants, ils ne sont plus toutefois plus suivis qu'à hauteur de 51,4% (ISS) et 29,5% (GLASS LEWIS & Co) ; *Cf.*, DUPPSTADT (S.), Proxy Insight, « *Are Top Investors Listening to Proxy Advisors on Pay?* », https://corpgov.law.harvard.edu/2017/02/02/are-top-investors-listening-to-proxy-advisors-on-pay/, February 2, 2017.

726. PROXINVEST, « *Il faut bloquer les rémunérations incontrôlées de Carlos Ghosn* », 22 avril 2016.

727.*Ibid*, « *1er rejet de Say On Pay en France : les actionnaires de Renault rejettent la rémunération de Carlos Ghosn* », 29 avril 2016.

728. LARCKER (D.F.), McCALL (A.L.), ORMAZABALC (G.), « *The Economic Consequences of Proxy Advisor Say-on-Pay Voting Policies* », SSRN #2101453, 5 juillet 2012, p. 1.

729. YERMACK (D.), « *Shareholder Voting and Corporate Governance, Annual Review of Financial Economics* », http://ssrn.com/abstract=1523562, March 17, 2010.

730. LARCKER (D.F.), McCALL (A.L.), ORMAZABALC (G.), « *Outsourcing Shareholder Voting to Proxy Advisory Firms* », Journal of Law and Economics, Vol. 58, n° 1, February 2015, *passim.*

731. FRANCOIS (B.), *Ibid.*

732. PROXINVEST, « *Les Assemblées Générales 2015 des sociétés cotées françaises et Politique de vote 2016* », 3 décembre 2015.

733. CARREAU (D.), LETRÉGUILLY (H.), « *Offres publiques (OPA, OPE, OPR)* », Répertoire de droit des sociétés, juin 2012 (*actualisation : avril 2015*), p. 23-24, §. 54.

734. OHL (D.), « *Droit des sociétés cotées - Accès aux marchés - Valeurs mobilières cotées - Offres publiques - Abus de marché* », Litec, 2008, p. 211.

735. C. com., art. L. 233-32.

736. C. com., art. L. 225-125.

737. C. com., art. L. 233-29.

738. Propos de FONTANET (X.), *ancien PDG du groupe ESSILOR, in* ALBOUY (M.) « *LE DIRIGEANT ET L'ADMINISTRATEUR-SALARIÉ FACE À LA FINANCE Michel Albouy s'entretient avec Pierre Alanche et Xavier Fontanet* », Revue française de gestion, 2009/8 n° 198-199, p. 427.

739. GUYON (Y.), « *Droit des affaires* », 12e éd., ECONOMICA, 2003, p. 644.

740. C. com., art. L. 233-32 al 1 (*Version en vigueur du 1 avril 2006 au 2 avril 2014*).

741. TEZENAS DU MONTCEL (A.), LOYRETTE NOUELLE (G.), MARTIN (B.), « *Application de la loi Florange. - Étude des AG 2015* », La Semaine Juridique Entreprise et Affaires n° 42, 15 Octobre 2015, p. 1.

742. FORNONI (D.), DETHOMAS (P.), « *Le rôle toujours essentiel des actionnaires dans le processus de défense anti-OPA, même à la suite de la loi Florange* », RTD Com. 2015 p. 31.

743.http://www.finyear.com/18eme-rapport-de-Proxinvest-Les-Assemblees-Generales-2014-des-Societes-Cotees-Francaises-Politique-de-Vote-2015_a31441.html.

744. C. com., art. L. 233-33.

745. Pour illustration, ces organismes sont fermement opposés aux délégations qui autorisent une augmentation de capital avec suppression du droit préférentiel de souscription, puisqu'elles constituent un affaiblissement évident de l'actionnariat en place.

746. PETITIER (M.), MELI (T.), *ibid.*

747. C. com., art. L. 225-123, al. 3.

748. PROXINVEST, « *Les Assemblées Générales 2015 des sociétés cotées françaises et Politique de vote 2016* », 3 décembre 2015.

749. TORCK (S.), *Etude*, « *L'attribution automatique du droit de vote double* », Droit des sociétés n° 7, Juillet 2014, dossier 7, p. 3.

750. *Ibid.*

751. MEADEL (J.), *Thèse*, « *Les marchés financiers et l'ordre public* », LGDJ, 2007, p. 242.

752. TEZENAS DU MONTCEL (A.), LOYRETTE NOUELLE (G.), MARTIN (B.), *ibid*, p. 1.

753. COLLOQUE, « *La bourse aujourd'hui : quelle attractivité pour les entreprises, mais aussi les épargnants ? Évolution de la réglementation, quête de sens, pédagogie... Quelles réformes pour l'avenir de la place financière de Paris ?* », Organisé par : Droit & Croissance, Centre européen de droit et économie - ESSEC et CapitalCom, RTDF n° 1/2 - 2015, 9 avril 2015, p. 10.

754. COLLOQUE, *ibid.*

755. PROXINVEST, *ibid.*

756. DE VILMORIN (O.), BERDOU (A.), « *Suppression du droit de vote double dans les sociétés dont les actions sont admises aux négociations sur un marché réglementé* », Droit des sociétés n° 7, Juillet 2014, form. 7, p. 1.

757. Une majorité des projets de résolution émanent du conseil d'administration. Les projets de résolution « externes » (*d'origine actionnariale*) font donc office d' « exception » bien que leur quantité augmente ;

Cf., CHARLETY (P.), CHEVILLON (G.), MESSAOUDI (M.), « *Stratégies de vote en AG face aux résolutions externes* », Revue française de gestion, n° 198-199, 2009, p. 286.

758. MAZUYER (E.), KONIN (M.A.), BEN ABDALLAH (E.), BERTHILLON (F.), BORGA (N.), et al.. , « *Quel cadre juridique pour une mise en oeuvre effective des codes de gouvernance d'entreprise ?* », HAL, Rapport de recherche, Mission de recherche Droit et Justice, 2017, p. 299.

759. *Ibid*, n° 348.

760. MAISON BLANCHE (C.), « *Les agences de conseil en vote : réflexion sur l'encadrement des pratiques* », Bull. Joly Bourse, septembre 2013, n° 9, p. 449-450.

761. HANNOUN (C.), « *L'impact de la financiarisation de l'économie sur le droit du travail* », Revue de droit du travail, 2008, p. 288.

762. NEUVILLE (C.), *Interview*, « *Légitimité et efficacité de la gouvernance* », La lettre de la gouvernance, KPMG, 2014, p. 3 ; LAZONICK (W.), O'SULLIVAN (M.), « *Maximizing shareholder value : a new ideology for corporate governance* », economy and Society, vol. 29, 2000, pp. 33-34.

763. MARTHEZ (H.), « *En matière de gouvernance des sociétés cotées, la perfection n'est probablement pas de ce monde* », Bulletin Joly Sociétés, 01 juin 2013 n° 6, p. 373.

764. L'Expert Corporate Governance Service (ECGS Ltd) représente un exemple frappant du rapprochement de plusieurs *proxy advisors* (*PROXINVEST, ETHOS, FRONTIS GOVERNANCE, DSW, CORPORANCE, VIRV SOLUTIONS et MANIFEST*) derrière une approche commune de la *corporate governance.*

765. STRASKA (M.), WALLER (H.G.), « *Antitakeover Provisions and Shareholder Wealth : A Survey of the Literature* », pp. 35, *passim.*

766. GERMAIN (M.), MAGNIER (V.), NOURY (M.A.), *Etude* : « *La gouvernance des sociétés cotées* », La Semaine Juridique Entreprise et Affaires n° 47, 21 Novembre 2013, p. 6.

767. BISSARA (P.), FOY (R.), DE VAUPLANE (A.), « *Droit et pratique de la gouvernance des sociétés cotées* », JOLY, 2007, p. 231, Section 1. – Multiplicité et concurrence des codes de gouvernement d'entreprise ; p. 233, Section 3. – Les autres référentiels en matière de transparence sur la gouvernance.

768. Conseil d'État, « *Le droit souple* », Les rapports du Conseil d'État, 2013, p. 5.

769. Conseil d'État, *Rapport*, « *Le droit souple* », Les rapports du Conseil d'État, 2013, p. 193.

770. FASTERLING (B.), DUHAMEL (J.C.), « *Le Comply or explain : la transparence conformiste en droit des sociétés* », Revue internationale de droit économique, 2009, p. 129.

771. GERMAIN (M.), MAGNIER (V.), NOURY (M.A.), *Etude*, « *La gouvernance des sociétés cotées* », La Semaine Juridique Entreprise et Affaires n° 47, 21 Novembre 2013, p. 7.

772. AMF, « *Rapport 2012 de l'AMF sur le gouvernement d'entreprise et la rémunération des dirigeants des sociétés cotées* », 11 octobre 2012, p. 35.

773. BPPSVR, *op. cit.*, p. 16.

774. Pour faire face aux impératifs du marché globalisé, de nombreuses sociétés se sont organisées sous la forme de groupes. « Le groupe est d'abord un instrument de politique économique, destiné à accroître l'efficacité et la productivité, internationaliser les activités, cloisonner les risques, rendre les compétences complémentaires » (*URBAN (Q), « Le juge et le parcours professionnel du salarié dans le groupe », LPA, 21 avril 2005, n° 79, p. 23*). Tout en demeurant juridiquement autonomes (*Cass. crim., 22 juin 1999 : Bull. Joly 1999, p. 978.*), les sociétés qui composent le groupe se révèlent en situation de « dépendance » économique, c'est-à-dire qu'elles sont subordonnées à un intérêt commun (*Cass. crim., 27 juin 1972, n° 72-92.608*), objet du « contrôle » (*Cf., HU (X.), thèse, « Le groupe de sociétés en droit français et en droit chinois », Angers, 2010, p. 20 et s.*) de la société dite « mère ». Ce contrôle peut trouver diverses origines (*Cf., OUASSINI SAHLI (M.), thèse, « La responsabilité de la société mère du fait de ses filiales », Paris IX, 2014, p. 30-33*). Il peut être fondé sur l'existence de liens contractuels (*contrat d'exclusivité, de sous-traitance etc…*). Il peut également trouver racine dans le développement de liens financiers, c'est-à-dire au travers du fait qu'une société puisse être amenée à entrer au capital d'autres sociétés (C. com., art. L. 233-1 ; C. com., art. L. 233-2). Enfin, ce contrôle peut également voir le jour par le biais de liens personnels. Ce type de groupe « est constitué de sociétés indépendantes, qui peuvent s'adonner à des activités différentes,

sans liaisons financières entre elles, mais appartenant à un même dirigeant ou à un même groupe de dirigeants et dont l'unité de décision résulte d'une communauté d'associés ou de dirigeants sociaux » (*Cf., OUASSINI SAHLI (M.), ibid*).

L'entité que représente un groupe de sociétés se trouve dépourvue d'existence juridique propre. A l'exception de rares mesures spécifiques, le droit des sociétés ne discerne pas le caractère global d'un tel groupe. Chaque société se révèle donc traitée de façon distincte, à savoir sur la base de sa personnalité juridique particulière. Cependant, d'importants rapports de force se forment au sein du groupe de sociétés. De nombreuses parties prenantes peuvent donc se retrouver lésées au regard de la stratégie que décide de mettre en place la société mère. Des racines de ces difficultés émergent bien souvent des conflits d'intérêts.

775. ALLAIRE (Y.), IGOPP, « *Le rôle préoccupant des agences de conseil en vote (« proxy advisors ») : Quelques recommandations de politiques* », IGOPP, 2013, p. 26 : « Glass Lewis est détenue en propriété exclusive par le Régime de retraite des enseignantes et des enseignants de l'Ontario (Teachers'). Le RREEO a acheté Glass Lewis en octobre 2007 de Xinhua Finance, qui l'avait elle-même achetée en janvier de la même année. [...] Glass Lewis insiste toutefois pour se distinguer d'ISS. Elle « n'offre pas de services de consultation à des sociétés cotées en bourse ni à leurs administrateurs. Dans le cadre de nos activités, nous n'offrirons pas de conseils aux sociétés cotées en bourse sur leur structure de gouvernance ou leur conduite, et nous refusons d'utiliser notre position comme conseiller de confiance des investisseurs institutionnels pour gagner des mandats de consultation auprès des émetteurs » (site web de Glass Lewis). Bien que Glass Lewis affirme qu'elle est totalement indépendante de son propriétaire et que celui-ci n'a aucun moyen d'influencer ses décisions et ses recommandations, il n'en demeure pas moins que cette structure de propriété n'est pas optimale pour une agence de conseil en vote ».

776. ISS Corporate Solutions (ICS) est une filiale à 100% d'ISS (*KLOHN (L.), SCHWARZ (P.), « The regulation of proxy advisors », Capital Markets Law Journal, December 18, 2012, pp. 10-11 ; ISS Corporate Solutions, https://www.isscorporatesolutions.com/legal/ : « ISS Corporate Solutions (ICS) is a wholly owned subsidiary of Institutional Shareholder Services Inc. (ISS) ».*). ICS propose une suite d'outils et de services destinés à améliorer la gouvernance des émetteurs (*ISS Corporate Solutions, https://www.isscorporatesolutions.com/solutions/corporate-governance-advisory-services/, « ICS' expert advisory team is equipped to deliver superior support to help you develop and manage your corporate governance program. Each dedicated advisor will have extensive industry-specific knowledge to help you customize a governance roadmap that is in line with your company strategy. Each company is different, and there is no "one size fits all" approach to crafting the right governance structure – even within a particular industry, geography, or company size range. The key is to understand what investors are looking for, where broader market trends are leading, what activists are latching upon, and what the appropriate response is given your own unique circumstances. »*). ICS propose par exemple aux émetteurs une version adaptée du logiciel QualityScore (*Cf., ISS Corporate Solutions, https://www.isscorporatesolutions.com/solutions/governance-solutions/ : « Companies can use QualityScore to identify areas that investors may see as presenting governance-related risk and to inform their governance and compensation decisions.The QualityScore offering for issuers provides premium tools to help companies stay abreast of emerging standards, peer practices, and shareholder priorities. Premium users can benchmark their practices against peers and model the impact of potential changes in their governance structure, thus gaining actionable insight on how to improve their governance practices and QualityScore rating »*). ICS offre également un service d'expertise en matière de rémunération des dirigeants (*ISS Corporate Solutions, https://www.isscorporatesolutions.com/solutions/execcomp-solutions/ ; https://www.isscorporatesolutions.com/solutions/executive-compensation-advisory-services/* : « ICS experts are an extension of your team, pointing out the risks you haven't seen and helping you make critical decisions. You will be assigned an advisor who specializes in executive compensation, and understands how compensation is affected by dynamics within your industry. »).

777. HOSKING (P.), The Times, « *Adviser is accused of 'mafia-style shakedown'* », https://www.thetimes.co.uk/article/adviser-is-accused-of-mafia-style-shakedown-7vz8qv770, February 9 2017, « An influential consultancy that advises institutional shareholders on whether to veto company bonus schemes has triggered concern by touting a service to boards to help them to sidestep investor revolts in the coming AGM season. Institutional Shareholder Services, the world's biggest proxy voting agency, has told UK-listed company boards that it can identify potential problem pay schemes and suggest tweaks and favourable language to ensure that they win shareholder approval. Remuneration experts say that a letter sent last month by ISS Corporate Solutions, an ISS subsidary, raised concerns about a possible

conflict of interest, while some boards feel that they are being improperly pressurised to take the service for fear of receiving a negative recommendation from ISS ».

778. La notion de conflit d'intérêts se trouve au cœur de l'existence des groupes de sociétés (*Cf., SCHMIDT (D.), « Les conflits d'intérêts dans la société anonyme », JOLY, 2004, passim*). Cette réalité s'exprime au regard de la complexité des interactions qui existent entre les différentes sociétés qui composent de tels groupes, avec en point central la question de l'influence de la société mère sur ses « filles ». L'importance que revêt dans la pratique les groupes de sociétés contraste avec l'inexistence d'un régime juridique qui leur soit propre. En combinant dépendance économique et indépendance juridique, le groupe de sociétés est à l'origine d'un conflit d'intérêts fondamental : celui entre l'intérêt de l'ensemble du groupe et l'intérêt particulier de chaque société qui compose le groupe. La société mère doit donc être en mesure de parvenir à développer une stratégie globale visant à préserver simultanément les intérêts généraux du groupe, ainsi que ceux particuliers de chaque société (*pour une étude de la notion de conflit d'intérêts au sein des groupes de sociétés : Cf., CONAC (P-H.), « Les conflits d'intérêts dans les groupes de sociétés », in « Les conflits d'intérêts : fonction et maîtrise », Société de Législation Comparée, 2013, p. 245-260*).

779. ALLAIRE (Y.), IGOPP, *ibid*, p. 27 ; Ethos, « *Yes to more transparency on consultancy mandates of proxy advisors* », 14 juillet 2017 ; PROXINVEST, « *News Ethos : Oui à plus de transparence sur les mandats de conseil des proxy advisors* », 14 juillet 2017.

780. ALLAIRE (Y.), IGOPP, « *Avis de consultation des ACVM : Projet d'Avis 25-201 relatif aux indications à l'intention des agences de conseil en vote* », 16 juillet 2014, p. 5-6.

781. COPLAND (J.R.), *Op. cit.*

782. *Ibid*, n° 270.

783. Directive (UE) 2017/828 du Parlement européen et du Conseil du 17 mai 2017 modifiant la Directive 2007/36/CE en vue de promouvoir l'engagement à long terme des actionnaires, Article 3 undecies, 3 ; p. 18.

784. SCHMIDT (D.), « *Les conflits d'intérêts dans la société anonyme* », JOLY, 2004, *passim* ; BOUVERESSE (J.), *Thèse*, « *Les conflits d'intérêts en droit des sociétés* », Strasbourg III, 2006, *passim.*

785. CUIF (P-F.), « *Le conflit d'intérêts, essai sur la détermination d'un principe juridique en droit privé* », RTD com, 2005, p. 1.

786. LEROY (P-H.), *Interview* (*Communication personnelle*), « *Interview de M. Pierre-Henry LEROY, président de PROXINVEST*, 1er juin 2017.

787. BENNINI (A.), *Thèse*, « *Le voile de l'intérêt social* », LEJEP, Lextenso éditions, p. 370 : « Au regard du décloisonnement des frontières entre l'entreprise et le marché, les parties prenantes sont devenues des parties intégrantes de l'entreprise, ce qui contraste avec leur statu juridique de tiers ».

788. BPPSVR, *op. cit.*, p. 3-5, 8, 12, 17.

789. BISSARA (P.), FOY (R.), DE VAUPLANE (A.), « *Droit et pratique de la gouvernance des sociétés cotées* », JOLY, 2007, p. 6.

790. KLOHN (L.), SCHWARZ (P.), « *The regulation of proxy advisors* », Capital Markets Law Journal, December 18, 2012, pp. 20.

791. ALLAIRE (Y.), IGOPP, *op. cit.*, p. 27 ; GRISÉ (J.), « *Questionnements sur le modèle d'affaires des firmes spécialisées dans le conseil et la gestion de procurations !* », https://jacquesgrisegouvernance.com/2013/02/26/questionnements-sur-le-modele-daffaires-des-firmes-specialisees-dans-le-conseil-et-la-gestion-de-procurations/, 26 février 2013 ; *Ibid*, « *Le pouvoir démesuré des firmes de conseil en votation !* », https://jacquesgrisegouvernance.com/2014/09/19/le-pouvoir-demesure-des-firmes-de-conseil-en-votation/, 19 septembre 2014.

792. LI (T.), « *Outsourcing Corporate Governance: Conflicts of Interest Within the Proxy Advisory Industry* », Management Science, August 24, 2016, pp. 1.

793. KLOHN (L.), SCHWARZ (P.), *ibid.*, pp. 20.

794. *Cf.*, *infra*, n° 517 et s.

795. MAISON BLANCHE (C.), *op. cit.*, p. 451-452.

796. BISSARA (P.), FOY (R.), DE VAUPLANE (A.), *op. cit.*, JOLY, 2007, avant-propos.

797. *Cf.*, *supra*, n° 210, 212 et s ; *Cf.*, AMF, « *Recommandation, Agences de conseil en vote* », n° 2011-06, p. 3-4 ; *Cf.*, BPPSVR, « *Best Practice Principles for Providers of Shareholder Voting Research* », 2014, p. 16-17.

798. KLOHN (L.), SCHWARZ, *op. cit.*, pp.7-8.

799. BPPSVR, *op. cit.*, p. 18.

800. KLOHN (L.), SCHWARZ (P.), *ibid.*, pp. 16-17.

801. MEKKI (M.), « *Les conflits d'intérêts* », Introduction à la notion de conflit dintérêts, Association Henri-Capitant, Journées nationales, Tome XVII, Dalloz, 2013 p. 3, 22. (*Cité par ROUSSEAU (S.), « L'encadrement des conflits d'intérêts dans le droit nord-américain des sociétés : le rôle des règles et des normes de conduite », RTD Com., 2013, p. 612.*).

802. MITCHELL (A.), LAWRENCE (E.), « *A Theoretical and Practical Framework for Enforcing Corporate Constituency Statutes* », Rev. 579, 1992, pp. 591.

803. SMITH (A.), « *Recherches sur la nature et les causes de la richesse des nations* », Les classiques des sciences sociales, 1776.

804. BACH (L.), METZGER (D.), « *Are Shareholder Votes Rigged ?* », https://ssrn.com/abstract=2880523, December 1, 2016, pp. 1.

805. ALBOUY (M.), « *Théorie, applications et limites de la mesure de la création de valeur* », Revue française de gestion » 2006, n° 160, p. 140.

806. LEROY (P.H.) sur BFM BUSINESS *in* « *Les Décodeurs de l'éco* » : « *L'Etat et le salaire des patrons : de quoi j'me mêle ?* », 31 août 2015.

807. ALBOUY (M.), « *Les histoires racontées aux actionnaires* », Revue française de gestion, 2005, n° 159, p. 230.

808. BISSARA (P.), « *Le gouvernement d'entreprise en France : faut-il légiférer encore et de quelle manière ?* », Rev. Sociétés, 2003, p. 65.

809. GIBIRILA (D.), « *SOCIÉTÉS ANONYMES. - Assemblée des actionnaires. - Règles communes à toutes les assemblées* », JurisClasseur Commercial, Fasc.1419, 1er Mai 2011, mise à jour : 9 Octobre 2014, p. 5 ; *Cf.*, *supra*, n° 46, 93.

810. MOULIN (J.M.), « *Sociétés anonymes - Gouvernance des sociétés* », JurisClasseur Commercial, Fasc. 1350, 28 Avril 2010, Date de la dernière mise à jour : 21 Janvier 2016, p. 55.

811. *Ibid.*

812. Afin de resituer ces propos dans leur contexte, le président de PROXINVEST s'exprime sur la polémique relative à la prime de départ du dirigeant d'ALCATEL-LUCENT, M. Michel COMBES, en aout 2015.

813.LEROY (P.H.), sur BFM BUSINESS *in* « *Les Décodeurs de l'éco* », *Ibid.*

814. PASQUETTE (M-J.), *Interview de Mme. Colette Neuville*, « *Colette Neuville : Le respect du minoritaire s'arrête où commencent les intérêts de la banque* », deontofi, 4 aout 2014.

815. MOULIN (J.M.), *ibid.*, p. 29.

816. Cass. civ., 4 juin 1946, JCP éd. G, 1947, II, n° 3518, note Bastian.

817. NACIRI (A.), « *Traité de gouvernance corporative : théories et pratiques à travers le monde* », Les presses de l'université Laval, 2006, p. 254.

818. KRAMARZ (F.), THESMAR (D.), « *Relations sociales dans les conseils d'administrations* », banque-france.fr , p. 1.

819. PROXINVEST, « *Administrateurs indépendants : trois ans que la famille Capelli promet sans délivrer* », 15 septembre 2016.

820. *Ibid*, « *Proxinvest saisit l'AMF et Alcatel sur l'information relative aux rémunérations de départ de Michel Combes* », 2 septembre 2015.

821. *Ibid.*, « *Non-respect de la diffusion d'information réglementée : Proxinvest alerte l'AMF* », 6 septembre 2016. Pour une étude approfondie du « mastodonte réglementaire » que représente la notion de franchis-

sement de seuils : *Cf.*, ELINEAU (R.), « *Franchissement de seuils* », JurisClasseur Sociétés Traité, 26 Septembre 2008, Date de la dernière mise à jour : 11 Avril 2014.

822. PROXINVEST, « *Affaire Solocal : sept questions de Proxinvest à l'AMF sur les clauses de remboursement anticipé de la dette en cas de changement de contrôle* », 24 octobre 2016.

823. *Ibid.*, « *Exploration pétrolière du Grand Nord Arctique, la responsabilité des investisseurs et de la Norvège* », 31 aout 2016.

824. BUCHBERGER (M.), *Traité*, « *Administration. - Président du conseil d'administration* », JurisClasseur Sociétés, Fasc. 133-10, 9 Avril 2014, p. 7.

825. C. com., art. L. 225-37-7 ; C. com., art. L. 225-68-8 ; *Cf.*, FAGES (B.), « *Rôle, valeur et bon usage des codes de gouvernement d'entreprise* », Joly, 2009, p. 430.

826. ALEXANDRE (H.), PAQUEROT (M.), « *Efficacité des structures de contrôle et enracinement des dirigeants* », Revue Finance Contrôle Stratégie, 2000, p. 11.

827. PROXINVEST, « *Principes de gouvernement d'entreprise et politique de vote 2016* », *passim* ; ISS, « *2016 Europe Summary Proxy Voting Guidelines, Benchmark Policy Recommendations* », *passim* ; GLASS LEWIS & Co, « *Proxy Paper Guidelines, 2016 Proxy Season, An Overview Of The Glass Lewis Approach To Proxy Advice* », *passim.*

828. MOULIN (J.M.), *ibid.*, p. 36.

829. C. com., art. L. 225-25.

830. PROXINVEST, *ibid.*, p. 40.

831. *Ibid.*

832. HIRSCHMAN (A.), « *Exit, Voice and Loyalty : Responses to Decline in Firms, Organizations, and States* », Harvard University Press, 1970.

833. LI (T.), « *Outsourcing Corporate Governance : Conflicts of Interest Within the Proxy Advisory Industry* », Management Science, http://ssrn.com/abstract=2828690, August 24, 2016, pp. 29.

834. De SADE (D.A.F.), « Justine ou les malheurs de la vertu », Bibliothèque de la pléiade, n° 371, 13 Août 2014, p. 385.

835. GEBELIN (A.) (*Senior Director of Research, Glass Lewis*) : « Les questions de gouvernance sont primordiales, bien plus importantes que les sujets de rémunération qui focalisent notre attention en ce moment » ; *Cf.*, FENIN (T.), LABRADOR, « *AG 2017 : des proxys toujours plus exigeants* », labrador.fr, 2 février 2017.

836. AFEP-MEDEF, « *Code de gouvernement d'entreprise des sociétés cotées* », (*Révisé en mai 2016*), p. 0 (*préambule*).

837. http://www.proxinvest.fr/?p=3054

838. ABDELMOUMEN (N.), *Thèse*, « *Hiérarchie et séparation des pouvoirs dans les sociétés anonymes de type classique* », Paris I, 2013, p. 159.

839. GRANIER (C.), « *L'attrait du droit souple dans l'encadrement de la rémunération des dirigeants sociaux* », Revue des sociétés, 2016, 37, p. 211.

840. FRANCIS (T.), « *Best-Paid CEOs Run Some of Worst-Performing Companies : Analysis by MSCI calls into question the idea that high CEO pay helps drive better results* », wsj, July 25, 2016, *passim.*

841. PARACHKEVOVA (I.), « La rémunération des dirigeants des sociétés cotées : de la morale à la réforme », RIDE, 2010, p. 241.

842. PROXINVEST, *ibid.*, p. 35-36.

843. ISS, « *FAQ : Rémunération en actions – France 2015* », p. 5.

844. GLASS LEWIS & Co, « *Proxy Paper Guidelines, 2016 Proxy Season, An Overview Of The Glass Lewis Approach To Proxy Advice, Continental Europe* », pp. 11, 13, 18, 20, 23.

845. LETRÉGUILLY (H.), MADDEN (J.), « *Le soft law en matière financière : le point de vue des praticiens* », Revue de Droit bancaire et financier n° 1, Janvier 2012, p. 6.

846. Propos de ROBERT HAUTEQUERE (S.) *in* LE REVENU, « *Un contrôle encore plus serré de la rémunération des dirigeants* », lerevenu.com, 24 janvier 2017.

847. EY, « *Panorama de la Gouvernance 2016 : Cap sur l'avenir !* », p. 3.

848. Mc CAHERY (J.A.), STARKS (L. T.), SAUTNER (Z.), « *Behind the Scenes : The Corporate Governance Preferences of Institutional Investors* », June 2015 Journal of Finance, Forthcoming, pp. 23.

849. Directive (UE) 2017/828 du Parlement européen et du Conseil du 17 mai 2017 modifiant la Directive 2007/36/CE en vue de promouvoir l'engagement à long terme des actionnaires, p 13.

850. AMF, « VOEUX A LA PLACE, Intervention du Président de bAutorité des marchés financiers », 4 janvier 2011, p. 4.

851. Commission Européenne, *op. cit.*, 5 avril 2011, p. 11.

852. ESMA, « *Discussion Paper, An Overview of the Proxy Advisory Industry : Considerations on Possible Policy Options* », 22 mars 2012, p.12.

853. *Ibid.*, p. 13.

854. *Ibid.*, p. 41.

855. Conformément à la structure de la politique de vote 2016 de PROXINVEST.

856. Il ne serait pas absurde d'imaginer que concernant le développement des principes du gouvernement d'entreprise, ces derniers puissent faire l'objet d'un consensus avec l'ensemble de l'industrie des *proxy advisors*. A *contrario*, cette hypothèse ne serait absolument pas souhaitable, fût-elle réaliste, concernant le développement des lignes directrices de vote des *proxy advisors*, qui doivent par nature garder certaines spécificités inhérentes à chaque conseiller *proxy*.

857. ESMA, *Ibid.*, p. 41 ; Mc CAHERY (J.A.), STARKS (L. T.), SAUTNER (Z.), *op. cit.*, pp. 2-3.

858. KONSTANTINOS (S.), « *ESMA et agences de conseil en vote : un rapprochement délicat à la recherche d'une transparence volontaire* », Bulletin Joly Bourse, 01 avril 2013 n° 4, p. 200.

859. LEROY (P-H.), *Interview* (*Communication personnelle*), « *Interview de M. Pierre-Henry LEROY, président de PROXINVEST.*

860. *Ibid*, « *Entretien 1 - Sur quelques questions relatives au vote en assemblée générale* », Droit des sociétés n° 7, Juillet 2014, p. 2.

861. GLASS LEWIS & CO, www.glasslewis.com/guidelines/.

862. ISS, https://www.issgovernance.com/policy-gateway/2016-policy-information/.

863. ESMA, *Ibid.*, p. 26.

864. AFEP, « *Le cadre de la gouvernance d'entreprise dans l'UE : Réponse de l'AFEP au Livre vert* », 13 juillet 2011, p. 27.

865. AMF, « *Recommandation AMF n° 2011-06 Agences de conseil en vote* », 18 mars 2011, p.3.

866. BPPSVR, *Op. cit.*, p. 18.

867. *Ibid.*

868. KONSTANTINOS (S.), « *ESMA et agences de conseil en vote : un rapprochement délicat à la recherche d'une transparence volontaire* », Bulletin Joly Bourse, 01 avril 2013 n° 4, p. 198.

869. *Cf.*, *supra*, n° 228, 230.

870. ESMA, Report, « *Follow-up on the development of the Best Practice Principles for Providers of Shareholder Voting Research and Analysis* », 18 décembre 2015, p. 21.

871. IGOPP, « *Avis de consultation des ACVM : Projet d'Avis 25-201 relatif aux indications à l'intention des agences de conseil en vote* », 16 juillet 2014, p. 13.

872. HANNOUN (C.), « *La dématérialisation de l'entreprise. Essai sur les dimensions immatérielles de l'entreprise* », L'Harmattan, 2010, p.13.

873. DENT (G.W.), *in* « *A Defense Of Proxy Advisors* », Michigan State Law Review, 2014, pp. 1329.

874. KONSTANTINOS (S.), « *ESMA et agences de conseil en vote : un rapprochement délicat à la recherche d'une transparence volontaire* », Bulletin Joly Bourse, 01 avril 2013 n° 4, p. 198.

875. *Ibid.*, p. 201.

876. ALLAIRE (Y.), IGOPP, « *Le rôle préoccupant des agences de conseil en vote (« proxy advisors ») : Quelques recommandations de politiques* », IGOPP, 2013, p. 13.

877. *Ibid* ; GOVERNMENT ACCOUNTABILITY OFFICE, Report to the Chairman, Subcommittee on Economic Policy, Committee on Banking, Housing, and Urban Affairs, U.S. Senate, « *CORPORATE SHAREHOLDER MEETINGS -Proxy Advisory Firms' Role in Voting and Corporate Governance Practices* », November 2016, pp. 1.

878. ALLAIRE (Y.), IGOPP, *Ibid.*

879. LECOURT (B.), « *Engagement à long terme des actionnaires : vers des dispositions européennes ?* », Revue des sociétés, 2014, p. 689-690.

880. TORCK (S.), « *Rapport final de l'ESMA sur les agences de conseil en vote, ESMA, Final Report - Feedback statement on the consultation regarding the role of the proxy advisory industry.* », Droit des sociétés n° 5, Mai 2013, p. 1.

881. Directive (UE) 2017/828 du Parlement européen et du Conseil du 17 mai 2017 modifiant la Directive 2007/36/CE en vue de promouvoir l'engagement à long terme des actionnaires., Article 3 octies, p. 45-46.

882. *Ibid.*, Article 3 nonies, p. 47-48.

883. *Ibid.*, Article 3 octies, p. 45-46.

884. ALLAIRE (Y.), IGOPP, *Op. cit.*, p. 9.

885. SUTTER (E.), « *Certification et labellisation : un problème de confiance. Bref panorama de la situation actuelle* », Documentaliste-Sciences de l'Information, 2005, Vol. 42, p. 284.

886. *Ibid.*, p. 286.

887. DE VAREILLES-SOMMIERES (B.), GEOFFROY (T.), « La certification ISO 9001 ou 9002 et son application aux cabinets d'avocats », La Semaine Juridique Edition Générale n° 21, 24 Mai 2000, I 230., p. 11.

888. *Ibid.*, p. 11.

889. SUTTER (E.), *Ibid*, p. 285.

890. Les certifications ISO sont généralement d'une durée triennale. Au terme de cette période, il convient que l'objet de la certification se prête à un nouveau processus d'évaluation.

891. SUTTER (E.), *Ibid*, p. 284.

892. MORIN (L.), « *Une homologation ISO 9001 pour la Ligue de football professionnel* », Jurisport 2014, n°141, p. 13.

893. PENNEAU (A.), « *L'ISO, cette (relative) Inconnue Super Offensive* », Recueil Dalloz 2006 p. 521.

894. ISO, « *Choisir et appliquer les normes de la famille ISO 9000* », www.iso.org, p. 1.

895. DE VAREILLES-SOMMIERES (B.), GEOFFROY (T.), *Ibid*, 14.

896. ISO, « *ISO 9001 : 2015 mode d'emploi* », www.iso.org/iso/fr/iso_9001-2015_-_how_to_use_it.pdf, p. 4-5.

897. DE VAREILLES-SOMMIERES (B.), GEOFFROY (T.), *Ibid*, 26.

898. SUTTER (E.), *Ibid.*, p. 285.

899. DUCOULOUX-FAVARD (C.), « *Le contrôle de l'actionnariat en droit français* », LPA, Octobre 1998, n°123, p. 26.

900. MEURIER (G), « *Trésor des sentences* », 1568.

901. GROSSMAN (G.), « *International trade, Foreign Investment, and the Formation of the Entrepreneurial Class* », American Economic Review, 1984, pp. 605-613.

902. NIVOIX (S.), PEPINP (D.), « *Intérêts et limites de la globalisation comme processus créateur d'investissement* », HAL, p. 14.

903. SAHUT (J.M.), OTHMANI GHARBI (H.), *Op. cit* ; BENMBAREK (N.), *Op. cit.*

904. SPY (A), SEBAG (S.), « Investisseurs institutionnels : Un secteur en recomposition », Option Finance, 23 mars 2015.

905. Ibid.

906. Cf., supra, n° 101 et s.

907. SPY (A), SEBAG (S.), Ibid.

908. ALLAIRE (Y), Interview (Communication personnelle), 28 octobre 2016.

909. Ibid.

910. BAINBRIDGE (S. M.), « Shareholder Activism and Institutional Investors », UCLA School of Law, Law-Econ. Research Paper n° 05-20, https://papers.ssrn.com/sol3/papers.cfm?abstract_id=796227, 2005, pp. 18.

911. ROMANO (R.), « Less Is More : Making Shareholder Activism A Valued Mechanism Of Corporate Governance », Yale Law & Economics Research Paper No. 241, 14 mai 2000, pp. 250 ; FRANCOIS (B.), « Le renforcement des règles de transparence pour les investisseurs institutionnels », Revue des sociétés, 2013, p. 399.

912. DONDERO (B.), « L'actionnariat orienté ou la prise en compte des mobiles de l'actionnaire », LGDJ, 2010, p. 265.

913. MASOUNAVE (A.), « Les fonds activistes se sont perfectionnés - Entretien avec... Edouard Dubois, responsable du marché français, Stewardship Investment, BlackRock », L›AGEFI Hebdo, 17 mars 2016.

914. Ibid., « Fonds activistes : Au tour de la France », L›AGEFI Hebdo, 17 mars 2016.

915. SICOT (D.), « Fonds activistes : la Bourse a trouvé ses terroristes », l'Humanité dimanche, Jeudi 5 Février, 2015.

916. BASINI (B.), « Les investisseurs activistes débarquent en Europe », Le Journal du Dimanche, samedi 30 avril 2016.

917. BOYER (C.), « Fonds activiste : 3 questions pour tout comprendre », LesEchos, 9 février 2016.

918. YU TING FOREST (W.), « Wolves at the Door: A Closer Look at Hedge Fund Activism », https://ssrn.com/abstract=2721413, October 2, 2016, pp. 1-2 ; ALON (B.), DASGUPTA (A.), RICHEMOND (M. D.), « Wolf Pack Activism », https://ssrn.com/abstract=2529230, September 2016, pp. 1-10.

919. ARMOUR (J.), CHEFFINS (B.R.), « The Rise and Fall (?) of Shareholder Activism by Hedge Funds », ECGI - Law Working Paper No. 136/2009, https://ssrn.com/abstract=1489336, September 1, 2009, pp. 36.

920. GRUMBERG (A.), « Activist Investing in Europe : A Special Report », https://corpgov.law.harvard.edu/2016/11/09/activist-investing-in-europe-a-special-report/, November 9, 2016.

921. BOYER (C.), ibid.

922. MASOUNAVE (A.), ibid : « Pour des fonds comme Cevian, qui restent en moyenne trois années au capital d'une société, cette mesure est plutôt une bonne nouvelle ».

923. BENMBAREK (N.), « L'hétérogénéité du comportement de contrôle des investisseurs institutionnels français », Revue d'économie financière, Janvier 2008, p. 243.

924. ALLAIRE (Y), Interview (Communication personnelle), Ibid.

925. KARPOFF (J.M.), « The Impact of Shareholder Activism on Target Companies : A Survey of Empirical Findings », https://ssrn.com/abstract=885365, August 18, 2001 ; KLEIN (A.), ZUR (E.), « Hedge funds activism », https://ssrn.com/abstract=1291605, October 2006.

926. BEBCHUK (L.), BRAV (A.), JIANG (W.), « The Long-term Effects of Hedge Fund Activism », Columbia Law Review., 2015, pp. 1085-1156.

927. BRAV (A.), JIANG (W.), MA (S.), TIAN (X.), « How Does Hedge Fund Activism Reshape Corporate Innovation ? », https://ssrn.com/abstract=2409404, May 16, 2016, pp. 51.

928. GRISÉ (J.), « Dix stratégies pour se préparer à l'activisme accru des actionnaires », jacquesgrisegouvernance.com, 20 décembre 2016.

929. http://www.businessinsider.com/blackrock-ceo-larry-fink-letter-to-sp-500-ceos-2016-2 ; BOISSEAU (L.), « La leçon de gouvernance du géant BlackRock aux grands patrons », LesEchos, 2 février, 2016.

930. MASOUNAVE (A.) « *Fonds activistes : Au tour de la France* », L'AGEFI Hebdo, 17 mars 2016.

931. CREMERS (M.), GIAMBONA (E.), SEPE (S.M.), WANG (Y.), « *Hedge Fund Activism and Long-Term Firm Value* », https://ssrn.com/abstract=2693231, November 19, 2015, pp. 1-3 ; BEBCHUK (L.A.), « *The Myth that Insulating Boards Serves Long-Term Value* », Columbia Law Review, Vol. 113, https://ssrn.com/abstract=2248111, September 2013, pp. 48-49.

932. BOISSEAU (L.), « *Attaques des fonds activistes : des effets controversés à long terme* », LesEchos, 22 janvier 2015.

933. SICOT (D.), *Ibid.*

934. L'ESMA *in* « *Follow-up on the development of the Best Practice Principles for Providers of Shareholder Voting Research and Analysis* », 18 décembre 2015, p. 41.

935. MAISON BLANCHE (C.), « *Les agences de conseil en vote : réflexion sur l'encadrement des pratiques* », Bull. Joly Bourse, septembre 2013, n° 9, p. 448.

936. *Ibid.*, p. 449.

937. *Ibid* ; AFEP-MEDEF, « *Code de gouvernement d'entreprise des sociétés cotées* », (*Révisé en novembre 2015*), p. 6.

938. PETITIER (M.), MELI (T.), « *Agences de conseil en vote et pouvoirs des assemblées générales de sociétés cotées* », Etude 12, Droit des sociétés n° 6, Juin 2013, p. 3 ; GLASS LEWIS & Co, « *Proxy Paper Guidelines, 2016 Proxy Season, An Overview Of The Glass Lewis Approach To Proxy Advice, France* », pp. 4 ; PROXINVEST, *in* « *Principes de gouvernement d'entreprise et Politique de vote 2016* » p. 17.

939. ABDELMOUMEN (N.), *Thèse*, « *Hiérarchie et séparation des pouvoir dans les sociétés anonymes de type classique* », Paris I, 2013, p. 509.

940. C. com., art. L. 225-51.

941. Une récente étude américaine conclut que la séparation des fonctions « CEO/Chairman » ne possède pas d'impact sur la performance de l'émetteur ; *Cf.*, COHN (Y.), « *Issuers' CEO/Chairman Structure Not Correlated with Firm Performance* », https://corpgov.law.harvard.edu/2017/07/31/issuers-ceochairman-structure-not-correlated-with-firm-performance/, July 31, 2017.

942. AFEP, « *Le choix de la formule de gouvernance - Unicité ou dissociation des fonctions de président du Conseil d'administration et de directeur général* », Janvier 2015, p. 3.

943. AFEP, *Ibid*.

944. ALLAIRE (Y), *Interview* (*Communication personnelle*), *Op. cit.*

945. LE BOLZER (J.), « *26 sociétés du CAC 40 lient critères RSE et rémunération des dirigeants* », LesEchos, 6 Janvier 2016.

946. PROXINVEST, « *Principes de gouvernement d'entreprise et Politique de vote 2016* », p. 34-35.

947. *Ibid.*

948. IGOPP, « *Avis de consultation des ACVM : Projet d'Avis 25-201 relatif aux indications à l'intention des agences de conseil en vote* », p. 14.

949. DU BOULLAY (E.), COLOMB (J.B), « *L'apport de l'évaluation des conseils d'administration au gouvernement d'entreprise* », Cahiers de droit de l'entreprise n° 2, Mars 2016, p. 1-4.

950. *Cf.*, *supra*, n° 102.

951. MALENKO (N.), YAO (S.), « *The Role of Proxy Advisory Firms : Evidence from a Regression-Discontinuity Design* », Review of Financial Studies, June 14, 2016, pp. 28-29.

952. Deux autres études arrivent à une conclusion similaire ; *Cf.*, Australian Institute of Company Directors, « *Institutional Share Voting and Engagement : Exploring the Links Between Directors, Institutional Shareholders and Proxy Advisers* », http://www.companydirectors.com.au/General/Header/Media/MediaReleases, 2011 ; WOOLERY (J.), « *Boards Should Minimize the Role of Proxy Advisors* », http://corpgov.law.harvard.edu/2013/10/31/boards-should-minimize-the-role-of-proxy-advisors/#more-54217, October 31, 2013.

953. Commission Européenne, « *Livre vert sur le cadre de la gouvernance d'entreprise dans l'UE* », 5 avril 2011, p. 17.

954. KLOHN (L.), SCHWARZ (P.), *ibid.*, pp. 20.

955. ESMA, « *Discussion Paper, An Overview of the Proxy Advisory Industry : Considerations on Possible Policy Options* », 22 mars 2012, p. 17.

956. *Ibid.*

957. *Ibid*, p. 32.

958. C. com., art. L. 420-1 ; C. com., art. L. 420-2.

959. Traité sur le Fonctionnement de l'Union Européenne, Article 102 ; HONNEFELDER (S.), « *Politique de la concurrence* », http://www.europarl.europa.eu/aboutparliament/fr/displayFtu.html?ftuId=FTU_3.2.1.html, Septembre 2016.

960. GIRARD (C.), « *Les actionnaires minoritaires* », Revue française de gestion », 2002, p. 185.

961. *Ibid*, « *Une typologie de l'activisme des actionnaires minoritaires en France* », leg2.u-bourgogne.fr/rev/043146.pdf , 2001, p. 20.

962. LE BARS (B.), « *Associations d'actionnaires et de défense des investisseurs* », Répertoire de droit des sociétés, janvier 2011, p. 1-2.

963. C. com., art. L. 225-120.

964. C. mon. fin., art. L. 452-1.

965. LE BARS (B.), *Ibid.*

966. *Ibid.*, p. 10.

967. MONTANDRAU (S.), *Thèse*, « *Activisme des investisseurs institutionnels, gouvernement d'entreprise et richesse de l'actionnaire : le cas des alertes de l'AFG-ASFFI sur les sociétés françaises cotées* », Aix-Marseille III, 2004 ; GUYON (Y.), « *Faut-il des associations d'actionnaires et d'investisseurs ?* », Revue des sociétés, 1995, p. 207.

968. LE BARS (B.), *Thèse*, « *Les associations de défense d'actionnaires et d'investisseurs* », Paris I, 1998, *passim.*

969. C. com., art. L. 225-105.

970. C. com., art. L. 225-103.

971. C. com., art. L. 225-232.

972. C. com., art. L. 225-231.

973. C. com., art. L. 225-230.

974. LE BARS (B.), « *Associations d'actionnaires et de défense des investisseurs* », Répertoire de droit des sociétés, janvier 2011, p. 25-26.

975. C. com., art. R. 225-79.

976. C. com., art. L. 225-106.

977.LE BARS (B.), *Ibid.*

978. SPINOZA (B), « Éthique », Charpentier, 1861, Partie III, p. 119.

979. NATHAN (C.M.), « *Proxy Advisory Business : Apotheosis or Apogee ?* », https://corpgov.law.harvard.edu/2011/03/23/proxy-advisory-business-apotheosis-or-apogee/, March 23, 2011, pp. 13.

980. BPPSVR, *op. cit.*, p. 13.

981. ILIEV (P.), LOWRY (M.), « *Are Mutual Funds Active Voters ?* » Review of Financial Studies, 2015.

982. IGOPP, « Avis de consultation des ACVM : Projet d'Avis 25-201 relatif aux indications à l'intention des agences de conseil en vote », 16 juillet 2014, p. 8.

983. Mc CAHERY (J.A.), STARKS (L. T.), SAUTNER (Z.), « *Behind the Scènes : The Corporate Governance Preferences of Institutional Investors* », June 2015 Journal of Finance, Forthcoming, pp. 9.

984. Nous devons présentement percevoir la notion de « lanceur d'alerte » dans son entendement général. C'est-à-dire à travers l'idée qu'il s'agit d'une personne morale ou physique qui, ayant connaissance d'un danger, adresse un signal d'alarme, de bonne foi et animé de bonnes intentions. Dans son entendement juridique, la notion de « lanceur d'alerte » revêt des caractéristiques auxquels les *proxy advisors* ne paraissent en mesure répondre : Article 6 de la loi n° 2016-1691 du 9 décembre 2016

relative à la transparence, à la lutte contre la corruption et à la modernisation de la vie économique (*dite loi SAPIN II*).

985. PROXINVEST : « *Proxinvest saisit l'AMF et Alcatel sur l'information relative aux rémunérations de départ de Michel Combes* », 2 septembre 2015 ; « *Non respect de la diffusion d'information réglementée : Proxinvest alerte l'AMF* », 6 septembre 2016 ; « *Affaire Solocal : sept questions de Proxinvest à l'AMF sur les clauses de remboursement anticipé de la dette en cas de changement de contrôle* », 24 octobre 2016 ; « *Proxinvest écrit une nouvelle fois à l'AMF sur les conventions réglementées* », 8 décembre 2016 etc…

Ethos : « *Changement climatique : Les cinq attentes de la Fondation Ethos envers les entreprises* », 19 octobre 2016 ; « *Bourse suisse : Ethos demande la publication obligatoire d'un rapport de développement durable* », 15 juillet 2016 ; « Sika : *Ethos recommande de soutenir le Conseil d'administration lors de l'assemblée générale du 12.04.2016* », 29 mars 2016 ; « *Assemblée générale de LafargeHolcim : Intervention d'Ethos* », 12 mai 2016 etc…

986. BPPSVR, *Op. cit.*, p. 18-19.

987. D'autant que certaines réformes des conseils d'administration ont une influence directement positive sur la valeur des émetteurs : *Cf.*, FAUVER (L.), HUNG (M.), LI (X.), TABOADA (A.G.), « *Board Reforms and Firm Value: Worldwide Evidence* », Journal of Financial Economics, July 1, 2016, pp. 1, 29-30 : « We examine the impact of corporate board reforms on firm value in 41 countries. Using a difference-in-differences design, we find that board reforms increase firm value. Reforms involving board and audit committee independence… ».

988. ILIEV (P.), LOWRY (M.), « *Are Mutual Funds Active Voters ?* », Review of Financial Studies, 2015, pp. 33.

989. CHARREAUX (G.), « *Le rôle de la confiance dans le système de gouvernance des entreprises* », https://ideas.repec.org/p/dij/wpfarg/0980501.html, 1998, p. 14.

990. *Ibid*, « *Le conseil d'administration dans les théories de la gouvernance* », https://pdfs.semanticscholar.org/6539/cda5d527bb97ce23ff17b6fde7159b0600f2.pdf, Décembre 2000, p. 19.

991. STOLOWY (H.), PUJOL (E.), MOLINARI (M.), « *Audit financier et contrôle interne : l'apport de la loi Sarbanes-Oxley* », https://studies2.hec.fr/jahia/webdav/site/hec/shared/sites/.../audit%20financier.pdf, p. 1.

992. Pour davantage de précisions : CONAC (P.H.), « *L'influence de la loi Sarbanes Oxley Act en France* », Revue des sociétés, 2003, *passim.*

993. C. com., art. L. 225-100, al. 4 et s.

994. AMF, « *Rapport 2011 de l'AMF sur les agences de notation* », 20 août 2012, p. 7-8, 18-19, 21, 24.

995. KLOHN (L.), SCHWARZ (P.), « *The regulation of proxy advisors* », Capital Markets Law Journal, December 18, 2012, pp. 18.

996. BISSARA (P.), FOY (R.), DE VAUPLANE (A.), « *Droit et pratique de la gouvernance des sociétés cotées* », JOLY, 2007, p. 173.

997. AMF, « *Rapport 2004 de l'AMF sur le gouvernement d'entreprise et le contrôle interne* », 2004, p. 12.

998. *Ibid*, « *Rapport 2010 de l'AMF sur le gouvernement d'entreprise et la rémunération des dirigeants* », 2010, p. 41-45.

999. *Ibid*, « *Rapport AMF de 2013 sur le gouvernement d'entreprise et la rémunération des dirigeants* », 2013, p. 60.

1000. EY, « *Panorama des pratiques de gouvernance des sociétés cotées françaises* », Edition 2014.

1001. C. com., art. L. 823-19, issu de l'ordonnance n°2008-1278 du 8 décembre 2008 transposant la Directive 2006/43/ CE du 17 mai 2006 et relative aux commissaires aux comptes.

1002. Equivalence pour les sociétés anonymes de type dualiste ; C. com., art. R. 225-56. Les « comités » sont alors communément dénommés « commissions ».

1003.AFEP-MEDEF, « *Code de gouvernement d'entreprise des sociétés cotées* », (*Révisé en novembre 2016*), p. 12.

1004. *Ibid*, p. 15 ; PROXINVEST, « *Politique de vote Proxinvest 2016* », p. 23.

1005. AFEP-MEDEF, *Ibid*, p. 14.

1006. *Ibid.*, p. 11.

1007. C. com., L. 225-35 ; AFEP-MEDEF, *Ibid*, p. 11.

1008. Cass. Com. 4 juill. 1995, no 93-17.969, Bull. civ. IV, no 206, JCP 1995. II. 22560, note Y. Guyon.

1009. CA Aix en Provence, 28 septembre 1982, Revue sociétés 1983, p.773, note J. Mestre.

1010. MAGNIER (V.), *Ibid*, § 37.

1011. *Ibid*, § 38.

1012. MERLE (P.H.), « *Les nouvelles responsabilités des comités d'audit* », Bull. Joly Sociétés 2009, p. 21.

1013. BISSARA (P.), FOY (R.), DE VAUPLANE (A.), « *Droit et pratique de la gouvernance des sociétés cotées* », JOLY, 2007, p.183-184.

1014. PROXINVEST, « *Politique de vote Proxinvest 2016* », p. 22.

1015. Cass. civ., 4 juin 1946 : JCP 1947, II, 3518, note BASTIAN. Affaire « Motte ».

1016. AFEP-MEDEF, *Ibid*, p. 3.

1017. *Ibid.*, p. 4.

1018. *Ibid.*

1019. *Ibid.*

1020. Cass. Com. 2 juin 1987, no 86-1088.

1021. BISSARA (P.), FOY (R.), DE VAUPLANE (A.), « *Droit et pratique de la gouvernance des sociétés cotées* », JOLY, 2007, p. 152 ; *Cf.*, *supra*, n° 347 et s.

1022. *Cf.*, *supra*, n° 480.

1023. MORAN (M.), « *Ten Strategic Building Blocks for Shareholder Activism Preparedness* », https://corpgov.law.harvard.edu/2016/12/20/ten-strategic-building-blocks-for-shareholder-activism-preparedness/, December 20, 2016.

1024. AKIN GUMP STRAUSS HAUER & FELD LLP « *TOP 10 TOPICS FOR DIRECTORS IN 2017* », pp. 5 ; GOLDBERG (K.), NATHAN (C.), « *Communications Challenges for the Post-Activist Proxy Contest World* », https://corpgov.law.harvard.edu/2017/07/17/communications-challenges-for-the-post-activist-proxy-contest-world/, July 17, 2017.

1025. Les développements à suivre sont influencés par les articles de MORAN (M.), *Ibid*, et de GRISÉ (J.), « *Dix stratégies pour se préparer à l'activisme accru des actionnaires* », jacquesgrisegouvernance.com, 20 décembre 2016.

1026. MORAN (M.), *Ibid.*

1027. DIAZ (X.), *Ibid.*

1028. GOLDBERG (K.), NATHAN (C.), « *Communications Challenges for the Post-Activist Proxy Contest World* », https://corpgov.law.harvard.edu/2017/07/17/communications-challenges-for-the-post-activist-proxy-contest-world/, July 17, 2017.

1029. *Cf.*, *supra*, n° 224 et s., 439 et s.

1030. ECKSTEIN (A), « *Skin in the Game : Aligning the Interests of Credit Rating Agencies, Proxy Advisors, and Investors* », Tel Aviv University - Buchmann Faculty of Law, March 29, 2016, pp. 1, 50-51.

1031. LIEUTIER (J-P.), « *Réforme de l'épargne salariale, de l'épargne retraite et de l'actionnariat salarié* », Droit social, 2015, p. 777.

1032. Pour une étude de l'actionnariat salarié : MALECKI (C.), *« Le nouveau souffle de l'actionnariat salarié dans la loi n° 2006-1770 du 30 décembre 2006 pour le développement de la participation et de l'actionnariat salarié »*, Recueil Dalloz, 2007, p. 524 ; TUFFERY-ANDRIEU (J-M.), « *Propos liminaire ou contribution historique à l'étude de l'actionnariat salarié* », Droit social, 2014, p. 493 ; KOCHER (M.), *« L'actionnariat salarié : à la croisée des chemins de la gouvernance »*, Droit social, 2014 p. 540.

1033. GINGLINGER (E.), « *Quelle gouvernance pour créer de la valeur ?* », Revue d›économie financière,

2012, p. 231.

1034. *Ibid.*

1035. C. com., art. L. 225-23 et C. com., art. L. 225-71.

1036. *Cf.*, *supra*, n° 17.

1037. GENIAUT (B), « *Le droit de vote des salariés actionnaires comme mode d'expression collective : vision d'un travailliste* », Droit social, 2014, p. 512 ; C. mon. fin., art. L. 214-165.

1038. PROXINVEST, « *Principes de gouvernement d'entreprise et Politique de vote 2016* », p. 31.

1039. LETOURNEUR (P.), *Etude*, « *L'actionnariat salarié, un développement résistible* », Droit des sociétés n° 3, dossier 4, Mars 2016, p. 2.

1040. Citation de FONTANET (X.) (*Ex PDG d'ESSILOR*) *in* « *Le dirigeant et l'administrateur salarié face à la finance - Michel Albouy s'entretient avec Pierre Alanche et Xavier Fontanet* » Michel Albouy « Revue française de gestion » 2009/8 n° 198-199, p. 423.

1041. GINGLINGER (E.), *Ibid.*

1042. BOVA (F.), DOU (Y.), HOPE (O. K.), « *Employee Ownership and Firm Disclosure* », Social Science Research Network, 2011, pp. 31-32.

1043. KIM (E. H.), OUIMET (P.), « *Employee Capitalism or Corporate Socialism ? Broad-Based Employee Stock Ownership* », https://ssrn.com/abstract=1107974, March 6, 2008, pp. 39-40.

1044. BRANDENBURGER (A.M.), STUART (H.W.), « *Value-Based Business Strategy* », Journal of Economics & Management Strategy, vol. 5, 1996, p. 23-24 ; KEAY (A.), « *The Enlightened Shareholder Value Principle and Corporate Governance* », Routledge, 2012.

1045. CHARREAUX (G.), DESBRIÈRES (P.), « *Gouvernance des entreprises : valeur partenariale contre valeur actionnariale* », Finance Contrôle Stratégie – Volume 1, N° 2, juin 1998, p. 57.

1046. CHARREAUX (G.), « *La valeur partenariale : vers une mesure opérationnelle...* », Comptabilité - Contrôle - Audit 2007/1, Tome 13, p. 8.

1047. MORIS (K.), Finance Contrôle Stratégie, « *La presse en tant que mécanisme de gouvernance partenariale : Danone et l'affaire LU* », http://fcs.revues.org/1153?gathStatIcon=true, 2012, §115.

1048. ALLAIRE (Y), *Interview* (*Communication personnelle*), 28 octobre 2016.

1049. *Ibid*, (*Communication personnelle*), 8 février 2017.

1050. *Ibid*, (*Communication personnelle*), 28 octobre 2016.

Achevé d'imprimer le 15 novembre 2018
sur les presses de
La Manufacture - Imprimeur – 52200 Langres
Tél. : (33) 325 845 892

N° imprimeur : 181373 - Dépôt légal : novembre 2018
Imprimé en France